Max von Proskowetz,

A

rmin

Va

mbe

ry

Vom Newastrand nach Samarkand : durch Russland auf neuen Geleisen nach Inner-Asien

Max von Proskowetz,

Armin Vambery

Vom Newastrand nach Samarkand : durch Russland auf neuen Geleisen nach Inner-Asien

ISBN/EAN: 9783741168505

Hergestellt in Europa, USA, Kanada, Australien, Japan

Cover: Foto ©Andreas Hilbeck / pixelio.de

Manufactured and distributed by brebook publishing software (www.brebook.com)

Max von Proskowetz,

A

rmin

Va

mbe

ry

Vom Newastrand nach Samarkand : durch Russland auf neuen Geleisen nach Inner-Asien

Vom

Newastrand nach Samarkand.

Durch Russland,

auf neuen Geleisen nach Inner-Asien.

Von

DR. MAX VON PROSKOWETZ.

Mit einer Einleitung von

H. Vambéry,

einem Anhang, 53 Original-Illustrationen von R. Hausleithner u. A., zum Theil nach Skizzen des Verfassers, einer Notenbeilage und 4 Original-Karten.

WIEN UND OLMÜTZ

ED. HÖLZEL

1889.

SEINEM VATER,

EINEM FREUNDE DER WAHRHEIT UND DES
FORTSCHRITTES,

IN INNIGER DANKBARKEIT

GEWIDMET

VON

VERFASSER.

VORWORT DES VERFASSERS.

„Wenn die Kunst innerhalb des Zauber-
kreises der Einbildungskraft, recht eigentlich
innerhalb des Gemüthes liegt, so beruhet dagegen die Erweiterung des Wissens vorzugsweise auf dem Contact mit der Aussenwelt."
(Humboldt, Kosmos.)

Für einen Mann, der sich nicht mit hoher Politik be-
fasst und dem daher das Verständniss mangelt für die Bedeutung der Thatsache, dass heute in einem officiösen oder
halbofficiösen Organe ein „Krieg in Sicht"-Artikel erscheint,
oder dass morgen die leitenden Staatsmänner zweier Gross-
mächte sich begegnen, Thatsachen, an welche die Volontäre
der Politik tausend Combinationen zu knüpfen pflegen,
mag es gleichwohl von Interesse sein, ab und zu darüber
nachzusinnen, welches das Endergebniss des beständigen
Wachsens der beiden Weltreiche unseres Erdballs sein
werde.

Als Grundlage der Weltmachtstellung beider darf
wohl ihr gewaltiger aussereuropäischer Territorial-
besitz angesehen werden.

Die Art dieses Besitzes beider Reiche weist aber einen
so tiefgehenden Unterschied auf, dass, auch abgesehen von
der Verschiedenheit der inneren Politik und der Grund-

züge der Verwaltung in beiden Staaten, nothwendig die Entwicklung der Beziehungen der Colonieen und der territorialen Dependenzen zum Mutterlande sich in abweichender, vielleicht entgegengesetzter Richtung bewegen wird.

Welchen Zielen die Colonieen Englands — vom Mutterlande durch Oceane politisch getrennt und durch dieselben mit ihm mercantil verbunden — entgegengehen, kann kaum mehr zweifelhaft sein. Eine Frucht ist bereits, ausgereift, vom Baume gefallen, und in jugendlicher Vollkraft wächst ein drittes Weltreich heran.

Russlands aussereuropäische Besitzungen aber, territorial mit dem Mutterlande zusammenhängend und durch die Eisenbänder der Schienen militärisch und wirthschaftlich immer fester an dasselbe gekettet, gliedern sich an und assimiliren sich als Provinzen dem grossen, sie beherrschenden Reiche.

Erscheint da nicht der Schluss zwingend, dass auch ihre Zukunft eine andere sein werde oder doch sein könne, als die der englischen Colonieen?

Und wird Russland in seinem Weiterschreiten in Asien immer Halt machen an den Grenzen des Riesenreiches alter Cultur und einer geistigen, wirthschaftlichen und staatlichen Entwicklung so ganz anderen Gepräges als jene Europas?

Und wenn nicht, wird Japan, the Great Britain of the East, dann schon stark genug sein, um den zum erstenmale seit Menschengedenken so gewaltig zurück nach Osten stauenden Strom der Völkerbewegung aufzuhalten und die Selbstständigkeit Ostasiens gegenüber den Ansprüchen

Europas zu vertheidigen? Wird dann Amerika, der grosse Concurrent Europas, dem neu aufstrebenden Inselreiche des Ostens den Rücken decken oder dasselbe zwischen zwei Feuer bringen?

Doch wer würde wagen, auch nur andeuten zu wollen, welche Antwort einst die Zukunft auf diese Fragen geben werde!

Während nun England und seine Colonieen, während das kräftig und ein wenig protzig emporstrebende Amerika längst mit Vorliebe von Reisenden aufgesucht werden, welche, sei es Wanderlust, sei es Forschertrieb zeitweilig den engen Grenzen der Heimat entführt, scheint die emsige und so gross angelegte Thätigkeit, mit welcher Russland die in harten und langen Kämpfen erstrittenen Länder sich politisch zu assimiliren, sie wirthschaftlich europäischer Cultur zu erschliessen und zur Quelle reicher Staatseinkünfte zu machen bestrebt ist, nicht gebührend gewürdigt zu werden und manchmal eine ungerecht unterschätzende Kritik zu erfahren.

Die politische Seite lag mir nun ferne. Wohl aber musste es für den Oekonomen, dessen Erzeugnisse aus bekannten Ursachen heute Waaren geworden sind, deren Werth und Reinertrag durch die Gesammtproduction der Erde bestimmt wird, von hohem Interesse sein, die wirthschaftlichen Verhältnisse und Fortschritte des Riesenreiches aus eigener Anschauung kennen zu lernen, im Mutterlande sowohl als auch in jenen fernen, seit Jahrhunderten brachliegenden Stätten alter Cultur, in denen Russland nunmehr, seit zwei Decennien kaum, seine civilisatorische Mission erfüllt.

Zwischen den Schilderungen von Natur und Kunst, der staatlichen und gesellschaftlichen Einrichtungen, des Heerwesens und der Volkssitte, neben der Erzählung von persönlichen Erlebnissen erscheinen darum in den nachstehenden Blättern immer wieder zahlreiche Ausführungen über landwirthschaftliche und industrielle Betriebe, deren Productionsmittel und Ertrag, über Absatzverhältnisse und Verkehrseinrichtungen. Solche Ausführungen geben ja wohl ein zuverlässigeres und treueres Bild der wirthschaftlichen Entwickelung eines Staates, der Basis seiner politischen Bedeutung und Macht, als selbst die beste, wider Willen doch immer subjectiv gefärbte Darstellung seiner wirthschaftlichen Lage im Allgemeinen.

Darum glaubte ich das persönliche Urtheil überall zurückdrängen und lieber die realen, wirklich beobachteten Verhältnisse erzählen zu sollen, wie sie sich mir durch Zahlen darstellen.

Gelingt es diesen Zeilen, in bescheidenem und begrenztem Masse beizutragen zur objectiven und gerechten Würdigung der civilisatorischen Thätigkeit Russlands in seinen europäischen und asiatischen Besitzungen, dann haben sie mehr als ihren Zweck erreicht.

Die Illustrationen sind, zum grössten Theile nach den von mir an Ort und Stelle aufgenommenen Skizzen, im Uebrigen nach den Originalobjecten und nach Photographien von Jermakow-Tiflis, von meinem Freunde Maler Rudolf Hausleithner, dann von zwei anderen Wiener Künstlern, Anton Wessely und Camillo Lambotte, als Federzeichnungen ausgeführt worden.

Sehr verpflichtet fühle ich mich allen Jenen gegenüber, welche so freundlich waren, mir bei Abfassung des Buches helfend und fördernd zur Seite zu stehen, insbesondere Professor Dr. Perels und Dr. v. Weinzierl für ihre wissenschaftlichen Beiträge, meinem Freunde Julius Giegl, dann den Herren N. Westermeier, G. v. Herz und Jos. Tenora.

Herr Prof. Vambéry, dem ich auch die Richtigstellung der Nomenclatur im III. Theile des Werkes verdanke, hat die Güte, demselben eine Einleitung über den centralasiatischen Theil vorauszuschicken. Diese Thatsache gibt mir den Muth zu hoffen, dass in dem Buche neben Fehlern und Irrthümern, welche wohl kein Autor ganz vermeiden kann und für deren Berichtigung ich dankbar sein werde, doch auch Manches enthalten sei, was wissenswerth und belehrend ist.

Kwassitz, Mähren, im August 1889.

Max v. Proskowetz.

DATEN, MASSE, GEWICHTE.

Die Daten sind, wo nicht das Gegentheil bemerkt ist, neuen Styls; der russische julianische Kalender ist um 12 Tage hinter dem gewöhnlichen gregorianischen zurück.

Der 1. Jänner russischen Styls ist also der 13. Jänner unseres gregorianischen Kalenders.

Die Münzen sind auf den Guldenfuss österreichischer Währung umgerechnet.

Als Basis für diese Umrechnung ist 1 Papier-Rubel = 1 fl. 25 kr. ö. W. angenommen.

Am 31. December 1888 war die Cursparität:

100 Papier-Rubel = 209·25 Mark = 124·08 fl. ö. W.

Die Masse und Gewichte sind, einzelne Fälle ausgenommen, auf das metrische System zurückgeführt, und zwar auf Grund nachstehender Tabelle:

A. Verhältniss der metrischen Masse und Gewichte zu russischen.

1. Längenmasse.

1 Centimeter *(cm)* = 0·22 Werschok.
1 Meter *(m)* 100 cm = 0·468 Sashen (Faden).
1 Kilometer *(km)* = 0·937 Werst.
1 geographische Meile (= 7·42 km = 3912·74 Klafter = 1/15 eines Aequatorgrades) = 6·952 Werst.

2. Flächenmasse.

1 Quadratkilometer (1 ☐km) = 0·87 ☐Werst.
1 Hektar *(1 ha)* = 0·91 Dessjatine.
1 geogr. ☐Meile = 55·05 ☐km = 48·30 ☐Werst.

3. Gewichte.

1 Kilogramm (1 *kg*) = 0·061 Pud.

100 *kg* (1 Metercentner, *mctr*; meist mit *q*, quintal,
 bezeichnet) = 6·09 Pud.

4. Hohlmasse.

1 Liter *(l)*　　　　= 0·81 Stof (Kruschka) = 0·081 Wedro.
1 Hektoliter *(hl)*　= 8·13 Wedro = 32·52 Tschetwert.
1 Kubikmeter *(m³)* = 0·1　Kubik-Sashen (Kubik-Faden).

B. Verhältniss von russischen Massen und Gewichten zu metrischen.

1. Längenmasse.

1 Werschok　　　=　　44·45　*mm* (4·445 *cm*).
1 Fuss　　　　　=　　30·5　*cm* =　　0·428 Arschin
　　　　　　　　　　　　　　　　=　　6·86 Werschok.
1 Arschin　　　　=　　71·1　*cm* =　16 Werschok.
1 Sashe (Faden)　=　　2·1335 *m*　=　　3 Arschin = 7 Fuss.
1 Werst (Wersta) =　1067　　*m*　=　500 Sashen.

2. Flächenmasse.

1 Krons-Dessjatine　　　　　　=　　1·0925 *ha* = 2.400 □Faden.
1 ökonomische Dessjatine　　　=　　1·8208 *ha* = 4.000　　„
1 Sotnik, Kosaken-Dessjatine =　4·5520 *ha* = 10.000　　„
1 □Werst　　　　　　　　　=113·8　　*ha*.

3. Hohlmasse.

1 Tschetwertik (Getreidemass) =　26·23　*l.*
1 Tschetwert = 8 Tschetwertik =　　2·099 *hl.*
1 Kubik-Sashe　　　　　　　　=　　9·26　Kubikmeter *(m³)*.
1 Stof (Kruschka)　　　　　　=　　1·23　*l.*
1 Wedro = 10 Stof　　　　　　=　12·298 *l.*
1 Botschka (Tonne) = 40 Wedro = 491·957 *l.*

4. Gewichte.

1 Solotnik　　　　　　　　　　　=　　4·2656 Gramm *(gr).*
1 Loth = 3 Solotnik　　　　　　=　12·796　*gr.*
1 Pfund = 32 Loth = 96 Solotnik = 409·47　*gr.*
1 Pud　= 40 Pfund　　　　　　　=　16·38　*kg.*
1 Berkowetz　　　= 10 Pud　　　= 163·8　*kg.*
1 Last (Gewicht) = 120 Pud　　　=　19·65　*q (mctr).*

———————

SCHREIBWEISE.

Zur Schreibweise der russischen Worte im Texte sei Folgendes bemerkt:

o wird in gewissen Fällen wie *jo* ausgesprochen, z. B. *Potemkin* wie *Patjómkin*.

o klingt unbetont oft wie *a*, z. B. *Patjómkin*, *Kosak* spr. *Kasák*.

g vertritt den Laut *h*. Es klingt am Ende einer Silbe bald wie *gg*, bald wie *ch*.

sch (weich) ist durch *sh* (auszusprechen wie das französische *j*, z. B. in *jour*) transscribirt.

l ist bald das *l mouillé* im Französischen (durch *lj* gegeben), bald hartes *ll* (wie im Polnischen).

i (weich), z. B. in *Nishnij*, ist unmarkirt geblieben.

s ist weich auszusprechen, wie in *Rose*, *Seele*.

Vor Consonanten ist es scharf auszusprechen, z. B. in *Werst*. Sonst ist das scharfe *s* durch *ss* ausgedrückt. (Nur in einigen, ohnehin geläufigen Namen [*Sardtow*, *Sarépta*, *Samarkánd*] ist das *Ss* unterblieben.)

schtsch ist getrennt wie *sch-tsch* auszusprechen, z. B. *Iswóschtschik*, *Tsch-tschi*.

z ist immer scharf auszusprechen, z. B. *Zar*. (Die vielfach übliche Schreibweise *Czar* wurde verlassen, um nicht mit dem *tsch*-Klange anderer Worte, z. B. *Czechen*, zu collidiren.)

ch Kehllaut (wie das spanische *j* in *Quijote*).

Die Tonsilbe ist fast immer durch einen Accent bezeichnet.

EINLEITUNG.

Ein Vierteljahrhundert centralasiatischer Forschungen.

„Siehst Du jene blauen Berge dort, die in die gluth-gefärbte Steppe hineinragen; bemerkst Du die gespenstischen Gestalten mit den grauenvollen Mordwaffen, die in der Luft herumhüpfen; hörst Du den rollenden Schall des vom Meere sich erhebenden, donnerähnlichen Getöses?

Von dort wird am letzten Tage der Feind über unsere Heimat hereinbrechen, und von dort wird Deddschal (der Antichrist des Islams) gegen unseren Glauben, gegen unsere Freiheit zu Felde ziehen!"

Mit diesen Worten deutete ein alter Turkomane, als ich vor 27 Jahren, am Eingange eines Zeltes am Ufer des Etrek sitzend, meinen Blick nach dem Norden schweifen liess, auf die Balkanberge und auf die Balkanbucht, von welcher die Russen einige Jahre später ihren Zug nach Merw antraten, um den Sandwall mittelasiatischer Welt und die Raubritter der schon zur Zeit Alexander des Grossen gefürchteten Gegend mit einem Schlage zu vernichten.

Es waren prophetische Worte, die der hartherzige und wildaussehende K u l c h a n in seinen graumelirten Bart hinein-

B*

brummend gesprochen; denn seitdem ist der bis dahin un-
besiegte turkomanische Heldenstolz gebrochen.

Die mit dem nordwestlichen Sturme rivalisirenden Bedo's
(Renner) stehen mit gesenktem Haupte am grossen Eisen-
pflocke hinter dem Hauptzelte; die Helden der Alamans, die
auf ihren kühnen Ritten die Hälfte Irans verwüsteten, ver-
sammeln sich nicht mehr zur geheimen Berathung über
Einfälle in diese oder jene Gegend Mazendrans und Chorasans, und selbst der Flugsand, mit dessen Unbeständigkeit
der Nomade seinen Hang zum Wanderleben zu vergleichen
pflegte, ist vom Schienenstrange der Eisenbahn in Ketten
gelegt und am Boden festgenagelt worden.

Ja Vieles, unendlich Vieles hat sich verändert, seitdem
ich meine zerfetzte Derwisch-Chirka abgelegt und, von meinen
Pilgerfahrten aus dem Innern Asiens heimgekehrt, den knorrigen Wanderstock mit der Feder vertauschend, von der
heiligen Rolle eines ehemaligen moslimischen Wunder-
wirkers und Segenspenders zum prosaischen Handwerke eines
europäischen Literaten und Publicisten herabgesunken bin.

„Bochara Kuwweti Islam u din est
Samarkand icïkell ruï zemïn est",

d. h. „Bochara ist die Kraft des Islams und des Glaubens,
Samarkand ist der Glanzpunkt des Erdballes" — rief der
Centralasiate stolzerfüllt zu meiner Zeit, und heute schwebt
über dem Stützpunkte des Islams der dünne Schatten des
Emirs Abdul Ahads, gestützt durch Herrn Tscharikow,
den diplomatischen Agenten des Czaren, während der Glanz-
punkt des Erdballes seine Strahlen höchstens den in der
Sonne erglänzenden, russischen Waffen entlehnt.

Ja, sic transit gloria mundi!

Mir kann und darf es am allerwenigsten einfallen, über die neue Ordnung der Dinge in Centralasien Elegien anzustimmen.

Jeder Schritt, den ich that, jeder Blick, den ich zu werfen wagte, war mit unsäglichen Leiden und Beschwerden verbunden, und dort, wo ich gegen die Gefahren des Verhungerns und Verdurstens kämpfend, mit meinem in der Watta des Fetzenanzuges verborgenen, kleinen Bleistift hinzog, dort kann heute der im gemächlichen Eisenbahncoupé sitzende, mit Messtisch und Theodolith versehene Reisende seinen Forscherblick frei und ungehindert in die weiteste Ferne und in die verborgenste Tiefe schweifen lassen.

Kein Wunder demnach, wenn unsere Literatur über Mittelasien sich bedeutend erweitert, und wenn die noch vor einem Vierteljahrhunderte in dichten Nebel gehüllten Gegenden Innerasiens unserem Gesichtskreise viel näher gerückt sind.

Das Feuer der donnernden Kanonen hat auch die erste Helle über die Terra incognita Centralasiens geworfen, und russische Waffenträger waren es, die, nachdem der Kampf ausgetobt, zur Feder gegriffen, um den Schauplatz ihrer militärischen Thätigkeit den Fernstehenden zu schildern.

Charoschchin und Zagrjashki haben theils Kirgizen Oezbegen, Sarten und Karakirgizen gezeichnet, theils auch einzelne Steppenregionen, Städte und Gebirgsgegenden dargestellt, während Fedtschenko in die Gletscherwelt des Altaï und General Abramow in die Alpenregionen des Fangebirges uns eingeführt.

Majew hat das erste Bild von Hissar und vom rechten Ufer des oberen Oxus entworfen, ebenso wie Oschanin und Regel als die ersten Pionniere von Kunduz, Roschan, Derwaz und Bedachschan zu betrachten sind.

Südlich vom Oxus waren es ebenfalls Russen, die zur Kenntniss Centralasiens wesentlich beigetragen; denn die Wanderung Grodjekow's über Belch nach Herat und die Schilderung Lessar's, Petrusewitsch', Radde's und Heyfelder's von den Oasen der Achal- und Merw-Turkomanen haben so manche Lücken ausgefüllt; ebenso wie die Mission Kuropatkin's in Ostturkestan und die Reisen Osten-Sacken's südlich vom Issik-kül werthvolle Ringe in jener Kette geographischer Forschung bilden, welcher wir die Erschliessung und Enthüllung des centralasiatischen Geheimnisses verdanken.

Politische Rivalität musste auch geographischen Wetteifer nach sich ziehen, daher den russischen Forschern sich in erster Reihe die englischen Reisenden anschliessen.

Während Centralasien vor der russischen Eroberung die eigentliche Domäne englischer Forscher gewesen, haben die letzteren in den vergangenen Jahrzehnten nur in den angrenzenden Regionen ihren Forschungseifer angewendet.

Shaw, Hayward, Forsyth, Ney Elias und Carey haben vorzüglich in Ostturkestan und in Erschliessung der Geheimnisse des Hochplateaus von Pamir der Geographie bedeutende Dienste geleistet. Baker, Macgregor, Marsh und Napier ist es gelungen, mittelst ihrer Streifzüge im Norden Chorasans so manchen wichtigen Aufschluss über die früher kaum berührten Grenzgebiete zwischen den Tekke-Turkomanen und Persern zu geben, während O'Donovan mit seinem kühnen Zuge nach Merw der Erste gewesen, der inmitten der unverbesserlichen Menschenräuber sich hineingewagt und mittelst seines glücklich vollführten Abenteuers den Schleier von diesem sonderbaren Neste gelüftet hatte. Grossen Erfolg hatte namentlich die zur Berichtigung der afghanisch-russischen Grenze ausgeschickte Commission, erst unter Leitung Lumsden's und später unter Führung Ridgeway's; denn, was die beiden Brüder Yate mit Bezug auf das linke Oxusufer von Kilif bis nach Kerki und hinsichtlich Nordafghanistan's sowie Herat's und des Badgis berichten, ist ganz neu und überaus reich an geo- und ethnographischem Interesse.

Ausser den beiden in Centralasien politisch und wirthschaftlich interessirten Nationen hat die Lust nach Abenteuern und die wissenschaftliche Neugierde auch die Angehörigen anderer westländischer Völker zum Zuge ins Land innerasiatischer Mysterien angespornt.

Seitens Amerika's haben Schuyler und Mac Gahan das Feld der Forschung erfolgreich betreten. Das Reisewerk des Ersteren bildet ein nützliches Compendium russisch-officieller und nichtofficieller Daten, während Letzterer, als Kriegsberichterstatter des „New-York Herald" beim Feldzuge gegen Chiwa, als würdiger College Stanley's, durch seinen kühnen Ritt durch die Kirgisensteppe und durch seine graphische Schilderung russischer Ausdauer und russischer Grausamkeit sich hervorthat. Dreimal wurde er in seinem Wagestück von russischen Behörden aufgehalten, und dreimal hatte er aufs Neue sich ins tollkühne Unternehmen gestürzt, um Herrn Gordon Bennet und den amerikanischen Zeitungslesern sich dienstlich zu zeigen.

Amerikanern zunächst haben auch Deutsche zur Erforschung Turkestans ihr Scherflein beigetragen. Der schneidige Hussarenlieutenant Stumm, der in Begleitung Lomakin's von der Kindirli-Bucht nach Chiwa gezogen war, hat ein gutes Buch über diesen denkwürdigen Feldzug der Russen veröffentlicht, dessen topographische Daten besonders werthvoll sind, während Radloff, der gelehrte türkische Sprachforscher, ausgezeichnete ethnographische Beiträge lieferte. Was die Verdienste der Franzosen anbelangt, so ist wohl in erster Reihe der französisch naturalisirte Ungar Karl von Ujfalvi zu erwähnen, dessen anthropologische Forschungen jedenfalls als bahnbrechend zu bezeichnen sind, während die Herren Capus und Bonvalot, einerseits durch ihre Querzüge in Russisch-Turkestan, andererseits durch ihren merkwürdigen Zug über den Pamir inmitten der Schrecken eines Alpenwinters die gerechte Bewunderung der Welt auf sich gezogen haben.

Ganz in der Neuzeit, nachdem der einem Zauber gleich entstandene Schienenstrang den vor einem Vierteljahrhundert noch durch unwegsame Strecken getrennten fernen Osten dem Abendlande nahe gebracht, hat die Zahl der Reisenden selbstverständlich bedeutend zugenommen.

Auch die Literatur ist im selben Verhältnisse angewachsen, mit dem Unterschiede jedoch, dass die gesteigerte Quantität der literarischen Producte in qualitativer Beziehung den Werken früherer Reisenden bedeutend nachsteht. Dieses gilt namentlich von dem Schwarm französischer Touristen, die ohne jegliche Vorbereitung und Vorkenntniss zur Fahrt nach Samarkand sich anschicken, einzig und allein, um das Lob des seinsollenden Alliirten mit desto grösserem Nachdrucke verkünden zu können. Eine rühmliche Ausnahme machen in dieser Beziehung Engländer und Deutsche, die mit ihrem gründlichen, nüchternen und objectiven Urtheile unserer Literatur über Centralasien zum Nutzen gereichen.

So bringt das demnächst erscheinende Buch George Curzon's, in dessen Aushängebogen mir ein Einblick vergönnt war, eine ganze Fülle gediegener Nachrichten über Transkaspien, das Zerefschangebiet und Turkestan. während vorliegendes Buch, was den auf Centralasien bezüglichen Theil anbelangt, hinsichtlich der auf die wirthschaftlichen, commerciellen und industriellen Verhältnisse Russisch-Turkestans bezüglichen Daten geradezu unvergleichlich dasteht. Herr von Proskowetz besitzt ausserdem die glückliche Gabe eines brillanten und fesselnden Styles, seine Schilderungen sind treu und meisterhaft, und es wäre sehr zu wünschen, dass die commerciellen und industriellen Kreise Oesterreich-Ungarns unter Leitung dieses vorzüglichen und verlässlichen Wegweisers ihren Blick wohl auch schon einmal nach dem Innern Asiens richten mögen.

Die Reise, zu welcher ich vor 25 Jahren zehn Monate brauchte, kann heute in ebensoviel Tagen zurückgelegt werden, die neue Communication bringt uns in unmittelbare Nachbarschaft mit dem fernen Osten, und es wäre jammerschade, noch länger zusehen zu wollen, wie die Völker Westeuropas über unsere Köpfe hinweg zur wirthschaftlichen Ausbeutung Innerasiens sich anschicken.

Niederdorf, Tirol. August 1889.

Hermann Vambéry.

und Aschkabad liegen auf der Höhe von Sicilien oder Tunis, und die schwächlichen Verhältnisse der angrenzenden asiatischen Reiche versprechen den Russen die Erwerbung weiterer, bis zum persischen Meerbusen reichender Länderstrecken als tropische Ergänzung." (Peez.)

Die erste Sorge vor Antritt einer Reise ist die Ausstattung mit Legitimationspapieren, mit Creditbriefen und mit einem praktischen Reisehandbuch, wodurch dem Reisenden die Berechtigung freien Verkehrs, die Annehmlichkeit, von Fall zu Fall Theilbeträge erheben zu können, und die planmässige Ausnützung der Route zugute kommt.

Der Eintritt nach Russland, der Aufenthalt daselbst und die Rückkehr hängen von dem Besitze tadelloser Reisedocumente so sehr ab, wie in keinem anderen Land der Welt. Die einschlägigen Passvorschriften sind erst vor wenigen Monaten neuerdings präcisirt worden und fordern Nachstehendes:

Jeder Reisende, welcher die russische Grenze überschreitet, ist gehalten, im Besitze eines vorschriftsmässigen „Eintrittspasses" (Nationalpasses) zu sein.

Ebenso muss jeder zugereiste Fremde, welcher Russland wieder verlässt, sich mit dem russischen „Austrittspasse", beziehungsweise Austrittsvisum, rechtzeitig versehen.

a) Der Eintrittspass besteht in dem dem Reisenden vor seiner Abreise von dem k. und k. Ministerium des kaiserlichen Hauses und des Aeussern, oder von der heimatlichen Zuständigkeitsbehörde (Bezirkshauptmannschaft oder Polizei-Direction) ausgestellten Nationalpasse.

Heimatscheine, Arbeitsbücher, Legitimationskarten werden in gewissen Fällen dem Nationalpasse gleichgestellt, häufig jedoch auch beanständet. Der betreffende Nationalpass muss vor der Abreise von einer k. russischen Mission oder einem russischen Consulate im Auslande mit einem „Visum" (Eintrittsbewilligung) versehen werden. Profanen Reisenden christlichen Glaubensbekenntnisses wird dieses Visum meist anstandslos ertheilt; katholischen und evangelischen Geistlichen, sowie israelitischen Reisenden hingegen kann es ohne weitere Begründung verweigert werden.

Bei Vidirung von Pässen solcher ausländischer Israeliten, die nach Russland reisen, um sich in den den Juden zu Wohnsitzen angewiesenen Orten aufzuhalten, wird dem eigentlichen Visum noch die Bemerkung hinzugefügt, dass diese Reisebewilligung nur eben für die als Aufenthaltsorte der Israeliten bestimmten Localitäten Giltigkeit habe.

Der so vidirte Nationalpass wird beim Grenzübertritte dem Reisenden abgenommen, genau geprüft und, wenn er in Ordnung befunden wird, mit einem neuen Visum, dem „Grenzvisum", versehen. Am Orte seiner Bestimmung angelangt, hat der Reisende seinen Pass abermals der localen Polizeibehörde (Polizei-Pristaw) zur Eintragung und Vidirung vorzulegen. Letzteres Visum berechtigt die Fremden unbehindert (bei Israeliten selbstverständlich nur unter der Voraussetzung, dass die von der Specialgesetzgebung verlangten Bedingungen erfüllt seien) durch sechs Monate, vom Tage des Grenzvisums, d. h. vom Tage ab, wo sie die russische Grenze überschritten haben, im russischen Reiche zu weilen.

Nach Ablauf dieser sechs Monate ist jeder Fremde gehalten, sich bei der Localpolizei, eventuell Gouvernementsbehörde, einen „Aufenthaltsschein" gegen Zahlung der betreffenden Gebühr zu beschaffen. Dieser gewöhnlich auf ein Jahr giltige Schein hat am Tage seines Ablaufes pünktlich erneuert zu werden. Eine in dieser Hinsicht unterlaufende Versäumniss zieht unter allen Umständen eine mit jedem Tage progressiv steigende Straftaxe nach sich (in St. Petersburg und in vielen anderen Localitäten 15 Kop. per Tag) bis zu einem den Gesammtbetrag von 10 Rubeln per Person nicht überschreitenden Maximum.

Die Erneuerung des Aufenthaltsscheines wurde bis vor Kurzem gegen blossen Vorweis des abgelaufenen Scheines bewilligt, ohne dass der Betreffende gehalten gewesen wäre, sich gleichzeitig mit seinem Nationalpasse auszuweisen. Seit der in den letzten Jahren eingetretenen Verschärfung der Passvorschriften scheint sich nun die Praxis eingebürgert zu haben, dass fremde Unterthanen bei jeder Erneuerung des Aufenthaltsscheines auch den Nationalpass vorlegen müssen.

Als Grundsatz ist festzuhalten, dass dieser sechsmonatliche Termin stets vom Tage des ersten im Nationalpasse eingetragenen Grenzvisums an zu rechnen ist.

Eine Cumulirung ist also nur innerhalb der ersten sechs Monate vom Tage des ersten Grenzübertrittes an statthaft.

Während dieser ersten sechs Monate können solche Fremde mehrmals ins Ausland reisen und wieder nach Russland zurückkehren, ohne jedesmal das Visum des russischen Consulates einzuholen; nach Ablauf dieses Termines sind sie zur Lösung des Aufenthaltsscheines verpflichtet.

Oesterreichisch-ungarische Unterthanen, welche sich in der Nothwendigkeit befinden, häufige Reisen nach Russland zu unternehmen und die mit der Lösung eines Aufenthaltsscheines verbundenen Formalitäten und Kosten zu vermeiden wünschen, thun daher besser, sich vor einer jeden Reise nach Russland mit einem neuen Nationalpasse zu versehen, auf welchem das betreffende Grenzvisum natürlich als erstes Visum figuriren wird.

Ein solcher Vorgang gestattet sogar eine jahrelang dauernde, von der russischen Regierung jedoch ausdrücklich als legal anerkannte Umgehung des Aufenthaltsscheins-Zwanges, wenn in Russland zwar wohnhafte, jedoch mindestens zweimal des Jahres nach der Heimat reisende österreichisch-ungarische Staatsangehörige sich bei ihrer Rückkehr jedesmal mit einem neuen Nationalpasse versehen. Selbstverständlich würde ein per Post aus Oesterreich-Ungarn bezogener oder von der k. und k. Botschaft in Petersburg ausgestellter Pass zu diesem Zwecke nicht genügen, da ihm das Eintrittsvisum fehlen würde.

Ebenso weigert sich die Localbehörde, auf Grund eines von der k. und k. Botschaft in Petersburg ausgestellten und somit des Grenzübertritts-Visums entbehrenden Passes einen Aufenthaltsschein zu ertheilen. In Fällen, wo wegen Verlustes des Originalpasses solche Passertheilungen vorkommen, ist eine ausdrückliche Bestätigung des Verlustes erforderlich.

b) Der Austrittspass (Austrittsvisum), d. h. die Bewilligung, die Grenze ohne Behinderung zurückzupassiren, wird dem zurückreisenden Fremden gegen Vorweis seines Eintrittspasses, beziehungsweise Aufenthaltsscheines, und Zahlung der entsprechenden Gebühr von der Polizeibehörde seines bisherigen Aufenthaltsortes ausgefolgt. Die Polizei versichert sich zunächst, ob gegen die Abreise des Betreffenden kein Anstand obwaltet (unbezahlte Schulden u. s. w.).

Fremden, die sich über sechs Monate in Russland aufgehalten haben, somit im Besitze eines Aufenthaltsscheines sind, wird die Austrittserlaubniss in Form eines wirklichen Austrittspasses (in Buchformat) ertheilt; solche Reisende hingegen, die kürzer als sechs Monate in Russland weilten, erhalten die betreffende Bewilligung in Gestalt eines dem Nationalpasse beigedruckten Visums.

c) Selbstverständlich sind Reisende, welche während ihres Aufenthaltes in Russland mehrere Städte des Reiches besuchen, gehalten, sich bei jedesmaliger Ankunft und Abreise bei den Polizeibehörden der betreffenden Localitäten behufs Vidirung ihrer Pässe zu melden.

Ich war in der angenehmen Lage, einen Ministerialpass auszuwirken; ein solcher verleiht dem Inhaber bei den russischen Behörden ein höheres Ansehen, steigert deren Zuvorkommenheit und erspart manche Formalität. Der Text lautet:

„Im Namen Seiner Majestät des Kaisers von Oesterreich, Königs von Böhmen etc. und Apostolischen Königs von Ungarn werden alle Civil- und Militärbehörden angewiesen, jene der auswärtigen Staaten aber geziemend ersucht, den Herrn k. k. Truchsess Dr. Max, Ritter **Proskowetz** von **Proskow** und **Marstorff**, welcher von hier nach Russland und Persien reiset, aller Orten frei und ungehindert passiren, auch demselben nöthigenfalls allen Schutz und Beistand angedeihen zu lassen.

Wien, den 1. Juni 1888.

Auf Allerhöchsten Befehl Seiner kaiserlichen und königlich Apostolisches Majestät der Minister des kaiserlichen Hauses und des Aeussern; für denselben

Freiherr v. Konradsheim m. p.

Giltig: 1 Iahr.

Gratis."

Der Pass war mit dem Visum des russischen Generalconsuls und des persischen Generalconsuls zu Wien versehen.

Das Wörtchen „gratis" hatte in den meisten Stationen Wirkung, so dass ich im Ganzen an Stempelgebühren nur den Betrag von 103 Kopeken bezahlte.

Nicht überall gehen die Localbehörden mit gleicher Strenge vor. Sehr feierlich sind die Grenzvisa und die Vidirungsformeln von Petersburg, Moskau und Odessa gehalten. Zwischen diesen laufen unscheinbarere Stempel theils vom Hôtelportier, wie in Kasán, theils von den Pristaw's, wie in Samarkand und Sarátow, und das Visum der russischen Agentie in Mesched.

Die krausen Schriften und bunten Städtewappen machen den Pass heute zu einem curiosen Blatt.

Die Vorsicht gebietet, nie grössere Summen mit sich zu führen, sondern jeweilig auf Grund von Anweisungen den leider rasch erschöpften Mammon zu ergänzen. Ich benützte als Legi-

timation meine Photographie, von der mehrere, mit meiner Unterschrift versehene Exemplare den verschiedenen Banquiers von
einem Wiener Hause vorher zugesendet worden waren. Ueberall
circulirt nur Papiergeld, sogenannte Creditbillets zu 1, 3, 5, 10-
25 und 100 Rubel, ausserdem Serienscheine zu 50 Rubel. Diese
alle sind in buntem Steindruck ausgeführt, zumeist sehr hübsch
gezeichnet und mit Porträts russischer Herrscher und nationaler
Ornamentik ausgestattet. Gold bekommt man fast nie zu Gesicht,
empfindet aber dessen Schwere bei Zollzahlungen. An Silber
münzen finden wir Stücke zu 1 Rubel, zu 50 Kopeken (Poltinnik),
zu 25 (Tschetwerták = Viertelrubel), zu 20 (Dwugríwennik), zu
10 (Griwennik oder Griwna), zu 5 (Pjaták), zu 3 und 2 (Grosch)
Kopeken. Einkopekstücke sind selten, werden häufig neben dem
Glücksschweinchen an der Uhrkette getragen, und jeder Bettler
zieht bei solchem Almosen ein schiefes Gesicht. Bei dem wiederholten Umtausch von russischem gegen bocharisches oder persisches Geld, oder umgekehrt, lässt man natürlich Haare.

Die Reiseliteratur über Russland ist in den letzten Jahrzehnten sehr angeschwollen; trotzdem verfügt man nur über wenige
wirklich praktische Führer in den Weltsprachen. An der Spitze
steht Murray's Handbuch für Russland, Polen und Finland inclusive Sibirien, Krim, Kaukasus und Centralasien. Die vierte
Ausgabe 1888, von Michell, seinerzeit englischer Consul in Petersburg, besorgt, ist im Ganzen und Grossen recht verlässlich und
ausführlich. Kleine Fehler unterlaufen ja bei solchen Werken
immer. Ungenau ist die Strecke der transkaspischen Bahn, die
Michell, wie er hervorhebt, für Jene skizzirt hat, welche die Erlaubniss erhalten, in Russisch-Asien zu reisen, eine Erlaubniss,
die zu erlangen britischen Unterthanen besonders schwer fällt.

Der deutsche Bädeker, 1888 in zweiter Auflage erschienen,
verbreitet sich leider nur über Nord- und Centralrussland, längs
der Wolga nur bis Sysran, dann über Kijew, Odessa und die Krim.

Einen kleinen Reiseführer hat W. Gerhard edirt, der mit
manchen Vorzügen den Nachtheil verbindet, meistens aphoristisch
gehalten zu sein.

Die zahlreichen Reisebeschreibungen in verschiedenen
Sprachen, insbesondere über den Kaukasus, leiden häufig an
Uebertreibungen, Unrichtigkeiten und verbrauchten Anekdoten.
So, um nur ein Beispiel anzuführen, empfiehlt die Mehrzahl für Ge-
birgstouren den kaukasischen Sattel, die Minderzahl den eng-

lischen. Da aber häufig die Minorität mehr Beachtung verdient
als eine hohle Majorität, und ich die unbequemen Sättel der
Eingeborenen von meinen beiden Ausflügen in den Orient in
schlechtem Angedenken hatte, nahm ich eine englische Pritsche
von Hause aus mit. Diese hat mir zwar ein Gepäckstück mehr
aufgehalst und manche Scherereien verursacht, aber überall die
besten Dienste geleistet. Ihr verdankte ich auch die Bekanntschaft mit dem Zollamte von Granitza. Bis hierher verschwand
mir fast jeder Reiseeindruck, denn erst jenseits der Grenzpfähle fühlt
man sich verpflichtet, Augen und Ohren offen zu halten.

Der Schnellzug, der Wien um 12 Uhr Mittags verlässt, erreicht die Grenzstation um 8 Uhr 55 Minuten Abends. In Oderberg nahm ich von meinem Vater Abschied. Weiterhin ergötzten
mich die mündlich mitgetheilten „Memoiren eines Schlafwagen-
Conducteurs."

Jahr aus, Jahr ein fährt zwischen den Grenzbahnhöfen eine
seltsame Figur mit Kaftan und Schläfenlocken hin und her, der
alte Manes mit seiner fliegenden Wechselbank. Bei ihm tauschte
ich russisches Kleingeld ein, sobald wir nach Uebergabe der Pässe
an den Gendarmerielieutenant die Waggons verlassen und den
Perron betreten durften.

Meine Sattelkiste erregte die Aufmerksamkeit der Beamten und
führte zu einer gründlichen Durchsuchung. Die Packtaschen enthielten
grosse Korbflaschen, Demijohns der Firma Kelch, welche sich
hinterdrein vortrefflich bewährten und bei allen Officieren lebhaften Beifall fanden. Ich hätte ein Hundert solcher Flaschen dort
und da vortheilhaft an Mann bringen können. Die mitgeführten
drei Exemplare schenkte ich später einer Dame, um ihren Wunsch
zu erfüllen. Auf dem Zollamt passirten die Flaschen, nachdem
dasselbe die Ueberzeugung gewonnen, dass sie ungefährlich und
leer waren. Mein Officierskochapparat, ein schlechtes Machwerk,
obwohl von einer bekannten Wiener Firma geliefert, kam dem
Auge des Gesetzes ausserordentlich verdächtig vor. Ich musste
den Apparat öffnen, vollständig aufstellen, eine Gebrauchs-
anweisung liefern und den Spiritusbrenner umdrehen, bis auch
diesem Object der Schein eines Sprenggeschosses benommen war.
Dienstfertig halfen mir die Gepäckträger, kräftige Individuen, mit
rothen Hemden, weissen Schürzen und schwarzen Mützen bekleidet. Das Endergebniss des halbstündigen Wühlens in meinen
Reiseeffecten war die Zahlung von 26 Rubel. Meine Quittung in

der Tasche verzehrte ich ein wahres Schlangenfutter im Buffetzimmer von Granitza, das in dieser Beziehung mehr den westlicher gelegenen, als den russischen Bahnhöfen gleichkommt. Um 10 Uhr 19 Minuten rollten wir weiter, nachdem uns der weissröckige Lieutenant die Pässe eingehändigt und ich Herrn Kaschanek, dem gemüthlichen Revisor der Kaiser-Ferdinands-Nordbahn, auf dem Perron das letzte „Empfehl' mich!" zugerufen hatte, um in Warschau Früh 5 Uhr 44 Minuten zu landen.

Der Zug geht nach vierstündigen Aufenthalt in Warschau über Bialystok-Wilna-Dünaburg nach Petersburg und legt die 1823.5 *km* von Wien her in 53 Stunden 55 Minuten zurück. Ein Billet erster Classe Eilzug kostet ca. 85 fl.

Der Eilzug ab Warschau soll durch einen schnelleren ersetzt werden. Vorläufig verdient er diesen Namen nicht besonders; denn, während die Nordbahn die Strecke Wien-Granitza mit einer Fahrgeschwindigkeit von 44·1 *km* per Stunde zurücklegt, erreicht sie zwischen Warschau und Petersburg nur 35·2 *km*. Zu diesen Verkehrsgeschwindigkeiten zwei Gegenbilder: England im Jahre 1888 und Russland anno 1800.

Die Nord- und die Nordwestbahn legen die Strecke London-Edinburgh, 640 *km*, in kaum 8 Stunden, d. i. 80 *km* per Stunde, zurück, wobei auf geraden Strecken die Schnelligkeit 118·4 *km* erreicht. Die längste, ununterbrochene Fahrt ist von London nach Crewe: 252·8 *km* in 3 Stunden 5 Minuten, also 82 *km* per Stunde.

Die Grossfürstin Alexandra Pawlowna und ihr Gemahl, der Palatin Erzherzog Joseph reisten am 21. November 1799 von Petersburg ab und langten am 8. Januar 1802 in Wien an. Die Fahrt des erlauchten Paares nahm sonach 48 Tage in Anspruch; sie ging über Brünn, das bei der Durchfahrt festlich beleuchtet war.

Ausser der Strecke Warschau-Petersburg sind nur noch jene von der Hauptstadt nach Moskau, dann von diesem Punkte nach Nishnij-Nowgorod sowie nach Sewastópol, endlich von Odessa aufwärts mit Eilzügen bedacht. Der Nachteilzug Petersburg-Moskau legt die 649·8 *km* in 13 Stunden, also mit fast 50 *km* per Stunde, zurück.

Ueber das Eisenbahnwesen spricht sich der Ingenieur P. F. Kupka folgendermassen aus: „Die grossen in Russland zurückzulegenden Entfernungen (Granitza-Petersburg 1430 *km*, Petersburg-Moskau 649 *km*, Moskau-Granitza 1401 *km*) erheischen selbstverständlich bessere Vorkehrungen für die Bequemlichkeit der Reisenden, was jedoch nicht überall gleich ist. Die Waggons haben in Folge der grösseren Spurweite und bei dem nahezu gänzlichen Abgange von Tunnels grössere Ausladungen in Breite und Höhe; sie sind mit Waschräumen, Closets, Staubfenstern versehen; bei manchen Zügen wird aus dem tagsüber als Sitz dienenden Lehnstuhl (Kreslo) ein recht gutes Bett hergestellt, bei anderen muss man sich es bequem machen, so gut es eben geht. Die in Nationaltracht — bis zu den Knieen reichende, über die Brust schräg geschlossene Tuchröcke, Pumphosen, hohe Stiefel und runde, mit Pelzwerk besetzte Mützen — gekleideten Schaffner sind durchwegs recht bereitwillig. Die grossen Bahnhöfe sind zumeist weitläufige steinerne, die kleineren im russischen Style aufgeführte hölzerne Gebäude; in den für die erste und zweite Classe gemeinsamen Restaurationen, „Buffets" genannt, werden auf einem im Saale selbst untergebrachten Heerd die vorher gar bereiteten Speisen warm gehalten und nach Auswahl von dem überaus reichlich vorhandenen Bedienungspersonal auf einen der langen Tische gesetzt. Speisen und Getränke sind fast überall gut, wenngleich nicht immer billig."

Erwähnenswerth sind auch die sogenannten „blinden" Passagiere, welche entweder ohne Fahrkarte oder unrechtmässig in einer höheren Classe fahren.

Auf irgend einer Strecke sass ich allein mit einem Dragoner-Officier im Coupé, als einer der häufigen Revisoren eintrat. Die Revisionen sind oft recht lästig, wenn die Beamten bei Nacht den Zug durchschreiten und die Passagiere aufstöbern. Mit einer gewissen Feierlichkeit walten die Herren, stets vom Conducteur begleitet, ihres Amtes, wobei mir öfter auffiel, dass nicht alle Insassen ihre Karten vorzuzeigen aufgefordert wurden. Kaum war der Dienstthuende zur Thüre hinaus, als mein Capitän verwundert ausrief:

„Was? Sie haben ein Billet erster Classe?"

„Sie nicht?"

„Aber, mein Gott! Wie schade um das schöne Geld! Ich gebe dem Revisor, er ist ein guter Mann, einen Rubel und eine Cigarre und fahre ganz ruhig."

„Ein Fremder könnte das doch wohl nicht?"

„Nun freilich, Sie kennen unser Land nicht; aber schade ist's doch. Was könnten Sie alles für diese 15 Rubel haben!"

Eine andere heitere Geschichte spielt sich in einem Waggon dritter Classe ab, woselbst sich eine Jüdin mit ihrem Kinde niedergelassen hatte. Die zärtliche Mutter bettete ihr zartes Knäblein sofort beim Einsteigen auf einer Bank und deckte es sorgfältig zu, dass in der That auch nicht die Nasenspitze gesehen werden konnte, und nahm selbst dicht beim Kinde Platz, wodurch der Körper des angeblichen Säuglings zu sieben Achtel bedeckt wurde. Als nach kurzer Fahrt der Oberconducteur die Billet-controle vornahm, gewahrte er auch das schlafende Kind und forderte die Mutter auf, ihm dasselbe zu zeigen; diese gab jedoch an, es schlafe gerade und wäre noch sehr klein. Der Beamte bestand aber auf seiner Forderung und wiederholte dieselbe nochmals energisch. Die anderen Insassen des Waggons, welche schon beim Einsteigen die Bekanntschaft des Neugeborenen gemacht hatten und wussten, welch' ausgewachsener Bengel hier versteckt war, konnten sich des Lachens nicht enthalten. Im selben Augenblicke richtete sich die Kleinigkeit auf und rief zum Entsetzen der Mutter dieser zu: „Mutter, kaf doch dem Zettel!" Ein schallendes Gelächter ertönte im Waggon, und selbst der controlirende Beamte konnte sich eines solchen nicht enthalten. Auf der nächsten Station musste nun die Frau für ihren ziemlich ausgewachsenen Sohn nolens volens „dem Zettel" für die Weiterreise kaufen.

Wie man sieht, kann auch der simpelste „Gemischte" zum „Blitz"-Zug werden.

2. ABSCHNITT.

(Warschau.)

Dem Reisenden, welcher die Strecke Wien-Warschau-Peters
burg benützt, um in die Hauptstadt des russischen Reiches zu
gelangen, gewährt weder der Aufenthalt in Warschau, noch der
Ausblick aus dem Durchgangswagen auf die langsam vorbei-
ziehende Landschaft irgendwelche Ausbeute von landwirthschaftlichem Interesse. Im Weichbilde Warschaus erstrecken sich, wie
mir Spazierfahrten nach meinem Eintreffen zeigten, auf der West-
seite wohlgepflegte Gemüsegärten, insbesondere Krautäcker, für
deren Bewässerung kleine Zwischendämme aufgeführt sind; nach
Süden hin läuft die fette Feldflur, auf der eben die Getreideernte
im Zuge ist, in sandiges, karges Land aus. Spärliche, schmutzige
Dörfer mit Holzhäusern tauchen ab und zu auf, dann folgt wieder
lange nichts als verbrannte Hutweide, Kartoffelfelder, über welche
die Gefährte, um den schuhtiefen Tümpeln inmitten der breiten
Sandwege auszuweichen, unentwegt hinüberrollen. Erbärmliche
Wägelchen, von demüthig grüssenden Bauern oder jüdischen
Händlern besetzt, schleichen vorbei, indess unser Iswoschtschik, seine
Mähren, um sie in Zotteltrab zu versetzen, unbarmherzig mit der
kurzen Peitsche bearbeitet. Weiterhin steigt, hinter den Redouten
eines Forts, ein kleiner Wald auf. Weiden begleiten das Bächlein, wieder folgen Bäume und hinter ihnen ein herrschaftlicher
Meierhof, einst stattliche, jetzt halbverfallene Gebäude mit
schmutzigem Hofraum, verwahrlosten Ställen und abscheulich zer-
zogenen Düngerstätten.

Buntes Vieh weidet an den Rieden, grosse Erntewägen
schwanken die gepflasterte „Chaussée" heran; auf solcher Strasse
hätte Gabelsberger wohl nicht, wie er als Secretär des Fürsten

Oettingen auf der bayerischen Landstrasse zu thun pflegte, die
Dictate seines Herrn während der Fahrt im Wagen in der Kurz-
und Schnellschrift zu Papier gebracht, welche den Grund zu
seiner Erfindung der Stenographie gebildet hat. Plötzlich bietet
sich an einer Biegung des Weges das herrschaftliche Schloss
unseren Blicken, ein königlicher Bau voll verschwenderischer
Pracht. Innen und Aussen eingesäumt von herrlichen Gartenanlagen, kurz gehaltenem, bewässerten Rasen und geschorenen
Hecken. Welch' ein Contrast: hier üppiger Luxus, sorglichste Pflege
von Baulichkeiten und Pflanzenwuchs, dort auf dem Hofe asiatische
Nachlässigkeit.

Denselben Charakter trägt Warschau selbst: hier glänzende
Strassen und prächtige Parks, vornehme Paläste und moderne
Kaufhäuser; dort, unmittelbar hinter Schloss und Garten und
reichen Façaden, krumme, schmale Gassen und Fuchsbaue, die
Einen den Geruchsinn verwünschen lassen.

Deutlich scheiden sich drei Zeitalter in der stolzen Hauptstadt Polens: das heroische, in Gothik und Frührenaissance, in
Thürmen, Kirchen und Schlössern an das Mittelalter und die
folgende Epoche mahnend: das elegante und galante, mit einer
verschwenderischen Fülle üppiger Paläste, launenhafte, von Gärten,
Vorhöfen und Arcaden umschlossene Bauwerke, grossartig oder
reizend, einige mit italienischer Grandezza, andere mit dem
Schwung zöpfischer Phantasie, mit den Scherzen des zierlichen
Rococo, wieder andere mit der wirkungsvollen Breite der antikisirenden Schule, von prachtliebenden Königen, leichtlebigen
Magnaten, luxuriösen Freundinnen fürstlicher Herren, in Saus und
Braus geschaffen. Und das dritte Zeitalter, das moderne, mit
langen, schmucklosen Häuserreihen, Banquierpalais', öffentlichen
Instituten, Schulen, Museen, zahlreichen Fabriken (258) und Ge-
werbsanlagen, mit heller Strassenbeleuchtung, breiten Trottoirs,
und der grandiosen, eisernen Gitterbrücke hoch über dem belebten, breiten Weichselstrome.

Auf einem Hügel lagert, ihre Vorwerke bis an das Strom-
ufer sendend, die wahrhaft königliche Residenz mit herrlichen
Sälen, mit Gemälden und Bildwerken: sie beherrscht das Thal
weit über Praga, das Sterbebett des Königreichs Polen, hinaus.
In den Gemächern, wo einst die schwachen Herrscher dieser
Adelsrepublik, von schönen Frauen, Günstlingen, Sängern, Tänzern,
Dichterlingen, goldstrotzenden Hofcavalieren und goldsuchenden

schwätzend, drängend, mit lebhafter Geberde auf die Acteurs und Actricen. Wie die homerischen Helden und Halbgötter war hier Jeglicher von einer Wolke umflossen, freilich nicht von hehrem Duft, sondern von Laucharten und Anderem in luftförmigem Aggregatzustande. Ein Antisemit wäre hier nervös geworden; glücklicherweise gehöre ich zu den Liberalen und verkenne keineswegs den Anspruch auf Gleichberechtigung der Israeliten, ihre Betriebsamkeit, Nüchternheit, ihren regen Familiensinn und ihr Streben nach Bildung. Dass unter der schweren Hand des russischen Absolutismus die guten Eigenschaften dieses durch Jahrhunderte langen Druck isolirten Volkes weniger zum Vorschein kommen, als manche seiner Erbübel, ist begreiflich.

Die Bekenner des mosaischen Glaubens dürfen sich in Russland nur in bestimmten Orten, wenigstens 50 Werst von der Grenze (1 Werst = 1067 m) aufhalten, in einigen Gouvernements Land weder kaufen, noch pachten, noch verwalten, Branntweinhandel nur in ihren eigenen Häusern treiben; sie können das Amt eines Stadthauptes nicht bekleiden; der Staatsdienst und die Officiercharge ist ihnen verschlossen, sie sind in ihrer Freizügigkeit beschränkt, müssen, über eine gewisse Zahl von Handeltreibenden hinaus, in eine Handwerkerzunft eingetragen sein; lediglich die Israeliten, welche Kaufleute erster Gilde oder Handwerker sind, und jene, die eine höhere Lehranstalt absolvirt haben, sind befugt, überall im Reiche ihren Wohnsitz zu nehmen; bei der Ableistung ihrer Militärpflicht vereinigt, wie ich im Kaukasus hörte, der Commandirende auch wohl sämmtliche Israeliten in eine einzige Compagnie. Alle diese Massnahmen sind nach Ablauf verschiedener, den Israeliten günstigerer Epochen unseres Jahrhunderts, neuerer Zeit, wo das Nationalitätsprincip immer mehr zur Tagesordnung wird, und speciell in Russland nur der „russischen Nation" orthodoxen Glaubens volle Existenzberechtigung zugestanden wird, eine Art nationalen Schutzzolls, welcher nach anderer Richtung hin auch die Katholiken, Protestanten, Deutschen, Polen u. s. w. belastet. Dass die aus missverstandener Sympathie für ihre slavischen Stammesbrüder nach Russland eingewanderten Czechen sich mit diesen, trotz der häufig überlaut betonten Zusammengehörigkeit, sprachlich nicht allzuleicht zu verständigen vermögen und in Russland nirgends auf Rosen gebettet sind, ist allbekannt.

Die Israeliten machen 4·4% der Gesammtbevölkerung Russlands und 13% der Einwohner des Königreiches Polen, in ein-

zelnen Städten bis 94% aus. An dieser Stelle mögen einige
statistische Zahlen über das ganze russische Reich Platz finden,
und zwar nach der Zählung von 1885.

Die totale Bevölkerung von Russland in Europa und
Asien beträgt 108,787.000 Seelen in einem Ländergebiet von etwa
22 Millionen $\square km$, was einen scheinbaren Zuwachs von 4½ Millionen Menschen gegen das Vorjahr bedeutet. Dieser rührt jedoch
wohl nur von den genaueren Schätzungen in den kürzlich annec-
tirten Territorien her.

Von der gesammten Bevölkerung gehören (in runden Zahlen)
81,723.000 zu Europäisch-Russland, 7,960.000 zu Polen, 2,176.000
zu Finland, 7,284.000 zu Kaukasien, 4,313.000 zu Sibirien und
5,327.000 zu Russisch-Central-Asien. Der dichtest bevölkerte Theil
des Reiches ist Polen, 71·4 Einwohner auf die Quadrat-Werst, *)
während im europäischen Russland 19·3, in Kaukasien 17·9, in
Russisch-Central-Asien 1·8 und in Sibirien gar nur 0·4 Einwohner
auf die Quadrat-Werst kommen. Auf 100 männliche Einwohner
kommen: in Polen 104, im europäischen Russland 101·2, in Sibirien
93.2, in Central-Asien 90·2 und in Kaukasien 87·9 weibliche. Es
gibt im ganzen Reiche 1310 Städte, davon haben nur 36 mehr als
50.000 Einwohner. Nur vier Städte überschreiten 200.000, und zwar:
Petersburg mit 861.000, Moskau mit 753.000, Warschau mit 454.000
und Odessa mit 240.000. Am Ende des Jahres befanden sich
wegen verschiedener Verbrechen und Vergehen 90.815 Personen
im Gefängniss. Die Anzahl der zu schwerer Arbeit Verurtheilten
betrug 6328, davon 5123 in Sibirien; ausserdem gab es noch auf
der Insel Sachálin detenirte Sträflinge. Im Jahre 1885 gab es
Alles in Allem 4,597.411 Geburten. Die Quote der unehelichen
Kinder betrug nur 2·8%. Die Todesfälle in demselben Jahre be-
zifferten sich auf 3,291.824; mehr als die Hälfte derselben bezieht
sich auf Kinder unter fünf Jahren. Auf je 1000 Personen sterben p. a.
in Europäisch-Russland 35·1. Die jährliche Vermehrung der Bevölkerung beträgt ein wenig mehr als 1 Procent.

Das jährliche Recruten-Contingent betrug (1888) für die
active Armee 250.000 Mann. Die Vertheilung dieses Contingents
nach Racen gibt eine Idee von dem Völkergemenge in Russland. Der grösste Theil (74·6%) sind Klein- und Weiss-Russen,
dann folgen 7·6% Polen, 4·4% Juden, 2·6% Littauer, 2% Tataren,

---

*) 1 $\square$ Werst = 1.138 $\square$ km.

1 6°/₀ Deutsche, 1·5°/₀ Letten, 1·3°/₀ Baschkiren, 1·1" , Livländer
und 1°/₀ Moldauer. Der Rest vertheilt sich auf Bulgaren, Karelier,
Griechen, Czechen, Georgier, Circassier, Lapländer etc. etc. Nahezu
drei Viertel (73·4°/₀) der Recruten können weder lesen noch
schreiben; ihr durchschnittliches Höhenmass ist 162 *cm*. Im abgelaufenen Jahre überschritten, kommend und gehend, nur 724.878
Russen die Grenze. Von den 668.377 Fremden, welche nach Russland kamen, waren 405.342 Deutsche, 190 543 Oesterreicher und Ungarn, 27.156 Perser, 14.274 Türken und 13.445 Rumänen.

Die vorliegenden Blätter sind Reisenotizen eines Unbefangenen und kein Roman, sonst würde ich vielleicht wie Lermontow sagen: „Ich verschone Euch mit Beschreibungen und mit
Ausrufen, die nichts ausdrücken — am wenigsten für Diejenigen,
welche nicht dieselbe Reise gemacht haben; auch will ich Euch
nicht mit statistischen Notizen behelligen, die ja doch kein
Mensch liest."

So sei denn unter dem Eindrucke dieser Ermahnung ein General-
pardon erbeten, gleich hier ein wenig Reue und Busse gethan
und erzählt, wie ich von Warschau abfuhr.

Geraume Zeit vor Abgang des Zuges trieb ich mich, ein
gutes Frühstück und die Lecture einer gut abgelegenen Petersburger Zeitung hinter mir, im Treppenhause und in der Einfahrt
des Gasthofes umher, schlich um die Portiersloge, stellte unnütze
Fragen und lugte durch die Glasthüren in den grossen quadratischen Hof, wo ein dicker Pferdewärter den Omnibus zurecht
machte, der die Passagiere zur Bahn bringen sollte. Ich befand
mich, zu früh erweckt, in unbehaglicher Stimmung, umsomehr,
als ich bereits die Trinkgelder vertheilt hatte und somit unter
den Larven des Dienstpersonals nur mehr die einzige fühlende
Brust war. Ganz gegen meine Gewohnheit verspürte ich den
Drang, nicht in der letzten Minute zum Schalter zu eilen und
einen Platz zu finden, da meine geringen Kenntnisse des Russischen
und der hiesigen Eisenbahnsitten mir die auf internationalen
Strecken erprobte Ruhe geraubt hatten. Endlich schien es aber
auch dem Portier hohe Zeit zum Start zu sein. Ungeduldig legte
er den Kopf zurück und stampfte den Boden. Wieder rückte der
Zeiger vor, die Baronesse, wie ich nach dem Titel glaubte, ein
Backfischchen, und ihre Zofe wollten noch immer nicht kommen.
Als schon Gefahr im Verzug war, stürmten zwei weibliche Wesen
die Stufen herab in den Wagen, wo ich längst festsass, eine

graziöse, hübsche Blondine und ein Drache von Kammerjungfer. Auch die Baronin, die Frau eines hohen Officiers, auf einer Eilfahrt von Paris nach Hause begriffen, zitterte vor dem Gedanken, weitere 24 Stunden in Warschau vor Anker liegen zu müssen.

Auf dem Bahnhofe laufen wir nur so die Treppen hinauf, schiessen wie Irrlichter zu den Cassen, ich nehme die drei Billets, die Dame gibt pêle-mêle unsere Bagage auf, ein Volk Packträger flattert ängstlich mit unserem Handgepäck zum Wagen, wir eilen ängstlich nach, die Maschine pfeift, und wir sitzen, jetzt auflachend, wohlgeborgen im Coupé.

Ich hatte Anlass auf der Fahrt „die Kunst, in 36 Stunden ein angenehmer Gesellschafter zu werden," auszuüben. Die stockrussische Cameriera nagte, ewig stumm, an den Mundvorräthen. Die Baronin, elegant, witzig und gesprächig wie eine Vollblut-Pariserin, eine — verzeihen Sie das harte Wort! — Lachtaube, kam vom Hundertsten ins Tausendste, plauderte allerliebst von der Saison in Nizza, von den Boulevards, vom Bois, von den Theatern, den Salons, vom russischen Hof, von der Petersburger Gesellschaft, von ihrem Landgut in einem entfernten Gouvernement von Munkácsy, von Hüten, Toiletten, Daudet, Blumencorso. Nichts blieb unerschöpft, ja, wenn ich mich recht erinnere, sprach sie auch von ihrem Mann.

Die Coupés II. Classe sind eng und unbequem und nicht einmal gehörig gepolstert. Unverhältnissmässig preiswürdiger war der glänzend ausgestattete Schlafwaggon mit feinem Holzwerk, breiten Divans und blinkenden Beschlägen. In der Nacht schlief es sich herrlich auf dem mit reinem Bettzeug bedeckten Lager. Jeder russische Reisende verschmäht es, andere Kissen und Leintücher als die mitgeführten eigenen zu verwenden. Der Fahrgast mit dem Wäschebündel in den unteren Classen, der vornehme Passagier mit der seidenen Schlummerrolle sind ständige Figuren. Auch im Schlafwaggon erhält der Aufwärter die heilige Flamme des Ssamowar; man ist also trotz der seltenen Essstationen dem Hungertode nicht preisgegeben, umso weniger, als auf diesen für Speise und Trank bestens gesorgt ist und Jeder tüchtig zugreift: denn die Russen sind ein leckeres Volk, lieben die Tafelfreuden und haben an den Hauptstationen, die fast durchwegs aus strategischen Gründen von den Städten weit abliegen, Musse und Gelegenheit genug, zu fixen, niedrigen Preisen sich gütlich zu thun.

Die Buffets, keine engherzigen Gelasse mit aufgewärmten „schönen Lungenbraten" und Cichorienfluthen, sind auf dieser Strecke, wie fast in ganz Russland, freundliche Säle mit dem Heiligenbild und einem Verkaufsstand für Bücher und Zeitungen, und enthalten lange, frisch gedeckte, mit Flaschen besäete Tafeln. In einer Ecke amtiren weissgekleidete Köche bei einem halben Dutzend dampfender Schüsseln. Jeder erwischt einen Teller und lässt ihn nach Belieben füllen. Ein zweiter Schanktisch ist mit dem Ssamowar, mit Gläsern und Citronenscheiben beladen. Würfelzucker steht in reichlicher Menge auf den Tafeln selbst. Man bekommt somit abgebröckelte Zuckerstückchen, die bei uns die heilige Dreizahl nicht überschreiten, nie zugemessen, auch fällt es hier keineswegs auf, wenn ein alter Pensionist einen der Würfel für seinen Canarienvogel oder Schosshund einsteckt. Das eigentliche Buffet, von mehr oder weniger hübschen Damen verwaltet, bringt eine reiche Auswahl von Confect, Bäckereien, Cigaretten u. a. m. zur Schau. Hier ist auch der umdrängte Tummelplatz für die Sakuska, d. h. ein Quantum belegter Butterbrode, geräucherter und marinirter Fische, Käse, Rettige, Mixed-Pickles und eine Scala von Liqueuren verschiedener Tonstärken. Mancher spannt nur die halbe, viele aber eine volle Octave. Die Begleitung zum Essen selbst besorgt ein Ding, das einer Flasche Wasser täuschend ähnlich sieht; statt H_2O enthält sie jedoch C_2H_6O, ganz gemeinen Branntwein, Wodka (das Wutki der Operettendichter), euphemistisch Stolowoje wino (Tischwein) etiquettirt. Auf ein oder mehrere Wassergläser voll dieser farblosen Flüssigkeit geht dann der echte Russe erst zu dem Makart-roth oder Goldgelb der Weine, oder zum Siena-braun und anderen Tinten schwerer Flaschenbiere über. Der so sanfte Russe wird schrecklich in der Trunkenheit. Ein Glas Branntwein zu viel macht ihn zum wilden Thiere.

Der Consum an Spirituosen nimmt in Russland stetig zu. Im Gouvernement Wilna, wo nach der Erklärung der Commission gegen Trunksucht die Bauern mässig sind, beträgt der Consum an Normalbranntwein pro Kopf im Durchschnitt ¼ Wedro = 10·25 l im Jahr. Anhaltspunkte für den wirklichen Stand der Dinge mögen ein paar Zahlen liefern: In der Campagne 1885—1886 erzeugten die im Betrieb befindlichen 2331 Branntweinbrennereien Russlands 3,861.568 *hl* wasserfreien Spiritus, und zwar fast ausschliesslich aus stärkemehlhaltigen Stoffen: Getreide, Kartoffeln etc. Wein- und Rosinenhefe kam nur in einer Menge von 179 *mehr* zur Verwendung. Im Westen des Reiches befindet sich weit mehr als die Hälfte aller Brennereien. Ausserdem bestehen 233 Frucht- und Weinspritfabriken, 308 Fabriken beschäftigten sich mit Schnapserzeugung und Branntweinreinigung. 1886 entfiel als mittlere Verbrauchsziffer pro Kopf und Jahr 3·2 *l* Branntwein.

Bei einem Stande von 1407 Bierbrauereien, von denen die grössten in Warschau, Riga, Petersburg, Samara sich befinden, entfällt 3·44 *l* Bier pro Kopf und Jahr.

Die Einnahme aus der Getränkesteuer ist in Folge der Accisenerhöhung im Reichsbudget für 1889 mit 236,927.880 Rubel veranschlagt.

Die Trunksucht bildet in Russland ein Stück Volkselend, traurig und wichtig genug, um die Aufmerksamkeit der Regierung und das werkthätige Mitgefühl aufrichtiger Patrioten auf sich zu lenken.

Während in Oesterreich und Deutschland die beiden dort wirkenden Vereine gegen Trunksucht nur den Missbrauch geistiger Getränke, insbesondere des fuselhältigen Branntweins bekämpfen, nicht aber den mässigen Gebrauch von reinen und schwach alkoholischen Genussmitteln ausgeschlossen wissen wollen, scheint in Russland nur die Partei völliger Enthaltsamkeit, also die der Temperenzler, Fuss fassen zu können.

Meine Anfrage bezüglich der Propaganda gegen Alkoholmissbrauch in Moskau beantwortete Graf Leo Nikolajewitsch Tolstoy, der bekannte Dichter und Menschenfreund, unter dem 17. (29.) Januar d. J. folgendermassen:

„Das Interesse, welches Sie den Reformen auf dem Gebiete des Volkswohles überhaupt und der Frage des Alkoholismus insbesondere entgegenbringen, legt mir die angenehme Pflicht auf, Ihnen die gewünschten Auskünfte zu ertheilen.

Im Verlaufe Ihrer Reise durch Russland konnten Sie nur spärliche Nachrichten über die Organisation unserer Antialkohol-Gesellschaft einholen, da diese keinen officiellen Charakter hat, und wir auch keine Zeitschrift für die Weiterverbreitung unserer Ideen zur Verfügung haben ...

Im December 1887 begründet, hat unsere Gesellschaft rasch Fuss gefasst und zählt heute über 1100 Mitglieder; doch muss ich bemerken, dass es nicht sowohl die Anzahl der Theilnehmer, als vielmehr deren Ueberzeugung ist, auf welcher unsere Hoffnungen beruhen; wir legen Gewicht darauf, dass die Theilnehmer der üblen Wirkungen des Alkoholismus sich völlig bewusst werden.

Die Beilage (s. u.) enthält unsere Statuten.

Dieses Programm, sowie einige kleine Flugschriften sind die einzigen Mittel für unsere Propaganda; denn das ausserordentliche Misstrauen, welches die Censur gegen meine Schriften an den Tag legt, verhindert mich, die Presse zu ausgedehnterer Bekanntgabe der Alkoholfrage zu benützen."

„Antialkohol-Gesellschaft.

In Anbetracht der Schäden und Laster, welche die Trunksucht hervorruft, haben wir Unterzeichneten beschlossen:

1. Selbst keinerlei alkoholisches Getränk zu geniessen, weder Branntwein, noch Wein, Bier oder Meth;

2. solche Getränke weder zu kaufen, noch sie irgend wem vorzusetzen;

3. mit allen Kräften unsere Mitmenschen, insbesondere die jungen Leute und Kinder, von den Nachtheilen der Trunksucht und von den Vortheilen mässigen Lebens zu überzeugen, endlich die Obengenannten zum Beitritte zu unserer Gesellschaft aufzufordern.

Wir bitten alle Theilnehmer, sich ein dem vorliegenden gleiches Blatt zu verschaffen, die Namen der neuen Mitglieder darin einzutragen und uns die Liste derselben einzusenden.

Die Personen, welche aus welchem Grunde immer ihre Entscheidung ändern sollten, werden gebeten, uns hievon Mittheilung zu machen."

Ein anderer Mässigkeitsverein hat sich in St. Petersburg gebildet, einer Stadt, die täglich 1,600.000 Glas Wodka, 10.000 Flaschen Wein, 1,500.000 Glas Bier, die anderen Arten des Alkohols gar nicht gerechnet, verbraucht. Der Verein ist von verschiedenen Schuhmachern kürzlich gegründet worden, zählt jetzt bereits 1200 Mitglieder und gewinnt wöchentlich etwa 150 neue Freunde.

Leo Tolstoy, neben Turgénjew der bedeutendste russische Schriftsteller der Neuzeit, hat sich in den letzten Jahren vom Roman ganz abgewendet, und beschäftigt sich literarisch und persönlich nur noch ausschliesslich mit der Lösung der socialen Frage. Reich begütert und mit Würden ausgezeichnet, hat Graf Tolstoy allen äusseren Ehren, jeder Bequemlichkeit entsagt. Im Bauernkittel sucht er mit seinen zu Handwerkern ausgebildeten

Söhnen durch den Umgang mit den niedrigsten Volksschichten
Einblick in deren Lage zn gewinnen, den Bettlern, Armen und
Elenden hilfreich beizustehen. Im Winter geht er in den ärmlichen,
dumpfen Stuben der Armenviertel umher, Trost, Nahrung und
zweckdienliches Almosen spendend, ja mitunter greift er selbst
zur Hacke, um Eis zu brechen. Wer ihn nicht kennt, würde den
Eigenthümer fürstlicher Güter und General in dem schlichten,
langhärtigen Manne kaum vermuthen, der da (so stellt ihn ein
weitverbreiteter Farbendruck dar) bei Wind und Wetter oder
unter den Strahlen der sengenden Sonne den Gaul mit der Egge
am Zügel hinter sich, den Pflug über die Scholle führt. — — —

Auch zu beiden Seiten des dahineilenden Zuges schreiten
die Pflüger über die Stoppel. Ein einförmiges Bild, von dem mich
bald wieder das gemüthliche Interieur des Waggons ablenkt. In
diesem hatte ich eine reizende Frau zur Gesellschaft, süssen Thee,
duftende Cigaretten und Pariser Witzblätter, also geistige und
materielle Genüsse genug, um nationalökonomische und landwirthschaftliche Blicke auf ein bescheidenes Mass zu reduciren.
Während der langen Fahrt erhielt ich Unterricht in den Mysterien
der russischen Aussprache, und hatte bald an dem Taufnamen
meiner Reisegefährtin das gutturale ll erlernt.

Die Gegend, die wir anderthalb Tage lang durchmassen,
war aber auch wirklich uninteressant: trübseliges Land, glatt
und arm mit kargen Feldfrüchten. Die Häuser sind hölzern wie
die Thürmchen, auf welchen die Heuernte geborgen wird. So
geht es fort, eintönig, farblos und spärlich bewohnt. Hie und da
taucht eine Erdwelle auf an dem buschigen Uferland der Wasserläufe; Stadtthürme am Horizont, ein weisses Zeltlager auf grünen
Wiesenflächen.

Gatschina, der unnahbare Lieblingssitz des Zaren verfliegt vor
unseren Augen: dann dämmern westlich ferne Höhen, grünes,
feuchtes Land, Dörfer und Sommersitze; endlich erglänzen goldene
Thurmspitzen — wir sind in Petersburg, und Jeder eilt seinem
Ziele zu.

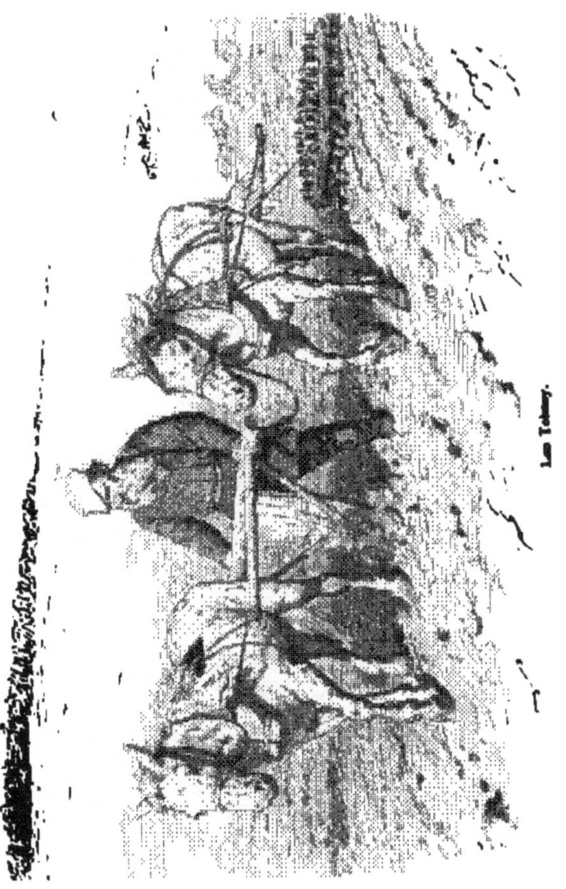

Les Tebous.

3. ABSCHNITT.

(Petersburg.)

Der kräftige Duft des Meeres weht zu den nebeligen Niederungen herüber, zu den Lustgärten und den von Sommerhäusern
belebten Parks im Nordwesten der Haupt- und Residenzstadt des
Zarenreiches, die, eine Improvisation Peters des Grossen, wie
Madrid der bauliche Ausdruck einer fürstlichen Laune ist. Die
Strassen sind lang und breit, die Plätze ungeheuer gross, Alles
ist neu und reinlich. Die Architekten Peters haben hier in der
forcirten Anlage andere europäische Hauptstädte der damaligen
Zeit glücklich nachgeahmt. Ihrem Gesammtcharakter nach eine
europäische Stadt, erinnert Petersburg dennoch an die Wüste
und an die Nähe des nordischen Eises. Gewaltig fluthet die Newa,
mehr ein See, denn ein Strom, im Hauptlaufe wie in den Neben-
armen zahlreiche Inseln bespülend, an die schier endlosen Steinquais der eigentlichen, auf dem Festland gelegenen, durch parallele
Canäle in Zonen getheilten Stadt. Die übrigen Stadttheile, das
festländische, fabrikenreiche Wyborg'sche Viertel, und etwa zehn
verschieden grosse, bewohnte, bebaute und bepflanzte Inseln sind
mit dem genannten Mittelpunkte städtischen Treibens und unter
einander durch mehr als 150 Brücken verbunden. Die Newa,
wischen 260 und 1260 m breit, durchströmt Petersburg in einem
Meilen langen Bogen und spaltet sich diesseits der steinernen
Alexander-Brücke in die grosse und kleine Newka, den Haupt-
strom gegen Südwest längs der Quais, und die kleine Newa
gegenüber der Admiralität. Alle diese Arme durchkreuzen mit
Canälen die Inseln und das Festland und münden westlich in den
finischen Meerbusen. Heulend zischen die Mouches hin und her,
ernst liegen Handelsschiffe und Kriegsdampfer an den Docks und

Ladestellen, träge schwimmen Holzbarken, Vorräthe einbringend, in den Wasseradern der Millionenstadt.

Die tiefliegende Hauptstadt leidet, zumal bei Westwind, unter Ueberfluthungen, der ganze Rayon unter der feuchten Kälte der Sumpfnebel im Newa-Delta, sowie von den starren, eisreichen Wintern. Die mittlere Wintertemperatur beträgt durch fünf Monate — 8° C., die mittlere Niederschlagsmenge 490 mm (in Wien 590 mm). Der letzte Schnee fällt durchschnittlich am 7. Mai. Die äusserste Kälte war — 38° C., die Hitze übersteigt oft + 30° C. Hier muss man immer auf schlechtes Wetter rechnen, nur in der kurzen Sommerzeit zeigt die Sonne ihre Gewalt. In dieser Zeit des Jahres weicht der nächtliche Himmel strahlender Klarheit, welche die Nacht zum Tage macht, noch um Mitternacht ohne Licht lesen lässt, aber durch die ununterbrochene Helligkeit die Nerven überreizt.

Bald nach meiner Ankunft brachte mich ein flinkes Gefährt über die belebte Petersburger- und die benachbarten Inseln mit ihren Wäldern, Gärten und Vergnügungsorten zur Pointe, der Westspitze der grünen Insel Jelagin. Hohe Eichen, malerische Bäume liegen im Rücken, vor mir dehnt sich die Kronstädter Bucht aus, ein grauer, dämmeriger Wasserspiegel, überstrahlt vom scharfen Roth der Abendgluth, rechter Hand von dunklem Küstenrande begleitet; in dem Rahmen der schwärzlichen Baumsilhouetten des Ufers, an dem ich stand, ein vollkommen nordisches Bild. Immer dichter qualmte der Nebel auf, nächtliche Schatten verstärkten die Düsterheit der einsamen Waldung, und fröstelnd trotz des Augustabends, hiess ich den arg betrunkenen Iswoschtschik den Rückweg einschlagen zu den nahen Musik- und Theatergärten Livadia und Arcadia am Ufer Derewnja nördlich der Jelagin-Insel, zwei Etablissements, die trotz der guten Vorstellungen nur den Freunden leichter Reizungen und im Feuer vergoldeten Ehemännern zu empfehlen sind.

Den Rest des Abends verbrachte ich nahe der Stadt im zoologischen Garten, den Quais gegenüber gelegen. Die Zoologie war nur durch einige unbeachtete Thierkäfige vertreten; dafür wimmelte es von dem genus homo sapiens, gab es elektrische Beleuchtung, Monstreballet, Militärmusik und Bewegung bis spät nach Mitternacht. Die Menschenmenge hier in den Strassen, die ich auf dem Heimwege kreuzte, die vielen vorbeisausenden Wägen, die Dampfboote auf dem Strome flössten mir Respect ein vor der

Zahl von Einwohnern und der Entwickelung des Verkehrs in der todten Saison.

Die Uebersiedlung einer Bevölkerungsquote auf die Datschen (Villen), die Fluctuation der Arbeiter und Schiffer erniedrigte im letzten Sommer die Einwohnerzahl auf 842.000*). Das städtische Budget beläuft sich auf etwa 7,000.000 fl., wovon circa 300.000 fl. auf die Erhaltung der Feuerwehr entfallen. Diese hat jährlich etwa 550 Löschungen vorzunehmen. Eigenartige Figuren in der Silhouette der Stadt bilden die Feuerthürme, welche Brände innerhalb des 55 □ *km* umfassenden Stadtgebietes mit Zeichenapparaten signalisiren. Aengstlich blicken die Leute empor, um aus der Zahl der aufgehissten Ballons oder Stangenkreuze den Feuerbezirk zu entnehmen. Farbige Flaggen und Laternen kündigen besondere Gefahr an.

Die Pferdebahngesellschaften beförderten 1886 über 54,000.000 Personen. Der Verkehr in den Vergnügungslocalen erreichte im letzten Sommer 900.000 Besucher. Während der schönen Zeit ist die Pointe ein beliebter Spazierweg, wie die dort controlirte Zahl von 21.000 Equipagen beweist.

Petersburg steht als Exporthafen nur Odessa nach, indem es Waaren für 55,000.000 Rubel verschifft, während über Odessa für 122,000.000 R. Frachten, also ein Fünftel der ganzen Ausfuhr, gehen.

Am 12. September 1888 lagen 983 Fahrzeuge auf den Flüssen und Canälen des Stadtgebietes.

Solche trockene Ziffern bilden die Folie für die Art und Weise, wie die Menschen einer Stadt leben, wie sie wohnen und arbeiten, wie sie essen, trinken und sich ergötzen.

Das Strassennetz kennt Prospecte, Gassen und Perjeüloks (Quergassen), durchwegs breit und licht, freilich meist schlecht gepflastert, aber äusserlich gibt es kein Winkelwerk. Zahlreiche ausgedehnte Plätze, wie das Marsfeld und jene an der Südseite des grossartigen Winterpalastes, dann die vielen öffentlichen Anlagen, so der Alexander-, Michaels-, Sommergarten (circa 12 *ha* und nicht, wie die Reiseführer berechnen, 300 und mehr Hektar) und der taurische Garten sorgen für freie und erfrischende Luft.

Trotz der anscheinenden Geräumigkeit der Häuser und der Raumverschwendung bei den Strassenanlagen sind die Wohnungsverhältnisse der Petersburger Arbeiter- und Armenviertel traurige. Ein Zehntel der Wohnungen sind Keller und übervölkerte Stuben, d. h. mit durchschnittlich sechs Menschen in einem heizbaren.

---

*) Vgl. Seite 18.

Raume. Roskoschny sagt darüber: „Die grosse Mehrzahl der Bewohner dieser Stuben sind ledige Leute oder solche, die getrennt von ihren Familien leben. Der russische Arbeiterstand unterscheidet sich von dem westeuropäischen wesentlich dadurch, dass der. Arbeiter (insbesonders in den beiden Hauptstädten) am Fabriksorte nicht fest ansässig ist. Viele suchen nur in den Monaten, in denen es keine Feldarbeit gibt, in der Fabrik Beschäftigung und kehren wieder nach Hause zurück, wenn ihre Kraft dort nöthig wird; die Einen lockt die Erwartung grösseren Verdienstes, die Anderen treibt die Noth in die grossen Städte und deren Fabriken, die Meisten lassen aber ihre Familien daheim zurück. Ein solcher Arbeiterstrom kommt aus Gegenden, in denen ein wenig ergiebiger Boden, sowie ein langer und strenger Winter es dem Bauer unmöglich machen, sich und seine Familie ausschliesslich vom Ertrag seines Grundstückes zu ernähren. Für die Bauern, die aus dem Gebiet der „Schwarzerde" sich zur Fabriksarbeit begeben, sind andere Gründe massgebend: sie treibt der Landmangel und die drückende Last der Steuern und Loskaufgelder in die Fabriken. In St. Petersburg oder Moskau angekommen, suchen sie, wenn sie nicht schon in Gesellschaft von Dorfgenossen kamen, sofort Anschluss an andere Arbeitsuchende oder bereits Beschäftigte. Das Genossenschaftswesen ist ja dem Russen so in Fleisch und Blut übergegangen, dass er ohne Genossenschaft (Artell) gar nicht bestehen kann. So bilden sich denn auch unter den Arbeitsuchenden rasch Artelle von 10 bis 12 Mann, hauptsächlich mit der Absicht, einen gemeinsamen Hausstand einzurichten. Sie miethen gemeinsam eine Stube und nehmen eine Köchin auf, welche die Reinigung der Stube besorgt, dieselbe tagsüber als Küche benützt, die Lebensmittel einkauft und die Speisen zubereitet und dafür ausser der Kost und einer Schlafstelle in der gemeinsamen Stube einen kleinen Monatslohn erhält. Die Aufsicht über den ganzen Haushalt führt der von den Artellgenossen aus ihrer Mitte gewählte „Aelteste", der auch wöchentlich oder monatlich die von den Einzelnen zu leistenden Geldbeiträge in Empfang nimmt. Eine solche Wirthschaft ist trotz der bescheidenen Ansprüche der Artellgenossen nicht billig. Für die Kost haben sie durchschnittlich 5, für die Wohnung 1½ bis 2 Rubel monatlich zu zahlen, dabei bildet Kohlsuppe die hauptsächliche Nahrung, und als Lager dient eine Pritsche, in welche sich gewöhnlich zwei Mann theilen.

So ist ein grosser Theil der übervölkerten Stuben St. Petersburgs beschaffen. Ein Blick auf die Daten der Volkszählung zeigt
uns jedoch sofort, dass noch andere Verhältnisse herrschen. Neben
2911 ein- bis dreifenstrigen Stuben, in denen 6 bis 10 Menschen
wohnten, sind nämlich auch noch solche, und sogar einfenstrige,
mit einer Einwohnerzahl von 11 bis 50 und mehr Menschen. Unter
635 Stuben, in denen 11 bis 15 Menschen wohnten, waren 68 einfenstrige; in 7 einfenstrigen Stuben wohnten je 16 bis 20 Menschen,
in 3 ebensolchen je 21 bis 30, in 2 einfenstrigen Stuben je 31
bis 50. Aus zwei Stuben bestehende Wohnungen mit 2 bis 5 Fenstern
gab es 2149, darunter 31 zweifenstrige, in denen 11 bis 13, und 13,
in denen 21 bis 30 Menschen wohnten. Das sind die Massenwoh-
nungen der St. Petersburger Armuth, in denen jedoch nicht blos
Arbeiter, sondern auch all die Tausende von Bettlern und all das
lichtscheue Gesindel, an welchem in der Hauptstadt kein Mangel
ist, zur Nachtzeit ein Unterkommen finden."

In der Woche vom 15. bis 22. September 1888 wurden von
der Polizei 193 Bettler aufgegriffen.

Es bestehen mehrere Vereine zur Herstellung billiger und
zur Verbesserung der bestehenden Wohnungen der nothleidenden
und der Arbeiterbevölkerung. Eine Anzahl entsprechender
Musterhäuser ist errichtet, mehr als eine Million Rubel für solche
Zwecke gesammelt und verausgabt worden.

Auch bei Fabriken in der Provinz sind dort und da Arbeiter-
colonien — Arbeitercasernen und Cottages — von den Besitzern
ins Leben gerufen.

Die Übervölkerung der Quartiere von Petersburg drückt sich
in den Listen der Sterblichkeits- und Epidemieenstatistik durch
erschreckende Ziffern aus.

Das Trinkwasser Petersburgs gilt als nicht sehr gesund. Die
städtische Wasserleitung stellt kostenlos jährlich 9,000.000 *hl*
Wasser zur Verfügung. Ueber den genannten Bedarf hinaus
wird der Hektoliter der Gesellschaft mit 0·4 kr. vergütet. Die
Wasserfrage ist hier um so wichtiger, als Petersburg nicht nur
als Handelsemporium, sondern auch als Industriestadt eine grosse
Rolle spielt und zahlreiche Arbeiter beherbergt. Das Gros der
Fabriken liegt im Osten an der Wyborg'schen Seite, und die
Newa aufwärts. Die kaiserliche Glas- und die Porzellanfabrik,
Maschinenbauanstalten und andere Fabriksanlagen begleiten uns
auf der Fahrt nach Schlüsselburg, Spinnereien und Baumwoll-

webereien recken ihre Schlote empor, andere Etablissements erzeugen Seifen, Chemikalien, Tuche und Raffinade. Neben der Gross-
industrie finden wir auch das Kleingewerbe, das Handwerk vertreten.

Wie stereotyp der Betrieb mancher Zweige hier ist, beweisen z. B. die schmalen, unbequemen hässlichen Karren der
Iswoschtschiks. Immer die gleiche Form und immer gleich plump.
Freilich, die wunderbaren Traber davor machen das Ding wett.
In wahnsinniger Eile sausen die Wagen, knapp zwei Personen
fassend, die sich unabänderlich sicherheitshalber umfangen, (was dem
Paare nicht lästig fällt, wenn der Nachbar eine hübsche Nachbarin ist), über das Stein- und Holzpflaster, über den Asphalt und
die Schiffbrücken. Nur mit dem Zügelende angetrieben, traben
die starkbeinigen Pferde — zumeist Rappen — Werst für Werst.
Die colossalen Entfernungen von einem Stadttheile zum andern
bedingen, dass Jedermann fährt, schnell fährt und billig dazu.
Allerdings gibt es auch hier specielle „Schnellfahrer," die offenbar weder dem Polizeiverbot unterliegen, noch für gewöhnliche
Börsen erschwinglich sind. Es gibt Ein- und Zweispänner, fast
alle mit der bemalten Duga, dem hochgeschweiften Krummholze.
Neben Pferden, die recht gebraucht und „getaucht" sind, stehen
prächtige Rosse, von denen jedes wohl über tausend Rubel
kostet. Doch auch der ärmere Kutscher sucht es dem gutbe-
spannten gleich zu thun, und so fliegt Alles scharf aneinander
vorbei, Droshki und Kareta und daneben die — nie über-
complete — Pferdebahn, durch die Stadt und zu den Märkten;
von den Docks her hin zu den Fruchthandlungen auf dem Newskij-
Prospect, in denen Ananas, Granaten und Trauben glänzen, in
einer Fülle, als wüchse das Alles rings um die Stadt, die doch
fast alle ihre Bedürfnisse weit her zu holen gezwungen ist. Aus
der Krim kommen die Kirschen und Pfirsiche (15 Kopeken das
Stück), vom Süden die Melonen, die Butter meist von der fin-
ländischen Bahnstrecke; doch Grünzeug und Erdbeeren cultivirt
die Umgegend, Fische und Krebse liefert die Newa, Milch die
Stadtheerde, welche täglich Früh ausgetrieben wird. Die Deutsche
Milchfarm zeigt an, dass um 6 Uhr Früh, Mittags und 6 Uhr Abends
gemolken wird und „sie dem geehrten Publikum jederzeit gestattet, die Kühe zu besichtigen."

Auf dem Ssjännajaplatz stehen zwei weitläufige Markthallen
aus Eisen und Glas, mit einem Capellchen an der Front und
Heiligenbildern in jeder Verkaufsstätte. Je zwei Längsgänge

durchziehen diese Gebäude, solcherart vier Abtheilungen bildend, welche laut der am Portal angebrachten Aufschriften enthalten: Fische, Obst, Gemüse und Geflügel, Fleisch und Fettwaaren, Alles sauber und ordentlich aufgestapelt auf Steinplatten, in Fässchen, oder in den charakteristischen Körben aus Bast und Holzstreifen. — Jeder der Verkäufer und ihrer Handlanger trägt das scharlachrothe Hemd, schwarze Stiefelhosen, eine weisse Schürze und die selbst von den reichsten Kaufleuten festgehaltene Schirmkappe. Noch ist es früh am Tage und meine Wanderung erregt daher Verwunderung und dringendes Angebot.

Auch draussen auf dem grossen Viehhofe nächst dem Sabalkanskij-Prospect ist um diese Stunde noch kein rechtes Leben; das Bureau neben einer hübschen Capelle hinter der mit zwei colossalen Rindern in Bronzeguss geschmückten Pforte ist geschlossen und der Auftrieb hat erst begonnen.

Vier Thore mit grossen Pferchen davor bezeichnen den Treibern ihre Stelle. Rechts ist der Einlass für das russische und livländische Vieh, links für das tscherkessische, rückwärts und vorne für Schafe und Schweine, sowie für die je zu Zwölfen geknebelten, auf Karren gebetteten Kälber.

Das Vieh, roth, bunt, schwarz, hellbraun, ist fast durchwegs elend, zottig, schmutzig, mager. Für die Qualität mögen die Engrospreise selbst sprechen:

St. Petersburg, Wochenbericht des Viehhofes vom 18. bis 25. December 1888 (30. December bis 6. Januar 1889).

	Aufgetrieben	Verkauft	zum Ganzen (Summe)	pro Haupt niedrigste	höchste	pro 100 Kg niedrigste	höchste
			R.	K.	K. K.	R. K.	R. K.	R. K.
Grossvieh:							
Tscherkessisches ..	2467	2049	[illegible]	50 73	1280	— 27 4.	30 [illegible]
Livländisches	[illegible]	20	1,[illegible]	— — —	90	... —	27 [illegible]
Russisches ..	114	115	4,3[illegible]	— 25 —	75	— 18 20	47 [illegible]
Kleinvieh:							
Kälber	3288	1650	[illegible]	— 6	30	— 21 60	34 [illegible]
Hummel	93	85	504	3	10[illegible]	— 21 80	46 84
Schweine	533	533	4,72[illegible]	— 3 —	27	— 21 64	34 [illegible]
Ferkel	1311	1104	2,4[illegible]	1 50	4		

Die Marktgebühren betragen:

I. Für den Auftrieb:

Für Rinder (auch für melkbare Kühe) 25 Kopeken.
Für Kälber 5, Schafe und Ziegen 3, Ferkel 1 Kopeke.

II. Für das Schlachten:

Für tscherkessisches Vieh 1 Rubel 25 Kopeken, für russisches.
und livländisches 1 Rubel, für Kälber und Schafe 25 Kopeken,
Schweine 60 Kopeken, Ferkel 15 Kopeken.

Zwei grossgedruckte Tafeln erregen meine Aufmerksamkeit.
Die eine gibt die Erläuterung zu dem Bilde eines in 18 Partieen
getheilten Rindes; Partie 7 „Filet" zerfällt wieder in: a) dünnes
Filet, b) dickes Filet, c) Roastbeef mit Untereintheilung, d) Aus-
schnitt. Darunter ist eine genau gegliederte Anweisung zu lesen,
in welcher Weise jede Partie in der Küche oder anderweitig
Verwendung findet, eine Belehrung also für das kaufende Publicum. Die andere Tafel entwickelt die Gebrauchswerthe aller
Fleischstücke, nach drei Sorten, unter Angabe der durchschnittlichen Gewichte der einzelnen Stücke, summarisch.

Die Abwesenheit der Marktorgane höherer Ordnung ver-
wehrte die Erkundigung nach der Höhe des heutigen, sowie des
durchschnittlichen Auftriebes oder des Durchschnittsgewichtes
von geschlachtetem Vieh, endlich nach der Art der Verwendung
der Abfälle, den sanitätspolizeilichen Massregeln u. dgl.

Der Vieh- und Fleischhandel wird hier von drei bis vier
Capitalisten völlig beherrscht.

Der Fleischverbrauch der Stadt und ihrer Umgebung beträgt
jährlich 777.000 Metercentner. Rindfleisch liefert hier zumeist tscherkessisches Vieh. Verzehrt werden jährlich etwa 100.000 Kälber,
ausserdem die doppelte Anzahl an Rindern, dann 15.000 Hämmel.

Die Preise für Fleisch hiesiger Schlachtung betrugen laut
Ausweis vom 18. August 1888 im Grossen per 100 Kilogramm
    a) bei tscherkessischem Vieh für bestes   32·01 fl. ö. W.
       „   „   „   „ ordinäres 28·96 „ „
       „   „   „   „ mittleres 30·48 „ -
b) bei russischem und livländischem Vieh für bestes   24·39 fl. ö. W.
      „   „   „   „   „   „ ordinäres 21·34 „ „
      „   „   „   „   „   „ mittleres 22·86 „ „

Der Getreidemarkt war nicht zugänglich, weshalb ich, um wenigstens einige Ziffern darüber mitzutheilen, nach der Petersburger Zeitung nachfolgende Preisnotirungen anführe, welche die Hauptgetreidemärkte kennzeichnen.

In der Woche vom 17. bis 23. Juli (29. Juli bis 4. August) 1888 kostete in *mctr*. und fl. ö. W.

	Weizen	Roggen	Gerste	Hafer
1. In Petersburg:				
Saxonka . .6·82—8·35 }	4·73—4·87	4·69—8·04	4·31—5·60
Samara . .4·08—6·03 }			
2. In Rybinsk:				
Saxonka . .7·37—8·35 }	3·70—4·14	—	3·95—4·26
Samara . .4·93—6·58 }			
3. in Sarátow:				
Pererod . .7·80—9·51 }	2·86—3·04	4·57—6·46	2·50—2·86
Russischer . 5·67—6·72 }			
4. in Odessa:				
Sandomirka. 7·62—8·59	4·08—4·57	3·97—4·26	3·65—4·57
5. in London:				
8·59—9·45	—	5·85—6·21	5·97—7·43
6. in Marseille:				
8·93—9·81	—	—	5·48—5·60

Für die ausländischen Märkte gilt der Preis ohne Einfuhrzoll. Der Getreideexport 1888 betrug etwa 79 Mill. Metercentner

„ „ 1887 „ „ 55 „ „

„ „ 1876 „ „ 38 „ „

Am östlichen Ende der langen Fontanka, des grossen Canals, der im Kreisbogen die eigentliche Stadt umsäumt, gegenüber dem prächtigen, von Peter dem Grossen um sein bescheidenes Haus herum angelegten Sommergarten, liegt ein ansehnlicher, reich decorirter Bau, einen Halbstock darstellend — die einstige Salzniederlage, jetzt der Fassungsraum einer ganzen Reihe von Sammlungen, unter welchen das Landwirthschaftliche Museum des Mininisteriums der Reichsdomänen das Hauptinteresse erregt. Officiell zur Sommerszeit geschlossen, eröffneten sich dem Besucher auf dringendes Ansuchen hin die grossartigen, gewölbten, mit schönem Mosaikpflaster ausgestatteten Hallen. Nur das landwirthschaftliche Museum zu Berlin vermag annähernd dem hier besprochenen verglichen zu werden. Zeichnet die deutsche Sammelstätte landwirthschaftlicher Producte und Betriebsmittel die vortreffliche, von wissenschaftlichem Geiste durchwehte, systematische Anordnung und Gliederung aus, so gebührt den Petersburger Collectionen der Vorzug der Reichhaltigkeit, insbesondere was den maschinellen Theil betrifft. Eine Riesenhalle, von der Decke in Eisenconstruction überspannt, an der Stirnseite mit Fresken — landwirthschaftlichen Typen — geschmückt, umfasst einen wahren Schatz von Werkzeugen aller Art, vom schweren, nur von vier Ochsenpaaren zu bewältigenden Holzpfluge angefangen bis zu den zierlichsten Grasmähern; amerikanische und englische Pflüge aller Systeme, zum Theil auch schon hierlands nachgeahmt; Molkereiapparate, Centrifugen zum Ausschleudern des Honigs, Bienenstöcke, in bunter Reihe Säe-, Dresch- und Mähemaschinen, Ringelwalzen und Heuwender, kurz, was nur irgendwie und -wo zur Bearbeitung und Pflege der Ackerkrume, zu Saat, Cultur und Ernte verwendet wird, findet hier Vertretung.

Die Seitenräume enthalten Sämereien, Pflanzen „in Lebensgrösse," u. A. einige drei Klafter lange Maisstengel aus dem Süden; Modelle der grossfürstlichen Musterfarmen, der Bauernhöfe in den verschiedenen Landstrichen; Wollvliesse und Häute, daneben ausgestopfte Rinder, Schafe und eine einzig dastehende Sammlung von Geflügel jeder Race; an den Wänden kleben litho- und photographische Abbildungen, schematische Tafeln, chemische Tabellen. Eine lange Vitrine zeigt die Kartoffel- und die Obstsorten in Wachsnachbildung. Es folgen die Hufeisen, Instrumente der Thierheilkunde, grosse Bücherkästen mit Fachschriften, Becher mit Düngersorten u. s. w.

In einem Lande wie Russland ist die Hausindustrie zu enge mit dem Betriebe der Landwirthschaft verbunden, um nicht im Museum sich den agricolen Sammlungen sinngemäss anzuschliessen; und so sahen wir hier denn auch, wie der russische Bauer das Holz bearbeitet, seine Löffel und Trinkgeschirre schnitzt, den Bast, die Weide, die Fasern verflicht, verwebt, verknüpft. Hier lehnt ein Räderpaar, dort steht eine Bank aus Flechtwerk, Körbe liegen auf Sitzgeräthen aus Wurzelstöcken. Alles dies hat seinen hergebrachten Typus, Urformen, seltsame Art, bunte Bemalung.

Aber auch die technische Vollendung findet in dem grossen, für Vorlesungen und Demonstrationen bestimmten Hörsaale ihren Repräsentanten; gegenüber den Dampfmotoren, welche hier gelegentlich die Maschinen zur Belehrung des zahlreich zuströmenden Publicums treiben, steht eine Reihe jener Sessel aus künst-

lich gebogenem Holze, welche sich binnen weniger Jahrzehnte
die Welt erobert haben: es sind Erzeugnisse des Hauses Thonet,
und mit Befriedigung vernehme ich, dass dieses vaterländische
Product in Russland immer mehr Anwerth findet. Stehen doch
im Schlosse zu Peterhof 7000 solcher Stühle; der Winterpalast,
die Clubs und Casinos sind damit versehen, und immer auf's Neue
entsenden die Thonet'schen Lager am Warschauer Bahnhofe zu
Petersburg und die Niederlage auf dem Newskij-Prospect Tausende ihrer Waaren nach allen Richtungen.

An der Ecke, wo oberhalb der Firma „Bratja*) Thonet"
unser Doppeladler glänzt, schneidet die grosse Morskaja, eine der
frequentesten Strassen, den berühmten 6 km langen, 35 m breiten
Newskij-Prospect. Die Morskaja führt in einem sanften Bogen,
auf dem Durchschnitte des Marienplatzes mit seiner Nikolausstatue
einen Blick auf die colossale, prachtvolle Isaakskirche gewährend, zu
dem classischen Thorbogen des weitläufigen Generalstabsgebäudes,
und unter jenem hindurch zu dem Platze des Winterpalastes.
Dieser, farbig abgetont, in reichem Barock gehalten, hat seine
Hauptfront mit der Paradetreppe am Newaquai, und aus den
Fenstern der überreichen, von Gold, Marmor, Mosaik, Malachit,
Gemälden und anderen Kostbarkeiten strotzenden Säle schweift
der Blick über den Strom hinüber zu der kleinen Insel mit der
Kaisergruft, zu dem vergoldeten Pfeile des Glockenthurmes an der
Kirche, zu dem unheimlichen Staatsgefängnisse der Peter-Pauls-
festung, in dessen Casematten politische Verbrecher schmach-
ten. Manchen, der aus der Schatzkammer mit den märchenhaften
Krondiamanten, oder aus den golddurchwebten Sälen heraustritt,
mag der Gedanke an so nahe, crasse Gegensätze, bei der
kaiserlichen Tafel oder im Festsaale recht ernsthaft stimmen. Seit
jenem Attentate, das im Februar 1880 knapp vor dem Familien-
diner das Speisezimmer, den Zaren und die Seinen glücklicherweise verschonend und leider zahlreiche Diener und Garden auf
den Tod verwundend, in die Luft gesprengt hat, ist der Palast
verwaist und still, und strenge Wachen verwehren den Eingang.

Die Morskaja in diesem ruhigeren Theile lernte ich genau
kennen, wie es der Umstand bedingte, dass hier das „Hôtel de
France", mein Absteigquartier, lag. Bald waren mir die hübschen
Mädchen des gegenüberliegenden Hauses vertraute Erscheinun-
gen, ebenso wie die Kutscher vor meiner Thüre, der Pförtner des

*) Bratja = Gebrüder.

Traktirs Jaroslawetz nebenan. Hatte ich mich hier satt gesehen,
kam mein liebenswürdiger Cicerone, Herr Andreae ein sanges-
kundiger Rheinländer, mich abzuholen, oder trieb es mich
nach dem exquisiten Frühstück im Hôtel oder auch am Ende
einer heiteren Sitzung im deutschen Restaurant Leiner hinaus,
um eine Cigarette in freier Luft zu verpaffen: so richtete ich
meine Promenade immer wieder auf die lange Linie des Newskij
und ging in jenem Tempo, das unsere Wiener „Gigerln" vom Graben
zum Café Hochleitner in kaum weniger als einer halben Stunde
führt, die Sonnenseite auf und nieder. Unser „Ring" ist breiter und
schöner, aber auch lebloser. Mit Wehmuth oder, um mich richtig
auszudrücken, „mit gemischten Gefühlen" vergleiche ich die ägyp-
tische Finsterniss unserer Hauptpromenade mit dem Lichte, das
von ihren hohen Pfählen herab die elektrischen Riesenlampen bei
Nacht auf die breiten Trottoirs des Prospects werfen. In den
Mittagsstunden eilen Fuhrwerke aller Art von der Admiralität
her, vom Moskauer Bahnhof herauf einander entgegen, diese am
Anitschkow-Palast, der gegenwärtigen Residenz des Zaren, und an
dem Massenbazar des Gostinnij dwor vorüber, jene an der farbenprächtigen, Juwelen und Trophäen bergenden Kasán-Kathedrale
vorbei.

Zwischen der kaiserlichen Bibliothek und der Residenz erhebt sich das Denkmal der grossen Katharina; die ganze Anlage
erinnert in bescheidenem Masse an unseren unvergleichlichen
Maria-Theresia-Platz.

Eine ganze Serie öffentlicher Bauten schiebt sich zwischen
die Läden ein, welche in dem geraden Theile des Prospects
elegant und gut, aber auch die theuersten sind. Diese Gerade,
fast 3 *km* lang, nimmt ihren Anfang auf dem schönsten Platze
Petersburgs, dort, wo der wohlgepflegte Alexander-Garten mit
der Reiterstatue Peters des Grossen das reichgeschmückte Ad-
miralitätsgebäude begrenzt. Dieser Bau bedeckt mit seinen Höfen
7 1/2 *ha*; sein Thurm mit der goldglänzenden, von einem kleinen
Segelschiff gekrönten Spitze ist ein Wahrzeichen der Stadt. Die
Seitenfaçaden sind gegen den Winterpalast und gegen Senat und
Synode gerichtet. Die eine Langseite des weissgelb leuchtenden
Parallelogramms spiegelt sich in der Newa und gestaltet den
Admiralitätsquai, dessen Fortsetzungen nach links und rechts
die vornehmsten Paläste und Häuser tragen. Von der Admi-
ralität bis zum Mojka-Canal ist der Newskij enger: von hier ab

breit, übersetzt er nächst dem Kasánplatz den Katharinen-Canal
und weiterhin mit der Anitschkow-Brücke die Fontanka, um jenseits des 21 *km* langen Ligowska-Canals, von dem Platze des Moskauer Bahnhofes aus, südlich zum Alexander-Newskij-Kloster
abzuzweigen. Dieses berühmte Kloster, eine sogenannte Lawra, der
Sitz des Metropoliten, ist eine ganze Stadt von kirchlichen Gebäuden und birgt ausser der Schatzkammer und Reliquien die
Grabstätten vieler historischer Persönlichkeiten.

Das Leben und Treiben auf den Canälen fesselt die Gaffer; die
Anlagen vor den Kirchen, Bazaren, Monumentalbauten und die
Trottoirecken sind der Sammelplatz hübscher Frauen und ihrer Lieb-
haber; laute Strassenverkäufer, uniformirte Schüler, stolze Officiere
zu Fuss und zu Pferd, Polizisten, Ammen in ihren grellen Costümen,
Theaterelevinnen, schwerfälllge Landleute, kurz Figuren aller Art
bewegen sich auf dem Pflaster und vor den Spiegelscheiben der
Restaurants und Magazine.

Die feinen Modeläden, die Buch- und Kunsthandlungen und
ähnliche Niederlagen befinden sich zumeist im ersten Stockwerke,
behäbige, livrirte „Schweizer" öffnen die Thüren und übernehmen im
Treppenhause die Garderobe. Kaffeehäuser in unserem Sinne
existiren hier nicht. Da gibt es kein Café Pucher mit seiner gemüthlichen „Diplomatenecke", kein Café Central mit seinem
„Kunsthof". Dominique, Rabon und wie die Firmen alle heissen,
sind Frühstückslocale und Conditoreien. Auch die eigentlichen
Restaurants, vorzüglich und luxuriös, aber colossal theuer, der
Schauplatz fürstlicher Gelage und discreter Soupers, sind fast
durchwegs in den Händen von Ausländern und lassen den Stern
unseres mit Unrecht gerühmten „einzigen Sacher" völlig verbleichen.

Durch die grosse Morskaja begeben wir uns zur Isaaks-
Kathedrale, die, kaum 30 Jahre vollendet, Unsummen verschlungen
hat. Man begreift den Geldaufwand angesichts des kostbaren Stein-
materials, der Marmorfelder, Granitsäulen, des Bronzeschmuckes,
der Leuchter, Erzthüren, Reliefs, der Deckengemälde, Figuren,
Mosaikbilder und des hohen Ikonostás. Gold und Silber, Lazur-
steine und Malachit, orientalische Verschwendung hat diese Bilder-
wand zwischen dem Schiff der Kirche und dem Allerheiligsten
decorirt. Dämmerlicht herrscht in dem weiten Raume, den bei
feierlichem Gottesdienst die Hofgesellschaft bis auf das letzte
Plätzchen füllt. Dann strahlen die Kerzen auf den Silbercandela-
bern durch den schattigen Raum, erklingt melodischer Männer-

gesang durch das Schiff, bekreuzen sich demüthig die hohen Herren in ihren reichen Uniformen, und die schönen Frauen, fröstelnd in ihren Balltoiletten, neigen sich zur Erde.

Die Spitze der Isaakskirche mit ihrer Riesenkuppel überragt jene der Kasán-Kathedrale, 66 m hoch, um 36 m (unser Stephansthurm = 137·8 m); aber der Kirchenschatz der eben genannten Kathedrale, byzantinische Heiligenbilder und Tabernakel in Juwelenfassung von feenhafter Pracht und enormem Werthe, übertrifft noch jenen der Isaakskirche.

Nahe der Isaakskirche liegt das Hauptpost- und Telegraphenamt. 1881 wurden 246 Millionen Poststücke im Geldwerth von mehr als 3½ Milliarden Rubel befördert. Die Anzahl sämmtlicher Telegramme überstieg 1883 weit 10 Millionen Stück. Die Länge der Drähte machte 237.000 km aus, nahezu den sechsfachen Erdumfang.

1885 zählte das Telephonnetz des europäischen Russland 1103 Linien und 370 km Privatleitungen. Die Abonnentenzahl betrug damals 3252. Das Telephonnetz und hat seither noch bedeutend an Ausdehnung gewonnen.

Von hier nehmen wir den Weg bei der Caserne der Chevaliergarde vorüber durch bescheidenere Stadttheile gegen Südost zur Fontanka, an deren Ufern eine Reihe von Spitälern steht, zurück zum Newskij zu der kaiserlichen Bibliothek und besichtigen vorher das Palais des Adeligen-Pagen-Corps. Die kaiserliche Bibliothek wetteifert in ihrer Einrichtung und mit ihren Drucken, Handschriften, Stichen, Miniaturen u. s. w. mit dem Britischen Museum.

Nördlich vom Prospect dehnt sich der Michaelsgarten aus; an einem Ende desselben liegt das neue, am anderen das alte Michailow-Palais, ein gothisches Viereck von düsterem Aussehen, das uns an den Tod Kaiser Paul's, der hier 1801 sein Leben verlor, mahnt.

Das Schloss, ursprünglich befestigt, dient jetzt als Ingenieurschule. Das Institut der Ingenieure für Wege und Communicationen haben wir an der Fontanka beim Jussupowgarten hinter uns gelassen. Im Michaelsgarten trennen uns nur wenige Schritte von dem grossen Sommergarten. Statuen und Büsten sind in diesem unter den alten Laubbäumen der Alleen vertheilt, Wassergräben laufen an den Langseiten. Am Nordende auf dem Newaquai, sowie gegen das westliche Marsfeld hin rufen reiche Votivcapellen die Erinnerung an die Attentate auf Alexander II. wach. 1866 dem Mord-

versuch am Nordthore des Gartens entgangen, fiel der milde
Monarch den Bomben der Nihilisten am 13. März 1881 zum Opfer,
tief beweint von seinem Volke. Am Sommergarten beginnt die Ssergé-
jewskaja, eine noble, stille Strasse. Sie mündet am Taurischen
Garten mit dem gleichnamigen von Katharina II. für Potemkin
(sprich Patjómkin) gebauten Dworetz, einem stattlichen Palast.

In der früher genannten Strasse ist die österreichisch-ungarische Botschaft eingemiethet. Das Ansuchen um eine Reisebewilligung für Russisch-Asien führte mich wiederholt zu unserem
Geschäftsträger, Baron Aehrenthal, der sich meinen Wunsch in
freundlichster Weise angelegen sein liess. Der, jung, zu einfluss-
reicher Stellung gelangte Diplomat erfreut sich mit Recht auch in
Russland grosser Beliebtheit, wie ich im Verlaufe meiner Fahrt
constatirte. Ich hatte auch die Ehre, späterhin den Botschafter
Grafen Wolkenstein kennen zu lernen. Der k. und k. Militär-
Attaché, Sr. Majestät Flügeladjutant Oberst Klepsch, dem ich
nicht minder zu Dank verpflichtet bin, befand sich damals im Lager
von Krassnoje-Sselo.

Eine wahre Fundgrube für Kenner und Liebhaber von Kunstschätzen aller Art bilden die Sammlungen der Eremitage. Im
griechischen Styl von Klenze an der Stelle früherer, ebenso be-
nannter Gebäude errichtet und mit dem Winterpalast durch einen
Bogengang verbunden, sieht der Bau mit der Rückseite auf den
Strom. Die Stirnseite mit dem Vestibule steht in der „Millionen-
strasse", Millionaja. In der marmornen Säulenhalle des Treppenhauses prüfen kaiserliche Beamte den Eintrittsschein, ein Diener
begleitet den Besucher durch die Stockwerke, nachdem der
Schweizer in seiner rothen Livrée den, in Petersburg stets mitgeführten Paletot übernommen hat. Eine halbwegs eingehende
Uebersicht der ägyptischen, assyrischen, antiken, scythischen und
altrussischen Sculpturen u. s. w., der Kupferstiche, Handzeich-
nungen, Bronzen, Terracotten, Vasen, dann der Cameen, Münzen,
modernen Bildwerke, endlich der Gemäldegalerie würde allein
ein Buch füllen, wie der dreibändige Katalog der Bildersammlung
von Baron Köhne in russischer und französischer Sprache her-
ausgegeben, beweist. Selbst die Besichtigung und Schilderung
jener Kunstobjecte, welche die Reiseführer mit einem Sternchen
auszeichnen, ist ein Stück, freilich köstlicher Arbeit. Es seien
denn nur einige der „grossgedruckten" Nummern à tort et à
travers aus der Fülle des Gebotenen herausgegriffen.

Die Collection griechischer und römischer Sculpturen und die Gemäldegalerie stammen in ihren Anfängen von Peter dem Grossen her. Unter Katharina II. und ihren Nachfolgern sind diese Sammlungen durch die Erwerbung der Galerien Gotzkowski, Brühl, Walpole, Choiseul, Coesvelt, Godoy, dann jener der Kaiserin Josephine, der Königin Hortense u. s. w. bereichert worden. Der Werth alles dessen, was diese hohen Säle umschliessen, ist unschätzbar.

Die Göttin der Liebe entzückt hier den Beschauer in vielfältiger, immer reizender Auffassung: als Venus schlechtweg, als Venus der Eremitage und als Taurische; Amor zur Seite und als Genitrix. Mars, Leda, Bacchus, Eros, göttlich schöne, von den Künstlern der Antike zum Olymp emporgehobene Weiber und Jünglinge schauen auf in Stein verewigte Menschenkinder hin, die der Lorbeer des Friedens oder des Krieges unsterblich gemacht hat, Dichtung und Wahrheit des classischen Alterthums uns weihevoll vorführt.

Der Künstler eines raffinirten Jahrhunderts, Houdon, ein Talent, doch kein Charakter, hat hier den keuschen Zauber, der die Göttin Diana umschwebt, als unsichtbaren Schleier über den wollüstigen Leib der Dubarry gezogen. Gegenüber der schönen Gräfin, die freilich besser gewesen, als ihr Ruf, lächelt faunisch die von einer Gespenstergeschichte umwobene, sitzende Marmorfigur Voltaire's.

Im ersten Stockwerke weiterschreitend, sind wir von den italienischen Meistern Rafael, Tizian, Correggio, Tiepolo, Canaletto, von trefflichen Bildern der Blüthezeit und decorativen Leinwanden der Naturalisten begleitet. Das Beste unter den 1700 Bildern sind die wunderbar leuchtenden, durch unerreichte Farben jede Form verklärenden Rembrandt's. Ein starker Held, von goldigem Reiz umflossen, tritt der „Sobieski" lebendig aus dem Rahmen, ihm gegenüber die anmuthige Gestalt von Rembrandt's Frau.

Van Dyck, unter den Grossen seiner Zeit lebend, verleiht deren gewohnte Haltung jedem, der so glücklich war, dem Meister zu sitzen; sein Pinsel veredelt König und Bauer, Modell und Aristokratin.

Rubens' feurige Phantasie und kräftige Farbengebung durchdringt die hier befindlichen biblischen und mythologischen Tafeln, seine Skizzen und die Portraits seiner Frauen.

Der Altmeister Franz Hals, Ruysdael's wahre und deshalb schöne Landschaften, die unerreichbar eleganten Kleinmaler Ter-

Borch, Mieris und Metsu, Wouvermann's Reiterbilder, der üppige
Jordaens, der derbe Humorist Teniers, Stillleben von Snyders
ziehen an uns vorüber und nach allen diesen echten Grössen
Potter's Meisterstück, „die Kuh".

Nun zu den Spaniern: fünfzehn echte Murillos! Philipp IV.,
Olivaréz, Innocens X. u. s. w., ihres Ruhmes würdig.

Von Kneller, der nach dem eben Gesehenen nur „verdienst-
voll" genannt werden kann, gehen wir über zu dem coqueten,
immer anmuthigeu Greuze, zu den häuslichen Scenen des trefflichen Chardin, zu Watteau, Fragonard, Lancret e tutti quanti,
den Süsslich-Frivolen.

Ein kleines Bild ist das echte Portrait Maria Stuart's; von
ihr bewahrt die Bibliothek ein Messbuch mit den Versen:

> Un cœur que l'outrage martire
> Par un mépris ou d'un réfus
> A le pouvoir de faire dire
> Je ne suis pas ce que je fus.   Marie.

Deutsch etwa:

> Ein Herz, das Schimpf und Schande quälen,
> Verachtung und gehässig Wesen,
> Darf wohl mit Recht den Ausdruck wählen:
> Ich bin nicht mehr, was ich gewesen.

Interessant, wenn auch nicht immer erquicklich, ist die Abtheilung der russischen Maler. Meisterhaft in Farbe und Vortrag
ist Aiwasowskij, der vom Hirtenjungen zum ersten Marinemaler
seines Vaterlandes sich emporgerungen hat, jetzt aber in seiner
Heimatsstadt Feodosia sein merkwürdiges Atelier am Meere zu
grellen, schablonenhaften Effectstücken missbraucht.

Modern und bedeutend ist Makowskij.

Von grossen Namen, welche über die Grenzen hinaus bekannt sind, fand ich auf meiner Reise Wereschtschágin,
Kotzebue und Brüllow vertreten; Siemiradzki gehört wohl
der polnischen Kunst an.

Zichy, unser Landsmann, geistreich und voll geschickter
Mache, fehlt, obwohl Hofmaler des Zaren, in der Eremitage, bei der
auch die phantastische Mary seine Schülerin keine Würdigung
findet.

Am Ende der Gemäldegalerie fesselt das Auge ein Bildniss
der Kaiserin Katharina II. Bei allen ihren Schwächen eine grosse
Regentin, eine Frau von Geist und Bildung, hat sie die Kunst
und Wissenschaft geliebt und beschützt. Unzählige Portraits stellen

sie dar, keines lässt in Ausdruck und Blick jenen Charme vermissen, welcher die nicht eigentlich schöne Persönlichkeit der Fürstin bis ins hohe Alter umgab.

In der benachbarten, von ihr erbauten alten Eremitage enthält die Románow'sche Galerie abermals Bilder Katharina's II. inmitten ihrer Vorgänger und Nachfolger im Reich. Die grünen Zweige edler Hölzer, im ersten Stockwerke fussend, nicken unter dem Glasdache durch die Fensterscheiben. Am Ausgange setzt das von Katharina erlassene Reglement für die conversazione (Unterhaltungsabende) in der Eremitage folgenden Dekalog fest:

1. Lasst Eueren Rang draussen, den Hut und besonders Eueren Degen.

2. Auch Euer Vortritt, Euer Stolz und ähnliche Gefühle mögen jenseits dieser Thüre bleiben.

3. Seid fröhlich, doch verderbet nichts. Auch sollt Ihr nichts zerbrechen oder zernagen (Anspielung auf Potemkin).

4. Ihr möget nach Belieben stehen und gehen, ohne auf irgend wen Rücksicht nehmen zu müssen.

5. Sprecht gemessen und nicht allzu laut, damit nicht Anderen Kopf und Ohren schmerzen.

6. Disputirt ohne Aeger noch Aufregung.

7. Seufzet und gähnet nicht, beschwert und langweilt Niemand.

8. Alle mögen an unschuldigen Spielen theilnehmen, welches immer auch vorgeschlagen werde.

9. Esst, was süss und saftig ist; doch trinkt mit Mass, damit beim Verlassen dieser Räume Jeder seine Beine wiederfinde.

10. Nie sollt Ihr aus der Schule schwatzen; was bei einem Ohre hineingeht, gehe zum anderen wieder hinaus, bevor Ihr diese Räume verlasst.

Der Uebertreter dieser Verordnung soll, die Damen nicht ausgenommen, auf die Aussage zweier Zeugen hin, für jeden Verstoss ein Glas kalten Wassers trinken und obendrein eine Seite der Telemachiade laut ablesen. (Die Telemachiade war ein Machwerk des Dichterlings Tretiakowskij.)

Wer im Verlaufe eines Abends gegen drei dieser Regeln verstösst, muss sechs Zeilen der Telemachiade auswendig lernen.

Wer aber die zehnte Regel übertritt, der sei von hier ausgeschlossen."

Auch andere Gegenstände in diesem Flügel erinnern an den Wänden der Galerie der Kostbarkeiten an die Erbin von Peters

des Grossen Testament. Edelsteine, Email, Trinkgefässe aus
edlem Metall, Glas und Krystall, Silber- und Goldgeschirr, Elfen-
beinschnitzereien, Schmuckkästchen, Uhren, Spiegel u. s. w. sind
hier aufgehäuft, doppelt kostbar durch ihre Verbindung mit historischen Namen.

Im Pfauencabinet liegen Tabatièren in allen Formen, Farben
und Stoffen und kostbare Miniaturen, deren jede ihre Geschichte
hat. Die letzte Galerie ist mit Andenken an den Gründer Petersburgs reich bedacht: seinen Kleidern, Stöcken, Fernrohren, Büchern,
den Drehbänken und dem Arbeitspult, und seinen Schnitzereien.
Lauter Dinge, die einen Einblick in sein einfaches Privatleben
und seine Passionen gewähren. Seine Leidenschaft war Schaffen
und Bauen.

Im October 1702 pflanzt der Zar seine Fahne auf den Wällen
von Schlüsselburg auf, ein halbes Jahr später ersteht die Peter-
Paulsfestung, 1704 die erste Stadtmauer, bald darauf Kronstadt.
1705 siedeln sich deutsche Colonisten an der Stelle der Eremitage
an, Franzosen auf der Basilius-Insel (Wassilij-Ostrow). Sieben
Jahre später wird St. Petersburg zur Residenzstadt erklärt, und
als der Begründer sein unermüdliches Leben abschliesst, beherbergt
die neue, mit aller Kraft geförderte Stadt 75.000 Einwohner.

Wassilij-Ostrow ist der Sitz der Börse und der Akademie der
Wissenschaften. Wenn man von der Strjälka, der Terrasse östlich
von Börsenplatz und Universität, den Quai entlang gegen Westen
schreitet, gelangt man zu der grandiosen, mit Kunstschätzen aller
Epochen angefüllten Kunstakademie und zum mineralogischen
Museum.

Von diesem Gebäude führt die Nikolai-Brücke hinüber auf
den englischen Quai, zur Abfahrtsstelle der Dampfboote nach
Peterhof.

Ein Sonntag und zugleich ein rechter Sonnentag lässt die
Städter nach allen Seiten ausschwärmen. Ein Theil fährt auf der
Pferdebahn oder im Wagen den buschigen Inseln zu, um sich dort
im Grünen zu vergnügen, Wasserfahrten zu unternehmen, um
Freunde in den Datschen (datscha eigentlich = Geschenk; Sommerhaus) zu besuchen, um Mädchen zu Tanz und Musik zu führen,
oder lustige Damen in dem schweigsamen Wäldchen bei Félicien
mit Sect zu tractiren. Lärm und Liebesworte, Blechmusik und
Chansonetten, das Plätschern der Ruder und Gesang tönen in
dem waldigen Bezirke, bis die Nebelschleier, feuchter Brodem und

Mondschein zur Rückkehr antreiben. Aber nicht nur laute Lust, oder versteckte Rendez-vous beleben die sonst so melancholische Inselwelt, auch gesitteten Leuten, einfachen, und mit Glücksgütern gesegneten Familien bieten die Eilande, im Sommerhaus und im ruhigen Schatten der Wipfel, zerstreuenden Scherz und Ernst. Mancher wandelt einsam, im Abendsonnenschein, die Augen offen und das Herz, Wasser und Erde betrachtend und was darauf kreucht und fleucht, die „lachende Thräne" oder die Leyer im Wappen, ein Humorist, ein Dichter.

Zahlreich und bunt ist auch das Publicum auf unserem Dampfer. Eine Stunde lang dauert die Fahrt; zuerst durch den vollen Hafen die grosse Newa hinab, dann auf dem breiten Wasserspiegel der Kronstädter Bucht. Links am Ufer, dem wir entlang fahren, taucht ein Schloss um's andere auf, vor uns schwimmt die Insel Kotlin mit der Stadt und den Bollwerken von Kronstadt. Batterien, Redouten und Forts, unter den letzteren das alte Kronslot, Arsenale, Casernen und Aehnliches zeigen die Wichtigkeit des Kriegshafens an: die Stadt mit ihren 50.000 Einwohnern beschäftigen zum grossen Theil der Schiffbau, das Arsenal und der Handelshafen.

Eine halbe Stunde Seefahrt trennt diese grauen Festungswerke von Oranienbaum, das eine Meile oberhalb Peterhof mit seinem hohen Schlosse das Ufer des Festlandes krönt. Auch Peterhof sieht von einer breiten Terrasse auf das Meer hinaus. Künstliche Wasserfälle und die berühmten Fontainen rauschen über den Absturz zu den Bassins des unteren Gartens herab, und steigen hier als Springwässer auf. Das ganze Geschlecht fabelhaften Seevolks — Tritonen, Nymphen, Delphine, — beschützt, graugrün, und feucht, die Wasserwerke. Treppenabsätze, Statuen und Urnen fassen die benetzten Marmorstufen ein. An Festabenden schimmern Flammenreihen, geschickt eingebettet, durch die Wasserstürze.

Teppichbeete und dichte Laubgänge bilden den Ufergarten. Englische Parks, mit Teichen und allerlei baulichem Schnikschnak besetzt, umgehen die kaiserlichen Villen Monplaisir, Ferme, (= Meierhof), Alexandria, Babygon, das englische Schloss und andere Pavillons am Strande und in den Berggärten.

Peterhof selbst, drei Stockwerke hoch und gelb gestrichen, imponirt durch seine Lage, die vergoldeten Kuppeln des Blechdaches und die Breite seiner, durch Galerien mit den Communs (Wohnungen des Gefolges) verbundenen Hauptfront. Auch in den

Innenräumen finden wir Erinnerungen an den Erbauer, dessen genialen Geist durch ganz Russland hin Schöpfungen aller Art bekunden, und an Katharina, die Peterhof verschönt und erweitert hat.

Die Gemächer enthalten Curiositäten, Gobelins und Gemälde. Schmuckkästchen von zartem Reize gleich, öffnen sich Zimmer zwischen prächtigen Sälen mit Schlachtengemälden und Familienbildern. Das Gemach der Palastdamen ist ein Gedicht in Gold und zarten Farben, ein würdiger Raum für schöne Frauen, welche die Welt nur in Himmelblau und Rosa zu sehen gewohnt sind.

Neugierig betrat ich das Zimmer mit den 365 Portraits junger Mädchen aus allen Provinzen des Reiches. Rotari hat diese Köpfe im Auftrage Katharina's, während einer Reise an Ort und Stelle gemalt. Jedem Tage des Jahres entspricht eine andere Schönheit, ein verschiedener Typus. Keine gleicht der anderen in Ausdruck, Stellung und Tracht. Diese hält eine Blume, jene ist als Lauscherin aufgefasst; als Liebende die eine, schwärmerisch die andere; die Schelmische hier lächelt im Dreiviertel-Profil, da sieht uns ein anmuthiges Kind voll in's Gesicht; alle Teints, jede Haarfarbe, rothe Lippen und melancholische Züge, blendende Schultern und bräunliche Nacken sind hier vereinigt. Aller Augen sprühen Jugend und Lieblichkeit, und jeglicher Mund wüsste uns eine kleine Geschichte, den Herzensroman, Wohl und Weh, aus Hütte und Schloss, von der tatarischen Steppe, von den blauen Fluthen der nordischen Küste, von den blumigen Fluren Grossrusslands, und vom sagenhaften Gestade der Krim zu erzählen ......

Einige Typen aus der modernen Frauenwelt Russlands gibt das beifolgende Bild S. 49 wieder.

An der Rückseite des Schlosses, hinter der Kirche mit ihren vergoldeten Knäufen zieht sich der Garten zum Städtchen Peterhof hin, zu Gasthäusern und Villeggiaturen. Unweit davon verrathen Hindernisse auf dem Rasen die Rennbahn.

Zu einem zweiten Platz für Pferderennen bei Zarskoje Sselo führt von Petersburg die älteste Eisenbahn Russlands. Sie endet in Pawlowsk, dem Bezirk emsiger, deutscher Colonisten. Der Park von Pawlowsk, Thäler und Höhen mit Waldgrün, Wiesen und Seen, erinnert, in seinen Motiven an Potsdam Grossfürstliche Schlösser und Datschen ziehen die elegante Welt an. Auf dem Gartenparterre des Bahnhofes producirt sich die Militärmusik.

Zarskoje Sselo, die kaiserliche Residenz und Stadt — Zarskoje Sselo bedeutet kaiserliches Dorf — ist ob seines Schlosses berühmt. Von Katharina errichtet und mit verschwenderischer Pracht ausgestattet, ist es von einem schönen, wasserreichen Park begrenzt.

Der grosse Rococobau trägt an der Gartenfront die im vorigen Jahrhundert so beliebte Bemalung in Weiss und Gelb, mit grünen Stuckornamenten. Diese, die Capitäle, Statuen, Vasen, ja selbst das Dach des umfangreichen Schlosses wurden unter Katharina mit einem Aufwande von einer Million Ducaten mit Blattgold überzogen. Wenige Jahre genügten, um die Vergoldung abzuwaschen; doch blieb noch immer so viel davon übrig, dass Unternehmer eine halbe Million Silberrubel für die Reste anboten. Die „Minerva von Zarskoje Sselo" wies dieses Ansinnen mit den Worten ab: „Ich pflege meine alten Sachen nicht zu verkaufen". Bekannt ist auch die Kritik eines Höflings: „Euere Majestät, ich suche den Glassturz, um dieses Kleinod zu bedecken".

Die neuesten Beiträge des russischen Historikers Professor Brückner zur Geschichte Katharina's II. vervollständigen in hervorragender Weise das Bild dieser Persönlichkeit. Von phänomenaler Arbeitskraft, schreibt die geniale Herrscherin eigenhändig unzählige Briefe, entwirft sie allerlei Actenstücke. Sie weiss von Allem. Ueberall ergreift sie die Initiative. Nichts gewährt einen so tiefen Einblick in diese durchaus persönliche Regierung wie die Lecture dieser Papiere, in denen sowohl die allerwichtigsten, als auch die nebensächlichsten Dinge zur Sprache kommen. Der originelle Geist, die vielseitigen Kenntnisse, der unverwüstliche Humor, die Fülle von Wohlwollen und Humanität, der blendende Witz, das literarische Talent der Kaiserin gelangen hier zu vollem Ausdruck.

Schon als Grossfürstin entdeckte sie in den Meisterwerken der Aufklärungsliteratur jene Welt, welche ihr bis an ihr Lebensende den grössten Genuss gewährte, und jene Principien, welche sie in ihren Schriften und zum Theil in ihrer Regierungthätigkeit vertrat.

Mit dem kindischen Peter III. aus Staatsraison vermählt, spricht die Prinzessin Sophie von Anhalt-Zerbst — 1729 zu Stettin geboren, und als Katharina II. 1762—1796 Russland zu einer Grossmacht gestaltend — ihre Enttäuschung in der Ehe mit den Worten aus: „Ich gehöre zu jenen Frauen, die da glauben, es sei immer des Gatten Schuld, wenn er ungeliebt bleibt; denn wahrhaftig, ich hätte meinen Gemahl sehr geliebt, wäre dies möglich gewesen, und hätte er die Güte gehabt, zu wollen, dass ich ihn liebe."

Typen aus der modernen Frauenwelt Russlands

Auf den Sturz Peter's folgte die Erhebung Katharina's durch eine Palastrevolution. Die Gährung in verschiedenen Kreisen und Theilen Russlands, Bauernaufstände, die Pest, kriegerische Verwickelungen, Intriguen Innen und Aussen erforderten in der ersten Epoche ihrer Regierung die volle Spannkraft und Energie der jungen Herrscherin. Von ihr selbst, und nicht von ihren Ministern ging der Impuls zu den entscheidendsten Regierungshandlungen aus. Kenntnissreich und unablässig thätig, trat sie mit Mässigung und mit Entschiedenheit auf.

Drei Jahre auf dem Throne, schrieb Katharina für ihre Nachfolger im Reich jenes denkwürdige, politische Glaubensbekenntniss nieder, das mit den Worten schliesst: „Jeder Herrscher verfügt über unzählige milde Mittel, seine Unterthanen in der Ehrfurcht zu erhalten. . . . Immer ist der Regent verantwortlich zu machen, wenn sein Volk gegen ihn aufgebracht ist; diesen Massstab müsst Ihr an Euch anlegen, meine theuren Nachkommen; demjenigen von Euch aber, der diese Unterweisung lesen, und nicht achten wird, ist in der Welt überhaupt, und im russischen Reiche wohl alles Gute zu wünschen, aber nichts Gutes zu prophezeien."

Katharina verstand es, scharf zu beobachten, schneidend zu tadeln; sie spottet über die ungeschickten Manöver der russischen Flotte und vergleicht sie gelegentlich eher mit holländischen Häringsschiffen, als mit einer wirklichen Kriegsflotte.

Sie liebte die Arbeit, versäumte es aber auch nicht, auf deren Erfolge hinzuweisen, historisch-statistische Zusammenstellungen über ihre Regierungsthätigkeit zu entwerfen.

Ihre Begier und Fähigkeit, zu lernen, zieht fortwährend hervorragende Repräsentanten der westeuropäischen Intelligenz nach Russland. Peter der Grosse, der Reformator auf volkswirthschaftlichem Gebiete, berief Hydrotechniker, Bauverständige, Bergleute, sein Land den damaligen Culturstaaten ebenbürtig zu machen, während die Gemahlin seines Enkels, die deutsche, aber in französischer Hofluft aufgewachsene Fürstin, den Rath der Rechtsphilosophen, der Staats- und Socialphysiologen heranzog.

Sie hatte den Sinn und die Empfänglichkeit für die höchsten Probleme der Geschichte, des Kosmos, des politischen Lebens.

Sie war solidarisch mit den Vertretern des Liberalismus, der Toleranz und der Menschenrechte; mit d'Alembert, Diderot, Voltaire.

Von Gelehrten und Künstlern, Dichtern und Schriftstellern verehrt, wechselt sie mit solchen Celebritäten zahlreiche Briefe, in denen feiner Weltton, weibliche Anmuth und literarische Begabung, überdies aber ein weiches Gemüth, ein wahrhaft liebenswürdiges Temperament sich ausspricht.

Mochte ihre gegen die Koryphäen der Literatenwelt Frankreichs, der Künstlerkreise Italiens geübte Munificenz hie und da als eine mit dem Stoffe einer gewissen Eitelkeit legirte Münze erscheinen, so lässt sich in Katharina's eigentlichem Wesen denn doch das echte Gold des Wohlwollens, der Humanität, der Erkenntlichkeit für genossene geistige Wohlthaten wahrnehmen. Die wahrhaft grossen und bewunderungswürdigen Eigenschaften der Kaiserin, die Hochherzigkeit, mit welcher sie die Verdienste der Encyclopädisten belohnte, wetteiferten mit einer gewissen Leichtlebigkeit, mit einem nicht von übergrosser Tiefe der Lebensanschauung zeigenden Eudämonismus und Optimismus; sie liebte es, von sich zu reden, weil sie in dem Genusse ihres Daseins, ihrer Arbeit, ihrer Erfolge und ihres Strebens schwelgte. In dem Tone der Bescheidenheit birgt sich zuweilen die Selbstbespiegelung, die Anerkennung ihrer Wohlthaten freute sie, die Bewunderung Anderer war ihr Bedürfniss; die Besten ihrer Zeit, ein Joseph, ein Friedrich, ein Voltaire hatten sie an diese Kost gewöhnt.

Ueber den grossen Habsburger äussert sich Katharina nach der Zusammenkunft in Mohilew folgendermassen: „Meines Erachtens erreicht ihn kein Souverän der Gegenwart in Bezug auf Verdienst, Reichthum an Kenntnissen und Höflichkeit; ich bin entzückt, ihn kennen gelernt zu haben; ja als einfachen Privatmann ihn kennen zu lernen, wäre ein Vorzug."

Bis in ihre spätere Lebenszeit bewahrte sich die Kaiserin Heiterkeit und eine lebhafte, feurig-jugendliche Art. Mit leichtem Spotte und drolligen Einfällen wusste sie die Conversation zu würzen; so äusserte sie einmal, die Todesarten ihrer Umgebung mit Lachen vorhersagend, sie werde aus Gefälligkeit sterben. Neben solchen Witzraketen erscheinen Proben tiefen Gemüthes, dann wieder unverhüllte Frivolität.

Das leuchtende Bild Katharina's, welches Brückner in seinen geistvollen Studien entwirft, wird durch das Privatleben der „Kaiserin aller Herzen wie aller Reussen" — so nennt sie Grimm („die Schmeissfliege der kaiserlichen Kutsche") — wesentlich getrübt.

Unersättliche Leidenschaft und Genusssucht zogen Katharina oft zu unwürdigen Günstlingen hinab. Manche von diesen waren nur Eintagsfliegen, die sich kurze Zeit in den Strahlen ihrer Neigung sonnten; alle errangen sie Stellung und Reichthum; von Allen aber in höchstem Masse Potemkin, Orlow und Poniatowski.

Die Kaiserin war von mittelmässiger Statur — „denn ihre Marotte war, nicht gross sein zu wollen" (Grimm) — beleibt, aber weiss und zart gefärbt, durch offenes Aussehen und dämonische Augen verschönt, eine reizende Frau für Jene, die nicht auf Regelmässigkeit der Züge und Harmonie aller Theile des Gesichtes sehen. Dabei verstand sie meisterhaft, Toilette zu machen.

Aus der Reihe ihrer Liebhaber seien nur folgende erwähnt: Der Kämmerer Soltików; Poniatowski, der Gesandte Polens, später dessen König; Gregor Orlow (Arljów), so schön, dass die galanten Damen alle sein Porträt trugen, nach der Entthronung Peters vom Gardeofficier zum Grafen und Grosswürdenträger erhoben und mit Schätzen überhäuft; dessen Bruder der herculische Alexis Orlow. Dann Wassiltschikow. — Potemkin, nach der Thronbesteigung Katharina's vom Cadeten des Leibregiments zum Kammerherrn ernannt, bald General, später Feldmarschall und Fürst des römischen Reiches deutscher Nation, mit Brillanten und Orden geschmückt, seit dem Krimfeldzuge der „Taurier" genannt, der „Zögling", der „Goldfasan", das „Täubchen" seiner Gönnerin, die ihm unveränderliche Freundschaft bewahrte; durch seine Prachtliebe berühmt, als Charakter berüchtigt. Sawadówskij, der Sohn eines Geistlichen; Sorics und Korssákow, Beide Officiere; dann erregt der schöne Lanskoij, als Gardist auf seinem Wachtposten vor der Thüre der Kaiserin deren Aufmerksamkeit und dankt diesem Umstande die Beförderung zum Generaladjutanten. Ihm folgt wieder ein Unterofficier, Jermólow. In der Epoche seines Einflusses erschien eine Carricatur, einen Zug Gardisten darstellend, darunter Jermólow, auf den Potemkin hindeutet, im Vordergrunde König Poniatowski, einen Pack Ordensbänder im Arm, die er unter sie vertheilt.

Darauf folgt Capitän Momonow. Der letzte und schlechteste in der langen Reihe war der Reiterofficier Subow.

Wenn ich den Mittheilungen von Personen aus der Gesellschaft Glauben schenken darf, sind die freien Sitten früherer Zeiten in der vornehmen Welt Russlands auch heute nicht völlig verschwunden, trotz des leuchtenden Vorbildes, welches das musterhafte und herzliche Familienleben des jetzt regierenden Zaren dem üppigen Bruchtheile der höheren Stände bietet.

Die Nachwirkung halbasiatischer Unsitten, die Gewöhnung an das flotte, ja zügellose Leben zu Paris und Monte Carlo, Reichthum, Erziehung und Beispiel halten einen Theil der Aristokratie von geistiger Vertiefung und ernster Beschäftigung fern. Viele von ihnen stehen in Bildung und Charakter ihren Standesgenossen jenseits der Grenze gewiss nicht nach. Ehrbare Frauen, sorgende Mütter, patriarchalische Väter, Cavaliere durch und durch, emsige Landwirthe, gelehrte Grandseigneurs, warmfühlende Patrioten, Ritter vom Geiste lernt Jeder kennen und schätzen, der auch nur wenige Häuser in Russland betreten hat.

Aber freilich die Lockungen verführerischer Schönen, die Sucht, Romane zu erleben, ein Kelch Champagner zu viel, der Ruf der Kartenkönige und ihres Gefolges, die Jagd nach „Glück" und Genuss, dazu „bequeme" Ehen bringen viele hoffnungsvolle Junker, so manches schwache Weib auf Abwege. Das Temperament reizt sie, das Vergnügen macht sie lüstern, die Neugierde kommt in's Spiel, und wenn sich Gelegenheit bietet, ist Alles zu Ende.

Ein kleiner Procentsatz aller dieser problematischen Naturen bewegt sich auch auf dem Turf, dessen wichtige Endziele verständnissvolle Pferdezüchter hier wie anderwärts ernst verfolgen.

Der Gesammt-Pferdestand des Reiches (mit Ausnahme des Kaukasus und Finlands) belief sich 1887 auf 21 Millionen Stück. Ein Viertheil derselben findet sich in dem Gebiete vor, welches westlich die Gouvernements Petersburg, Pskow, Kursk, im Süden der Don, dann die Mündung der Wolga, diese aufwärts östlich Orenburg, Ufa und Perm, im Norden Wjatka und Kostroma begrenzen. Im Norden dieses Gebietes bis Archangel sind nur 2 % enthalten, ebensoviel in den Ostseeprovinzen. In den östlichen Wolga-Gouvernements kommen auf 100 Bewohner 33 Pferde.

Kotelnikow, dem ich diese Angabe verdanke, theilt die Stammracen in folgende Gruppen:

1. Bergpferde: die im Kaukasus gezüchteten (Karabágh, Kabarda); von orientalischer Abstammung, mittlerer Höhe und schönen Formen. Sichere und geschwinde Reitpferde, zugleich gute Fahrpferde für Bergland.

2. Steppenpferde: don'sche, kalmükische, baschkirische. Mager, unermüdlich, genügsam, durch scharfes Auge ausgezeichnet, aber wild von Charakter.

3. Waldpferde: shmudische, wjatka'sche, kasán'sche, baltische Klepper u. s. w. Von den Bauern in den nördlichen Waldregionen gehalten: ausdauernd, geduldig und sanft.

4. Pferde der Schwarzerde: starke Last- und Arbeitsthiere, angemessen dem Getreidebau, den fetten Weiden, den weiten Transporten.

Dann kommen die polnischen, kleinrussischen Pferde etc. In vielen Gegenden trifft man gute Kreuzungsproducte von Landschlag mit Vollblut.

Ein gewöhnliches Arbeitspferd kostet 50 Rubel im Durchschnitt, ein gutes Lastpferd 100—300 Rubel, ein Traber bis 5000 Rubel, ein gutes Cavalleriepferd 80—150 Rubel.

In den Steppen wird die Pferdezucht in Tabunen (Heerden) betrieben.

Die Privatgestüte, die meisten am Don, belaufen sich auf 3430 mit 100.000 Pferden, $\frac{1}{10}$ Hengste. 18 % dieser Gestüte züchten nur Reitpferde.

Die Krone erhält sechs Reichsgestüte. Diese, sowie die Deckstationen, die Auctionen und Pferdeprüfungen unterstehen einer Centralbehörde mit dem Sitz in Moskau.

1. Das Gestüt zu Chrenowoje (Gouvernement Woronesh) zieht (englisches) Vollblut, dann Traber und Reitpferde.

2. Nowo-Alexandrowsk, starkes, englisches Halbblut.

3. Strjeletz, Reitpferde orientalischer Racen.

4. Limarew, rein arabische Zucht.

Die genannten vier Gestüte sind im Gouvernement Charkow.

5. Darkulsk, Arbeitspferde.

6. Janow, englisches Halbblut, Reitpferde. Gouvernement Sjedletz.

Der Bestand dieser Gestüte war 1887: 81 Hengste, 755 Stuten, 1007 Fohlen.

In Chrenowoje wird das Vollblut in der Jährlingsauction, anderwärts der Zuwachs vierjährig abgegeben.

Deckstationen, mit Vollbluthengsten betheilt, gibt es 15 (1077 Hengste), im Kaukasus 3: ausserdem dienen zur Verbesserung des Pferdematerials 279 Stationen.

Die Hauptverwaltung der Reichsgestüte erforderte im Budget für 1889 1,131.551 Rubel.

1511 rief Zar Wassilij ein besonderes Stallressort ins Leben, nachdem schon Iwan III. Reichsgestüte errichtet hatte. Man züchtete damals in den sogenannten Pferdedörfern orientalisches Blut, welches tatarische Gesandte nach Moskau gebracht hatten. Im 16. Jahrhundert eroberte Scheremétjew in der Krim 60.000 Pferde, darunter 200 Kabardiner.

Ende des nächsten Jahrhunderts wurden ganze Tabunen in den südlichen Steppen erworben für die Reiterei, polnische und Kabardiner Pferde für den Hof.

Bedeutende Entwickelung fand die Pferdezucht durch Peter den Grossen. Er führte Dänen, Friesen, Holsteiner und Perser ein, letztere wurden zu Astrachan mit tscherkessischen Stuten gekreuzt. Mentschikow's Zuchten waren berühmt.

Kaiserin Anna liess 1732 in Mecklenburg 1400 Rosse (bis 160 cm hoch) ankaufen, später 8 edle Araber.

Die zehn Hauptgestüte zählten 1740 schon 4400 Pferde, darunter 1400 ausländische. Unter diesen letzteren waren mehr als zwei Drittel deutsche und neapolitanische Pferde, ausserdem Araber, Perser, Spanier und 70 englische Pferde.

Unter Kaiserin Elisabeth war der berühmteste Züchter Graf C. Rasumowskij.

Katharina II. wies für solche Zwecke jährlich 1 Million Rubel an.

Graf Orlow importirte im Jahre 1778 Araber edelsten Blutes auf sein Gut Chrenowoje; von diesen stammen die Orlow-Traber.

Zu Ende des vorigen Jahrhunderts besass Russlands reguläre Cavallerie 60.000 Pferde und stellte überdies zahlreiches Material der österreichischen Armee zur Verfügung. Im ersten Viertel unseres Jahrhunderts importirte die Regierung 50 Stück Vollblut aus England, 4 berühmte arabische Hengste u. a. Damals sandte auch der Chan von Bochara 5 Vaterthiere, der Chan von Schiras 410 tscherkessische Stuten. Dazu kamen Kabardiner und Perser.

Die Zucht feinwolliger Schafe bewirkte in jener Zeit einen Rückgang der Pferdezucht.

1845 ging der Orlow'sche Traberstall an die Krone über. Dieser Besitzwechsel machte erst das Trabergestüt der Privat-zucht zugänglich.

Das erste grosse Rennen fand am 10. December 1722 unter den Augen Peters des Grossen statt.

Die ersten regelmässigen systematischen Prüfungen der Kraft und Schnelligkeit der Pferde führte Orlow ein und erhielt 1795 auf den grossen Moskauer Rennen den Kaiserpreis, einen Silberpocal und 600 Rubel.

Der erste gut organisirte Jockey-Club entstand 1826. Zwanzig Jahre später begannen die jährlichen Winter-Trabrennen in Zarskoje Sselo.

Heute zählt man 8 Rennclubs und 27 Trabrennvereine.

Ich fand keine Gelegenheit, in Petersburg einen Pferdemarkt zu besuchen; die Rennen zu Zarskoje Sselo gewährten einen kleinen Einblick in die Leistungfähigkeit und das Exterieur des Pferdematerials.

Zum Zarskojer Bahnhofe führt der Weg durch breite Prospecte von den grandiosen Quaianlagen her. Die Newaufer mit der schier endlosen Reihe von Palästen sind ein zauberhafter Anblick in klarer Mondnacht vom Dampfer aus, der uns hinüber führt zu dem im Glanze elektrischen Lichts erstrahlenden Winterpalast; ein herrliches Bild auch am Tage, wenn die Thurmspitzen, Kirchendächer und Kuppeln in Blau und Grün und leuchtendem Golde funkeln.

Erdbeerfelder und Wiesland, Spargel- und Kohlbeete begleiten die Strecke, welche eigens für die Besucher der kaiserlichen Schlösser und ihrer reizenden Parkanlagen gebaut wurde.

Der Rennplatz liegt unweit des Schlosses, ganz flach vor den kleinen Holztribünen. Totalisateur und Militärcapelle, elegante und sportliche Welt, alles wie auf jedem anderen Turf. Neu ist an dem ganzen Rennen die Distanz von 10 Werst, welche für den Preis von 600 Rubel Pferde aller Länder und Racen in die Schranken ruft.

In Moskau finden wir die Distanz von 15 Werst!

Die Pferde, schön und edel geformt, kräftig, musculös, entstammen zumeist den Reichs- und Privatgestüten. Hürden und feste Hindernisse wurden mit Leichtigkeit überwunden trotz des durch andauernden Regen schlecht gewordenen Geläufes.

Mit Ausnahme des Baron Wulff, eines hier sehr gefeierten Herrenreiters, stiegen nur Officiere in den Sattel, welche von Jahr zu Jahr dem Herrensport neue Reiter zuführen.

Von den Plätzen zu Peterhof und zu Zarskoje Sselo — „Zarsk", wie man mit Chic sagt — war ersterer 1868 mit Preisen in dem

Gesammtbetrage von 20.500 Rubel dotirt; von 53 Pferden (unter 37 verschiedenen Reitern) beschickt.

Die Preise zu Zarsk beliefen sich in derselben Saison auf 93.500 Rubel. Die Zahl der startenden Pferde erreichte 102 (unter 53 Herrenreitern und 39 Jockeys). (Vergleiche den Anhang).

Die Preise — es wurde nur beim letzten Item auch ein silberner Ehrenpreis gegeben — schwankten zwischen 200 bis 900 Rubel, kleine Summen in einem Lande, wo das Geld so wenig Kaufkraft für alles das besitzt, was den Lebensunterhalt des Mannes aus dem Volke übersteigt. Zahlen doch die Grossen und Reichen hier Unsummen für Dinge, die aus dem Auslande herbeigeschafft werden müssen, oder ausser der Saison verlangt werden. Man hört z. B. von einem Diner reden, bei dem die Erd-beeren — im Januar allerdings — 6000 Rubel, die Veilchen auf der Tafel 15.000 Rubel gekostet haben. 5 Rubel kostet eine gute Birne im Winter, und das Zwanzigfache ein seltener, weit hergeholter Fisch u. s. f. Der Luxus — und Vieles ist hier als solcher zu betrachten, was an klimatisch günstiger gelegenen Orten fast preislos — ist hier das Privilegium der oberen Zehn-tausend, mehr als irgendwo; die breite Masse der Bevölkerung freilich ist ganz anspruchslos und trägt durch unzählige, aliquote Theile an Steuern und Auflagen dazu bei, colossale Summen zu schaffen, welche von den obenan Stehenden oft zu prachtvollen Bauten, kostspieligen Einrichtungen, zu kostbarem Kirchenschmuck und Ansammlung von Schätzen verbraucht werden. Allerdings hat sich auch in Russland mit der Zeit eine gewisse Verall-gemeinerung anderer Principien herausgebildet, und zwischen die Classen der Geniessenden und der Bedrückten schiebt sich immer mehr der Mittelstand ein, Kaufleute und Industrielle, die sogar nun oft die Inhaber der Latifundien und jene der überkommenen Ver-mögen durch rasch erworbenen Neubesitz überflügeln. Der all-gemeine Rückgang der Bodenproducte, die gedrückten Curse, die anhaltende Verschwendung treiben auch heute Manchen dazu Familienjuwelen zu veräussern, um der angeborenen Pflicht zu Prachtentfaltung gerecht zu werden. — Das riesige Reich birgt noch unversiegte Quellen für den Emsigen und Unternehmungs-lustigen; zumal der sich langsam anschliessende Osten gewährt dem von Mercurs Stab beflügelten Goldsucher Gelegenheit, Reich-thümer zu erwerben.

Stahlblau fluthet heute der Newastrom zwischen den weiss-glänzenden, goldfunkelnden Bauten; grüne Wäldchen und bunte Schiffe spiegeln sich in den Gewässern, die längs des Schiffahrts-canals hinaus zum Meere rauschen, Wägen und Karren füllen die Strassen, ein Regiment Gardekosaken zieht ein vom Lager mit klingendem Spiele, Bewegung und Leben herrscht allerorten, als wir Abschied nehmen von der Reichshauptstadt, die trotz aller hier concentrirten Elemente des Zarenthums im Grunde doch nur europäisches Gepräge hat, im Gegensatze zu dem altehrwür-digen Mittelpunkte des russischen Volkes, zu dem vielthürmigen Moskau.

4. ABSCHNITT.

650 *km* Bahngeleise, durch einförmiges Land gelegt, trennen uns von Moskau; eine gerade Linie. Kaiser Nikolaus hat sie auf der Landkarte mit dem Lineal vorgezeichnet, als ihm der Plan zur Nikolai-Bahn unterbreitet worden. Der Courierzug verbindet die beiden Hauptstädte des Reiches in 13stündiger Fahrt.

Ein Billet erster Classe kostet 27 $\frac{1}{2}$ Rubel. Hundert Jahre zurück bedurfte es eines Aufwandes von 80 Rubel, um in einer Miethkutsche mit sechs Pferden innerhalb einer Woche den Weg zurückzulegen, dessen grössten Theil jetzt der normale Reisende auf dem weichen Pfühle des Coupébettes verschläft. Was sollte auch den Einheimischen und selbst den Fremden bewegen, hinauszublicken oder die Fahrt öfter zu unterbrechen?

Das alte Nowgorod am Wolchow ist zu einer kleinen Provinzialstadt herabgesunken, zu der eine Zweigbahn führt. Die nordischen Waräger unter Rurik haben von hier slavische Ansiedler verdrängt. Dem aufblühenden Handelsplatze gab Jaroslaw, Grossfürst zu Nowgorod, 1020 ein Stadtrecht, die Prawda Ruskaja, die älteste Rechtsurkunde der Russen. Immer bedeutender und unabhängiger wurde hier das Gemeinwesen, fast ein Freistaat unter dem Befehle des erwählten Volksoberhauptes. Deutsche und Skandinavier wanderten hier ein, die Hansa schuf einen Kaufhof. Vergeblich kamen die Tatarenhorden vor die festen Mauern der Stadt geritten, erfolgreich aber verführten die Mongolenchane den Grossfürsten, mit ihnen ein Trutzbündniss gegen seine unruhigen Unterthanen zu schliessen. Diese, mit dem Rechte ausgestattet, ihre Herrscher zu küren und sie im Falle der Unzufriedenheit auszuweisen, schaarten sich vor der alten Kathedrale zusammen und beschlossen, Jaroslaw abzusetzen. „Warum", riefen die Bürger den seiner Günstlinge durch den Aufruhr beraubten Fürsten an, „warum hast du jenen Palast für dich besetzt, von Fremden Geld genommen, die deutschen, friedlichen Kaufleute verjagt? Weshalb überlässest du den Vogelstellern unseren wild-reichen Fluss, den Jägern unsere Fluren? Genug des Druckes! Wandere, wohin du willst, wir finden andere Fürsten." Die Stadt, deren Bürger also sprachen, war volkreich und der Mittelpunkt des Handels zwischen Europa und Asien, Dank den germanischen Niederlassungen und dem Netze der Wasserstrassen. Zu Nowgorod wurden Anfangs des 13. Jahrhunderts die ersten Geldmünzen geschlagen, während bis dahin Häute und Pelze als Tauschwerthe gedient hatten. Aber nicht nur Mercur, auch Mars gehörte zu den Schutzgöttern der Stadt. Ihre Heere zogen die Wolga hinab und den Schweden entgegen, und mit reicher Beute kehrten sie heim, mit dem Rufe: „Wer wider Gott und Nowgorod?" Von Fehden umbraust, von mächtigen Nachbarn umdrängt fiel die Stadt endlich an die Fürsten von Moskau und verlor, von Iwan dem Schrecklichen mit der Schärfe des Schwertes getroffen und ge-brandschatzt, nun gar durch den Aufbau Petersburgs den letzten Rest von Bedeutung, deren Merkmale heute spurlos verschwunden sind.

Wir durcheilen das Hügelland von Waldai, das Gebiet des Wolotschok-Canals — eine jener grossen Wasserstrassen, durch die Russland manchen seiner Nachbarn überragt — und trinken nach Mitternacht unseren Thee in Twer. An den Ufern der Wolga gelegen, ist die alte klosterreiche Stadt heute durch Industrie und Handel weithin bekannt. Bald ist Moskau erreicht und ich schicke den Details einen kurzen Ueberblick über die Lage und den Gesammteindruck der Stadt voraus.

Von den Sperlingsbergen — „dem Kahlenberg Moskaus" — herab umfasst der Blick die schier endlose, schimmernde und gleissende Stadt und ihr Weichbild. Zu unseren Füssen fliesst breit und glitzernd die Moskwa, von Dampfern und Booten belebt, rechtshin an den Waldlehnen vorbei, in deren Schoss Schlösser, Villen, Krankenhäuser und Kirchen gebettet sind. Linkshin, strom-aufwärts, das grosse S schliessend, nähert sich der Fluss wieder dem Kreml, der mehr vermöge der Masse seiner Baulichkeiten, sowie der aufragenden Burg- und Kirchenthürme, als auf Grund der Terrainhöhe aus dem Gewirre der Bauten emporsteigt.

Wolkenschatten ziehen über das azurne Himmelsgewölbe. Weiss und gelb, roth und blaugrün glänzen die Tausende von Farbenfleckchen, immer auf's neue vergoldet blitzen die Kuppeln dazwischen; am Horizont stehen, im Duft der Abendsonne, in zartem Blaugrau die Wälder mit den Landsitzen und Sommerfrischen der Moskauer Grossen und Kleinen. In der uns zunächst gelegenen Schlinge des Stromes erblicken wir das Kloster auf dem Jungfernfelde; sattes Grün, in Streifchen und Quadrate zerlegt, die Gemüsegärten der Stadt.

Fast wagrecht zieht sich die grosse sarmatische Ebene im Hintergrunde entlang, indess Moskau selbst und seine Vororte auf den sanft geschwellten Uferhöhen breit und üppig gelagert sind. Moskau, die heilige und reiche Stadt, geschichtlich und culturhistorisch der Brennpunkt des gigantischen Reiches, asiatisch und märchenhaft anzusehen, wie es sich, einem in köstlichen Farben prangenden Teppiche gleich, über die Stromufer ausbreitet. Die Berge fehlen und eine gewaltige Wasserfläche, der Reiz aufstrebender Contouren und südlich reichen Pflanzenwuchses mangelt; dennoch wirkt im Sonnenlichte, von der Höhe her das Panorama grandios durch die Scala von Tinten, durch die 75 $\square$ *km* bedeckende Menge von Gebäuden der mannigfaltigsten Art.

Der Glocken tönendes Erz schallt, feiertägigen Gottesdienst begleitend, tief und dumpf herüber, türkisblau spannt sich die Himmelswölbung über das Land; immer wieder läuft der Blick die crenelirten Mauern des Jungfernklosters, die in das Blachfeld auslaufenden Strassen, die funkelnden Dome, die Zinnen und Wälle des Kreml entlang, weithin, nach allen Seiten, wo Schlösser und Datschen, von Gärten umrahmt, wo die kaum unterbrochenen, funkelnden Strassenreihen sich ins Land hinaus erstrecken. —

Moskau selbst ist die Tochter Asiens, welche zu ihrer eigenen Verwunderung in Europa liegt; die Stadt der Vergangenheit, die Stadt der Traditionen und Erinnerungen. Man kennt Russland nicht, wenn man Moskau nicht gesehen hat; und wer nur die Petersburger Russen kennt, kennt die Russen des wahren Russlands nicht. Die Bewohner der neuen Hauptstadt werden hier wie Fremde betrachtet. Die wahre Hauptstadt der Russen wird noch lange das heilige Moskau bleiben. Petersburg ist vielen Moskowitern ein Gräuel, und dieselben würden gegebenenfalls gewiss gerne den Fluch des älteren Cato über dasselbe aussprechen. Die beiden Städte stehen sich nicht allein vermöge ihrer Lage und Bestimmung gegenüber, sondern auch andere Gründe, religiöse und politische, machen sie zu Feindinnen.

Diese Charakterisirung ist heute noch ebenso richtig, wie vor hundert Jahren; nur allmählich machten die Repräsentanten des uralten Bojarenthums äusserlich den neuen bureaukratischen Behörden Platz. Innerlich hängt die grosse Menge der Russen noch an den früheren Institutionen, an den angestammten Einrichtungen des Zarenthums. Auch heute noch ist Moskau die Stadt der Zaren, welcher Titel zuerst vom Grossfürsten Wassilij 1505—1534 angenommen wurde; Petersburg, die Stadt der Kaiser, seit Peter der Grosse im Jahre 1721 sich diese Würde beigelegt hat.

Der Reichstitel der russischen Herrscher lautete unter dem obenerwähnten Fürsten Wassilij folgendermassen:

„Wassilij Joanowitsch, von Gottes Gnaden Zar und Herr ganz Russlands, Grossfürst, und Grossfürst von Wladimir, Moskau, Nowgorod, Pskow, Twer, Jugor, Wjatka, Perm und vieler Lande Herr."

Das grosse Siegel Peter d. Gr.:

„Von Gottes Gnaden, Wir, Allerdurchlauchtigster und mächtigster Grossherr, Zar und Grossfürst Peter Alexéjewitsch von ganz Gross-, Klein- und Weiss-Russland, Selbstherrscher von Moskau, Kijew, Wladimir, Nowgorod, Zar von Kasán, Astrachan und Sibirien, Herr von Pskow und Grossfürst von Ssmolensk, Twer, Jugor, Perm, Wjatka, Bulgarien und anderer, Herr und Grossfürst von Nishnij Nowgorod, von Tschernigow, Rjäsan, Rostow, Jaroslawl, Bjeloosersk, Udorsk, Obdorsk, Kondij, und aller nördlichen Lande, Gebieter und Herr der Iwerschen Lande, der kartelinischen und grusinischen Zaren und der Kabardiner Lande, der tscherkessischen und gorischen Fürsten und vieler anderer, östlicher, westlicher und nördlicher Reiche und Lande, Vaters und Grossvaters Erbe und Nachfolger, Zar und Beherrscher."

Nachdem aber Peter der Grosse den Kaisertitel angenommen, hiess es:

„Durch Gottes begünstigende Gnade Kaiser und Selbstherrscher aller Reussen, von Moskau, Kijew, Wladimir, Nowgorod, Zar von Kasán, Astrachan, Sibirien, Herr von Pskow und Grossfürst von Ssmolensk, Fürst von Esthland, Livland, Karelien, Twer u. s. w."

Alexander III. nennt sich:

„Durch Gottes Gnade Kaiser und Selbstherrscher aller Reussen, von Moskau, Kijew, Wladimir, Nowgorod, Zar von Kasán, Astrachan, Zar von Polen, von Sibirien, und des taurischen Chersonnes, Herr von Pskow und Grossfürst von Smolensk, Lithauen, Wolhynien, Podolien, Finland, Fürst von Esthland, Livland, Kurland und Semgallen, Samogitien, Bjelostok, Karelien, Twer, Jugor, Perm, Wjatka, Bulgarien und anderer, Herr und Grossfürst von Nishnij Nowgorod, von Tschernigow, Rjäsan, Polotzk, Rostow, Jaroslaw, Bjeloosersk, Udorsk, Obdorsk, Kondij, Witebsk, Mstislaw, und aller nördlichen Lande, Gebieter und Herr der Iwerschen, Kartelinischen und Kabardinischen Lande, des Armenischen Gebietes, der Tscherkessischen und Gorischen Fürsten und anderer, Erbherr und Beherrscher, Zar von Grusien, Herr von Turkestan, Nachfolger von Norwegen, Herzog von Schleswig-Holstein, Stormaren, Ditmarschen und Oldenburg u. s. w."

Diese Reichstitel bergen ein Stück Geschichte in sich, Vergangenheit, Gegenwart und vielleicht Anwartschaften auf die Zukunft. Hat man doch, um nur Eines anzuführen, schon laut davon gesprochen, der Zar werde sich zu Samarkand als Kaiser von Central-Asien proclamiren lassen.

Der Adel war ursprünglich die Drushina, d. h. das Gefolge des Fürsten (Bojaren). Mit der Annahme des Christenthums traten zu diesem Rathe die geistlichen Würdenträger und öfters auch die Aeltesten der militärisch organisirten Handelsleute in den Städten. Diese militärisch-kaufmännische Aristokratie, die Stadtmiliz und der Kriegsherr mit seinem Gefolge unterstützten und ergänzten sich wechselseitig. Zu Ende des 11. Jahrhunderts besetzte der Fürst die städtische Verwaltung mit seinem Dienstadel. Die Geldaristokraten spielten da in den Volksversammlungen die erste Rolle. Das Verhältniss der Fürsten als Schutzherren der Städte beruhte nun auf Verträgen. Die fürstlichen Kriegsgefährten standen zu ihrem Herrn in rein persönlichen Beziehungen; die Bojaren aber, von den ersteren unterschieden, repräsentirten als Lehensträger der Krone den ansässigen Grundbesitz; selbstverständlich machten sich auch die Dienstleute oft auf Gütern sesshaft, ohne dadurch in das Lehensband einzutreten.

Im 13. Jahrhundert, einer Zeit der Unruhen, ging die Idee der Einheit des Landes fast unter. Jeder Theilfürst betrachtete die ihm unterworfene Provinz als sein Sondereigenthum und suchte es auf seine Kinder zu vererben. Das Territorium war ihm unterthan, er war Herr der Leibeigenen, die Adeligen aber waren freie Gefolgsleute und andererseits zu Abgaben und Kriegsdienst verpflichtete Grundbesitzer. In einem solchen Fürstenthume unterschied man die Hofländereien, das Privateigenthum des Fürsten; dann das schwarze Land, an einzelne Freie oder ganze Bauerngemeinden gegen Zins (Obrok) verpachtet, und endlich die Bojarengüter, Privatpersonen und der Kirche gehörig, wobei einige einträgliche Hoheitsrechte dem Landesfürsten vorbehalten blieben. Die Ursache der Bildung der Theilfürstenthümer war eine geographische und ökonomische, im Zusammenhange mit der Colonisation an der oberen Wolga und in dem nördlich von ihr gelegenen Gebiete.

Die ersten Ansiedler wählten die erhöhten Ufer der Flüsse und die trockenen Stellen am Waldessaume. Sie waren Ackerbauer, beschäftigten sich aber auch mit verschiedenen, local abgegrenzten Gewerben.

Von den vielen Theilfürsten verwandelten sich die kleinen in Landwirthe. Die südrussischen Fürsten betrachteten als Nachkommen Rurik's die Gesammtheit der Provinzen im Kijew'schen Russland als ihr gemeinsames Erbe. Im Norden zog der Fürst, wenn er ein guter Wirth war, Ansiedler heran, und konnte das von ihm bebaute und bevölkerte Fürstenthum als sein vererbliches Eigenthum erklären; Hand in Hand damit ging das Bestreben des Fürsten, den persönlichen Dienstadel zu Landsassen zu machen. Diese und die Bojaren durften vertragsmässig nicht zu fremden Bojaren, respective zu benachbarten Theilfürsten in persönliche oder vermögensrechtliche Abhängigkeit treten. Das Territorium unterstand theils der Hofverwaltung, das waren die vom Fürsten unmittelbar durch den Haushofmeister und die Vorsteher der Hofämter ausgebeuteten Ländereien; theils bildete es Districte unter mit dem Nutzgenusse begabten, zu Abgaben verpflichteten Statthaltern; theils war es privilegirtes, der unmittelbaren Gerichtsbarkeit des Landesherrn unterworfenes Grundeigenthum. Diese Gerichtsbarkeit und die laufenden Geschäfte besorgte der in seinem politischen Einflusse immer mehr eingeschränkte Bojarenrath des Hofes, ohne dass dieser Rath anfangs einen bestimmten Geschäftskreis oder einen bestimmten Personalbestand hatte. Später unterschied man die im Amte stehenden Hofbojaren von jenen, die besondere Aufträge bei Hofe oder als Statthalter verrichteten. So trug der Bojarenrath durch die Besorgung der genannten Aufträge und durch die Theilnahme an der obersten

Jurisdiction, endlich später durch politische Thätigkeit zur Centralisation der nordrussischen Fürstenthümer bei.

Die Moskau'schen Fürsten erweiterten den Kreis der Geschäfte, welche dem am Hofe verweilenden Bojarenrathe oblagen, und dieser bildete im 15. Jahrhunderte in Moskau eine eigene Gesellschaftsclasse als dem Lande und Fürstenhause treuergebener Träger der politischen Tradition des Moskauer Grossfürstenthums.

Von allen Seiten strömte fremder Dienstadel nach Moskau, darunter befanden sich auch die meisten der Theilfürsten, welche auf diese oder jene Art ihre Unabhängigkeit eingebüsst hatten.

Dem bisher immer abgeschlossenen Dienstvertrage und dem principiell anerkannten, aber selten benützten Rechte der Freizügigkeit machte der Grossfürst ein Ende, sobald er das ganze nordöstliche Russland unterworfen hatte.

Obenan stehen nun die sogenannten Dienstfürsten, d. h. jene, welche früher unabhängig gewesen. Ihr Rang unter einander hing von dem Alter der von ihnen früher beherrschten Haupt- oder Nebenfürstenthümer, schliesslich davon ab, ob sie unmittelbar oder indirect in Dienste getreten waren. Unter dem nicht titulirten Adel herrschten ähnliche Abstufungen. Die persönliche Stellung einer Dienstfamilie, mochte sie auch seit undenklicher Zeit den Herrschern von Moskau gedient haben, musste unbedingt der genealogischen, erblichen der ehemals dem Moskauer Fürsten Gleichberechtigten weichen. Diese genealogische Stellung innerhalb der Hierarchie des Moskauer Dienstes, der regierenden Aristokratie, war von persönlichem Verdienst und vom Willen des Monarchen unabhängig. Das Hauptorgan dieses aristokratischen, in seinem Grundelgenthum privilegirten Beamtenthums war der Moskauer Bojarenrath, in dem während des ganzen 16. Jahrhunderts die fürstlichen und die altmoskauischen Familien vorherrschten. Mitglieder der ersteren waren die Bojaren im engeren Sinne, der Altmoskauer nicht titulirte Adel bildete die zweite Classe; als dritte Classe kamen später die Rathsedelleute hinzu.

In der ersten Zeit regierten die der Obergewalt Moskaus unterworfenen Theilfürsten als Statthalter weiter, und erhielten so und durch die Unabhängigkeit ihrer Verwaltung die Idee der ihnen durch Geburt zustehenden Herrscherrechte fort, von der Ansicht getragen, dass ihre Classe berufen und berechtigt sei, unter dem Zaren vereinigt das Reich zu regieren, dass also die ganze

Central und Provinzialverwaltung ihr gebühre. Die Bojaren galten als die angestammten Räthe des Zaren. Vormals entschieden sie die sogenannten neuen Sachen, d. h. solche ohne Präcedenzfälle. Diese wurden aber mit der Zeit den verschiedenen Staatsämtern zugetheilt und nur die Angelegenheiten, welche die Competenz dieser Aemter überschritten, kamen vor den Bojarenrath, welcher also nunmehr eine Art Reichsrath bildete, besonders seit auch die Hofverwaltung der sogenannten zarischen Kammer zugetheilt worden war. Mit der immer grösseren Erstarkung der Zarenmacht verwandelte sich endlich der Bojarenrath in ein ständiges, durch Ernennung seitens des Zaren gebildetes und in drei Rangsclassen zerfallendes Regierungscollegium.

Das Moskauische Bojarenthum hat nie nach formellen Garantien seiner Stellung gestrebt. Seine ganze Aufmerksamkeit war durch das Streben in Anspruch genommen, mit Hilfe des Fürsten die Bauern durch Gesetze gegen die Freizügigkeit an die Latifundien zu ketten. Der absolute Herrscher aber fand es undenkbar, ohne den Bojarenrath zu regieren, ja selbst Iwan der Schreckliche überliess dem letzteren die Verwaltung des ganzen Reiches und behielt seiner unmittelbaren Herrschaft nur sein Sondereigen, eine Art Theilfürstenthum, vor. Jeder Ukas trug damals die Formel: Der Zar hat es gewollt, die Bojaren haben es gut geheissen.

Erst um den Anfang des 17. Jahrhunderts, unter der neuen Dynastie Románow, welche nach einem Zwischenreich (Boris Godunów; der falsche Demetrius) der 700jährigen Herrschaft der Rurik's folgte, entstand der Gedanke an einen politischen Vertrag des Bojarenthums mit dem Monarchen. Nach der sogenannten unruhigen Zeit hörte der Bojarenrath auf, eine politische Macht zu sein, und wurde nach einem von Kljutschewskij originell gewählten Ausdrucke: zu einer Bequemlichkeit für die Regierung. (Dem eben genannten Forscher ist diese Darstellung zu verdanken.) Die bisher regierende Aristokratie trat nun hinter den mittleren und niederen Dienstadel zurück. Einzelnen Mitgliedern des lezteren, ja reichgewordenen Geschäftsleuten verlieh jetzt der unabhängigere Zar wohl auch den Bojarenrang.

Im 16. Jahrhundert regierte also zusammen mit dem Zaren eine Gesellschaftsclasse, ein Stand, im 17. eine Summe einzelner Persönlichkeiten.

Die Durchsicht des sogenannten Sammtbuches ergibt, dass der leitende Stand der Bojaren, fast der ganze alte Adel, nicht russischer, sondern ausländischer Abkunft ist. Mit Ausnahme der von Rurik abstammenden, ist keine einzige der im Sammtbuch eingetragenen Familien Moskauischen oder überhaupt grossrussischen Ursprungs; ihre Stammväter waren Tscherkessen, Polen Deutsche, Schweden, Tataren, Griechen. Auch von den nicht eingetragenen, altrussischen Familien stammen viele von Ausländern, tatarischen „Mursen", mordwinischen „Panki", die, wie später die kaukasischen Edlen, bei der Bekehrung zum Christenthum mit dem Fürstentitel bedacht worden, u. s. w. ab.

Sehr zahlreich waren früher ausländische, namentlich Reichsadelsdiplome, welche Russen die Titel: Fürst, Graf u. s. w. ertheilten. Die russischen Fürsten, nur selten Durchlaucht, heissen Knjase; „Graf' und „Baron" lauten auch im Russischen so. Das „von" wird nur selten gebraucht, dann aber mit dem Familiennamen in ein Wort verschmolzen.

Trotz ihrer russisch klingenden Namen haben Einwanderer zu Stammvätern: die Scheremétjew's, Soltyków's, Morósow's preussischer Abkunft; die Tolstóy (Tolstóy = der Dicke) deutscher Abkunft; ebenso die Lewschín (Löwenstein), die Lewaschéw (v. Dohlen), Buturlín, Kutúsow, Orlów.

Von lithauischer Herkunft sind: Die Golowín, Galítzin; von schwedischer die Ssuwórow, von französischer die Grjasnow, von englischer die Bestúshew und Chomutów (Hamilton). Aus Italien die Pánin, aus Ungarn die Blúdow. Von Tataren leiten sich her die Familien: Urússow, Apráxin, Dáschkow, Uwárow, Karamsín (Kara Mursa).

Die Einwanderung nach Russland bestand vor Peter dem Grossen vorwiegend aus tatarischen, nach ihm aus westeuropäischen Elementen. Mit den ausländischen Geschlechtern zogen oft zahlreiche Gefolgschaften nach Russland. So 2000 Mann mit dem Deutschen Indris, dem Stammvater der Tolstoy. Die Nachkommen dieser Fremden, häufig unter den „Bojaren" genannt, machten erfolgreich den Nachkommen Rurik's bei Hofe den Rang streitig.

Den jüdischen Stamm vertreten: Baron Schaffrow, (Vicekanzler unter Peter dem Grossen) Wesselówskij und die kaukasischen Fürsten Bagration (Abkömmlinge König Davids?).

Von den russischen Heerführern waren Kleinrussen die Rasumowskij und Paskiéwitsch; aus Polen stammten Potemkin, Trubetzkói, Bárjatynskij. Unter den 45 Feldmarschällen Russlands seit 1700 sind überhaupt nur sechs Nachkommen Rurik's, echt russischer Abkunft die Schuwálow's. Unter den Reichskanzlern waren ausländischen Stammes: Woronzów, Kotschubéj u. s. w. Von Rurik stammt nur ein Reichskanzler: Gortschaków.

Der Dichter Lermontow hatte einen Schotten zum Vater (Learmonth). Gógol leitet seinen Ursprung aus Polen, Púschkin in männlicher Linie von einem Deutschen, in weiblicher von Negern ab.

Peter der Grosse setzte an die Stelle der Knjase (Fürsten) und Bojaren und des unbetitelten Adels eine Rangordnung, welche die Standesvorzüge von kaiserlichen Dienstverhältnissen abhängig machte. Die 14 Rangclassen sind; 1. Reichskanzler, 2. wirklicher geheimer Rath (diesen beiden kommt die Hohe Excellenz zu); 3. geheimer Rath, 4. wirklicher Staatsrath (3. und 4. Excellenz), 5. Staatsrath, 6. Collegienrath, 7. Hofrath, 8. Collegienassessor. Diese acht Rangclassen geben erblichen Adel, ebenso wie das Officierspatent und ein russischer Orden. Die Civilämter 9. bis 14. verleihen persönlichen Adel.

Orden gibt es folgende: Jenen des heiligen Andreas, den des Alexander Newskij und den weiblichen Katharinen-Orden, alle drei von Peter dem Grossen gestiftet; den weissen Adler-, früher polnisch ebenso wie der Stanislaus-Orden; den Wladimir- und den Annen-Orden. Ausgezeichnete Tapferkeit belohnt der Georgs-Orden. Ehrendegen für Tapferkeit und zahlreiche Medaillen sind für militärische Verdienste bestimmt.

Da die Verleihung eines Ordens die im Rang niedrigeren in sich schliesst, an jeden Feldzug eine besondere Medaille er-innert, kann es nicht Wunder nehmen, wenn das Militär und die Civilbeamten reich decorirt einhergehen. Besondere Medaillons kennzeichnen z. B. die Mitwirkung bei der Aufhebung der Leib-eigenschaft und academische Grade höheren Ranges, so den Ingenieur, wie den Doctor med.

Petersburg und Dorpat ertheilen folgende wissenschaftliche Grade: 1. Doctor, berechtigt zum Collegienassessor im Staats-dienst. 2. Magister, berechtigt zum Titularrath = 9. Rang. 3. Candidat, nach sehr guter Prüfung und schriftlicher Arbeit zum Collegiensecretär = 10. Rang. 4. Graduirter Student, nach guter Prüfung zum Gouvernements-Secretär = 12. Rang. Doctor und Magister berechtigen zur akademischen Laufbahn. Bei der medicinischen Facultät finden wir: 1. den Arzt (9. Rang), 2. Doctor med. (8. Rang), 3. Doctor med. et chir.

Die russische Wappenkunst liegt im Argen und würde einen O. v. Hefner oft rasend machen. Hier kann der Heraldiker Trophäen

von Kanonen, Trommeln, Fahnen, Spiessen, Musketen, Pauken
und Trompeten hinter runden und ovalen Schildern, Theater-
helme, Husaren und Kosaken als Schildhalter, rosenrothe Blumen,
falbe Pferde, Veilchenblau, Kupferroth und Schmalzgelb, polka-
tanzende Pudel mit Kuhschwänzen statt Löwen finden, schwind-
süchtige Möpse statt Leoparden, fliegende Adler. u. ä.

Ohne Anhaltspunkte für richtige Auffassung alter, gutadeliger
Wappenkunst begehen die Russen Verstösse gegen den heral-
dischen Tact, indem sie Dampfschiffe, Kosakenmützen, Strand-
batterien, Kartätschenbüchsen, Mercurstäbe, Bergwerke und
moderne Uniformstücke in ihre Schilde setzen, Wappenmäntel
von Purpur und Hermelin um diese anordnen, und bestenfalls der
„alten Schule", meistens aber dem Geschlecht der Jockeyclub-
Heraldiker angehören. So zeigt das Siegel einer bekannten
Fürstenfamilie einen Krummsäbel und einen Flaggenstock, beide
„natürlich" gezeichnet, ein anderes Grenadiere, ein drittes ein
Paar Pelzmärtel als Schildhalter, und selbst das Reichswappen ist
von Fehlern nicht frei.

Nachstehend eine Uebersicht der Verwaltungsbehörden Russlands:

a) Die obersten Staatskörperschaften sind:

I. Der Reichsrath (mit 3 Departements: Legislative;
Civilangelegenheiten und Culte; Staatswirthschaft und
Finanzen).

II. Der Senat (mit den Befugnissen ausgestattet die Gesetze und Ukase zu veröffentlichen; in letzter Instanz
über Staatsverbrechen, Civil- und Criminalsachen zu
entscheiden; die richterlichen Entscheidungen der
Provinzialtribunale zu revidiren etc.). Einen Theil des
Senates bildet das Justizministerium.

III. Die heilige Synode (Generalprocurator: Pobjedonós-
tzew).

b) Die Ministerien und Centralstellen der Administration
gliedern sich in:

1. Das Ministercomité; 2. das Ministerium des kaiserlichen
Hauses; 3. des Aeussern; 4. des Krieges; 5. der Marine; 6. des
Innern; 7. des öffentlichen Unterrichtes; 8. der Finanzen; 9. der Reichs-
Domänen (mit Departements für Landwirthschaft und landwirth-
schaftliche Industrie, für Forste und für Bergwesen, sowie mit
der Generaldirection des Reichsgestütswesens); 10 für Wege und

öffentliche Verkehrsanstalten (Landstrassen; Canäle; Eisenbahnen);
11. der Reichscontrole.

c) Das russische Reich ist administrativ in Gouvernements respective Generalgouvernements getheilt:

Vom Minister des Innern unabhängig ist:

1. Der Generalgouvereur des Grossfürstenthumes Finland (dieses ist durch Personalunion mit dem Kaiserthume vereinigt, besitzt eine eigene Staatsverfassung, sowie eine ständische Volksvertretung; Adel, Geistlichkeit, Städte, Bauernschaft). 2. Der Generalgouverneur von Turkestan.

Dem Minister des Innern untergeben sind:

1. 9 militärische Generalgouverneure (jene des Kaukasus, des Königreiches Polen, von Irkutsk, Moskau, Kijew, Wilna, Odessa, des Amur- und Steppengebietes), ferner

2. 60 Civilgouverneure in Russlaud.

3. 15 Gouverneure in Sibirien und Turkestan (darunter jener von Samarkand).

4. 3 Militärgouverneure; und endlich

5. Stadtpräfecten (darunter die „Oberpolizeimeister" von Petersburg und Moskau).

Dem Generalgouverneur des Kaukasus unterstehen wieder 8 Civilgouverneure (darunter jener von Transkaspien, sowie die demselben rangsgleichen Commandanten der Provinzen Kuban, Terek und Daghestan.

Jedes Gouvernement zerfällt in Kreise. In 33 Gouvernements des eigentlichen Russland stehen der executiven Gewalt Semstwo's zur Seite die drei Stände vertretend: Grundbesitzer, Städter und Bauern, und berufen die wirtschaftlichen Interessen, die Wohlthätigkeitsanstalten und Volksschulen verantwortlich mitzuverwalten.

Jedes Gouvernement und jeder Kreis wählt seinen Adelsmarschall, welcher dem Kreisamt und dem Gouvernements-Landschaftsamt vorsitzt. In den Städten finden wir den Rath (Duma) und das Stadtamt mit dem Stadthaupt an der Spitze. Die Gemeinde wird von der Ortsversammlung und dem Starosta verwaltet.

(Das Reichsbudget pro 1889 siehe im Anhang).

Von den Behörden lernt der Reisende gewöhnlich nur jene für öffentliche Sicherheit kennen. So führte mich die Nothwendigkeit, mich mit einem Revolver zu versehen, gleich nach meiner

Ankunft zum Oberpolizeimeister (lautet auch im Russischen so)
von Moskau. Nach halbstündigem Warten in dem eleganten Bureau
wurde ich nach Vorweisung meines Passes nun von Sr. Excellenz
General Jurkowskij empfangen und von diesem meine Bitte um
Ausstellung eines Waffenpasses dem uniformirten Schreiber im Vor-
zimmer mit den französischen Worten empfohlen: „Geben Sie dem
Herrn, was er will. — Was er will." Das war freundlich gemeint,
aber nicht so schnell erfüllt. Kaum war der General in seinen
hübschen Salon zurückgekehrt, so brummte der Beamte: „Kommen
Sie morgen, ich habe heute keine Zeit." — Nun, also morgen.

Am nächsten Vormittage entwickelt sich folgendes Gespräch:
„Was wünschen Sie eigentlich?"

„Den Waffenpass für einen Revolver."

Er: „Wie viel Patronen?"

Ich: „Fünfzig."

Er: „Fünfundzwanzig sind genug. Sie besitzen wohl schon
einen Revolver?

Ich: „Nein."

Er: „Sollten Sie wirklich keinen mitgebracht haben?"

Ich: „Nein."

Er: „Ich mache Sie darauf aufmerksam, dass die Behörde
es herausfindet, falls Sie doch eine derartige Waffe über die
Grenze gebracht haben und dass Sie dann, weil von der Ein-
bruchstation bis hierher ohne Waffenschein, straffällig werden."

Ich: „Nein, ich habe wirklich keinen Revolver mit und
will erst hier einen kaufen."

Er: „Bei wem?"

Ich: „Bei wem immer."

Er: (Erregt): Ich habe keine Zeit, mich weiter einzulassen.
Geben Sie eine Firma an, oder kommen Sie morgen, nachdem
Sie sich anderwärts erkundigt haben."

Ich: „Ich bin hier fremd und kenne die hiesigen Firmen nicht."

Er: „Nitschewó (das geht mich nichts an)."

Ich: „Setzen Sie eine beliebige Firma in die Kaufsbewilligung."

Grollend thut er es, trägt mir auf, morgen damit wieder-
zukommen, und ich wandere zu dem Waffenhändler, den ich er-
suche, mir den Waffenpass zu erwirken.

Nachmittags schon citirte mich ein Laufzettel „sofort" zur
Polizei. Ich warf mich in einen Wagen, fand aber das Bureau
bereits geschlossen. Am nächsten Vormittag schnauzt mich mein

Freund mit den Worten an: „Wie unterstehen Sie sich, jemand Anderen herzuschicken?"

Ich schwieg und zuckte die Achseln.

Er: „In welchem Viertel wohnen Sie?"

Ich: „Im Hôtel Dussaux."

Er (wild): „In welchem Viertel?"

Ich: „Das weiss ich nicht."

Er (wüthend): „Ich habe keine Zeit, mich mit Ihnen herumzuschlagen. Fragen Sie einen Anderen, kommen Sie dann wieder her".

Ich frug den Portier im Polizeigebäude, er wusste es nicht. Also zurück in's Hôtel. Nun gab mir der Beamte ein Papier, um beim Viertelmeister ein Sittenzeugniss zu holen. Als ich dort an die Reihe komme, verlangt man die Angabe des Hausbesitzers; denn officiell kennt man nur das Haus Chludow, aber kein Hôtel Dussaux. Rückfahrt zum Hôtel, Abfragung des Portiers. Darauf sass ich 1½ Stunden im Viertelmeisteramt und studirte eine Idylle: die drei Polizeiofficiere du jour sassen rauchend um den Ssamowar auf dem Balcon; so oft ein Stück zur Signirung gebracht wurde, winkten die Herren ab und liessen es beiseite legen. Mein Sittenzeugniss verschaffte mir endlich den Schein, den ich dem Waffenhändler zur Verbuchung vorzulegen hatte. Diese Wanderungen gewährten mir bereits Einblicke in die Gliederung, das Leben und Treiben Moskaus.

Das heilige Moskau, die Siebenhügelstadt des Ostens, breitet sich in einer fruchtbaren, welligen Ebene aus. Die Moskwá durchschneidet in einem scharfen Bogen die Stadt und bespült an dem hohen Nordufer die Altstadt. Ein dünner Wasserfaden, die Jausa, kommt von Nordost durch das Fabrikenviertel und mündet unterhalb des Kreml bei dem colossalen Findelhause in die Moskwá. Den Stadtkern bildet der Kreml und die Chinesenstadt, Kitaigorod. Eine Zinnenmauer, etwa wie jene zu Avignon, umschliesst diese innere, älteste Stadt. Eine Gartenzone, der Alexanderpark, und ein breiter Boulevard trennen diese vom nächsten concentrischen Halbkreise, der eleganten „weissen" Stadt. Dann folgen wieder Anlagen, zwischen ihnen und einem dritten Gartenringe, Ssádowaja, finden wir die „Erdstadt", darüber hinaus die Vorstädte.

Am Südufer der Moskwá ist das alte Tatarenviertel gegenüber dem Kreml, ein stiller, altväterischer Stadttheil.

Das elektrische Licht findet nachgerade auch in Moskau Eingang, in seltsamem Contrast zu den sonst so vielfach noch

unmodernen Einrichtungen der städtischen Verwaltung. Bogen-
und Glühlichter leuchten: aber Canalisation, Strassensäuberung,
Pflaster, Numerirung liegen im Argen. Elende Droschken mit
ruppigen Pferden humpeln auf und nieder, kärglich und schmutzig
sind die öffentlichen Verkaufsstellen. Stadt und Dorf sind hier knapp
nebeneinander zu finden: keine Organisation, keine Centralisation!

In Gold und Diamanten erstrahlen die Heiligthümer im
Kreml, und prachtvolle Paläste erheben sich in langen Reihen;
knapp daran ist Schmutz und Elend.

Zwei grosse Fragen sind kürzlich gelöst worden: die Er-
stellung einer neuen Wasserleitung und die Errichtung eines
Schlachthauses. (Darüber unten.)

An Blumenhandlungen vorbei, die, jetzt unbesucht, im langen
Winter kaum dem Verlangen nach blühenden oder doch grünen
Gewächsen nachzukommen vermögen, gehen wir die Gässchen
zum Kreml entlang. Lange Reihen von Lastwägen ziehen fürbass.
Plump und schwer ist die Duga wie das Gestell, auf dessen
schweren Rädern der kaum meterlange, wiegenförmige Kasten
schwebt. Reiter mit der Posttasche um den Leib, Troïken mit
glänzendem Silbergeschirr. Geflügelhändler, ihre plepsende Waare
im kegelförmigen Käfig auf dem Kopf, laut rufende Obstverkäufer
mit Waage und Papiersäckchen im Gürtel, Kaufleute in Langrock
und Schirmkappe, dienstbeflissene Arteltschiks, Mushiks in
schwarzem oder braunem Kleide und Rothhemd, hohe Stiefel oder
Bastschuhe an den Füssen, drängen sich um den Gostinnij Dwor
(Packhof), den grössten Kaufhof Europas, innerhalb der Mauern
der Chinesenstadt — Kitaigorod — und bei den winkeligen Buden,
ein Bild östlichen Gepräges.

Backstuben und „Greislereien" (Torgowlja), Badestuben und
Traktirs zu ebener Erde und im ersten Geschoss, von thee-
trinkenden Leuten besetzt, wechseln in bunter Reihe ab. Ge-
presstes Heu wird hier feilgeboten — 32 Kopeken per Pud
(= 16·4 kg) meldet heute in Kreideziffern als Preis die grosse
Tafel — dort Butter und Fische. Ueberall waltet die Rechen-
maschine, mit deren auf Draht laufenden Kugeln selbst der russische Grosskaufmann immer noch hantirt, der mit dem Rechen-
brette sogar sein Inventar aufnimmt.

Von Kitaigorod, dessen Ringmauer den Handel umschliesst,
dringen wir weiter zu den Wällen des Kreml, der, 5 km im Umfang, die russische Akropolis, das eigentliche sieben Jahrhundert

alte Moskau, 18 der 400 Kirchen der Gesammtstadt, die kaiserlichen Paläste und Schatzkammern, 2 Klöster und 18 Thürme
umfasst.

Verwirrend schier ist, was dem forschenden Auge in Farbenpracht und seltsamer Gestaltung auf diesem Wege entgegentritt.
Hier steht ein Renaissancebau, roth und mit weissen, überquellenden Ornamenten übergossen; dabei eine Kirche, leuchtend
weiss, so zart gegliedert, wie Silberfiligran. Unweit davon, in ein
Dutzend ungleicher, geschuppter, zackiger, gewundener Thürme
auslaufend, gegiebelt und in allen Farben des Regenbogens
schimmernd ein Conglomerat von Capellen, ein Ganzes von sagen-
haftem Reize bildend. Neben der weissgelben Thurmpforte mit
grün schillerndem Spitzdache ragt ein mächtiger Bau in Backstein
auf, hinter ihm besternte, pfaublaue Zwiebelknäufe; dann wieder
eine bemooste Warte, Treppenhäuser mit gewundenen Säulen,
irisirende Ziegeldächer, gleissende Goldkuppeln, Mauerpfeiler mit
Heiligenbildern und roth glühenden Lämpchen; abwärts schweift
der Blick über Brunnenplätze, durch graue Schwibbogen hindurch in dunkle, zickzackförmige Gässchen. Das Alles überragt
vom Iwan Welikij, dem Glockenthurm.

Wer den Kreml nicht gesehen hat, kennt Moskau nicht;
wer ihn aber geschaut, hat so ziemlich das Sehenswürdigste erschöpft.

Die Schätze im Innern des Kreml, der Jedem unvergesslich
bleiben muss, in seinen Kirchen, Palästen, Klöstern u. s. w. sind
ohne Gleichen und entrollen ein Bild der Geschichte Moskaus
und des ganzen Reiches. Byzantinische, in Smaragden und Ru-
binen gefasste Heiligenbilder, ehrwürdige Malereien, Reliquien,
Sarkophage, Goldgeräthe (die in einer einzigen Kathedrale über
60 q wiegen), Kelche, Krönungsgewänder, Candelaber, Fahnen,
Schriften und Miniaturen bedecken in erdrückender Fülle
Wände und Pfeiler der Kirchen. Alles reich, aber barbarisch oder
von starren Kunstformen.

Das neue, grosse Kreml-Palais enthält die Ordenssäle, die
inneren Gemächer und die goldene Kammer, den Banquetsaal,
und Anderes. Neben diesem modernen Gebäude steht der Granit-
palast, ein einziger in altem Style decorirter Saal.

Die historisch berühmte, „rothe Treppe" führt von hier zur
Krönungs-Kathedrale.

Originell und alterthümlich ist der Terem, von Iwan III.
gebaut und später ausgestaltet.

Westlich liegt die Rüst- und Schatzkammer mit Waffen aller Art. Panzern und Schwertern, Spiessen und Köchern, Fahnen, Sätteln und Helmen, In zwei Sälen. Andere Räume bergen reiche Sammlungen russischer und deutscher Goldschmiedekunst. Dann folgen köstliche Thronsessel aus Elfenbein, Silber und Gold, mit Tausenden von Edelsteinen besetzt, und Reichsinsignien, Scepter, Reichsäpfel und Kronen.

Hier sind die Diamantkronen Iwan's und Peter's, die Kronen von Kasán, und von Astrachan, die taurische, sibirische, grusinische, polnische und die Malteserkrone, jede ein Kleinod und ein Stück Geschichte: Krönungsgewänder, Reichsschwert, -Schild und -Fahne. Im unteren Stockwerke: Throne, in China und Persien erobert, viele Portraits, Büsten; dann alte Galawagen, bemalt, geschnitzt und vergoldet, Prachtschlitten, Erinnerungen an Napoleon.

Historische Stücke aller Art und jeder Epoche sind In der Schatzkammer aufgestellt.

Im Kreml liegt neben dem Wunderkloster, dem reichsten und berühmtesten von Moskau, auch die Caserne und das colossale Arsenal, mit vielen hundert Geschützen, Beutestücken aus verschiedenen Ländern. Die Zarenkanone vor der Caserne wiegt 400 q, das Einhorn, ein Sechzigpfünder, 130 q. Die Zarenkanone, reich verziert, in Russland gegossen, ist über 5 m lang, im Lichten 1 m; das Geschoss wiegt 20 q.

Ein prächtiger Bau ist der Gerichtshof (Senat), interessant die Synodalbibliothek.

Zur Moskwá hinunter, deren Breite mich enttäuscht, fällt der Kremlhügel von dem Schlossplatz 30 m tief hinab. (Moskau = 170 m ü. M.).

Eine crenelirte, von Thürmen flankirte Mauer umfängt im Fünfeck den Kreml, den uralten Hort Moskaus.

Zauberisch ist der Ueberblick der gesammten Stadt vom Iwan Welikij, dem 82 m hohen Glockenthurm.

Nächst der Riesenglocke, die als Hohlguss nur kurze Zeit, auf einem Gerüste ihre Bestimmung erfüllte, und jetzt als Torso mit einem Gewichte von 1950 q eine Sehenswürdigkeit bildet, steigen wir bis zu der auf halber Höhe gelegenen Galerie auf. Weit in's Land hinaus schweift der Blick, unter uns strebt die Stadt empor mit ihren Thürmen und Kuppeln, Glockenklang und das Gebrause menschlicher Thätigkeit dringt leise an unser Ohr.

In der letzten Stunde vor meiner Abreise bestieg ich noch einmal den Iwan Welikij, von dem Kaiser Joseph, und ein Menschenalter später Napoleon auf die Stadt niedergeschaut. Abendgluth verklärte die breite Landschaft, setzte die Wolken in Flammen und spielte, sie vergoldend, mit den Thurmspitzen.

Durch das hervorragendste der fünf Kremlthore treten wir mit abgezogenem Hute, wie der hundertjährige Gebrauch es will, auf den weiten, „rothen Platz".

Das Doppeldenkmal auf dem rothen Platz verliert sich fast auf der 4·6 *ha* messenden Fläche, die einerseits von der Kremlmauer, andererseits von den Kaufhallen, den sogenannten „Reihen" (heute der Demolirung verfallen), und dem Gostinnij Dwor gebildet wird. Gegen Norden steht das Historische Museum, ein seltsamer, röthlicher Coloss, daneben die iberische Capelle und nahebei die Kasán-Kathedrale. Nach Süden hin ist die alte Richtstätte als söllerartiger Bau erhalten, steht die groteske Kirche des heiligen Wassilij, ein Markstein zarischer Willkürlichkeit.

Wenn wir vom Nordende des Platzes gegen Süden blicken, so schneidet der Thurm des Erlöserthors mit seinem eleganten Profil goldig in den blauen Himmel, links davon flimmert in allen Farben des Regenbogens die Basiliuskirche, ein architektonischer Wechselbalg, uns entgegen.

Das Stammhaus der Románow's, ein nüchterner Bau, steigt an der Rückseite mit einem starren moskowitischen Treppenhause zum Hofe hinab. Den ehrwürdigen Hausrath eines Bojaren aus dem Anfang des 17. Jahrhunderts belebt die Phantasie mit der Gestalt des ersten Zaren aus diesem Hause. Hier hat Michael Feodorowitsch als Knabe gespielt, hier sein Vater Priester und Krieger empfangen. Alles ist einfach und unbequem nach unseren heutigen Begriffen; die Zimmer mit ihren schmalen Bänken, dem alten Geschirr, dem Kachelofen sind zum Theil gewölbt, zum Theil mit Vertäfelungen bekleidet. Unheimlich wirken die niedrigen Thüren und schmalen Treppen, wie heute noch im Orient ein wirksamer Schutz gegen heimtückische Ueberfälle mit bewaffneter Hand.

Die Nikolskaja mit modernen Läden ist eng und dumpf; von ihr führt ein malerischer Thorweg auf den Theaterplatz, wo ich aus den Fenstern des Hôtels die weissen Mauern von Kitaigorod zu skizziren vermochte. Von einer Aufnahme des Kreml, etwa vom Alexandergarten her, unter dessen Bäumen eine durch Colorit und Umriss fesselnde Vedute um die andere auftaucht, rieth mir Architekt Weber auf's entschiedenste ab, wollte ich nicht auf der Wachtstube brummen. August Weber, der Schöpfer des Wiener Künstlerhauses in seiner ursprünglichen, edlen und ein-heitlichen Gestalt, lebt seit Jahren, mit Bauten beschäftigt, in Moskau, wo er im Gartenviertel der Boshedomka sich ein reizendes Haus eingerichtet hat. Ein grosser, üppiger Garten lehnt sich an das Gebäude, das mit seinem Atrium, dem altdeutschen Besuchszimmer, und dem allerliebsten Speiseraum eine Musterkarte für den Eklektiker darstellt. In dem kühlen, antikisirenden Gemache gab es gleich am ersten Abend eine solenne Tarokpartie; der Leiter unseres Generalconsulates, der schneidige, liebenswürdige Herr v. Sponer war der „Dritte". So etwas erfreut Einen, selbst wenn man „den Pagat nicht macht". In Weber's gastlichem Hause — er ist auch Vorstand des Oesterr.-ung. Hilfsvereines — sah ich zum erstenmale den „freien Kosaken" Atschinow, dem ich später wieder begegnete.

Meine Hauptpromenade vom Hôtel aus blieb der Kusnetzkij Most (Schmiedebrücke, die Hauptstrasse) und die Petrowka, der Sammelplatz der feinen Läden, der grossen Geschäfte. Hier legen Chlebnikow, Owstschinnikow und Postnikow ihre emailirten, geschmackvollen, aber kostspieligen Gold- und Silbersachen: Tabatières, originelle Salzfässer, Decorationsstücke u. s. w., Daziaro Bilder und Photographien, La Ferme und Bostandshoglu Tabak-producte, französische Modisten, russische Pelzhändler, öster-reichische Möbelfirmen ihr Waare aus. Deutsche Buchhand-lungen und Aerzte, das bekannte Bankhaus Junker sind hier etablirt. Diesem Hause entstammt der berühmte Afrika-Reisende Dr. Wilh. Junker. In den Schaufenstern einiger Läden sah ich Bilder von der letzten Krönung, darunter die Photographien unserer österreichischen Vertreter hiebei: Graf Wilczek, Fürst Dietrichstein-Mensdorff, Oberst Klepsch u. A. In den Seiten-strassen durchziehen hohe, vornehme Bazare die Häuserblöcke; da liegen auch die schönen Niederlagen der weltberühmten Mos-kauer Conditoreien. Dieses ganze Geschäftsviertel hat in der Ausstattung, wie in den Firmatafeln einen internationalen An-strich. Suchst Du eine Strasse, so gibt Dir freundlich ein deutscher Satz Antwort; die hübsche Verkäuferin bedient Dich mit fran-zösischen Phrasen; in der grossen Apotheke, deren Einrichtung

und Geschäftsgebahrung mit den streng gesonderten, und den
Gebrauch der Arzneien durch verschiedene Farben ausdrückenden
Etiquetten nachahmenswerth ist, hört man reines Ostseedeutsch.
Die Kneipe der Reichsdeutschen und ihrer Stammesgenossen
bildet „das Alpenröschen" in der nahen Ssofeika, ein grosses Local
mit frischen Bieren.

Das lebhafte Geschäfts- und Strassenleben setzt sich in der
langen Twerskaja fort, die fast geradewegs, sowie die meisten
anderen, als Radialstrasse vom Kreml ausgeht.

So gross die Stadt ist, finden wir im Allgemeinen nur etwa
ein Dutzend eleganter Strassen und Perjeuloks mit neuen Häusern
und gutem Trottoir, die anderen Theile haben durchwegs
etwas Kleinstädtisches und Ungeordnetes. Kunterbunt steht ein
schlossartiger Bau, mit grossem Vorhof zwischen den Flügeln, eingeschachtelt unter einer Reihe unscheinbarer, ja schäbiger
Häuser, dann kommt wieder ein Spital oder eine kleine Kirche,
in der Linie fortlaufend ein Garten mit Gerümpel bei den Gebüschen,
hierauf ein weiter Platz mit einer geschmacklosen Pforte. Auf der
anderen Seite des Kreml ist Alles still und grau um die Erlöser-
kirche herum, die, vor Kurzem vollendet, bei massloser Vergeudung
von edlem Material, äusserlich recht nichtssagend, Innen aber von
einer gewissen steifen Eleganz ist.

Auch die Theater und die Universität befriedigen wenig.
Von fleissigen Leuten belebte, aber unansehnliche Häuserreihen
zweigen vom Mittelpunkt ab, führen zu den weitab liegenden
Bahnhöfen, kurz: Moskau ist bis auf die wenigen hervorragenden
Baudenkmale der früheren und der Neuzeit ein grosses, räumlich zur Stadt gewordenes Dorf mit auserlesenem Katzenkopf-
pflaster.

Die Einwohner aber, die da schaffen oder sich in den
Strassen herumtreiben, auf den Märkten stehen oder geschäftig
Handel treiben, die Mushiks und Kaufleute und allerlei Volk auf
der Gasse und im Traktir sind so eigenartig und urwüchsig in
Haltung, Tracht und Ausdruck, dass nur für sie allein wochen-
lange Beobachtung verlohnen würde.

Eine Uebersicht der Trachten aller slavischen Stämme und
aller Bewohner Russlands liefert das Rumjänzow-Museum,
jenseits der Thurmbrücke des Kreml; hoch über den grünen, mit
Bäumen besetzten Wallgräben erhebt sich der weitläufige, säulen-
gezierte Bau in schwunghaften Linien. In diesem echten Palaste,

der leider recht verwahrlost ist, sind auch slavische Alter-
thümer und Geräthe, eine Bibliothek, sowie eine inhaltslose
Gemäldegalerie untergebracht. Von hohem Interesse sind die
Porträts bekannter russischer Staatsmänner und Generale, Brust-
bilder in Steindruck ausgeführt, die manchen Krieg, manche
diplomatische Action, Hofgeschichten und Cabinetsintriguen illu-
striren.

Ganz modern ist das Museum der Gewerbe und praktischen Wissenschaften, in nationalem Styl auf dem Lub-
jankaplatze errichtet. Eine reichhaltige Gruppe von Gegenständen turkestanischer Cultur: Zelte, Waffen, Feldfrüchte,
Gewänder, Seide, Metallgefässe, Felle, Lederwaaren, gewährt
mir ein Privatissimum für die Fahrt auf der transkaspischen
Bahn. Daneben ist eine instructive Collection land- und forst-
wirthschaftlicher Objecte: Modelle von Pflügen, Maschinen, Meier-
höfen und Düngerstätten; Sämereien, Geschirre, Wagen und
Karren, Drainröhrenpressen, Hölzer; Gegenstände, die ein Ge-
sammtbild der russischen Viehzucht in Racenbildern, Wollproben,
Molkereieinrichtungen, Skeleten u. s. w. bieten.

Höchst werthvoll ist die Privatgalerie Tretjakow mit 2000
Gemälden moderner russischer Meister, darunter namentlich
Wereschtschágin's Hauptwerke.

Wenn aber Moskau auch im Ganzen und Grossen wenig
gleichsieht und nur durch die Masse wirkt, so nimmt es doch
eine bedeutende Stellung ein durch seinen Handel, die Fabriken,
durch den Reichthum seiner Kaufleute, unter denen die echten
Kuptzi im Gegensatz zu anderen Emporkömmlingen in Kleidung,
Benehmen und Lebensanschauung an der ursprünglichen Einfach-
heit und den alten Gewohnheiten festhalten. Leben und leben
lassen, sowohl für öffentliche Anstalten, wie nicht minder für
muthwilligen Prunk grosse Summen zu opfern, gilt bei den
Industriellen und Handelsherren hier als guter Ton. Die anderen
Kreise geniessen ihr Dasein wenn auch stiller und bescheidener, doch
nicht minder vergnügt.

Mehr als ein halbes Dutzend Theater, Clubs, Concerthallen
Circus, Tingl-Tangl's, Theestuben und Restaurants, zahlreiche
Sommergärten, Ausflugsorte u. s. w. sorgen für Unterhaltung und
Lebensgenuss.

Unter den Restaurants steht obenan der Traktir „Eremitage". Dienstfertige „Schweizer" stürzen sich wie Jaguare auf den

Besucher und entledigen ihn seines Ueberrockes. Eine grosse Treppe führt in einen luftigen, geschmackvollen Raum, der aussieht wie ein mit Tischen besetzter Concertsaal. Zwei Minuten später beginnt wirklich ein Concert, von einer jener Riesenorgeln besorgt, die in Russland kein Speisewirth, der auf sich hält, für ein Paar Tausend Rubel anzukaufen und aufzustellen verabsäumt. Drei oder vier Kellner, meist Tataren, tadellos ganz in weisse Gewänder gekleidet, serviren geräuschlos und mit Raffinement ein vorzüglliches Diner für 2 bis 3 fl. Hier verkostete ich zum erstenmal kühlen Kwas, das Nationalgetränk. Seiner Arten gibt es eine Legion; vom Brodkwas angefangen, den der Bauer trinkt, bis zum appetitlichen, rosafarbenen Himbeerkwas. Die schwachhefige Mischung schmeckt anfangs mit ihrem Parfum ganz gut; der Nachgeschmack jedoch erinnert zu sehr an seine Grundlage, um mich den Kwas angenehm finden zu lassen.

Vornehme Traktirs sind auch Tjestow und der Moskowskij. Selbstverständlich wird in allen solchen Etablissements viel Champagner consumirt und zwar auch theurer französischer, nicht nur das heimische Product vom Don; ebenso selbstverständlich selten coram publico, sondern zu Zweien, wozu die heilige Hermandad die Augen zudrückt, da ja jene Leute, die in den vergoldeten Spiegelzimmern oder in den benachbarten Schlummernischen die Nacht durchschwärmen oder Aventuren ausleben, meist unschädlich sind.

Wie sagt die Lenclos? „Die Galanterie hat viel zu viel Einfluss auf die Sitten, um nicht ein besonderes Studium zu erfordern."

In solche trauliche Gemächer bringt der Verführer als Geier sein Täubchen, der Junker die ihrem Gatten entfremdete Dame, der reiche Kaufmann den Stern des Café-concert, der Huszarenofficier die Ziganka — ehe er sie heiratet. Eine lange Rechnung mit zwei Nullen, ein Paar Rubel rechts und links, und die Kellner haben weder Augen, noch Ohren, noch Gedächtniss.

Noch bunter geht es draussen zu in Mauretania, Jar und anderen Localen des Petrowskij-Parks oder in Strjälna, dem Ziele winterlicher Fahrten. Dort geschieht es wohl, dass ein richtiger Kupetz alle Getränke durchprobirt, bis er sinnlos nach Hause geschleppt wird; allerdings holt er sich seinen Rausch aus feinen Flaschen, während die armen Mönche, welche in X. nach ihrem stillen Suffe am dritten Tage in ihren Zellen todt aufgefunden wurden, zu gemeinem Fusel gegriffen hatten.

So oft ein Dîner stattfindet, das meist schon „mit Geschirr"
(s possudu) bestellt wird, zertrümmert der richtige Moskauer
Spiegel und Porcellan, Alles was nur zerbrechlich ist und zahlt
am kommenden Morgen befriedigt die unverschämte Rechnung.
Ein Anderer findet es scherzhaft, in prahlerischer, ungebetener
Grossmuth ein Paar Hunderter auf den Tisch zu werfen, das ganze
Buffet aufzukaufen; er lässt die späteren Gäste ruhig bedienen
und weidet sich an deren Verlegenheit, wenn auf den Ruf:
„Mensch, zahlen!" der Kellner auf den grinsenden Eigenthümer
der Vorräthe zeigt.

Oder: eine edle Araucaria eine prächtige Palme, eine seltene
Orchidee erregen im Wintergarten eines Locales allgemeine Bewunderung. Da gibt's kein Halten mehr; der „Katzab" fragt: „Was
kostet das grüne Ding?" zieht aus dem Stiefelschaft eine Handvoll
Rubelnoten und befiehlt: „Umhauen!"

Einmal wird der Elephant einer Menagerie mit Champagner
tractirt, und als der Dickhäuter noch immer nüchtern bleibt, setzt
man ihn in ein Champagnerbad, das 3000 Rubel kostet.

Ein andermal läuft das Publicum in den Circus um Tanti's
kunstfertiges Ferkel zu sehen. Sofort ladet der brutale Geldmensch
seine Freunde zu frischen Würsten von dem Schweinchen ein.
Der Clown weigert sich, das arme Thier, seinen Brotgeber, unter
20.000 Rubel abzulassen. Schliesslich nimmt er 14.000 Rubel,
unterschiebt, — wie der nachfolgende Process durchleuchten lässt,
jedoch nicht klarstellt — einen minder geschulten Sprössling aus
der Familie sus scrofa, und die Würstchen kommen auf die Tafel.

Eine bekannte Chansonettensängerin findet den Beifall des
struppigen, in Kaftan und Ssapogi (hohe Stiefel) gekleideten Kauf-
herrn; er winkt den Unternehmer herbei und heisst ihn, die Schöne
an seinen Tisch zu bringen. Elvira sträubt sich; der reiche Gast
droht, die ganze Bude aufzukaufen und zu schliessen, die Künst-
lerin allerorten auspfeifen zu lassen. Während des Lärmens umkreist die Sängerin den lauten Tisch; honigsüss ruft ihr der
Gönner zu: „Fürchte Dich nicht, mein Seelchen, hier sind 1000
Rubel für Dich, wenn Du ein Glas Wein mit mir trinkst; Du
zögerst? 2000, 3000!" — Ein Glas Wein in Ehren, kann Niemand
verwehren, denkt die Donna und meint am nächsten Morgen: ein
roher Kerl, mais quelle carotte!

Eine Beauté, am Strande der Seine und der Donau, in Berlin
und Petersburg gleich geschätzt, verdankt ihre Rivière dem Don-

heur d'un jour: Er gab fürstliches Geschmeide, sie Liebesmünze dafür.

In allen diesen Kreisen erfreuen sich die Zigeunerinnen (Ziganki) besonderen Anwerths. Schon seit alten Zeiten haben die braunen Töchter Indiens, in seidenen Kleidern und mit Juwelen bedeckt, in den Edelhöfen, später auf dem Podium der Singspielhallen ihre russischen und Nationallieder, schwermüthige und entflammende Weisen, als reizende Nachtigallen und Amseln gesungen, haben ihre Stimmen und Augen sonst und jetzt entzündliche Herzen in Brand gesetzt. Der Fall ist nicht so selten, dass ein eleganter Gardeofficier, ein schwerreicher Fürst die schlaue, wilde Schönheit als Gattin heimführt.

Gar mancher Concurs, viele Duelle sind die Folge der schwärmerischen Entzückung junger Herren für eine der originellen Chorsängerinnen.

Neidisch blickt ein Gardehuszar auf den Nachbartisch, an dem zwei Kaufleute mit der Perle der Zigeunerinnen scherzen. Er steht auf und will das Weib an sich ziehen; ein Wort gibt das andere, rasch ist der Säbel zur Hand, ein Aufschrei, dann ein zweiter, und die beiden Gegner wälzen sich im Blute. Und was geschieht dem Todtschläger? Er sitzt ein Jahr auf der Festung, wird dann begnadigt, und geht in seiner früheren Uniform — auf das Schloss seiner Väter.

Ein anderes Capitel aus dem russischen Pitaval: eine leichtsinnige Frau mordet, von ihrem Geliebten, einem vornehmen Officier aufgegeben, diesen mit zwei Messerstichen. Zu dreijährigem Aufenthalt ohne Zwangsarbeit in Sibirien verurtheilt, setzt sie es durch, auf eigene Kosten in die Verbannung zu reisen, welche sich fröhlich gestalten zu können, sie ja sicher war.

Die Besichtigung der Stadt und ihrer Denkwürdigkeiten unterbrach am Ende der Woche ein Ausflug in Moskaus Umgebung auf die Sperlingsberge.

An der Dschugunnijbrücke südlich vom Kreml besteigen wir das kleine Dampfboot, welches uns durch den Seitencanal der Moskwá, dann auf dieser selbst zu den Sperlingsbergen führt. Der prächtige Sonntagsmorgen füllt das Schiff mit allerlei Leuten. Uns gegenüber sitzt eine Amme im grellen Ssarafan, dem nationalen Kleide, den mit Pfundperlen gezierten Kakoschnik (Kopfbund) auf dem Kopf, den Säugling im Arm. Neben ihr knabbert ein rothhemdiger Bursche an einer langen Gurke, der Ananas der Russen. Kleine

Beamte und Ladenbesitzer, in moderner Tracht, ermahnen ihre pausbäckigen Sprösslinge, still zu sitzen; die Frauen führen hohe Federhüte und bunte Mantillen spazieren. Bei den Bootsleuten steht ein Pope; Alles an ihm ist lang: Rock, Bart und Haar, bis auf die kurze Nase, die derbe Figur und das Bäuchlein.

Das Mädchen dort mit den blauen Augen und den rothen Wangen zeigt auflachend seine weissen Zähne zwischen den schwellenden Lippen. Das Blondhaar spielt in langen Zöpfen um ihre breiten Schultern. Ihre Nachbarin mit dem dunklen inter-essanten Gesicht schützt sich mit einem Seidentuche gegen die sengende Sonne. Ein wüster, haariger Schädel mit intelligenten Augen taucht neben dem runden, blondlockigen Kopf eines Kaf-tanträgers auf. Ein Paar Soldaten wiegen sich auf dem Bootsrande. Endlich sind die Ausflügler auf den neben einander ankernden Dampfern vertheilt; kichernd steigen noch drei saubere Laden-mamsellen zu uns herüber und zeigen, den hohen Bord über-schreitend, nette Stiefelchen und ein respectables Stück ihrer weissen Strümpfe.

Los! Wir schwimmen, sobald wir den Fluss erreicht haben, zwischen grünen, mit langen Gebäuden besetzten Anhöhen zur Linken und flachen Ufern zur Rechten, auf dem klaren Wasser dahin. Rechter Hand weitab liegt das burgartige Kloster auf dem Jung-fernfelde, das seinen Namen seit jener Zeit führt, wo die Mongolen-chane den jährlichen Tribut an Moskauer Mädchen musterten. Wer denkt da nicht an den Minotaurus? Heute besorgt die goldene Jugend die Umschau unter den Töchtern des Landes nicht officiell.

Von der Landungsstelle führen steile Pfade zu der Höhe der Sperlingsberge. Lustige Jungen vergnügen sich damit, den Weg hinauf und herab zu laufen, wobei die kleinen Sportsmen nieder-wärts oft hinschlagen und nebst dem lauten Gelächter und Spott der Zuschauer bedenkliche Risse in den Hosen zu beklagen haben.

Oben schwebt eine stark besuchte Wirthschaft über der Berglehne. Schnäpse und kräftiges Frühstück laden zu jedem Tische auf der grossen Terrasse. Ganz nahe davon erhebt sich ein farbiges Kirchlein mit pittoreskem Thorweg, weiterhin drängt sich Busch an Busch, mit den Zweigen die Insassen an den Tischen verbergend; es sind die bekannten Theehütten.

Im Gebüsch tönt Singsang und Lärm. Unter niedrigen Laubhütten stehen Tische und Bänke, besetzt von sonntäglichen Gästen, die ihren Proviant ausgepackt haben und nun um den

Ssamowar herum Thee trinken und schmausen; der Gartenwirth
liefert nur das heisse Wasser — 20 Kopeken etwa dafür als Zahlung
heischend. Alles Andere bringt der Ankömmling mit, Wassermelonen und Brot, Wurst und Fett. In melancholischen Moll-
tönen klingen die Lieder. Hier sitzt ein Graubart im schwarzen Kleide
mit seinen Kindern im Kreise, jedes seine Schale in der Hand, dort
lagern junge Leute im scharlach-rothen Hemde. (Roth und immer
wieder roth ist die Farbe aller Naturvölker. Dasselbe Wort Krassno
bedeutet schön und zugleich roth. Auch hier in Russland hat längst
das Product der grossen Anilinfabriken den Krapp verdrängt.)
Da sitzt ein uniformirter Student mit der Zeitung und liest den
Eltern vor; denn auch Politik ist den Theehütten nicht fern
geblieben! So ist es auch in Ssokólniki, dem Walde am Nordende Moskaus, wo Laubwald die Theetrinker „im Grünen" beherbergt und hinter hochstämmigen Föhren anmuthige Villen sich
verstecken.

Vom Sperlingsberg aus fiel zuerst Napoleons Blick auf
Mütterchen Moskau, auf die herrliche Rundschau zu seinen Füssen.

Abwärts wählen wir den Landweg, als Transportmittel die
anfangs jäh hinabschiessende Pferdebahn. Sie bringt uns zum
Nesskutschnij Ssad (Sans-souci) mit hohen Bäumen und einer
sorgfältig gepflegten, mit allem Witz der Gartenkunst angelegten
Gartenterrasse, die vor dem kaiserlichen Alexandrinen-Schloss
die ganze Uferhöhe bis tief hinab zur Moskwá bedeckt. Hier er-
gehen sich stumm gutgekleidete Familien zwischen den duftenden
Blumenparterres, halten kaiserliche Wächter strenge Aufsicht,
sitzen alte Fräulein lesend auf den Bänken der grünen Rasen-
teppiche, schlendern Gruppen und Paare dem nordwestlich abfallenden Theile des Parks im Schatten dichtbelaubter Haine zu.

An riesigen, schlossähnlichen Armen- und Krankenhäusern
vorüber streben wir nun der Stadt zu; in den dunstigen Strassen
begegnen wir ganzen Schaaren, die, ihr Bündel Wäsche in der
Hand, aus den Badestuben strömen.

In Moskau geräth man nicht in Verlegenheit, wo der Abend
angenehm zu verbringen ist. Zuerst gehen wir in den Eremitage-
Garten, wohin uns das elektrische Licht und eine russische Vorstellung des „Zigeunerbarons" lockt. Teiche liegen in dem niedrigen, grosse, offene Restaurants auf dem erhöhten Theile
der Anlagen. Menschenmengen drängen sich um die Bauten im
zoologischen Garten, in welchem die räumlichen Verhältnisse viel

ausgedehnter, Essen und Trinken billiger aber schlechter, das Publicum viel gemischter ist. In einer Musikpause findet ein Wettlaufen statt; endlich sinkt die Nacht herab, und nun geniessen Tausende das Schauspiel eines Feuerwerks, dessen lange Front jenseits des grossen Teiches abgebrannt wird.

Die $^3/_4$ Millionen Menschen Moskaus arbeiten ihrer Mehrzahl nach unverdrossen die ganze Woche über. Was sie leisten, sagen die Handelsausweise, die Industrieberichte und der Curszettel der wichtigen Börse.

Was die Stadtverwaltung kostet, mögen folgende Ziffern klarlegen: Das städtische Budget beziffert die Ausgaben auf fast 5 Millionen Rubel; davon kostet die Verschönerung der Stadt und die Bauabtheilung $1^1/_2$, die Polizei $^1/_2$, die Feuerwehr $^1/_4$ Million. Für Wohlthätigkeitszwecke werden 350.000 Rubel, für die kaiserlichen Theater 50.000 Rubel verausgabt. Für Lehr- und Erziehungszwecke steuert Moskau 280.000 Rubel bei, darunter ist $^1/_{10}$ für eine Reihe von Abend- und Sonntagsschulen vorgesehen. Zu den Einnahmen liefert die Steuer von Handel, Industrie und Gewerbe mehr als $^1/_2$, jene auf Immobilien $^7/_3$.

Die Trinkwasserfrage, ein Cardinalpunkt für jede der Grösse ihrer Aufgabe vollbewusste Gemeindeverwaltung, ist im Stadium der Reorganisation. Bisher erhält die Stadt Wasser durch die von Katharina II. begonnenen Werke von Mytischtschi, welche die dort gesammelten Quellen über Alexéjewskoje, die Pumpstation zum Sucharew-Thurm an der Ssadowaja bringen. Dieser durch seine Bauart originelle Thurm vertheilt mehr als 60.000 hl täglich im Stadtbezirk.

Eine wirthschaftliche Sehenswürdigkeit ersten Ranges bildet der weit im Süden der Stadt gelegene, durch Geleise mit den Bahnhöfen verbundene Viehhof, dessen Baulichkeiten und Höfe gegen 20 ha bedecken und einen Aufwand von mehreren Millionen erfordert haben. Alle technischen Errungenschaften der Neuzeit haben bei dem in Eisenconstruction und Cement errichteten und erst seit Kurzem eröffneten Etablissement Verwendung gefunden.

Eine eingehende Schilderung dieses neuen Vieh- und Schlachthofes, in dessen Amtsstube ich freundliche Auskunft, Tabellen und einen Führer erhielt, würde zu weit führen. Er hat offene Parks für das Grossvieh und Schutzräume für das Kleinvieh in grossem Massstabe. Das coupirte Terrain ist durch zweckmässige Anlage der Schlachthallen und des Schienenstranges vortrefflich

ausgenützt. Die Einrichtung der Schlachthäuser für Gross- und Kleinvieh mit ihren verschiedenen, zweckmässigen Apparaten, die ausgedehnten Kühlräume, die Boxes, Krahne, Schlachthäfen; die grosse
städtische Albuminfabrik, deren Säle den Process der Umbildung
des im Schlachthause gesammelten Blutes zu Handels-Eiweiss in
gesonderten Satten (flachen Schüsseln) anschaulich machen; die
einzelnen, von einander je nach der Viehart unterschiedlichen
Schlachtmethoden; die Stallungen, die Verwaltungsgebäude, die
gesammte Gebarung, endlich die aufgetriebenen Thiere selbst: dies
Alles interessirt den Fachmann wie den Laien in hohem Grade.

Belehrend für Hausfrauen und Jene, die es werden wollen,
fand ich ein farbiges Schema der einzelnen Fleischsorten, an der
ganzen Figur eines Rindes dargestellt. Es gelangen 4 Gruppen
mit 20 Unterabtheilungen zur Vergleichung, und wird deren Werth
nach graphisch ausgedrückten Qualitätsprocenten bestimmt.

Der Geschäftsgebarung dient.
„die Verordnung über die Benützung des Viehhofes und Schlachthauses zu Moskau", in Kraft vermöge der Anordnung der Duma
vom 15. Mai 1888.

I. Grossviehmarkt.

Derselbe ist dreimal die Woche, Montag, Mittwoch und
Freitag, geöffnet (mit Ausnahme gewisser Feiertage).

Der Auftrieb beginnt vom 1. October bis 1. März um 9, im
Sommer um 8 Uhr Früh, nach erfolgtem Stempelbrande.

Den Schluss des Auftriebs, 11 Uhr, kennzeichnet das Auf-
ziehen einer Flagge.

Bis dahin ist den Käufern und Händlern der Eintritt zu den
Viehplätzen untersagt.

Um 4 Uhr Nachmittags gibt die Flagge das Zeichen zum
Schlusse.

Mit Beendigung des Marktes ist das Vieh unverzüglich abzutreiben; jenes, das vor dem Schlachten auf die Weide geht, ist
vorher zu untersuchen.

Das Marktgeld wird keinesfalls erlassen.

II. Kleinviehmarkt.

Täglich, Sonntage nicht ausgeschlossen, doch mit Ausnahme
gewisser Feiertage. An Grossviehmarkttagen von 6 Früh, sonst
von 8 Früh bis 4 Uhr Nachmittags.

Nach Schluss des Marktes kann das Vieh auf dem Viehhofe, aber nur gegen besondere Zahlung übernachten, widrigenfalls ist es unverzüglich abzutreiben.

III. Schlachten von Grossvieh.

Der Einlass zum Schlachthause erfolgt für Stücke aus dem Viehhofe nach 11 Uhr Vormittags; für anderweitiges Fettvieh um 7 Uhr Früh.

Vieh ohne Stempel des Viehhofes, oder bei directem Eintritt ohne vorhergehende Untersuchung wird nicht eingelassen.

Das Aufhängen von Fleisch auf den städtischen Waagen oder in den unteren Kammern ist den qu. Eigenthümern oder ihren Bevollmächtigten überlassen nach Massgabe der Waagen und ihrer Zugehörigkeit.

In das Schlachthaus eingetretenes Vieh wird keinesfalls wieder hinausgelassen.

Die Schlachtung des Viehes beginnt, nach Aufstellung desselben in den Hürden, täglich um 7 Uhr Früh und endet, mit Unterbrechung Mittags, im Winter um 8, im Sommer um 9 Uhr Abends. (Sonntag um 4 Uhr Nachmittags.) An Feiertagen finden Schlachtungen nur in Ausnahmsfällen statt.

Es darf immer nur je 1 Rind auf einmal in die Schlachtkammer eintreten.

Bei der Schlachtung hat der Eigenthümer oder sein Bevollmächtigter anwesend zu sein. Deren Abwesenheit aber hält die Schlachtung nicht auf.

Das Fleisch der geschlachteten Stücke dürfen die Eigenthümer in den unteren Kammern des Schlachthauses nur bis um 5 Uhr Früh des der Schlachtung folgenden Tages lassen. Nach dieser Frist haben die Eigenthümer der geviertelten Stücke für jedes 1 Rubel zu zahlen. Mit Ablauf der 7. Morgenstunde gehen die nicht ausgebrachten Fleischstücke in städtisches Eigenthum über.

Das Blut und der Inhalt des ersten Magens bleiben zur Verfügung der Verwaltung (bei einer Zahlung an die Eigenthümer von 5 Kopeken für das Blut eines Stückes Grossvieh); die übrigen Schlachtreste: Häute, Schädel, Beine, Ohren, Hörner, Mägen u. s. w. sind binnen zwei Stunden nach der Schlachtung zu entfernen. Das nach dieser Zeit nicht Ausgebrachte verfällt der Stadt.

Die Bewachung des auf dem Schlachthofe zurückbleibenden Viehes, sowie der Fleischstücke u. s. w. ist Sache der Eigenthümer, gleicherweise die Versorgung des eben genannten Viehes. Bekümmert sich aber der Eigenthümer nicht um die Fütterung, so wird nach Verlauf von 24 Stunden, vom Eintritt des Viehes in den Viehhof oder den Schlachthof an gerechnet, das Vieh von der Verwaltung auf Kosten des Eigenthümers versorgt und das Futter nach der amtlichen Taxe berechnet.

Vieh, für das kein Nachtlager bezahlt worden, wird einen Tag nach dem Eintritt in den Schlachthof geschlachtet.

IV. Schlachten von Kleinvieh.

Eintritt von Vieh in den Schlachthof und Schlachtung finden täglich von 7 Uhr Früh bis 9 Uhr (im Winter bis 8 Uhr) Abends, Sonntag von 8 Uhr bis 4 Uhr statt (Feiertage ausgenommen).

Fleisch und ebenso alle Schlachtproducte des Kleinvichs, mit Ausnahme ausgeweideter Kälber, sind binnen zwei Stunden nach erfolgter Schlachtung auszubringen; widrigenfalls verfallen obige Stücke der Stadt.

Das Fleisch der geschlachteten Kälber können die Eigenthümer entweder sofort abführen, oder bis 5 Uhr Nachmittags des folgenden Tages in den Kühlkammern lassen. Strafe und Verfallzeit wie oben.

Das in den Kühlkammern verbleibende Kalbfleisch ist von den Eigenthümern zu plombiren oder abzustempeln.

Marktgebühren.

Pro Stück kommen zu entrichten:

	a) Für den Auftrieb in den Viehhof	b) Für die Schlachtung im Schlachthause
Für Ochsen (Stiere)	44 kr. ö. W.	2 fl. 56 kr. ö. W.
„ Kühe	30 „ „ „	1 „ 25 „ „ „
„ Jungvieh	—	63 „ „ „
„ Kälber und Schafe	6 „ „ „	30 „ „ „
„ Schweine	6 „ „ „	87 „ „ „ *
„ Lämmer und Ferkel	1½ kr. ö. W.	19 „ „ „

* Darin auch die Vergütung für mikroskopische Untersuchung der Schweine.

Für jede Nacht, welche *a*) ein Stück Kleinvieh auf dem Viehhofe verbringt zahlen Kälber, Schafe und Schweine 12 kr.; Lämmer und Ferkel 1½ kr. *b*) Grossvieh pro Stück 12 kr.

In der Woche vom 12. bis 18. August 1888 wurden an den drei Markttagen aufgetrieben:

   1263 + 380 für Petersburg
   3042 „
   2177 -

Das Kilogramm kostete 24 bis 28 kr.

Die **Rinderracen Russlands** sind im Wesentlichen folgende: (Näheres darüber bei C. Freytag und in dem vortrefflichen Aufsatze: A. v. Middendorff: Rindviehracen des nördlichen Russlands, Landw. Jahrbücher 1888.)

1. Die Cholmogonische, angeblich eine Kreuzung von Landschlag mit Holländern, meist schwarz, weissgefleckt — sehr milchreich, stammt aus dem fetten Wiesenland des Gouvernements Archangel.

2. Die kleine altrussische.

3. Die Jaroslaw'sche, dunkelbraun, schwarz, auch wohl gescheckt, gute Melkerinnen.

4. Die livländische, blassroth, schwarz.

5. Die lithauische, graubraun mit weissen Abzeichen.

6. Die Race der Ukraine bei Charkow, mit weiten Hörnern, breitem Widerrist und mit für die Juften (Juchten)-Fabrication werthvoller Haut. In der Krim und Bessarabien ist diese Race leichter, als die dort auch verbreitete:

7. Balkan'sche Race. Dunkelgrau, bis $1\frac{1}{2}$ m hoch.

8. Die graue podolische.

9. Die kalmükische, dunkelgrau bis braun mit weissen Flecken, lichten Füssen und Köpfen.

10. Die kubanische, graubraun, mit lichterem Hintertheil.

11. Die Daghestan'sche, graubraun, stark in Haar und Haut.

12. Im Süden die Büffel.

Zur Verbesserung des inländischen Viehes sind Zuchtthiere vielfach eingeführt worden. Insbesondere: Holländer, Voigtländer, Simmenthaler, Allgäuer; von englischen: Shorthorn und die milchreichen Ayrshire. Man zählt etwa 140 Zuchtstationen.

Den Schlachtviehmarkt versorgt vorwiegend der Süden und Osten. Der Transport per Eisenbahn hat den längs der acht sogenannten Viehtracte häufig verschleppten Seuchen einigermassen Einhalt gethan. Die Abschliessung unserer Grenze gegen Vieh russischer und rumänischer Provenienz hat seit dem 1. Januar 1882 erfolgreich zur Tilgung der Rinderpest sowie zur Consolidirung der Viehzucht in Oesterreich beigetragen. Für die Bedeutung der österreichischen „Grenzsperre" sprechen: einmal die Animosität russischer Producenten gegen diese Massregel; dann die Absicht der Fachkreise auch in Russland selbst die Grenze gegen Asien hin zu sperren; endlich Zahlen, wie die folgenden. 1887 erlagen 5 Millionen Schafe und 30 Procent des Rindviehes im Werthe von 4½ Millionen Rubel der sibirischen Pest. Die bacteriologische Station zu Odessa hat Schutzimpfungen nach Pasteur vorgenommen.

Wie früher in Polen, ist jetzt in einem grossen Theile Russlands eine staatliche, obligatorische Viehversicherung gegen die Rinderpest eingeführt. Beim Ausbruch der letzteren wird das Vieh gekeult, und die Versicherungssumme gegen eine, dann auf 1 Procent derselben reducirte Prämie ausgezahlt.

Die Bevölkerung steht der Zwangsversicherung theilnahmslos, die Unterbehörde meist widerwillig gegenüber.

Seit einigen Jahren besteht eine gegenseitige Viehversicherungsgesellschaft in Petersburg für Viehfall jeder Gattung. Prämie 4 bis 10 Procent.

Der Werth des in ganz Russland verzehrten Fleisches beläuft sich auf 250 Millionen Rubel.

Das beste Vieh geht nach Petersburg, das geringere nach Moskau, das schlechteste dient dem anderwärtigen Consum und den zahlreichen Talgsiedereien.

Seit 20 Jahren hat sich das Molkereiwesen Dank der kais. Oekonomischen Gesellschaft, sowie den Bemühungen des Generals v. Schwarz, der Herren Wesjegonskij, Fürst Meschtscherskij und Wereschtschágin (ein Bruder des Malers) im Gouvernement Twer, endlich Dank den in diesem Gouvernement sowie im Jaroslawschen (zu Jedimonow) gegründeten Molkereischulen bedeutend entwickelt, so dass jetzt etwa 200 Käsereien und natürlich weit mehr Butterfabriken bestehen. Der Werth des Butterexports = 2,300.000 R. des Käseexports 210.000 Rubel.

Im Jahre 1886 wurden über die europäische Grenze ausgeführt 25.500 Pferde, 38.400 Rinder, 46.800 Schweine, 346.900 Kälber, Hämmel und Ziegen im Gesammtwerthe von 8,930.766 Rubel. Ausserdem wurde über die anderen Grenzen Vieh im Werthe von 1,343.400 Rubel exportirt.

Die Lebensmittelpreise von 1732 und jene 150 Jahre später zeigen folgende Ziffern:

	1732	1888
1 hl Weizen	fl. —.67 kr.	fl. 5.24 kr.
1 „ Hafer	„ —.16 „	„ 2.20 „
1 „ Gerste	„ —.21 „	„ 3.64 „
1 kg Butter (frisch)	„ —.60 „	„ 1.09 „
1 „ Tabak	„ 4.05 „	„ 17.— „ (feinster)
1 gemästetes Schwein	„ 1.25 „	„ 22—35.

Vielleicht interessirt es manche Leserin bei der Schilderung der für das häusliche Budget massgebenden Factoren auch einen Moskauer Waschzettel einzusehen:

Désignation	Prix par pièce		Désignation	Prix de pièce	
Pour Hommes	R	Kop	**Pour Dames**	R	kop.
Chemises	—	25	Chemises	—	15
„ brodées	—	40	„ brodées	—	40
„ de nuit	—	10	„ de nuit	—	20—30
Chemisettes	—	15	Robes d'été	1—3	—
Caleçons	—	10—20	Jupons simples	—	50
Manchettes	—	10	„ garnis	4	—
Jaquettes	—	15	Peignoirs	1	50
Serviettes	—	5	Jupons de flanelle	—	40
Mouchoirs		5	Chemisettes	—	10
„	—	10	Caleçons	—	15
Collets	—	5	Manchettes	—	10
Cravates		5	Jaquettes	—	15
Chaussettes	—	5	Serviettes	—	2
Gilets	—	40	Bas	—	5
			— en soie	—	10
			Mouchoirs	—	3
			„ brodés	—	10
			Collets	1	5
			Bonnets de nuit	—	10—30

Um die grossen Distanzen zwischen den einzelnen Märkten möglichst schnell zu überwinden, bediente ich mich nicht einer der elenden, mit matten Gäulen bespannten Droschken, sondern eines sogenannten Lichatsch, d. h. eines guten Wagens mit einem vorzüglichen Traber und einem selbstgefälligen, dicken, also eleganten Kutscher in der conventionellen Tracht: niedriger, aufgekrämpter Seidenhut, tegetthoffblauer, rückwärts mit einer Art

Tournure aufgebauschter Kaftan. Nur wenige Gefährte fuhren mir vor; die rasche Spedition von einem Ort zum andern, das Gebaren des Rosselenkers waren ergötzlich; aber der Scherz war nicht billig.

Der Trabrennplatz von Moskau erfreut sich eines grossen Rufes.

Das Moskauer Publicum ist aber auch für das Vergnügen, das eine Bewerbung des edlen Vollbluts auf dem Rasen bietet, sehr empfänglich. Neben dem, dem Trabersport gewidmeten, eirunden Platze nächst dem Brest-Smolensker Bahnhofe liegt der weite Raum für die Moskauer Skatschki (Pferderennen).

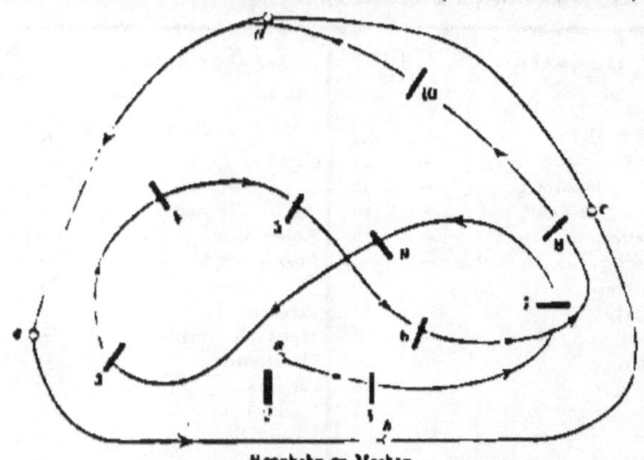

Rennbahn zu Moskau.

Nr. 1. Tribünensprung.	Nr. 10 Graben und Hügel.
Nr. 2. (Batterie) Irish bank.	a) Start.
Nr. 3. Hecke.	> Richtung der Bahn.
Nr. 4. Erdwall.	b) Siegespfosten.
Nr. 5. Trockener Graben.	c) Pfahl auf 533 m (½ Werst).
Nr. 6. Hürde.	d) „ „ 1067 m (1 Werst).
Nr. 7. Bretterwand.	e) „ „ 1600 m (1½ Werst)
Nr. 8. Trockener Graben.	Länge der Steeple-chase-Bahn
Nr. 9. Wassergraben.	= 3 Werst (3200 m).

Hunderte von Wägen rasseln durch die Twerskaija, die Hauptstrasse der Stadt, 2 km lang und mit lebhaften Läden besetzt, aber schmal und ohne architektonischen Schmuck. Im letzten Drittel der Twerskaja durchschneiden wir die Ssádowaja, den

Gartenring, welcher 15 *km*, lang die innere Stadt von den Vor·
städten trennt, unterfahren die pseudoclassische, Alexander I.
gewidmete, dreithorige Triumphpforte und biegen, die Hauptlinie
des Strassenzuges zum Petrowskijpark verlassend, nach Links, wo
der hohe Neubau der Tribünen, elegant in Eisenconstruction
durchgeführt, den Turf begrenzt. Vornehme Gesellschaft füllt die
Logen, buntes Volk schaart sich auf den oberen Galerien und
am Gitter, ernst guckt die „Welt, in der man rennen lässt" und
ihr freiwilliges oder Dienstgefolge auf die eben aufgezogenen Nummern. Diese erscheinen, klein und ohne Randbemerkung, auf
einem dünnen Pfahle. Auch der Totalisateur, obwohl stark benützt,
ermangelt so hübscher, praktischer Einrichtung, wie sie unsere
Freudenau bietet. Jung und Alt setzt hier seinen Rubel ein; der
Kreis, welcher seinen Mitteln nach mitspielen darf, freilich auch oft
mehr darin thut, als er kann und sollte, wettet im grossen Styl.

Die Agitation gegen die, hier wie anderwärts schon mancher
Existenz verhängnissvoll gewordene Spielwuth, bekämpft auch in
Moskau den Totalisateur, und doch ist dieser, wenn auch an und für
sich bestreitbar, eine Art Sicherheitsventil gegen die Etablirung
privater creditgewährender und deshalb um so gewagterer Wett-
arrangements, sowie gegen die Verlockung schmaler Börsen durch
Buchmacher. Der Totalisateur zu Petersburg hat als tiefsten Setz-
betrag 1 Rubel, jener zu Moskau 3 Rubel festgesetzt.

Die Fixirung eines gewissen Minimums bei Glückspielen ist
bereits von Katharina II. als rationelle Massregel mit folgenden
Worten begründet worden: „Man hat," sagte sie, „mich bewegen
wollen, eine Lotterie in meinen Staaten einzuführen. Ich habe
meine Zustimmung gegeben, aber unter der Bedingung, dass der
Einsatz nicht unter einem Rubel sein dürfe, um die Börse der
Armen zu schonen, welche die Feinheiten des Spiels und seinen
trügerischen Reiz nicht kennen und daher geglaubt haben würden,
dass eine Terne leicht zu gewinnen sei."

Inzwischen sind die Pferde entlassen worden; jetzt kommen
sie auf die Distanz, das Glockenzeichen ertönt; Alles erhebt sich,
steigt auf die Bänke und reckt den Kopf empor. Nur zwei Liebes-
paare — eines am Schranken, das andere in den Logen, — sehen
weg und machen süsse Augen. (Das Ergebniss eines Moskauer
Renntages folgt im Anhang).

Ein grosser Theil des Mittelstandes von Moskau bevorzugt
anstatt des grünen Bezirkes des Petrowskij-Parks mit Recht das

Gehölz von Ssokólniki, welches vom Kreml nur 5 *km* abliegt, aber durch die Langsamkeit der Pferdebahn entlegen genug gemacht ist für allzu häufige, unwillkommene Besucher. Den Weg dahin schlagen wir zu Wagen ein, indem wir an der scheusslichen „rothen Pforte" und dem kläglichen Doppelbahnhofe vorbei, der Chaussée folgen. Vom Musikpavillon am Südende laufen sieben Avenuen durch den prächtigen, östlich von der Jausa begrenzten Laub- und Nadelwald, in dessen Schatten, von mächtigen Alleen durchkreuzt, das Datschen-Viertel liegt. Anspruchslose und elegante, vornehme und gemüthliche Sommerhäuser stecken da im Grünen oder legen sich, damit Haus und Herr gesehen werde, breit gegen die Durchhaue aus.

In der Veranda einer zierlichen hölzernen Villa, mit dem Ausblick auf das kleine Parterre und die riesigen Stämme hin, ringsum vom frischen hohen „Falkenwald" umgeben, verbrachte ich die angenehmsten Abende meines Moskauer Aufenthalts. Der Kreis, in den mich der Hausherr, A. Haage, der Repräsentant eines mir befreundeten Wiener Hauses eingeführt, bestand aus acht Personen welche sämmtlich Deutsch ihre Muttersprache nannten und diese doch recht verschieden handhabten. Da war zuerst die Dame des Hauses, eine Deutsche aus Odessa; dann ihr Gatte, dessen herzlicher Zuvorkommenheit ich gern gedenke, ein Sachse; Herr Kox, früher Reiterofficier in seiner Heimat, jetzt Träger einer hiesigen grossen Firma, von den Ufern des Mains; Herr Sahlecker aus den Ostseeprovinzen; der joviale Zaleski mit seinem Lemberger Deutsch; der immer heitere Leclair ein Stuttgarter Kind; ich selbst, ein Deutsch-Oesterreicher; die kleine Lydia endlich, das Töchterchen des Hauses, plauderte in einem Dialekt, der viel von der Mutter und ein wenig von dem Hauche des russischen Moskau hatte.

Von Sonnenuntergang bis gegen Mitternacht sassen wir da fröhlich beisammen: Leclair wurde mit seiner romantischen Neigung für Fräulein „Luftzug", eine öfters vorüberjagende Reiterin, geneckt; Kox, ein hirschgerechter Jäger, erzählte von winterlicher Bärenjagd und lustigen Streifungen über die herbstlichen Felder der Umgebung; Zaleski nach dem Abendessen von seinen Kreuz- und Querfahrten im Innern Russlands, Jeder von seiner Heimat und den kleinen Ereignissen des Tages, bis wir, täglich später, dem gastfreien Ehepaar zum Abschiede die Hand schüttelten.

Mit einigen dieser Herren machte ich auch den Ausflug nach Petrowsko-Rasumówskoje, der ersten landwirthschaftlichen Lehranstalt Russlands mit sehenswerthen Sammlungen. Diese ist 10½ *km* von Moskau entfernt und mit der Stadt durch eine Dampftramway verbunden, welche den Hörern des Instituts freie Fahrt gewährleistet, so dass sie bei hohem Schnee auch Schlitten für diese beistellen muss. Sie mündet, an zahlreichen Datschen vorbeisausend, nächst dem stattlichen Schlosse, welches, einst Besitzthum des Grafen Rasumowskij, nunmehr der land- und forstwirthschaftlichen Akademie eingeräumt ist. Ein prächtiger Park mit Blumenterrassen, schattigen Alleen und Teichen umgibt das hohe, helle Gebäude nach der einen Seite hin. Nach der anderen erheben sich im Halbkreise die „Communs," dann ein geräumiger bethürmter Meierhof; sämmtliche Räume dienen jetzt Lehrzwecken. Im Schlosse finden wir die Aula, Laboratorien, Hörsäle, das physikalische und das chemische Cabinet; Modelle für die Vorträge aus der Thierkunde, Maschinenlehre, Montanindustrie, Mechanik, Mineralogie etc., ferner eine reichhaltige Bibliothek mit Lesezimmer, in welchem unter Anderem die neuesten deutschen Fachschriften und auch die österreichischen landwirthschaftlichen Zeitungen aufliegen. Zwei elegante, mit den Portraits der Kaiser, des ersten Akademiedirectors (Arnold), des Gründers der Anstalt (Minister Silonow) gezierte Räume dienen als Conferenz- und Sitzungszimmer.

Im Meierhofe befinden sich die Wirthschaftsgeräthe, sowie das zum Betriebe der Musterfarm nothwendige Vieh, darunter Shorthorns, Algäuerstiere, Ardennerpferde. Eine Baumschule und ein botanischer Garten ergänzen den Kreis der Lehrmittel der — jetzt von Director Jung geleiteten — Anstalt, welche etwa ein Vierteltausend Schüler zählt. Die Akademiker in ihrer kleidsamen Uniform gehören, zumal jetzt in den Ferien, zu den typischen Figuren Moskaus.

In der Kirche nächst der Akademie soll die Trauung der Kaiserin Elisabeth mit dem Grafen A. G. Rasumowskij stattgefunden haben; andere Quellen bezeichnen als Ort dieser Vermählung das nahe Gut Perówo und das Jahr 1742. An Peter den Grossen erinnern einige von ihm eigenhändig gepflanzte Bäume des Schlossparks.

An landwirthschaftlichen Lehranstalten zählt das russische Reich überdies: das Institut am Polytechnikum zu Riga, Schulen in Chárkow, Kasán, Mariinski bei Sarátow (zugleich

Versuchsstation), ferner im Terekgebiet eine Musterwirthschaft, die Weinbauschule zu Magaratsch in der Krim, zwei landwirthschaftliche Mädchenschulen und andere.

Die Hebung der Landwirthschaft bildet die Aufgabe von 123 Fachvereinen, davon ist ein Drittel in den Ostseeprovinzen. Die bedeutendsten Gesellschaften sind: Die freie ökonomische (gegründet 1765, 1000 Mitgl., Capital 350.000 Rubel); die Dorpater (11 Filialen, seit 1796); die Moskauer (1819 gegründet, 600 Mitglieder).

Der nächste Sonntag war einem Ausfluge nach Kuskówo gewidmet, dem Lustschlosse der Grafen Scheremétjew, mit herrlichen Gartenanlagen und einem Wildpark. Beim alten Viehhofe besteigen wir die Rjäsan'sche Bahn, welche uns bis Perówo bringt. Vom Stationsgebäude weg schreiten wir zunächst durch thaufrischen, ungekünstelten Wald: Schmetterlingsjäger und ein alter Förster sind unsere einzige Begegnung. Weiterhin wechselt Teich- und Sumpflandschaft ab mit Nadelholzbeständen und Birkenhainen. Dann zieht wieder Hochwald, in welchem Villen, nach russischem Brauche in schöner Holzconstruction, verstreut liegen, sich hin bis zu dem „See" von Kuskówo. Das lange Schloss mit seiner Bildergalerie erregt meine Aufmerksamkeit umsomehr, als Kaiser Joseph II., dessen Bildniss die Galerie ziert, 1775 hier zu Gast gewesen. Es liegt hart am Ufer eines stillen, schilfigen Teichs. Kioske verbergen sich im Busch zu beiden Seiten des zöpfischen Blumengartens, den ein Warmhaus gegen die Strasse abschliesst. Diese überschreitend treten wir unter mächtige Laubkronen, in deren Schatten eine Gastwirthschaft und ein Sommertheater liegen. Schon jetzt wurde hier fleissig Kegel geschoben. Beim Frühstückstisch vorbei flatterten die kleinen Schauspielerinnen in das Holzhaus zur Probe. Aus den verschlossenen Zelten drang Lachen und Kreischen, jene Klangfarbe, die dem Ohre bewies, dass hinter der Leinwand ein weibliches Wesen zuerst gezwickt und dann tüchtig abgeküsst wurde. Am Nachmittag scharte sich die Menge um den Concertpavillon und die Waagenautomaten.

Der gute Bestand der Waldungen um Kuskówo fällt um so angenehmer auf, als sonst die Axt unbarmherzig haust. Allerdings rechnet man von der Gesammtfläche Russlands gegen 40% Holzland. Da aber die Kohlenwerke im Lande von den Verbrauchsstätten so entlegen sind, dass die Frachtkosten den Gebrauchswerth übersteigen, so verwenden zum Theile auch die russische Industrie und die Eisenbahnen Holz, der Einzelne aber nur dieses als Brennmaterial; hölzern sind auch die Häuser und fast alles Hausgeräth. So fallen denn die Bäume, die Wälder schwinden, und die vorhandenen Culturen sichern nicht genü· genden Nachwuchs; kein Wunder, dass bei der Gier der Wald· besitzer, um die Zukunft unbekümmert, momentanen Profit zu erzielen, in nicht zu ferner Zeit schon die Noth an Holz sich fühlbar machen und zur Erschliessung wie zu steigender Zufuhr von Kohle drängen dürfte. Schon jetzt zeugt der steigende Verbrauch von Naphta für die Nothwendigkeit, nach ander· weitigem Brennmaterial zu suchen.

Wohl hat auch in Russland, wie anderwärts die Regie· rung die Wichtigkeit einer geregelten Aufforstung nicht verkannt.

Bereits Peter der Grosse ordnete 1707, zunächst im Inter· esse des Schiffbaues, die Aufzucht der Eiche in der Nähe Peters· burgs und in den Steppen bei Taganrog an.

1729 befahl (wie der Altmeister der russischen Forstwirthe, Geheimrath Arnold, nachweist) Peter II. allen Gutsbesitzern und Angestellten, die Eiche zu säen, zu vermehren und zu schützen.

Die Kaiserin Anna erliess (nach der „Russischen Revue," 18. Jahrg. Heft 1, 1889) im Jahre 1732 ein Statut ähnlichen Sinnes; unter ihr kommen zuerst deutsche Forstmeister vor, deren Aufsicht alle gereinigten und besäeten Waldflächen anzuver· trauen seien.

Katharina II. sagt in ihrem Reglement von 1765, es sei nothwendig, Sorge zu tragen, dass neuerdings Wälder geschaffen würden. Aehnliche Statuten wurden von Paul I. und von Alexander I. erlassen.

Kaiser Nikolaus verpflichtete jeden Kosaken des Don'schen Heeres zur Anpflanzung von 25 „Stangen" jährlich; wer dies unterliess, hatte im nächsten Jahre ausser seinen 25 Stück noch 50 zur Strafe zu setzen!

1843 und 1858 wurde jeder Reichsbauer verpflichtet, je 10 Stück Weiden oder Pappeln um sein Haus, im Garten, um die Kirche, auf dem Friedhofe zu pflanzen.

Der Beginn der Anlage von Kronwäldern fällt in das Jahr 1842.

Grosse Verdienste um die Aufforstung und Steppenbewaldung erwarben sich der Domänenminister Graf Kisselew ond Herr v. Graff. Die neugeschaffenen Wälder der Steppen nehmen heute 6966 *ha* ein. Die Kosten der Steppenbewaldung beliefen sich anfangs auf 250 Rubel, 1880 auf höchstens 120 Rubel pro Hektar, und sind heute in den südlichen Steppen zum Theile bis auf 40 Rubel pro Hektar gesunken.

Die Bewaldung von Bergen begann 1876 in der Krim; hier wurden, da der steinige Boden die Pflugarbeit ausschliesst die jungen Bäumchen in Canälen gepflanzt! Die Bewaldung der Sanddünen endlich begann 1835.

Die Kronforsteien haben von 1844 bis 1887 im Ganzen 193.709 *ha* abgeholzte Wälder besäet und bepflanzt. Hand in Hand damit gingen Verordnungen über die Schonung der bestehenden Waldungen. 1886 erging vom Domänenministerium eine Reihe von Vorschriften, welche möglichste Erleichterung zur Beschaffung von Pflanzmaterial aus den Kronforsteien an Private u. dgl. bezwecken. Die russischen Eisenbahnen befördern Pflänzlinge mit den schnelleren Postzügen und zu billigem Tarife (pro Metercentner und Kilometer 0·3 kr. ö. W.). Im Budget pro 1889 ist für Forstcultur und Trockenlegung von Sümpfen die Summe von 876,513 R. eingestellt.

Doch wie anderwärts sind auch in Russland die wohlwollenden Intentionen der Regierung oft machtlos geblieben gegenüber den Forderungen des persönlichen Eigennutzes. Die Forstverwaltung einzelner Grossgrundbesitzer ist allerdings eine mustergiltige. Andere grosse Landeigenthümer erfreuen sich geradezu jungfräulicher Waldbestände, doch nur aus dem Grunde, weil das Fehlen von Transportmitteln die Abholzung noch verwehrt. Prächtige Waldungen besitzt insbesondere Fürst Jussúpow auf seinen Gütern, welche etwa 26.000 □ *km* (die Markgrafschaft Mähren = 22.229 □ *km*; das Königreich Württemberg = 19.504 □ *km*) umfassen.

Unter solchen Betrachtungen und in süssem Nichtsthun entschwand uns der Tag in Kuskówo. Linelka's, plumpe Gefährte, deren mit dem Rücken zusammenstossende Längssitze geringe Bequemlichkeit, aber freie Seitenaussicht bieten, bilden das Verkehrsmittel von Kuskówo zum Bahnhofe. Zuerst rollen wir an Villen vorbei, dann kollert der Wagen durch Lachen und Löcher über die Haide zur Station. Der Abendzug führte uns nach Moskau zurück, das ich nun verliess, um Nishnij-Nowgorod aufzusuchen.

———

5. ABSCHNITT.

Von Moskau führt die Bahn über Wladimir nach Nishnij-Nowgorod, dem Brennpunkte des russischen Handels, dem grössten mercantilen Stapelplatze Europas, nach Westen durch die Eisenbahnen, nach Osten und Süden — dem asiatischen Kaufgeschäfte entgegen — durch die mächtige Wolga und die zu ihr führenden Bahn- und Schifffahrtslinien dem Verkehre eröffnet.

Am Zusammenflusse der Oká mit der Wolga gelegen, erhebt sich das eigentliche Nowgorod am rechten Ufer der beiden Ströme. Malerisch baut es sich als Unter- und Ober- oder Bergstadt in Terrassen auf, von dem grossen umwallten Kreml überhöht; nordwärts blicken die Zinnen der Bergstadt auf das linksseitige Wiesenufer der Wolga, auf grünes Land mit stattlichen Kirchdörfern, Wäldern, Aeckern und Sümpfen. Im Frühjahre, wenn der Schnee schmilzt und den anschwellenden Wasserfluthen das breite Bett noch zu enge wird, überschwemmt der Strom, dann wohl drei Meilen breit, das jenseitige Gelände.

Der eigentlichen Stadt gegenüber auf dem linken Ufer der Oká, zur Zeit der Messe mit der Stadt durch eine Schiffbrücke verbunden, liegt die nur im Sommer bewohnte Marktstadt.

Wie im Frühjahre zur Zeit der grossen Ueberschwemmungen überfluthet auch im Sommer nach langen Regengüssen die Oká ab und zu, wie auch heute, die niedriger gelegenen Stapelplätze der Marktstadt. Bretter und Stege führen dann hin zu den Eisenlagern; die Hütten schwimmen und mit Mühe nur werden die leichteren und kostbareren Metallstücke auf's Trockene gebracht. Ein eigenthümliches Bild! Etwas höher gelegen, aber gleichfalls von zahlreichen Tümpeln durchsetzt, in welche, zum Theile auf

Pfeilern und Piloten ruhende Wirthschaften eingebaut sind, ist die Budenstadt mit ihren zahllosen, einfachen Steinhallen. In und vor diesen liegen Waarenballen, drängen sich Menschen; Lastwägen ziehen einher, Träger schreiten fürbass, Gesumme und Lärm tönt, ein stummer Zug nach Sibirien Verbannter geht unter Bedeckung vorbei. Dies ist der Eindruck am Tage.

Nachts, wenn die Gasflammen brennen und die elektrischen Lichter glühen — für die Abends offen gehaltenen Läden ist diese Beleuchtung polizeilich vorgeschrieben — verstärken und verschieben sich Bewegung und Lautäusserungen. Dann strömt die Kaufmannswelt in die hohe, glänzende „Passage"; die Arbeiter suchen für des Tages Lasten und Mühen Erholung in Vergnügungslocalen aller Art. Musik klingt allüberall: in der Passage ein Orchester, Sängerchöre und Capellen in den Speisewirthschaften, Musik in der Oper und in jeder Kneipe, Leierkästen bei den Ringelspielen, ungarische und Wiener Lieder in den Bierhäusern.

An den Landungsplätzen Schiff an Schiff; Ballen, Kisten und Tonnen liegen umher an der Sibirskaja, wie an der Strjälka. Sind es doch gewaltige Massen von Gütern aller Art, die hier in Verkehr gesetzt werden: Baumwolle für 30 Millionen Rubel, Metallwaaren für 20, Häute für 8 und Fische für 6, Thee für 10 und Rauhwaaren für 15 Millionen Rubel. Für 8 Millionen Glas und Porcellan, dann Wein, Droguen, Leinen, Seide, Edelmetalle, Zucker Urproducte und Gott weiss was noch.

Die Messe besteht etwa 350 Jahre an den Ufern des Wolgastromes; sie wurde anfangs 85 *km*, später, seit Beginn des 17. Jahrhunderts, 165 *km* unterhalb Nishnij abgehalten, das seit 1824 den gigantischen Tauschplatz zwischen Europa und Asien bildet.

Charakteristisch für die Messe ist einmal die colossale Anhäufung von Waaren für die kurze Dauer weniger Wochen — 15 (27.) Juli bis 6. September —; dann dass die zum Verkaufe gebrachten Artikel thatsächlich vorhanden sind und nicht blos sogenannte Bestellwaare gehandelt wird.

Der Antheil Russlands an dem Handel zu Nishnij-Nowgorod betrug 1888 etwa 150 Millionen, jener des übrigen Europa und Asiens 40 Millionen R. Der Umsatz war in diesem Jahre (1888) etwas geringer als der vorjährige. Es sind Waaren für 190,371.165 R. (um 2,706.892 R. weniger als im Jahre 1887) auf den Markt gebracht worden; davon blieben unverkauft für 13,914.632 R. (um

6,549.373 R. mehr als im Vorjahre), es wurde somit im Ganzen im Jahre 1888 um 9,256.265 R. weniger gehandelt als im Vorjahre.

Einige Daten über Russlands Handel überhaupt mögen hier Platz finden.

Der russische Export von Waaren hatte 1888 einen gesammten Werth von 727,140.000 Rubel und übertraf den beziehungsweisen Export pro 1887 um 158,620.000 R. Der Import ausländischer Waaren betrug 1888 332,290.000 R. gegen 333,240,000 R. im Vorjahre, d. i. um 950.000 Rubel weniger. — In Mengen belief sich der Export 1888 auf 121,066.560 q, 1887 auf 89,550.240 q; der Import 1888 auf 29,535.120 q gegen 28,448.000 q im Jahre 1887.

I. Russlands Export nach Oesterreich-Ungarn betrug:

1888	1887	1886	1885	1884
23,480.000	23,980.000	22,590.000	27,140.000	30,880.000

Rubel.

II. Oesterreich-Ungarns Import nach Russland betrug:

1888	1887	1886	1885	1884
14,580.000	12,430.000	16,600.000	21,690.000	20,510.000

Rubel.

Am Meisten gewachsen ist der Getreideexport (1888: 129,169.000 hl; 1887: 91,061.000 hl). Die Ausfuhr von Weizen hat um 61·1 %, jene von Hafer um 52·5 %, jene von Gerste um 41·2 %, von Roggen um 33·8 % und von Erbsen um 63·8 % zugenommen. Was andere Nahrungsmittel betrifft, so ist besonders der Export von Eiern, Fleisch, Kuhbutter, Zucker und Fischen gestiegen; auch die Ausfuhr von Tabak, Holz, Leinsaat, Flachs, Hanf, Knochen und Leuchtölen hat bedeutend zugenommen.

Thee, der bekanntlich in Russland eine grosse Rolle spielt, ist 1887 in einem Quantum von 320.000 q eingeführt worden. Der Werth dieser Menge belief sich auf mehr als 44½ Millionen R., während 1886 der Werth des Theeimports den ebengenannten um 22 Millionen R. überstieg. Ein solcher Rückschlag beeinflusst selbstverständlich auch den Zuckerconsum. Zahlreiche Surrogate, allerlei Absude müssen das edle Getränk ersetzen, wie ein Besuch gewöhnlicher Traktire beweist. In Nishnij hatte Thee 1888 folgende Tagespreise:

Jaschtschik-Thee pro 1 kg fl. 9.50 bis 13.30
Schwarzer „ „ 1 „ „ 5.50 „ 5.90
Grüner „ „ 1 „ „ 4.50 „ 5.30
Creprenter „ „ 1 „ „ 3.05 „ 5.20

Einfuhrzoll an der europäischen Grenze Russlands = 1 fl. 52 kr. pro kg; an der asiatischen Grenze, Irkutsk = 85 kr.

1887 erreichte der Export von Hühnereiern einen Werth von 7,943.000 Rubel.

Moskauer Zuckerwaaren wurden auf der letzten Messe verkauft im Werthe von ½ Million R.

Die neue Ob-Bahn wird das reiche Getreidegebiet West-Sibiriens dem internationalen Körnerhandel eröffnen und insbesondere über den Hafen am Baigatschmeere und via Bardö (Norwegen) den Londoner Platz beeinflussen.

Der Fremde, welcher in der Marktstadt eine gewisse malerische Unordnung, Bildermotive, orientalisch gruppirte Bazare erwartet, ist einigermassen enttäuscht, wenn er, das Treiben längs der Ufer der Oká und des Wolgastromes abgerechnet, am Tage die Längs- und Querreihen, die ganze Messstadt durchwandert.

In Hufeisenform umgibt ein Canal den inneren Markt, welcher aus 48 Hallenblöcken, Lagerhäusern und verschiedenen sogenannten Linien besteht. Die Mittelstrasse des Ganzen, Boulevard genannt, stösst westlich an Magazine im chinesischen Styl (Theelager). Hinter diesen ist die Jahrmarktskirche. Gegen die Oká zu liegt das Amtsgebäude, davor ein ganz kleines Haus, die Wohnung des Gouverneurs während der Messzeit. Andere officielle Gebäude bilden einen Theil der Uferstrasse, von der man auf die Oká-Insel Pessky und die eigentliche Stadt hinübersieht. In ihrer Fortsetzung trifft die Uferstrasse auf die neue Kathedrale und endet bei der Strjälka, der Landspitze am Zusammenfluss der Oká und der Wolga. An den Ufern der letzteren wimmelt es von Leuten, Fuhrwerken, Landestellen, Theeballen, Holzhaufen, Booten, Waggons etc.

Mehrere orthodoxe Kapellen, eine armenische Kirche und die tatarische Moschee fallen unter den niedrigen Gebäuden der Marktstadt auf. Beim Theater hausen die Perser. $^9/_{10}$ der hier verkauften Türkise sind falsch! Am belebtesten sind tagsüber die Gastwirthschaften an den Tümpeln, in welche der Hufeisencanal durch die zwischen seinen Theilen aufgeführten Dämme zerfällt. Ueber diese eilt die geschäftige Menge zu Fuss oder zu Wagen in die unregelmässigere äussere Marktstadt.

Originell sind — Nachbarin, Euer Fläschchen! — die abgestutzten Kegelthürmchen, über den, der Defaecation dienenden Katakomben, welche vermittelst Dampfmaschinen mit Flusswasser vom Thurmreservoir her gespült werden. Rauchen ist auf der ganzen Jahrmarktseite bei 25 R. Strafe verboten. Die Gefahr eines Brandes hat hier eine anderwärts selten gehandhabte Strenge des Verbotes

zur Folge; der Gorodowoj (Gendarm) mahnt den Vergesslichen, der
mit der Papiros (Cigarette) aus dem Restaurant tritt, sofort, und auch
in den Bureaux der Uferstrasse sucht der Raucher einen verborgenen
Winkel auf, um nicht ertappt zu werden. Das einzige Refugium
in den Ladenreihen bilden somit die erwähnten Katakomben, in
welchen komische Rauchergruppen sichtbar sind. Die Thürmchen
dienen auch den Zwecken der allezeit bereiten Feuerwehr.

Der ganze Messplatz mag wohl an der Okáseite gegen 4 *km*
lang und halb so breit sein.

Figuren aus dem Osten und Süden gibt es hier genug; China
war aber diesmal nur durch zwei langbezopfte Gentlemen vertreten, die in Nishnij mehr angestaunt wurden, als es heute im
Berliner Thiergarten der Fall ist.

Die von der Uferstrasse zur unteren Stadt führende Schiffbrücke war in Folge des Hochwassers so gehoben, dass einerseits
die An- und Abfahrt auf den geglätteten Planken den Pferden
Schwierigkeiten machte, andererseits ein jähes Hinabschiessen der
Droschken und Kareten Störungen und Unglücksfälle verursachte.

Natürlich ist das schnelle Fahren auf der Brücke verboten,
was aber Niemanden anficht; Alles läuft und jagt in einem Knäuel
über die schmale Passage, Fluchen und Wehgeschrei ertönt. —
Mitten drinn steht unentwegt und stumm der Brückenwächter
auf seinem Posten.

Von 3 bis 6 Uhr Nachts ist der Verkehr auf dieser einzigen
festen Verbindung beider Ufer aufgehoben, um die Schiffe durch-
zulassen. Dann vermitteln Kähne den Verkehr von einem Ufer
zum andern.

Die eigentliche Stadt nun bedeckt das ganze rechte, hügelige
Ufer. Der Oká zunächst liegt die Unterstadt mit der grössten der
vielen Kirchen. Dann erklimmen wir steil aufwärts den Pfad,
welcher in einer Schlucht längs der hohen Mauer des Kreml auf
den grossen Platz der Oberstadt führt. Kirchen, Schulen und
andere, recht kahle Gebäude bilden seine Umgebung.

Alterthümlich ist nur der Kreml, einst eine starke Festung.
Eine hübsche Aussicht an der der Oká zugewendeten Seite auf
den Complex des Marktes bieten die Parkanlagen hoch über
dem Thale. Viel ausgedehnter ist der Ausblick an der Wolgaseite
von dem waldigen Otkóss (Abhang) herab, zu dessen Füssen
der Landungsplatz der Dampfschiffe liegt, Fabriken u. dgl. das
Ufer beleben; im Rücken des Otkóss lagert der Rest der Ober-

stadt, welche der grössere Theil der Bevölkerung (70.000), darunter viele Tataren, bewohnt. Auf dem Otkóss-Restaurant begrüssten mich ungarisch-deutsche Worte, hier keine Seltenheit; stellen ja doch die Ungarn ein ansehnliches Contingent zu der Menge von Schutzbefohlenen, welche dem weiten Bezirke des Moskauer Generalconsulates unterstehen.

Mit der Dämmerung kehrten wir in die Marktstadt zurück. Die Strassen des inneren Marktes waren jetzt lautlos und verlassen, der Corso in der „Passage" war zu Ende, nur hie und da erging sich ein „Cadet von der Gewölbwache."

Nichtssagend sahen jetzt die Schilder und die marktschreierischen Anzeigen herab, auch der goldig glänzende Sessel auf seinem hohen Mast, das Wahrzeichen einer österreichischen Möbelfirma, verfehlte nun alle Wirkung. Um so lauter ging es drüben zu, in den westlichen Vierteln der äusseren Messstadt, von Ssamakat bis nach Kunawin. Im Restaurant Jegórow gab es ein gutes Diner:

Ikrá (Caviar) . . . .   50 Kop.
Uchá (Fischsuppe) . . . .   50 „
Sterljet (der delicateste Wolgafisch) . 3 R.
u. s. w.

Die Musik besorgten bei Jegórow zwölf Russinnen in Nationaltracht, die allerdings durch Seidenstoffe und echte Stickereien, sowie werthvollen Schmuck etwas theatralischen Zuschnitt hatte. Alle waren jung und hübsch, einige unter ihnen — die Blonde in Blau und Silber mit den breiten Flechten und den rosigen Wangen; die Brunette mit den grossen Augensternen, der feinen Nase und der schlanken Taille, in Kirschroth und hohen gelben Stiefeln; die Schwarze mit dem Cameengesicht und der zierlichen, rosagekleideten Gestalt — wahrhaftige Schönheiten. Ihr Liederquell versiegte rasch; denn diese Damen machen sich rar, und es ist hier Brauch, den Chor in einem der Nebenzimmer durch Champagner aufzumuntern. Der Geldspender gibt grosse Rubelnoten als Austausch gegen andere klingende Noten.

In der „Germania", der deutschen Bierhalle, sangen allerlei Künstler beiderlei Geschlechts auf „dem Brettl". Nishnij ist für solche Existenzen die östlichste Etape in Europa.

Nun weiter durch die johlende Menge zu den grossen Holzhäusern mit den Ringelspielen. Die Militärcapelle hatte gerade Pause; lässig lagen die Trompeter, ein Mushik mit einem Stelzfuss, ein betrunkener Bursche mit seiner Dirne und ein Musiker die

Hirtenflöte in der Faust in den sich rundum drehenden Kästen des Ringelspieles; die armen Leute längs der Wände boten in ihrer stumpfen oder allzu lauten Freude einen merkwürdigen Anblick. Alte und Junge, Nüchterne, Stockbesoffene, Lastträger, Schiffer, Iswotschtschik's, Aufwärterinnen, Soldaten, daneben Bettler und verschiedenes Gelichter sassen und standen bunt durcheinander in dem dämmerigen qualmenden Raume: ein wahrer Höllenbreughel.

Als wir vom ersten Stockwerk die schwankende Stiege hinabklettern, erinnert der Feuerwächter durch lautes Zischen an das Rauchverbot. Unten war Strassenauflauf und Handgemenge. In einer heissen, dumpfen Halle singen Zigeunerinnen; im nächsten Café chantant ist Garten, Saal und Logenreihe dicht gefüllt von buntem Publicum; zwei junge Perser in schwarzen Atlasröcken sehen schielend auf den „Star" der Sängertruppe, eine üppige rothblonde Französin in kurzem Kleide. Und so geht es weiter und weiter in den Vergnügungslocalen, sowie in den Ess- und Trinkstuben. (Nishnij zählt 84 Traktire, 11 Kellerwirthschaften für russischen, 21 für Rhein-Wein; 11 Schenken, 8 Buffets, ebensoviel Wein- und Spirituosenläden, 5 Verschleisse von Kysliar-Wein u. s. w.)

An jedem Klumpen Gold, der in Nishnij gewonnen wird, klebt ein trüber Niederschlag und allerlei Abschaum. Aber die Gewinnsucht achtet es nicht, der Handel geht, unbekümmert um einzelne Leidensstationen, seiner grossen Aufgabe nach: die Erzeugnisse der verschiedenen Länder gegen einander auszutauschen, die Bedürfnisse von Angebot und Nachfrage zu befriedigen, reichen Gewinn zu ziehen und die Handelsbilanz des eigenen Staates zu einer activen zu machen; aber nicht alle Ziele werden erreicht.

Mit jedem Jahre wird die Messstadt besser und gefälliger ausgestattet, für die Assanirung sorgt die Spülung durch die Okáwässer, Bogenlampen leuchten, Gärten entstehen u. s. w.; trotzdem aber nimmt hier der Handelsverkehr nicht mehr zu, und mit Bangen sieht die dabei interessirte Viertelmillion Menschen — und Jene, die hinter dieser stehen — dem Ausbaue der centralasiatischen Eisenbahnen entgegen, welche den gegenwärtigen Mittelpunkt des Handels beeinträchtigen, mit der Zeit auch wohl verrücken werden.

Andere freilich begrüssen die neuen Linien, so die Stadt Kasán, welche von den Schienen neue Blüthe hofft, nachdem sie

Wolgaufer bei Kamyschin.

Die Wolga vom Osten (Nishnij-Nowgorod) aus gesehen.

jetzt, trotz des Verkehres nach Sibirien von der Wolga die Kamá aufwärts, recht still ist.

Die Dampfer, welche von Nishnij abwärts die Wolga bis Astrachan befahren, gehören mehreren Gesellschaften an, unter denen „Kaukas und Mercur", dann „Sewecke" die grössten und schönsten Schiffe besitzen. Alle diese Dampfer kommen von Rybinsk, 467 *km* oberhalb Nishnij, herunter, und werfen hier unter dem Burgberge Anker.

Ich wählte ein kleines Schiff „Féodor", Kaminskij gehörig: auf solchen kleinen Dampfern findet man, so unlogisch es auch klingen mag, mehr Platz und überdies aufmerksamere Bedienung als auf den von Hunderten besetzten, eleganteren, mit elektrischem Lichte ausgestatteten „Amerikanern".

Eben solches Licht strahlte von der Budenstadt herüber, als wir uns in Bewegung setzten; die Leute auf dem Schiffe schlagen ein Kreuz, der Pope nimmt seinen Strohhut ab; die fünf rothen Thürme der Jahrmarkts-Kathedrale verschwinden in dem Dufte, der über den Zickzacklinien der Messstadt weht; blaue Boote und braune Fahrzeuge liegen links und rechts. Ein Dampfer remorquirt eine mit bespannten Frachtwägen besetzte Barke. Dann schimmern noch die weissen Masten und Radkästen der vor Anker liegenden Dampfer herüber. Nach der nächsten Drehung sind wir zwischen Bergufer rechts und Wiesenufer links, zwei Typen, die uns tagelang begleiten, mitten auf dem Strome, dessen purpurfarbene Wellen im Kielwasser sich licht aufkämmen. Durch den dünnen Abendnebel leuchtet nordöstlich Landstrich und Weidengebüsch in lebhaftem Gelb herüber. Am anderen Ufer sind Höhen mit zahlreichen Kirchdörfern.

Die Passagiere waren fast ausschliesslich Perser in schwarzem Kleide, einige trugen gelbe Seidenröcke und filzene Rundkappen, zwei Knaben gestickte Stiefel.

Die Mohamedaner breiten ihre Gebetteppiche aus, werfen sich nieder und schlagen mit dem Kopf gläubig an den Boden. Der Capitän, ein hoher Mann in braunem, langem, zottigem Mantel, schreitet auf und ab, im Gespräche mit zwei Officieren in Leinenrock und weisser Mütze. Reflexlichter zittern im Schatten der passirenden Schiffe. Spärliche Lichter, die Fahrzeichen, flackern auf. Segelbarken ruhen regungslos auf dem Wasser.

Ein Turkmene hatte eben sein Gebet beendigt, versorgte seinen Teppich und gesellte sich den Theetrinkern zu. In sanftem Grau wichen nun die Ufergelände zurück.

Das rechte Ufer zeigt die Bodenschichten in Parallelstreifen, als läge ein geologisches Profil vor uns. Genau vermag man die Lagerung des Mergelbodens, die Spuren der Abwaschungen durch die Wolga zu sehen. Der Form nach bildet hier das Ufer regelmässige Pyramiden, welche abwechselnd von Gestrüpp, von Bäumen oder Dörfern gekrönt sind. Diese Abdachungen des russischen Centralplateaus setzen sich viele Meilen weit fort, einförmig und karg in der Farbenstimmung bis zum Beginne der Kalkberge, deren Felsenpartien im Abendlicht aussehen, als wären sie mit Schnee bedeckt. Die vorhin genannten Pyramiden wechseln mit trapezoidalen Contouren ab. Entstanden sind diese Figuren des hohen Uferrandes durch die Regenwässer, welche beim Abflusse einzelne Erdstücke durchreissen. Diesem dachförmigen, von Rinnsalen durchbrochenen Uferrande liegt jenseits des Stromes Buschwerk gegenüber auf dem Vorlande der Ebene. In dieser schimmern in der Ferne blaue Wälder wie Sammtstreifen, am Wasser selbst weiden Pferde und bunte Rinder. Mennigrothe Bojen spiegeln sich in der Fluth.

Immer wieder erscheinen graue Holzdörfer.

Die Sonne ist nun längst hinab; eine graurothe, nach oben hin lederfarbene Wolkenwand steht am Horizont. In blaugrauem und bräunlichem Geäder spiegelt der Strom den Himmel wieder. Silberglanz leuchtet an der Grenze zwischen beiden. Weiss ragt der Vordermast auf.

Schwer im Ton liegen die Waldberge zur Rechten. Das linke Flachland zeigt dunkles Graugrün. Gegen den westlichen Himmel heben sich schwarz die Gruppen der Passagiere ab.

Unter Deck umstehen die Leute einen Krämer und seine geringe Waare. Stille ringsum; nichts als der schrille Ton der Glockenzeichen, das Pochen der Maschine; ab und zu ertönt dumpf und klagend das hässliche Nebelhorn — auch eine der modernen Klangfarben unserer Zeit — zum Zeichen für die entgegenkommenden Fahrzeuge durch die Nacht.

Als ich am Morgen von der Cabine auf Deck steige, sehe ich vor mir von einer Stufe her zwei reizende Füsschen, die nächste Stufe zeigt bunte Strümpfe, dann schneidet ein missgünstiger Kleidersaum die Perspective ab. Als ich oben anlange, übertreffen Leib und Kopf des allerliebsten Persönchens die auf das bisher Geschene basirten, logischen Folgerungen.

Das schöne blonde Mädchen von Samára, mit glänzenden braunen Augen und rosigen Wangen, fuhr einen halben Tag lang mit. Auf einer der kleinen Stationen lief sie über die Landungsbrücke einer Bäuerin entgegen, die mit Kind und Kegel das Fräulein erwartete. Ein Bursche in rothem Hemde belud sich mit den Hutschachteln und Köfferchen der Schönen, und als die Dampfpfeife erklang, sah ich das Mädchen seiner Sommerfrische am Bergabhange zustelzen. Ich war um eine angenehme Nachbarin ärmer und beschränkte mich fortan wieder auf das Studium der persischen Typen.

Auf einem Eilande taucht Kloster Makarjew empor und gegenüber ein zweites. Unweit davon ist das Dorf Issady mit berühmten Gärten, die sich von hier an bei den Ortschaften wiederholen. Die Holzstösse am Flussrande stammen aus den nahen, dichten Wäldern.

Wieder rücken schiefergraue Ansiedlungen, Getreideschober, Gärten bis an's Ufer heran; ein Eichenwald, eine hohe blinkende Kirche zur Rechten; am Ufer zur Linken gelber Sand und bläuliche Weiden. Der Höhenzug mit seinen wagrechten Streifen lässt den Absturz dem Ufer eines zurücktretenden Meeres gleichsehen. Nun springt sumpfiger Busch vor bis zu dem Inselchen mit den Fischerhütten.

Im Hintergrunde werden Forste und Felder sichtbar, eine Schaar von Windmühlen und glänzende, blechbeschlagene Kirchendächer.

Tscheboksarj passiren wir bei Nacht, am Morgen sind wir endlich im Hafen von Kasán. Sieben Kilometer landeinwärts vom Wolgahafen, den wir nach zwanzigstündiger Fahrt erreichten, steigt, zwischen Sumpfland, mit Kreml und Kirchen Kasán auf.

Vom lebhaften Landungsplatze führt ein hoher Damm mit einer Linie der Pferdebahn erst an Magazinen, riesigen Holzvorräthen, Casernen vorbei, dann zwischen Unland und Weiden nach Kasán hinein. Die Kasanka, die wir jetzt entlang gefahren sind. umzieht vom Norden her zuerst die Admiralitätsvorstadt und dann die eigentliche Stadt, welche, auf Hügeln thronend, zur Ebene niederblickt. Trotz ihrer Grösse (150.000 Einwohner) und Bedeutung (Universität, Akademieen), ungeachtet ihrer vielen Kirchen und zahlreichen Fabriken ist die Stadt Kasán ein récht stiller Ort. Am günstigsten präsentirt sie sich vom Damme her mit ihrer kühnen Silhouette, der festen Burg und den Thürmen auf einer der am linken Ufer so seltenen Anhöhen. Die Schlote von mehr als

hundert Fabriken — man erzeugt Juchtenleder, Stearin, Seife etc.
— rauchen um Kasán; in den Strassen aber ist es stumm im
Vergleiche zu Nishnij, und nur am Hafen herrscht Bewegung.

Vom Kreml her gelangen wir in die stattlichste der vielen,
breiten Strassen, die Wosskressenskaja, an deren Ende die Universität liegt. An der Sternwarte derselben hat J. J. v. Littrow
docirt, in Kasán ist sein Sohn Carl, der nachmalige Director der
Wiener Sternwarte, zur Welt gekommen.

In der Woskressenskaja ist auch der Gostinnij dwor und
der Bazar gelegen, dieser nicht der Rede werth, jener durch
die Nishnijer Messe entvölkert, aber durch die Terrainverschie-
denheit, Gerümpel und Schmutzwinkel nicht uninteressant. Hinter
dem Gostinnij dwor läuft der Wasserfaden Bulak von der Kasanka
herüber dem Kabanteiche mit seinen Bädern zu. Ein als invalid
ausser Dienst gesetztes Schiff wird als Vergnügungslocal benützt.
In der Nähe dieses Wasserspiegels, tief unter der Stadt, liegt die
interessanteste Partie Kasáns, das Tatarenviertel, zu dem wir
durch Marktgewühle uns den Weg bahnen. Einige hohe Minarets
stechen aus den von Anpflanzungen umgebenen Häuschen hervor.
Ausser den Bewohnern dieses Viertels bilden Russen den Grund-
stock der Bevölkerung Kasáns, während in Nishnij Vertreter der
verschiedensten Nationen bemerkbar sind: Armenier, Perser, Bocharen in bunten Röcken, Kaukasier u. s. w.

Die Tataren — dem Besucher von Petersburg und Moskau
nur als Kellner im weissen Leinenkleide geläufig — all' die Fürsten
(Knjase) Achmed, Mahmud, Abdullah, bilden die Arbeitskraft für
jede schwere Leistung in Nowgorod; in Kasán sieht man sie als
Kaufleute im Bazar, in welchem grosse Lager von Erdfrüchten, Obst,
Gemüse neben langen Reihen von Arbeitskarren aufgehäuft sind,
und im Weichbilde der Stadt als Bauern und Bienenzüchter. —

Tataren hatte ich schon genug gesehen; Tatarinnen aber nur
wenige, und diese nur flüchtig. Ich ergriff somit die günstige Gelegenheit, ein hiesiges Interieur in Augenschein zu nehmen, und zwar um
so lieber, als dieses sympathische Volk freundlich und reinlich ist.
In den Oberstock des Wohnhauses führte eine Holztreppe. Oben
liess uns die Inhaberin einer Stickschule, denn eine solche war
hier etablirt, in ein niedriges doch sauberes Zimmer eintreten,
dessen Sitzgeräthe roth ausgeschlagen waren. In Kästchen und
auf Tischen lagen die grellen Nippes, gewöhnliche Jahrmarkts-
waare, auf welche die rundliche Hausfrau nicht wenig stolz zu sein

1. Makarjew.
Bauer bei Sarkow.
2. Jambj. — 3. Häuser in der Don'schen Steppe.
Geflügelhändler.

schien. Ein Geruch wie nach starker Pomade durchwehte die gute
Stube. Als ich meinen Wunsch, eines der gestickten Mützchen zu
kaufen, kundgegeben hatte, griff die Frau an ihren Kopf und bot
ihr eigenes an. Der Kalfak der Tatarinnen ist 35 *cm* hoch und
hat circa 50 *cm* im Umfang; er hat die Form eines rund zu-
sammengenähten Sackes, und besteht aus Sammt, blau oder kirschroth, schwarz, auch rosa; die Vorderseite ist reich gestickt, entweder mit aufgenähten Perlen oder mit Goldfäden; Reichere be-
nähen Ihren Kopfschmuck mit Geldmünzen. Ausgebreitet sieht ein
solcher Beutel in der Linie sehr einfach aus; die tatarischen
Mädchen aber wissen den Kalfak, indem sie ihn an der rechts
hin in der Randstickerei freigelassenen Unterkante einknicken, so
das malerische Falten entstehen, recht „fesch" zu tragen. Die
Frau hatte prächtige Goldmünzen reihenweise auf den Kalfak auf-
genäht, forderte aber hiefür auch einen überspannten Preis, den
ich verweigerte. Sie rief nun zur Thüre hinaus, man möge andere
bringen. Eine allerliebste Tatarin kam mit ihren Arbeiten, machte aber
Miene, sich sofort zurückzuziehen. Mit Mühe hielten wir sie zurück.

Sie war von zierlicher und doch üppiger Gestalt; auf ihren Schultern sass ein rundes Köpfchen mit lang geschlitzten, schwarzen,
feurigen Augen, langen Wimpern und schön gewölbten Brauen.
Diese Racemerkmale verliehen der kleinen Mongolin einen gewissen
piquanten Reiz. Die Nase war klein und gebogen, weisse Zähne und
hübsch gezeichnete Lippen, dann zwei ebenholzschwarze Haar-
flechten erhöhten den fesselnden Eindruck. Die Fingernägel waren
rothgelb gefärbt. Im Uebrigen waren weder die Augen noch auch
die Wangen geschminkt, was sonst ein wichtiges Capitel tatarischer
Kosmetik bilden soll. Ich überzeugte mich von der Natürlichkeit
der rothen Wangen und des weissen Teints, indem ich unter dem
Vorwande, ein Stäubchen auf dem Antlitze der Schönen zu sehen, mit
meinem Taschentuche über das Gesicht der sich Sträubenden fuhr.

Ein langes, helles Hemd und eine rothseidene Jacke, beide gestickt, weite Beinkleider, dann farbige Pantoffel bildeten den Anzug.
An Schmuck trug die Kleine nur silberne Ohrgehänge und zwei Ringe.

Ein Kalfak um den anderen wurde ihr aufgesetzt, um die
Farbenwirkung von Erdbeerroth, Pariserblau und Purpur, sowie
den Faltenwurf in optima forma beurtheilen zu können. Noch
immer waren wir nicht handelseinig, da mir die Preise zu hoch
schienen, und ich auch die Besichtigung verlängern wollte. Der
Anblick meines Skizzenbuchs verscheuchte das Mädchen. In einem

Nu war sie zur Thüre hinaus und in einem der benachbarten Zimmerchen verschwunden. Ich folge, sehe mich um, entdecke aber Niemanden, bis an den Kattunvorhängen des Himmelbettes zuerst sich einige Falten bewegen und dann unterdrücktes Kichern hervordringt. Da ich nun einmal so weit war, mir in dem Hause keinen Zwang aufzuerlegen, ging ich auf mein Ziel los, schlug den gelben Vorhang zurück und fand den schelmischen Flüchtling, ausser ihr aber noch zwei ganz junge Mädchen verborgen. Alle drei mussten nun — ein Rubel wirkte Wunder — in die Putzstube zurück, dort Platz nehmen, und sich abconterfeien lassen. Während der Sitzung kam noch eine vierte Stickerin aus der nahen, ihre Dämpfe bis herein sendenden Küche herangeschlichen.

Vom Tartarenviertel in die Hügelstadt zurückgekehrt, durchstreifte ich deren Gassen.

Auf der nördlichen Seite der Hauptstrasse liegt ein kleiner Teich, der „schwarze See", von Gartenanlagen umgeben, welche die Lieblingspromenade der Kasaner bilden. Abends gab es hier Musik und Hunderte von Leuten auf dem Corso sowie im Restaurant. Eleganter ist der benachbarte Panajew-Garten mit dem Clublocale, dessen Pavillon seine Terrasse, dem guten Traktir gegenüber, bis zu dem grossen Blumenparterre vorstreckt. An der Stirnseite des Gartens liegt ein Theater. Die Première der Operettenbühne dünkte mich weit weniger interessant als die offene Halle, auf deren Estrade ein nationaler Chor sang. Hohe Bäume, Wasserbassins, Blumenbeete und elektrische Lampen schmückten den Platz vor der Halle.

An diesem Abende konnte ich auch hier die durch ganz Russland hin bestätigte Wahrnehmung machen, wie eigenthümlich das russische Publicum bei musikalischen Aufführungen sich verhält. Vollständige Stille herrscht auch in den Pausen; kaum, dass Einer dem Andern ein Paar Worte zuflüstert. Am Schlusse einer beifällig aufgenommenen Production tost frenetisches „Bravo" und Klatschen durch die Reihen.

Auf der Estrade liess sich der populäre Sänger Karageórgjewitsch mit seiner Truppe hören. Diese bestand aus einer Schaar Knaben und einem Männerquartett; letzteres trug das sogenannte Bojarencostüm, d. h. Stiefelhosen und verbrämte, vom Gürtel zusammengefasste Röcke in feurigen Farben und aus schweren Stoffen. Das Programm wurde theils vom Knabenchor, theils von der ganzen Gesellschaft vorgetragen, wobei ihr Anführer, der auch allein mehrere Lieder vortrug, tactirte. Gesungen wurden unter Anderem folgende Nummern:

Rumänische Siegerin.

Zigeunerinnen.

Tataren aus Kasan.

1. „Längs der breiten Wolga," Volkslied
2. „Grüne, grüne Weide," Tanzlied   } Chor.
3. „Dein liebes Köpfchen," (Romanze) — Karageorgjewitsch und der Chor.
4. „Ueber Sarátow hinaus," Volkslied — Chor.
5. Polka: „Protopila ja" — Chor.
6. Komischer Chor.
7. „Näh' nicht, lieb' Mütterlein, den rothen Sarafan," Chor.
8. „Gestern pflügt' ich und heute,"   } klein-russische
9. „Das Mädchen,"   } Volkslieder.   Chor.
10. Romanze — Karageorgjewitsch.
11. „Das blaue Täubchen,"   } Russische   }
12. „Weisses, rundliches Gesicht,"   } Volkslieder } Chor.
13. „Augen, himmelblaue Augen," Polka Mazurka. Chor.
14. „Es braust die Maritza" Marsch-Chor.

Die Stoffe der Volkslieder bewegen sich in dem Ideenkreise bäuerlichen Lebens, Liebens und Leidens:

„Neben dem Flusse, neben der Brücke." „Ach Du mein Feld!" „Werd' ich an den Fluss gehen?" „Wie auf unserem weiten Hof." „Beendigt ist der lange Weg." „Ach im Felde die Pappel." „Es flog eine Taube auf." „Abends spaziert' ich im Garten." „Es blühten die Blumen." „Ich ging an Heuschobern vorüber." „Tanne, meine Tanne." „Längs der gepflasterten Strasse." „Wir säeten Weizen" (Reigen). „Die Peitschenschnur verwickelt sich." „Du, meine Wolga." „Auf dem Felde eine Birke stand." „Du, meine Kuh geh' nach Haus." „Abends war ich auf der Poststation." „Ach, Du Wiesen-Ernte."

„Junge Mädchen kamen zusammen". „Nataljuschka und Mariuschka." „Beim Schätzchen, beim lieben Mädchen." „Fahren junge Bursche." „Singe nicht, meine junge Nachtigall." „Im ganzen Dorf war Kathinka." „Ritt der Kosak hinter die Donau." „Gegen den leuchtenden Sonnenschein." „Es ist nicht weit von einem Dorf zum andern." „Ach, wie nannte man den jungen Burschen."

„Was ist das für ein Herz?" „Womit hab ich Dich beleidigt?" „Du verzeihe, lebe wohl." „Du fährst fort, meine Freude.", Erzürnt ist mein lieber Freund." „Nicht der Kukuk im feuchten Moos." (Nach Büttner-Wilm).

Die Zigeunerlieder tragen unter Anderen folgende Aufschriften: „Die Sense." „Wahrsage mir, Mütterchen." „Es ist mir gleich." „Dich vergessen!" „Beeren, Erdbeeren." „Was erspähst Du auf dem Wege?" „Ich Zigeuner, flotter Bursche." „Geh' nicht fort, Geliebter." „Liebe mich." „Küsse mich." „Wer konnte so rasend lieben." „Unersätlich Deines Anblicks."

Fast alle Gesänge trugen weichen, melancholischen Charakter: einige, wie die Märsche, klangen frisch und ungekünstelt durch die Nacht.

Russland besitzt eine eigene Volksmusik, hat eine Unzahl im Volke wirklich lebender Lieder, die aber auch längs der Wolga und in Moskau von Zigeunern in Unterhaltungslocalen gesungen werden, was jedenfalls volksthümlicher ist, als wenn ganz unverständliche Chansonetten heruntergeleiert werden. Den natür·lichen in den Melodieen gelegenen Reiz der Lieder erhöhen schöne Stimmen (der Gesang in den Kirchen ist weltbekannt) und ein stark ausgeprägter Sinn für dynamische Abstufungen. Man kann sich z. B. kein zarteres Pianissimo denken.

Ich gebe im Anhange einige Volkslieder, wie man sie in Stadt und Land zu hören bekommt und zwar: ein Hochzeitslied, welches den melancholisch schwärmerischen Zug der meisten russischen, beziehungsweise slavischen Lieder theilt; dann einen „Reigen," welcher vierstimmig gesungen, in seiner traulichen Süssigkeit und Unbefangenheit gefangen nimmt; dann ein keckes Chorlied, welches durch melodiösen Reiz geradezu zum Singen herausfordert; endlich eines der berühmten Moskauer Zigeunerlieder. (Sammlung von Nicolai von Wilm.)

Wenn man sich erinnert, wie so manches thème russe in seiner volksthümlichen Knappheit Beethoven zu gedankenvollen Variationen oder zu humorvollen letzten Quartettsätzen, ja selbst noch den „späten" Beethoven in einem seiner letzten Streichquartette begeisterte, und dass seinerzeit alle Welt sang: „Schöne Minka," „Da jagt das Dreigespann," „Der rothe Sarafan": so wird man wohl zugeben, dass ein eigener tiefinnerlicher Zauber diese unverfälschten Aeusserungen der musikalischen Volksseele umschweben müsse. Die Russen theilen die musikalische Ader mit den übrigen slavischen Stämmen. Eine eigenthümliche Weichheit liegt in ihnen, welche seltsam absticht gegen die Bizarrerien einzelner Componisten (Tschaikowskij, Dargomyshskij, Naprawnik) und ihrer Schule.

Manche der herrlichsten Lieder Rubinstein's sind ganz auf Vaterlands- und Volksboden entsprossen, und Rubinstein, dem überhaupt das Impulsive des Liedes so ganz unübertrefflich gelingt, hat auch einige Volkslieder genial, wie er es ist, in classische Musik verzaubert und das eigenthümliche Colorit — halb slavisch, halb orientalisch — meisterhaft getroffen. Man halte gegen „Es wehen die Winde," „Sehnsucht", diese so natürlich und tief empfundenen Lieder, Tschaikowskij's gesuchtes „Nur wer die Sehnsucht kennt"! Da ist mir noch der alte Glinka mit seinen etwas pedantischen Strophenliedern lieber.

Von Liedercomponisten sind noch zu nennen: Warlamow, Gurilew, Lwow, Titow, Ossipow, Machotin, Dargomyshskij, Pashalow, die Tarnowskaja, Kotschubéj u. A.

Doch sie alle überragt der Titane Rubinstein, in dessen Geist und namentlich in dessen Spiel sich die sarmatische Urkraft wunderbar spiegelt. Brausende, strotzende Kraft und fast kindlich rührende — echt russische — Weichheit neben einander.

Die Gegensätze welche das moderne Russland social und politisch birgt, spiegeln sich auch in dessen moderner Musik: das Excentrische, Ungebundene und Regellose, man möchte sagen Nihilistische.

Eine neue Blüthe der Musik ist nur wieder von der Rückkehr zum Gesundbrunnen der im Volke seit Jahrhunderten schlummernden Melodieen zu erwarten.

Die Russen lieben die Musik über Alles. In Samarkand erzählte man mir: ein auf den Tod verwundeter Officier liess sich Musiker kommen, um fern von der Heimat unter ihren Klängen sein Leben auszuhauchen.

Zu allen Zeiten begegnen wir dem sehnsüchtigen Wunsche, in der schmerzlichen Todesstunde Trost in Tönen zu finden, bei Saitenklang und Lied die irdische Hülle abzustreifen, die befreite Seele, von süssen Melodieen getragen, vom Sterbebette weg himmelwärts zu senden, empor zu ihrem Schöpfer hin.

Sokrates, der Meister des Alcibiades, der Weiseste aller Griechen, räth diesem Lebenskünstler sterbend den Schwänen nachzuahmen, die mit süssem Gesang ihr Leben enden: providentes, quid in morte boni sit, cum cantu et voluptate moriuntur.

Brantôme berichtet über den Tod des Fräuleins v. Limeul, einer der Töchter der Königin: als ihre letzte Stunde herangekommen war, beschied die Prinzessin ihren Edelknecht Julian, einen trefflichen Geiger, zu sich und sprach: Nimm Dein Saitenspiel, Julian! und lass' den „Trauersang der Schweizer" von Deiner Meisterhand erklingen, bis dass ich sterbe; und wenn Du zu der

Stelle kommst, Nun ist's vorbei!", dann leg' alle Wehmuth in die Saiten und spiel' sie immer wieder."

Wie's hernach durch's Gemach ertönte „Nun ist's vorbei!" sprach die Prinzessin die Worte nach, wandte sich ab, flüsterte noch einmal „Nun ist's vorbei" und verschied.

Desyveteaux, der philosophische Epicuräer und Idyllen-Dichter hatte am Abend seines Lebens eine arme Strassensängerin, die schöne Dupuis, welche er ohnmächtig und halb verhungert an seiner Thüre aufgelesen, zu sich in sein reiches Haus genommen. Auf grünem Rasen ruhend — erzählt Ninon de Lenclos — hörte er eifrig hin auf den Gesang und das Harfenspiel der schönen Schäferin. Von den Tönen angelockt, flogen die Vöglein aus ihrer Volière herzu, strichen mit ihren Flügeln über die Saiten der Harfe und liessen sich endlich auf dem schneeigen Busen der Dupuis nieder, um deren Knie sich bebänderte, weisse Lämmer drängten. In solcher Umgebung und unter den Klängen seiner Lieblings-Sarabande gab Desyveteaux den Geist auf.

Kurz vor seinem Tode lies sich Mozart sein Requiem vorsingen.

Die letzten Lebensstunden Chopin's versüsste auf seinen Wunsch die Gräfin Delphine Potocka durch den Vortrag von Stradella's Hymne an die Jungfrau.

An den Ufern der Donau singt der Volksmund:

> Wann I amal stirb, stirb, stirb,
> Müass'n mi Steyrer trag'n
> Und dann d' Zithern schlag'n.

Dichterischen Ausdruck verleiht der nationalen Liebe zur Musik im Tode Turgénjew:

> Ereilt der Tod mich, lieber Freund,
> Sei folgendes mein Testament: ...
> Im Nebenzimmer stelle auf
> Den Chor der Musikanten ...
> Und lauschend mit geschwächtem Ohr
> Der Saiten halbverhülltem Ton ...
> Gehe ein ich zu der andern Welt,
> Gewiegel von den leichten Klängen
> Der leichten Freuden dieser Welt.

Stromabwärts geht es nun — immer längs dem Absturz des etwa 100 Klafter hohen Centralplateaus zur Rechten, zur Linken Wiesen und Niederungen — nach Süden dem Grenzgebiete der Schwarzerde zu, mit lohnenden Ackerbaudistricten und günstigeren klimatischen Verhältnissen.

Fahrzeug an Fahrzeug begegnet dem Dampfer, Barken mit Bauernwägen besetzt, Waarenschiffe, Schlepper und Segelboote mit Fischern.

Mehr als 20.000 Schiffe aller Art (darunter circa 500 Dampfer) verführen auf der Wolga jährlich Waaren von etwa 200 Millionen Gulden Werth. Die Wasserstrassen Russlands haben auch nach dem Ausbaue der Eisenbahnstrecken ihre Bedeutung nicht eingebüsst: sie bilden vielmehr die unentbehrlichen Zuleitungswege zu den letzteren und sind für die Verschiffung grober Waare durch ihre billige Fracht werthvoll. Das Canalsystem Russlands findet seit den Zeiten Peter des Grossen andauernd Erweiterung; erst in jüngster Zeit ist z. B. der Durchstich der Landenge von Perekop in Angriff genommen worden, der, einen Canal von 111 Werst bildend, nördlich von der Krim die Emporien des Azow'schen Meeres mit Odessa in nähere Verbindung zu bringen bestimmt ist. Ein Canal zwischen dem Kaspischen und dem Schwarzen Meere ist gleichfalls in Aussicht genommen.

Auf dem III. Binnenschifffahrtscongresse in Frankfurt a. M. 1888 exponirte die kaiserlich russische Oberverwaltung der Chausséen und Binnenschifffahrtswege eine Uebersichtskarte:

A. Natürliche Schifffahrtswege.

Die Ausdehnung der im natürlichen Zustande schiff- und flossbaren Wasserwege in Russland beträgt über 90.700 *km*, davon im europäischen Russland ungefähr 47.000 *km*.

B. Künstliche Schifffahrtsstrassen.

Im Jahre 1887 gab es im Ressort des Ministeriums der Verkehrsanstalten auf den künstlichen Wasserstrassen Canäle und canalisirte Flüsse in folgender Ausdehnung:

in dem Marien-Systeme		675·73	*km*
„ „ Tichwin'schen Systeme		241·94	„
„ „ Wyschne-Wolotzk'schen Systeme		49·88	„
„ „ Canal-Systeme des Herzogs von Württemberg		52·54	„
„ „ Beresin'schen Systeme		168·58	„
„ „ Ogiaskij'schen Systeme		343·57	„
„ „ Dnjepr-Bug'schen Systeme		259·81	„
„ „ Augustow'schen (Weichsel-Memel) Systeme		102·43	„
der canalisirte Fluss Tesa (ein Zufluss der Kliäsma)		89·62	„
Im Ganzen .		1984·10	*km*

Ausserdem wurden vom Ministerium der Verkehrs-Anstalten Arbeiten zur Herstellung des neuen Ob-Jenissei-Systems ausgeführt, welche sich im Jahre 1887 auf 96 km erstreckten.

Die Länge der gesammten Eisenbahnen Russlands beträgt 7076 km, davon 4792 in Regie der Krone. Durchschnittlicher Ertrag brutto pro Kilometer 211.806 fl.

Etwa zehn Meilen (74 km) unter Kasán bei Bogorodskoje mündet die Kamá in die Wolga. Ihre Wässer tragen die Schiffe hinauf nach Perm, der Durchgangsstation nach Sibirien. Wir folgen dem durch den Zufluss erweiterten Hauptstrome, welcher dem freien Auge den Anblick eines Aestuars bietet. An manchen Punkten der folgenden Fahrt glaubt man in einen See hinauszusehen, selbst durch's Glas zeigen sich die Ufer als unmerkliche Streifchen. Jetzt liegt Wasser und Land in welchem Silbergrau vor uns; dann erscheint grüner Laubwald, drehen sich auf der Höhe die Flügel der Mühlen im Winde. Die Mergelschichten sind nun der Kreide gewichen, welche bei Tetjuschi 150 m hohe Berge bilden. Die seeartig ausgebuchtete Wolga mit den Büschen am Uferland mahnt in gewissen Stimmungen an die Landschaften des Nil, hinter deren Reichthum aber an Kunstbauten und Colorit die Wolgagegenden freilich weit zurückstehen. Orangefarbene Holzschiffe mit lateinischen Segeln schwimmen träge hinter uns, sie führen das Holz heran, welches hier auf den Ufern für die Dampfer aufgestapelt wird. Unser Schiff (ich hatte in Kasán ein anderes bestiegen) gibt mit einer weissen Fahne dem stromaufwärts pfauchenden Dampfer Zeichen für die Fahrt.

Die Ruinen von Bolgari, dem Sitz eines bulgarischen Stammes im 10. Jahrhundert, sind vorbeigezogen, und wir gelangen nun nach Ssimbirsk, einer reichen Stadt modernen Gepräges. Mit ihren Kirchen, Gärten, Stein- und Holzbauten liegt die Stadt malerisch hoch über der Wolga. Auf der Weiterfahrt erreichen wir den berühmten Bogen von Samára, das fruchtbarste Stück Landes an der Wolga. Die Samarskaja luka, ausgezeichnet durch ihre herrlichen Wiesen und ihren höchst ergiebigen Boden, ist ein kaiserliches Geschenk Katharina's an Orlów. Der ganze Landstrich Innerhalb dieses Bogens ist annäherungsweise 1750 ☐ km gross. Malerische Berge, Höhlen und Felsentheater gestalten das Ufer.

Auf der Höhe der Shigulew'schen Berge erscheint Ussolje, das Landschloss des Grafen Orlów-Dawidow. Berühmt sind die feinwolligen Negretti-Heerden dieses Besitzers. Die Entwickelung der

Merino-Schafzucht begann zu Anfang des laufenden Jahrhunderts durch Zuweisung von Ländereien an ausländische Importeure, welche mit Hilfe der staatlichen Subventionen Stammschäfereien begründet hatten. Die Feinwollzucht wurde vor etwa 25 Jahren durch die moderne Tuchindustrie, die Nachfrage nach Kammwolle zurückgedrängt. Dazu traten noch andere ungünstige Umstände, so die Concurrenz der billigen Colonialwolle, die Aufhebung der Leibeigenschaft, die Ausdehnung des Feldbaues. Im Ganzen bestehen für Merinos 98 Stammschäfereien, ausserdem nach G. Blau Zuchten folgender Racen: Southdown, Oxforddown, Lincoln, Leicester, Walachische (Woloch); von Kreuzungen Electoral-Leicester, Southdown-Románow; von inländischen: Románow'sche, Beschetilow und Sokolk (schwarz und schwarzgrau), Malytsch, Zigaja, kaukasische Bergschafe (langwollig). Ausser diesen Racen züchtet man russische Landschafe mit folgenden Hauptrichtungen:

1. Gemeine russische mit dem fruchtbaren und edelwolligen Typus Románow-Schafe.

2. Woloch-Race (auch tscherkessische).

3. Steppenschafe, kirgisische, auch kalmükische, krim'sche und jene der Manytsch-Rinne.

4. Fettschwanz- und Fettsteiss-Schafe.

1861 hatte Russland (das Königreich Polen ausgenommen)
11,756.000 feinwollige, 30,623.000 Landschafe
1880 „ „ 8,500.000 „ 35,512.000 „

Die Durchschnittspreise für Schafe schwanken zwischen 3 fl. (gemeine) und 190 fl. (Merino). Hochedle Zuchtböcke haben selbstverständlich Ausnahmspreise.

Der Preis der Wolle bewegt sich zwischen 27 fl. und 152 fl. (letztere schon gewaschen). Ausfuhr an Wolle 1886 = 383.000 q im durchschnittlichen Werthe von 67 fl. pro 1 q. Der bedeutendste Wollmarkt ist Charkow.

Ein steiler schmutziger Weg führt zu den Kirchen und Markthallen des stauberfüllten Samára mit ansehnlicher Industrie und zahlreichen Weizenlagern.

Samára, im östlichen Unterwinkel des Bogens gelegen, ein lebhafter Handelsplatz mit etwa 80.000 Einwohnern, ist namentlich für Getreide, Holz, Talg, Häute ein hervorragender Markt. Im ganzen Gouvernement sind etwa 600 Fabriken (Talg, Branntwein u. s. w.) — 1882 raubten Wölfe im Kreise Samára 1386

Schafe, 36 Pferde und 370 Füllen. Das Schussgeld für einen Wolf ist von der Landschaft mit 3 R. fixirt. Pferdediebe raubten im selben Jahre 430 Pferde im Werth von 21.500 R. Der Mangel an festen Stallungen begünstigt den Einbruch der Wölfe.

Die Ernte 1888, in Gesammt-Russland eine günstige, überstieg in Samára das Mittel.

Die Taglöhne sanken, ja es kam vor, dass die Schnitter nur gegen die Kost arbeiteten. Im Gegensatze zu dem Ueberflusse an Erntekräften an der Wolga stehen Taglöhne von 6 bis 10 fl. im Süden Russlands, wo auch Frauen sich zum Mähen bereit fanden, und wohin z. B. aus der Gegend von Woronesh 60.000 Bauern als Schnitter wanderten. Zwei Drittel der bäuerlichen Bevölkerung des Gouvernements sind Russen. Sonst finden wir hier noch Baschkiren, Tataren, Deutsche u. s. f.

Im Gouvernement Samára kommt auf je 40 □ km ein Dorf; in den weniger bevölkerten Kreisen finden wir die grössten Dörfer, so in einem Kreise Dörfer mit 1400 Einwohnern.

Eine Specialität der Stadt sind die Kumys-Anstalten. Ein Pavillon mit dem säuerlichen, milden Tranke stand nächst dem Hafen, von dem ein steiler Pfad zu der unansehnlichen, unsauberen Stadt emporführt.

Im Gouvernement Samára werden vorwiegend zwei Arten von Sommerweizen — im Osten herrscht überhaupt Sommerfrucht vor — gebaut: Bjeloturka, auf Neubruch in der Steppe, und Saksonka. Gesäet werden von ersterer 62 bis 130 kg per 1 ha, von letzterer 100 bis 150 kg. Die niedrigeren Zahlen beziehen sich auf Gutsländereien.

Salz, welches ja auch in der Landwirthschaft eine so wichtige Rolle spielt, wird in Russland als Steinsalz (sechs Lager, das grösste bei Orenburg) aus Soolen und Quellen, dann in Binnenseen gewonnen. Des Reichthums an Salz ungeachtet wird solches doch auch importirt. Der grösste der Salzseen ist der Eltonsee an der Wolga (Kr. Zarizin) 225 □ km gross, seine Ausbeute circa 1.000,000 q. Die alljährlich neu angesetzte Salzschichte beträgt etwa das Sechsfache der Ausbringung.

Im Gouvernement Astrachan finden wir gegen 2000 Salzseen und Steppen.

Samára ist ein Kreuzungspunkt der Orenburger Eisenbahn. 74 km westlich von Samára auf der Wolga gerechnet — die Bahnstrecke zwischen den beiden Orten beträgt 121 km — gelangen wir bei Sysran zu der grossen Bahnbrücke. 1485 m lang, überschreitet sie in 12 Bogen den Strom. Sie ist der Länge nach in Russland die erste, in Europa (die Taybrücke = 3286 *m*, die Forth-brücke = 1607 *m*, beide in England) die dritte, in der ganzen Welt die sechste Eisenbrücke.

Die Brücke über den Oxus ist länger als die Taybrücke, aber aus Holz. Bei der Sysraner Brücke, die 24 *m* hoch über dem mittleren Wasserspiegel liegt, sind 86,000*q* Eisen verwendet worden. Jeder Träger ist 6400*q* schwer. 1877 bis 1880 gebaut, hat sie 530.000 fl. gekostet. Die Wolga, hier normal 1500 *m* breit, fluthet im Frühjahre weit in's Land hinaus und erreicht dann auch 16*km* Breite.

Zur Rechten erscheinen, sobald wir die Brücke unterfahren haben, Petroleum-Dépôts, den Gebrüdern Nobel gehörig, wie die weithin sichtbaren Aufschriften zeigen. Ins Land hinein erstrecken sich vortreffliche Weiden und reiche Feldfluren. Bunte Rinder-heerden, Schafe und Pferde grasen an den Abhängen der durch ihren Weizen berühmten Districte. Reiche Dörfer, mitten darin immer die hohe Kirche mit dem kupfergrünen Dache, ziehen sich am Gestade bis Wolsk, der Gemüse- und Gartenstadt, und Baronsk, der grossen, blühenden Ackerbaucolonie, seit 120 Jahren von fleissigen deutschen Ansiedlern bewohnt, ein lebendes Denkmal germanischer Emsigkeit. An beiden Stationen wird Weizen und Tabak in grossen Mengen zu Schiffe gebracht. Immer wieder sind uns bislang Dampfer um Dampfer begegnet, das Nebelhorn unserer „Maria" tönt alle Viertelstunden, dann eilt der Mann mit der weissen Fahne oder mit der farbigen Laterne aus dem Steuerhäuschen und winkt dem anderen Schiffe Fahrzeichen zu.

Landschaftlich bietet der Strom wenig Bemerkenswerthes. Die meisten Ansiedlungen sind von russischen Sectirern be-gründet und bewirthschaftet.

Der Dampfer war spärlich besetzt. Aber das Glück wollte mir wohl, denn in der ersten Kajüte waren einige internationale Menschen und von Stockrussen nur angenehme Repräsentanten. Ein deutscher Colonist mit französischem Namen, Fabrikant von Baumwollgeweben zu Sarepta (diese werden Sarpinki genannt), schloss sich mir an der Landungsstelle von Wolsk an, führte mich und einen Dragoner-Junker in ein hochgelegenes Traktir unter-halb der gartenreichen Handelsstadt (36.000 Einwohner) und setzte uns als Einheimischer ein Glas Thee vor. Unser Gespräch hatte zwei verschiedene Ziele: der Colonist suchte meine Ansicht über verwickelte religiöse Fragen festzustellen, ich erkundigte mich nach den landläufigen Getreidepreisen, nach dem Leben und Treiben an der Wolga. Der Junker schwieg und trank.

Auf's Schiff zurückgekehrt, fand ich den Salon mit einem Zuwachs an Passagieren bedacht: einem Herrn und zwei Damen. Kaum waren die letzteren mit dem Thee fertig, so verschwanden sie unter Deck. Der Ankömmling aber fiel mit irgend einer Frage mitten in das Gespräch ein, das ich mit einem wirklich vornehmen und feingebildeten Paare, Prinz und Prinzessin N. Eristow führte.

Porter im Thoret'schen Lager zu   Sänger in Kasan.   Colonist an der Wolga.
Nishnij-Nowgorod.

Diese Beiden, von Wien über Stockholm nach Tiflis heimkehrend, hatten ebenfalls die Wolga-Route gewählt, ein sehr angenehmer Zufall für mich, der in der Conversation mit dem so liebenswürdigen Ehepaar auf der eintönigen Wolga Zerstreuung und Anregung fand.

Bald blieb ich allein mit dem General; denn ein sogenannter Civilgeneral, d. h. ein Würdenträger dieser Rangstufe war der neu Angekommene, der auch nach westlicher Sitte ein Ordensbändchen im Knopfloch seines Cheviot-Anzuges trug.

„Ihren Andrássy kenne ich von Paris" plauderte er nach flüchtiger Vorstellung.

„Was macht er? Prächtiger Mensch! Alle Grössen von Paris gehen bei mir ein und aus. Sie müssen wissen, dass ich den Winter dort zubringe und Haus mache, eines der allerersten. Im Sommer gehe ich auf meine Herrschaften, um Inspirationen zu holen. Sie müssen wissen, ich bin Compositeur. Hören Sie!" Er sprang auf, blieb vor dem Pianino stehen und öffnete es.

„Nun?" (den Kopf nach mir gewendet) „Errathen Sie nicht?" Meinerseits Pause.

Er (halbverstimmt): „Na, das ist doch klar? Es drückt die Heumahd aus."

Ich: „Hm! Nun ja — allerdings."

Er (immer noch am Instrument): „Das ist eine Sommernacht auf der Wolga."

Er setzte sich wieder an den Tisch. „Ich erwarte meinen Inspector. Sie müssen wissen, ich habe grosse Herrschaften dahinten, landeinwärts. Das Zeug trägt wenig, ist mehr ein Voluptuar. Sie sollten einmal meine Schlösser sehen, meine Gärten, meine Glashäuser! Es kostet Alles sehr viel; dazu das Pariser Leben. Heutzutage muss man reich sein. Da kommt immer mein Inspector — ich besitze hier etwa 60.000 Dessjatinen — und sagt mir: Excellenz — ich bin Excellenz — Excellenz nur 100.000 Rubel Ertrag. 4 Rubel pro Dessjatine betragen die Erntekosten, und was bekomme ich heute für den Weizen? Das Land hier ist billig, 50 Rubel die Dessjatine. Ich beschäftige mich viel mit Landwirthschaft in Paris. Ich bin, wenn Sie wollen, der Vertreter der russischen Landwirthschaft in Frankreich. Wir Grandseigneurs müssen ja solche Ehrenpflichten übernehmen."

Ich: „Sie vertreten also Russland nicht officiell in Paris?"

Er: „Officiell? Nicht die Spur! Ich mache Reisen im Lande, ich besuche die Ausstellungen, ich wohne den Versammlungen bei, den Congressen . . . ."

Ich: „Und sprechen Sie dort?"

Er: „Was fällt Ihnen ein! Unsere Regierung sieht es nicht gerne, wenn Leute meiner Stellung, ein Grandseigneur wie ich, im Auslande Reden halten. Aber ich schreibe. Ich berichte unserem Domänenminister. Sie kennen ihn? Nein? Das ist schade. Sehr fähiger Mann, mein intimster Freund."

Inzwischen hatte Prinzessin Eristow wieder an dem Tische Platz genommen.

Der „General" bat mich, ihn vorzustellen. Das Gespräch wendete sich auf meine Bereisung der transkaspischen Bahn.

Er: „Nach Transkaspien wollen Sie? Aber, mein Bester, Sie werden nie wieder zurückkehren. Die Brücken stehen nur auf dem Papier, oder sie sind morsch. Jede Stunde gibt's eine neue Entgleisung. Dazu diese Räuber von Turkmenen, der Sonnenstich, Fieber, Durst! Sie werden nie ankommen." (Mit erhobener Stimme:) „Von hundert Personen die nach Samarkand reisen wollen, kehren 50 Personen gleich im Anfange um, weil man sie nicht einlässt, die übrigen 50 Procent gehen zugrunde und können daher auch nichts erzählen. Der gute Annenkow ist mein intimer Freund, tapferer Mann und braver General, ein vortrefflicher Ingenieur, aber seine Transkaspische existirt nur auf dem Papier. Sie glauben mir nicht? Sie beharren darauf, nach Samarkand zu fahren? Nun, dann sehe ich, Madame, wie dieser arme junge Mann ein Grabmal bekommt in Samarkand, rechts von ihm Tamerlan, links Annenkow. — Ah! da ist mein Inspector! — Also vergessen Sie nicht, besuchen Sie mich und — — übrigens wir sehen uns in Sarátow. Gute Nacht!"

Im Dunkeln passirten wir Baronsk, 1764 von Baron Beauregard gegründet, die letzte in der Reihe der betriebsamen deutschen Colonieen vor Sarátow.

Sarátow ist von einem Halbkreise fast kahler Hügel umgeben, deren tatarischer Name „Gelbe Berge" der grossen Wolgastadt selbst beigelegt wurde. (Der Falkenberg ist 185 m hoch.) Gärten umschlingen die Stadt; man cultivirt Maulbeerbäume, Gemüse, Tabak und handelt vorzugsweise mit Talg, Wolle, Weizen (4,800.000 q) Mehl (1,600.000 q). Binnen zehn Jahren ist die terassenförmig ansteigende Stadt mit ihren breiten Strassen und hübschen Häusern von 80.000 auf 130.000 Einwohner gestiegen, wozu namentlich der Ausbau der Eisenbahn beigetragen hat. Sarátow bildet den Mittelpunkt für mehr als hundert der Wolga entlang liegende deutsche Colonieen, darunter auch die Herrnhutergemeinde Sarepta mit den trefflichen Fettweiden an der Sarpa (unterhalb Zarizyn).

Am anderen Ufer — die Wolga ist hier 4·8 km breit — liegt die Ortschaft Pokrówskaja gewissermassen die Vorstadt Sarátow's.

Die öffentlichen Gebäude, die Kathedrale, das grosse Theater sind recht stattlich.

Das interessanteste Bauwerk Sarátow's ist das Museum Bogoljúbow, der Stolitschnaja, dem guten Gasthofe gegenüber, in

dessen hohen Räumen ich vortreffliche Unterkunft fand. Bogoljubow, der bekannte Marinemaler, hat seine reichen Sammlungen,
Antiquitäten, Bilder u. s. w. der Stadt zum Geschenke gemacht,
und diese denselben ein würdiges Heim erbaut. Ausgezeichnet ist
die Collection von Originalskizzen fast aller berühmten Maler der
letzten Jahrzehnte, Tauschobjecte mit dem Intimen Reize von
Atelierstücken, von Bogoljubow gegen Hingabe seiner eigenen,
hübschen Bildchen in Paris, Deutschland, Petersburg erworben.

Eine Fülle von Gegenständen, Briefe, Bücher, Büsten, stammt
aus dem Besitze Turgénjew's und bildet eine merkwürdige Gruppe
von Erinnerungen aus dem Privatleben und an die schriftstel-
lerische Thätigkeit des grossen Dichters.

Im Hôtel traf ich meinen General wieder, amüsant wie am
Vorabend durch sein Geschwätz. Ohne mich nochmals zu einem
Besuche aufzufordern, fuhr er ab. Seine Schlösser also, seine
Gärten, seine Glashäuser sah ich nicht.

Abends war es recht still in Sarátow. Keine Theatervor-
stellung, weder Concert noch sonstige öffentliche Vergnügungen.
„Es ist Samstag" bedeutete mir achselzuckend der Schweizer im
Hôtel. Gelangweilt ging ich, um doch wenigstens unter anderen
Leuten, als den mir dem Aussehen nach schon bekannten Insassen
der Stolitschnaja zu sitzen, hinüber in die Tatarskaja. In diesem
Restaurant fand ich eine befreundete Seele, einen deutschredenden
Kaufmann aus Odessa, den ich auf dem Dampfer kennen gelernt.
Wie wir so plauderten, that sich die Thüre auf, und eine freund-
liche, alte Frau kam herein, wieder eine Bekanntschaft von dem
Wolgaschiffe her. Dort war sie stundenlang häkelnd in der Ca-
bine gesessen, bescheiden gekleidet und anspruchslos in ihrem
Auftreten, ihr Hündchen neben sich. Heute Abend war sie nicht
allein. Mit ihr kamen eine junge Dame und ein uniformirter Stu-
dent gegangen. Wir wurden von diesen Ankömmlingen herzlich
eingeladen, mit ihnen zu speisen: „Der Student ist mein Stief-
bruder" stellte die alte Frau vor, „und dies ist meine Tochter.
Sie können mit ihr französisch sprechen, sie war im Pensionat."
Rasch wurden wir zu einer gemüthlichen Tafelrunde; die alte
Frau bewirthete uns, liess einen schönen Sterljet und französischen
Champagner auftragen.

Die junge Dame, welcher ich fortwährend den Titel „Fräulein"
beilegte, entpuppte sich später als Frau. Sie war erst sechzehn
Jahre alt, hübsch und nach der neuesten Mode gekleidet, aber

mit Schmuck überladen. An jedem ihrer Finger fast staken ein Paar kostbare Ringe.

„In Moskau ist es sehr lustig im Winter; keine Nacht ohne Ball oder sonstige Unterhaltung", erzählte sie, „ich sehe meinen Mann fast nie. Vor Früh komme ich nicht heim, dann lege ich mich schlafen. Am Vormittag hat er in seinem Bureau zu thun, Abends geht er in den Club. Ich fahre jetzt nach Moskau zurück, nachdem ich einige Wochen bei meinem Vater in Astrachan zugebracht. Nun reist Mama zum Vater, und hier haben wir uns ein Rendezvous gegeben."

Der Kaufmann berichtete mir später, die Familie sei schwer reich; der Vater, ein vielfacher Millionär, lebe das Jahr über in Astrachan, mit seinem ausgedehnten Fischhandel beschäftigt; die Tochter habe einen kleinen Beamten geheiratet, besitze in Moskau ein geradezu fürstliches Haus in russischem Styl, ein Gespann 12.000 Rubel im Werth, Wintergarten, Schmuck, Toiletten. Jeder Wunsch werde dem einzigen Kinde erfüllt, während die Eltern bei ihrer einfachen, altgewohnten Lebensweise blieben.

Am nächsten Tage fuhr ich zum Bahnhofe.

Auch hier wieder einmal eine Bücherverkäuferin, die ruhig neben ihrem Kasten eine Cigarette nach der anderen raucht. Wie auf jedem Bahnhofe hebt sich im Vorsaal und Wartezimmer ein Ikóna (Heiligenbild) von der Wand ab.

In Sarátow war ein förmlicher Altar in einer Ecke aufgebaut. Die Bilder, in Goldrahmen und bunt verziert, zeigen starre, byzantinische Zeichnung. Sammelbüchsen hängen daneben. Hohe Wachskerzen stehen davor. Ein Gitter umfängt das Ganze.

Jeder macht im Vorbeigehen allemal eine Kniebeugung oder schlägt ein Kreuz — Träger, Beamte, Soldaten, alle üben diese Zeichen der Verehrung aus.

Dieses Ikóna darf nirgends fehlen: im Traktir und im Gasthause ebensowenig als im Salon und in der Bauernstube, weder auf dem Bahnhofe noch im — Café chantant; kurz überall befindet sich das Heiligenbild. Denn die Russen sind fromme Leute. Frömmer scheinen mir aber doch jene Völker, welche heilige Symbole nur an würdigen Orten anbringen und verehren.

Ueber Religion wird hier fast nie gesprochen; ich bin hier in einem Lande, in dem ebensowenig wie einst in Spanien über die Inquisition und den König, von der heiligen Synode und dem Zaren ungestraft gesprochen werden darf.

Alles Andere wird mit grosser Freiheit behandelt; politische Gespräche sind überaus beliebt, und es kam wiederholt vor, dass, mir ganz fremde Nachbarn meine Ansichten über diese und jene schwierige Frage einzuholen versuchten, natürlich ohne Erfolg, da es nicht leicht ist, die blossen Causeurs von den zahlreichen geheimen Agenten zu unterscheiden. Grosse Summen kostet alljährlich die Ueberwachung der Fremden, und es möge sich nur Niemand einbilden, dass er unbeobachtet bleibe, oder gar Orte und Dinge von militärischer Wichtigkeit u. dgl. auskundschaften könne, ohne die grösste Vorsicht, falsche Papiere, Verkleidung u. s. w. anzuwenden.

Marktbude.   Opferstock.   Heiligenbilder im Bahnhofe.
Saratow.

Tritt der Reisende offen auf, und documentirt er durch sein Verhalten Gleichgiltigkeit gegen Forts, Casernen, militärische Details u. dgl., dann macht sich die Ueberwachung kaum fühlbar.

Fremde Officiere und andere gut empfohlene Personen erhalten in Süd- und Centralrussland in der zuvorkommendsten Weise russische Officiere als Begleiter zugetheilt, welche auf den Reiseplan geschickt Einfluss nehmen und den Touristen eben nur das sehen lassen, was besehen werden darf. — Der Besuch von Grenzfestungen im Kaukasus z. B. wird in solchen Fällen immer wieder verschoben, bis der Tag des Abschieds herangekommen ist.

Für die Präcision der russichen Polizei nur zwei kleine Proben: Der Gesandtschaftscaplan einer europäischen Macht wünschte von Constantinopel über Tiflis nach Teheran zu reisen, was der Vertreter Russlands verwehrt. Der Geistliche verschafft sich ein Visum bei einem kleinen Consularamt und dampft einem Hafen des Schwarzen Meeres zu. Dort weist man ihn ab, ebenso in allen anderen Einbruchstationen nach Russland, so dass der Betreffende sich gezwungen sieht, via Suez nach Persien zu reisen. — Zwei fremde Officiere, von einer hohen Amtsperson auf's freundlichste empfangen, erzählen dieser nach Tisch ihre bisherige Route. Endlich steht die Excellenz auf, holt ein Papier und liest den Erstaunten Punkt für Punkt vor, was sie bis zur Stunde ihres Erscheinens an der Tafel auf russischem Boden gemacht, wen sie besucht, wo sie gewohnt haben u. s. w.

Am heissen Nachmittag geht es zuerst 37 Werst per Bahn (Tambower Strecke) in 1 Stunde 38 Minuten nach Marjunowka, dann mit einem elenden Gefährte durch übel gehaltene, mit Korn bestellte Bauernfelder ohne Rain, ohne Grenzweg — Kronländereien — und Hutweiden über morsche Brücken sausend nach Nikolaisk. Die Gegend mahnt in den Linien an die Hanna, der Boden aber ist pulveriger Humus, Ausläufer der Schwarzerdegebiete, die 2000 km lang vom Dniepr zur Wolga streichen. Die Staffage ist in wenigen Strichen wiedergegeben: elende Dörfer, zwei lange Reihen Holzhäuser das Strohdach mit Aesten belegt, ein Paar Weiden davor, hinten Krautäcker an dem Bächlein; eine Gruppe Strohschober; Erntewägen, Hafer einbringend.

In Nikolaisk selbst, dem Sitze der landwirthschaftlichen Schule Mariinsk, wieder dasselbe Bild: ein breiter, staubiger Raum zwischen den Hütten, deren Hofräume mageres Vieh, schlechte Ställe, Schmutz, Gerümpel zeigen. Mitten im Ort eine stattliche Kuppelkirche, mit grünem Kupfer gedeckt, von Raben umkreist, links davon das einstöckige hübsche Haus des Schuldirectors Smirnow; rechts die zweistöckige Schule mit Garten, Sammlungen und Wohnräumen für etwa 100 Schüler. Vom 14. bis zum 24. Jahre zugelassen, zahlen die Nichtstipendisten 150 R. p. a. Ein Semester der 6 Jahrgänge muss unbedingt beim praktischen Curse in der Ferme (Meierhof) 3 Werst von da, zugebracht werden.

Nach kurzem Aufenthalt in Mariinsk fuhr ich zur Ferme. Der „Amtmann", Herr Sladkow, wies mir seinen Gehilfen als Führer an zum Rundgange in dem freundlichen, sauberen Wirthschaftshofe,

zu dem 800 Dessjatinen (1 Dj. = 1·09 *ha*) Grund und Boden gehören.
Davon sind 300 unter dem Pflug. 150 Dj. Wiesen, 60 Dj. künstlich
bewässert; diese werden von dem Wasser des Idugabaches und dem
von Gehölz umrahmten, gespannten Teich getränkt. Der Rest ist
Weide. Abgegrenzte, unkrautfreie, regelmässige Breiten; die
Versuchsfelder (Hanf, Tabak, Runkeln, Mais etc.) mit Täfelchen
besteckt. 3 Paar Ochsen ziehen den englischen Pflug mit Mühe
in dem harten, eben zum erstenmal umgebrochenen Boden.
Manchmal bedarf es auch deren 5 Paare.

An Vieh ist vorhanden:

30 Milchkühe, 3 Stiere, circa 40 Stück Jungvieh (Simmenthaler,
Freiburger, Ostfriesen).

Ein Satz Berkshire (schwarz), 2 Poland-Chinaschweine.

Ein starker hellbrauner Original-Clydesdale-hengst (4 jährig),
2 finische Hengste, 2 Hengste der Bitugrace (einer schwarzbraun
in der Form der Carrossiers, der andere ein 13j. Schimmel, leichter,
lang mit Hechtkopf, hohem Widerrist, abfallender Croupe). 15 Stuten
Woronesher und Bituger Race, für die Feldarbeit bestimmt.

Schafe: Karakulos aus Centralasien kommend, und Fettstelsse
Woloschski von Astrachan; die Schwänze der ersteren unten ver-
breitert, jene der anderen oben breit, unten spitz zulaufend. Dann
Oxfordshiredowns.

Fütterung: (im Winter) Runkeln, ensilirter Mais, Spreu, Heu
Stroh für die Kühe. Das Jungvieh erhält Oel- und Hanfkuchen.

Die Melkung ergibt: 1999 Stof (= 2458 *l*) im Durchschnitt;
bei den Simmenthalern 1865 bis 2214 *l*: einzelne Ostfriesen geben
bis 3700 *l*.

Die Milch wird zu Backsteinkäse (zu 60 kr. das Kilogramm),
dann zu feiner Theebutter verarbeitet, welche im Winter bis
1 fl. 20 kr. pro Kilogramm in Sarátow holt.

Gebaut wird: Korn, Weizen (Jirka, Krasnokaloska-Bjéloturka,
transwolgaischer), Hirse, Hafer (für die Pferde). Man erntet per
Dessjatine: 8—13 *q* Weizen, 13 *q* Hafer, 16—24 *q* Roggen. Gedüngt
wird nur animalisch. Saatroggen wird an die Bauern ·für 6 kr.
pro Kilogramm verkauft.

Um das Amtsgebäude, mit meteorologischer und Versuchs-
Station, liegen: die Molkerei (nach Swartz' System betrieben), die
Stallungen, ein Eiskeller, ein zierliches Waaghäuschen im „russkij
Styl" aus Holz, Schüttkästen, weiter Scheunen, die Ziegelei, eine
Schrotmühle mit Göpel und Futterdämpfer und die Maschinenhalle.

Eine grosse Auswahl von Ackergeräthen aller Art liegt hier: Eckert's 4-schaarige Pflüge, imitirte Sack'sche, Pflüge von Ransomes, Mähmaschinen (Triumph, Johnston), Heu- und Getreiderechen, Schollenbrecher, 2 amerikanische Ringelwalzen u. s. f. Die M'Cormick'sche Getreidebindemaschine ist, bei dem diesjährigen Mäherlohn, ausser Betrieb. Der Draht kömmt auf fl. 1·03 pro Kilogramm zu stehen. Taglohn im Durchschnitt 50 Kop. (62 kr.).

Um die Dreschmaschine mit 3pferdiger Locomobile von H. Lanz-Mannheim sind eben die Schüler beflissen; der erdroschene Hafer wird dann auf die 2 Putzmaschinen gebracht.

Unweit von Mariinsk liegt Ribuschka, ein 30.000 Dj. grosses Gut des Fürsten Kotschubéj, welches einen Dampfpflug besitzt. Der Vertrieb von Maschinen von Sarátow und anderen Städten aus ist ein sehr starker. Betreiben doch die Grossgrundbesitzer oder vielmehr, da sie doch stets in Nizza, Paris oder Petersburg sind, deren Inspectoren die Wirthschaft „amerikanisch", indess der Bauer seinen alten Pflug behält und trotz Wanderlehrer (à 3000 bis 6000 Rubel Gehalt) und Ackerbauschulen wie Kasán, Mariinsk, Gurguriskaja im Gouvernement Mohilew u. s. w. nichts lernt. Es fehlt also auch hier wieder die Vermittlung der Extreme. Die Schule und Ferme von Mariinsk besteht wohl an 40 Jahre lang; trotzdem ist an der bäuerlichen Umgebung kein Fortschritt zu bemerken. Die Schüler selbst aber lernen wohl eine Menge meist für intensive Cultur bestimmter Geräthe und Methoden kennen; denn die Regierung sucht ihre Hauptaufgabe darin, die exotischesten Viehstämme, den Verhältnissen freilich gar nicht angepasste Maschinen u. s. w. auf die Fermen zu bringen. Das vermag jedoch nicht die Bauern, weder die Väter noch die Söhne, vorwärts zu bringen. Es wäre vielleicht erspriesslicher, die heimischen Racen zu veredeln, die jetzt in Centralrussland landläufigen Ackergeräthe durch bessere zu ersetzen, der Bevölkerung überhaupt vorerst die Grundprincipien einer guten Bodenwirthschaft beizubringen.

Wie die Dinge jetzt liegen, wirkt auf der einen Seite die Gewohnheit mit der ganzen Macht des Trägheitsmomentes, indess andererseits die Eitelkeit eine zu grosse Rolle spielt, auf den „Musterwirthschaften" das Neueste, die im Auslande bewährtesten, hierlands aber gar nicht passenden Racen — die in ihrer Nachzucht bei dem Mangel an Futterbau und bei der schlechten Pflege bald degeneriren und verkommen — moderne Geräthe u. dgl. vertreten zu sehen.

Die wenigen ihre Wirthschaft selbst führenden Grossgrundbesitzer und die aus Deutschland oder den Ostseeprovinzen
stammenden, fachlich gebildeten Inspectoren erzielen befriedigende
Resultate. Herr v. Apeltschejew, auf Nikolskoje Petrowsk (Gouvernement Samára) angesessen, Eigenthümer grosser Schäfereien,
bebaut einen Theil seiner ausgedehnten Güter mit Weizen, der
ihm pro 1000 Dj. 90000 R. Brutto und, da die Kosten nur 28.000 R.
betragen, ansehnlichen Reingewinn gibt. Er erntete im Jahre 1688
15·80 q Weizen pro Hektar. Die Erntekosten — früher höher — betrugen 4 Rubel pro Dj. Land. Der Preis von Grund und Boden
beträgt im Grossen und Ganzen in dem genannten Districte 45·50 R.
pro Dj.

Bekannt gute Wirthschaften sind ausser der oben citirten
noch: Schichani (Graf Schuwálow gehörig), Karluwka bei
Poltáwa, die grossfürstlichen Güter, Schebekinskoje bei Kursk
(Graf Rehbinder), die Güter des Baron Baer bei Tambów, die
Graf Orlów'schen, die fürstlich Meschtscherskij'schen, Lotárl
bei Grjasi (Fürst Wjäsemskij), die Milchwirthschaften des Generals
Schwarz und solche in Finland u. s. w.

Allgemach war es Zeit geworden nach Sarátow zurückzukehren. Der betrunkene Kutscher fuhr „über Stock und Stein"
(bildlich gesprochen; denn keines von beiden ist in dieser Erde
zu finden — das Pflaster der Stadt Sarátow gehört zu deren
grösstem Luxus) nach der einsamen Station zurück; der elende
Karren ohne Federn, mit Stroh ausgestopft, von den zwei ge-
peitschten Mähren gezogen, deren eine unter der Duga (Deichsel-
bogen) trabt, indess der Falb am Sattel auswärts galopirt, fährt
durch eine wenig anmuthende Fläche dahin, die nur ab und zu
eine Bodenerhebung oder ein Rinnsal unterbricht. Langgestreckte
Rauchwolken ziehen die Lehnen entlang, die Stengel von Sonnenblumen werden hier auf dem Felde verbrannt, um zu Pottasche
(9·5 kr. pro Kilogramm) aufgearbeitet zu werden.

Sarátow mit grossartigen Dampfmühlen am Ufergelände (den
Herren Reinecke und Schwarz gehörig), indess Windmühlen im
Halbkreise hinter der amphitheatralisch von kahlen Anhöhen um-
gebenen Stadt ihre Flügel schwingen, ist ein Hauptmarktort für
landwirthschaftliche Erzeugnisse aller Art als: Weizen und Tabak,
Talg und Leinsaat, dann für Fische, Mehl u. s. w. Die behäbige
Stadt zeigt breite Strassen und zierliche Wohnhäuser bis zum
Heu- und Strohmarkt hin, der mit seinen auf Riesengalgen hän-

genden Waagen knapp an der Eisenbahnstation in einem Staub-
meere liegt. Der Bahnhof liegt — nicht nur das Reisen, auch
schon die Zufahrt zu den Bahnen ist in Russland ein grosses
Geduldspiel — weit ab von der Stadt, fast am Fusse der jetzt
durch Wolkenschatten gefärbten Hügel. Meiner Gewohnheit gemäss schlenderte ich am nächsten Tage über den aus hölzernen
Buden bestehenden Markt in der Stadt, fragend und notirend:
Der Liter Milch — von Kirgisenkühen — kostet 1·5 kr. ö. W.,
Heu pro 100 *kg* 2·20 fl., mageres Steppenvieh pro Stück 15·30 Rubel,
fettes 60·65 Rubel, Fleisch 11·6 bis 30 kr. das Kilogramm, 100 Eier
fl. 1·50, Kornmehl 4·2 das Kilogramm. Steinobst, Arbusen (Arbuse =
Wassermelone), Trauben, Tomaten füllen die Läden, lange Zwiebel-
ketten garniren die Strebepfeiler. Wachs, Seife, Würste, Brot,
Gemüse aller Art werden neben Eisen-, Blech- und Trödelwaare
und allerliebsten Körben aus weissgrünen Weidenruthen feilgeboten.

Ein einsamer Opferstock, Gaben für blinde Kinder heischend,
bunte Thee-Kiosks, eine bestäubte, eifrig regsame Gruppe von
Aufladern ziehen die Aufmerksamkeit auf sich. Schon ist die
höhere Temperatur hier auch äusserlich gekennzeichnet durch
die Leinwanddecken, welche die Pferde im Tarantass und Karren
einhüllen, als ging's zum Turnier.

Die Pferde kommen vornehmlich aus der Steppe am linken
Wolgaufer, von den Märkten von Nowo Usénsk und Chanski Stawka;
jener wird im Herbst (20. Sept.), dieser im Mai abgehalten; dann
stehen, 15 Werst entlang, 100.000 Thiere zum Verkaufe (ein Pferd
kostet circa 48 R., besonders beliebt sind die Sawráss, Isabellen
mit schwarzem Rückenstreifen und Füssen) dort in der Steppe,
die nur eine, jetzt mit Ochsen betriebene Sackbahn von Wladi-
kowa nach Baskunschak für den Transport von Salz besitzt.
Ein Lamm mag man dort für 75 Kop. erstehen, für Geringes
auch einen Kurdshuk, das Steppenschaf, mit gelber Hundewolle
und den bis 16 *kg* schweren Fettpolstern. Gazellen und Kameele
stellen sich dem Viehkäufer alltäglich dar bei seiner Fahrt durch
die von Kirgisenkibitken besäete Fläche, die charakterisirt ist
durch die flockigen, milchweissen Blüthenbüsche des Kawill, eines
weithin zu Makartbouquets versendeten Steppengrases.

Dies und Anderes über die Steppe wusste mir Herr Moriz
Th. Rolland zu berichten, den sein Amt als Inspector der Güter
des Grafen Peter Schuwálow häufig auf das linke Wolgaufer
führt, wo ein Theil des Gütercomplexes, das Steppengut Petrówo

liegt, indess das Hauptgut Schichani nächst der Gartenstadt Wolsk gelegen ist.

Der ganze Complex ist circa 60.000 Dj. gross (davon sind 23.000 Dj. für 90.000 R. in Arrende, Pacht, gegeben) und ist, da er auch auf das so eigenartige linke Ufer hinübergreift, hier in Petrówo der Steppenwirthschaft, in Schichani aber intensiverer Cultur unterworfen.

Eine Skizze dieses Wirthschaftsbetriebes dürfte manchen Leser interessiren.

I. Petrówo umfasst 10.000 Dj., davon sind 4000 Brachfeld. Die Fruchtfolge beruht auf 20jährigem Umtriebe, und zwar:

Im ersten Jahre wird die Steppe gepflügt, darauf folgt türkischer Weizen (Mais), dann Saksonka Weizen, Brache, Roggen (alles ungedüngt), hierauf 16 Jahre Steppe.

Ausser Schafen, Kameelen, Rindern besitzt der Utschastok (Gut) Petrówo 120 Pferde, und zwar Kirgisen gekreuzt mit Percherons.

II. Schichani. Die Fruchtfolge ist hier: 1. Brache (gedüngt) 2. Roggen (Champagner, Propsteier, finischer, gegen Winterfrost hart). 3. Sommerweizen, Saksonka (ged. künstlich mit Superphosphat). 4. Brache. 5. Winterweizen. 6, 7. Klee und Grasmischung. Ferner baut man dort: Hirse, Victoriaerbse, Sonnenblumen, Kartoffel, gewöhnliche Turnips, Hafer (Berwick- und Schwerthafer, viel Stroh, aber leicht im Korn), Gerste (Chevalier, 6zeilige Landgerste [feine Braugerste v. d. Wolga], livländische). Die Sonnenblume wird in Reihen gesäet (Reihenabstand 8 Werschok = 35·5 cm) gehackt, gejätet, geschnitten, mit dem Flegel gedroschen (Maschinendrusch hat sich nicht bewährt), geschält, geröstet und gepresst. Gebaut wird die Saratower Sorte.

Düngung: pro Hektar 200 Fuder (à 3·3 q) Stalldünger, 1·64 q Superphosphat per ökonomische Dessjatine*) und zwar nur zu Weizen. In jedem Jahre wird ¼—¹⁄₁₀ der Fläche gedüngt. Der Dünger aus den Höfen der Bauern muss von diesen, die ihn doch nie benützen, aus „sanitären Rücksichten" vor die Ortschaft gebracht werden. Der Gutsbesitzer lässt ihn entweder durch die eigenen Gespanne oder für 5 Kop. pro Fuhre durch die Bauern auf's Feld bringen.

---

*) 1 Krons-Dessjatine = 2200 ☐ Faden = 1·09 ha; 1 ökonomische Dj. = 3200 ☐ Faden = 1·45 ha; 1 Kosaken-Dj. (Sotnik = 10.000 ☐ Faden = 4·5 ha.

Ernteergebnisse: Weizen 13—19·6 q, Hafer und Roggen 16 q, Gerste 11·5—13 q, Sonnenblume im Durchschnitt 12·3 q pro Hektar (8·2—16·4 q). Von 16 q Sonnenblumen erhält man 3·6—3·9 q Oel.

Producirt werden circa 57.000 q Getreide.

Gedroschen wird Tag und Nacht mit 4 Dreschmaschinen (Ruston & Proctor, und Clayton); 12pferdige Locomobile.

Eine herrschaftliche Walzmühle mit Wasserkraft von der Tereschka (200—300 Pferdekräfte) vermahlt das Getreide. Das Mehl erster Sorte geht nach Dorpat, die zweite Sorte nach Astrachan, die dritte wird in loco verkauft.

Das Stroh liegt in grossen Feimen, die von je 300—400, wohl auch von 1000 Dj. zusammengesetzt werden. Die Haufen sind bis 25 m hoch, 21 m breit, 84 m lang und werden durch einen einfachen Elevator aufgesetzt. Ein hoher Balken trägt über einer Rolle das 85—100 m lange, 3·7 cm starke Seil, das nach linkshin zu einem niedrigen Rollbalken abfällt und von da aus durch 2 Ochsen gezogen wird. An der hiervon abgewendeten Seite des grossen Balkens bewegt so das Seil an seinem Ende ein Schleifnetz, welches das Stroh bergauf gegen den hohen Balken zu schleppt. Ein Pferd zieht, nachdem (3—6) Leute das Netz entladen haben, dieses wieder zurück, der etwa 40 Faden (1 Faden = 2·1 m) weit stehenden Maschine entgegen. Die Ablader egalisiren, vertheilen das Stroh, das an dem Balken hinauf sich erhebt, indess der der Maschine zunächst liegende Theil der Triste flach verläuft. 2 Jungen treiben die Zugthiere an.

An Pflügen werden verwendet: eiserne Howard, anglo-bulgarische (langschaarig), 3schaarige Sack'sche, zweischaarige amerikanische. Mit den Howard's pflügen 3 Pferde p. d. 1 ha, mit Sack'schen ³⁄₄ ha.

Die Steppe bei Schichani wird für Weizen 4—5 Werschok (17·7—22·2 cm) tief gepflügt. Der Besitz hat im Samara'schen District tiefe Krume, Lehmuntergrund, um Schichani selbst ist die Schwarzerde 36 cm tief, im Untergrund ist wenig Lehm, dagegen Kalk, Kreide, Thon.

Taglohn: 15 Kop. (Weiber), bis 50 Kop. Die Arbeiter erhalten auch wohl vom 1. April bis 1. October 50 R. Lohn und die Kost. Auch Soldaten dreschen für Kost und 10 R. pro Monat. Accordlöhne: Schnitter für die ökonomische Dessjatine 4 Rubel. Für das gleiche Ausmass wird den Ochsenknechten gezahlt beim Ackern a) mit einschaarigen Pflügen 2·30 R.; b) mit zweischaarigen

1.50 R. *c*) mit 3—4schaarig 1.15 R. Die Pferdeknechte haben etwas niedrigere Sätze.

An Vieh ist vorhanden:

22.000 St. Rambouillet- und Negretti-Schafe; sie scheeren i. D. 1·23 *kg*. Der Ertrag pro Schaf Im Jahre beträgt rein 1 R. 50 K.

Pferde: Im Ganzen 500.

Kameele zu Fuhren; die Thiere thun gute Arbeit, verlieren jedoch viel Zeit, Indem sie lange ruhen müssen, ehe sie Futter aufnehmen.

Die 600 Zugochsen sind theils Kirgisen, theils Kalmüken.

Schweine: 2000 St. Berkshire (Originaleber).

Rinderpest und Milzbrand treten häufig auf.

Fütterung I. Schafe: im Winter 0·8 *kg* Heu, Stroh.

II. Pferde: Weide und 8·2 *kg* Hafer, im Winter 8—10 *kg* Heu, 8 *kg* Hafer Stroh.

III. Ochsen: Weidegang in der Steppe das ganze Jahr über; im Winter, wenn sie arbeiten 8 *kg* Heu, dann Stroh und Spreu.

IV. Schweine: Träber (1 *q* = 55 kr. ö. W) gedämpfte Kartoffel im Winter, sonst Weide.

Der grösste Theil des Viehes bleibt das ganze Jahr über im Freien, da es nur zur Winterszeit zum Füttern und über Nacht in offene Höfe eingetrieben wird. In Schichani bestehen für die Schweine Futtergrände aus Cement. Die Pferdestallungen sind zweistöckig, da sie zugleich als Getreidespeicher verwendet werden. Im Stalle selbst ist Lehmboden, die Stände sind aus Eichenpfosten hergestellt. Das Dach der Ställe besteht aus gewebten Strohmatten. Diese sind ⁵⁄₄ Arschin (88·9 *cm*) breit, 1 Arschin (71·1 *cm*) dick, mit 3 Bindfäden durchzogen, mit Lehm getränkt und werden horizontal wie Falzziegel übereinander gelegt. Sie sind durch Holzpflöcke verbunden und In den unteren Ecken mit Lehm verstrichen. Darüber kommt ein Ueberguss von Cement (40% Lehm, 40% Kalk, 20% Sand) 8 *mm* hoch, mit einem Brei von Ziegelhäcksel überstreut. Der ☐ Faden (4·41 ☐ *m*) kommt auf 40 Kop. Diese Dächer erweisen sich praktisch und preiswerth. Eisen rostet, Ziegel sind schwer, Stroh ist feuergefährlich.

Beim Schlosse sind 3000 Dj. Eichenwald; der Umtrieb ist 70 Jahre für Eichen, 80 für Fichten — die Anpflanzung von Nadelholz wird von den Kronforsten aus empfohlen! —, 40 für Espen und Linden; ausserdem finden wir Ahorn, Birke zu Mühlbrettern, etc.

Es wird auch Lindenbast (jährlich 16,9 das $kg=5\cdot3$ kr. ö. W.) zu Matten, Säcken (Kulki), Taschen in Verkauf gebracht. 8 bis 10 Wochen lang muss die Lindenborke weichen; dann wird sie geschält, getrocknet, in Streifen geschnitten, gewebt u. s. w. Die Kosten beziffern sich auf 1·8 kr. pro Kilogramm. Die Dj. Wald trägt 5·7 Rubel pro Jahr.

Die Wege zu den 6 Höfen (ein Hofverwalter bezieht 1800 R. Gehalt und Deputat) haben Birken- uud Kirschenalleen. Beim Schlossgut sind 30 Dj. Obstgärten. (Jährlich werden 1000 Stück Obstbäume ausgesetzt.) Hier ist auch die Stampfe für Knochendünger, die mechanische Werkstätte, die Haferquetsche, endlich das wenige Melkvieh. Zum Gute gehört auch Fischfang in der Wolga; ein jüngst gefangener Hausen (Beljuga) 341 kg schwer lieferte 114·8 kg Caviar. Die Kalkgewinnuug ist in Pacht gegeben. Das Gut gibt den Stein frei gegen 5% des fertigen Kalkes.

An Meliorationen sind zu nennen: die Anlage eines Decauville-Geleises, 16 Werst zur Wolga (Fuhrlohn beträgt z. B. in Samára für 160 km 0·9 bis 1·3 kr. pro Kilogramm Getreide) und die Erbohrung eines artesischen Brunnens, 294 m tief für die Tränke und Bewässerungszwecke. — — —

Von Sarátow wählte ich zur Weiterfahrt einen der grossen elektrisch beleuchteten Dampfer von Sewecke. Fahrplanmässig begab ich mich mit meinem Gepäck um 9 Uhr zur Landungsstelle. Von dem Schiffe war noch keine Spur. Lachend vertrösteten mich die Träger, achselzuckend der Cassier auf den nächsten Morgen. Die zwölfstündige Verspätung des Dampfers schien diesen Leuten ein guter Spass und durchaus nichts Aussergewöhnliches.

An Bord fand ich Herrn Rolland wieder, den ich im Comptoir der Maschinenfirma Ert kennen gelernt hatte und dem ich manchen Nachweis, viele angenehme Stunden und den Besuch der Steppe verdanke, sowie Herrn Worms einen Gutsbesitzer aus der Umgebung.

Stromabwärts sahen wir abgeholzte Hänge, gelben Sand der nun auch auf dem rechten Ufer erscheint mit veilchenblauen Streifen am Uferrande; dann verbrannte röthliche Höhen, ganz fern ein Fleckchen Wald. Colonistendörfer mit dem charakteristischeu Kirchthurme folgen; dann graue Häuser, wie Felsblöcke übereinanderliegend, ein Haufen aschfarbener Würfel, als wäre es ein todter Ort, aus dem das weisse Kirchlein blinkt; auf dem Tafelberge dahinter Windmühlen. — Die Mühlenindustrie haben die Deutschen längs der Wolga eingebürgert. — Ins Land hinein ziehen sich braune, bläuliche und schwarzgraue Töne, am Uferrande zeigen sich immer aufs Neue Weidengestrüpp, Barken und Geflügel, das hier fast ohne Werth, weil reichlich; dann erheben sich am Ufer gegitterte, gestreifte, im Sonnenbrande leuchtende Erdwände, dürr und öde, wie in der glühenden Provence. Auf dem Plateau eilen Trappen umher, oft 100 in einem Volke und fliegen Rebhühner, von denen Herr Worms erst neulich 150 an einem Tage in Netzen gefangen hat.

Die Wolga erreicht weiterhin wohl 4 *km* Breite, in der Nähe der senkrecht abstürzenden, von Wasserläufen zerrissenen, schluchtenreichen von Sagen umwobenen Klippen des rechten Ufers. In Kamyschin, (s. Abbildung S. 107) einer Colonistenstadt mit etwa 13.000 Einwohnern, gingen wir ans Land, suchten einen hier ansässigen russischen Arzt Dr. Lomanóssow auf, übernachteten in dem von einem Deutschen sonderbaren Dialectes gehaltenen Wirthshause und waren in aller Gottesfrühe zur Fahrt in die Steppe bereit. Bei Kamyschin, der Arbusenstadt, dem Hauptstapelplatze des Salzes aus dem Eltonsee jenseits der Wolga, beginnt der unvollendet gebliebene Canal, der Don und Wolga nach Peter des Grossen Plänen verbinden sollte, bis die, heute wohl durch Schleusen zu bewältigende, Niveaudifferenz der beiden Flüsse: 14·7 *m* dem Werke Einhalt gebot; längs dieses Torso geht es nun landeinwärts gegen Westen durch die Steppe, nachdem wir das Uferland mit den in das Laubgrün der Niederung eingebetteten Dörfern und Mühlen die Colonistendistricte mit ihren grossen Schobern verlassen haben.

Das Ziel unserer Fahrt war das Gut Orecha; von dort aus wollten wir Dudotschni, den Besitz Herrn Sherebzows, besuchen.

Nun breitet sie sich vor uns aus die vielbesungene, im Frühlingsschmuck der Steppenkräuter blumige, bunte, jetzt einfärbig braungelbe, dort, wo der Pollin (Wermuth) Inseln bildet, grünlich schimmernde Fläche, das Gebiet der Don'schen Kosaken. Ein Nichts um uns; fünf Meilen weit kein Haus, kein Strauch, kein Stein, kein Mensch! Die Troïka rasselt über den dürren, scholligen Boden, eintönig klingelt das Geläute am Krummholze des Mittelpferdes. So geht es fort und fort. Eine Wolke Staare nimmt den Flug seitab über die Weizenstoppel. Dann wieder Braun und Grau ringsum und blauer, heisser Himmel über uns.·

Auf halbem Wege, im Kosakendorf — wo Jung und Alt die Soldatenmütze trägt, wo ärmliche Häuschen mit Strohdach, Behausungen mit zierlich geschnitzten Emporen, Treppendach und buntbemalten Fensterläden in langen Reihen sich in einer Erdfalte verbergen, wo Gemüsegärtchen, Ziehbrunnen und Strohfeime rundum liegen — werden die Pferde gewechselt, und dann abermals querfeldein, bis endlich nach 85 Werst (90·69 *km*) Orecha erreicht ist, der vorgeschobene Haupthof des gleichnamigen Schuwálowschen Gutscomplexes an der die Steppe durchschneidenden Medweditza (Bärenbach) gelegen. Wunderliche, aus Reisig und Lehm zurechtgemachte Brücken, für unser Dreigespann schier zu enge, führen hinab durch Schluchten in das Wasserthal der Medweditza mit schäumendem Mühlbach, frischem Baumgrün, Sandbänken, Knüppeldämmen und Röhricht. Von Orecha aus gegen Nordwest streicht ein Höhenzug mit kärglichem Wald und trefflichem Unterschlupf für die Wölfe. Dort hinein erstreckt sich die Wirthschaft. Im Frühjahre, wenn die Schneewässer tosen, oder im rauhen Winter, wenn eisiger Wind über die wüste Fläche fegt, ist Orecha, 100 Werst von der nächsten Eisenbahn entfernt, ganz verlassen. Dann ist es fürwahr ein Wagestück, über die verwehten Erdspalten hinüber, durch angeschwollene Furten hindurch, von räuberischem Gethier und beutegierigen Steppensöhnen bedroht, gegen die auch jetzt zur Nachtzeit die Feuerwaffe bereitliegen muss, zu den Schienen der Strecke zu gelangen. Weit liegen die Höfe des Besitzes von einander, und von Orecha selbst 9 bis 10 *km* weit von diesem ist der nächste Hof, getrennt durch üblen Weg.

Orecha ist ein Verbannungsort fast für so gebildete Leute, wie Herrn und Frau v. Kügelgen; aber gerade solche Persönlichkeiten wissen sich zu begnügen, mit Arbeit und Lecture die Einsamkeit zu versüssen.

23.000 Dj. gross ist der Besitz, den Herr Robert v. Kügelgen, ein Riga’er,* hier eifrig verwaltet. $\frac{1}{3}$ ist unter dem Pfluge, 8000 Dj. sind Tschernosem (Schwarzerde) und Sandstein. Von der Ackerfläche werden $\frac{3}{4}$ mit Weizen, $\frac{1}{4}$ mit Roggen bestellt. 5 bis 6 Jahre säet man: Getreide und zwar nach Rotation I: Weizen, Weizen, Weizen, Roggen, Hafer, oder wieder Roggen,

---

* Die Familie v. Kügelgen stammt aus Deutschland; ihr gehören an: Gerhard v. K., der berühmte Maler, bekannt durch seine Beziehungen zu Goethe, Wilhelm v. K., der Verfasser von „Jugenderinnerungen eines alten Mannes". Ein Bruder Robert's v. K. ist der Herausgeber des „Petersburger Herold".

wohl auch Hirse; nach Rotation II: alljährlich Weizen, dann einmal Roggen oder Hafer, auf die Getreideschläge folgt der Weidegang, die Benützung der Steppe als Grasland. Von Weizenarten, baut man: 1. Sedouska, südlich vom Don stammend, mit grauen Grannen, 2. russischen Land-Weizen. Die Aussaat beträgt bei Weizen 82 bis 100 *kg*, bei Roggen 100 *kg* pro *ha*. Verkauft wird an Ort und Stelle den hiesigen Mühlen. Weizen und Roggen geben etwa 9 *q* pro Hektar.

16.000 Rambouillet- und Negretti-Schafe, 700 Rinder (450 Arbeitsochsen, der Rest Jungvieh), Kalmücken und zum Theile Simmenthalerblut, dann 300 Pferde, 40 Kameele bilden den Stapel.

Die Schafe scheeren 3·5 bis 4 *kg* (73 kr. per Kilogramm).

Im Gebrauche sind hier der Steppenpflug und die Breitsäemaschine. — Taglohn: 40 Kopeken bis 1.50 R. (im Schnitt). Man zahlt pro Sotnik (4 Dj.) für Pflügen 5 Rubel, für Säen und Eggen 2·50 R.; für Abernten 0·5 bis 1 Kop., Dreschen 0·4 Kop. pro Kilogramm gegen Stellung des gereinigten Korns auf die Ambarre, die Getreidescheune, für Heuführen 1 Rubel pro Stock (= 300 Pud = 49 *q*). Die russischen Masse, überall verschieden, erschweren dem Reisenden die Uebersicht ungemein. Beim Dreschen wird vom Gut nur die Maschine, dann das Brenn- und Schmiermateriale gegeben. Zum Reinigen des Getreides verwendet man eine einfache deutsche Putzmaschine. Schädlinge sind besonders die Zieselmäuse.

Von Orecha, dem gastfreundlichen, neugebauten Gehöfte ging es wieder mehr als 74 *km* ohne Pferdewechsel oder Aufenthalt durch die Steppe nach der bemerkenswerthen Bewässerungsanlage zu Dudotschni-Utschastok. Ich lernte auf der Fahrt das Haus des Kleinrussen an dem Schornsteine aus umflochtenen, mit Lehm verkleisterten Aesten unterscheiden von den netten Häuschen der deutschen Colonisten und den weitläufigen, in Mulden liegenden Stanitzen (Stanitza = Kosakencolonie), in denen je ein Unterofficier die Recruten ein halbes Jahr lang für den Dienst drillt. (s. Abbildung S. 113.) 40 Dj. ist das jedem Kosaken eingeräumte Feldmass. Flechtzäune umgeben den von weissen, an den Beinen gefiederten Hühnern umkreisten Getreideschober jedes Inwohners und den Dreschplatz, auf dem, wie im Orient, Pferde, manchmal auch mit einer geriffelten Walze, die Garben austreten. Arbusenfelder, grüne Flächen mit gelben Flecken darin; Stoppeläcker, auf die der Bauer — zuweilen 3 bis 4 Jahre hintereinander, ohne zu pflügen — „trocken" säet; leblose Striche Landes, grösser als manche Graf-

schaft, ziehen an uns vorüber. Dann erscheint hellrothes Landvieh;
ein Regenpfeifer links am Wege. Lange Zeit zeigten sich wieder
nur Steppe und Sturzäcker mit Murmelthierhügeln besäet. Ab und
zu taucht jetzt ein höherer Aufwurf empor; es sind Kurgane,
Kirgisengräber aus alten Zeiten; eines davon, Antonowka, etwa
8 m hoch, 30 m im Durchmesser, bildet ein Wahrzeichen für den
rastlos peitschenden Kutscher. Abermals weithin sanft welliges
Ackerland; da überfahren wir einen frisch aufgeworfenen Erddamm
und gleich darauf, d. h. mit dem „Krug" (Umweg), einem scherz-
weise den Kosaken imputirten Längenmasse, gerechnet, nach 5 km-
erblicken wir Laubkronen, Gebäude, einen glänzenden Silberstreif
wir sind in Dudotschni angekommen.

Alex. Michailowitsch Sherebzow, der Sohn eines durch eigene
Thatkraft zu grossem Vermögen gelangten Mannes, der an eigenem
Besitz und Pachtländereien — durch den Viehtrieb, der grossen,
von Süd nach Nord wandernden, auf diese Grasländereien angewiesenen Heerden einträglich — über etwa 800.000 Dj. verfügt, hat
auf dem ihm zugewiesenen väterlichen Gute Dudotschni, 19.000 Dj.
gross, in vollkommen wasserloser Steppe gelegen, mit Verständniss
und Energie eine Anlage geschaffen, deren Bedeutung für die
gesammte Steppenwirthschaft Russlands nicht unterschätzt werden
darf. Sherebzow hat gezeigt, dass bei entsprechender Gestaltung
des Bodens und dem Klima angepasster Culturart die Bewässerung
der Steppe möglich und rentabel ist.

Einsam auf dem nun heranblühenden Hofe lebend, hat
Sherebzow die Frucht seiner Kenntnisse und Erfahrungen auf
technischem wie landwirthschaftlichem Gebiete gedeihlicher Entwicklung zugeführt. Zehn Jahre seines Lebens sind in Studien und
Versuchen diesem ruhigen, bescheidenen „Diogenes der Steppe",
verflogen, welcher, des zu Gebote stehenden Goldes, der Genüsse
der grossen Welt nicht achtend, ohne Nachbarn auf viele Meilen hin,
Tag für Tag, nur einem Ziele lebte: seiner Idee und ihrer Gestaltung.
Sein System beruht auf der Ansammlung sämmtlicher atmosphärischen Niederschläge auf dem ihm eigenthümlichen Grunde
vermittelst sogenannter „Himmelteiche", in welche jeder Tropfen
Regenwasser, alle Schneewässer, die Feuchtigkeitsmengen des
Wintereises durch sorgfältig längs der Feldergrenzen angelegte
Dämme geleitet werden, um, dergestalt aufgespeichert, vermittelst
peinlich nivellirter Canäle, Zweigleitungen, Gräben, Wasserfurchen
den Feldfrüchten zur Zeit der Trockenheit angemessene Quantitäten

befeuchtender Flüssigkeit zuführen zu können. Befeuchtend nur, (mangels Abwaschung von Erdtheilchen, wie eine solche etwa ein fliessendes, lange Strecken durcheilendes Gewässer bewirken würde); nicht aber befruchtend im engeren Sinne ist ja die in den Teichen zurückgehaltene Quantität Wasser.

Eine Hauptbedingung für die erfolgreiche Anwendung dieses Systemes ist das Vorhandensein einer unter der Ackerkrume liegenden undurchlässigen Schicht.

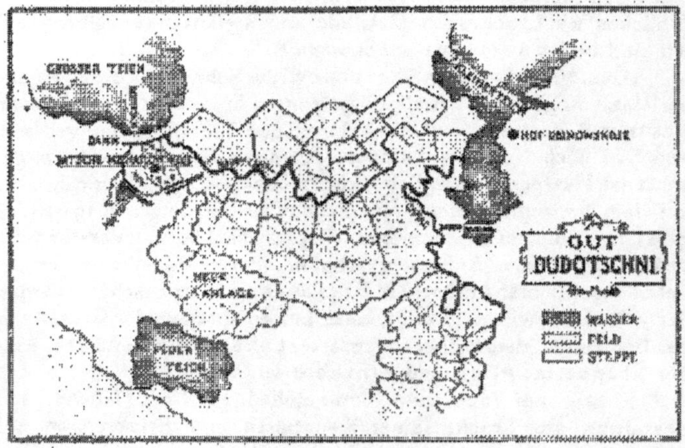

Es bestehen in Dudotschni gegenwärtig zwei Teiche: der erste 70 Dj. gross, mit einem Fassungsraume für 27 Millionen Cubikmeter $= m^3$ Wasser; der zweite, 43 Dj. gross, für 26 Millionen Cubikmeter Wasser. 3850 m^3 sind jährlich für die Djessatine gerechnet, davon geht durch Verdunstung etwa ein Fünftel verloren, von dem Reste werden 1455 m^3 im Frühling, 2425 m^3 im Herbst benützt.

Teich I*) hat einen 735 m langen Damm, Wasserhöhe = 9·1 m. Teich II**) hat einen 210 m langen Damm. Wasserhöhe = 13·3 m. Aus den Teichen führen Rohre, 30 cm im Lichten, nach oben gebogen und bis auf 40 cm sich erweiternd — durch Bleideckel

*) Auf dem Plane als „Grosser Teich" bezeichnet.
**) Bei Osinowskoje.

völlig verschliessbar — das Wasser durch den Damm nach dem
Magistralcanal (Hauptcanal), aus dem dann die Vertheilung erfolgt.
2 kleine Ueberfälle dienen 3 kleineren Wasserflächen beim Hofe,
Hause und bei der Mühle. Ein drittes grosses Sammelbecken ist
in Arbeit, so dass, da jetzt 850 Dj. bewässert werden, im kommenden
Jahre etwa 1200 Dj. der Ueberrieselung unterworfen sein werden.

Bei den bestehenden Anlagen sind die Dimensionen nachfolgende: 1. Der Magistralcanal ist 2·84 m oben breit, 0·89 m tief,
1·06 m unten breit; 2. die Quergräben sind 1·42 m oben breit, 0·53 m
tief, 0·33 m unten breit; 3. kleine Gräben sind durchwegs 0·33 m
breit. Diese kleinen Gräben sind von einander je 105 m entfernt.

Der Frühjahrswasser-Ueberschuss wird aus dem Teiche in
die Steppe abgelassen. Die Teiche communiciren, so dass das
Wasser, wenn dessen im ersten Teich zu viel sein sollte, in
den zweiten Teich geleitet werden kann (nach Fertigstellung des
dritten auch in diesen). Ein doppelter Bretterzaun mit 2 m hohen
Pfählen schützt die Dämme vor dem Wellenschlage.

Die Anlage functionirt seit 1884.

Sie kostete 52.000 Rubel, würde jedoch heute dortselbst um
den halben Preis herzustellen sein. Die Erdarbeit kostete seinerzeit
den hohen Betrag von 2 Rubel pro Cubikfaden (= 9·7 m). Die
Verzinsung der Capitalsanlage ist, wie man sagte, eine 30 procentige.

Bewässert wird a) Wintergetreide einmal, vom 20. bis
25. April, dann b) Sommer-getreide vom 10. Mai an bis August.

Es herrscht Dreifelderwirthschaft: 1. Jahr Winterweizen,
3. Jahr Brache, dazwischen im 2. Jahre entweder Sommerweizen
oder Hafer (Kubankaweizen). Ein Versuchsfeld trug Baumwolle.*)

Düngung: alle 6 Jahre mit 100 Fuhren, à 4·9 bis 5·7 q, pro Dj.

1888 wurden geerntet im grossen Durchschnitte: 18 q Winter-
weizen, 9·8 bis 12·3 q Sommerweizen, 16·4 q bis 19·6 q Hafer pro Hektar.
Die Production erreichte jedoch auf den besseren Feldern 29 q
Weizen (Winterweizen) pro Krons Dj. (= 1·09 ha).**)

Der eine Theil des Gutes wird von „Hälftnern" in Miethe
bestellt; sie erhalten Saatgut und pflügen das Land; die Garben
werden zwischen Hälftner und Besitzer getheilt; jeder von diesen
drischt seinen Antheil separat.

---

*) Proben dieser Baumwolle besitzt das Franzcosmuseum zu Brünn.
**) Vgl. den Bericht der Samen-Control-Station im Anhange.

Vieh: Jeden Herbst werden die erkauften 600 Zugochsen fett gemacht und verkauft, neue angekauft.

Birkenwäldchen umrahmen den hübschen Obstgarten. Am Ufer des kleinen Wasserspiegels nächst der Datsche, den Schilf umkränzt, stehen eine Badehütte und ein persischer Kiosk. Ein Blumenparterre umschliesst das Herrenhaus, einen Halbstock mit Erker und Terrassen, mit dem Blick ins Grüne einerseits, in den geräumigen Hof anderseits.

Pferdestallung, Milchkammer, Geräteschupfen, Schmiede und Schlosserei. Backstube, Geflügelhaus, Getreidespeicher, Vorrathsgebäude sind, jedes in anderer Weise, in Rohziegeln mit verschieden construirten und gefärbten Dächern — zum Theile mit Blechdeckung — niedlich aufgeführt, mit bunten Schornsteinen, Luftzügen, Eisenblumen und Windfahnen verziert. Dahinter erhebt sich an dem Geflügelteiche eine Mühle mit Locomobilbetrieb für die eigene Brodfrucht. Die Maschinenhalle zeigte: Ransomes Pflüge, Sack'sche (3schaarige), Overruns Bruk, Rigaer und Gänsepflüge; Ketteneggen; eiserne Pferdestränge (1 Paar 1·60 Rubel); einen Claytonschen Dreschkasten: eiserne Erdschleifen Das ganze Gehöfte liegt mit dem Garten auf dem tiefsten Punkte der Feldfläche und bietet mit dem Grün der Bäume und Büsche, den lustigen in der Steppe so seltenen Sperlingen, die hier zu Hauf fliegen, dem Taubenkobel, den farbigen Gebäuden und zumal dem Herrenhause, ein freundliches Bild, eine lachende Oase mitten in dem erdfarbenen Lande.

Herr Sherebzow hatte uns, Herrn Rolland, Herrn v. Kügelgen, einen Beamten desselben und mich am ersten Abende in dem grossen Saale des Erdgeschosses empfangen. Ein Tisch stand in der Ecke, ein Paar Stühle an den Wänden, deren einzigen Schmuck deutsche Stahlstiche bildeten. Von diesem Saale ging es in ein grosses Speisezimmer, das auf Garten und Teich hinaussah. An den vier Ecken dieses Raumes lag je ein kleines Gemach. Eines derselben war die Schreibstube, mit Karten, Getreidemustern, einer amerikanischen Schnellwaage, Modellen, mit einer Bibliothek und der Büste Puschkin's ausgestattet; ein zweites Zimmer war das Toilettecabinet. Die beiden übrigen, diagonal disponirt, mit Waffen geziert, dienten als Schlafräume: einer für den Winter, der andere für den Sommer. Nur wenige Stunden lang genossen wir die Erläuterungen des Hausherrn, der keine fremde Sprache beherrschte. Dann fuhr er fort nach Zarizyn, uns bittend, nach Belieben zu verweilen und am nächsten Tage seinen Vogt über die Bewässerungsanlagen in loco zu befragen. Unser Aufenthalt schien, im Gegensatze zu der dringenden Einladung Sherebzow's, seiner Wirthschafterin wenig erfreulich zu sein. Mit gefalteter Stirn trug sie unsere Mahlzeiten auf, gab auf Fragen einsilbige Antworten und behandelte uns offenbar als lästige Eindringlinge. Halb ärgerlich, halb belustigt suchten wir die Dame umzustimmen. Erst meiner Privatunterhandlung, die ich durch Rubel wirksam unterstützte, gelang es, auf den Zügen der Schlüsselbewahrerin „Schönwetter" aufleuchten zu machen.

Am zweiten Tage unseres Aufenthaltes trennten wir uns. Herr v. Kügelgen und sein „junger Mann" kehrten nach Orecha heim. Ich fuhr mit, Herrn Rolland wieder durch trostloses Land, auf schlechtem, staubigem, schliesslich stundenlang durch Erdrisse führenden Wege mit einmaligem Pferdewechsel, die 100 *km* direct nach Kamyschin zurück. Die Stanitza, in der wir umspannten, ein reinlicher grosser Hof, lag rückwärtshin gegen den schmalen Wasserlauf. Die Gebäude waren aus Holz und mit zierlichen Söllern, Vordächern und Gittern geziert. In der niederen Stube stand das Ikóna (Heiligenbild) mit einem Schleiertuche verdeckt auf einem Ecktischchen: buntbemalte Bänke, Schränke und Tische bildeten die Einrichtungsstücke. Grüne Topfgewächse am Fenster, Krüge auf einem Wandbrett beim grossen Kachelofen, grelle Farbendrucke, Holzschnitte aus illustrirten Zeitungen, die Bilder des Zarenhauses schmückten die Wand. Der alte Kosak besorgte unseren Vorspann; die Schwiegertochter brachte einen Topf frischer Milch zur Labung und kehrte dann zur Wiege ihres Kleinen zurück.

Weiche Melodieen klangen von den Gemüsefeldern, den Kraut- und Hanfbeeten herüber; die breite Dorfstrasse mit ihren hellen Häusern lag einsam und verlassen da.

Als ich so im Hofe umherschlenderte und endlich am Zaune stehen geblieben war, fuhr plötzlich ein zottiger, weisser Hund auf mich zu, der wüthend an seiner Kette riss. Lachend wies ihn eine rothbackige Dorfschöne zur Ruhe. Gackernd liefen bunte Hühner umher. In einem Winkel sonnte sich ein graues Kätzchen und blinzelte auf die girrenden Tauben hin.

Das Ganze lieferte das patriarchalische Bild eines **Kosakendorfes.**

Saubere Ortschaften, reinliche Stuben, bunter Zimmerschmuck, Religiosität und Verehrung für das Kaiserhaus, Weizenfelder, Weideland in der Steppe, Gärten und Beete um die Ansiedelungen. Blond und blauäugig, langsam und kräftig die Männer, drall und lebhaft gefärbt die Frauen. Ackerbau zuhause die Beschäftigung der Alten und Knaben; Kriegsdienst zu Pferde die Aufgabe, der Stolz der Söhne bei einer fernen Sotnia (Hundertschaft, Escadron).

Noch stand die Sonne hoch, als wir die Stanitza verliessen.

In Kamyschin empfingen uns lichter Mondschein und träumerische Uferbilder.

In Kamyschin hless es abermals — warten. Der Dampfer kam erst Morgens an, nachdem wir auf den Bänken des Wartesaales (Woksal) den Rest der Nacht verbracht hatten.

Nun fuhr ich wieder allein weiter gegen Zarizyn.

Belebte, friedliche Dörfer ruhen am Ufer. Erdrisse durchfurchen es. Oft weht der böse Ostwind, die M'gla (eigentlich Nebel) herüber von den öden Flächen am linken Strande mit seinen Salzsteppen und Kibitken.

Der Dampfer zieht an Dubowka vorbei, das einst von Wolgakosaken bewohnt war, bis der Aufstand unter Pugatschew (spr. Pugatschów) ihre Kraft brach und sie selbst zerstreute. Rebellionen dieser Art sind jetzt hier ungekannt, aber noch immer gibt es Gewaltacte zu strafen und Mancher sitzt im Gefängniss, das der Volkswitz „Räume für die vom Friedensrichter verurtheilten Herren" nennt.

Eintönig ist die Uferlandschaft, die mein Schiff stromabwärts begleitet. Helle Bänder flattern auf dem Wellenkleide der Wolga: langgestreckte Inselchen mit Fischerhütten besetzt oder von Wasservögeln bestanden.

Die ganze Wolga entlang wimmelt es von Hühnern, Gänsen, Enten u. s. w. Die Thiere nähren sich in den kornreichen Ländereien vom Abfall, weiterhin auf den Weiden u. s. w. Die Production erfolgt also fast kostenlos; die Pflege ist gering und wird von den Besitzern kaum gerechnet. Die Ausfuhr an Hausgeflügel betrug 1887 2,950.000 Stück im Werthe von 2,889.000 Rubel.

Die Schweinezucht ist in den Wolgadepartements immer mehr in Abnahme begriffen (8 Stück pro 100 Einwohner). Die westlichen Provinzen Russlands dagegen züchten grosse Mengen, und es werden dort häufig Kreuzungen mit englischen Racethieren vorgenommen. Die Ausfuhr an Schweinen betrug 1887 63.000 Stück im Werthe von 1,619.000 Rubel.

Auch die Ziegenzucht ist hier unbedeutend. Der Fischfang und die damit verknüpften Gewerbe gewinnen an Bedeutung, je mehr wir uns Astrachan nähern, dem Centrum dieses Productionskreises.

Vortreffliche Fische, Suppe davon, Caviar wandern auf dem Tische in der Kajüte auf.

Essen und Trinken hält Leib und Seele zusammen; studiren wir also, da der Ausblick auf Wasser und Land so wenig Bemerkenswerthes bietet, ein wenig den Tarif von „Kaukas und Mercur", auf dessen Dampfer ich mich jetzt befinde.

Das Frühstück — 3 Gerichte — kostet 85 Kopeken; das Objäd (Dîner), ein Gericht mehr, 1 Rubel. Portionenweise stellen sich die Preise ziemlich hoch. Beefsteak 60 bis 90, Filet 75, Sterljet, Weissfisch oder Sewrjuga*) 50 Kopeken.

Die Sakuska (Zukost) enthält folgende Ansätze:

Caviar frisch 75, gepresst 50 Kopeken, Ballik, nach tatarischer Art gedörrter Stör 50, Häring 30 Kopeken, Schweizerkäse 30, Chester (?) 15 Kopeken. Pasteten oder belegtes Butterbrod 5, drei Eier mit Butter 20 Kopeken. Marinirter Fisch oder „Vorschmack" 50, „Fromage" (Salmi) vom Haselhuhn, Krebsen oder Anchovis 75 Kopeken.

Das Thema „Thee" hat nachstehende Variationen:

Eine Portion mit Citrone oder Milch 40, 1 Glas Thee 10, Citrone oder Milch hiezu 5 Kopeken. Das heisse Wasser für Jene, welche den Thee selbst bereiten — und wer führt nicht ein Packet „K. & S. Papów" und eine Blechbüchse voll Zucker mit sich? — wird inclusive Geschirr (Theekanne, Spülkumpen = polosskatelnaja tschaschka, Glas und Untertasse) pro Person mit 5, ohne Geschirr mit 3 Kopeken berechnet.

Warenja, dick in Zucker eingekochtes Obst, meist Weichsel oder Kirschen, zum Thee, in Privathäusern unvermeidlich, kosten 30 Kopeken.

Zwieback (die allgemein beliebten gerösteten Suchari), Brot, Butter kosten je 10 Kopeken. Als hinkender Bote kommt unter Notabene die Einhebung eines Personalzuschlages für Wein hinzu.

An Stoppelgeld zahlt man für jede Flasche Champagner 1 Rubel, für andere Weine 20 Kopeken, für das Glas rothen Tischwein je 5 Kopeken.

*) Eine vortreffliche Beschreibung des Fischfanges und der Caviarerzeugung an der Wolga hat Dr. v. Hamm in seinen „Gesammelten kleinen Schriften." II. Band S. 157—177 geliefert.

Ich gelangte am nächsten Tage nach Zarizyn, der staubigen Stadt fast asiatischen Gepräges, zu der wir von der Landungsstelle wohl 100 Stufen hoch zu steigen haben. Glast und Glanz legt die Sonne über den weiten Marktplatz, über den Dutzende zweihöckeriger, hässlicher Kameele fletschend schwanken. Myriaden von Insecten schwirren in der, mit Respect zu sagen, trotz ihrer 30.000 Einwohner „schäbigen" Stadt.

Eine schmutzige „Stolitschnaja" gibt mir Unterkunft; im einsamen Speisesaale flötet die Orgel, nasse Weinflecken glänzen auf dem Wachsleinentuch des Tisches; unsaubere Servietten, angebrochene Teller, schlechtes Fett lassen mich den Tisch des Dampfers vermissen, das unaufgeräumte Zimmer seine Cabinen. Ich gehe lieber auf die Strasse hinaus und betrachte mir die Kameele.

Man sieht in Südrussland ein- und zweihöckerige Kameele. Angespannt bringen sie im Schritt bis zu 10 q fort; mit Rückenlast beladen 3 bis 3½ q. Sie tragen in letzterem Falle zwiefältige Säcke, bei Transport von Menschen Ladekasten. Durchschnittlich legen sie etwa 3 Meilen täglich zurück; Courierkameele im Trabe auch wohl 1 Meile und mehr in der Stunde. Die Thiere sind ausserordentlich genügsam, aber empfindlich gegen feuchte und kalte Witterung. Das Thier, liefert etwa 6 bis 8 kg Wollhaare (30 kr. ö. W. das Kilogramm), welche zu Geweben, Stricken u. dgl. verarbeitet werden, Milch und endlich das Fell (3 fl. werth).

Berühmt ist Zarizyner Senf, der hier, in Dubowka und Sarepta fabricirt, von dem Hauptorte aus zur Versendung gelangt. Diese Orte erzeugen jährlich Oel und Senf im Werthe von circa 2½ Millionen Rubel. Der Senfsamen muss, um vorzügliches Material zu liefern, lange abliegen und erfordert daher bedeutende Capitalien. Preise: Primissima = 61 kr. das Kilogramm, die geringste Sorte = 16 kr. 1 ha liefert 16 bis 32 q Senfsamen.

Mit dem nächsten Dampfer fuhr ich weiter.

Von Zarizyn nach Astrachan, der Pforte von der Wolganiederung nach dem Kaspischen Meere zu, ist nur Sarepta beachtenswerth; hier sind schon beide Ufer flach und völlig reizlos.

Sarepta, oft besucht und beschrieben, so von Haxthausen, Klaus u. A. ist im Juni 1765 von Herrnhut aus gegründet worden. Der Ukas von 1746 und der Gnadenbrief von 1767 bildeten die Grundlage der ersten Ansiedlung; 32 km unterhalb Zarizyn wählten die Brüder ein Terrain von etwa 16.000 ha aus, wovon ein Drittel fruchtbares Land darstellte, an den Ufern der Sarpa oder Sarefta, die hier in die Wolga mündet (130 m über dem Meere). Der Gleichklang führte zur Annahme des Namens „Sarepta", das ja auch in der „Wüste" gelegen war. Tabak-, Obst-, Wein- und Gartenbau beschäftigte die Colonie in nutzbringender Weise. Später trat das Weben von „Sarpinka" (Baumwollstoff) hinzu. Eine wohlgepflegte reinliche Gemeinde, stach Sarepta Anfangs unseres Jahrhunderts vortheilhaft von der Umgebung ab. „Hervorragende Arbeitsamkeit, accurates Hauswesen, Sittsamkeit und musterhafte Aufführung" zeichneten die Colonie aus.

Gegenwärtig bietet Sarepta folgendes Bild: Um die Kirche und ein Wasserbecken auf dem mit Pappeln bepflanzten Platze reihen sich die Amtsgebäude und Häuser; ein Drittel darunter aus Stein. Alleen und Gärten überall. Bewässerte Plantagen die Sarpa entlang. An Fabriken zählt man zwei mit Dampfbetrieb für Senf, je eine für Tabak, Leder, Pfefferkuchen, Balsam; ein grosses Handelsmagazin vermittelt die Kaufgeschäfte.

Die Geschichte der ausländischen Colonieen Russlands bildet ein wichtiges und interessantes Capitel der Culturgeschichte des Reiches. Ohne auf Näheres hier eingehen zu können, bemerke ich, dass die deutschen Colonieen Südrusslands einen der angestrebten Zwecke vollständig erfüllt haben: die Cultivirung vordem öder Ländereien; das zweite Ziel aber, die bildende Beeinflussung ihrer russischen Nachbarn, ist aus verschiedenen Ursachen von den Colonisten nicht erreicht worden.

Astrachan, die letzte grosse Station an der Wolga liegt 66 km vor der Mündung des Stromes in den Kaspisee. Jedes Frühjahr zeigt die grosse Stadt (70.000 Einwohner) als Insel im Delta. Die acht grossen und die zahllosen kleinen Arme des Stromes bilden dann einen einzigen See, aus dem die Stadt und die Dörfer der Umgebung, von langen Dämmen geschützt, hervorsehen. Zwischen Sandbänken und Dünen erheben sich einige Hügel, auf welchen der Haupttheil Astrachans sich lagert. Einzelne Vorstädte liegen unter dem Niveau der Fluthen.

Keiler und Wasserwild liefern in der Umgebung ergiebige Jagd; hunderte von durch die Tataren cultivirten Gärten allerlei Gemüse, Obst und die berühmten Trauben.

Die alte Hauptstadt der Tataren ist in architektonischer Beziehung durch zahlreiche Kirchen, einige Moscheen, eine lamaitische Pagode und durch den Kreml interessant. Seine eigent-

liche Bedeutung verdankt Astrachan seit Jahrhunderten seiner
Stellung als Haupthandelsplatz zwischen Innerrussland und dem
Südosten. Heute besitzt die Stadt auch eine eigene, lebhafte
Industrie, insbesondere für Fischerwaare.*) Unter den Artikeln,
die von hier aus nach allen Seiten strömen, kennt man gemeiniglich nur den Caviar und die feinen Lammfelle, kurzweg „Astrachan" genannt, wiewohl die Stadt, deren Namen dieses Pelzwerk
führt, es selbst aus Centralasien bezieht.

Wichtige Märkte und Bazare ziehen alljährlich Tausende von
Menschen hierher zu dem Ausgangspunkte der wichtigen Dampfer-
linien auf der Wolga und dem Kaspisee.

Dem Alterthume, das beständig im Unklaren war, ob das
Kaspische Meer ein Busen des nördlichen Oceans sei oder nicht,
blieb die Wolga (Rha) unbekannt. Erst als mit dem Aufblühen
der arabischen Reiche sich dort ein grosser Bedarf an Pelzwerk
eingestellt hatte, wurde das Kaspische Meer von Iran aus lebhaft
befahren. Im 8. Jahrhunderte wird Itil, oberhalb des Wolga-
deltas, Endpunkt dieser Fahrten und von hier aus der ganze
Wolgalauf erschlossen. Die Wolga-Bulgaren treten zum Islam
über und entwickeln sich ganz und gar als Kaufmanns- und
Schiffervolk. (An sie erinnert noch der Name der Stadt Bolgari,
zwischen Kasán und Ssimbirsk (s. o.)

Die ganze Länge der Wolga beträgt 3747 *km*, welche bis
auf 137 *km* stromab- und stromaufwärts schiffbar sind. Auf geringer
Höhe entspringend, fliesst sie breit und langsam dahin. Im unteren
Laufe nimmt das Gefälle zu. Die mittlere Navigationsdauer
schwankt zwischen 209 und 275 Tagen. Die Wolga besitzt eine
grosse Anzahl von Nebenflüssen, unter welchen wir die Oká,
die Kasanka und die Kamá näher berührt haben.

Die Nothwendigkeit der Ent- und Bewässerung, um neues
Land zu erobern oder Sümpfe auszutrocknen, Landstriche zu
assaniren, andererseits die Production zu erleichtern und zu heben,
ist in Russland durch verschiedene grosse Anlagen anerkannt
worden. Hand in Hand mit der Ausführung derartiger ausser-
ordentlicher Meliorationen muss aber eine staatliche Action gehen,
welche den Wald als Erhalter und Bildner der Wasserquellen
schützt. Die gesammte Waldfläche des europäischen Russlands
bedeckt etwa 40%, der ganzen Bodenfläche, also 10% mehr als
in Oesterreich. Nach Abzug der Moräste, verschwiegenen Lich-

---

*) Vgl. den 1. Abschnitt des III. Theiles.

tungen u. s. w. vermindert sich aber der eigentliche Wald auf etwa 115 Millionen Hektar.

Das Gouvernement Astrachan gehört zu der südlichen wald-losen Zone; zwischen ihr und der waldreichen Zone im Norden liegen sehr ungleichmässige Bestände. Der beiweitem grösste Theil der Waldungen im Norden ist Staatsbesitz, welcher pro Hektar jährlich 1·8 *m³* liefert (in Sachsen 17mal so viel).

Der Export an Waldproducten betrug 1887 über 27 Millionen Rubel.

In den Privatwaldungen herrscht, wie mir während der Wolgafahrt immer wieder versichert wurde, fast durchwegs die grösste Verwahrlosung. Fahrzeuge, Wohnhäuser, die Holzwaaren- und Möbelindustrie, Papier, die Verwendung zu Brennholz, endlich der Export verschlingen, wie auf S. 98, 99 erwähnt worden ist, colossale Mengen. Alle diese Factoren beeinträchtigen, da im Grossen und Ganzen da keine geregelte Forstcultur zwischen Be-stand und Zuwachs einerseits, Verbrauch und Raubschlag anderer-seits das Gleichgewicht herstellt, in unverantwortlicher Weise, ab-gesehen von anderen Consequenzen, den Nationalreichthum in seinem Beharrungsvermögen.

Mein Reiseprogramm, durch die gegebenen Dampfver-bindungen hier beeinflusst, gestattete mir nur einen Aufenthalt von wenigen Stunden in Astrachan.

Um wenigstens einen Theil Central-Russlands zu durch-fliegen, hatte ich anstatt von Astrachan über den Kaspisee nach Baku und Tiflis zu fahren, den längeren Weg über Wo-ronesh (sprich Warónjsch) gewählt und musste, wollte ich den Anschluss der Bahn in Zarizyn nicht versäumen, mit dem nächsten Dampfer wieder stromaufwärts fahren. Von Zarizyn aus, das ich somit auf der Bergfahrt von Astrachan noch einmal berührte, hätte ich allerdings nach der Station Kalatsch des kleinen westlichen Bahnflügels, welcher Wolga und Don verbindet und von da den Don stromabwärts fahrend, nach Rostow (sprich Rastów) gelangen können. Doch die Don-Schiffe sind langsam, und auf der Strecke Zarizyn-Grjasi-Woronesh war ohne Ver-lust an Zeit Rostow auch zu erreichen. Nur musste ich 1390 *km* Bahn mit in Kauf nehmen.

Dis Grjasi fuhr ich allein quer durch einen Theil der Don-schen Steppe. Ab und zu sanfte Anhöhen oder ein Walddistrict, dann Windmühlen, ein bunter Markt, Gruppen von Feldarbeitern.

Im Grossen und Ganzen ist der Landstrich flach, aber landwirthschaftlich belebt, besonders in der Nähe der beiden grossen Marktorte für landwirthschaftliche Producte: Alexikowo und Borissoglebsk. Der Octobermarkt des erstgenannten Platzes, respective der Stanitza Urjupin, bringt Waaren im Betrage von einigen Millionen Rubel in Umsatz.

Vor Grjasi (Grjas = Koth) liegt die Musterwirthschaft Lotàri (mit bekannter Traberzucht), mit deren Darstellung ich die Leser verschone. Grjasi selbst, der bekannte Knotenpunkt des russischen Bahnnetzes, liegt flach in der Nähe eines kleinen Marktfleckens ohne weitere Bedeutung. Imposant ist das Bahnhofrestaurant mit seinem massenhaften Publicum. Auf der Weiterfahrt nach Woronesh machte ich die Bekanntschaft zweier Engländer. Der Eine war Clive Phillips Woolley, ein bekannter Bärenjäger, Verfasser des Buches „Sport in the Crimea and Caucasus", der zweite Oberst Currie, Commandant des Walliser Regimentes. Nach 23½stündiger Fahrt von Zarizyn ab (718 km 34·8 km per Stunde) erreichten wir Woronesh. Das vorzügliche Hôtel Central nahm uns gastlich auf, und bald sass ich mit den Engländern bei einem exquisiten Mahle, um uns für die Rundschau in Woronesh und die lange vor uns liegende Weiterfahrt zu stärken.

Woronesh mit mehr als 50.000 Einwohnern, eine der blühendsten Handelstädte dieses Landestheiles, versammelt auf seinen vier Märkten gewaltige Mengen von Getreide, Talg, Leinsaat, Sonnenblumenöl und besitzt in Gerbereien, Siedereien, Seifenfabriken, Wollwäschereien u. dgl. eine lebhafte Industrie. Die Stadt entstammt fast durchwegs neueren Bauepochen und macht durch ihre schöne Lage auf Terrassen hoch über der üppigen Feldflur, ihren reichen Magazinen, breiten Boulevards einen angenehmen Eindruck. Auch die Hausindustrie ist im Umkreise von Woronesh recht entwickelt; ihre Erzeugnisse sprechen für die bekannte Geschicklichkeit der Russen, Waaren aller Art, Geschirr, Spielzeug, Drechslerarbeiten, Körbe, Strohhüte, Backschüsseln, Löffel, Koffer u. s. w. herzustellen. Die Hausindustrie findet sich sowohl bei den Kleinrussen (Slaven), als bei den Grossrussen slavisirten Fino-Tataren.

Nun südwärts dem Kaukasus zu, mitten durch das Gouvernement Woronesh, dann durch ein Stück Charkow'schen Landes zurück in das Gebiet der Don'schen Kosaken, welches ich in seinem nordöstlichen Theile auf der Fahrt nach Orecha und Dudotschni, dann auf der Strecke Zarizyn-Grjasi durchmessen hatte.

Hinter Swjerówo gelangen wir zu den Kohlendistricten bei Grúschewka. Gefördert wird ausser Anthracit und Steinkohlen auch Eisenerz.

Ein genauer Kenner russischer Verhältnisse, H. Roskoschny, schildert den Zustand der hiesigen Arbeiter in nachfolgenden beredten Worten:

Beim Bergbau finden wir in Bezug auf Arbeiterwohnungen heute noch sehr schlimme Zustände, ganz besonders in dem riesigen Kohlenbecken am Don, das auf 1500 Quadratwerst (1710 km^2) geschätzt wird. Dort sind über 20.000 Menschen in den Schachten der verschiedenen Gesellschaften beschäftigt. Wenn im Herbst die Feldarbeit beendet ist, strömen aus den Gouvernements Tambow, Kursk und Woronesh die Bauern nach Gruschewka zur Bergwerkarbeit. Die Arbeit ist schwer und aufreibend, und nicht ohne Grund nennt man das Kohlenbecken das „Sibirien der Freien" (wolnaja Sibiria). Ihr Aufenthaltsort während der Nacht ist vielleicht noch gesundheitsschädlicher, als der am Tage. Elende Erdhütten, Troglodytenwohnungen mit morschem Dach bilden ihre Wohnung. Längs der Wände angebrachte Holzbänke dienen als Lager, Wasser rinnt von den Wänden; ein Ofen ist nicht vorhanden, auf der offenen Feuerstelle an der einen Wand brennt ein Kohlenfeuer, und die sich entwickelnden Gase, welchen kein Rauchfang den Abzug ermöglicht, erfüllen den Raum. Keiner denkt daran, einen Ofen zu errichten; denn — „so ist es billiger", und die „Gase halten das Ungeziefer fern". Ein grosser Theil der Privaten und Gesellschaften, denen die Schachte gehören, verfügt nicht über genügende Mittel und leidet an chronischer Geldklemme; von ihnen ist Abhilfe nicht zu erwarten. Nur bei den Schachten der Russischen Gesellschaft herrschen zwar nicht lobenswerthe, aber immerhin bessere, wenigstens leidliche Verhältnisse. Ein Fortbestehen solcher Zustände wie die hier geschilderten, ist nur durch die beispiellose Lammsgeduld der grossen Masse des russischen Volkes möglich, die unter Jahrhunderte langer asiatischer Herrschaft auch etwas von der fatalistischen Resignation des Orientalen sich angeeignet hat, und erklärlich erscheint es nur dem, der die elenden Wohnungsverhältnisse der Arbeiterbevölkerung in ihren Heimatdörfern kennen gelernt hat. —

Eine andere Quelle berichtet aus dem Bereiche des Donetz-Kohlenbeckens, dass die russischen Arbeiter mit 60 bis 90 Kopeken für 14 Stunden Arbeit entlohnt werden, während die in demselben

Gebiete verwendeten englischen Arbeiter einen Taglohn von 2·80 Rubel beziehen, gut wohnen, einen Club und eine Bibliothek besitzen; dieser Gegensatz flösst den einheimischen Bergleuten Hass gegen die Fremden, wie gegen die Verwaltung ein. Eine Folge davon ist, dass die Leute schaarenweise die Gruben verlassen und anderwärts Arbeit suchen.

Russland importirte 1887 über 15 Millionen Metercentner Kohle.

Wir gelangen nach Nowo-Tscherkask, der Hauptstadt des Don'schen Heeres, auf einer Höhe gelegen. Die Stadt (36.000 Einwohner) enthält Palast und Garten des Hetman's, ein Theater u. s. w. Auf der Station bietet man in Blechdosen à 1 *kg* Caviar vom fischreichen Don und nett etiquettirte Flaschen Don'schen Champagners an.

Der Weinbau des Don'schen Districts verdankt seinen Ursprung Peter dem Grossen. Winzer kaufen die Trauben auf und geben den gepressten und geklärten Rebensaft an Weinhändler ab. Der Wein gilt als schwach, versüsst wird er dann zur Champagnerfabrication verwendet. Es werden etwa 9000 *h* Wein erzeugt.

Die Anzahl der Pferde im Gebiete des Don'schen Heeres übersteigt 400.000 Stück.

Der Don, welchen wir nun bei Rostow erreichen, hat seinen Namen von der griechischen Colonie Tana am Asow'schen Meer (5. Jahrhundert vor Christi Geburt). —

Für Sprachkundige ein kleines Thema:

Don heisst in Ossetien (Kaukasus) „Wasser", vielleicht hängt damit die Wurzel der Flussnamen Donau, Dnjepr, Dnjestr, Düna, Dwina zusammen.

Wir waren froh, nach der langen, von Woronesh bis Rostow (651 *km*) 21 Stunden während Fahrt den Zug verlassen zu können. Bei der Abfahrt von Woronesh war der Waggon, dessen grosses Coupé 8 Kressla (Schlafsessel) enthielt, so überfüllt, dass die Mehrzahl der Passagiere stundenlang stehen oder auf dem Boden kauern musste. Bei dieser Gelegenheit hatte ich Anlass, einen recht unliebenswürdigen Kosakengeneral kennen zu lernen, welchen ich meinen statistischen Notizen über Russland unter der verschwindend kleinen Rubrik: „Unfreundliche Herren" einreihen musste. Im Laufe der Fahrt klärte sich die Situation, und schliesslich waren ausser den Engländern und mir nur noch zwei Herren im Besitze der Abtheilung: ein Staatsrath aus Taschkend und Lieutenant Georg Dmitrjewitsch v. Derwies, Adjutant des

Kriegsministers, ein junger Mann, dessen Tact und Liebenswürdigkeit Ich späterhin schätzen lernte.

Mr. Woolley, vormals Viceconsul in Kertsch, sprach fliessend russisch; die Herren aber compromittirten mit Rücksicht auf den polyglotten Kreis auf französische Conversation. Woolley erzählte von seinen Jagden in Canada und in Russland, das er in allen Theilen kannte. Mit Woolley's Rifle wies uns der Oberst die Handgriffe der englischen Infanterie vor. Dann erzählte er von Ceylon und von Kairo, wo jetzt sein Regiment lag, der Staatsrath über Turkestan und die transkaspische Bahn. Mitten während unseres Gespräches kam auf einer Station ein Passagier in bergmännischer Uniform herein, legte sich in einen Winkel und schien bald eingeschlafen. Kaum war er auf der nächsten grossen Station verschwunden, so bedeutete mir einer der Mitreisenden, ein im Zuge befindlicher Secretär Annenkow's habe soeben (offenbar durch den stummen Lauscher) erfahren, ich wolle auf Grund meines Erlaubnissscheines nach Samarkand fahren, und zwar in Begleitung zweier Engländer; er, der Secretär, gebe mir den guten Rath, meine Reiseziele von jenen der Engländer zu trennen; denn sonst würde aus meiner Partie gewiss nichts. Durchaus nicht gewillt, mir in dieser indirecten Weise Instructionen ertheilen zu lassen, stieg ich wieder in mein Coupé. Die Sache erledigte sich von selbst durch den spontanen Entschluss der beiden freundlichen Engländer, nicht über Wladikawkas, sondern über Oni-Kutaïs nach Tiflis zu reisen. Doch, über der Darstellung dieser Reiseabenteuer darf ich nicht vergessen, ein Paar Worte über Rostow zu sagen.

Rostow am Don (ein anderes Rostow liegt nordöstlich von Moskau), 75.000 Einwohner, mit lebhaftem Hafen, Mittelpunkt des Binnenhandels im Südosten Russlands, verschifft insbesondere kaukasische Waaren nach Taganrog. Ausgezeichnetes Pflaster — ein Ereigniss in russischen Städten, ein wahres Labsal für die Nerven der Fahrgäste — breite Boulevards, hübsche Läden, berühmte Cigarettenfabriken der Firmen Asmolow und Kuschnarow kennzeichnen die bewegte Industriestadt.

Von Rostow bis Wladikawkas, dem Endpunkt der Bahn, sind 696 *km*, die der Postzug in 24 Stunden 35 Minuten (28·3 *km* per Stunde) zurücklegt.

Etwa 100 *km* hinter Rostow gelangen wir an die Grenze von Kaukasien. Von der Station Tichoretzkaja zweigt die Bahn nach Now-Rosijsk am Schwarzen Meer ab.

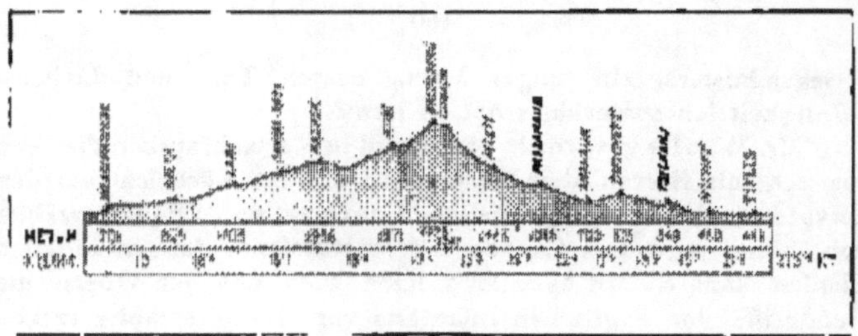

Profil der Strasse Wladikawkas—Tiflis.

II. THEIL.

I. ABSCHNITT.

(Wladikawkas. Die grusinische Militärstrasse bis Tiflis.)

Die Fläche begleitet uns weiterhin stundenlang, so dass die Insassen des bequemen Coupés, ganz entgegen den Lehren Bädeker's mit ungetheilter Aufmerksamkeit den Gesprächen über Politik und innere Verwaltung nachhängen. Dunkle Gesichter, interessante Typen erscheinen auf den Stationen. Dann werden die kleinen blauen Zacken am Horizont immer grösser, an das Aufstreben der heimischen Polauer Berge, der Gmundner Höhenzüge aus der Ebene mahnend. Irisirende Farben erfüllen im Morgenlicht die auftauchenden Berge, und aus ihnen erheben sich plötzlich zur Rechten gezackte Schneehäupter, einer weissen, mächtigen Wolke gleich — der Elbrus; er ragt empor in hehrer Ruh' aus den Schneefeldern seiner bescheidenen Nachbarn. Ein unvergesslicher Anblick!

Die kleinrussischen Dörfer mit ihren rundlichen Strohdächern sind verschwunden; Bauernhöfe neuer Gestaltung, Wiesland treten in unseren Gesichtskreis. Vor uns liegt die braune Ebene mit Stoppelfeldern und niedrigen Häuschen

Immer näher kommen wir dem Kaukasus, der grossen Durchzugstrasse aus Europa nach Asien seit den Zeiten der Völkerwanderung, dem gewaltigen, vom Azow'schen zum Kaspischen Meere, von Nordwest nach Südost streichenden Gebirgsstocke, charakterisirt durch himmelanstrebende Bergriesen, die unsere Alpen weit übertreffen. Der Kaukasus, die sagenhafte Wiege des Menschengeschlechtes, der Sammelpunkt bunten, vielsprachigen

Völkergemisches, voll der Wildnisse, Abgründe und anderer Schreckniss, der Ort unzähliger blutiger Einzelkämpfe der tapferen, ritterlichen, räuberischen Bewohner gegen die Eroberer; verklärt von Mythe und Sagenwelt, Historie und Schlachtberichten; alle Culturzonen umfassend, von den alpinen Jagd- und Weidegefilden bis zum üppigsten, goldigen Weinland, seltsam in Flora und Fauna; von Burgen starrend, an Kirchen reich und Klöstern; der Kaukasus, die schwer errungene Perle in der Krone des Zaren-thums liegt vor uns, arm an Gletschern, Seen und Wasserstürzen, überreich an Pics, Felsenkesseln und Schluchten, eigenartig ge-formt mit den breiten, wilden Quersenkungen ohne Langthäler.

Das tapfere Nowgoroder Dragoner-Regiment mit dem Georgs-kreuz an der Sturmfahne reitet längs der Bahnstrecke auf, das erste Zeichen der jetzt eben im Kaukasus versammelten Heer-schaaren. Weisse Leinenzelte erscheinen, eine Ehrenpforte — dem nahenden Zaren errichtet — wird sichtbar, Häuser und Gärten: Wladikawkas, die Kopfstation der Rostower Eisenbahnlinie, „die Herrin des Kaukasus", mit Festung und starker Besatzung zum Schutze der grusinischen Heerstrasse nach Georgien-Tiflis; Wladi-kawkas, vor hundert Jahren gegründet, lustig emporblühend, mit Boulevards und modernem Comfort, am rauschenden Térek. Orangegelbes Licht strömt durch das Leinenzelt des Circus, Musik und Sang erklingt aus dem Balagán (Bude) daneben, in welchem armenische Künstler die gaffende Menge ergötzen. Wägen rasseln auf und nieder, Reiter sprengen einher, lautes Treiben allerorten. Das Posthaus ist erfüllt von Ordonnanzen, Lohndienern, Reisenden. Jeder fordert Pferde für den kommenden Morgen, Wenige er-halten solche.

Dank der Podoróshnaja (Postschein) meines Begleiters, des Lieutenants v. Derwies, setzen wir durch, was so Vielen verwehrt wird, und fahren in aller Frühe in Gesellschaft des durch seine Eisenbahnkarten Russlands wohlbekannten Herrn B. Wldimsky, Inspectors der österreichischen Carl Ludwigbahn, eine wohlgemuthe Trias bei dem Marktplatze von Wladikawkas vorbei den Bergen zu: blauer Duft begrenzt die röthlichen Felsen, ober blaugrünem Wald erglänzt schneeiges Weiss, unten am schäumenden Térek drängt sich üppiges Buschwerk.

Die Hauptkette enthält den Elbrus (5577 m) und den Kasbek (4963 m); von den Eisfeldern des letzteren kommen die Quellen des Térek und der Aragwa, diese südwärts fliessend, jener nord-

wärts. Der südliche Kur (Kurá), bereichert durch die einmündende
Aragwa, durchströmt die Grenzebene zwischen dem „grossen" und
dem „kleinen Kaukasus" oder dem Hochlande von Armenien,
welches die Doppelpyramide des Ararat auszeichnet. Südlich vom
Darial-Passe, unserem nächsten Ziele, liegt die Wasserscheide,
über die hinüber die Militärstrasse zwischen Cis- und Transkaukasien mit unsäglichen Opfern an Zeit, Geld und Mühe, ja
an Menschenleben seit etwa 70 Jahren geführt wurde, um das
so schwer erstrittene Land zu behaupten.

Jermólow hat den Plan entworfen, fünf Jahre lang am Durch-
bruch des Darial-defilés (dar = eng, jol = Weg) gearbeitet; die
Statthalter Woronzów und Báriatinskij verlegten einzelne Strecken,
eine neue Fahrstrasse schaffend, und immer noch kostet Jahr für
Jahr die Erhaltung und Sicherung der Strasse neue Arbeit.
Die Höhe der hier verausgabten Summen soll so bedeutend sein,
dass man dafür Werst für Werst von Wladikawkas bis nach
Tiflis hinein, im Ganzen 213·8 km, mit Silberplatten belegen könnte.

Die grusinische Militärstrasse steigt von Wladikawkas
(701 m über dem Meere) bis zum Kreuzberge (2393 m) auf und
senkt sich von diesem Höhepunkte bis nach Tiflis, das 448 m über
dem Meere liegt.

Die einzelnen Stationen sind:

	Höhe ü. d. M.	Distanz	Bemerkungen
1. Wladikawkas	(701 m)	—	(Kreide bis Kasbek)
2. Balta	(826 m)	13·0 km	
3. Lars	(1104 m)	18·4 km	Zwischen Lars und Kasbek der
4. Kasbek	(1936 m)	15·5 km	Darialpass.
5. Kobi	(1971 m)	18·4 km	(Von Kasbek Jura.)
6. Gudaur	(2347 m)	17·1 km	Vor Gudaur die Krestowaja gorá
7. Mleti	(1488 m)	15·5 km	= 2393 m.
8. Passanaur	(1046 m)	19·7 km	
9. Ananaur	(700 m)	22·4 km	
10. Duschett	(875 m)	17·3 km	
11. Tsilkanj	(549 m)	18·9 km	
12. Mzchet	(460 m)	15·7 km	(Von Mzchet Alluvium.)
13. Tiflis	(448 m)	21·9 km	
		213·8 km	

Auf einer Strecke von 15·5 km also, zwischen der Station Gudaúr und Mleti fällt die Strasse um 899 m, nämlich von 2387 auf 1488!

Rothe Korbwagen mit Fiocchi (Quasten) behängt, die vier
Pferde in einer Reihe vorgespannt — ebenso angeschirrt geht

unser Viergespann in dem Postwagen — ziehen vorbei; purpurfarbene Ziegen; ein Trupp Gefangener.

Plötzlich fällt ein unmotivirter Schuss, ins Blaue rechts hin,
von irgend einem der hier geduldeten Waffenträger aus dem
Volke abgefeuert. Späterhin erscheinen Spuren der Sprenglöcher
an den rothgrauen Felsen, gleich darauf ein Steinsturz auf der
Strasse, Arbeiter ringsum.

Station Dalta. Das Thal wird hier breiter, um sich bald rasch
zu verengen; hoch oben wird die Festung Dsherakowsk sichtbar,
dahinter Schnee auf blauem Grunde und völlig kahle Berge.
Links ein grosses, sonderbar geformtes Plateau mit pyramidalen
Seitenflächen.

Aus der grünenden Ebene von Wladikawkas sind wir nun zu
dem Fusse der seitwärts aufstrebenden Höhen gelangt und nach
wenigen Schritten in das Heiligthum des Kaukasus eingetreten.

Wir dringen in den schier einganglosen Engpass, aus dem
der Térek mit einem Gefälle von 60—100 Fuss pro Werst hervor-
braust, um, bald getheilt, dem Thale von Wladikawkas zuzuströmen.

Links liegt in bläulichen Rauchwolken ein Fort, vor faltigen
Bergen, die mattbraun gefärbt sind, in Form und Farbe jenen
ähnlich, die aus Papier angefertigt die Spielzeugschachteln unserer
Kinderwelt füllen.

Kleine Plateaus begleiten beiderseits als Vorstufen das Fel-
senthal.

Schwarze Rinder vor niedrigen, mit Kerosinfässchen beladenen
Wägen schreiten einher, von einem Manne geführt, der die Papácha,
die nationale Pelzmütze, trägt.

Die Telegraphenlinie zieht sich den Weg entlang längs der
kegelförmigen Schotterhaufen; zwischen ihnen durchfliessen un-
gebändigte Wasseradern querüber den Weg. Meist laufen die
Telegraphendrähte hier über Holzsäulchen, welche auf senkrecht
gestellte Eisenschienen gesetzt sind, oft aber auch nur über kleine,
in die Steinwand eingelassene Tragarme.

Nach 6 km Fahrt von der Poststation Lars gelangt man zum
eigentlichen Darialpass (2 km Länge), den portae caucasiae des
Plinius, oft kaum dreissig Schritte breit. Die ganze Darialpassage
von Lars bis Kasbek ist 22 km lang. Die Térekschlucht am Darial
ist bis an 1000 m tief, eine wahrhaftige via mala. Sonne und
Schatten, Wolken und Nebel, eintöniges Grau, pflanzenlose Oede,
pfeilgerade Felswände: Gruppe aus dem Tartarus!

Die Strasse geht auf's rechte Térekufer über; wo die Enge am fürchterlichsten ist, stürzt der Gletscherbach Dewdoraky in den tosenden Térek. Ein unbezwingliches Fort mit normannischen Zinnen, von Kosaken besetzt, liegt knapp am Wege. Rechts oben in den Höhen, wo der Adler kreist, die Trümmer der tausendjährigen Darialburg, die sagenumwebte Stätte der kaukasischen Lorelei, der Königin Tamara, die, schön und grausam zugleich, den Wanderer anlockt, um ihn hohnlachend hinabzustürzen in die Tiefe der Térekschlucht; des dämonischen Weibes, von dem Lermontow gesagt und gesungen. Der sagenhaft verhüllten, jedoch historischen, hervorragenden Persönlichkeit der Königin Tamara von Georgien (1171 bis 1198, begraben in der Kathedrale zu Gelat) wird der Volksgeist durch folgende Grabschrift gerecht:

> „Wie der Vollmond wuchs mein Ruhmesflor,
> Bis zum Himmel heb ich's Haupt empor;
> Bis zum Euphrat meine Heerschaar ging,
> Und Tribut ich von Derbént empfing.
> Vom Araxes bis zum pont'schen Meer
> Lieh ich allen Völkern Schutz und Wehr,
> Und die ich dies Alles hab' vollbracht,
> Steig' nun sterbend in des Grabes Nacht."

Beim Rückblick starrt uns eine breite Felsenwand entgegen, scheinbar ohne Ausweg. An ihrem Fusse liegt weiss, roth bedacht das Fort Darial, der Schlüssel zu dem Felsenpfad im Abgrund des schäumenden Flusses; Wolken ziehen darüber hin.

Zehn Werst lang senkt sich der Weg; dann blickt der Schneekegel des Kasbek hervor, aus zerrissenen Höhen, braunen Conglomeraten, die rauh erscheinen wie gigantische Wespennester, aus purpurnem Gestein; gelbliche, graue, schwarze, von Schatten durchfurchte Schutthalden rieseln herab. Jede Drehung bietet neue Bilder: bald fahle, gezähnte Felsen, gelbe Gebüschstreifen, dann perlmutterfarbenes Gestein, weisse Schneefelder, eine wilde, menschenfeindliche Welt. Lange fahren wir jetzt unter überhängenden Blöcken auf der mühsam abgerungenen Strasse einher, und links nicken die von der Hauptwand durch menschliche Kunst und Mühsal abgetrennten Felsbrocken herein.

Das Frühjahrsbett des Térek, jetzt in zwei Schlangenlinien laufend, fällt steil ab; winzige Heuhäufchen werden ersichtlich auf den tiefen Uferwiesen.

Verworfene Schichten, Säulen, Orgelpfeifen, Abhänge, schwarzgrau wie Lava, erscheinen neben der grossen, gegen

Rutschungen unterbauten Curve, die in vielen kurzen Drehungen nach der Station Kasbek führt.

Hier blicken wir freudig empor zu dem isolirten Schneegipfel des Bergriesen Kasbek, jetzt leuchtend im Sonnenglanze; doch tückisch und feindlich für den Wanderer, wenn die Lawinen herabstürzen, oft wochenlang den Durchzug sperrend, der Schauplatz von Prometheus' Qualen. Vorgelagert erhebt sich auf steiler Höhe, 450 m über der Poststation, die armenische Kirche, in byzantinischen Formen, mit köstlichen Steinsculpturen geschmückt, die Klosterruine Samébu; tiefer unten ein Ossetendorf. Unheimliche Zauberinnen herrschen in diesen Höhen, von den Söhnen der Berge an dem aus Steinbockgehörn gebauten Altar auf dem Gletscher Dewdoraky beschworen und verehrt.

Wir stehen selbst schon hoch, höher zu aber weiden noch Schafe und Rinder. Unter uns sind glatte Feldchen, von Steinwällen umsäumt. Getreideschober umgeben das Dorf Kasbek; aber viel Hafer steht noch auf dem Halme (am 18. September).

Steinbuhnen (Flussbauwerke) sichern die Strasse; wie mit grüner Wolle bekleidet erscheinen die näheren Berge, in welche sich weit hinauf die Felder erstrecken. Wahre Felsennester, wie im schottischen Hochgebirge, dienen den Bewohnern als Heimstatt.

„Kaleschka gatówa!" „Die Pferde sind gesattelt!" ruft unser Kutscher und weiter geht's gegen Kobi.

Bald hinter Kasbek kommt bescheiden ein Wasserlauf von der Höhe, aus einem Becken steilrecht in den Térek abstürzend, die Bjeschenaja Balka, der wüthende Bach, im Frühjahr zu verderblicher Fluth anwachsend, Alles verheerend. Kaum 1 Fuss breit hat sich das Nass eine ganz schmale Rinne gebahnt, den Boden rechts und links roth färbend; unten die Böschungen zeigen Ströme rother Eisenerde, Kalksinter, vom Frühjahrsregen verwaschen, klafterbreit am Uferrand ausgebreitet. Die dunklen Schutthalden jenseits glänzen im Sonnenlichte.

Von den ersten Feldern bei Kasbek her erstreckt sich nun im breiten Hochthal von Kasbek Ackergrund. Die Ernte ist im Zuge, zweirädrige Karren mit Ochsenpaaren bespannt, ziehen vorbei. Eine Sotnia Kosaken klettert auf den kleinen Pferden die Wände des Vorberges herab, auf dem wie Adlerhorste Thürme, Häuser, Mauern durcheinander nisten.

Vor uns breitet sich mit blaugrauen Schatten ein Felsenpanorama aus, das in seiner Formation meinen Landsmann an

das Tatrageblrge mahnt. In den mächtigen baumlosen Seiten-
thälern erblicken wir Dörfer mit flachen Dächern, von morschen
Wachtthürmen beschirmt. Ein kahler Felsenkessel mit Sumpfwiesen
bezeichnet weiterhin die Wasserscheide.

Bald darauf murmelt die Bjela reka (weisser Bach) mit einem
in Stein gefassten Eisensäuerling am Wege, welcher immer höher
und steiler über gemauerte Terrassen führt. Der Schnee tritt
näher heran.

Im Rückblick sehen wir das Kammprofil der röthlichen blau
angehauchten Bergwand. Rechts an den grünen Lehnen zeichnet
sich scharf der Schattenriss der gezackten Berggipfel ab, die
gegen die Sonne zu stehen. Die Höhen rücken immer näher an
einander, einige Klafter unter uns ist der weisse Bach mit den
rothgelb gefärbten Randsteinen am Saume. Ein 1886 erbauter,
wohl 100 m langer Lawinentunnel ist hier in sanften Winkeln
halbmondförmig in den Abfall des linken Berges eingebaut,
andere Schutzbauten folgen nach.

Dünne Wasserfäden kommen von den Bergschluchten ge-
quollen. Jede Mulde bildet einen Zufluss.

Weiter hinauf noch wird Heu gemacht, stehen Pferde, Heuer
und Heuschober, höher als die Flecken Schnee dicht bei uns.
Lange Wasserfurchen sind hier in Streifen gezogen, als Ver-
sicherung gegen die Schneewässer. Die langen, parallelen Linien
links sind die Steige der weidenden Kühe dort oben; daneben
sehen wir Moränen. (Vor zwei Jahren erst hat an dieser Stelle
der Strasse ein Häuflein „Tscherkessen" einen Postwagen überfallen und den darin reisenden General beraubt.)

Wir fahren langsam weiter aufwärts von Kobi (65·4 km weit
von Wladikawkas). Wir sind im Gebiete der Lawinen, die im
Frühjahr und Spätherbst hier niedergehen. Bei der Quelle der
Baïdára steht das ossetische Schutzhaus, 2620 m hoch gelegen;
dann weiterhin am Weg eine der vielen für die Schneeräumer
bestimmten Casernen. Blau, von jenem tiefen satten Ton, den die
Stiefmütterchen aufweisen, liegt eine Höhe vor uns. Nun ist
Schnee unter uns sichtbar geworden; bei der nächsten Kehre
sehen wir ein weisses Wegmacherhaus bei der schönen Steinbrücke; Troglodytenhäuser, Sakli, zeigen sich zur Rechten in der
Höhe; dann halten wir an dem Kreuz auf der Krestowaja gorá,
1824 von Jermólow errichtet, einfach aus Stein gemacht, mit der
Inschrift: „Krestowij Perewal 7694 F." (Kreuzpass 2308 m)

Bald haben wir den Höhepunkt des Passes (2393 *m*) erreicht, die Grenze zwischen Europa und Asien. Die grünschimmernden Berge mit den Steinhäuptern verlassend, geniessen wir den Ausblick auf einen majestätischen Höhenzug: beschneite Spitzgipfel, tiefblau, grauschwarz verlaufend in Felspartieen von düsterem, geradezu tragischem Charakter. Zwischen jener Kette und der Strasse liegt ein grossartiges Hochthal, jetzt finster wie die Decoration der „Wolfsschlucht", es ist das Teufelsthal am Fusse des Krestowajaberges. In grosser Steile senkt sich der Zickzackweg von dem Kegelberge, durch welchen hier für die Eisenbahn ein 16 *km* langer Tunnel geführt werden soll.

Einspännige Wägen, Dohlen mit goldgelbem Schnabel (Alpendohlen, Corvus pyrrhocorax L.?), tatarische Steinklopfer, Kaukasier mit röthlichem und schwarzem zottigen Vieh erscheinen am Wege. Ein Wässerlein, das schon zum Kaspischen Meere eilt. Kein Dorf in den baumlosen, knochenartigen Felshängen seit einer Stunde. Jetzt öffnet sich zu unseren Füssen das Kaïchaúr-Thal mit der Aragwa; weit hinauf vermögen wir dem Ursprung des Wassers zu folgen.

Spitzwinkelig biegt sich die Strasse, durch Mauerpfeiler getragen, vom Abgrund vermittelst einer kaum meterhohen Schutzwehr getrennt. Angesichts des plastisch wie ein Relief vor uns ausgebreiteten Berglandes fahren wir hinab nach Gudaúr, einer kahlen und kalten Ansiedlung: Posthaus, meteorologische Station, Schutz- und Arbeiterhaus, ein „Duchan" (Wirthshaus). In Gudaúr beginnt der berühmte, nach Kaïchaúr, Kweschet, Passanaúr von den Fürsten Woronzów und Bäriatinskij durchgeführte Abstieg nach Mleti; 15·5 *km* beträgt die Relaisstrecke, 899 *m* waren von der Höhe bis nach Mleti durch die Strassentwickelung, dann durch Serpentinen an der Felswand zu überwinden!*) In der Luftlinie beträgt die Distanz zwischen Gudaúr und Mleti 7 *km*. Mauerwerk, rothe Distanzpfähle, Strebepfeiler laufen die Strasse entlang, welche sich Anfangs in langgestreckten Winkelzügen senkt.

Hoch oben schon liegen Gudaúr und die Riesenberge dahinter. Immer im Trabe geht es nun hinab auf 64 eng an einander gelegenen Windungen (7·5 *km* Gesammtlänge) der herrlichen, in einen dachförmigen Felsen grandioser Dimensionen eingesprengten, von Steinblöcken, Schutthalden, Trümmerstätten begleiteten Kunststrasse, einer der kühnsten Schöpfungen unseres Zeitalters. War der Aufstieg der Strasse im Térek- und Bjelathal ein allmähliger, so ist hier

—————

*) Vgl. S. 163. Zeile 4 von Unten.

der Absturz auf räumlich kleinem Terrain ein plötzlicher. Auf der Kehre kommen wir dem Ausgangspunkte des Abstiegs, der die jähe Berglehne in schwindelndem Zickzack bewältigt, ganz nahe. Ein Gedenkstein mahnt an den Erbauer und die Bauzeit, 1857 bis 1861.

Die Inschrift an diesem Abstiege von Semo-Mlett lautet:

„Diese Chaussée ist unter der Statthalterschaft des Fürsten Báriatinskij nach den Plänen des Oberstlieutenants Statkowskij von dem 8. Strassenbaudepartement unter Generalmajor Alibrand ausgeführt worden.

Eröffnet 30. August 1861."

Von unten hinauf sehen wir die Diagonalläufe der Strasse wie dünne weisse Fäden emporklettern an der dräuenden Wand und staunen den schwarzen Reiter an, der quer herab sein Ross führt. Während der Abfahrt erblicken wir jenseits der Tiefe gelbe Flecken auf den grünen Hängen, wie Lappen ausgebreitet zwischen geäderten, grauen Rinnsalen, Triften und wucherndem Strauchwerk. Diese Haferfelder rieseln hinab bis zur Thalsohle, verbreitern sich dort zu Dorflagen in glasgrünen Büschen. Mitten in den Aeckern ein Dorf, winzig klein, wie die Ansiedlungen, die wohl tausend Fuss unter uns liegen. Auf einem begrasten Querriegel kleben karge Feldstreifen, dunkle, säulenförmige Behausungen übereinander. — Jetzt liegen die Dorfhäuser schon ober uns, wir sind im Hochthal, wo die Aragwa im breiten Kiesbett rauscht, und verlassen die Serpentine, um geradeaus zu fahren zur Station Mleti; ein langes Einkehrhaus, ein Duchan, ein weisses Kirchlein mit grünem Dach, eine Säulenkapelle dabei. Gärten mit Rebstöcken begrenzen den Duchan, Lastkarren, hagere Gestalten stehen davor. — In veilchenblauem Schimmer liegen die Berge vor uns, gelb steigt der Mond empor am abendlichen Himmel, von Rosawölkchen umspielt.

Im reizenden Waldthale geht es mit frischen Pferden weiter gegen Passanaúr. Das böse Wasser fluthet hier oft über den Weg als brausender Strom, jetzt murmelt es leise als freundlicher, gefasster Brunnquell. Pappeln erheben sich an den Feldern, in dem parkartigen Thale, zu Füssen des Bergwalls. Zu 9000 bis 10.000 Fuss steigen die schneebedeckten Höhen empor, an deren von Burgen beschirmten Grundpfeilern wir vorbeikommen. Der Zwiebelthurm der Kirche von Passanaúr blinkt im Mondenschein, Lichter glänzen, das Posthaus und die Karawanserais sind erreicht. Wir kramen in dem Laden, spazieren durch die Garten-

reihen, geniessen die friedliche Stille, die nur Wasserrauschen
und Pferdegetrappel unterbricht. Ueber 100 Pferde werden
hier in Passanaúr zur Sommerszeit gehalten, im Uebrigen ist die
zierlich mit Erker und Veranda versehene Station recht dürftig ausgestattet. Als die zuerst Eingetroffenen eroberten wir Schlafstellen
auf den Lederdivans, deckten uns mit der Burka (Pelzmantel) zu
und schliefen, wiederholt von neuen Zuzüglern aufgestört, bis zum
Tagesanbruch.

Die Poststationen stehen nicht auf der Höhe der Schweizer
Relaishäuser, weder im Comfort, noch in der Küche; aber Alles
in Allem genommen reist man heute auf der grusinischen Strasse
doch sehr bequem im Vergleiche zum ersten Viertel unseres
Jahrhunderts, aus welcher Zeit Puschkin berichtet:

„Vorn eine Kanone, rückwärts eine Kanone, zu beiden Seiten
Militär; in der Mitte Alles, was reiste, ob zu Pferd oder zu Fuss,
auf dem Kameel, in Arba *), Equipage oder Troïka.

Waren 16 Werst zurückgelegt, so wurde Halt gemacht und
abgekocht. Jeder ass, was er eben hatte."

Von Gefahren war für uns nicht die Rede, weder von Seiten
der Lesghier, noch durch andere Wesen. Ein einziges Mal trafen
wir auf der langen Strecke mit der Trägerin flammender, schwarzer
Augen zusammen, die Alles in Brand zu setzen geeignet und
gewillt schienen. Der Ssmatritel (Posthalter) rettete unsere Herzen,
indem er unseren Geist durch hübsche Gesteinproben für einen
Augenblick abzog. Als wir jedoch, ohne Krystall oder Anderes
gekauft zu haben, wieder vor's Thor traten, stieg die Schöne,
vielleicht empört über unsere anscheinende Gleichgiltigkeit, eben
in ihren Wagen, sandte noch einen Partherpfeil aus den Gluth-
augen ab und entschwand in der aufwirbelnden Staubwolke.

Hinter Passanaúr, das wir am Morgen verliessen, reicht der
dichte Laubwald bis an die Strasse. Links und rechts liegen weisse
Sommerhäuser mit Laubgängen und flachen Dächern, mitten in be-
buschten Gärten, von hohen Pappeln und kräftigen Nussbäumen
umhegt — ein Stück Wiener Wald längs der fischreichen Aragwa.
Uferschutzbauten, liebliche Brunnen, Aquäducte, unter der Strasse
durchgeführt, zeugen für die Sorgfalt der Strassenverwaltung.

Das Thal der Aragwa verengt sich wieder. Gesattelte Pferde
weiden hier; ein Adler sitzt, kaum zehn Schritte von uns, auf
einem Schotterkegel. Wir durchfahren ein mächtiges Torrentebett

---

*) Zweiräderiger Karren.

(das fünfte seit Mleti), das aus dem rechten Thale heraus rieselt
Das Wasser läuft über die Quadern, aus welchen die Strasse hier
zusammengefügt worden. Basalt, Wachtthürme erscheinen, eine
Brücke à la minute aus Flechtwerk. Sambucus und Welden am
Ufer. Der Perrückenstrauch (rhus cotinus) spinnt sich über die
Zweige der Gebüsche.

Kabardá! (Achtung!) ruft der Convoi des entgegenkommenden
vierspännigen Postwagens und schlägt mit der Nagaika (kurze
Peitsche) drein auf die beiden, in braune Kutten gehüllten Führer
der 15 Lastwägen zählenden Colonne vor uns.

Neue Wasserwehren werden sichtbar bei dem von Holzsäulen
getragenen Steinduchan; das rechtsher herabstürzende Gewässer
geht durch einen Abzuggraben über vier gemauerte Terrassen;
zwei ähnliche Wildbachverbaue folgen. Links nicken üppige
Laubkronen im Seitenthale. Wo es das Wildbett gestattet, schleicht
sich an's Uferland ein Stückchen Haferfeld ein; ein Wandtrog,
zu dessen Ausbau ein Büffelpaar neue Steine herzuschleppt, leitet
das gestaute Wasser zu der ganz kleinen, kastenförmigen Mühle.
Die Strasse, ganz verschüttet und unfahrbar geworden, wird hier
verlegt und an's Ufer gerückt. Auf die steinernen Ringmauern
und flachen Dächer folgen jetzt schon Flechtzäune und Winkel-
dächer. Obstbäume zeigen sich; verfallene Thürme, trapezoidisch
oder rund, ragen aus den Gehöften der „Schlossgesessenen" hervor.
Wie in Ungarn jedes Gehöft der Edelleute „Castell" heisst, so
nennt im Kaukasus der Adelige seinen Hof ein Schloss.

Ein Ackersturz zeigt sich uns auf der Weiterfahrt, links
hohe Disteln auf den Stoppelfeldern, kleine schwärzliche Gänse,
fahle borstige Schweine; Kürbisse überwachsen die Hütten am
Fusse des vorgeschobenen Kirchberges von Ananaúr; rothbraun schimmern die Hohlziegel auf dem Spitzdache von Burg
und Kloster. Wir verlassen die hier zu Bewässerungen benützte
Aragwa, das Thal gabelt sich; jenseits des Wassers steigt Rauch
auf, drängt sich ein Pferdemarkt um Kaufhütten, Linden beschatten das säulengeschmückte Vordach der Häuser, die Hinter-
berge senken sich. Die Felsen sind von der Oberfläche verschwunden, Ackererde bedeckt die sanften Anhöhen. Die Landschaft trägt hier den Charakter der Laubholzregion. Büffel im
Doppeljoche vor Heuwägen schreiten uns entgegen, vornauf
zwischen den gehörnten Schädeln der Zugthiere der Führer. Die
Obstbäume sind von einem Wulst dichter Stachelhecken umkränzt.

Neue Thäler erstrecken sich weit hinaus gegen Anhöhen, welche dunkle Ackerstreifen, Scheunen aus Flechtwerk mit Strohdächern bedecken. Ein umfassender Rundblick auf das Gebirge und den kleinen Limassee wird uns an dieser Stelle zu Theil, mitten im Culturlande, durch das die weisse Strasse hinabzieht. Von hohen Bäumen umgeben liegt Schloss Duschett, dem Fürsten Tschelájew gehörig, mit langer Stirnseite, Zinnenthürmen und Rundthurm an der Lehne die zu den Rebgärten, am Wasser herniedersteigt. Buntes Obst wird unter Zelten feilgehalten; Oleandergebüsche blühen an der Station. Je 5 Paar Ochsen pflügen, vor den alten kaukasischen Haken gespannt, die braune Erde. Im Rückblick erscheint Dorf Duschett, der erste georgische Ort, gleich einem zerstückelten Schachbrett: dunkle Gärten, helle Häuser. Hoch darüber, hinter den Bergfeldern leuchten blaue Spitzen, die oft gesehene, markante Doppelpyramide. Grosse Feldflächen, welche für die Herbstsaat bestellt werden, indess bei Kasbek kaum die Ernte begonnen hat, dehnen sich zwischen Wald und Buschlehnen aus. Unten in der Niederung, wo Nussbäume stehen, weiden Kühe am Bache und Büffelheerden. Das erste Maisfeld wird bemerkbar, dann Pflaumen- und Mandelbäume.

Hier begegnen wir einer Sotnia*) [Hundertschaft; Regiment à 4 Escadronen] Kosaken auf dem Marsch, ihre Pferde tummelnd, singend, wilde Gestalten, allzu kräftig für die kleinen Reitthiere. Der Typus der russischen Krieger, den Sonnenbrand so wenig scheuend wie den Winterfrost, der Wunden nicht achtend, ruhm- und beutegierig. Eine lange Strecke der ganzen Fahrt hindurch kamen wir immer wieder mit der Sotnia zusammen, die recht ungeregelt marschirte. War auch der Oberst schon aufgesessen, und mochte die heisere Trompete blasen, so laut sie konnte; ein Theil der Kosaken blieb immer noch ruhig, die saftige Arbuse in der Hand, am Wegrande sitzen, um dann der Staubwolke der ziehenden Sotnia nachzusprengen.

Komisch erschien mir, dass einer der Kosakenofficiere einen Zwicker trug. Die Linien- und gar die Gardeofficiere machen wenig Wesens selbst mit höheren Kosakenofficieren. Eine Kameradschaft und das unbedingte Dutzen bei gleichem Rang wie bei uns, hat in Russland einen grellen Gegensatz in dem Separatismus der verschiedenen Waffen und Truppentheile.

*) Sprich Ssotnia und Kasik.

Pflüger und Büffelgespann bei Assuan.

Wiederholt beobachtete ich, wie nachlässig Subalterne die Ehrenbezeigung leisteten; wie ein Lieutenant oder Stabscapitän, ohne sich vorzustellen, ruhig stundenlang neben Obersten sass, Kosakenofficiere dieses Ranges beim Eintritt in einen öffentlichen Speiseraum gar nicht salutirte, dabei aber kaltblütig neben ihnen am Tische Platz nahm.

Die russische Armee stellt im Frieden 659.990 Mann mit 85.000 Pferden, im Kriege 1,689.000 Mann und 223.000 Pferde (3776 Geschütze) inclusive der Reserve. Dazu kommen noch die Kosaken und der Landsturm.

Russland, welches bisher nur eine zwanzigjährige Dienstpflicht gehabt hatte — sechs Jahre im stehenden Heere, neun Jahre in der Reserve und fünf Jahre in der Reichswehr — hat die Dienstpflicht 1888 auf 23 Jahre erhöht. Dieselbe stellt sich nunmehr:

vom 20. bis 25. Jahre in der Linie,
vom 26. bis 38. Jahre in der Reserve,
vom 39. bis 43. Jahre in der Reichswehr (Landsturm).

A. Die Friedensstärke der regulären Armee beträgt — abgesehen von den Kosakentruppen (s. u.) — :

	Combattanten
I. Feldtruppen	
1. Generalstab und Armeestäbe	1.890
2. Infanterie:	
a) 192 Armee-Regimenter à 4 Bataillons (darunter 12 Garde-Regimenter)	
b) 56 Schützen-Bataillons (darunter 4 Garde-Schützen-Bataillons	383.030
c) 33 Linien-Bataillons	
3. Cavallerie: 56 (10 Garde- und 46 Dragoner-) Regimenter, à 6 Escadronen, und 1 Abtheilung	47.920
4. Artillerie:	
a) Feld-Artillerie: 303 Batterieen, 1344 Geschütze (3 Garde-Batterieen	
b) Reitende: 30 Batterieen, 182 Geschütze (5 Garde-Batterieen)	84.824
c) Festungs- und Ausfalls-Artillerie: 5 Batterieen, 10 Geschütze, 50 Bataillons	
5. Genietruppen: 17 Sapeur-Bataillons (1 Garde), 5 Sapeur-Compagnien, 8 Pontonnier-Bataillons, 6 Eisenbahn-Bataillons, 4 Torpedo-Comp., 6 Ingenieur- und 17 Telegraphenparks	18.977
II. Reservetruppen:	
1. Infanterie: 116 Bataillons.	
2. Artillerie: 30 Batterieen, 94 Geschütze	60.234
III. Ersatz-, Local- Lehr- und Hilfstruppen	63.115

B. Die **Kriegsstärke** der regulären Armee beträgt — abgesehen von den Kosakentruppen (s. o.) —:

  I. Feld- und Reservetruppen:

    1. Generalstab u. s. w. (s. o.)

    2. Infanterie: 1607 Bataillons und 8 Compagnien.

    3. Cavallerie: 440 Escadronen und 5 Abtheilungen.

    4. Artillerie: 493 Batterieen und $51\frac{1}{2}$ Bataillons.

    5. Genietruppen: 47 Bataillons.

  II. Ersatz- und Localtruppen wie im Frieden.

Die Kosaken zählen:

	Reguläre (Linien)	Irreguläre
A. Im Frieden.		
	363 Sotnien Cavallerie	37 Sotnien Cavallerie
	20 Sotnien zu Fuss	11 Sotnien zu Fuss
	20 Batterieen	—
Stand:	1984 Officiere	139 Officiere
	49963 Mann	5700 Mann
	38707 Pferde	5327 Pferde
B. Im Krieg.		
	812 Sotnien Cavallerie	
	60 Sotnien zu Fuss	39 Sotnien Cavallerie.
	40 Batterieen (236 Geschütze)	12 Sotnien zu Fuss.
Stand:	3346 Officiere	143 Officiere
	141960 Mann	6188 Mann
	138036 Pferde	5382 Pferde

Die gesammte Streitmacht im Kriegsfalle schätzt man inclusive Landsturm auf mehr als 3 Millionen Mann.*

1886 wurden die bis dahin von der allgemeinen Wehrpflicht ausgenommene Bevölkerung von Transkaukasien und die nicht-russischen Bewohner der Kubán- und Térekgebiete, unter Berücksichtigung verschiedener Verhältnisse, herangezogen.

Das betreffende Gutachten des Reichsrathes führt aus:

„Die Bekenner des Islam werden bis auf Weiteres nicht recrutirt und zahlen dafür eine Militärtaxe.

Den privilegirten Colonisten bleibt das Auswanderungsrecht vorbehalten.

In Transkaukasien und in den von Nichtrussen bewohnten Gebieten am Kubán und Térek sind die präsent Dienenden von Naturalleistungen, überdies aber ebenso wie ihre Familien und Heimstätten von allen persönlichen Steuern (Staats-, Landschafts-

---

*) Die neueste Formirung erhöht die Zahl der Schützen-Bataillons um 20, vermehrt den Stand der Reserve-Infanterie und stellt „fliegende Artillerieparks" bei den Schützen-Brigaden auf. Die Kosakensotnien erhöhen sich um 17, die Kosakenofficiere um 245.

— 177 —

und Gemeindesteuern) befreit. Bei der nichtrussischen Bevölkerung des Kaukasus haben Anspruch auf Militärbefreiung:
1. der einzige Repräsentant einer Familie, 2. unter gewissen Umständen der Schwiegersohn.

Wo noch mündliches Gerichtsverfahren nach altem Brauche
der Bergvölker Leute mit dem Blutbanne trifft, werden solche,
wenn ausgelost, sofort assentirt. Die Recruten* sind besonderen
im Kaukasus garnisonirenden Territorialtruppen einzureihen. ·

Die active Dienstzeit ist 3 Jahre (gegen 5 in Russland).

Diejenigen, welche ihre Heerden selbst verwalten, können
im Kaukasus dort, wo die Viehzucht den Haupterwerbszweig
bildet, auf ein Jahr zurückgestellt werden.

Freiwillige, die Bekenner des Islam sind, werden nur in
einer gewissen Zahl zugelassen.

Zu Cavalleristen eignen sich die berittenen Bergvölker:
Grusiner, Osseten, Kabardiner u. s. w."

Für die Tapferkeit der eingereihten Mohamedaner des
Kaukasus führt Heyfelder den letzten Türkenkrieg, die Kämpfe
gegen die Achal-Tekke und vor Gök-tepé an.

Im Kaukasus bilden die Russen sowie die türkischen Stämme
je etwa ein Viertel der Gesammtbevölkerung, die Armenier und
Kartwelier zusammen fast ein Drittel, die kaukasischen Berg-
völker 16%. Der Rest vertheilt sich auf den iranischen Stamm,
Osseten, Juden und Griechen. Die „echten Kaukasier", die Nachkommen der ersten Ansiedler, bilden also nur etwa ein Viertel
der Gesammtbevölkerung. Zu ihnen gehören: I. im Süden des
Landes die Grusiner oder Georgier, die Mingrelier, Lasen und
Swaneten, sämmtlich kartwelischen oder iberischen Stammes, vom
Schwarzen Meere bis zum Alasán ansässig; II. im Mittelstreifen
des Landes die Bergvölker: *a)* im Westen die Tscherkessen
(Abchasen am Schwarzen Meere; Kabardiner am oberen Térek;
eigentliche Tscherkessen, Adighé [heute fast völlig verschwunden]
am Kubán); *b)* längs der grusinischen Strasse die Tschet-
schenzen; *c)* im Osten die Lesghier (Awaren, Andier, Kasigu-
muchen u. s. w. — — ··

Ochsentreiber, ein Zug Lastkarren voll farbiger Päcke und
Säcke, Schutzmannschaft, wahre Schelmengesichter mit hoher
Pelzmütze daneben, bieten auf der Weiterfahrt ein lebhaftes,

------

*) 2398 I. J. 1848.

buntes Bild, ein lebendig gewordenes Gemälde von Horschelt.
Wir gelangen zurück in's Aragwathal, mit Wein- und Obstgärten
in üppig grünen Gründen, voll wuchernder Disteln; mannshohe
und sorglich umackerte Büsche stehen zu Hunderten mitten im
Felde. An der Strasse sehen wir Wägen mit rothen und gelben
Plachen und Teppichen verhängt, darin Kinder und Frauen, Schäfer
in Blau und Orange, mit schwarzer Mütze und braunem Gesicht.
Ein-Alter am Stabe und ein Jüngling in rothem Gewand lehnen
an den Steinen des nie umfriedeten Kirchhofs. Bei der Station
Tzilkanj grünt ein Feigenbaum mit reifenden Früchten. Die
Strasse führt nun wohl 50 Fuss hoch über dem Wasser — durch
Thonschichten etwa 4 Klafter tief gegraben, um das bisherige
Niveau zu behaupten — vorbei an der Nekropole von Samtháwro
und der Kirche von Dshuari-Sakdari. Vor uns steigt Gemäuer
auf, zerrissene Burgthürme mit eigenthümlich schrägen Steinlagen.
    Die imposante Bergkette links endet mit der Burg Nazikwari
— an Akrokorinth mahnend —; unten liegt breit und zerfetzt das Bett
der Aragwa mit Sandbänken und Inseln, voll von Buschweiden, am
Ufer sind Fruchtgärten. Rechts erschliesst sich ein Thal mit nackten,
dräuenden Felsenklippen, zu dem wir unterhalb des malerischen
Kirchschlosses und Stadtberges von Mzchet einfahren, um in viertel-
stündigem Bogen zu der Eisenbahn- und Poststation gleichen Namens
zu gelangen. Mzchet, mit der uralten Krönungskirche der Könige
von Grusien, ist an der breiten Mündung der Aragwa in den Kur
gelegen, am sogenannten Teufelsknie. Auf das eben erst gesehene
Bild — eine historische Landschaft in Preller's Styl — folgt ein
ganz modernes. Wir übersetzen auf prächtiger, fast einen rechten
Winkel bildenden Steinpfeilerbrücke (1841 von General Golowin erbaut auf den noch sichtbaren Grundfesten der von Pompejus errichteten Brücke) den Kur und legen dann, im Kurthale ver-
bleibend, die zweite Hälfte der engen Schlinge zurück, quer ober
uns die Telegraphendrähte, hinter uns die Station und das düstere
Thal, rechtshin den Schienenweg der Strecke Batúm-Tiflis, links an
der Felswand uns gegenüber am anderen so nahen Ufer die Trümmer
der Römerbrücke und die Quaderpfeiler der neuen, tief unten den
Kur, dessen Beet eben durch Baggerung regulirt wird. Dann blickt
wieder Mzchet, uralt, grau in Grau, stattlich herüber mit seinem
Kegelthurm, den im Uferabsturz horstenden Häuserwürfeln und
zum Abschied die graue breite Aragwa; links im Hintergrunde
die burggekrönte Höhe.

Weiter geht es nun am rechten Kurufer gegen Tiflis. Gelb rollt mir zu Füssen der brausende Kur im tanzenden Wellengetriebe.

Ein brauner Alter vor uns mit weissem Schnauzbart treibt seinen mit Gleichgewichtsständern versehenen zweirädrigen Karren an: Maisstengel, am Boden nachschleifende Holzbündel mit Laubwerk obenauf sind die Ladung, drei Büffel und zwei Rinder davor die Bespannung. Ein Wagenpark von Heufuhren mit muhenden Ochsen erhebt sich am Uferrand. Davor lungern zerlumpte, vom Sonnenlicht verklärte Gesellen in weissblauem Kleide, voll von Schlitzen und Rissen. Eine eiserne Gitterbrücke führt an dieser Stelle die Bahn an's linke Ufer; eisern sind die Schranken, eisern die Telegraphensäulen.

Wir bleiben am rechten Ufer; hoch oben sind Höhlen wie Schwalbennester, im Wasser Flösse. Wirthschaftswägen, den Thonkrug an der Seitenwand, fahren längs der grossen Stoppelfelder, ein von Kindshalen (Dolchen) starrender Kerl treibt ein Volk Truthühner. Grosse Weingärten, von Pappeln umsäumt, darunter das Rebengut des von König David stammenden Fürsten Bagration, die Dörfer der deutschen Colonisten, der Rennplatz, der Garten von Muschtaïd, Häuser und Thürme erscheinen in rascher Folge. Bei strömendem Gewitterregen fahren wir ein in das Paris der kaukasischen Magnaten, durch die steilen Strassen, die breiten Boulevards von Tiflis.

2. ABSCHNITT.

Asien und Europa vermischen hier bunt, wie die Glasstückchen eines Kaleidoskops, ihre Elemente; orientalische Interieurs und continentaler Comfort, westliche Eleganz und wilde Gestalten aus dem Osten: armenische Häuser, moderne Prachtbauten;
Bazar und Karawanserei neben Pariser Modeläden; rasche Iswoschtschiks und plumpe Arbas (Karren); persische Lämpchen,
elektrisches Glühlicht. Kaum zwanzig Jahre haben die Stadt aus
„Tausend und ein Tag", das Tiflis der Lieder Mirza Schaffy's
umgestaltet zu einer halb europäischen Gouvernementsstadt. Wo
heute ein Park steht, war Unland: an der Stelle der jetzigen
Boulevards erblickte man damals niedrige Häuschen in lauschigem
Grün; enge Gassen wurden zu Avenuen, schmutzige Brücken-
winkel zu Kaufhallen. Museen, Schulgebäude, das Nationalopern-
haus, die städtische Duma erheben sich stattlich und weitläufig
auf gutgepflasterten, alleebesetzten Plätzen, die vordem wirres
Kunterbunt trugen. Noch zeigt dieses und jenes Palais die Reste
alten Styls. Die deutsche Colonie — eine gartenreiche Villenstadt — ist seitdem mit Tiflis zusammengeflossen, die Eisenbahnlinie Batum-Bakù hat hier ihren Mittelpunkt — kurz, der nördliche
Theil der Stadt auf beiden Ufern ist russificirt und neu-
geschaffen. Doch nicht völlig entschwand der Reiz regelloser
Buntheit, orientalischen Gepräges, origineller Färbung. Die Pferdebahn führt uns rasch zu dem armenischen, dem persischen Viertel:
auch sie entbehrt der Eigenthümlichkeiten nicht. Für die drei
Kopeken Fahrgeld schwingt sich allerlei Volk auf die niedrigen,
offenen Wagen, in denen wohl auch grosse Bündel, ja, wie ich
selbst gesehen, Lämmer und Zicklein Platz finden müssen. Luftige

Hallen, mit breitem Hofe, tief unten ein Fischbehälter; schmale
Gänge, treppauf, treppab, finstere Gewölbe, gewundene Stiegen
setzen das Karawanserai Tamantschew, den Bazar um den
malerischen Meïdanplatz zusammen. Seltsame Lichteffecte spielen
in dem Helldunkel, wo tiefe, bräunliche Schatten lagern, oder
ein Bündel Sonnenstrahlen in zitternden, blauen Streifen von den
Lucken herabschiesst auf die farbigen Kaufbuden. Ein Leichen-
zug geht vorbei: singende Chorknaben in weissen, grüngestreiften
Hemden, Vorbeter in smaragdenem Atlas und himmelblauer Seide,
in goldenem Brocat die langbärtigen Priester vor dem einfachen
Sarge. Am Brunnen füllt der städtische Sprengwagen aus Eisen-
blech Wasser neben den Eseltreibern, die ihre Schläuche voll-
giessen. — Georgier, Tataren, griechische Bettler, Perser und
Türken, Armenier, Osseten, Grusiner, Mingrelier, Albanesen,
Turkmenen; schwarz, blau, scharlachroth, grün, weisslich; dicke
Figuren, hässliche Masken, Adlerprofile, schlanke Gestalten, jeden
Moment eine andere Gruppe, immer wieder dankbare Objecte
für Pinsel, Bleistift und Trockenplatte.

Das Häusergewirr zieht sich am Uferrande, des Kur bis zu der
Festung empor. Zwei nahe Brücken, eine hölzerne und eine eiserne,
übersetzen kühn das tiefe Flussbett, in dessen Felsen eingebaut alte
Gebäude nisten, auf Strebepfeilern ruhend, mit zerfallenen Ziegel-
wänden; Gusslöcher und Scharten durchbrechen die morschen Wände.
Um's Wasserrad in dem zurückweichenden Winkel der Mühlpforte
wuchert grünes Unkraut. Aus der Moschee ertönt lauter Gesang.
Weiter hinauf werden die Häuschen am Burgberg sichtbar und
dieser selbst. Am selben Uferrand, in einer Senkung, hat sich
der Viehmarkt etablirt zwischen Heulagern. Hellbraune Rinder,
gefleckte Ziegen, fette Schafe, Büffelkälber werden ab- und zu-
getrieben. Die Pferde stehen bei den Fuhrwerkshöfen. (Rindfleisch
22 bis 25 kr., Schaffleisch 25 bis 27 kr. pro Kilogramm.) Durch
das asiatische Viertel führt jäh ein Aufweg zwischen den farbigen
Nischen der Händler und Handwerker, dann durch erbärmliche
Wohnstätten und allerlei Gerümpel zum botanischen Garten.
Auch dieser ist auf mehreren Plateaus am Südabhange des
Schlossberges angelegt. Eine kleine Brücke reicht hinüber zu
dem Gärtchen auf der dreieckigen Mauerterrasse. Oben blickt
durch reiches, fettes Grün hochragender Cypressen der Mauer-
kranz der Schlossruine hervor. Auf dem ersten Absatze liegt
der eigentliche botanizkij Ssad, ein reizender Winkel. Sorg-

fältige Gartenkunst legt uns tropische Pflanzen, bunte Blumen, zierliches Gesträuch vor. Hier finden wir eine 5 m hohe Magnolia, eine üppige Cedrus Deodara, die hängenden gefiederten Zweige von Pinus Merinda, die weissen langen Blüthen von Gynerium argenteum, eine grosse Sterculia platanifolia, Musa und Calladium. Tief unten ist das zerrissene Bett eines Wildbachs. Jenseits das gewaltige kahle Gebirge, wild und durchfurcht, mit Grabsteinen zwischen den pyramidalen Schutthalden. Wir steigen immer höher durch Laubgänge längs des Rinnsals voll murmelnden Wassers, das 19 km weit her die gemauerten Becken, welche Stiegen und Terrassen umringen, alte Wallnussbäume beschatten, zu speisen kommt. Einen steilen Felsenpfad hinan; dann öffnet sich ein Thor, und Tiflis liegt uns in schroffer Tiefe zu Füssen.

Links der düstergrau vortretende Berg mit dem einsamen Davidskirchlein, lange Schatten werfend auf die bis an seine Sohle reichende rechtaufrige Stadt. Im Hintergrunde die imposante Kette des Kaukasus, blau und duftig; Schneegipfel und Wolken darüber. Rechts kahle, gelbe Höhen. Diese drängen sich, zu bedeutender Höhe anschwellend, gegenüber dem Kamme des Burgbergs Sololaki, auf dem wir stehen bis nahe an den Gebirgszug des diesseitigen Ufers. Beide, jene Höhen und der von ihnen durch den Kur getrennte Gebirgzug, sind mit nackten, ärmlichen, übereinander geschachtelten Häusern besetzt, von deren Erkern der Blick senkrecht in die Tiefe taucht zum schlammigen Kur. Vor uns, in dem breiten Raume, den die Berge begrenzen, gliedert sich das Tiflis der Zukunft und Vergangenheit in seinen Theilen. Links, also am rechten Ufer, ist die alte Stadt ostwärts gegen den Kur zu zur neuen geworden, mit schönen Gebäuden, breiten Strassen, Baum- und Gartengrün; uns näher ist das altgebliebene georgische, armenische und persische Tiflis, Awlabar, heraufsteigend mit seinen kleinen Häusern bis an die Wachtthürme der Festung und hinter derselben emporkletternd zu dem mohamedanischen Friedhofe. Wir sehen in Hofräume und auf Dächer: weissgekleidete Frauen kauern dort, Kinder spielen in den Winkelgässchen. Wir erblicken das flache Dach des tatarischen Bades (Twilissi Kalaki = Tiflis — die Stadt der heissen Quellen) mit seinen weissgekalkten Kuppeln. Dieses asiatische Viertel überzieht weithin das andere, linke Ufer, auf dem ostwärts, parallel mit dem modernen Stadttheil, die deutsche Colonie, ein Park- und Villenviertel der Garten Muschtaïd, militärische Etablissements, der hohe Bahnhof sich erstrecken.

Ein reiches Stadtbild, bunt und unruhig durch die Herbst färbung, durch die krummen Strassen, die wirren Formen, Farben-flecke, die Winkel im Halbkreise des Kurufers, durch die glänzenden Blechthürme, die kahlen Häuserterrassen. Wir schliessen den Kreis durch einen Rundgang um die Mauern von Narikalá, der alten Perserfestung, deren Thürme und Giebel aus schmalkantigen Ziegeln und grossen Steinplatten gemauert sind und kehren unter der Ruine Schahi-Tacht zum Eingange des botanischen Gartens zurück, um zwischen engen Strassen hinaus zu fahren nach dem Ortatschalni Ssad, der Insel mit den Fruchtgärten von Tiflis.

Der Kur-Fluss, vom Gebirge breit einher strömend, windet sich halbmondförmig mitten durch die Stadt. Zwei grosse Stein-brücken und die beiden genannten kleineren Uebersetzungen überqueren das Flussbett, in dem wir eine Anzahl oft unter Wasser stehender Inseln sehen. Der Madatowski Ostrów (Insel) mit Holzlagern und ein zweites Eiland knapp daran sind über-brückt. Schiffmühlen drehen sich längs der Uferhöhen. Von hier aus sehen wir wieder so recht das malerische Auf und Nieder von Terrassen und Plateaus, die übereinanderliegenden Häuser, so dass das Flachdach des einen Hauses als Hofraum für das höherliegende dient, Holztreppchen, Stufen, Auf- und Abstiege dazwischen. Kein Haus ohne Veranda, Balcon oder Erker auf der Morgen- wie an der Abendseite. Balcone in allen Stöcken, unter dem vorspringenden Oberstocke eingebaut oder in Thurm-form, dann wieder als Söller im Erdgeschosse neben einer hölzernen Warte. Und wie hübsch und bunt sind die Balcone ausgestattet! Hier ein paar Renaissancesäulen zur Stütze, dort weissge-strichenes, durchbrochenes Holzgitter, leuchtend wie Silberarabesken. Vorhänge sind daran, Spitz- und Runddächer oder Zelte darüber; Divans, Blumen, hängende Gärten, Schlingpflanzen darauf. Zwischen den Häusern ragen die Kegelthürme der Kirchen empor, gestaltet wie halbgeschlossene japanische Schirme. Unterhalb der Festung läuft der Kur im rechten Winkel weiter und spaltet sich dann, 1 Werst von der Stadt, die Fruchtgärten im Kreise umfangend.

An Läden vorbei, Gärtnereien, Baustellen gelangt man zu diesem Kreisbogen des Kur, westwärts der Stadt, der rings um den Ortatschalni Ssad mit grossen Schöpfwerken besetzt ist. Das Wasser des mühlentreibenden Hauptarmes und des versandeten

Seitenlaufes bewegt, durch Reiswehren und Flechtkörbe gestaut,
die 6 *m* hohen, aus dünnem Leistengitterwerk zusammenge-
fügten Schöpfräder und füllt die schmalen, langen, am Rande
etwa zu zwanzig an einer Welle festgebundenen Thonkrüge. Aus
ihnen strömt das Wasser in die über Kiesbänke geleiteten hohen,
unterspreitzten Holzrinnen und durch diese weiter in die Gärten
der Insel. Duchans und Wirthschaften an jedem Gartenthor, Saiten-
geklimper und näselnder Gesang ertönt aus ihnen. Ein behäbiger Gärtner, der sein Grundstück auf 5000 Rubel schätzt, macht den Führer.

Das Wasser, vornehmlich im Frühjahr und Sommer benützt,
dient jetzt im Herbste nur aushilfsweise der Berieselung, welche
durch meterbreite Hauptgräben, fussbreite Seitenrinnen — alle in
Lehm gegraben und mit der Stechschaufel eröffnet oder zugeworfen —
erfolgt. Wir gehen an Gartenhäuschen, Keltern, Wächterbuden
vorüber, schreiten die langen Rebenlauben entlang — alle Trauben
sind hier dies Jahr schwarz und krank — und bewundern die
Fülle der Aepfel und Birnen, der Quitten und Pfirsiche. In den
Seitenbeeten bis an die Nachbarhecke hin ist Petersilie gepflanzt,
Lauch, Kohl, Artischoken. Halb im Boden versenkt, stehen Reihen
von Thonurnen da für den Most. Je drei Gärten werden von
einem Schöpfwerke (Tschar) bedient. Zwei Jahrhunderte lang
dient die Kurinsel dem Obst- und Grünzeugbau.

Wir haben hier bereits ein Bild aus der bewässerten
Culturzone Kaukasiens vor uns, nachdem wir auf der letzten
Fahrt in den Bergen die unbewässerte beobachten konnten.

Unterhalb Tiflis, am linken Kurufer, liegt die Karajáss-
steppe; mit einem Kostenaufwande von mehr als 1½ Millionen Rubel
sind hier im Jahre 1866 12.950 Dj. (14.115 *ha*) für Bewässerung eingerichtet worden. (Der Besitz gehört der Gesellschaft zur Wiederherstellung des Christenthums im Kaukasus, einer Corporation,
welche auch das vielfach verbreitete Kreuz der heiligen Nina zu
vertheilen berechtigt ist.) Die Irrigation erfolgt durch den Mariin-
skijcanal (16 *km* lang).

Im Ganzen sind im Bereiche der Flusssysteme des Kur und
des Araxes etwa 2 Millionen Hektar culturfähig; eine Summe von
200 Millionen Rubel (100 Rubel pro Hektar), 4800 *km* Canäle vermöchten das Land, nach Radde, in Gärten und Plantagen umzuwandeln, welche Baumwolle, Sesam, Tabak, Ricinus tragen könnten.

Alte, von den Persern herstammende Rinnsale für Bewässerungszwecke finden sich bis zur Höhe von 3000 *m* über dem Meere.

Im Kaukasus finden wir heute unter Anderem bereits in Thätigkeit, theils zur Ent-, theils zur Bewässerung dienend, den Eristowcanal (213 *km* lang), den Sulakcanal (63 *km*) in der Ebene von Petrowsk, den Tschtschedrinskij — (42 *km*), den Jusbaschi-Sulak — (37 *km*), den Kurskijcanal (18 *km*).

Der Name Radde's, des Gründers und Directors des reichhaltigen Tifliser Museums, ist nicht nur der Gelehrtenwelt, sondern auch speciell im Kaukasus Jedem geläufig. Die Forschungsreisen des unermüdlichen Mannes haben ihn über das ganze Gebiet hin populär gemacht, und in den hochgelegenen Lesghierdörfern kannten die Leute nur drei Namen hervorragender Persönlichkeiten: den Zaren, den Statthalter und — Radde.

Das Museum, ein eleganter Bau im Centrum der Stadt gelegen, enthält eine Fülle natur- und culturgeschichtlicher Sammlungen; in einem Saale sind die Wasservögel, Adler, Fasanen, daneben Bären, Wildschafe, Gemsen u. s. w. vortrefflich ausgestopft und gruppirt zu sehen, wobei die Saalwände je die charakteristische Landschaft als Hintergrund bieten. Dann sind Insecten, Reptilien des Landes, ferner botanische Collectionen da, geologische Objecte, bildliche Darstellungen von Land und Leuten, u. A. Farbenskizzen von Aug. Schäffer. Weiterhin Typen aller kaukasischen Stämme, in lebensgrossen Figurinen mit Originalgewändern, Waffen, Schmuck; um diese bewegten Gruppenbilder ist Hausrath aufgestellt; dann tritt die Geschichte in ihr Recht in einer Fülle von Antiquitäten, mittelalterlichen Waffen, Münzen u. s. w., sowie in den Fresken des Treppenhauses. In diesem führt unser F. Simm den Argonautenzug, die Königin Tamara und andere Gestalten aus Mythe und Historie meisterhaft vor Augen. Ein Gang durch das weitläufige Museum mit allen seinen Schätzen bietet einen höchst belehrenden und unterhaltenden Cursus über alle Zweige der Wissenschaft. Kunst und Natur, alle Epochen der Cultur sind hier vertreten und geben Zeugniss für die hohen Geistesgaben, die umfassenden Kenntnisse, den Fleiss und das Studium des einzigen Radde. Wer immer sich mit einem beliebigen Theile der Production, Gestaltung, Entwicklung des Landes beschäftigt, findet keine bessere Quelle.

Der Kaukasus, in seinen Theilen ausserordentlich verschieden, besitzt Landstriche, in welchen, wie bei Bakù, schon im April die Gerste reift, während sie im Hochgebirge, bis zu 2550 *m* vorkommend, Ende August der Nachtfröste wegen noch nicht eingebracht ist; aus Schieferplatten zusammengefügte Häuschen dienen zum Nachtrocknen des Getreides.

Die Culturzone zerfällt in die bewässerte und die unbewässerte (Vgl. S. 184) Die erstere, bis 4000 Fuss (1200 m) aufsteigend, gibt Reis, Mais, Baumwolle, Hirse, Krapp u. s. w. In der unbewässerten Zone am Schwarzen und Kaspischen Meere genügt die atmosphärische Feuchtigkeit. Der Weinbau, im Kaukasus schon von Strabo erwähnt, blüht in beiden Zonen. Die Reben im Araxesthal und bei Eriwan werden im Herbste mit Erde bedeckt.

Ganz Russland erzeugt etwa 1,800.000 *hl* Wein wovon ein Drittel von den Weingutsbesitzern zu Hause verbraucht wird. Der Export ist verschwindend. Der Kaukasus producirt jährlich etwa 1,200.000 *hl* Wein. Der beste ist der Kachetiner Rothwein. „Roth funkelt im Glas der kachetische Wein." Der S. 106 Zeile 20 erwähnte Kysliarwein stammt aus dem Terekgebiete. — Die Flasche Wein kostet in Tiflis 37 kr. bis fl. 1·25. 15 Flaschen = 1 Wedro (12·3 *l*) Im District Tiflis sind etwa 4200 Dj. Weinland und 1,104.000 Dj. Wald.

Die Territorialverwaltung des ganzen Kaukasus — 464.544 *km* mit 7.307.849 Einwohnern (vgl. S. 177) unterscheidet Cis- und Transkaukasien.

Ersteres besteht aus den Provinzen Kubán und Térek und dem Gouvernement Stawropol;

Transkaukasien aus nachfolgenden Theilen:

Den Gouvernements Tiflis, (mit 9 Districten), Kutaïs, Elisabethpol, Bakú, Eriwan, den Provinzen Kars und Daghestan, dem Kreise Sakatalj und jenem des Schwarzen Meeres (den wenigst bevölkerten, die stärkste Einwohnerzahl besitzt das Gouvernement Kutaïs).

In der Ausfuhr Kaukasiens stehen Getreide und Lebensmittel obenan: 16 Millionen Rubel. Die Getreideernte beträgt durchschnittlich das Sechsfache der Aussaat.

Diesen Rohproducten folgt an dritter Stelle Naphta, Baumwolle. Export: 3 Millionen Rubel. Tabak wurde 1887 für circa 7 Millionen Rubel producirt. Die Seidenzucht lieferte 3280 *q*. Metall wurde für 630.000, Vieh für 285.000 Rubel exportirt.

Der Arbeitslohn schwankte 1888 pro Tag zwischen 50 Kop. und 1·20 Rubel.

Der Jahreszuwachs der Bevölkerung beträgt im Durchschnitte 1·7%, die Zahl der unehelichen Kinder 0·4%.

Mingrelierin.

Kabardinerin.

Georgierin.

Frauentypen aus dem Kaukasus.

Tiflis besitzt 85 Lehranstalten und 8 Krankenhäuser.

Das Klima von Tiflis ist ein mildes. Nach Weidenbaum fiel 1887 das Thermometer nie unter 0° C. und überschritt nicht + 20° C.; doch gibt es auch heisse Sommer. — Durchschnittliche Wärme + 12·6° C.

Regenfall (Schnee ist sehr selten) = 486 mm. Höhe über dem Meere = 448 m.

Kein Wunder, dass die stromdurchrauschte Gartenstadt, die Rosen, Wein und schmucke Mädchen hat, wo Tataren, Perser Kurden und Haïks schlaue Söhne (Armenier), Moslemin und Christen in den alten Sakli, in Stadt und Hain, auf dem Bazar und auf dem Dache hausen, am Tage Jeden ergötzt, Alle aber bezaubert in tiefblauer Mondnacht, wenn sich die Sterne in dem Strome baden, der ganze Umkreis in so sanftes, fluthendes Licht getaucht ist, dass nur die flüsternden Baumzweige sich sammtschwarz abheben von dem Glanze, wenn die grossen Blüthensträusse duften und die funkelnden Flammen der Bergstadt gleich einem Diadem hoch über dem Ufer des Kur strahlen, Saitenspiel, Lieder und Becherklang tönen. Ja, dann sehen wir Tiflis vor uns, wie es durch Bodenstedt's melodische Verse rauscht, des Dichters, der mit Fug und Recht von sich singen darf:

> Berühmt ist Tiflis durch mein Lied
> Vom Kyros bis zum Rhein geworden.

Wenn der ehrwürdige Chardin die Frauen des Kaukasus als stolz schildert, grausam, hinterlistig und wollüstig, so ziehen wir dieser herben Kritik jene Bilder vor, welche uns „Mirza-Schaffy" vor Aug' und Seele führt:

> Durch ihre Augen geht
> Ein wunderbares Feuer,
> Die schwarzen Locken wühlen
> Um ihres Nackens Fülle,
> Der Leib, der Busen fühlen
> Sich eng in ihrer Hülle,
> Allüberall Bewegung,
> Allüberall Entzücken . . . . .

———

> O ewig möcht' ich trunken sein,
> Und ewig ganz versunken sein
> In Deinen weissen Armen.

———

In das schwarze Meer Deiner Augen rauscht
Der reimende Strom meiner Liebe;
Komm' Mädchen! es dunkelt und Niemand lauscht.
O, wenn es doch immer so bliebe!

Bodenstedt's Name ist in allen gebildeten Kreisen Kaukasiens Gegenstand hoher Verehrung. Mit Recht; denn Niemand hat so viel als der Dichter der Lieder Mirza Schaffy's dazu beigetragen, der ganzen Welt die Reize von Land und Leuten vor Augen zu führen.

Das alte Tiflis ist aber nur im Zauber poetischer Stimmung noch erhalten. Die heutige Stadt hat ein anderes Gepräge, financielle und administrative Fragen beschäftigen sie — erst kürzlich hat sich ihr Bürgermeister der neuen Wasserleitung wegen bei unserem Eduard Suess in Wien selbst Rath geholt —; sociale Probleme greifen in das Räderwerk der Verwaltung ein.

Tiflis ist das Eldorado der verschuldeten armenischen Gesellschaft, die sich in ihrer Sobranje (Club), in den nach persischem Muster mit Glasstückchen und Teppichen decorirten Sälen und auf den Strassen umhertreibt, in die Tscherkesska gehüllt und Waffen im Gürtel. Burdshutschi nennt ein Spitzname diesen Club à la piquette, der seinen Wein angeblich noch aus Schläuchen (Burdshuk) schlürft, im Gegensatze zu den Gentlemen, welche im Krushók (Kränzchen) ihre Flasche Wein trinken.

Der Krushók (Kreis) genannte Club ist das Centrum der gebildeten, der guten Gesellschaft von Tiflis, der Gelehrten, Officiere, Kaufleute und Beamten und überhaupt der deutschen Elemente. Zahlreiche Mitglieder zählend, vermag dieser Club zwei Locale zu erhalten: eines im Sommergarten an dem Ufer des Kur mit Spiel- und Lesezimmern, Tanzsaal, Restaurant, hübschen Anlagen; das Winterlocal in dem ersten Stockwerke eines palastartigen Hauses in der Hauptstrasse der Neustadt. Hier und dort empfangen den Gast, der auf Vorschlag eines Mitgliedes (gegen Zahlung von 1 Rubel 5 Kopeken für wohlthätige Zwecke) eingeführt werden kann, breitschulterige Lakaien, ausgediente Soldaten, wie die Kreuze auf ihrer Brust beweisen. Im Sommergarten spielt die Militärcapelle, promenirt die schöne und elegante Welt, spazieren die hohen schlanken Kosakenofficiere mit weisser Papácha, weisser Tscherkesska, kostbaren Waffen im silbernen Gürtel, sitzen die Stabsofficiere und Staatsräthe bei Zeitung oder Kartenspiel, fliegen an Tanzabenden die flotten Junker und Lieutenants mit den

Damen in feuriger Mazurka über das Parquet der offenen Halle.
Im Winterclub ist die Bibliothek und der Zeitungstisch mit in-
und ausländischer Literatur reich beschickt. Ein grosses Relief
des Kaukasus ziert die eine Wand; Porträts der Ehrenmitglieder
schmücken die anderen. Grosse Speisezimmer, ein Theater, ein
Ballsaal, ein reizender Damensalon schliessen sich an die ernste-
ren Räume an.

Eine Auszeichnung sieht der Krushók in der Thatsache,
dass junge Mädchen allein den Club besuchen und dort der Lectüre
pflegen.

Einen argen Contrast gegen diese Stätte feiner Sitte und
Bildung finden wir in dem Publicum des Commerzclubs, wo eine
„Maskerade" Menschen mit absteigender Lebenslinie vereinigt.
Ursprünglich von einem Armenier auf Speculation gebaut, ist das
Palais heute bereits recht verwahrlost. Risse und Schmutz ver-
unstalten die Prunkgemächer mit ihren Glasornamenten, persischen
Wandmalereien, Divanzimmern, ciselirten Stuckplafonds und Sälen.

Schwarze Dominos huschen durch's Spielzimmer, schmiegen
sich an die Herren auf den schweren Teppichlagern; es flüstert
und rauscht durch die langen Gemächer. Jenseits des Tanzsaales,
wo ein versumpfter Knjas in der Tscherkesska, den Kindshal an
der Seite, eine grosse Quadrille mit Nuancen commandirt, die der
frühere Officier offenbar in Pariser Vorstädten erlernt, füllt eine
dichte Menge den Speisesaal. Champagner perlt, Teller klirren,
die Intrigue hat vor dieser Schwelle Halt gemacht und die Spitzen-
larve ist gefallen. Leckere, sinnliche Lippen schlürfen Wein und
flüstern Liebesworte. Nach Mitternacht umschliesst ein grosser
Cotillon jugendliche Gestalten, zu früh entfaltete Knospen, blühende
Menschenblumen und verwelkte Rosen.

Bunt ist auch die Menge auf den Strassen und Plätzen des
eleganten, wie des betriebsamen und armen Viertels; im Stadtpark, der hinab zu den Brücken läuft; vor dem Palais des Gouverneurs auf dem Golowin-Prospect und auf dem Hauptplatz.
Tiflis zählt aber auch heute weit über 100.000 Einwohner: Georgier, Lesghier Osseten, Tataren, Armenier, Albanesen, Türken,
Griechen, Russen, Franzosen, Engländer, Deutsche und Oesterreicher. Ad exemplum: eine wunderhübsche, allgemein bewunderte
Wienerin.

Am Kreuzungspunkte des Verkehres in der Oberstadt steht
unser Hôtel (du Caucase); ansehnlich, mit schönen Räumen und

einem grossen Arcadenhofe. Wer gut wohnen will, wie Derwies und ich, steigt hier ab; die Dienerschaft, unverständliche Georgier, ist recht mangelhaft, mag Mme. Martin, die Besitzerin, sich noch so viel Mühe geben. Ich hatte meinen Schlüssel zum Portier getragen — einem Individuum, das mich nach acht Tagen erstaunt fragte, ob ich denn hier wohne? Mit Herrn Widimsky, dessen photographischer Apparat so unermüdlich war wie sein freundlicher Besitzer, einen Spaziergang verabredend, rufe ich dem Kellner zu, meinen Schlüssel zu holen. Da wirft der bärtige Aufwärter sein Tuch auf den Boden und stammelt erzürnt: „Jetzt soll ich also wieder hinablaufen? Warum behalten Sie den Schlüssel nicht bei sich?" Will man aber zwar enger wohnen, jedoch besser speisen, so wandert man in's Hôtel de Londres bei der Brücke. Da sieht man hinauf die Parkstrasse entlang und hinüber zu Woronzöw's Monument, hinab zu den eifrigen grauen Schiffmühlen im Flusse.

Abends gibt es Oper; vorläufig in einem Holztheater, so lange der rothbraune, orientalische Bau der Nationalbühne unvollendet ist. In den Zwischenacten der russischen Oper „Russalka" strömt das Publicum, wie in Paris, hinaus in den Garten und nimmt ein Gläschen am Buffet unter den Bäumen.

Bequeme Phaëtons mit Iswoschtschiks auf dem Kutschbocke, einem Paare guter Pferde davor, vermitteln den Verkehr zu Wagen; daneben klingelt die Tramway, zotteln Esel, galopiren Kaukasier, ihr Gewehr in einer Pelzhülle, auf zierlichen Rossen. Leider sind die Iswoschtschiks auch hier nicht sehr findig. Fast weinend irrte Einer von ihnen mit mir in den Strassen umher, ohne das Haus der Eristows, welchen ich einen Besuch abstatten wollte, zu finden. Schliesslich stieg ich aus und versuchte mein Glück mit einem anderen Kutscher. Ein anderes Mal schleppte mich ein solcher Bursche bis vor die äussersten Grenzen der Stadt, weit über Muschtaïd hinaus, das Bois der Tifliser, anstatt auf halbem Wege mich vor der richtigen Thüre abzusetzen. Doch lernte ich wenigstens auf solche Art die freundlichen Strassen und Häuser der ehemaligen deutschen Colonie, jetzt ein Villenviertel, kennen.

Das Bummeln in der alten, tataro-persischen Stadt ist immer wieder amusant. Man sieht Alles an, prüft Flintenschloss und Damascener, besieht die Ornamente der Curiositäten, feilscht mit den sozusagen auf offener Strasse arbeitenden Händlern und wirft dann Alles wieder hin; denn der geforderte Preis erniedrigt sich beim dritten Besuche auf die Hälfte. Weiterhin sitzen Raucher mit der Wasserpfeife auf ihrem Balcon; noch weiter agirt ein Taschenspieler, arbeiten Gerber; ein Balkenträger schiebt Alles bei Seite, fluchend drohen ihm die Burschen, denn die Esel sind davon. Hier eine unterirdische Garküche mit verdächtig brenzelndem Fett; dort schmort ein Koch seine Braten im ersten Stockwerke. Es ist immer wieder der Orient, aber ein anderer als im Westen und Süden, in Algier, Aegypten, in Kleinasien: hier ist der persische Orient.

Wein kündigen überall die Schänken an; guter Wein kostet per Wedro (12·3 *l*) 3 fl. 55 kr. Groteske Schläuche hängen an den Balconen, liegen auf den Eselkarren; daneben gehen nickend Pferde, Holzkohle in den Tragkörben. Aus eisernen Fässern besprengt man die Strassen beim Soldatenbazar.

Die herannahende Kaiserreise erregte immer lebhafteres Treiben. Es wurde geputzt, gestrichen, decorirt. Alle Zimmer der Hôtels waren längst abonnirt. Es war hohe Zeit „in die Berge zu gehen", wollte ich bei erträglichem Wetter meine Tour nach Gunib ausführen. Meine Empfehlungsbriefe waren in Ordnung, mein Passirschein für Samarkand endlich erlangt. Um in den Besitz desselben zu kommen, hatte ich bald nach meinem Eintreffen in Tiflis dem Generallieutenant Scheremétjew meine Bitte vorgetragen. Das Audienzzimmer empfing immer neue Ankömmlinge, welche der dienstthuende Kosakenofficier lange vor mir vorgemerkt hatte. Endlich waren die beiden Genieoberste und der Stabsrittmeister der prächtigen Chevaliergarde abgefertigt, ich konnte eintreten.

„Unmöglich, Ihnen zu dieser Zeit Passirscheine für den Kaukasus und nun gar für Kachetien zu geben. Seine Majestät kommt dieser Tage über die Grenze, alle Verkehrsmittel sind für das Gefolge, die officiellen Persönlichkeiten, die Deputationen vorweg genommen. Ach so! für die Transkaspische Bahn wünschen Sie den Schein? Den sollen Sie haben. Eine halbe Stunde geben Sie mir doch Zeit? Gut; auf Wiedersehen nach der Kaiserreise; dann stehe ich ganz zu Ihrer Verfügung."

Die Kanzlei war nicht so pünktlich, als der General anzunehmen schien; denn erst nach einigen Tagen gelang es mir durch meinen angeworbenen Führer Melikow, die Papiere zu erhalten. Dieser war energisch, wich den Beamten nicht von der Seite,

drängte, wusste alle Wege, kurz, er setzte die Ausfertigung der
Scheine durch, und meiner Abreise war nichts mehr im Wege.
Alexander Iwánowitsch Melikow ein Armenier, früher in Re-
gierungsdiensten und während des letzten Krieges in Eriwan
decorirt, war nun Fremdenführer geworden. Als solcher war er
mit dem Herzog von Chartres, dem österreichisch-ungarischen
Legationssecretär v. Schöfer, dem Numismatiker Bapst aus
Paris gereist und, wie die Zeugnisse bewiesen, gewandt und verlässlich. Ein Original, dieser Melikow mit seinem schwarzen
Krauskopfe, den blitzenden Augen, dem sonderbaren Französisch.
Ein grosser, kräftiger Mann von etwa 40 Jahren, verachtete er
jedes Waffentragen. „Das ist meine Waffe, Monsieur!" sagte er
mir, riss den Mund auf und berührte die Zunge mit dem Finger.
„Ich bringe Sie überall durch, ich kenne den ganzen Kaukasus,
alle hohen Beamten und Officiere".

Der Mann missfiel mir nicht. Ich engagirte ihn mit 5 Rubel
pro Tag nebst freier Station. Einen Vorschuss von 50 Rubel liess
Melikow, ein zärtlicher Familienvater, den Seinen in Tiflis zurück.

Meine Bagage liess ich zum Theile in Tiflis zurück, um nicht
durch überflüssiges Zeug auf den Bergritten gehindert zu sein.
Nimmt man ja doch immer noch zu viele Sachen auf die Reise mit!

Herr Alfred Exelbirth, in Oesterreich geboren, aber jetzt
russischer Ehrenbürger, der Chef einer grossen Tifliser Firma,
stellte mir Anweisungen auf Bochara u. s. w. aus. Ich ver-
abschiedete mich von dem freundlichen Exelbirth, dem ich
manche Annehmlichkeit während meines Aufenthaltes verdankte,
von dem lustigen Herrn Radshéwitsch, einem Mitgliede von
Annenkow's Stabe, schüttelte dem lieben, guten Derwies die Hand
und sprach meine Hoffnung aus, mit ihm bald in Bakü wieder
zusammenzutreffen: „vielleicht gibt es der Zufall, dass wir zusammen nach Samarkand reisen." „Es gibt keinen Zufall!" er-
widerte lächelnd Derwies deutsch; denn „Wallenstein" kannte er
auswendig.

III. ABSCHNITT.

Vor dem Hôtel „du Caucase", 5 Uhr Morgens.

Ein bequemer Phaëton steht an der Thür. Rasch ist das Gepäck aufgeladen. Der Kutscher will eben losfahren, da ruft's vom Balcon des ersten Stockes herab: „Monsieur!" „Madame?" frage ich unsere Wirthin. „Sie werden doch nicht ohne Kaffee genommen zu haben, abreisen?" „Man hat mir gestern Abends versichert, es sei unmöglich zu dieser Stunde ein Frühstück aufzutragen." „Allons donc; fünf Minuten und Sie bekommen Ihren Kaffee, ich werde ihn selbst machen."

Die gute Madame Martin bringt eilfertig die dampfenden Kännchen; schnell wird eingeschänkt, ein ungeschickter Griff und der Kaffee ergiesst sich über das weisse Tischtuch. „Verzeihen Sie Madame; wahrhaftig." „Das thut nichts, einen Augenblick und der Schaden ist gut gemacht."

Endlich rollen wir von dannen. Der pluralis majestaticus darf von jetzt an um so eher wegfallen, als Melikow kaum Augen für die landwirthschaftliche Scenerie hatte und seine Beobachtungen auf die Ergründung meines Cigarettenvorrathes, in den Stationen aber auf Prüfung von Keller und Küche beschränkte. Unser Weg führt zunächst durch das wellenförmige Hügelland, welches sich auf dem Plateau hinter dem Berge der „neuen" Festung von Tiflis ostwärts erstreckt.

Die Strasse ist ausgezeichnet; die Schotterprismen sind ausgeglichen, die Barrièrestöcke weiss gekalkt. Die Strecke ist anfangs ziemlich öde. Die Ernte des braunen, etwas kargen Bodens war schon eingeheimst; nur Stoppelfelder dehnen sich weit und breit, bis gegen die deutsche Colonie Alexanderdorf hin, deren

fleissige Insassen auf den dunklen Sturzäckern die Wintersaat
eineggen. Noch ein Blick zurück gegen die crenelirten Höhen
ober dem tiefen Kurthal, dann folgt stundenlang dasselbe Bild:
Felder, ein georgisches Dorf am jenseitigen Ufer der Jora, Eichen-
und Buchengehölz, als Viehtrieb benützt, zuerst spärlich, dann
reich und farbenhell im Herbstkleide; ich meinte von Udsherna,
der Mittagstation an in dem heimischen Marsgebirge zu fahren;
kein eigenartiges Dorf, kein buntgekleideter Kaukasier störte
diesen Eindruck, bis wir unser Nachtquartier Gombori erreichten.

Udsherna — kurz vorher steht eine kleine Seifenfabrik:
zwei Hütten und ein Wasserbassin — ist ein armes Dorf mit

Sakli (Erdhäuser) bei Udsherna.

Poststation und schmutzigem Duchan, der nur Bratfische und
heisses Wasser bot; ein grosser Theil der Hütten (Sakli) hat
sich direct unter die Erde verkrochen, so dass nur der von Holz-
pfeilern getragene Eingang hervorblickt. Kein Schornstein, sondern
ein Rauchloch lässt den Rauch der Feuerstelle austreten. Ein
einziges nettes georgisches Haus mit Söller und rothem Dach liegt
an der Strasse*). Auf dem Balcon hängt ein Netz, den Dachfirst
krönt ein grosser Hahn. Drei Buben spielen „Pferdchen", vor
eine grüne Arbuse als Wagen gespannt. Interessant geformte
Berge steigen ringsum empor. Eine Gruppe Arbeiter umsteht die

---

*) S. Abbildung bei Petrowsk, am Ende des IV. Abschnittes.

mit neuen Wegzeigern beladenen Wägen. Der Weg, noch von
Murray 1888 als gefährlich bezeichnet — „Sehen Sie, so sind alle
diese Engländer", bemerkte Melikow — ist total umgelegt worden
und zieht jetzt als schöne Kunststrasse, den ehemaligen Hohlweg
oft übersetzend, mit funkelnagelneuen Stein- und Gitterbrücken,
Wächterhäusern, Schutzwehren, frisch beschottert und eingegleist in
vielen Serpentinen mit sanfter Steigung hinan. Alles rüstet sich für
den nahe bevorstehenden Besuch des Zaren. Die öffentlichen Gebäude werden geputzt und gestrichen, Arbeitercolonnen schaffen
am Wege, das Militär zieht zu den Manöverfeldern. Auch die
neue Artilleriecaserne im stillen Gombori ist schon verwaist. Für
den Reisenden wird die allgemeine Bereitschaft durch die achsel-
zuckende Versagung von Postpferden fühlbar. Kein Podoróshnaja,
kein Geleitbrief ist jetzt für den Kaukasus zu haben. So bleibe
auch ich für diesen Abend im Duchan von Gombori, einer alten
kleinrussischen Soldatencolonie, liegen.

Gombori ist am Fusse zweier kahler, hornförmiger Höhen gelegen, über welche der seit dem Ankaufe Sinandal's durch den Zaren
neuerbaute Kaiserweg nach Telaw geführt ist. Ein abendlicher
Spaziergang in die Wälder und Felder des friedlichen Weilers füllt
den Zwischenraum bis zum Nachtmahl, das ich in Gesellschaft Melikow's als Zuhörer seiner Reiseabenteuer im Orient bis nach Indien
hin und seiner Räubergeschichten — der gute Mann und wirklich
treffliche Führer rühmt sich der Vetterschaft mit allen lesghischen
Buschkleppern — in der reinlichen Stube des Duchans zu verbringen
dachte. Inzwischen machte ich jedoch beim Ssamowar die Bekanntschaft des Pristaw (Bezirksvogtes) von Telaw, des Knjas Georgij
Salomónowitsch Karalów. Er erzählte von seiner Wirthschaft,
seinen 5000 Dessjatinen Wald, seinen Kupfergruben, die nach
Analysen bis 20% reines Erz enthalten, von Pferden und Boden-
zins, von der Traubenkrankheit und der Ernte. Eine Papiros nach der
andern verglimmte. Der Pristaw empfahl sich, um gleich darauf mich
als Gast zur Abendtafel in sein Zimmer zu bitten. Er stellte seine
drei Vettern vor. Mir wurde der Ehrenplatz an der mit reichlicher
Sakuska gedeckten Tafel zu Theil, Melikow zu meiner Rechten
fungirte als Dolmetsch. Die Träger der nationalen Papácha und
des kosmopolitischen Helmet (Korkhelms) sassen einträchtig beisammen. Links von mir sass Georg Salomónowitsch, ein Hüne von
Gestalt (ich machte mir das Vergnügen, seine Höhe mit 188 cm
festzustellen) mit dem Kopfe eines Normannenkriegers. Als Truch-

sess trat Knjas Rewáss Karalów auf, indem er mir die besten
Stücke des Menus: gekochte Rindszunge, gebratenes Huhn, Zucker-
werk und Früchte darreichte. Rewáss gehört zu den 30 grusinischen Edlen, die dem Zaren als Ehrengarde in Telaw beigegeben
werden sollen. Er stellt in seiner schwarzen Tscherkesska*) den
Typus eines Venetianer Nobile dar, wie sie nur Tintoretto oder
Veronese malten. Sein vor mir ausgebreitetes Prunkgewand erregt meine volle Bewunderung. Die Papácha, dann ein stahlblaues
Unter-, ein weinrothes Oberkleid, beide von Atlas, mit Pelz und
Gold verbrämt, schwarze Pumphosen mit Goldstreifen, weisse,
mit goldenen Schnüren und Arabesken verzierte spitze Kniestiefel
aus feinem Ziegenleder. Dazu alte kostbare Waffen: das Schwert
(die Schaschka) mit alter krummer Klinge. der Kindshál, das Pulver-
horn, die Pistole mit Feuersteinschloss — sämmtlich mit Gold
und tauschirtem Silber geschmückt — an reichen Metallschnüren
befestigt. Trinkhörner und Weinlöffel (Harapetsch) wurden her-
vorgeholt. Rother Kachetiner wird credenzt, Gesundheiten werden
der Reihe nach ausgebracht. Immer wieder singt das fürstliche
Quartett laut: Mrawal-sha-miér! (Gott schütze Dein Wohlergehen.)
Der Gefeierte antwortet singend: Mádlo-belivár! (Ich danke Euch
Allen). Die Stimmen der Anderen fallen ein. Zum Schlusse der
polyglotten Tafelrunde — ich radebreche Russisch und rede mit
Melikow Französisch, die Uebrigen wechseln ab zwischen Grusi-
nisch und Russisch — bringen Alle stehend, und das Glas erhebend
ein Hoch aus auf mein Vaterland.

Im Verlaufe meiner Fahrt toastirte man öfters auf meine
Heimat, wich aber bei Tisch stets politischen Gesprächen über das
Verhältniss zwischen unserer Monarchie und Russland aus. Nur
einmal sollte ich zu hören bekommen: „Ich trinke auf Ihre Heimat,
aber nicht auf Oesterreich!"

Dann muss ich anführen, dass überhaupt zwar oft die bos-
nische und die bulgarische Frage erwähnt, jedoch nur in drei Fällen
über den Panslavismus und seine Stellung zu uns gesprochen und
ich dabei meines Namens halber als Slave reclamirt wurde, jedes
mal nur von Polen, deren Einen ich auf seine Phrase hin: „Bei
einem Kriege gegen die Deutschen müssen Sie mit uns gehen!"
endlich mit der Replik abfertigte: „Namen beweisen nichts; gehen

*) Langschössiger, in die Taille geschnittener Rock mit Patronentaschen auf der
Brust. Der Halsausschnitt lässt das Unterkleid (Beschmét) sehen.

Sie davon aus, so müsste der Zar aus dem Hause Holstein-Gottorp mit den Germanen halten!"

Früh Morgens fuhren wir mit Gr. Karalów weiter nach Telaw. Die Strasse — von Tiflis bis Telaw sind es 100 *km* — führt kunstvoll nivellirt auf die Höhen, umkreist den Perewal (Pass) von Gombori (1830 *m*) und senkt sich dann nach 19·23 *km* Steigung 12·8 *km* lang durch parkartigen Buchenwald, bei Alteichen an einem Mauthhause vorbei durch ein weites Schotterbett in das breite reiche Alasánthal. Die nördliche Kette des Kaukasus — Schnee-

Ruine bei Telaw.

häupter ober grünen Wäldern — liegt im Strahle der aufgehenden Sonne atlasblau und azurn schimmernd vor uns.

Telaw (8000 Einwohner, 800 *m* hoch am Fusse des Ziwibergs gelegen), eine tausendjährige Stadt, war im letzten Viertel des 17. Jahrhunderts nach der Zerstörung von Greml Artschil Chan's Residenz. In der Burg hier starb 1798 Kaiser Heraclius II. Telaw ist einer der 9 Districte des Tifliser Bezirkes.

Wir durchstreifen die Stadt. Hunderte von Strassenarbeitern schaffen in den Gassen des hügeligen Telaw, an der neuen Steinbrücke, an Chaussée und Gräben; auf dem Markte bei dem kleinen Bazar werden zwei Büffel beschlagen, geworfen und mit den Beinen

an einen Pflock gefesselt. Der Districtschef, Oberst Fürst Tschelokájew, ein freundlicher Herr in Uniform mit grauem Haar und
Brillen, zu dem mich Karalów geleitet, erledigt rasch die Bitte um
Empfehlungen für das Gebiet des Daghestan und theilt mir bis
auf Weiteres Karalów zu. Dieser trug — in der Armee nur Junker,
sonach eine geringere Charge als in der Civilverwaltung bekleidend —
wie fast alle Functionäre in der Provinz, die lange Tscherkesska mit
der Officiersdistinction, den silbernen Achselklappen. Mit Karalów
nehmen wir dann in dem salopen Gasthause ein Frühstück ein:
Suppe und Fasan mit Gurken, dazu Landwein. Alles ganz vortrefflich. Der Tisch war wackelig, das Gedeck unsauber, jedes Glas
trüb und schartig.

Schliesslich kommt Fürst Tschelokájew und ladet mich in
sein Haus zu einer Tasse Thee. Seine Frau ist die Tochter
jener Fürstin Tschawdschawadze, die mit ihren Kindern von
Schamyl gefangen gehalten worden.

Der Fürst und seine Officiere, ein Fürst Báriatinskij und
Oberst v. Salza empfahlen sich bald, mit dringenden Geschäften
überhäuft. Ich musste noch bleiben. „Sie sind ein Oesterreicher,
die trinken alle gern Kaffee", meinte die liebenswürdige Hausfrau, „auch Sie werden ihn dem russischen Thee vorziehen." Der
Kaffee kam, ich trank ein Tässchen nach dem andern, es war
ganz gemüthlich in dem unscheinbaren, aber wohnlich mit hübschen Teppichen und Möbeln eingerichteten Quartier. Die Fürstin
leistete mir freundlichst Gesellschaft, dann kamen ihre beiden
hübschen Kinder. Melikow sass in einer Ecke und winkte fortwährend zum Aufbruch. Es sass sich prächtig hier, und ich ver-
zögerte den Aufbruch.

Die Fürstin zeigte mir alte Familienstücke, eine Panoplie
herrlicher Waffen und grusinische Musikinstrumente: Tari und
Tschernuri, mit Perlmutter eingelegt, jedes auf 300 Rubeln geschätzt.

Endlich nahm ich Abschied, um mit Karalów und Melikow
nach Saboi, jenseits des Alasán zu fahren.

Das Thal des reissenden Alasán, eines Nebenflusses des Kur,
ist etwa 107 *km* lang und bis zu 32 *km* breit. Die erste Thalstufe
mit einer Bodenerhebung von 300 *m* enthält Wiesen und Sümpfe,
Wälder und reiche Alluviumfelder; Wein- und Gartencultur, gute
Aecker, dichte Bevölkerung charakterisiren die zweite Stufe (500
bis 700 *m*).; die Waldregion und zum Theile, wie bei Signach, auch

noch Rebengärten die dritte Stufe (1000 m). Die Besitzungen
bilden gemeiniglich Streifen, quer über das Thal gezogen, und
schliessen so alle Culturarten ein. 1877 gab es hier über 20.000 ha
Weingärten mit einer Jahresproduction von 318.250 hl.

Vor unserem Wagen sprengen Vorreiter mit Waffen im
Gürtel, das Gewehr über der Schulter und die Nagaïka — die
Peitsche ersetzt hier den Sporn — in der Faust. Mit dem Anruf
Kabardá! und Peitschenknall säubern sie die Strasse, die erfüllt
ist von eilfertig ausweichenden endlosen Reihen schwerer Arben,
Büffelgespannen, Reitertrupps und Fussgängern. Eine Tatarin zu
Pferd mitten drin. Ohne solche Escorte fährt hier Niemand, weder
der Beamte vom Natschalstwo (Regierung), noch irgend wer, der
Etwas gilt und vorstellt.

Die gute Chaussée schlängelt sich von einem Dorfe zum
anderen. Unter den Büschen am Wegrande lagern farbenprächtige
Berglesghier mit ihren Tuschurischafen und Lastthieren. „Schnee
liegt fusshoch im Gebirge", lautet die Antwort auf Karalów's
Frage. Ein junger Mann in städtischem Kleide hält an unserer
Seite auf einem kräftigen Rosse. „Wohin des Weges?" „Nach
Sabol zu Fürst Orbeliani", sagt Karalów. „Saboi ist voll von
Gästen; fahren Sie zu mir. Adieu! um 10 Uhr bin ich zurück". Und
davon war er.

„Es ist Iliko Dshordshádze, auf Eniseli angesessen", erklärte Karalów.

Eine Wolkenwand lagert ob der Gebirgskette und tritt durch
ihr Licht vor dieselbe; ein eigenthümlicher Effect, weil die rückwärtigen hohen Berge reich, die vorderen aber nur spärlich be-
waldet sind, so dass der röthliche Grund sichtbar wird.

Die Weingärten liegen auf den Anhöhen, in der Thalsohle
sind Felder und Wiesen. Bewässerung findet nur am linken Ufer
statt. Die Erde trägt hier fast alle Früchte. Unter einzelnen alten
Eichen mitten im Ackerlande lagern Schafe. Die Scheunen für
Mais und Getreide bestehen ganz aus Flechtwerk. Im Niederwald
gibt es viele Fasanen. Berittene Hirten, die Flinte auf dem Rücken,
kommen mit ihren Heerden von den Bergen herab uns entgegen.
Ein Keller bricht in's Gehölz am Wege.

Nun halten wir am Alasán. Arbeiterhütten und lichte Zelte
bilden ein provisorisches Dorf nächst dem Bau der neuen Brücke.
Noch ist diese nicht vollendet, und wir müssen an der Stelle, wo
die Trümmer der alten von der Königin Tamara gebauten Brücke,

drei morsche Steinpfeiler, in dem rauschenden Flusse emportauchen, durch die Furt, durch meterhohes Wasser. Der Vorreiter sprengt in die Fluth, die häufig wechselnde Furt zu suchen. Das reissende Wasser drängt die heftig kämpfenden Thiere und Menschen zur Seite. Endlich erklimmen die Reiter, nass bis zum Gürtel, das Ufer, der Wagen folgt. Jenseits sehen wir eine Gruppe Lesghier, die beim Duchan ihre Pferde beschlagen.

Auf einem Vorberge, hoch ober dem breiten Bette des aus dem zurückweichenden Thale kommenden Baches, liegen Ruinen und neu aufgesetzte weisse Thürme. Es sind die Reste von Gremi, einer der ältesten grusinischen Städte, des einstigen Sitzes der kachetinischen Könige. Im 4. Jahrhundert eine bedeutende Stadt und Festung mit 80.000 Einwohnern, ist das Ruinenfeld von Gremi heute von neuen grossen Niederlassungen ringsum besetzt. Am Intzobabache (oder Gremis-tzkali) gelegen, einst die Residenz der grusinischen, vom 15. Jahrhundert an der kachetinischen Fürsten, wurde Gremi 1615 von Schah Abbas zerstört, der die Einwohner nach Persien schleppte. Später siedelten sich hier lesghische Stämme an. Zur Zeit Schah Abbas' hiess der Ort Krim, der Fluss Lasán.

1638 bewohnte der russische Gesandte Feodor (Fjodor) Wolkonskij hier das Kloster St. Michael. Der Gesandtschaftsbericht erwähnt zehn armenische Kirchen im Umkreise Gremi's und der Königsburg.

Im Klosterfriedhofe liegt König Lewan II. von Kachetien (1520 bis 1574) begraben.

Den Bach aufwärts führt ein Weg nach Karadagh (bei Gunib), 199 km weit über den Kodorskij Perewal (= 3097 m hoch). Im Thale erhebt sich der Thurm von Natliss-Mtzemeli, auf dem eben genannten Passe ein zweiter Thurm; beide bildeten Posten gegen Ueberfälle der Lesghier.

In der Nähe liegt auch das Kloster Alawerdi, verehrt durch ganz Grusien hin, dem Gedächtnisse des wunderthätigen Gregorius, des Apostels von Armenien, geweiht.

Allüberall erscheinen malerische Ueberbleibsel von Gotteshäusern und Burgen, zerschlagene Grabplatten, Höhlenklöster und Felsenzellen, Steinhaufen: die mythischen und geschichtlichen Gedenkzeichen eines Volkes, das gewesen.

Uralte Bäume beschützen ein verfallenes Capellchen, Angelosi, welches, ein Juwel in Form und Farbe, von dem Kirchenschlosse König Leo's überragt, auf grauen Mauerstücken ruhend,

Angelnd, Capellen-Ruine bei Girosi.

Capellen-Ruine bei Enlorb.

von Wildrosen und Zweigen umflochten, auf das über Kiese
gleitende Bächlein niederblickt; schlummernd und traumhaft, ein
Dornröschen im Schosse schneegekrönter Wälder. Wir ziehen
weiter nach Saboi, das mit seinen Fruchtbäumen und Gärten, von
Hecken, Schlinggewächsen und Ranken umschlossen, Alles zur
Reife bringt, was der Wärme und Feuchtigkeit bedarf.

Dann nach Eniseli, in das Herrenhaus der Dshordshadze,
am Ausgange einer Schlucht, die in den Daghestan zu pittoresken A-úl's (Dörfern) führt. Durch den Bach fahrend, gelangen
wir zu den Gehöften des Dorfes, dann in den Schlosshof. Schloss
Eniseli war durch seine Lage oft gezwungen, die Rolle des
Wachtthurms einer belagerten Burg zu erfüllen. Hohe Steinwände,
feste Thore umfangen den grossen Hof, der so leicht zum Boll-
werke des ganzen Stammes werden kann.

Das Gebäude ist einstöckig, mit Rothziegeln gedeckt. Sechs
Frontispize bilden die Vorderseiten von ebenso vielen, quer auf
die Längsachse des Schlosses aufgesetzten Dächern. An der
Façade erscheinen in jeder Ecke thurmförmige, vollgemauerte
Flügel, zwischen ihnen im ersten Stockwerke ein weitläufiger
Balcon, im Erdgeschosse eine tiefe, luftige Halle mit der Frei-
treppe. An einen der Flügel lehnt sich eine stockhohe Säulen-
gallerie und das Kellerhaus an; vor dem zweiten sonnen sich
Pomeranzenbäume und Oleander in einem Gärtchen.

Wirthschaftsgebäude, Maistennen, Räume für die Sattel-
pferde und das Gefolge ziehen sich die Mauern entlang. Auf
dem etwa 1 *ha* messenden Rasenplatze vor der Halle tummeln
sich die Lieblingsthiere des Hofes.

Rings um das Schloss liegt ein Obst- und Gemüsegarten;
zur Bewässerung dient der hochgeführte Mühlbach, der unter
hohen Rüstern rauschend über's Rad geht. Von der schattigen
Terrasse, oberhalb der klappernden Mühle, sieht man auf den
Burgberg von Gremi hin, gegen Nordwest auf die dichten, grünen
Buchenbestände, dann zu dem Gebirge hinauf. Mächtige Nussbäume recken ihre knorrigen Aeste empor auf dem tief unter
der Gartenmauer ausgedehnten Plan; hundertjährige Stämme, dem
Windbruch erlegen, ruhen unter Gras und Kräutern vor der zierlichen Capellenruine.

Eine alte Dame mit edlen Zügen und dunklen Augen, die
Mutter unseres Gastfreundes empfängt uns und richtet, Karalöw
zum Dolmetsch, in georgischer Mundart herzlichen Willkomm an

mich. Die Knjaginja (Fürstin) bewahrt die nationalen Traditionen: ihr Sammtbarett mit dem Schleier, der Schmuck, die Robe sind so wenig russisch, als das Fühlen, Denken und Reden der Fürstin. Bald kommt, uns zu begrüssen, auch Iliko's Frau, eine junge, modern erzogene und toilettirte Dame. Wir plaudern, trinken Thee, besprechen meine Chancen, die Gebirgskette nach Gunib hin jetzt nach dem Schneefall noch zu überschreiten. Später lassen wir uns in dem grossen Saale des Oberstockes nieder, ich blättere in den Albums und finde Wiener Lithographieen kaukasischer Ansichten.

Endlich setzt sich die junge Fürstin an's Piano und spielt, ohne ein Notenheft zur Hand zu nehmen: Beethoven, Liszt, Chopin, Schubert, Moszkowski mit meisterhafter Technik. Mir zu Ehren erklingt auch op. 315 von Strauss „An der schönen blauen Donau," bis Iliko heim kommt und uns in den Speisesaal geleitet. In der Tscherkesska, die Waffen im Gürtel trägt Einer vom Gefolge das Abendessen auf; die Uebrigen stehen hinter uns oder sitzen stumm und still am Ende der Tafel, die Augen auf ihren Herrn gerichtet — ein patriarchalisches Bild.

Immer auf's neue drängen sich mir halbvergessene Capitel aus den Romanen Walter Scott's auf, wenn ich die Mannen des Clans Dshordshadze (weibliche Dienerschaft betritt nie' die Schwelle des Saales) in dem langen Rocke und stets bewaffnet neben ihrem einstigen Gebieter stehen und schreiten sehe; wenn Morgens Einer den Vorhang an der Thüröffnung zurückschlägt, der Zweite mit dem kupfernen Waschbecken, ein Dritter das Handtuch über dem Arm zu mir tritt; oder feierlich der Aelteste beim Aufsitzen uns den Bügel hält; wenn Reiter von der Falkenbeize uns entgegenkommen. Jeder Gast findet Aufnahme und Platz an der Tafelrunde, ob Thawad oder Bauer.

Thawads hiessen in früheren Zeiten die Häupter der vornehmsten Familien; ihnen zunächst standen die Asnaúrs, und diesen folgten die „Söhne der Asnaúrs", beiläufig ähnliche Rangstufen, wie in England: die Grossen des Reiches, die Lords; die erblichen Ritter, Baronets und die titellosen, wappenstolzen Adeligen, Esquires.

Die russische Regierung hat nach der Eroberung Kaukasiens, die in dicken Folianten sorgfältig aufgezeichnete Gliederung verwischend, allen drei Rangstufen, auch den einfachen Edlen, den Knjas-Titel verliehen. Im Lande selbst jedoch kennt und

respectirt man noch die vormaligen, differenzirten Würden; man
thut noch mehr: die Particularisten sprechen von ihren Königreichen, den jetzigen Kreisen und Districten, betrachten das
übrige russische Reich als Ausland. Alte Erinnerungen an die
Kaiser und Könige eigenen Gepräges leben fort in Werken und
herrlich mit Miniaturen geschmückten Manuscripten; Erinnerungen
an Tamara und Heraclius, an die Helden, Kämpen, Dichter und
die Schönen einer längst entschwundenen, immer mehr verblas-
senden goldenen Zeit.

Eine uralte, christliche, mit orientalischen Elementen versetzte Cultur, ruhmwürdige, jahrhundertelange Kämpfe gegen
Perser, Araber, Türken, Tataren und Russen, nationales Selbst-
gefühl, eine reiche Literatur zeichnen den georgischen oder grusinischen (oder wie sie sich selbst nennen den kartwelischen
Stamm vor allen übrigen im Kaukasus aus.

Der berühmteste der georgischen Sänger ist Schota Rusta-
weli; sein Meisterwerk „der Mann im Tigerfell", ein mittelalter-
licher, dem Hof- und Kriegsleben jener Epoche entnommener Roman.

In unserem Jahrhunderte hat, wie oft, die politische Ohnmacht
eine neue dichterische Blüthezeit, entwickelt. Ich nenne unter den
Lyrikern nur die Namen Baratschwili, G. und R. Eristow, Orbeliani,
A. und E. Tschawdschawadze, Zereteli. Die georgische Literatur
überhaupt hat in A. Leist, dem formvollendeten Uebersetzer, einen
beredten, sachkundigen Anwalt gefunden. Hier einige Proben:

„Schenk' keinen Wein mir ein; denn längst schon trunken
Bin ich von hoffnungsloser Lieb' zu Dir . . . . . .
Schon oft verglich ich, Dir ins Antlitz schauend,
Der Mandelblüthe Deiner Wangen Roth;
Fast beht mein Mund, sie einmal zu berühren,
O hör' mich an, denn Wahnsinn mich bedroht;
Wie Gift tobt durch die Adern mir das Blut,
Schenk' keinen Wein mir ein, ich sterb' vor Gluth!   (G. Orbeliani).

Als Du gestern hinaus aus dem Ballsaale tratest
Dich zu kühlen nach des Tanzes berauschender Lust,
Fiel ein Schneeflöckchen, weiss wie der Seerose Blüthe,
Auf die marmorne Haut Deiner schwellenden Brust,
Augenblicklich erlosch dort des Schneesternleins Schimmer
Ueberstrahlt von dem Schnee Deiner schwellenden Brust;
D'rum zerrann es beschämt gleich als perlende Thräne,
Und mit ihr flohst Du hin zur berauschenden Lust.

—— (A. Tschawdschawadze).

Wieder lacht die milde Sonne
Und die Lerche singt,
Alles schweigt in dieser Wonne,
Die der Frühling bringt.

Längst schon prangt am junge Reben
Grünes Maigewand;
Wann erwachst denn Du zum Leben,
Theures Heimatland?   (Elias Tschawdschawadse).

Aus den Volksliedern:

Der Büffel ist ein starkes Thier,
Er trägt mit Kraft sein schweres Joch;
Doch, wenn die Noth ihn dazu zwingt,
Erträgt er auch ein fremdes noch.

———

Ach, seh' ich zu, wie wild des Gleisbachs Wogen
Den Felsenschoss des Kaukasus zerwühlen,
Wird zwar mein Auge wonnig angezogen,
Jedoch das Herz berührt von Wehgefühlen.

Mir träumt's, ich seh', wie eine alte Wunde
Sich plötzlich aufthut zwischen Felsenspalten
Und wie hervorquillt aus dem tiefen Grunde
Ein ries'ger Blutstrom, der nicht aufzuhalten.

———

O Berg, lass mich vorbei!
Ich muss hinüberwandern,
Denn dort schweigt meine Maid
Am Busen eines Andern

. . .

Gestorben ist dem Weib der Mann,
Der wie die Nachtigall gesungen:
D'rum klagt sie jetzt, doch nicht um ihn,
Nein, um die Lieder, die verklungen.

—

Ein Senne bin ich, ja. der Berge Sohn,
Und muthig sprech' ich Dir, dem Feinde, Hohn;
O eher stürb' ich gerne siebenmal,
Als ich mich Dir ergeb' ein einzigmal.

———

Zermalmen könnt' ich hartes Eisen,
Wie Salz mit meinen Zähnen,
Entwurzeln könnt ich hohe Buchen,
Wie Stroh sie an den Felsen lehnen,
Austrinken könnt ich alles Wasser
Der Jora und des Alesan.
Doch mit dem zügellosen Weibe
Ich nimmer fertig werden kann.

—

Kaukasierin.

Die georgische Sprache — ihr Ursprung ist nicht aufgeklärt, der Einfluss von Sanskrit, Persisch, Armenisch wird behauptet — klingt trotz der vielen Vocale nur aus schönem Munde schön. Hier einige Worte:

Madlobt = danke! Swid obit = auf Wiedersehen! Siguaréli = Liebe. Reïndi = Ritter. Tséni = Pferd. Tsióli = Frau. Assuli (oder) Gogo = Mädchen. Tké = Wald. Tsiché = Burg. Sakrevi = Musik. Kchachaldi = Papier (gutturales Ch *). Tzkali = Wasser. Chmali = Schwert. Saronebi = Blut. Urséni = Traube. Mzé = Sonne. Gamardshóba, wachlawár = Grüsse.

Zum Schlusse noch einen Neujahrsgruss für 1889, den ich von zarter Hand erhielt: Mógilotzawt (Glückwunsch).

Die Schriftzeichen sind recht kraus; auf den alten Waffen, Schilden, Helmen wirken sie decorativ.

Von den Ahnen ererbte, im Mittelalter aus Genua in den Kaukasus gelangte persische, oder doch persisch stylisirte Rüstungen, Helme, Schwerter und Rundschilde zieren in jedem georgischen Hause die Wand; köstlicher Schmuck, Ohrgehänge, Gürtel in Email oder Niello, Spangen, Reifen die Kästchen der Frauen.

Gold und Edelsteine, werthvolle Geschmeide und Lagerstücke erlauben aber hier keinen Rückschluss auf Reichthum. Der Urväter Wirthschaft ist bestehen geblieben; die Quellen des Reichthums aber sind versiegt mit der neuen Zeit, deren Anfang erschöpfende Kriege, deren Gegenwart Steuern, niedrige Preise der Bodenproducte bezeichnen. Alles geht übrigens in den Edelhöfen, wie es eben will, und nur Wenige, wie z. B. Iliko Dshordshadze, suchen die Früchte ihrer Fachstudien praktisch zu Meliorationen zu verwerthen. Fast allerorten trifft man noch, wie vor einem Jahrtausend, an Stelle der Fässer Urnen für den Wein, welcher ohne richtige Behandlung wenig haltbar ist. Auch die Rebengärten versorgt noch die alte Methode. Nach 6 Monaten schon verkauft der Weingartenbesitzer sein Product an den Zwischenhändler, um rasch zu Geld zu kommen. Capitalien sind selten vorhanden. Die „standesgemässe" Lebensweise aber veranlasst Anleihen zu Wucherzinsen. Die offene Tafel und ihre Freuden zehren an dem Wohlstande — wer denkt da nicht an Ungarn? —, und häufig

---

*) Es klingt wie das arabische r (raïn) z. B. in dem, von den Franzosen mit Laghoat transcribirten Laruat.

14*

sehen wir jetzt schon die Fürstensöhne als Beamte des Kreises,
von Bahnen und Fabriken, sowie als Officiere, trotzdem die
georgischen, vortrefflichen Officiere im Avancement den russischen
nachstehen müssen.

Der Mangel an Betriebsgeldern und an Unternehmungslust
lassen die Schätze der reichen Natur Georgiens brach liegen.
Gewürze, Zuckerrohr — früher auch Krapp — fast alle Edelpflanzen gedeihen hier bei geringer Mühe; jeder Stämmling, den
man in die Erde stösst, wächst freudig empor. Die Kupfergruben
sind grossentheils noch nicht erschlossen u. s. w.*)

Das tägliche Brot liefern im Thale der üppige Grund, die
Heerden, die Seide, die Gärten. In den Bergen nähren Teppichweberei, kleine Metallindustrieen, Schaftrieb einen Theil der Bevölkerung, Taglohn, zur Sommerszeit in den Niederungen auf-
gespart, den anderen. In den Bergen finden wir jene schönen
Arbeiten, die mit ihren orientalischen Ornamenten an Waffen
und Bechern, Ringen, Peitschenknöpfen den Kenner entzücken.

Ein wenig wird auch das Räuberhandwerk betrieben, und
es fiel gar nicht sehr auf, dass einmal der zur Kreisstadt ent-
sendete Berittene heimkam und berichtete: Rasbojniki (russ.
„Räuber"; georgisch: Awasaki) hätten ihn angehalten, den mitgeführten Brief auf dessen Inhalt untersucht, Pass und Waffen
genommen. Ebensowenig fiel es jedoch auf, dass am Morgen
Alles wieder ins Schloss zurückgesendet wurde mit dem Bedeuten, die Gesellen hätten erst hinterher erfahren, der Diener
sei jener des Thawads gewesen. Ein Stück ritterlichen Mittelalters!

Die russische Regierung thut natürlich wenig, um die ge-
schwächte Nation wieder zu Kräften zu bringen, welche gegen
den jetzigen Herrn im Kaukasus einmal gerichtet werden könnten.
Wenn ich klagen hörte, wie Russlands Schwert Alles gebeugt,
keine nationalen Schulen geduldet werden, die Kinder alle russisch
beten müssen, die Intelligenz der eingeborenen Stämme nieder-
gehalten werde: dann erinnerte ich mich ähnlicher Beschwerden
aus Landstuben anderer „unterdrückter" historisch-politischer
Individualitäten, welche die siegende Macht und die Vorzüge
eines einheitlichen Reichsgedankens aus krankhaftem Particularismus, als Enkel längst morscher Feudalsysteme noch nicht zu

*) Transkaukasien besass 1885/86 eine Branntweinbrennerei, welche aus 24.172 q
Getreide 8733 hl wasserfreien Spiritus erbrannte; ganz Kaukasien 315 Frucht- und
Weinspritfabriken.

fassen vermögen und wider die Allgewalt des Satzes: „Einer für
Alle, Alle für Einen" fruchtlos streiten.

Der Nationalstolz ist in den kaukasischen Bergen noch
lebendiger als in den Thälern. Alle Bergbewohner sind darin
gleich, die Tiroler, Schweizer, Spanier, Schotten, Corsen, Nor-
weger. Dazu kommt hier der heftige, rauhe Charakter der noch heute
unbezähmten Lesghier; die Gelegenheit, der Strafe für Aufstand
oder Ueberfall durch rasche Flucht zu Pferde oder in die
schützenden wilden Gegenden der Gebirgskette zu entweichen; dann
die Vendetta. Der Mörder eines Lesghiers kommt zu dessen Mutter,
legt seine Lippen an ihre Brust, spricht: „Jetzt will ich Dein Sohn
sein!" und die Mutter — vergibt und vergisst, was geschehen.

Zu den Tugenden des Volkes gehört seine Freigebigkeit;
was dem Gaste gefällt, wird ihm dringend zum Geschenk angeboten. „Mein Haus und Hof, Alles was mein, steht zu Deiner Verfügung." Wiederholt musste ich — des a la disposicion de Usted!
(zu Ihrer Verfügung) in Spanien eingedenk — das Angebot eines
werthvollen Türkensattels, einer persischen Klinge mit Mühe ab-
wehren; vielleicht war hier die Gabe ernstlich gemeint, und that
ich den Leuten Unrecht.

Tapferkeit ist im Kaukasus gerühmt und allgemein; stolz
fielen seine Söhne! Allein greift ein Mann, wie Bagradze, der mit
unserem verblichenen Kronprinzen gejagt, den Bären an, mit
nichts bewaffnet als einem Messer. In des Bären Höhle dringt er
ein, seine Jungen raubt er und ringt, den Abhang hinabrollend,
mit dem Thiere, unwillig, wenn ein Jagdgefährte, des Weges
kommend, dem Kampfe durch einen Schuss ein Ende macht.

Flüchtige Rosse und kühne Reiter tummeln sich hier. Orientalisches Gepräge spricht aus diesem Charakter, diesen Zügen, durchwebt von höfischem Ritterthum. Byzanz und Asien, die Kreuzzüge
und allerlei Kriegsfahrten beeinflussten diese Schwelle zwischen
Morgen- und Abendland, bildeten die eingeborenen Völker um.

Durch ideale Schönheit, Geistesgaben und Tapferkeit ragen
unter allen diesen Stämmen hervor die Tscherkessen und die
Georgier. In früheren Zeiten standen, wie Haxthausen bemerkt,
die Georgier als christliche, die Tscherkessen als moha-
medanische Ritter in ähnlicher Weise einander gegenüber, wie
die Gothen und die Mauren im Mittelalter in Spanien.

Die körperliche Schönheit der echten Kaukasier ist auch
heute noch ihres Rufes werth.

Gross und schlank sind die sehnigen Gestalten. Adlergesichter, schwarzes Haupthaar, wallende Bärte zieren die Männer; blühendes Fleisch, zarte Hände und Füsse, nachtschwarze, glühende Augen sinnliche Lippen die Frauen.*) Ganz orientalisch ist der Tanz, die Lesghinka; wie in Sevilla, Biskra, am Nil tönt trocken die Trommel, neigt sich Tänzer oder Tänzerin, immer getrennt, im wiegenden Spiele der Hüften, zucken die Füsse immer auf derselben Stelle, klatscht der Umkreis in die Hände und ruft im Chor: Ah! Ah! — Die Lesghier sind Mohamedaner; doch gehen ihre Frauen unverschleiert einher, und sie selbst trinken auch wohl Wein.

Religiös indifferent lebt der christliche Georgier in den Tag hinein; nie sah ich einen dem Popen, der freilich selbst in Russland nicht allzuviel beim Volke gilt, die Hand küssen. — Augenblicklicher Genuss ist das Losungswort auch heute, wo die Bauern nicht mehr frohnden.

Doch nun zurück nach Eniseli, wo ich mehrere Tage zubrachte. Wir stehen auf historischem Boden.

Iliko's Vater, Georgij Dshordshadze, dessen Bild in Uniform den zierlichen Schreibtisch seiner gegenwärtigen Schwiegertochter schmückt, war Natschalnik (Vorsteher) des oberen Daghestan, in seiner dienstlichen Stellung häufig in Anspruch genommen durch die kriegerische Umgebung. Der letzte Aufstand 1878/79 traf den Fürsten im Daghestan, in Beshita. Er hatte nicht einen Soldaten der regulären Armee bei sich und wusste durch Kundschafter, dass jeder Tag ihm, dem „Knechte" der Russen, den Tod bringen könne. Er zog anderthalbhundert Männer der Daghestan'schen Miliz an sich und wählte unter ihnen die Lesghier aus. Sein kleines Detachement auf die Posten in den Bergen vertheilend, versammelte Dshordshadze in Beshita die Gemeinde und verlangte kühn die Auslieferung der Empörer.

„Ihr wollt mich tödten!" sprach er zu der bewaffneten, tausendköpfigen Menge. „Ich bin sechzig Jahre alt, der Tod schreckt mich nicht. Aber Ihr wisst sehr wohl, dass, wenn Ihr es wagt die Hand gegen Euren Hauptmann zu erheben, Niemand unter Euch übrig, kein Stein auf dem anderen bleibt. Gebt die Anstifter heraus!"

Der Haufe stritt und lärmte; endlich beschloss er, die Hetzer gebunden herauszugeben. Die Bewachung dieser überantwortete der Fürst der Gemeinde selbst.

---

*) Vgl. die im II. Theile gegebenen Abbildungen und die Mittelfigur S. 49. Bei einzelnen Stämmen finden wir den blonden, blauäugigen Typus.

1. 5. 6. 7. im Besitze des Verfassers.
2. 3. 4. 8. 9. „ „ „ Fürsten Dshordshadze.

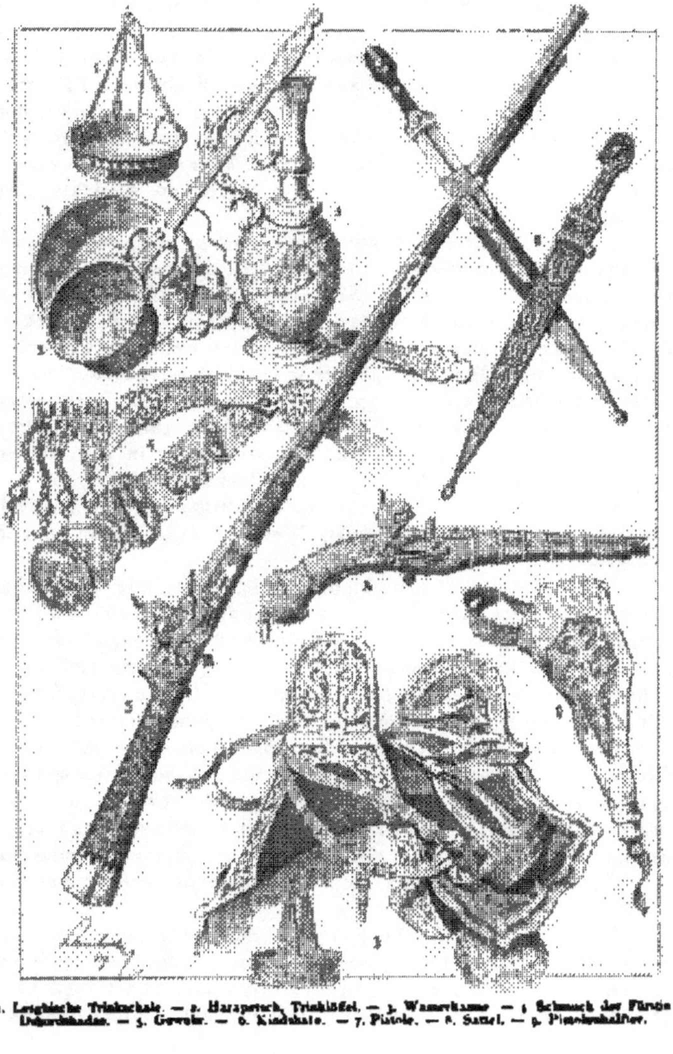

1. Lesghische Trinkschale. — 2. Harapsteh, Trinklöffel. — 3. Wasserkanne — 4 Schmuck der Fürstin Dshordshadze. — 5. Gewehr. — 6. Kindshale. — 7. Pistole. — 8. Sattel. — 9. Pistolenhalfter.

Die eingetretene Kälte veranlasste den Fürsten nach Kachetien niederzusteigen, wo er die Ausgänge des Daghestan zu schützen beauftragt worden war. Inzwischen lief Nachricht ein von einem Siege der Türken, von ihrem Vormarsche über Alexandropol auf Tiflis.

Da liess der Naïb (Untervorsteher) von Beshita dem Fürsten die Kunde zugehen: das Volk stehe auf wie Ein Mann! Er, der Naïb, sei gezwungen, mitzugehen. Ein Einfall der Lesghier nach Kachetien schien unvermeidlich. Endlich kam von Tiflis grusinische Miliz und russisches Kriegsvolk heran und erstickte den Aufstand.

Ein alter Partisan Schamyl's, mit ihm auf der Veste Gunib gefangen, der graubärtige Tolchat tritt herzu, während mir Iliko diese Episode erzählt. Ein noch ungebrochener Greis in dunkler Tscherkesska, verwitterten Antlitzes und tiefen Blickes. Das Georgskreuz hängt friedlich neben den silbernen Patronenhülsen auf seiner Brust. Nach Schamyl's Uebergabe hat Tolchat unter den russischen Adlern gekämpft. Der Kaukasus hatte seine Söhne verrathen, die alte Glorie war dahin; aber der tapfere Krieger fühlte noch seine Faust. Darum trat er in die Reihen der Sieger, wie so Viele, die bis an's Ende ausgeharrt.

Wir besichtigen den Hof und die Wirthschaftsräume. Eniseli, als Gutskörper betrachtet, besitzt Weideplätze, Waldungen und Thalgründe.

Mein Gastfreund betreibt in den letzteren, wie die Grundbesitzer der ganzen Gegend, vorwiegend Weinbau. Zur Zeit meiner Anwesenheit war die Lese durch die Heranziehung der Leute zu den Strassenbauten stark verzögert, dadurch und durch Oïdium und Peronospora sehr beeinträchtigt. Ein Arbeiter im Weinberge erhielt damals auch wohl 60 Kopeken täglich.

Ein originelles Bild bot das hohe Kellerhaus mit seiner dämmerigen Färbung, von Fackeln beleuchtet, bei deren grellem Scheine Männer, den nackten Arm blutroth von der Maische, in den Urnen rührten und wühlten. In dem Kellerhause sind cylindrische Thonurnen bis auf 3 m Tiefe in den Boden eingelassen.

„Notiren Sie!" mahnte Melikow, „ich sehe, Sie machen ein Buch!"

Eine Urne, 5 bis 6 m hoch, 1½ m breit, enthält 8000 Flaschen, alle anderen Urnen enthalten 2000 Flaschen = 1 „Uremi" = 125 Wedro (1 Wedro à 16 Flaschen = 12·3 l) = 1537 l. Gerechnet wird nach „tschapa" = 1½ Wedro (= 18·4 l). Die Trauben werden gekeltert

und sammt den Trestern in die Krüge gefüllt; die Maische (Marani)
wird täglich umgerührt. Horizontale Latten schützen vor dem Austreten der Trester. Nach einem Monat wird die Maische in andere
Krüge umgefüllt, hierauf geklärt und ist dann bereits verkaufs-
fähig. Ein Uremi Wein = 15·37 hl à 16·2 fl. bis 64·9 fl. kostet also
250 fl. bis 1000 fl.

Gebaut werden auf der Feldfläche von Eniseli Kachetiner
Weizen, Hafer, Hirse, Mais als Schweinefutter; dieser war unter
einem Pfeilerdache zwischen Flechtwänden aufbewahrt. Daneben
lag das grosse Backhaus, ein Rundsteinbau aus Ziegeln; über dem
Kellerhause, das wir eben verlassen, waren die Heuvorräthe ein-
gelagert. Geackert wird mit dem landesüblichen Hacken oder mit
Ransomespflügen. Das Glätten der Felder und das Einziehen der
Handsaat besorgt die Dornegge (Schleife).

Die Maulbeerbäume des Gutes, sowie die Seidenwürmerbrut
werden den Bauern gegen Ablieferung des halben Antheils an
der gewonnenen Seide überlassen. Die Rohseide wird im Thale
zu Gewändern versponnen.

An Vieh besitzt das Gut: I. 2000 Schafe (Kurdshuks), die im
Sommer auf die eigene, im Winter aber 200 Werst weit gegen
Bakù auf die Steppenweide gehen; Förster und Hirten mit Ge-
wehren modernen Systems beschützen die Heerde gegen Räuber
und Wölfe. Doch den Winter über gehen durchschnittlich 200
Lämmer verloren, welche der Wolf frisst oder der Schäfer. Ein
anderer Theil der Heerde fällt den Räubern zum Opfer.

II. 160 Rinder und Büffel. Für Jungvieh ist am Alasân ein Gehöft errichtet. Die Verwendung der Büffel zum Zuge hat ihre
Schattenseite, wie ich von unserer Wirthschaft her wusste, in
welcher mein Vater vor Jahren versuchsweise 80 Büffel zum
Zuge verwendet hatte. Die heisse Sommerzeit lockt regelmässig
die widerspenstigen Büffelgespanne ins Wasser. Wiederholt traf
ich hier auf solche Gruppen mitten in den Tümpeln der Wege
und Strassengräben.

III. 120 Pferde, darunter prächtige Goldfuchsen aus Karabagh
(Remontenverkauf trägt 85 Rubel pro Stück). Ihr steter Auf-
enthalt ist die Pferdeweide, nur einige Reitpferde stehen im
Stalle des Schlosshofes. Endlich IV. Schweine.

Dshordshadze gab mir folgende Preise an: Büffel kosten
pro Paar 80 bis 150 Rubel. Eine Kuh 30 bis 40, eine frisch-
melkende 60 Rubel. ein Paar Schweine 10 bis 25, ein Schaf

3 Rubel, Wolle 22·50 fl. ö. W. der Metercentner. 1 *kg* Fleisch = 53 kr. ö. W. (!)

Weizen kostet (gerechnet wird nach Kodi = 2½ Pud) 3·75 fl. — 6·25 fl. pro Metercentner. Hafer 3·10 fl. — 6·25 fl. pro Metercentner. Mais 6·25 fl. pro Metercentner.

Seide = 10 bis 15 fl. das Kilogramm.

Die Fracht bis Tiflis beträgt pro Arba (eine solche fasst bis zu 19 *q*) 5 bis 8, im Winter 9 bis 15 Rubel.

Eine Arba, der auf hohen, plumpen Rädern ruhende, hoch emporragende Korbwagen, mass hier in der Länge 2·20 *m*. Ihr nach vorne spitz zulaufendes Wagengestell war hinten 45 *cm* breit, vorne nur 6 *cm*. Der geflochtene Korb war 2 *m* hoch. Ein Büffelhorn an der Seite enthielt Schmierseife für die trotzdem unausgesetzt quietschenden Räder (1·75 *m* hoch)

Bei Angelosi, der „Rabencapelle", eine Viertelstunde weit von Eniseli, befinden sich Stücke wilder Bienen in den Höhlen der Felsenwand; anderwärts schädigen die Bären den Imker.

Auch die Trauben sagen Meister Petz zu, der häufig in den hiesigen Wäldern bei Fruchtbäumen zur Strecke kömmt.

Im Schlossgarten fand ich Feigenbäume, Granatäpfelbäume, Flieder, Thuja, Pawlownien, Jasmin, Cypressen; zahlreiches Kernobst, darunter schöne Leder-Reinetten, fast ausnahmslos unveredelt; dann den Zizyphus vulg. („Unabi"), eine locale Berühmtheit.

Dshordhsadze besitzt 2000 Dj. prächtigen Buchenwaldes mit eingesprengten Fruchtbäumen. In seinem Jagdgebiete finden sich, wie bereits erwähnt, Bären und Hirsche. Ein Godori = 3 Pud Nussholz kostet 1·26—3·75 fl. 1 *kg* = 2·5 bis 7·6 kr. ö. W.

Diesen wirthschaftlichen Bemerkungen darf ich wohl Einiges über die kaukasischen Pferde beifügen.

Die Pferde des Kaukasus theilen sich in folgende Racen:

I. Im Norden die Kabardiner; kurzbeinig, mit breiter Brust, ausdauernd, aber nicht schnell. Die Pferde der Térek-Kosaken aus den sandigen Steppen im Osten der Kabarda sind kleiner als jene der Kubán-Kosaken, welche sich in dem üppigen westlichen Theile der Kabarda beritten machen.

Das Haarkleid der Kabardiner ist meist dunkel, ihre Höhe 150 bis 155 *cm*, der Preis 200 bis 300 Rubel. Die Deckstation zu Wladikawkas verwendet circa 120 Hengste (Voll- und Halbblut) aus den Krongestüten (s. S. 55)

II. Im Süden:

a) die Karabagh's, ein Kreuzungsproduct der mittelgrossen, musculösen Turkmenenpferde mit den feinen, feurigen Arabern. Kurz von Leib und Rücken, mit hohem Widerrist, kräftigem Kreuz, weitgestellten Beinen, trockenen, scharf markirten Muskeln, derben Sehnen, hochaufgesetztem Hals.

Farben: Goldfüchse (Kohlan), Isabellen (Sarylar), Schimmel. Die Höhe gibt die „Reichswehr" (welcher diese Daten zum Theile entstammen) mit 152 bis 155 cm, Graf Wrangel mit 145 bis 150 cm an. Preis reinblütiger Karabagh's 400 bis 500 Rubel;

b) die Kurdischen, eine Kreuzung von arabisch-türkischem Blut mit Landschlag, 146 bis 152 cm hoch;

c) die „Armenischen" (bei Elisabethpol), eine Kreuzung von Karabagh's und kurdischen Pferden. Die Deckstation Elisabethpol verwendet 28 Karabagh's, ebensoviel Araber, zwei Voll- und zwei Halbbluthengste.

III. In den Bergen zwischen den beiden genannten Regionen Gebirgspferde, unansehnliche, doch sehnige und unermüdliche Thiere, vorzügliche Kletterer; ihre Entwicklung ist bei der Ungunst des Klimas und der Kargheit des Futters noch langsamer als jene der auf die Gräser der Steppen angewiesenen, in Heerden vereinigten Pferde der übrigen kaukasischen Racen. Einige Details über solche Gebirgspferde bringt die Schilderung meiner Tour im Daghestan.

Schnell entschwanden mir die schönen Tage von Eniseli, in dem gastlichen Heim Iliko's und seiner heiteren Frau. In der Nähe Eniselis liegt die berühmte Kirche Natli-Metzemeli, Johannes dem Täufer geweiht, der Platz für die Feste der vielverzweigten in Eniseli, Sabol u. s. w. angesessenen Familie Dshordshadze, da gibt es Picknicks im Waldesschatten, Spiel, Tanz und Musik, welche national, aber eintönig ist: klopfende, zupfende, pfeifende Musiker. Ausflüge am Tage wechselten ab mit frohen Abendstunden; die Besichtigung der Kostbarkeiten im Schlosse, lustige Theegesellschaften auf dem Balcon oder in der Halle, Studium der Landkarten und Bücher zum Zwecke meiner Tour nach Gunib, Clavierspiel und Zeichnen füllten die rasch dahineilende Zeit aus. Zerstreuungen aller Art vereinten sich, mich hier zurückzuhalten. Endlich aber hiess es doch Abschied nehmen, und so fuhr ich, da der Bergsteig Chupra-Beshita-Cholotl-Karadagh nach Schamyl's Felsenburg Gunib hin durch neuerlichen Schneefall als unzugänglich galt, mit Iliko und Melikow auf Sinandal zu. Karalów war bereits nach Telaw zurückgekehrt. ·

Ungern verliess auch Melikow Eniseli, wo ihm sehr wohl geworden. Gute Küche, reiche Tabakvorräthe, langer Schlaf auf den die Betten ersetzenden, teppichbedeckten Divans, feuriger Wein waren ihm hier zu Statten gekommen. An der Fürstin-Mutter besass mein Führer — „der Herr, der diesem Monsieur den Weg erleichtert", wurde er späterhin gelegentlich genannt — eine unerschöpfliche Partnerin im Gespräche über die Beiden bekannten Familien des Kaukasus. Er sass an der Tafel neben ihr, nickte mir fleissig zu und sagte ein über das anderemal: „Nehmen Sie, greifen Sie zu! die Fürstin bittet darum;" oder: „dieser Wein ist vortrefflich, die Fürstin erlaubt es, dass wir ein Paar Flaschen davon mit uns nehmen!" — „Geniren Sie sich nicht! Ein Gast kann hier Alles thun. Sie mögen ein Jahr in Eniseli bleiben, ohne dass man Etwas Anderes, als Freude empfindet."

Neue Proben von Gastfreundschaft erwarteten mich in Sinandal. Dieses, 8 km östlich von Telaw gelegen, war bis vor Kurzem Eigenthum der Tschawdschawadze. Die Fürstin und Ihre Kinder, dann Mitglieder der Familie Orbeliani wurden in Sinandal 1854 von den Lesghiern überfallen und auf dem „Schamylpfad" nach Wedeno gebracht. Erst neun Monate später, am 10. März 1855 gab Schamyl die Gefangenen gegen ein Lösegeld von 40.000 Rubel und die Auswechselung seines Sohnes Dshemal-eddin, welcher damals als Officier in's Wladimir'sche Uhlanenregiment eingereiht war, heraus. Heute ist das Besitzthum für 1½ Millionen Rubel in die Hände des Zaren übergegangen. Zur Zeit meiner Ankunft rüstete sich Alles für den bevorstehenden Empfang der Kaiserfamilie. Durch ein weites Schotterbett (Selj), über das nicht leicht eine Brücke zu führen wäre — übrigens wartet man hier, wie anderwärts, im Allgemeinen ruhig ab, bis das Hochwasser verläuft und lässt dann Alles beim Alten — fuhren wir einen steilen Abhang zu Schloss Sinandal empor. Soldaten wuschen ihre rothen Hemden in dem Wasser des Wildbachs. Es waren Leute von der lesghischen Drushina, der Leibwache des Zaren, welche unmittelbar am Schlossthore bereits ihr Lager bezogen hatte; dasselbe liegt hoch ober dem Wildbach um einen alten Rundthurm und das Officiers-Casino herum und besteht aus Zelten: weissen, dachförmigen, asiatischen und kioskartigen russischen Zelten. Die Wache an der Lagermauer hielt uns an. Von dem Balcon des einstöckigen Casino's herab hatte man uns jedoch schon bemerkt, winkte dem Posten, und so fuhren wir an der Treppe des Hauses vor, welche die Officiere herabgesprungen kamen. Freundlichst wurde Dshordshadze, wurden ich und Melikow als Gäste begrüsst und zur Tafel geleitet, die in vollem Gange war. In Oberst Eristow fand ich den Bruder jenes Fürsten, mit dem ich auf der Wolga bekannt geworden. Capitän Papów, der früher in Bulgarien gedient hatte und unsere diplomatischen Vertreter In Sophia gut kannte, sprach französisch und leistete mir angenehme Tisch nachbarschaft.

Nach den üblichen Toasten winkte mir der Oberst zu und liess den Capellmeister, einen Oesterreicher, herauf bitten. „Sie finden in unserem wackeren Swabóda einen Landsmann." Herr Swoboda (die Russen sprechen diesen Namen nicht wie die Czechen Swóboda, sondern Swabóda aus), aus Pürglitz in Böhmen gebürtig, kam, und nun mussten wir Beide zusammen Czechisch reden, da es die Officiere interessirte zu wissen, ob sie die Sprache verständen. Es war nicht der Fall, was mich nicht Wunder nahm, da trotz der zahlreichen, ähnlichen Stammworte im Czechischen und Russischen die verschiedene Betonung den Klang beeinflusst. Schon früher war ich jedesmal enttäuscht worden, wenn ich versucht hatte, mich irgendwo der Dienerschaft u. s. w. mit czechischen Worten verständlich zu machen.

„Unsere Musik ist vortrefflich geschult, dank Herrn Swabóda" fuhr der Oberst fort. „Sagen Sie, was sie spielen soll?" Ich wählte natürlich russische Weisen. Die Capelle, in der auch zwei czechische Musiker dienten, war wirklich ganz gut. „Nun lasse ich Ihnen von meinen Soldaten die Lesghinka und den Schwertertanz vorführen."

Einzeln traten die Tänzer vor, ernst drehten sie sich im Kreise, schlanke dunkle Männer in langer Tscherkesska. Einige waren lebhafter und sprangen auf dem Rasen umher wie die Pardel.

Endlich schritten wir zum Schlosse, einem einstöckigen, einfachen Gebäude, inmitten eines frisch angelegten, baumlosen Gartens; nur an der Vorderseite standen einige Bäumchen auf dem erst kürzlich rasch expropriirten Terrain eines früheren Bauerngutes.

Auf den Parkwegen arbeitet die 82 q schwere Strassenwalze; Steine und Hölzer liegen aufgebäuft bei dem erst halb vollendeten grossen Lagerkeller. Dieser und das bereits fertige Gebäude welches wir jetzt betreten, bilden den Centralkeller für die ein-

zelnen Weingüter der ganzen Herrschaft. Cement von Nowo-
Rossijsk findet hier Anwendung beim Bau der mächtigen Keller.
Cyclopenmauern gestalten sich zu einem Bauwerk im Style der
Samarkander Moscheen. Im ersten Stockwerke stehen die Pressen;
Luftzüge führen empor; Rebler, Beerenleser, Wägen aus Eisen-
blech in der Form der einheimischen Arben führen, auf Schienen
laufend, die Trauben zu; der Most fällt, sobald nachgepresst
worden, durch Klappen im Boden in die unterhalb aufgestellten
Fässer. Der grosse Lagerkeller, durch einen Gang mit dem
ersten Gebäude verbunden, vermag 24.600 *hl* aufzunehmen. Die
Fässer, aus kaukasischem Eichenholz von einem Ostsee-Mann ge-
fertigt, tragen an der Stirnseite den nett geschnitzten kaiserlichen Adler. Durchschnittlich besitzen die Fässer hier einen
Fassungsraum von 61·5 *hl*, zwei Fässer einen solchen von 120·3 *hl*.
Wasser zur Spülung u. s. w. ist in die Keller eingeleitet, welche
in ihrer Ausdehnung, der funkelnagelneuen Einrichtung, mit
einem Laboratorium versehen, in Stein, Eisen, Hartziegel, Cement
erbaut, dem Kenner wie dem Laien imponiren.

Der Leiter der Domäne, Kammerherr v. Baggawut, hatte
alle Hände voll zu thun. „Heute ist dieses Garten-Parterre fertig
geworden; da sehen Sie die Möbel der Kaiserzimmer. Erst von
Morgen ab geht die Wasserleitung. Auch die Lagerkeller sind noch
nicht fertig."

Das Gut Sinandal, 14.000 Dj. gross. zieht sich in einem
langen Streifen quer über das Alasánthal hinüber zum Walde an
dem Südabhange der grossen Kette des Kaukasus. Ein pracht-
voller Anblick, dies reiche Flussthal, dann die dichten Wälder und
über diesen die schneebedeckten Höhen, deren Zug an die Py-
renäen, von Pau aus gesehen, erinnert.

6000 Dj. der Gutsfläche sind Weinland. Die in Sinandal eingeführten Culturen und der Betrieb seiner Kellereien sollen der
Gegend fürderhin als Muster dienen; denn Weinbau und Keller-
wirthschaft sind in der Gegend noch auf derselben Stufe wie an
dem Tage, da Noah aus dem Kasten stieg.

Gebaut werden hier nur kachetische Sorten; doch kommen
die modernen Cultursysteme in Anwendung; im Gegensatze zu dem
landesüblichen Wachsenlassen der Reben wird auf Sinandal der
Weinstock wenig beschnitten, an Pfählen hochgezogen und über
Winter umgelegt und mit Erde bedeckt. Babo und Rösler,
Klosterneuburg sind geläufige Namen; der Verwalter und der

Gärtner, blonde Russen mit rosigem Teint, waren Schüler der Lehranstalt Magaratsch.

Die bessere Weinlage des Alasánthales ist die nördliche Abdachung, auf dem rechten unbewässerten Uferrande.

Sinandal erntet, wie Herr v. Baggawut, der fliessend deutsch spricht, mir im Verlaufe seiner liebenswürdig gewährten Commentare zu dem Rundgange mittheilt, 19 *hl* Wein pro Hektar; in Derbént, wo man die Reben bewässert, liefern neuangelegte Gärten auch wohl das Sechsfache.

Der Kammerherr nahm mit den Officieren den Thee auf dem Balcon des Casino's; ein herrlicher Blick entrollt sich vor unseren Augen: Thal und Kette im Abendschein.

In den kaiserlichen Wäldern drüben sind Eichen, Roth- und Weissbuchen, Platanen in Menge. Die Jagd ist vortrefflich und interessant; denn ab und zu läuft auch ein Panther (Barss) in den Schuss. Die Hirsche sind stark; ein Geweih, welches mir Dshordshadze schenkte, wiegt 5 *kg* (Zehnender), ein anderes, von Telaw, 6 *kg* (Vierzehnender).

Auf der Chaussée fahren wir weiter nach Gurdshani, unserem Nachtquartier. Hundegebell, Grillengezirpe kennzeichnen, ob wir eine Dorflage oder unbewohntes Land passiren. Plötzlich heisst es Halt! Zwei, mit Flinten bewaffnete Flurwächter, von der verantwortlichen Gemeinde hieher postirt, weisen unser Geführte an, seitwärts den Weg durch den Schotterbach auf die Strasse wiederzusuchen; denn die Brücke ist eingestürzt. Später noch eine zerbrochene Brücke. Grosse Schafheerden aus den Bergen begegnen uns den ganzen Weg entlang. In der Nähe unseres Zieles liegen die salz- und jodhältigen Schlammvulcane von Bad Achtalá. Noch einmal durch ein breites Schotterbett. Auf einer Anhöhe liegt das Haus von Iliko's Schwager, des Adelsmarschalls Fürst Andrónikow. Dieser leitet seinen Ursprung auf das byzantinische Kaiserhaus der Komnenen zurück; der feingeschnittene Kopf des blassen, schwarzen Mannes weist ein Profil auf, wie wir es auf edlen, alten Münzen finden.

Am nächsten Morgen nahm ich von Iliko Abschied. Er stieg mitten am Wege, bei einem seiner Weingärten ab, gab uns einen Korb köstlicher Trauben und herzliche Grüsse mit auf die Fahrt; Melikow und ich rollen weiter der Chaussée entlang aufwärts nach Signach. — Diese Districtsstadt (zum Gouvernement Tiflis gehörig) erhebt sich in malerischer Lage hoch ober dem

Thale (869 *m*). Von Gurdshani sind wir bis hieher 313 *m* gestiegen. Anfangs führt der Weg durch Weinland, reiche Dorfschaften mit zierlichen Häusern, quer über die Schotterbette der nordwärts abstürzenden Wildbäche, längs der Lehne fort, bis wir die schöne, 1888 vollendete Kunststrasse erreichen, die im Zickzack auf Serpentinen von 10 *km* Länge die 300 *m* bis zur Burg Signach überwindet. Die alten Zinnenmauern der Krjepost (Burg) von Signach, stammen aus der Zeit des Kaisers Heraclius (Ende des 18. Jahrhunderts). Weitum laufen die Mauern, den Falten und Hebungen sich anschmiegend, die Höhen und Abhänge entlang. Signach selbst sehen wir erst, nachdem wir zum obersten Thor hinein gefahren sind: ein Bergnest. Das Haus des Districtschefs, des guten Obersten Metzchéjew, hängt auf schrägen Strebepfeilern ober dem jähen Abgrund. Nach beiden Seiten hin erblicken wir ähnliche Constructionen. Gleich nach unserer Ankunft ritt der Oberst mit uns, 3 *km* weit nach Bodby. Dort liegt das Kloster St. Nina und die ehrwürdige, kleine Kathedrale der Bischöfe von Kachetien. Sie ist die Krönungskirche der kachetischen Könige gewesen. Hohe Bäume, ein sprudelnder Quell neben der mit alten Fresken bemalten Kirche. Von dem Kloster herab kommt der ehrwürdige Abt, zwei Novizen credenzen unseinen Willkommtrunk. Dann reiten wir wieder auf und ab, der im Bau begriffenen, anlässlich der bevorstehenden Fahrt des Zaren zu dem Grabe der heiligen Nina neu angelegten Strasse entlang, zurück nach Signach, wo unser Gastfreund und Führer uns zu Tische behält.*) Sein feuriger Eisenschimmel aus Karabagh hat 400 Rubel gekostet. Auch mein und Melikow's Pferd, sowie die Rosse unserer Escorte sind harte, schnelle Thiere.

Fahnen, Waffen und Geweihe, statten das Schreibzimmer des Obersten aus, der durch's Fenster hinaus sieht auf das gleich einer Landkarte ausgebreitete Thal und die Schneeberge.

Hatte ich in Sinandal Quittensuppe verkostet, so lernte ich jetzt Rohscheiben aus Quittenäpfeln als Beilage der Hammelcôtelettes kennen. Prächtiges Obst bildet den Nachtisch; ein Apfel mass 37 *cm* im Umfang, eine Birne 33 *cm*.

Um Signach wird Tabak gebaut. Die Culturkosten pro *ha* beziffern sich auf 250 bis 430 fl. Je ein Capitalist und ein Bauer pachten ein Stück Landes. Ersterer streckt das nach der Ernte zurückzuzahlende Geld vor. Der Ertrag wird nach Abzug der

---

*) Vor einigen Jahren sind, wie mir der Oberst erzählte, Graf Kálnoky, damals Botschafter in Petersburg, und Baron Aehrenthal hier zu Gast gewesen.

Betriebsgelder getheilt. Tabak mittlerer Sorte kostet 31 bis 69 kr.
pro *kg*. Der abgeerntete Tabak wird sofort in Ballen gepackt,
weder sortirt noch geschönt. Für Europäer ist das Product kaum
geniessbar. Die Tabakbauer im Kaukasus verstehen überhaupt
weder die Pflege, noch die Verbesserung ihres Erzeugnisses, am
allerwenigsten einen systematischen Vertrieb von Lagerplätzen aus.
Es herrscht Ueberproduction an Rohmaterial; vielfach ist aber der
Boden bereits ausgesogen. Bei Signach bieten Boden und Klima sehr
günstige Bedingungen für die Cultur von Edelpflanzen. Vor 40 Jahren
versuchte hier Fürst Abchasow Zuckerrohr einzubürgern.

Nachmittags fuhr ich mit Melikow weiter. In der Posttroïka
rasseln wir die Serpentine hinab, drehen uns aber am Fusse von
Signach gegen Norden und überschneiden das Thal. Dörfer, Büffel
vor Karren gespannt oder in Pfützen ruhend, zerbrochene Holzbrücken ziehen an meinen Blicken vorüber. Alle Häuser sind mit
Veranden ausgestattet. Dann zeigt sich ein an Wildschweinen
reiches Gebiet, dichter Wald in der Niederung des Alusán, dessen
Brücke sorgfältig umfahren wird. Vor uns galopirt ein Kosak, an
jeder Poststation erfolgt die Ablösung. Sobald ein Posthaus sichtbar
wird, rast der Kosak voraus; sind die bereitgehaltenen Wagen-
pferde angespannt, dann taucht auch schon von der nahen Weide
her der neue Berittene im Hofe auf. Der Kosak der letzten
Station salutirt, peitscht seinen Gaul und sprengt zurück. Diese Beförderung und Begleitung verdankte ich einer Kronpodoródshnaja,
dem Postscheine. Solche Postscheine bestehen nur mehr in
einigen Theilen Russlands, wo sie in den Gouvernementsstädten
eingeholt werden müssen. Die Taxe (progón) beträgt 2—8 kr. pro
Kilometer und Pferd, wofür die Beförderung, Mauthfreiheit und
unentgeltliches Nachtlager im Posthause gewährt wird. Auf jeder
Station wird genau Buch geführt: auch liegt dort stets ein Be-
schwerdebuch auf. Die gewöhnliche Podoróshnaja trägt einen,
die dienstliche zwei Stempel. Die letztere wird z. B. Officieren
nur bei officiellen Fahrten ertheilt und gibt vor allen anderen
Reisenden — die kaiserlichen Couriere ausgenommen — das Vorrecht auf Bespannung des Post- oder Privatwagens.

Meine Podoroshnaja war eine solche dienstliche und sah so aus:

„Auf Befehl*) Seiner Majestät, des Monarchen,**) Kaisers

Alexander Alexándrowitsch

Selbstherrschers aller Reussen u. s. w.

*) Befehl = Ukás, **) Monarch = Gossudár.

Von der Stadt Signach in die verschiedenen Orte des Gouvernements Tiflis, des Kreises Sakatalj und der Provinz Daghestan sind für dienstliche Fahrten dem österreichischen Unterthan . . . . . 2 Postpferde mit einem Begleiter u. s. w. gegen das gesetzlich vorgeschriebene Fahrgeld unverzüglich beizustellen.

(Datum)

Zwei Stempel mit der Unterschrift: „In dringendem Auftrage."

Für den Gouverneur von Tiflis:
Scheremétjew m. p."

Abends erreichte ich Lagodechj, eine fruchtbare, hübsch gelegene Ortschaft am Südabhange der Bergkette, das Stabsquartier des Tifliser Grenadier-Regiments. Wir befanden uns nun bereits in Sakataler Kreise. (Dieser zerfällt in vier Naïbschaften, darunter Dsharo-Muchách und Bjelokani) Das Militär war schon ins Lager nach Tionetj abmarschirt, der Oberst, an den ich empfohlen war, mitgezogen. Eine bunte Gruppe umstand bei Laternenschein unseren Wagen, als wir direct vor den Officierspavillon angefahren kamen. Es half nichts, wir mussten uns in dem Posthause behelfen, das, neu hergestellt, weder Fenster noch Thüren in den Angeln hatte. Auf zwei Bänken verbrachten wir die Nacht, nachdem wir Schischllk (Hammelbraten) und Thee zu uns genommen; bei dem Souper leisteten uns zwei herzige Kätzchen Gesellschaft.

Von Lagodechj zieht sich die ausgezeichnete Chaussée den Abhang entlang nach Sakatalj. Die Dörfer Bjelokani Dshari, sind bereits von Mohamedanern bewohnt. 1803 zerstörte General Guljakow Bjelokani; Dshari unterwarf sich und hatte einen jährlichen Tribut von 36 ? Seide zu leisten. Bei einem neuerlichen Aufstande wurde Dshari genommen. Guljakow fiel vor Sakatalj 1804, begraben ist er in Bodby bei Signach. Sein Denkmal steht an der Kirche von Neu-Sakatalj, das als Festungsstadt 1830 nächst der alten Ansiedlung erbaut worden ist.

Schotterbette kreuzen den Weg. Dann begleitet uns reizendes, üppiges Land. Büffelkühe ziehen unter den Nussbaumalleen einher, die, sorgfältig mit Flechtkörben verwahrt, ihre Pflanzung dem General Ssokólnikow verdanken. Nussdorf (Foredshin) nennt man das reiche Bjelokani. Hürden, bedachte Holzgestelle zum Trocknen von Tabak bestimmt, stehen in den Feldern und Gärten. Lesghische Kinder und Frauen mit sammtschwarzen Augen in den lebendigen Gesichtern wandern die Strasse einher. Mächtige

Bäume beschatten die Behausungen, welche unten aus Bruchstein gefügt, oben aus schrägem Flechtwerk zusammengesetzt sind. Steinwälle schützen jeden Hof. Ein Reiter im rothen Baschlik sprengt vorbei; das Kleidungsstück gleicht völlig jenem des skythischen Reiters auf dem römischen Mosaikbild.

Durch schöne Alleen, auf gerader Strasse geht es fort am dichten Waldberghange, vorüber an üppig rankenden, überquellenden Hecken. Eine kleine Ruine mitten im Grün. Riesige Gebet- und Grabsteine, von Trauerweiden überhangen Ein mohamedanischer Friedhof, vom Perrückenstrauch umwuchert. Ein graues, rauhes Wildbett, das ein Zug Kameele überschreitet; sie tragen Naphta von Bakû nach Eriwan. — Eine Heerde kleiner, hellbrauner, grauer gefleckter Rinder. — Die parkartige Gegend endet erst bei Sakatalj.

Wieder Reiter, knapp vor der Stadt, mit Hunden, die von zwei Fussgängern geleitet werden. Die Jäger kommen von der Beize. Der bekappte Falke auf der behandschuhten Faust, die alterthümliche Tracht, Alles ruft ein Bild aus den Zeiten Walther's von der Vogelweide ins Gedächtniss, wo das edle „Federspiel" die langröckigen Ritter vergnügte. Lachend zeigt einer der Hundejungen den erbeuteten Fasan; stolz und stumm aber reitet gemessenen Schrittes der lesghische Cavalier an uns vorbei (s. das Titelbild).

Von Sakatalj führen schwierige Bergpässe in den Daghestan. Berühmt ist der Uebergang des Generals Argutinskij-Dolgorukij, der 1853 mit Cavallerie und Gebirgsartillerie von Kasi-Gumuch nach Sakatalj gezogen, um die Veste Messeljdiger zu entsetzen; denn wieder einmal war Schamyl ins Thal eingefallen. Dem General gelang es, zur rechten Zeit einzutreffen, da er den Weg über den schwierigen Pass von Gudurdagh (= 3073 m) wählte.

Neu-Sakatalj, ein allerliebster, reiner Marktflecken mit 1200 Einwohnern, lehnt sich an den von dem Fort gekrönten Berg an. Hier empfängt uns liebreich Oberst Artemij Salomónowitsch Usbaschew (sprich Usbaschów), der Kreischef, ein Mann, dessen humanes Wesen und Wirken rühmlich hervorgehoben werden darf. Die Lage der bettelhaft armen Bergbewohner zu heben, hat er keine Mühe gescheut, in Sakatalj eine Industrieschule ins Leben zu rufen und gedeihlich zu entwickeln.

Dieselbe ist im Februar 1882 gegründet worden. Jedes Haus im Kreise zahlt 40 Kopeken pro anno auf die Schule. Die Kinder der städtischen Bevölkerung haben für die Aufnahme in die Schule 24 Rubel jährlich zu erlegen. Die Kinder der Bergdörfer sind vom Schulgelde befreit und erhalten Kleidung und Kost gratis. (1888: 20 Schüler, Lesghier; 7 Externe, Armenier). Das Gebäude ist aus Stein, hat grosse Fenster, Säle mit Säulenreihen und Balkendach und gewährt den Zöglingen des vierjährigen Curses Raum. Sämmtliche Schüler tragen eine Art Uniform. Der Speisesaal, die Schlafzimmer sind geräumig und luftig. Ein Badehaus steht am Gartenrande. Die Fortschritte der Zöglinge, der günstige Einfluss des Lebens in der Anstalt und der Erziehung sind wahrhaft erstaunlich.

„Sehen Sie diesen kleinen Wilden," sagte mir der Oberst und tätschelte die rothen Wangen eines scheu vor sich niederblickenden, lesghischen Knaben in schlechtem Kleide, „heute weiss er noch nicht, was Waschen, Essen und Bildung heisst — er ist den ersten Tag hier; in einem Jahre ist er ein schmucker, geschickter, aufgeweckter Handwerker, wie jener Junge dort, der an dem Eisenbett feilt. Geh', mein Söhnchen, fürchte dich nicht!"

Wir durchschritten die Arbeitsräume. Hier stand das Modell eines Ransomes-Pfluges (für 65 Rubel erkauft); die danach in der Schule ausgeführten Pflüge werden im Lande für 45 bis 50 Rubel an den Mann gebracht. Nach Verlauf von zwei Jahren vermögen die Zöglinge einen Pflug, getreu nach dem Muster, selbstständig herzustellen. Stühle aus Nussholz mit Bambusgeflecht verkauft die Verwaltung pro Dutzend mit 30 Rubel. Ein Schüler setzt eine Bank aus Holz und Metall zusammen; ein zweiter hämmert an Werkzeugen. Imkergeräthe, Seidenhaspel, Hackmaschinen, Schlösser, Hämmer, Möbelstücke sind theils in den Arbeitsstuben, theils fertiggestellt in dem Prüfungssaale sichtbar. In letzterem prangt auch neben Diplomen die 1887 auf der Charkower Ausstellung der Anstalt zuerkannte Medaille. Ich kaufte hier ein Honigmesser und einen stählernen Seidenhaspel.*) Von diesen hat die Schule 300 Stück nach Nachitschewan (Provinz Eriwan) zum Preise von je 30 Kopeken verkauft. Der Erzeugungspreis pro Stück berechnet sich auf 15 Kopeken; der Marktpreis in Tiflis beträgt 60 Kopeken. Schnitzerei, Giesserei schliessen den Kreis der Arbeiten im Innern.

Der Schulgarten bietet Aussenarbeit. Ein Häuschen enthält die Grains und Cocons der Seidenraupe. Erstere werden hier mikroskopisch geprüft, dann in Florsäckchen zum Verkaufe geschichtet. Seit 20 Jahren beziehen die Seidenzüchter im Kaukasus

---

*) Im Besitze des Franzensmuseums zu Brünn.

italienische und französische Grains, 1 *kg* um 150 fl. Ueberall in den Dörfern des Sakaialer Kreises sind Maulbeerbäume angepflanzt. *)

Daneben sortirt man Obst in Kisten; getrocknet wird es an der Sonne. Das Kilogramm französischer Winterbirnen erzielt in Tiflis 8 kr.

Weiterhin finden wir Bienenstöcke asiatischer Form, Holzstämme; daneben Stöcke nach dem System Berlepsch. Sobald dieses letztere nach und nach unter den Lesghiern Aufnahme gefunden haben wird, beabsichtigt Usbaschew ein Central-Centrifuge zum Ausschleudern des herbeigebrachten Honigs zu errichten.

In dem 12 *ha* umfassenden Garten sind Reben gepflanzt: einheimische und französische Sorten. Die Landtraube (dar) bleibt 15 Jahre ertragfähig; schon im ersten Jahre liefert sie Früchte. Schösslinge werden für 5 bis 15 Kopeken verkauft, auch wohl kostenlos vertheilt. Ein Theil der Reben ist in Lauben gezogen; daneben sind Kernobst-Spaliere. 1887 wurden 40.000 Reben ausgepflanzt. 2 *ha* tragen Mais; ein anderes Stück Reis. — In der Gegend gibt es 25.000 Dj. Reisplantagen. Ertrag 16.400 *q*. 1 Dj. liefert 14·76 *q* bis 44·28 *q*. Ueber Weizen und Gerste von Sakatalj vgl. den Bericht der Samencontrolstation im Anhang. — Kürbisse, Zwiebel, Pfeffer, Gemüse aller Art füllen die von den Reblauben und Obstbäumen in Tafeln gegliederten Beete des Schulgartens. Hopfenranken ziehen sich an den hohen Bäumen nächst der Quelle empor. An einigen Plätzen sind durch den engen Stand von 4 bis 5 Apfelbäumen Lauben, schattige Plätzchen gebildet. Von hier aus erblicken wir die Schneehäupter des nahen Hochgebirges des Gudurdagh, den grünen Wald, der im Frühjahr ein Blüthenstrauss ist. Links hinauf zieht sich „Schamyl's Weg".

Die Wässer stürzen im Frübling mit Macht verheerend zu Thal. Jetzt liegt das Schotterbett des Tschin-tschaj ruhig da, nur ein dünner Wasserlauf schlängelt sich hernieder. Von diesem aus wird der Schulgarten bewässert. 2 *m* breite Mauern und zahlreiche Buhnen, dann Schutzbauten im Walde verdanken Usbaschew ihre Entstehung; sie schützen Stadt und Garten vor den Wildwässern. Sträflinge schaffen an diesen Schutzmauern und an der hohen, langen Brücke, über die hier die Chaussée von Sakatalj gegen Nuchá, südöstlich, führt.

Die Anlage verlassend, welche ein neuer Beweis ist für die unwiderleglichen Vortheile einer guten Schule für den Einzelnen

---

*) Proben schöngefärbter Seide aus Sakatalj besitzt das Franzensmuseum zu Brünn.

wie für die Gesammtheit, vermag ich bei dem Rundgange durch die Stadt abermals Anzeichen der Schaffensfreude und Thätigkeit Usbaschews zu erblicken. Die Strassen des Städtchens sind gefegt, die Laternen geputzt; helles Wasser strömt aus hübschen, wohlerhaltenen Ziegelfontainen; ordentlich und reinlich ist auch die Ladenreihe in dem Gässchen mit den weissen Häusern. Wir treten in eine Backstube; ein runder Lehmbau trägt an der Wand der inneren Aushöhlung dünne Fladen Brodes angeklebt. Es ist das landesübliche Lawaschj. Daneben sind appetitliche, lange Laibe Weizenbrod aufgehäuft.

Im Duchan lagern Leute auf dem breiten Divan und den Decken der Hinterstube, bei Quittenmus und Safransuppe (Basbasch). Gegen die Gasse hinaus waltet der Koch seines Amtes und lässt uns aus blinkenden Kesseln und Näpfen die Speisen verkosten.

Eine Schaar Nusshändler ist hier versammelt. Nussholz 4·2 m lang, 3·5 m breit, 5 cm dick, kostet 2 fl. 50 kr. Eichenholz derselben Dimension 1 fl. 90 kr. — Bergschafe mit kastanienbraunen Köpfen und Beinen und Eriwaner Schafe stehen da.

Der Oberst nickt den Händlern freundlich zu, spricht Diesen und Jenen an; man sieht sofort, dass er populär ist, obwohl Amtsvorstand, Officier und Russe. Sein Machtgebiet erstreckt sich über 3987 ☐ km (69 ☐ Meilen) und etwa 80.000 Seelen. Von dem zierlichen Markt und Hauptplatz, den hübsche Bäume schmücken, steigen wir zum Fort aufwärts. Hier ist auch Usbaschew's freundliche Wohnung. Kein Stäubchen in den hellen, grossen Räumen. Eine Terrasse mündet in den Garten, auch ihm fehlt die pflegende Hand nicht. Pawlownien, Ailanthus, Blumen und Sträuche füllen den Platz vor dem weissen, von normannischen Thürmen flankirten Hause. Eine Ordonnanz meldet etwas. „Ich muss Ihnen die Kerle zeigen," meint der Oberst, „zwei meiner Soldaten haben heute Vormittags binnen einer halben Stunde zwei Bären geschossen." Da lagen die Thiere vor dem Thore in ihrem blutigen Fell; ringsum stand die Mannschaft des Forts in den weissen Leinenkitteln und allerlei Volk.

Bei Tische lernte ich Schwester und Tochter Usbaschew's kennen, wohlerzogene junge Damen mit französischen Sprachkenntnissen. Französisch reden zu können war mir auf der Reise schon eine Erholung von dem mühsam russisch geführten Gespräch; späterhin freute ich mich, wenn ich, unter Lesghiern verloren, auf Russen traf.

Melikow strahlte vor Freude über den guten Eindruck, den
mir das Hauswesen und die Persönlichkeit Usbaschew's machte.
„Ich sage Ihnen, fürchten Sie sich nicht! Durch den ganzen
Kaukasus hin kenne Ich alle Fürsten, jeden Obersten. Der Oberst
erlaubt es, ja er wünscht es, dass wir Wein und Obst mit uns
nehmen." Das Dörrobst verpackte Melikow In sein Taschentuch;
da er sich dessen nie bediente, war das Tuch ganz appetitlich. Das
Obst hier war herrlich. Ich mass eine Birne mit 40 cm Umfang.
1 kg bester Aepfel kostet hier 12 kr., 1 kg Birnen 10 kr., 1 Fasan
24 bis 38 kr.

Nach reiflicher Erwägung entschloss ich mich, trotz aller Ab-
mahnungen die Tour nach Gunib quer über das Gebirge auszuführen, wiewohl die Uebersteigung des Djultidagh, selbst im
Hochsommer nicht gefahrlos, jetzt ein Wagstück genannt werden
durfte. Von Sakatalj ab ging sonach mein Weg nordwärts über
Muchách, den Djultidagh, Kasi-Gumuch nach Gunib, von dort
über Temir-chan-Schurá zum Hafen Petrowsk*). Nach wenigen
Stunden erreicht man die Grenze des Daghestan: Granitfelsen, die
zum Himmel aufragen, Schneeriesen hoch ober Abgründen, in denen
die Wässer ihren Lauf vom Quellengebiet zu den Thälern nehmen;
kahle Bergketten, Steinhäuser, rauhes Land und rauhe Leute
kennzeichnen diesen Bezirk des ewigen Schnees. Das Alasánthal,
das Herz von Kachetien, bleibt hinter uns, mit ihm gebahnter
Weg und glatte Pfade. Zu Ross und zu Fuss geht es nun hinauf.
Usbaschew hatte mir einen in lesghischer Sprache abgefassten Geleitbrief mitgegeben; denn dort oben in den Bergen wird der Fremde
misstrauisch oder feindselig, der Russe mit Hass betrachtet; nur
die Einführung durch meine von Station zu Station aufgebotenen
Begleiter und die Worte des den Lesghiern wohlbekannten Usbaschew sicherten mir Unterkunft und Schutz.

Ein Paar Kosaken mit einem Unterofficier geleiteten mich
von Sakatalj ins nächste Nachtquartier, Muchách. Getreide wurde
auf den Feldtennen ausgetreten und geworfelt. Die Aecker waren
hier mit Hülfe etwa 6 cm hoher Dämme In 2 : 2·5 m grossen Recht-
ecken berieselt, auch die Wiesen überstaut. Von den Feldern bogen
wir gegen die waldigen Vorberge.

---

*) Die Provinz Daghestan besteht aus neun Kreisen, darunter sind jene von
Gunib, Lewaschj, Kasi-Gumuch und Temir-Chan-Schurá; letzterer Ort ist Sitz des
Commandanten des Daghestan.

---

4. Abschnitt.

(Muchách. Dshinách. Ueber den Djultidagh. Chulisma. Kasi-
Gumuch. Gunib. Ueber Temir-chan-Schurá nach Petrowsk.*)

Bäume und Hecken umsäumen den Weg. Ueber Stämmchen
und Kräuter rieselt ein Bach vom Friedhofe in den Hohlweg;
graue Büffel und weisse Schafe; dann ein knarrender Obstkarren
nach dem anderen; Bauern zu Pferde, die gekrümmte Sense über
der Schulter, drängen sich gleich uns zwischen den braunen
Flechtzäunen, den grünen Büschen am Wege hindurch.

Enge Strassen, zwischen Obsthainen und Gebäuden ein-
geklemmt, führen uns zum stattlichen Hause des Natschalnik
(Gemeindevorstehers) von Muchách. Wir schwingen uns von den
munteren Rossen, links und rechts stehen in zwei Reihen stumm die
Mannen unseres Gastfreundes. Er selbst kommt die Stufen herab-
geschritten und ladet mich ein, ins Haus zu treten.

Arashál Hadshi Mussah Ogli, **) ein schlanker, hoch-
gewachsener Mann von etwa 30 Jahren, trug die Tscherkesska mit
den Patronenhülsen und der Schaschka (Säbel) der Beamtenschaft;
doch war das braune, seidenweiche Wolltuch, zwar in Sakatalj zu-
geschnitten, hier im Hause aber gewebt. Sein Besitz, Grundstücke
und Schafheerden, stempelte ihn zum reichsten Mann im Dorfe.
Das Einkommen aus der Schafzucht bezifferte er selbst auf
4000 Rubel jährlich.

Muchách, eine wohlhabende Ortschaft mit 624 Einwohnern,
betreibt in den zugehörigen Thalgründen Reisbau; in den höher-
liegenden Gauen weiden die Heerden, deren Schur hier zu lebhaftem Wollhandel führt.

*) Vgl. zu diesem Abschnitte die Routenkarte im Anhang.
**) Vgl. Abbildung S. 251. 4.

Die Stube, in die ich mit meinen Begleitern eingeführt
worden, hatte eine Holzdecke, einen Kamin im maurischen Styl, ebenso
geformte Nischen; mit Ausnahme der Thüre, die auf die Veranda hin-
ausging, aber nur noch an derselben Wand Oeffnungen, zwei meterbreite Fenster mit Holzläden. Das Reisen mit dem Messbande gestattete mir, die Verhältnisse festzustellen: der Raum war 5·5 m lang,
4·4 m breit, 3 m hoch. Den Boden bedeckte eine grosse Anzahl
von Teppichen, fünfzehn; alles Hausindustrie, alle dick, gelb,
roth, schwarz gemustert, wie sie die Umgebung von Elisabethpol
erzeugt. Andere grosse und kleine Teppiche lebhafter Farbe, mit
schönen Dessins, lagen neben kleinen Koffern, Wachskerzen,
Ssamowars, ganz ordentlich zusammengelegt, in den zwei grossen,
unregelmässigen Nischen der Seitenwände.

An dem Wandpfeiler hing ein farbiger Korán-Spruch, auf
Papier gemalt und 1¹/₂ : 1 m gross. In einer anderen Nische stand
wieder ein Ssamowar und ein Licht, dann eine Petroleumlampe
und eine Glasdose voll Zucker. Daneben hingen an den Nägeln
eines Kleiderhakens die Papácha (Pelzmütze), Flinten, Krummsäbel,
Baschliks und Anderes. Nächst dem Kamine stand ein Tisch, um
ihn drei Stühle aus gebogenem Holz. Das Tischtuch war aus
Leinen mit einem breiten rothen Streifen. In einer Ecke befand
sich ein grosser russischer Koffer aus lackirtem, mit Metall
geschmücktem Holz. Um das ganze Gemach herum lief ein Sims,
auf dem Aepfel, Tassen u. dgl. ausgelegt waren.

Dienende Leute standen rings um uns herum, andere sassen
auf der Veranda. Bald wurde das Essen aufgetragen; doch nahmen
nur ich, Melikow und der Unterofficier Alexander Constantinowitsch
(recte Abdullah Beg) Wadshinadze*) Platz. Arasháil, der Hausherr,
blieb stehen und reichte uns, sie aus den Händen der Diener
nehmend, Schüssel und Teller. Während wir assen, seufzte er oft
auf; wie Melikow erklärte, aus Betrübniss, dass er so wenig bieten
könne. Von der Veranda her klang Tafelmusik. Der Tisch war
ganz nach europäischer Art gedeckt, auch Wein und Wodka
fehlten nicht. Es gab Käse, frische Butter, Honig, Zwiebel, Fladen-
brod, Basbasch (Fleischsuppe mit Safran und Knoblauch), Schirkal
(Hammelfett und Mehl), gekochtes Hammelfleisch, Pilaw mit
Kischmisch (trockenen Weinbeeren). Endlich ein, unsertwegen
frischgeschlachtetes, gebratenes Lamm und Obst.

---

*) Vgl. Abbildung S. 251, 5.

Intérieur
aus dem Hause
Araxhil Hadshi Mussah Ogli's
zu Murhich.

Nach Tisch kam Thee zur Cigarette, welche Arashâl nach Berührung meines Arms mit seiner Hand annahm; jedoch erst, nachdem er draussen sein Mahl verzehrt hatte, mit uns rauchte.

Während seiner Abwesenheit besah ich die zierlichen Stuck-ornamente an dem Kielbogen des Kamins und über demselben jene an den Nischen, besichtigte die Teppiche, welche bei einer Grösse von 40 : 97 *cm* zu 10 bis 11 Rubel verkäuflich waren, während die Eigenkosten nur zwei Drittel dieser Summe betrugen.

Ein Paar origineller, von den Weibern gestrickter braun-schwarz und gelb gemusterter Socken, hier die gewöhnliche Fuss-bekleidung diesseits der Schwelle, erstand ich für 60 Kopeken.

Der Musiker draussen und seine Umgebung hatten mich neugierig gemacht, und ich trat in den hellen Mondenschein. Meine Rückzugslinie gegen den in einer Spirale endigenden Flechtzaun des Hofes deckte Arashâl mit einem zweiten Fackelträger in feierlicher Weise.

Hassán,*) der Musicus, ein Alter mit grauer Papácha — seit Tiflis waren die weissen Papácha's und Tscherkesska's verschwunden — wies seine Instrumente vor: den Kemántschá, ein rundes, lang-stieliges Ding, glatt, oben mit einer Blase bespannt, mit zwei Löchern, drei Saiten und einem krummen Fiedelbogen; dann den flaschenartigen Saz mit fünf Metallsaiten. Hassan spielte gut, sang dabei Liebeslieder bald in der Fistel, bald näselnd. Händeklatschen erscholl dabei im Kreise (tschikastá).

Arashâl tanzte die Lesghinka und einen Kosakentanz. Inzwischen waren auf meinen Wunsch die 3 besten Tänzerinnen, zugleich die schönsten Mädchen des Dorfes erschienen: freilich in Begleitung der Herren Eltern, welche die Statisten noch vermehrten (das Portrait des Vaters der Mädchen s. S. 251, 2). Die Mädchen trugen eine weisse Joppe mit kurzen Aermeln, aus welchen bis zum Ellenbogen die Faltenärmel des grauen Kleides hervorkamen. Dann ein weisses Oberkleid, das vorne einem Talar glich, rückwärts in einem langen Ende ausgehend bis zur Erde reichte. Auf dem Kopfe trugen sie einen Schleier über die Ohren gebunden und darüber ein Tuch mit zwei langen Zipfeln. Jede von ihnen tanzte allein, dann sangen sie im Chor.

Zum Nachtthee gab es Schischlik (gebratene Hammelstückchen), Aepfel und Birnen. Das Nachtlager wurde uns auf den Teppichen

---

*) Vgl. Abbildung S. 251, 3.

zugerichtet. Im Hofe bei einem Feuer hielten einige Reisige die Ehrenwache.

Am Morgen nach dem Thee brachen wir auf. Arashál und zehn Reiter gaben mir das Geleite. Wadshinadze und die beiden Kosaken ritten mit uns bis Khallalu. Bald war das säulengetragene Ziegeldach entschwunden, und wir eilten dem Bach Schaitan-tschaj entlang fort. Unzähligemal durch meterhohes Wasser, dann darin selbst, immer steigend. Zu beiden Seiten lag Laubwald, dann kam Gerölle längs des Schotterbettes. Die üppigen Baumgärten und Hecken liessen wir hinter uns. Zwei Tennen zogen die Aufmerksamkeit auf sich. Da entkörnten Büffel vor dem Dreschschlitten (s. S. 260) oder

Ritt von Muchách nach Khallalu.

nur tretend das Getreide, von dem je drei bis vier kleine Haufen auf einem grossen Platz nebeneinander lagen.

Anderthalb Stunden später erst erschienen neue Spuren der Cultur: Brombeerhecken um ein steiniges Feld, Herbstackerung für Hafer. Im Doppeljoch zogen zwei Ochsen den Pflug; schwarz-braun mit weissen Köpfen und Füssen massen sie 120 *cm* in der Höhe, 143 *cm* in der Länge. Das Joch war vorne 2·60 *m* lang, der Hakenpflug mass 2·30 *m*. Das eiserne Schar hatte eine Länge von 29 *cm*, einen Umfang von 33 *cm*. Der rübenförmige Vordertheil mass bis zur Spitze 13·5 *cm*. Die Pflugsohle sammt dem Schar hatte 67 *cm*.

Am Ufer des Baches kniete eine Schaar betender Pilger. Männer mit hohen Papácha's und der Pelzrotonde (Burka), hoch zu Ross, Frauen, auf der Arba kauernd, kamen vom Gebirge her. Wir reiten wieder durch Wasser, über arges Geröll, letzteres eine starke Zumuthung für jedes Pferd, das nicht Volleisen trägt.

Vor uns erhebt sich der Gudurdagh (die höchste Spitze = 3367 *m*) kahl, zerrissen, schneebedeckt. Rechts von uns zeigen sich kleine Wiesenterrassen nach einer Holzriese; wüst durcheinander liegen, von den Wasserfluthen herabgerissen, die langen Stämme.

Hei! Dshigitówka: Alle sprengen im Galop über die Steinblöcke durch das Wasser und beginnen ihre Reiterspiele. Die Dshigitówka der Kosaken und Kaukasier, als Schaustellung von Reiterkunststücken — im Galop auf dem Kopfe im Sattel stehen, in voller Carière Gegenstände vom Boden aufheben oder emporgeworfene Waffen im Fluge wieder auffangen und ähnliches mehr — entspricht der Fantasija der Araber in der Sahará, in Palästina u. s. w.

Haus in Khallalu

Wir gelangen nach Khallalu.

Ein Mann aus dem Gefolge hatte die Aeltesten des Dörfchens von meiner Ankunft verständigt. Die ganze Gemeinde empfing uns, als wir über die Grasweide dahergeritten kamen Unter einer kleinen Veranda mit geschnitzten Holzsäulen und einer Holzbalustrade waren die Teppiche des Hauses für uns ausgebreitet. Die Hütte (vgl. das Bild), war wenig über 3 *m* hoch aus Thonschieferplatten und Holzstückchen gebaut, das Dach mit Schotter gedeckt. Flechtzäune schränkten den Vorhof und einen einzelnen Nussbaum ein. Die Thür, welche in den vordersten Raum, die Vorrathskammer führte, hatte 1·33 *m* Höhe. In dem verräucherten Raume war Wolle ausgebreitet, hingen Häute, luftgedörrtes Schaffleisch, Draht, Schafscheeren, Jagdzeug, Weinschläuche; lagen Schüsseln aus Zinn, Pfannen, Krüge, Holzlöffel, Teppiche. *) Die schräge

---

*) Ueber die Teppiche des Daghestan s. den Anhang.

— 240 —

Decke bildeten unbehauene Balken; rohe Holzsäulen stützten sie.
Neben dem kleinen Kamine stand ein russischer Koffer (Tschemodan).

Ebensolche Behausungen zogen sich am Fusse des Berges, am
Uferrande hin. An einer Mauer der Hütte standen zwei grosse Weber-
rahmen mit halbfertigen Teppichen. Auf meine Bitte hin knieten
zwei schöne, unverschleierte, in blaue Gewänder gehüllte Frauen
davor nieder und webten. Beide waren gebräunt; ihr Gesicht war
fein geschnitten und von grossen, langwimperigen Augen belebt.

Tschmaralischer Taschenspieler.   Melikow.   Iswoschtschik aus Tiflis.

Frauen in Khallalu.

Weisse Zähne und schwellende Lippen vollendeten den Reiz der
eifrig Arbeitenden. Die Ohren und das Haar verhüllte ein zarter,
eigenthümlich mit einem Tuch verknüpfter Schleier (s. das Bild).

Gross und Klein, Jeder in der zottigen Burka, umstand zuerst
mich den Zeichner*), dann unser Frühstück; dann wandte Arashâl
sein Pferd und ritt, mein schriftliches Zeugniss über sein Verhalten, an Usbaschew gerichtet, im Gürtel, mit seinem Gefolge und
Wadshinadze heim.

———

*) Vgl. Abbildung S. 251, 6.

Iskanderól Athá von Athalá*), ein Privatmann, den wir auf halbem Weg getroffen, und vier Berittene aus dem Dorfe begleiteten mich und Melikow weiter.

Zuerst kamen wir zu Thonschieferhalden, dann zu Cascaden, durch die wir uns ohne besondere Mühe den Weg bahnten. Hinter dem letzten Wasserfalle klommen unsere Pferde einen jähen Weg empor, der als schmaler Pfad durch herrlichen, herbstlich gefärbten Buchenwald aufstieg. Gleich am Anfange trafen wir einen greisen Lesghier, der mich mit Aepfeln beschenkte.

Herniedersteigende Wanderer waren gezwungen, von dem steilen, engen Saumpfad in die Büsche zu treten, sobald wir herankamen. Verschämt und doch neugierig blickten zwei dunkle Frauen in weissrothen Gewändern durch die Stämme auf uns.

Nach Ueberschreitung des schattigen Buchenkegels, von dessen Spitze sich nach Süden hin ein weiter Blick gegen das Alasán-Thal eröffnete, kamen wir auf kahles Terrain. Tief unter uns lag Rasen, wie ein hellgelbes Tuch; gleich einem orangefarbenen Zottelfell umkleidete dichter Wald mit seinen rothgelben Flämmchen die letzten Berge. Fortwährend schlugen wir die directesten Wege ein, ein Princip, welches die Strassenbauer vermeiden müssen; geht man immer der Nase nach, so stösst man häufig mit ihr an.

Abwärts vor uns werden die Trümmer eines alten Lawinenwehrs sichtbar, uns gegenüber die grauen, steilen, durchrissenen Felswände eines Bergriesen, in der Tiefe rauscht und braust der Wildbach, ein flatterndes, schäumendes Band. Von hier an haben uns die Bäume verlassen, bald auch die Sträucher, Farne, Kräuter und wir sehen nur ab und zu kargen Rasen.

Wir übersetzen den Wildbach, zu dem die Schlangenwindungen des Weges hinabsteigen, um jenseits nicht minder schroff emporzulaufen, auf einer morschen Brücke, einem alten Bau mit eingeschnittenem Kielbogen zwischen den Strebepfeilern. Jenseits der Brücke überschreiten wir die Grenze Daghestans.

Bei einer Drehung leuchtet zur Linken das Schneefeld des Dindagh ($3215\,m$), auch Dingidagh, herüber.

Bäche, bald als Schleierfälle senkrecht abstürzend über schiefergraue, in unzählige Rauten zerrissene Wände, bald, in mehreren Fangarmen schneeweiss über den Kies stürmend, zur Rechten.

Unser Weg ist oft kaum erkennbar, unablässig rieselt Sand von den Halden und macht die Pferde straucheln. Durch einen

*) Vgl. Abbildung S. 247, 2.

wahren Steinbruch treten wir auf eine Alpenweide mit fahlem Gras, auf der wir bei einer mit Rasenziegeln gedeckten, 3m hohen, aus Steinen zusammengehäuften Schutzhütte Halt machen. Es ist der Hadshl Ssunduk, Koffer des Pilgers, eine Gebetstätte. Vor uns sind die schneebedeckten, von dunkelblauen Riffeln gespaltenen Höhen des Ssudsharaj.

Zwanzig bewaffnete Reiter lagen mit ihren Pferden auf der Weide und grüssten ehrerbietig unsere siebenköpfige Schaar.

Mein Gepäckführer mit Papácha und blauem Gewande scherzt und lacht, indess meine übrigen Begleiter ernst vor sich hin sprechen. Hier nahm ich Gelegenheit, meinen stämmigen Fuchs, ein treues Pferd, abzumessen: Widerristhöhe 134 cm. Mein englischer Sattel wollte ihm nicht gefallen; denn so wie ich absass, wälzte sich der Gaul, um ihn loszuwerden. Nie kam so etwas bei den landesüblich gesattelten Pferden vor.

Als die fremden Reiter abgezogen waren, blieb die Gebirgslandschaft um uns bis auf einen Raben leblos.

Wir befanden uns nächst der Schneegrenze, welche in diesem Theile des Kaukasus weit über 3000 m hoch liegt. Die kleine Hochebene auf der wir rasteten ist eine Wasserscheide.

Nun geht es an scharfen, zersplitterten, braunen Schieferfelsen entlang in zahllosen Windungen. Ein schmaler Streifen nur bezeichnet den Pfad an der Bergwand. Ich hatte die Empfindung, stundenlang auf dem Firste der Stephanskirche fortzureiten. Unter uns im Abgrund ist ein Zufluss des Ssamúr. Die Erdrisse sind bald aschgrau, bald rostfarben wie alter Sammt. Jenseits ist fahles Gras, hoch oben begleiten uns Schneeberge.

Die Pferde müssen häufig springen, was besonders bei den zwischen Gesteinsbrucken eingeklemmten Felsstufen — oft zehn hintereinander — und bei kurzem Kehren ein wenig unbehaglich ist. Gefährlich ist eigentlich nur die Passage über Schutthalden, wo kleine Partieen unter dem Huftritt ins Gleiten kommen und ein Fehlschritt Ross und Reiter unaufhaltsam in die Tiefe führt.

Trotz alledem trabten wir lustig vorwärts und allmählich zum Thale hinab, in welchem wir zwanzig Schneebäche durchreiten.

Nach zwei Stunden neuerlichen Auf- und Abstieges erreichen wir ein Dorf, Kjaljall (2148 m) am Ssamur, von den Leuten Baschtschallal genannt.

Ein Haufen dunkelgrauer Steinhütten mit winzigen Fenstern, über- und aufeinander gethürmt, auch wohl ins Gestein eingelassen,

Raschmschalal. (Langhischer Dorf.)

ohne andere Vegetation als Distel und Gras bei der Ortschaft. Drüben aber liegen Feldchen auf den braun- und graugrünen Höhen, im Hintergrunde Schnee.

Bei den Steinhäusern lagern Saumthiere mit ihren bewaffneten Führern. Ein colossaler Felssturz drängt den Fluss aus seinem Bett, den wir, endlich abgestiegen, zweimal durchschreiten, um am linken Ufer des östlich fliessenden Ssamûr zu bleiben. Eine pit- toreske Brücke leitet zu dem Felsen hinüber, den wir wieder steil aufwärts verfolgen. Rechts ist der Dachaldagh sichtbar. Unsere Pferde müssen die Höhe erklimmen; denn selbst für eine Ziege bietet die Schlucht, in welcher der Ssamûr fliesst, keinen Platz. Die häufigen Kehren werden dadurch recht unangenehm, dass das Pferd mit den Hinterbeinen auf dem Flecke wendend, einen Moment mit der Vorhand über dem Abgrund schwebt und in denselben treten zu wollen scheint.

Jetzt sind wir hoch über dem Flusse. An seiner Wendung ist er stahlblau; er beschreibt fast eine Acht um malerische, mit Gesträuch besetzte, abgestumpfte Felspyramiden. Hoch oben, uns gegenüber, ist Schnee; dann erblicken wir Felsen, graubraun wie Peluche, die schäbigen Stellen darin sind Felder. Weiter hinab sieht es aus, als läge dort brandgelbe Wolle, es sind die Wipfel der unterwaschenen zum Fluss hinabhängenden Bäume. Am Ufer- rande selbst ist frisches Grün. Die riesige Schutthalde, längs welcher wir fortreiten, ist todt in der Farbe, bis auf purpurne Sträucher und hellgrüne Flecken.

Am Zusammenflusse des Ssamûr und des Djultitschaj liegt Dshinâch. Das düstere Dorf auf der Bergterrasse sieht wohl noch schwermüthiger aus, als sonst, weil etwa die Hälfte der Stein- häuser seit einem Brande in Trümmern liegt. Ueber Ziegenpfade klettern wir herab und holen uns wieder einmal nasse Kniee in dem tosenden Flusse. Dann aufwärts durch schmale Gässchen und oberhalb der mit Sand bedeckten Dächer zum Hause des Mollah (mohamedanischen Priesters) Ibrahim Ali.

Ein schmaler Thorweg führt neben einem Kielbogen in das niedrige Hintergebäude. Eben singt im Abendschein vom Dache herab der Mollah: „Gott ist der einzige und ewige Gott."

Stufen bilden den Aufgang vom Thorweg her in das Gemach. Dieses ist 2·40 m hoch, ebenso lang, 1·86 m breit. Ein kleiner schmaler Kamin nimmt das Licht auf, vor dem wir in Ermanglung jedes Sitzgeräthes uns lagern. Der Mollah breitet freundlich im Hause gefertigte Teppiche aus und holt auf Drängen Melikow's, dem

die irdene Steinöllampe*) auf dem Holzfusse durchaus nicht gefallen
will, endlich eine halbzerbrochene Petroleumlampe herbei.

Die Decke des Raumes besteht aus Schilf und unbehauenen
Balken. Zwischen Decke und Mauerwand läuft ein Sims. Eine
Nische ist zwischen den beiden Fenstern eingebaut. Die Fenster
haben kein Glas, sondern nur Holzläden.

Melikow lohnte unsere Begleiter ab; für meinen Fuchs hatte
ich von Khallal her 2·50 Rubel zu zahlen. Iskanderól blieb bei mir.
Im Ganzen hatten wir an diesem Tage 11 Stunden im Sattel verbracht.

Eine Kuh erregte durch ihre geringe Höhe meine Aufmerksamkeit: unter dem kleinen Thiere entdeckte ich ein Kalb. Das
Mutterthier war 91 *cm* hoch, von der Hornlinie bis zur Schweif-
wurzel 116 *cm* lang! Der Kopf hatte eine Gesichtslänge von 37 *cm*,
die Stirn über die Augenknochen gemessen 13 *cm*. Diese Kuh war
3½ Jahre alt und gab gewöhnlich 1½ *l* Milch täglich.

Eine Kuh kostet 8 bis 30 Rubel, 1 *kg* Butter 78 kr., ein Schaf
2 bis 3 Rubel, eine Ziege 2 bis 2·50 Rubel, ein Pferd 25 bis 80 Rubel.

Getreide, nur für den Hausbedarf gebaut, wird nach Tará
berechnet (= 7 Pud = 114·8 *kg*). Gebaut wird Korn, Gerste (die
Maximalhöhe des Gerstenanbaues im Daghestan ist 2430 *m*) und
Hirse. Am 1. September erfolgt gewöhnlich die Ernte, am 10. September beginnt die Wintersaat. Sommerung cultivirt man nicht.

Unser Abendessen enthielt auf einer grossen Metallplatte
Honig, Käse und Hühner; dazu kamen ein Napf voll Suppe und
2 Schüsseln Pilaw. Als Besteck dienten hölzerne Löffel, russische
bemalte, und die Finger. Eine zinnerne, ornamentirte Trinkschale half
beim Thee aus. Ihr eigentlicher Zweck ist, vom Pferde aus Wasser zu
schöpfen; desshalb die langen Schnüre (vgl. Abbildung S. 215, 1).

Freundlich und uneigennützig suchte der Mollah uns jeden
Gefallen zu thun, schenkte mir die Trinkschale, ja nach dem Thee
liess er sich herbei, seine bildschöne, junge Frau mir zum Zeichnen
hereinzubringen, und verliess dann das Zimmer, um mich bei
meiner Arbeit nicht zu stören. Die arme Frau dauerte mich; sie
zitterte vor Angst, wie sie so beim Kamin mir gegenübersass.
Im Uebrigen war sie ganz unbeweglich.**) Sie trug ein blaues
Unterkleid und eine kleine weisse Lammfelljacke mit kurzen

*) Tschjrach. Ein kleines Exemplar 10 *cm* hoch 13 *cm* lang befindet sich im Besitze des Verfassers (Vgl. Abbildung S. 247, 1).

**) Vgl. Abbildung S. 247, 1.

1. Frau des Mollah in Dehinieh. (Im Vordergrunde ein Tschibuk, Lampe.)

2. Iskander ül Athá von Atbalih.

Aermeln, ein Schleiertuch über den Hinterkopf. Nach ihr kam ein Bursche im zottigen Pelz an die Reihe, der aussah wie Edgar, „der arme Thoms" in „König Lear".*)

Früh um 4 Uhr ritt ich mit Melikow auf frischen Pferden weiter nach Norden. Der brave Iskanderói zog auf seinem Rosse bis nach Kasi-Gumuch mit mir, ganz uneigennützig, nur, um dem fremden Gaste hilfreich zu sein. Der Mollah aber, ein Streiter vor Gott und der Welt, hatte seine lange Flinte umgeworfen, das Schwert um die Lenden gegürtet, das Ross aus dem Stalle geführt und für drei Tage sein Haus bestellt, um dem ihm gewordenen Auftrage Usbaschew's, mich ungefährdet bis Gumuch zu bringen, gerecht zu werden. Wir zogen, den Pferdeknecht inbegriffen fünf Mann hoch aus vorne ging das Packpferd, eine Stute, deren Füllen mitlief.**)

Wir ritten das völlig baumlose Thal des Djultitschaj entlang, mehr als dreissigmal das Wildwasser durchschreitend, wiederholt nach wenigen Schritten auf dem eben erreichten Ufer den Bach abermals überquerend, da die ab- und überhängenden Felsen keinen Pfad liessen. Manchmal ritten wir auch im rauschenden Wasser selbst, was übrigens selten höher ging als 1 m, da das Wasser nur durch die Strömung, die Felsblöcke auf dem Grunde, das Suchen der Pferde nach sicherem Tritt unangenehm war.

Der Bach ist oft 30 Schritte breit, an anderen Stellen, wo er sich durch die schräg von den Höhen herabkommenden colossalen Basaltmauern zwängt, nur 1½, ja 1 m breit. Diese Basaltkämme sind originell. Das Reiten war auf den vom Regen schlüpfrigen Steinen unangenehm und die Pferde strauchelten öfter. Wildromantische Felspartien, Pfeiler und Thore, durch welche der Bach schäumt, begleiten lange das enge Bachthal. So oft das Wasser passirt werden musste, war die Mühe, die Pferde vom Trinken abzuhalten, gross. Der klägliche Zaum hat fast keine Wirkung. Die Nagaika am Handgelenk muss alle Hilfen ersetzen. Hat man so den ganzen Tag über unaufhörlich gepeitscht — denn

---

*) Vgl. Abbildung S. 251, 7.

**) Für die ganze Tour durch den Dagbestan und Russisch-Asien hatte ich, unter Zurücklassung meines Koffers in Tiflis, mein Gepäck auf das Allernothwendigste beschränkt; es füllte eine kleine Ledertasche und einen persischen Kurdshin (Quersack) Als Schutz gegen Kälte und Regen diente mir eine weite Burka aus schwarzen Ziegenfellen. Graue Brillen gegen Staub, grelles Schnee- oder Sonnenlicht, wollene Wäsche, hohe Jachtenstiefel, für die einzelnen, civilisirten Orte aber ein Frackanzug, sind auf solchen Touren fast unentbehrliche Gegenstände.

sonst bleibt der Gaul stehen —, spürt man die Faust kaum.
Unausgesetzt kletterten wir auf und ab, um aber dabei immer
zu steigen.

Von allen Seiten her stürzen Schneewässer hernieder. Nach
einigen Stunden kamen wir zu Klippen, wo entgegenkommende
Leute auf uns warten mussten; denn für zwei Reiter bot der Steig
keinen Raum. Diese Klippen stiegen zur Linken auf und wiederholten sich inselartig im Bache. Dann folgten grosse, starre Formen
in einfachen Farben, schwarzgrauer Untergrund mit Bronze. Manche
Hänge waren wie mit einem Bärenfell bedeckt. Endlich kamen
lebende Wesen, Hirten mit ihren Schafen und grauen Hunden
zum Vorschein auf dem Weideplatz eines Plateaus. Die Heerden
gehen in diesen Bergen bis zur Höhe von 3700 m zur Welde.

Weiterhin flogen Adler über unseren Häuptern und jenseits
des Baches. Es gelang mir, einen davon zu erlegen. Später zeigte
sich rechts auf den Höhen ein Rudel Gemsen in Schussweite.

Am Fusse des Djultidagh lagerten wir wenige Minuten,
gerade lange genug, um eine Skizze (s. Seite 253) aufnehmen zu
können. (Die Aufstiegstelle rechts zwischen den beiden Schnee-
Hörnern.) Melikow trieb zur Eile; vor Abend konnten wir keine
Behausung erreichen; zu einem Aufenthalte Essens und Trinkens
halber war umsoweniger Anlass, als wir absolut vorrathslos ausgeritten waren. Doch eine Behausung stand jetzt schon vor
uns, eine Schutzhütte, aus Steinen zusammengetragen. Auch
auf diesem Plateau trafen wir Leute, die von der Sommerarbeit
im Thal heimkehrten. Spärliches, gelbes Gras deckte hier den
Boden. Der Rundblick auf die Schneeberge über uns, halb in
Wolken gehüllt, halb von der Sonne in helles Licht getaucht,
war grossartig; nach allen Seiten hin ragten Gipfel und Kämme,
deren Namen Memlagh, Schimrugh, Atschurgadagh, Jamachkui,
Tschakal u. s. w. mir der Mollah nannte; ihre Synonymie
vermag ich jedoch auf der russischen Generalstabskarte nicht
festzustellen, so sehr welcht die locale Bezeichnung ab von der
russischen Nomenclatur. Unter den sechzehn Spitzen, die das
Auge hier überschaut, sind der Gudurdagh und der langgestreckte
Djultidagh*) die höchsten. Den letzteren hatten wir zu überschreiten. Zuerst ging es anderthalb Stunden aufwärts über die
Schutthalden, dann durch die Schneefelder der Südwestseite.

*) Der Djultidagh hat in seiner höchsten westlichen Spitze 3730·5 m (12'433
russ. Fuss). Der Grossglockner 3799 m.

1. Georgier. — 2. Der Vater der Thanurinnen in Marbách. — 3. Hassan der Moslem in Marbách. — 4. Arashâl Hadshi Mussah Ogli von Marbách. — 5. Alex. Count. Wadehlandts, Abdullah Beg. — 6. Knabe am Khullab. — 7. Langhier am Dahimich ("Edgar"). — 8. Sahla (Erzählerin).

Aus losen Steinen zusammengesetzte Gräber bergen die Leichen der in den letzten drei Jahren (1886, 1887, 1888) hier im Schnee Erfrorenen oder von Lawinen Verschütteten: 13 Gräber — 35 Gräber — 8 Gräber.

Nahebei bleichen grosse Mengen Pferdegerippe.

Endlich, gegen Mittag, ist der Kamm erreicht. Hinter uns gegen Süden eine ganze Welt von Schnee, von der Sonne verklärt, dann in Nebel zerfliessend wie die schneeigen Wolken, auf deren lichten Höhen Feen hausen. Eilig huschen jetzt graue

Am Fusse des Djalildagh. Von der Südwestseite.

Nebel überall hin, verdunkeln sich rasch und sinken nieder. Nach vorne zu, gegen Norden, Schneeberge mit azurnen Spalten. Unter uns die mit tiefem Schnee bedeckte breite Nordwand, über die über die wir nun absteigen. Rechts und links, wie auf dem Wege, den wir eben gekommen, weisse Schneefelder und schwarzes Gestein in geisterhafter Stimmung.

Drei Viertelstunden lang haben uns die Pferde über die blendend weisse Südwand getragen; aber vom Kamme abwärts, die jähe Nordwand hinab, können die Rosse nicht unter dem Reiter gehen.

Iskanderöl, der Dshinácher Pferdeknecht und Melikow führen die Thiere am Zügel abwärts. Der Mollah springt sicher über das Schneefeld hin, in dessen weicher Decke ich bis zur Brust versinke, sobald mein Fuss den von den Pferden festgetretenen Steig verliert. In Ermangelung eines Bergstockes stütze ich mich auf das Schwert des Mollah. Während des Abstieges hörten wir neunmal Lawinen brüllen. Glücklicherweise blieben wir verschont. Der Djultidagh galt zwar nicht bei den Bergbewohnern, aber in den jüngst verlassenen wie in den später betretenen Thälern seit einem Monat nicht mehr als passirbar.

Immer dichter wird das Geriesel, und als wir nach einer Stunde hart am Abgrunde schweissbedeckt wieder aufsitzen, fällt dichter Regen ein.

Ueber die nassen Felsen, 2 Fuss breit von der östlichen Kluft, wagen wir mit unseren schweren Pferden den Sprung zum nächsten, 1 m tieferen Felsabsatz.

Rechts von uns erheben sich prächtige Basalthöhen, Säulen, Dächer, Burgen vom Schnee bebändert, als wolle er die malerischen Formen noch mehr schmücken, ein Spiel der Schneekönigin, ein greller Gegensatz zu der mächtigen, ernsten Schneewand des Djultidagh.

Ueber Klippen und Abstürze zieht sich der Weg fort an den Lehnen des tosenden Wildbaches, welcher dem Kasi-Gumuch-Koissu zuströmt.

Am nördlichen Fusse des Djultidagh lag abermals eine kleine Schutzhütte. Von lebenden Wesen erblickten wir nichts als zwei pfeifende Adler.

Immer regnet es fort, bald schwächer, bald stärker. Gegen 5 Uhr Nachmittags erscheint innerhalb der Steinmauer ein kleines Feld; jedes Ackerstück wird so gegen das Abschwemmen der dünnen Erdkrume durch Wildwässer und gegen Rutschungen geschützt.

Wir biegen in ein Basaltthal mit sonderbaren Formen, und reiten über dem Wasser wie auf dem Parapet einer Festung. Hier strauchelte mein Pferd, raffte sich aber wieder auf. Aber bald stürzt unser Packpferd. Glücklicher Weise war hier der Abhang sanfter, so dass bis auf die zerschundenen Kniee des Thieres alles heil ablief. Dies geschah bei einer von der Natur selbst durch einen Felsensturz über den Fluss geschlagenen Brücke. Von ihren Zacken reiten wir wieder aufwärts dem Felsendach entlang.

Jenseits des Wassers, das von hier ab in einem kaum 5 m breiten, senkrecht abfallenden Schlunde Hunderte von Metern unter uns abwärts tost, ragt eine colossale, überhängende schwarze Wand auf. Diese rechte Wand und jene linke, in deren mittlerer Höhe wir unseren Weg suchen, bilden eine gewaltige, stundenlange Klamm.

Der Mollah war voraus geritten, um wegekundig den Aeltesten des Dorfes Chulisma von unserer Ankunft zu verständigen. In scharfer Pace sprengte der Mollah auf seinem trefflichen Pferde längs der Steinwand fort und war bald nicht mehr sichtbar. Schon war es dunkel geworden; die Basalttrümmer spiegeln uns Häuser, Thüren, Brunnen vor. In der Tiefe jäh unter uns ist noch das weisse Band des Wasserlaufes zu erblicken, bald aber versinkt auch dieses in der Finsterniss, und nur das tosende Geräusch dringt zu uns empor. Jetzt giesst es, wie aus Kannen, und glatt wie Eis ist unser Randweg. Ungeduldig legen wir ein schärferes Tempo an und jagen auf und ab, die Wendungen des Pfades entlang über den gähnenden Gründen.

Zweimal reiten wir unter Wasserfällen durch. Die Wand, über welche sie herabkommen, ist halbkreisförmig vertieft; doch stürzt das Wasser nur durch eine Spalte der welt hinaus ragenden Wölbung. So bildet sich ein Felsenthor quer über den Weg. An der linken, eingebogenen Wand dieses Thores drängen wir uns durch. Zu unserer Rechten fällt von der Spalte das Wasser auf unseren Weg, um nach diesem ersten Absatze zum Bach in die Tiefe zu eilen.

Der zweite Fall, weit grösser und grausiger, kommt in dem Felsenthore auf einer natürlichen Felsenbrücke, die uns als Uebergang dienen muss, einen Augenblick zur Ruhe, um dann mit erneuter Wuth in den schwarzen, brodelnden Felsenkessel hinabzujagen.

Endlich ist es so tief dunkel, dass ich die Croupe von Melikow's Schimmel vor mir nicht mehr zu unterscheiden vermag, und wir 4 Reiter, geschlossen marschirend, nur durch steten Zuruf uns zusammenhalten können.

Wir überlassen unseren Pferden, den spurlosen Weg zu suchen Immer dem Füllen nach, das seit heute Morgen mit der Stute, dem Packpferde läuft. Immerfort begleitet uns das Geräusch des Giessbaches.

Der Regen hat aufgehört; aber Wolken bedecken den Himmel, kein Stern ist zu erblicken, noch schimmert kein Licht in dem verbreiterten Bergthal zu uns herüber. Hunger und Abspannung gaukeln mir jeden Augenblick Lichter vor; es ist aber nur Täuschung, Augenflimmern.

Endlich bleiben die Pferde stehen und sind durchaus nicht weiter zu bringen. Iskanderól steigt ab, kann aber keinen Ausweg finden. Da leuchtet wirklich ein Licht auf jenseits des Absturzes. Wir geben Schüsse ab und rufen, Rufe ertönen zurück und Irrlichtern gleichend kamen Fackeln uns näher; zuerst lange auf

Haus in Chulisma

dem gegenüberliegenden Ufer des Dukuch-tschaj leuchtend, dann in der Schlucht und schliesslich bei uns. Es war der Mollah mit ein Paar Leuten, die unsere Pferde am Zügel den Abgrund hinab über eine morsche Brücke auf den jenseitigen Abhang führen. Wir stolpern den Ortskundigen nach, und erreichen, auf dem gegenüberliegenden Ufer, wieder aufsitzend. das Bergnest Chulisma, (Chelusun) wo uns bei trübem Fackelschein Greise und Buben durch die meterbreiten Winkelgässchen zum Hause des Aeltesten führen.

Nach mehr als 15 stündigem Ritt war unser Nachtquartier erreicht. Von einem schmalen Höfchen zieht sich an der schrägen

Wand eine Steintreppe in den Oberstock. Er bildet einen un-
regelmässigen Raum. Auf das Höfchen und die ausgewölbte
Mauer des Nebengebäudes hinaus ist das Gemach ganz offen.
Dieser Durchbruch lässt Licht und Luft, aber auch Regen ein. Zur
Rechten dieser Oeffnung, auf deren Sims eine Leuchte steht, bildet
der Raum einen spitzen Winkel, der Thüre gegenüber eine Nische,
4 $\square$ m gross, mit einem geschnitzten, bunt bemalten Holzbett an der
Rückwand und Wollteppichen davor.

Intérieur in Chalinza.

Nächst der, an der Aussenwand mit einem Steinbockgehörn
geschmückten Eingangsthür, 128 cm hoch, führt im Innern eine
zweite mit 114 cm Höhe in eine Nebenkammer, die ihr Licht aus
dem grösseren Gemache durch ein, jetzt mit einem Holzladen ver-
schlossenes Fensterloch erhält. In der Kammer lag ein ächzender
Kranker. Die Decke des Raumes bestand aus übereinander gelegten
Zweigen. Den Boden bildet mit Häcksel vermengter, gestampfter
Lehm. Als Sitzgeräth steht hier der lesghische dreibeinige
Schemel; zwischen den verspreizten Rundbeinen liegt das drei-
eckige Sitzbrett, 33 cm über dem Boden. In dem vorhin erwähnten

Spitzwinkel hängt die Decke einer Gemse, daneben das getrocknete
Fleisch des Thieres, dann Schafwurst, Wolle, Gehörn des Tur
(Steinbocks), Gemskrickeln, allerlei Gewebe, Waffen u. s. w.

Kaum waren wir eingetreten, so fiel Melikow erschöpft auf
die Wolldecken der Nische und blieb anderthalb Stunden fiebernd
und bewusstlos liegen. Da ich kein Wort Lesghisch, Iskanderöl
und der Mollah nicht Russisch verstanden, mussten wir mit dem
Abendessen und betreffs der immer mit Streitigkeiten verbundenen
Miethe neuer Pferde (für den nächsten Morgen) warten, bis sich
mein Führer, dem ich einige mitgeführte Salicylpulver administrirte,
erholt hatte. Nur mit dem grössten Widerstreben hatte sich Tatthá
Mehmed Ul,*) der Herr des Hauses, ein finster blickender Mann
mit zottigem, schwarzem Haar und Bart, herbeigelassen, uns zu
beherbergen: eben so viele Schwierigkeiten bereitete es, gegen
Geld und die guten Worte des braven Mollah unseren Pferden
aus den kargen Wintervorräthen des Dorfes Futter zu verschaffen.

Ernst sass Tatthá, der Dorf-Aelteste, aus einer langen Holz-
pfeife rauchend, neben mir und meinen Begleitern. Rings um uns
stand die halbe Gemeinde und betrachtete stumm den Fremden,
das vor mir liegende Gepäck und Sattelzeug und lachte kurz auf,
wenn ich einen von ihnen Zeichnens halber ins Licht rückte. Hier
war auch eine zerbrochene Petroleumlampe nicht mehr zu finden,
sondern nur der lesghische Tschjrach, eine blakende mit schlechter
Naphta gefüllte Thonlampe antiker Form auf einem meterhohen
Holzfuss. (Vgl. S. 246.)

War in Muchách noch manches moderne Erzeugniss unter
den Einrichtungsstücken zu sehen, überwog in Dshinách Haus-
arbeit die im Thale gekauften Dinge, so war hier in Chulisma
Alles selbstgemacht, bis auf den gelben Ssamowar. Die von Fall
zu Fall gegebenen Masse der Wohnräume sprechen nicht minder
beredt für die verschiedenen Bequemlichkeitsfactoren und Cultur-
stufen in den genannten Orten.

In dem Erdgeschosse des Nebengebäudes tummelten sich Frauen
und Mädchen, feurige hübsche Köpfe, in dem beissenden Rauche.

Als Brennmaterial verwendet man in den waldlosen Bergen
getrocknete Düngerfladen (Kisik), welche die Mauern mit kreis-
förmigen Ornamenten bedecken. Anderer Dünger liegt, zu Ziegeln
gepresst in hohen Lagen auf den flachen Dächern. Die Häuser

---

*) Siehe sein Bild auf dem Typenblatte, III. Theil, 4. Abschnitt unter 9.

sind aus Schieferblöcken zusammengesetzt. Schieferplatten bedecken das Dach und bilden Consolen an den Fenstern.

Im ganzen Dorfe sah ich, als ich am nächsten Morgen in demselben Umschau hielt, nur eine krumme Baumstange auf dem Plattdache meines Wirthes, des Gemeindevorstandes, sonst aber, wie während des ganzen letzten Tagmarsches, ringsum weder Baum noch Strauch.

Auf einer grossen Metallplatte wurde endlich Schafkäse, Hammelfleisch und Pilaw aufgetragen. Flache Brodstücke dienten aufgekrämpt als Teller, auf die uns der Wirth, den sie Alle Tattáh (Vater) nannten, die besten Brocken hinwarf. Wir Alle, im Kreise hockend, griffen mit der Hand zu. Als Lager für die Nachtruhe dienten mir und meinen Begleitern die Wolldecken in der Nische. Dank dem mitgeführten, stets reichlich aufgestreuten Insectenpulver (von Berlyak-Wien) entging ich auf dieser, wie auf folgenden Touren jeder Belästigung durch Ungeziefer.

Die Heerden, die kargen Felder, die Anfertigung von Silbergeräth und Burka's (Radmäntel aus Ziegen- oder Schaffell), von Schafpelzen mit den Boden streifenden engen Schmuckärmeln, endlich das Weben von Stoffen, grauen Tuchen, Decken und Teppichen aus Schafwolle, Ziegenhaar und der Flaumwolle des Steinbocks ernährt kümmerlich diese Leute, deren Tapferkeit und Localpatriotismus den Russen auch heute noch oft verhängnissvoll wird.

Hier erwarb ich eine 13 *cm* hohe Vase aus Thon, roth bemalt und mit einem gelbgefärbten Blumenornament geziert. Ferner ein Paar Gemskrickeln, 18 *cm* lang; endlich ein Gehörn des Tur (Steinbocks). Der Tur, aegagrus Pallasii (Capra ibex caucasica), oft mit der gleichfalls im Kaukasus heimischen Bezoarziege, aeg. aegagrus, verwechselt, ist hier häufig anzutreffen. Das erkaufte Gehörn wiegt 5½ *kg*. Es ist durch knotige Wülste an der oberen Seite charakterisirt. Seine Länge beträgt von der Basis an der Stirne bis zur Spitze gemessen in der Geraden 42 *cm*, in der Krümmung 82 *cm*. Die Spitzen sind 28 *cm* von einander entfernt.

Am kommenden Morgen ritten wir zu Thal.

Rasch wird es freundlich belebt. Auf den fächerartigen Feldfluren zwischen den Erdrissen des Baches wird die schwarze Erde geackert, Schaaren von Eseln schleppen Hafer hinab; bei den grauen Häusern, auf dem kahlen braunen Hintergrunde, an dem schwarzen Flussrande stehen zwiebelförmige Getreidehaufen zwischen Grabsteinen. Ein kleiner Teich bildet die Wintertränke

für die Dörfer. Die Aussenwände der Häuser sind durchwegs
mit den Kisiks, den runden Düngerkuchen wunderlich verziert.

Immer häufiger werden die Felder, auf denen noch Getreideschober stehen, immer öfter sehen wir Dorfschaften und Höfe,
Ackerung und Viehweide. Je mehr wir uns bergauf, bergab der
Kreisstadt Kasi-Gumuch nähern, desto freundlicher wird das Bild,
desto grösser die Menge der hinabziehenden Marktleute.

Kasi-Gumuch liegt am gleichnamigen Flusse in einem Felsen-
circus. Eine weisse Moschee, der Bazar, der Markt um den Teich,
dann ein neues, von Pyramidenpappeln umstandenes Schul- und
Amtshaus liegen auf dem einen, das kleine Fort, 1843 erbaut, auf
dem anderen hohen Ufer. Nächst der Stadt üppiges Grün.
Ringsum dehnt sich, auf Terrassen und Stufenland, die Feldflur
in dem Hochthal; behäbige Dörfer, Erntearbeit und Herbst-
pflügen beleben die Niederung.

In herzlicher Weise empfängt mich der Districtschef, Oberst
Orlów — ausser ihm sind nur noch drei Officiere hier stationirt —
in dem Schulhause, das er bewohnt. Seine freundliche Frau bereitet uns ein Frühstück, er selbst bekümmert sich um Pferde für
mich und Melikow nach Gunib.

Der Mollah und Iskanderól kehren hier mit den Pferden um.
Gerne übergebe ich den Beiden ihre wohlverdienten Atteste und
ein kleines Geschenk.

Mitten im Marktgewühle an dem Wasserbecken wird ruhig
Getreide ausgedroschen und -getreten. Das so zermalmte Stroh
(Saman) dient als Viehfutter. Der Getreideschlitten besteht
aus zwei vorne aufgebogenen etwa ein Trapez bildenden Planken,
die in der Mitte aneinander gefügt und oben mit einem Steine
belastet sind. Der Rand, wo die Thiere anziehen ist 44 cm breit,
der Hinterrand 90 cm, die Seitenlänge 152 cm. Auf der unteren Fäche
sind 17 Reihen zollgrosser Steine festgemacht. (Der Dreschschlitten
in Aegypten [norâg beledi], Nubien, Palästina, Syrien, Algerien
besteht aus einem Satze Ringelwalzen in dreieckigem Rahmen.
Mit diesem Geräthe wird auf der im Erntefelde selbst angelegten
Tenne das Getreide ausgekörnt, werden die als Futterstroh verwendeten Halme gleich triturirt. Vgl. Max v. Proskowetz „Streifzüge eines Landwirthes", Wien 1881. S. 53 und 105.)

In Zelten bei dem Teiche locken Kurzwaaren, Häute, auf
Stäben aufgesteckte Papacha's, Obst u. dgl. eine hundertköpfige
Menge an. Am Uferrande stehen langwollige Schafe, schnell-

athmend, die Köpfe zusammensteckend, zu Sechsen beieinander.
In einer Erdfalte fressen Pferde ihre Ration. Auf einer Klippe über
der Teichquelle lagert eine Gruppe zottiger, langhörniger Ziegen
und Böcke; die Gruppe im Verein mit dem Wasserspiegel und dem
Hintergrunde bietet ein lebendig gewordenes Bild von Dujardin.

Die Marktpreise ergaben:

Für ein Pferd 25—85 Rubel; einen Esel 10—25; eine Kuh
8—22; ein Schaf 2—6; eine Ziege 1—4 Rubel.

Durch ganz baumlose, öde Gegend geht es nun von Kasi-
Gumuch nach Gunib, theils auf den Serpentinen der grandiosen
Kunststrasse, theils quer über die mit Steinblöcken bedeckten
Kanten.

Ein Kosak galopirt vor mir und Melikow; das Gepäck
escortiren zwei andere Kosaken in gemächlicherem Tempo. So oft
wir die Chaussée erreichen, gibt es scharfe „Pace". Kaum setze
ich meinen vorzüglichen Gaul in Galop, so schlägt der Kosak
an der Tête mit der Peitsche auf sein Ross ein und saust dahin.
Jede der zahlreichen raschen Kehren entzieht den Vorreiter
meinem Blick. Der Kosak scheint in dem Abgrund verschwunden.
Nach drei Galopsprüngen sehe ich den Mann wieder, im Bügel
stehend, die Strasse in der Einbuchtung dahin jagen. Melikow
gefiel dieser Jagdritt durchaus nicht. Wir gelangen endlich, hinter
der monumentalen Chausséebrücke zu einem tief zur Linken gelegenen grauen Dorfe, das gleich einem Scherbenkegel eine
kahle, abgestumpfte Felspyramide bedeckt.

Braun, violett, grau sind die Abgründe, die wir entlang
reiten. Ab und zu grast eine Heerde rundlicher Schafe am Abhang.
Quellen strömen von der Höhe und sind zu Brunnen gefasst. Um
einen solchen Brunnenquell, an der Strasse über dem malerischen,
auf jäh abstürzenden Felsen horstendem A-úl (Dorf) Tschoch
gelegen, sind bunte Menschengruppen versammelt. Freundlich
reicht mir ein schwarzäugiges Weib den Wasserkrug.

Dann geht es weiter. Ferne liegen wie zwei riesige Flügel
die Berge gegenüber von Gunib. Endlich steigen wir, die Pferde
nachziehend, den letzten Vorberg hinab und gelangen dem Bache
entlang zu der Thorbrücke unter Gunib, nachdem wir von der
Strasse her das Felsentheater, die Schlucht mit dem schäumenden
Wasserlaufe des Kara-Koissu (schwarzen Flusses) durchritten.

Die Distanz von Gumuch nach Fort Gunib wurde mir mit
45 km angegeben. Wir waren um 3 Uhr ausgeritten und gelangten

um 6 Uhr zu der Brücke.*) Die Wache lässt uns auf das Losungswort unseres Kosaken hin passiren, und nun reiten wir gemächlich die herrliche, in die Lehne gelegte Strasse 7 km lang empor, welche in sanftem Zickzack zu einem zweiten Aussenwerk führt. Hier war das Thor bereits geschlossen und es brauchte langer Verhandlung, um noch nach der rasch eingebrochenen Dämmerung Einlass zu finden. Denn sobald es dunkel wird, bedarf es des ausdrücklichen Befehls vom Festungscommandanten, um noch eintreten zu dürfen. Unsere verspäteten Gepäcksleute wurden auf einen solchen Befehl hin noch in der Nacht eingelassen.

Nun sind wir bei stockfinsterer Nacht auf dem ersten Plateau des Berges Gunib; hier steht das grosse Fort und die kleine Ansiedlung; auf einer Anhöhe darüber der grosse, schlossartige Pavillon (1387 m über dem Meere) des Commandanten, Fürsten Tschelájew, welcher mich und Melikow ohneweiters in den grossen Saal führte, wo die Damen der Garnison und die Officiere eben versammelt waren. „Nein, nein! So wie Sie sind, müssen Sie hereinkommen, sonst zwingen Sie mich, die Tscherkesska ab- und meine Uniform anzulegen!"

Die Fürstin, eine jugendliche, vornehme Erscheinung, stimmte ihrem Gatten bei, und so sitze ich nach wenigen Minuten, sobald ich meine Waffen abgelegt, an der langen Tafel beim Thee. An der anderen Seite des Saales standen die besetzten Kartentische.

Ausser der Fürstin waren noch drei Damen anwesend; diese Frauen und die sechzehn Officiere — die Garnison besteht aus einem Bataillon Infanterie und einem Commando Artillerie mit 35 Festungsgeschützen — sind in diesem Bergneste auf einander angewiesen. Die nächste Nachbarschaft ist Gumuch einer-, Temir-chan-Schurá (130 km weit) andererseits. Seit vier Jahren war die Fürstin nicht über letzteren Ort hinausgekommen. Musik, Bücher, Zeitungen, häusliche Beschäftigung, für die Officiere der Dienst, zweimal die Woche ein Spielchen, Jagd für die ganze Gesellschaft, Spazierritte in die Umgegend bilden für diesen kleinen Kreis gebildeter Leute den Zeitvertreib. Mit der Welt sind sie durch den Telegraphen, die Post und durch die Strassen zum Hafen Petrowsk (176 km weit), einerseits, nach Wladikawkás (125 km) andererseits verbunden. Ein Gast ist hier doppelt gern gesehen.

*) Die Distanz von Karl-Gumuch bis zur Thorbrücke unter Gunib = 38 km, legten wir sonach in 3 Stunden zurück, d. h. pro Stunde 12·7 km (vgl. S. 265).

Major (jetzt Oberstlieutenant des k. k. 6. Dragoner-Regiments) Carl, Graf Auersperg war hier, wie ich der Aufnahme seiner mir für Tschelájew aufgetragenen Grüsse entnahm, in freundlichster Erinnerung. Seit seinem Besuche in Gunib war kein Oesterreicher im Fremdenbuche des Fürsten eingetragen; ich fand darin M. v. Déchy, den berühmten ungarischen Forscher verzeichnet, dann Lieutenant v. Skopnik und einen zweiten preussischen Officier, L. Nobel aus Bakû, ein Paar Engländer, den Herzog de la Trémouille-Tarente.

Mit Vergnügen gedachte das Fürstenpaar der Reitkunst Graf Auersperg's und seiner Jagdpassion.

Bald plauderten ich und Melikow mit der Fürstin in dem eleganten Rauchzimmer über die Vorbereitungen im Kaukasus für die Kaiserreise; dann zeigte mir der Hausherr, Besitzer des Schlosses Duschett (s. S. 172) seine wundervolle, verkäufliche Collection von Alterthümern, Ausgrabungen aus der Umgegend u. a. m., Kunstschätze, welche jeden Kenner und Sammler entzücken müssten.

Am nächsten Morgen ritt ich auf Tschelájew's schönem Leibpferde mit einer Schaar Kosaken 4 km weit empor zu dem eigentlichen Gunib, dem Dorfe Schamyl's, welches auf dem zweiten Plateau des Bergstockes liegt. Vgl. die Routenkarte im Anhange. Der Weg, welcher beide Plateaus verbindet, führt Anfangs über eine in die jähe Felsenwand eingebaute, befestigte Galerie.

Die abgestumpfte Pyramide des ganzen, nach der höchsten Erhebung (2315 m) Gunib benannten, aus dem Thale schroff aufsteigenden Blockes trägt auf der zweiten höheren jetzt menschenleeren Platte Wald, Felder, die in guten Jahren das vierte Korn geben und Gärten. Hase, Fuchs und Wolf sind hier anzutreffen. Quellen und Bäche versorgen die beiden Platten, auf deren tieferer jetzt das Fort situirt ist, mit Trink- und Nutzwasser.

Der Gesammtumfang des ganzen Gunibstockes beträgt etwa 34 ☐ km.

Nur auf dieser strategisch einzig dastehenden natürlichen Bergveste, die auf ihrer Höhe Wasser und Getreide Holz und Weide in Fülle bot, von den Nachbarbergen durch die damals verwendeten Geschütze nicht bestrichen werden konnte, vermochte sich Schamyl, der Imam der fanatisirten Muriden, so lange zu halten.

Zwanzig Jahre lang hatte dieser Despot immer aufs neue die Moslemin des Kaukasus zum Kampfe wider die Russen aufzu-

hetzen vermocht, indem er die Krieger als Gottesstreiter auf-
gerufen. Endlich von allen Seiten bedrängt, schlug sich der Imam
mit 327 treugebliebenen Leuten und mit 4 Geschützen nach Gunib
und hielt sich dort 72 Tage. Wenige Wachposten, 6 bis 7 Lesghier
mit Steinflinten hinter den Carnissen der Felswände verborgen,
genügten, wie Markow erzählt, um jedes Detachement abzuwehren.
Die Posten brauchten gar nicht zu schiessen, jeder Versuch, die
Höhe zu erreichen, scheiterte an der Schroffheit und Unnahbarkeit
der Felswände.

Nur dort, wo heute das neue russische Fort mit seinen
weissen Mauern und rothen Eisendächern tief unter der thurm-
bewehrten Galerie liegt, also im Südosten sind die Abhänge etwas
geneigt, an allen übrigen Stellen geht es vom Rande der oberen
Platte schnurgerade in die Tiefe.

Fürst Bárjatinskij mit den Reserven stand auf dem, Gunib
gegenüberliegenden, durch den Fluss getrennten Kogerskijberge,
(1473·0 m) fast auf gleicher Höhe mit Schamyl's Lager, dessen Wartthurm im A-úl (Dorf) dem Commandirenden dort sichtbar war.

Endlich wurden 9 Bataillons zum Aufstiege, zum Sturme
commandirt. Auf jeden Posten der Lesghier kam sonach fast ein
ganzes Bataillon.

War es Kriegsglück, Zufall oder Verrath — man sprach,
einer von Schamyl's Söhnen sei erkauft worden — kurz: in der
Nacht des 24. August (5. September) 1859 krochen 100 Mann vom
Regiment Apscherón, von einem Schäferjungen geführt, durch
unwegsames Gestrüpp zu der bezeichneten, dem A-úl Schamyl's
entgegengesetzten Seite der Bergwand, dem südöstlichen Absturz
der oberen Platte. Leise zogen sie kurze Leitern nach. Alles
schwieg. Einzelne gelangten, jeden Stein benützend, die Leiter
für den zuerst Emporkletternden auf die Schultern gestützt, auch
wohl Einer über den Kopf des Anderen empor. Die Leitern
wurden vom Rande an Stricken den Kameraden wieder herab-
gelassen. Der Lärm fallender Steine weckte die lesghische Wache
an der Felsenecke. Ein Mollah und seine beiden Söhne, noch
Knaben, fielen in ohnmächtigem Widerstande.

Die übrigen Bataillons — die Kaukasier auf Gunib konnten
in erster Linie nur durch ihre Landsleute, die Apscheróner, über-
listet und besiegt werden — stiegen inzwischen an anderen Stellen
auf langen Leitern empor. Es begann zu tagen; da wurde das
Urá! des ersten Bataillons oben laut.

Die Lesghier verliessen ihre Posten und stürzten zum A-úl, ihren finsteren Führer zu vertheidigen. Nun eilten die Bataillons, welche die Risse und Abgründe überwunden hatten, heran mit Trommelschlag und Ruf zum Dorfe Gunib, zerstörten die Verschanzungen und nahmen die Geschütze.

Noch ergab sich das A-úl nicht. Jeder Lesghier „brüllt wie ein Löwe in der Falle, schreit furchtbar wie bei einem Brand"; ein Kampf bis auf's Messer!

Bárjatinskij rückt mit den Truppen herauf, verhandelt mit dem greisen Imam durch seine Naïbe und fordert unbedingte Uebergabe.

„1859, 25. August, 4 Uhr Nachmittags,
Fürst Bárjatinskij"

lautet die goldene Inschrift auf dem Steinwürfel im Gehölz, unweit von dem heute in Schutt und Trümmern liegenden A-úl.

Zu jener Stunde ergab sich Schamyl des Zaren Gnade, stehend vor dem sitzenden General. Die Macht des Imams war gebrochen, Gunib gefallen, der Kaukasus völlig den Russen unterworfen.

Mehr als zehn Wochen hatten die Truppen Gunib umlagert; schon mangelte es ihnen an Lebensmitteln und schwand ihre Zuversicht.

Das A-úl wurde geschleift, der nördliche Daghestan erhielt eine Strafauflage von 320.000 Rubeln, das Dörfchen Gunib selbst von 400 Rubel.

Aber noch immer zittert der Freiheitsdrang nach in den Herzen der Bergsöhne, nur grollend beugen sie sich, jeder Gelegenheit zum Befreiungskampfe gewärtig. Die letzten Aufstände erfolgten, durch Emissäre Kasi Mahom's, des Sohnes Schamyl's, entfacht, 1877 während des russisch-türkischen Krieges.

Immer wieder wird die Laube um den Steinsitz Bárjatinskij's, den Ort, wo Schamyl sich ergeben, zerstört, die Inschrift auf dem polirten Blocke verwischt, ohne das man der Thäter habhaft würde. — — —

Dem Ritte, der mich von Muchách nach Gunib gebracht (etwa 153 *km* in drei Tagmärschen*), folgte nun eine — durch den

---

*) 1. October 1888. Von Muchách über Khallalo nach
Dibinách . . . . 44 *km* in 11 Stunden
2. October 1888. Von Dibinách üb. d. Djalldagh
nach Chulisma . . . . 52 „ „ 15 „
3. October 1888. a) Von Chulisma nach Kasi-Gumuch 12 „ „ 1½ „
b) Von Kasi-Gumuch nach Gunib 45 „ „ 4 „
Pro Stunde im Durchschnitt 4.4 *km* 153 *km* in 3 Tagen

Wunsch, das Postschiff Petrowsk-Bakû zu erreichen, veranlasste — Postfahrt auf der Teljéga, 176 *km* in 24 Stunden.

Auf dem Marktplatze von Fort Gunib, mit dem Postgebäude, Duchanen (Wirthshäusern), der Hauptwache vor den schwarz-orange-weiss (den russischen Reichsfarben) gestrichenen Schilderhäusern sieht man empor zu den oberen Zinnen der Felswand, zu der Galerie, die auf die höhere Platte führt; die Galerie mit ihren befestigten Pylonen hat das Aussehen eines ägyptischen Tempels.

Oben auf der zweiten Platte, wo man weit hinaussieht auf freudloses, ödes Bergland, färbt sich der Laubwald schon herbstlich. Dichter Baumwuchs, üppige Nussbäume begleiten die seltsame, Vegetation hier in Fort Gunib. Auf die Anfrage Tschelájews, was mir in Gunib am meisten aufgefallen, konnte ich nur wahrheitsgemäss antworten: „dass hier oben Weiden und Pyramidenpappeln stehen, Bäume der Niederung auf ringsum kahlem Fels.‟

Um's Fort spriesst und grünt es in Garten und Busch, hohe Wipfel erheben sich bei dem Commandantenhause.

Hier nehme ich Abschied von dem gastfreundlichen Tschelájew, der eine Depesche nach Lewaschj abfertigt, um mir dort Vorspann, und beim Obersten der Garnison liebenswürdigen Empfang zu sichern.

Abwärts die schöne Chaussée von Fort Gunib zum Fusse des Berges. Brunnen rauschen an der Lehne, Steinpfeiler säumen den Weg ein. Prächtige Bäume füllen die langen Dreiecke zwischen den Strassenwindungen aus.

Unten, an dem Uferrande des Kara-Koissu und nördlich vom Berge Gunib ziehen sich Obstbäume und Feldstücke hin, Mais- und Weinland; sattgrüne Gemüsebeete beleben einen fruchtbaren Winkel tief unter dem Absturz. Die Kunststrasse zweigt bei einem Felsenthore — das El Kántara, der Steinpforte in die algerische Saharà gleicht — ab nach Botlich nordwestwärts und nach Temir-chan-Schurà nordostwärts. Die überdeckte Eisenbrücke schützen weisse Wachthäuschen zu beiden Seiten. Der Posten lässt unseren Wagen durch, wieder sprengt ein Kosak vor uns her, der letzte Ausblick auf das Nest Schamyl's verschwindet. Gleich, hinter der Georgs- oder Saltinskijbrücke, 16 *km* von Gunib, ist die Poststation am Rande des mächtigen, zerrissenen Kara-Koissu-Flussbettes; hinter uns liegen dräuende Berge; zwischen ihnen, im Engpasse die Brücke mit den weissen

Seitenthürmen und dem langen, eisenrothen Dache: auch diese Brückenwache ist im letzten Aufstande von Lesghieren überrumpelt worden.

Die Strasse schlängelt sich einen grossen Berg hinan: dann sehen wir ein ödes, um ein Felsenthor gelagertes Dorf. Der Boden wird immer dunkler und fruchtbarer: die allgemeine Stimmung ist ein sattes Braun. Bei der Poststation Chodshal Machj (926 m) dehnt sich ein breites Thal aus. Zartgraue Höhen senken sich nieder zu dem zwischen Steinblöcken fliessenden Bach. Die ganze Lehne des wohl eine Stunde langen Thales ist mit Obst·bäumen bedeckt: ein lachendes Bild. — Ueber den Kasi·Gumucher Koissu führt hier seit 1861 eine Steinbrücke. — Weiber stehen am Wasser, knarrende Arba's ziehen vorbei: überall Leute, welche die süssen Früchte pflücken und in bunten Säcken bergen.

Weidenartig steht der Pfefferstrauch am Wege. Wieder folgt eintöniges Land stundenlang über Berg und Thal. Marktfuhren, ein Lagerfeuer, hoch oben auf der Bergkuppe Beter im Sonnen·untergange.

Jetzt flimmern Lichter durch das Dunkel. Wir haben Lewaschj·Kunt erreicht. Dieses liegt am Gubden 1252 m über dem Meere. Oberst Dshawrów war Morgens weggefahren und noch nicht zurück. Ich trat mit Melikow in die elegante Schreibstube Dshaw·rów's, wo uns bald Lieutenant Schótajew, der die Depesche Tschelá·jew's übernommen, aufsuchte, Thee auftragen liess und uns unter·hielt, bis der Oberst endlich heimkam. Dieser liess mich nicht fort, ehe ich bei ihm zu Nacht gegessen, seine Antiquitäten· und Waffen·sammlung, das ganze reizende Quartier besichtigt hatte. „Essen Sie, reden Sie nicht!" rief mir bei Tisch Melikow zu, „wir haben Eile."

Die Scháschka (Säbel), Pistole, Flinte, die Patronenhülsen der Brusttaschen auf der Tscherkesska, der Gürtel mit seinen ursprünglich für Stein, Zunder u. dgl. bestimmten, jetzt als Ciga·rettenbüchse oder nur als Schmuck dienenden Anhängseln ist bei voller Ausrüstung eines eleganten Kosakenofficiers auch wohl bis zu 1000 Rubel werth. Alles ist tauschirt, mit Gold, Perlmutter Ebenholz und Elfenbein eingelegt, ciselirt, die Klinge persische Arbeit, das Flintenrohr meist ein verziertes arabisches Rohr.

Auch der Lieutenant hatte schöne Waffen, von denen ich einige Stücke erwarb: unter Andern die S. 215, 7 abgebildete Pistole. Der Lauf der grosskaliberigen Waffe trägt eine persische

Schmiedemarke. Reizende Ornamente in Gold, Silber und Niello bedecken Schaft, Kolben und das mit dem Namen des Goldschmieds versehene Feuersteinschloss.

Ferner erwarb ich an „kaukasischen" Waffen: zwei Kindshá, le (S. 215, 6); ein Steinschlossgewehr (S. 215, 5) mit Gold, Elfenbein und Perlmutter eingelegt; zwei eiserne, geätzte und mit Silber tauschirte Rüstungen iranischen Styles.

Jede derselben besteht aus Helm, Armschiene und Schild.

Jeder der beiden Helme ist eirund (Durchmesser 20 cm) und trägt oben eine 14 cm lange Spitze angeschraubt, vorne eine 26 cm lange, geschwungene Nasenschiene und zwei „Düllen" zur Aufnahme der Schmuckfedern. Als Nackenschutz dient ein am Unterrande des Helmes befestigtes, ausgezacktes Drahtgeflecht.

Jede der Armschienen (38 cm lang) läuft in einen Drahthandschuh aus.

Jeder der Schilde ist rund, sanft gewölbt, am Rande mit Messing eingefasst.

Die I. Rüstung (durch Vermittlung Dshordhadze's erworben) zeigt folgende Details:

1. am Helme: Oberhalb der Düllen sind zwei 13 cm lange, gekrümmte Hörner angeschraubt, welche ein an der Vorderseite des Helmes angebrachtes plastisches Fratzengesicht vervollständigen. Der übrige figurale Schmuck besteht aus geätzten Reiterfiguren, Vögeln, Pflanzen zwischen silbertauschirten Arabesken. Am Unterrande des Helmes läuft ein breites Band mit stylisirten Schriftzeichen — in Aetzung — rundum.

2. am Schilde: Dieser (47 cm im Durchmesser) hat einen breiten Schriftrand zwischen ornamentalen Streifen. Von diesem Rande laufen gegen die Mitte hin breite tauschirte Arabesken, welche bis zu den vier Buckeln hin ebenso viele grosse Felder bilden und in diesen wieder aufweisen: unten, nächst dem Rande in drei Feldchen eine Blume zwischen zwei Tigern; in der Mitte ein Medaillon mit Bogenschützen und Falknern; oben in drei Feldchen eine Blume zwischen zwei Vögeln. Die Mitte des Schildes bedeckt ein achteckiger Stern, in den ein Falkner zu Pferde eingeätzt ist.

3. an der Armschiene: Ein Blattornament, Reiter und Tigerköpfe zwischen Arabesken.

Die II. Rüstung zeigt folgende Details:

1. am Helme: Zickzackförmige Flächendecoration, dazwischen menschliche Halbfiguren und Pflanzen.

2. am Schilde: Dieser (46 cm im Durchmesser) hat einen mit langgestreckten Fischen durchsetzten Schriftrand. Von diesem aus laufen gezackte Streifen (abwechselnd Schrift, Fische und Arabesken darstellend) rundum, welche sich verjüngen und bei dem achteckigen Stern des Schildnabels endigen. Der eben genannte Stern enthält ein Sonnengesicht umgeben von 16 Strahlen.

3. an der Armschiene: Nächst der Hand erscheint eine menschliche Halbfigur zwischen zwei Fischen; weiter aufwärts wechseln Fische und Schriftzeichen zwischen tauschirten „Sparren" (Winkelbalken) mit einander ab.

Solche und ähnliche persische Rüstungen wurden früher im Kaukasus häufig nachgebildet, so dass die sogenannten kaukasischen Rüstungen ihren ornamentalen Schmuck stets dem persischen Formenschatze verdanken. Neuerer Zeit kommen vielfach rohe Imitationen „kaukasischer" Schutz- und Angriffswaffen in den Handel; insbesondere werden die farbenprächtigen emaillirten Rüstungen gerne gefälscht.

In der Nacht passirten wir die Stationen Urma und Dshengutai, letzteres liegt am Paraúlbache (766 m über dem Meere). Hier kam mir meine Kronspodoróshnaja zu Statten. „Keine Pferde!" hiess es. „Und diese?" fragt Melikow, auf ein Gespann im Hofe weisend. „Die gehören den beiden Obersten da im Saale; sie reisen als Deputation nach Bakû". „Was haben sie für eine Podoróshnaja?" „Eine einfache." Also ausgespannt, die Pferde vor unseren Wagen gelegt und fort. Da heisst es nicht „wer früher kommt, der mahlt früher".

Am Morgen erreichten wir Temir-chan-Schurá. Die Stadt wird oft genannt, sie ist der Sitz des Commandanten im Daghestan, liegt in einer fruchtbaren Ebene, hat öffentliche Gebäude, einige Tausend Einwohner, Gartenanlagen — Alles in Allem ist sie aber doch ein trübseliges Nest. Pferdewechsel und fort! Das lange Fahren auf der Teljéga, ohne Rücklehne, das Gepäck zwischen den Beinen, im sausenden Galopp war ausserordentlich ermüdend.

Die Gegend wurde immer langweiliger. Wo waren die interessanten Berge. Dazu war hässliches Wetter, der eingetretene Sturm fegte über die kahlen Anhöhen, Staubwolken jagten auf der Strasse.

Endlich hinter einer elenden, einsamen Poststation überschreitet die Strasse die letzte Bergkette, Atli-bujun, und geht, schön geführt hinab nach Petrowsk, dessen Häuser wir vor dem sturmgepeitschten grauen Kaspischen Meere in einer gelben Sandwolke erblicken.

Von Peter dem Grossen gegründet, ist diese Stadt mit einem 1845 erbauten Fort und grossen Hafenanlagen ausgestattet.

Seinerzeit war sie der Hauptstützpunkt der russischen Corps während der Kämpfe um den Besitz des Kaukasus.

„Damals verging hier kein Tag ohne Leichenbegängniss, keiner ohne Champagnergelage".

Ein schmutziges, verdriessliches Städtchen mit 4000 Einwohnern auf einer Sandbank am Abhange des kahlen, westlichen Gebirges, staubig und todt. Ein unglaublich schmieriges Gasthaus nahm uns auf. „Nicht schön, dieses Petrowsk", wiederholte Melikow, „une saloperie"! Mit Freude hatten wir den Leuchtthurm begrüsst; denn um Mittag war der Dampfer nach Bakû fällig. Widriger Wind aber hatte die Schiffe schon ober Astrachan aufgehalten; der Anschluss musste aufrecht erhalten werden und das Facit war für mich: Verspätung um 19 Stunden, festgesessen in Petrowsk.

Hin und her liefen die Boten; bald hiess es, der Dampfer ist in Sicht, bald er ist schon da; dann wieder: vor morgen Früh ist keine Aussicht auf sein Kommen.

Um nun nicht etwa die Ankunft des „Alexander III." zu verschlafen, packten wir unsere sieben Sachen zusammen und übernachteten, so gut es eben ging, in der Hütte der Landungsbrücke. Hier waren auch zwei Familien etablirt, die gleich mir nach Transkaspien wollten. Wir kochten gemeinschaftlich Thee und legten uns dann auf den Fussboden schlafen. Am Morgen war der Sturm ärger denn je, das Schiff legte weit draussen an; endlich aber waren wir flott. Am Abende vorher hatte ich den Plan gereift, auf dem Landwege über Derbént nach Bakû zu fahren; doch diese Strecke ist der zahlreichen Räuber wegen sehr unsicher; nur bis nach Derbént zu gehen und dort das Schiff abzuwarten hatte wenig Sinn; denn in Derbént ist nichts zu sehen, und ausserdem legen die Dampfer, wie der „Alexander" bewies, bei Sturm dort noch seltener an, als in Petrowsk. Die armen Frauen, die in Petrowsk das Seebad besucht und sich mit uns eingeschifft hatten, litten ungemein von der schlechten See, trotz Chloral u. s. w. Alle Passagiere waren unsichtbar bis auf einen jungen Naphtareisenden aus Bakû, der den Newaquai mit seinen Palästen und elektrischen Lichtern, dieses Bild aus dem 20. Jahrhundert, ungescheut mit dem Quai von Bakû

Haus in Petrowsk
Duchan in Udshwrna
Haus in Kachetien (Udshwrna).

verglich. Dieser patriotische Bakenser spielte fleissig Walzer im Salon, mir zur Freude, den Seekranken aber wohl zur Qual.

Den Zweiten, der ausser mir ganz seetüchtig war, lernte ich genauer kennen: es war der Schiffslieutenant Alex. Grigórjewitsch v. Butaków, der Sohn des bekannten Admirals, ein feingebildeter, liebenswürdiger Officier, mit dem Derwies und ich nach Samarkand reisten. Herr v. Butaków war eben von einer vierjährigen Reise um die Welt heimgekehrt und verwendete nun den Rest seines Urlaubs um sich die neue Bahn, die transkaspische, anzusehen. Ihm wie Derwies bewahre ich das freundlichste Andenken!

Die Vorurtheile, welche in Russland über die Samarkander Bahn obwalten, sind mir hinterdrein oft in komischem Lichte erschienen; freilich reisen auch nur wenige Russen, wenn sie nicht Dienst oder Amt rufen, nach Asien.

Von Oesterreichern reisten (nach Matthaei) 1881 und 1882 zusammengenommen:

   I. Nach Russland

      über die europäische Grenze mit Pässen = 193.643
       „ „ asiatische Grenze . . . . . = 45

   II. Aus Russland zurück

      über die europäische Grenze mit Pässen = 145.061
       „ „ asiatische Grenze . . . . . = 26

Die Eröffnung der transkaspischen Bahn hat das Reisen in Innerasien neuerdings in Russland, wie im Auslande angeregt. Vom October 1887 bis Juni 1888 erhielten, wie Ney („En Asie Centrale à la vapeur") angibt, 16 Nichtrussen, darunter 12 Franzosen, die Bewilligung nach Russisch-Asien zu reisen und die Transkaspische Bahn zu besichtigen. Von deutschen Reisenden ist 1888 meines Wissens keiner, von österreichischen sind, ausser mir, noch Dr. Jos. Troll (Wien) und Professor Bubeniček (Eger) nach Samarkand gelangt. Letzterer und ich zu einer Zeit, wo bereits die ganze Strecke Usun-ada—Samarkand eröffnet war. Aus dieser Thatsache glaube ich die Legitimation ableiten zu dürfen, der deutschen Leserwelt im folgenden Theile Transkaspien, Bochara und Turkestan zu schildern, wie sie sich dem Reisenden seit ihrer Erschliessung für den Bahnverkehr darstellen.

Die Küste von Petrowsk bis Bakû ist flach, ab und zu erscheint ein kahler brauner Höhenzug, ein Inselchen, schwarzer Rauch in der Ferne; dann zeigen sich endlich Häusermassen zwischen kahlen Bergen — Bakû. Auf der Landungsbrücke wimmelt es von Menschen. Hier steht auch Derwies und winkt mir zu: mein Begleiter auf der Reise durch Russisch-Asien hatte mich hier abgewartet. Es gibt keinen Zufall — in Russland! Die Sonne scheint über das geglättete blaue Meer. Melikow steckt seinen Krauskopf aus der Luke hervor und fragt: „Monsieur! Wie viel Verspätung?" „22 Stunden, kein Anschluss an den Postzug von Usun-ada." — Einerlei; da sind wir endlich in der Naphtastadt. Ach, wo ist der schöne, wilde Daghestan!

Provisorische Station der transkaspischen Bahn.

III. THEIL.

I. ABSCHNITT.

(Das kaspische Meer. Lage, Bedeutung. Fischfang und Schifffahrt. Von Bakû nach Usun-ada. Das russische Centralasien.
Die transkaspische Eisenbahn. Annenkow. Aschkabad. Gök-
tepe.)

Unwirthliche Gestade, Sand und Steppen, Felsen und Sümpfe
begrenzen den abflusslosen, salzigen Kaspisee, das grösste Binnen-
meer der Welt, den südwestlichen Theil der aralo-kaspischen
Erdsenkung.

In unvordenklicher Zeit schieden sich die Gewässer dieser
gewaltigen Tiefebene in zwei Wasserbecken, ein kleineres hohes,
den Aralsee, 10 m über dem Meer; ein grösseres tiefes, den
Kaspisee, 25·2 m unter dem Meer, 35·2 m unter dem Aralsee.

Einst stand der im Laufe der Zeiten so tief gesunkene Kaspisee mit seinem westlichen Nachbar, dem Azow'schen Meer, durch
die Manytschniederung in Verbindung. Das Bestreben Russlands,
dem durch die transkaspische Bahn zu erhöhter Bedeutung gelangten
Kaspisee einen Ausweg nach Westen in's Schwarze Meer und
dadurch in den Ocean zu verschaffen, hat in jüngster Zeit ein
zuerst 1859 angeregtes, dann lange schlummerndes Project aufgegriffen: die Verbindung des Meeres von Azow mit dem Kaspisee vermittelst eines vom Don durch die 530 km lange Manytsch-
rinne und den Kuma-Fluss geführten Canals.

Die Manytschrinne, theils trockene Flussbette, theils Salzseen, ergiesst ihre Frühjahrswässer westlich in den Don, östlich

versickern sie in der Steppe von Gök-Usun. Der Canal soll, anfangs wagrecht laufend, mit Schleusen zum Kaspisee niedersteigen und an dieser Seite durch Dämme gegen die Gefahren der Niveaudifferenz geschützt werden. Auf dieser Wasserstrasse vermöchten die kaspischen Dampfer ins Azow'sche Meer, weiterhin durch den die Krimhalbinsel abschneidenden Canal von Perekop rasch nach Odessa zu gelangen. Dabei rechnet man neben der mercantilen und politischen Tragweite einer wesentlich verkürzten Verbindung mit dem Schwarzen und dem Mittelmeere auf folgende Nebenvortheile: die Steigerung der atmosphärischen Niederschläge im Gebiete des so mit einer grösseren Oberfläche begabten Kaspisees; auf die Verbesserung der klimatischen Verhältnisse; endlich auf die Regelung des Niveaus im Kaspisee, welcher jetzt die bedeutenden Abflussmengen der einmündenden Flussläufe Wolga, Ural, Térek, Kurá, Atrek u. s. w. ohne anderen Erfolg verschluckt, als dass diese der grossen Verdunstung dieses Binnenmeeres das Gleichgewicht halten.

Ein zweiter Vorschlag geht dahin, die beiden grosse Zuflüsse des Azow'schen und des Kaspischen Meeres — Don und Wolga — durch einen schon von Peter dem Grossen begonnenen Canal zwischen Zarizyn*) und Sarátow zu vereinigen. Dieser Canal soll 85·5 *km* lang werden und Fahrzeuge von 64 *m* Länge und 13 *m* Breite mit einer Last von 500—600 Tonnen in 70 Stunden von einem Strome zum anderen führen, kleine Kriegsschiffe aber schon in 24 Stunden. Das Capital ist auf 80 Millionen Rubel veranschlagt. Dieses Project würde die Schiffe des Kaspischen Meeres zwar zu einer Bergfahrt von etwa 700 *km* über Astrachan hinaus zwingen, hat aber sonst die Vorzüge geringerer Kosten und leichterer Ausführbarkeit für sich.

Die Oberfläche des Kaspisee's, des Hyrcanischen Meeres, gliedert sich in zwei Becken ein nördliches flaches (das mare caspium der Alten), welches etwa vom Cap Agrachan (nächst der Mündung des Térek) bis zum Vorgebirge Karagan (ober Fort Alexandrowsk) reicht und die Mündungen der gewaltigen Wolga und des Ural, dann die östliche „Todtenbucht" einschliesst; in ein südlicheres, tieferes, meist von steilen Ufern begleitetes Becken, zwei Drittheile der Gesammtoberfläche umfassend, an der Westküste bis Cap Apscherón, ober Bakû, sanft geschweift, von hier an längs der West- und Südufer in starker Krümmung bis gegen Astrabad verlaufend.

---

*) Siehe S. 143.

Das Ostufer des Kaspisee's — öde und zerrissen — hat Einschnitte und Buchten, unter denen der fast ganz abgeschlossene Schwarze oder Skythische Golf (Kara Bughaz) „eine natürliche Salzpfanne von gigantischen Dimensionen, in welcher die Steppenhitze die Soole verdampft", dann die Baien von Krassnowodsk und Michaïlowsk — als einstiges Ausflussgebiet des jetzt in den Aralsee (Oxiana palus) mündenden Oxus (Amu-Derja), sowie heute als Zufahrt nach Usun-ada, den Anfangspunkt der transkaspischen Bahn, Beachtung verdienen.

Trotz der grossen Ausdehnung des Kaspisee's — seine Oberfläche (438.000 □km) kommt jener des Königreiches Schweden gleich; seine Länge beträgt 1224 km, seine Breite bis 450 km — und ungeachtet seiner Küstenentwickelung (6380 km) finden wir hier nur wenige sichere Häfen. Sandbänke, tosende Brandung, Klippen beeinträchtigen die Landungsstellen und Ankerplätze, zwingen die Regierung zu Baggerungen, Sprengungen, Bauten und Arbeiten aller Art. Nur Bakû, Usun-ada, Enseli und die persische Südküste besitzen Häfen, die auch bei den im Kaspisee so häufig wüthenden Stürmen zugänglich sind und Schutz bieten. Der Ausbau und die Entwickelung von Bakû und Usun-ada sind neueren Datums und hängen zusammen mit der Eröffnung der kaukasischen Transversalbahn von Batûm, also vom Ostufer des Schwarzen Meeres aus über Tiflis, nach dem, früher durch seine „ewigen Feuer", jetzt durch die grossartige Naphtaindustrie berühmten Bakû einerseits, mit der Herstellung der transkaspischen Bahn andererseits, welche sowohl durch die Kühnheit und Schnelligkeit ihrer Anlage und Ausführung, als auch durch die Wahl ihrer Linie allgemeine Ueberraschung hervorgerufen hat.

Erst seit die Russen im Jahre 1869 zunächst in Krassnowodsk und Samarkand Fuss gefasst haben, um dann von beiden Seiten her schraubenförmig die dazwischen liegenden Gebiete zur Unterwerfung, Chiwa und Bochara zur Abhängigkeit zu bringen, insbesonders aber seitdem in den letzten Jahren der Bahnbau, die Ablenkung des Handelszuges von den bisherigen Karawanenwegen, die Bedürfnisse der neuerrichteten Militärposten und der mit russischen Colonisten besiedelten aufblühenden Orte, also strategische, wirthschaftliche und politische Motive die Einrichtung regelmässiger, zahlreicher und schneller Verbindungen der Ostküste des Kaspisee's mit Astrachan und Bakû erheischten: erst in den letzten Jahrzehnten also wendete sich die staatliche Fürsorge, die Handelsconjunctur, die allgemeine Aufmerksamkeit des Westens in erhöhtem Masse dem Kaspisee zu.

Nicht als ob einzelne weitblickende Politiker, wie Vambéry, oder die Staatsmänner Russlands den Connex der polititschen Lage Innerasiens mit der Beherrschung der dahin führenden Wasserwege verkannt hätten; hat doch Russland, im 16. Jahrhunderte noch mit seinen Handelsschiffen von der persischen Südküste ausgeschlossen, unablässig darauf hingearbeitet, vom persischen Reiche, bald im Frieden bald im Kriege, an den Küsten des Kaspischen Meeres Vortheile und Zugeständnisse zu erreichen. Um 1580 sprach Schah Mahmud Chudawend den Russen Bakû und Derbént zu. 1618 räumte Schah Abbas den russischen Kaufleuten ein, in Persien Handel zu treiben. Schah Suleiman sicherte ihnen zeitweilig Zollfreiheit zu, Mir Abdallah 1717 neuerlich Schutz. 1723 trat Persien die ganze West- und Südseite des Kaspisee's an Peter den Grossen ab, dessen Plan, Russland den Handelsweg über Persien nach Indien zu sichern, auch von Peter II. 1729 bei der Rückgabe der Südküste — das südwestliche Ufer hatte Kaiserin Anna 1732 freiwillig geräumt — aufrecht erhalten wurde.

Die unter Katharina II. erfolgte Besetzung der Westküste führte vermöge der Intriguen Englands zum Kriege zwischen Russland und Persien. Der Friede von Gulistan, 1813, sicherte Russland das ausschliessliche Recht zu, auf dem Kaspisee Kriegsschiffe zu halten, eine Begünstigung, welche der Vertrag von Turkmantschai, 22. Februar 1828, bestätigte, so dass wir heute in diesen Gewässern nur das blaue Andreaskreuz im weissen Felde, die russische Kriegsflagge, flattern sehen.*)

Ziehen wir überdiess den bei den Grenzregulirungen im Süden Transkaspiens erzielten territorialen Gewinn, die nie ausgesprochenen und doch offenkundigen Absichten Russlands auf die persische Provinz Chorassan, die diplomatischen Erfolge der Russen beim Schah in Betracht: so dürfen wir im Rückblicke auf die Beziehungen Russlands und Persiens in früheren Jahrhunderten wohl aussprechen, dass Persien der Politik Russlands immer mehr Raum gibt.

Vielleicht eröffnet sich eines Tages Russland am Endpunkte einer im Anschlusse der Linie Tiflis-Teheran, südlich von Teheran

---

*) 1888 lagen im Kaspischen Meere 12 Kriegs- und 4 nicht armirte Dampfer.

zum persischen Golfe, geführten Bahn, etwa von Bender-Bushir aus, die Verbindung mit dem Indischen Ocean. Andere Pläne freilich sprechen für den Durchbruch Russlands über Afghanistan an die hafenarme Südküste von Beludschistan, oder gar über Indien zu den Mündungen des Indus.

Dass Russland für die freie Entfaltung seiner mercantilen Interessen des Zuganges zum offenen Weltmeer bedarf, steht fest. Eine parallele Absicht für die Erschliessung des Stillen Oceans, dieses „Mittelmeeres der Zukunft", bekundet der Ausbau der russischen Häfen an der Ostküste Asiens, die Anlage der transasiatischen Eisenbahn, welche, 7000 *km* lang, mit einem Kostenaufwande von einer Milliarde den Ural, respective die Wolga mit Wladiwóstok zu verbinden berufen ist.

Die Idee, Innerasien auf dem Wege der gegenwärtigen Bahnstrecke zu erreichen, hat in neuerer Zeit zuerst Peter der Grosse — stets bestrebt das Kaspische Meer für den russischen Handel nach Asien „fruchtbar zu machen", und eine Zeit lang gesonnen, Astrachan zur neuen Hauptstadt seines Reiches zu machen — ausgesprochen, wenn er auch hierbei an eine Wasserstrasse, an die Wiederherstellung des alten Oxusbettes*) dachte, dem entlang Alexander der Grosse, Dschingis-Chan, Tamerlan gezogen waren. Andere suchten den Weg nach Innerasien, ja gegen Indien bald nördlich, bald südlich von dieser Weltlinie, wobei insbesondere das im Südostwinkel des Kaspisees gelegene Astrabad wiederholt als Ausgangspunkt Beachtung fand, so auch seitens Napoleons I. Dieser wollte im Jahre 1800 mit 400.000 Mann die Wolga hinab ins Kaspische Meer und von Astrabad aus auf den Karawanenwegen gegen das englische Indien vorrücken, während Kaiser Paul den Hetman Platow mit Allem „was zu Pferde sitzen und eine Pike halten kann" von Orenburg aus vordringen liess. Die Nachricht von Kaiser Pauls Tode rief im Frühjahr 1801 Platow, der mit 35.000 Kosaken in der Steppe bereits 800 Werst über Orenburg hinausgekommen war, zurück.

Verschiedene Ereignisse, namentlich aber der Bau der transkaspischen Bahn, haben nun den Kaspisee zu eminenter Wichtigkeit erhoben, dem Verkehre auf demselben eine grosse Entwickelung gesichert und so die Worte Annenkow's erhärtet: „Jede Verbesserung der Beförderungsmittel steigert in bedeutendem Grade sowohl den Personen- als auch den Waarenverkehr".

---

*) Vgl. S. 324.

Die russische Handelsflotte zählte am 1. Januar 1880 im Kaspischen Meere 1007 Segelschiffe und 35 Dampfer, 1888 bereits 70 Dampfer — das Jahr 1817 ist als der officielle Beginn der Dampfschifffahrt in Russland anzusehen —; dabei sind die Fahrzeuge unter 10 Lasten*) nicht eingerechnet. Einen grossen Theil der Schiffe beschäftigt der Fang und der Transport von Fischen und Fischproducten.

Das Bassin des Kaspisees, einschliesslich der Flüsse, liefert an Fischen, Caviar, Fischleim über 4 Millionen Metercentner. Der Gesammtumsatz an Fischwaare in Astrachan (Vgl. S. 155) übersteigt 30 Millionen Rubel. Die Thrangewinnung ist namentlich im nordwestlichen Theile des Kaspisees — dafür spricht schon der Name der hier liegenden Seehunds- (Tjulénj) Inseln — bedeutend; ausserdem findet der „Seehundsschlag", wie der technische Ausdruck lautet, auch im Südwesten des Sees statt. Jährlich werden etwa 150.000 Stück Seehunde (phora caspica) in Astrachan abgesetzt, 8000—11.000 q Thran hier gewonnen. Die kaspischen Häringe — 1881 fing man 250 Millionen Stück — werden jetzt meist gesalzen und nicht mehr zur Gewinnung von Thran verwendet.

Den Postfahrdienst auf dem Kaspisee besorgt die Gesellschaft „Kaukas und Mercur", 1849 durch die Vereinigung der Gesellschaft Mercur und der schon seit 1823 bestehenden Kaspi-Dampfschifffahrtsgesellschaft mit einem gemeinschaftlichen Capitale von 3³/₄ Millionen Rubel begründet und mit einer eigenen Werfte in der Spasskijbucht (Gouvernement Kasán) versehen. (Von den auf den russischen Binnengewässern arbeitenden Dampfern haben 60 Procent aus inländischen Fabriken stammende Körper, 50 Procent eben solche Maschinen.) Die Gesellschaft geniesst eine staatliche Subvention. 1886 betrug der Reingewinn 501.916 Rubel, 1887 630.818 Rubel, die Dividende pro Actie 30, respective 32 Rubel. Das Grundcapital der Gesellschaft war 1886 4¹/₂ Millionen, das Reservecapital 2 Millionen Rubel. Die Actie der „Russischen Dampfschifffahrts- und Handels-Compagnie Kaukas und Mercur" notirte am 8. März (24. Februar) 1889 an der Petersburger Börse,

*) Ueber die russische Last theilt mir der k. k. Schifffahrts-Gewerbe-Inspector, Regierungsrath Schromm Folgendes mit: „Die russische Last ist = 19·68 q als Gewicht betrachtet; bei Schiffen jedoch ist zu berücksichtigen, dass die Vermessung (Aichung) den Rauminhalt angibt, und zwar in Schifflasten. Behufs Reduction auf register tons hat man die Zahl, welche die russische Schifflast angibt mit dem Factor 1·46 zu multipliciren. Will man die Reduction auf m³ durchführen, so ist die russische Schifflastzahl mit dem Factor 4·15 zu multipliciren."

bei einem Nominalwerth von 250 Rubel 500 Rubel „Waare" Die Gesellschaft betreibt, abgesehen von ihren Wolgadampfern, folgende Linien (sämmtlich im Anschlusse an Astrachan-Petrowsk-Bakû):

I. Von Bakû über Lenkoran nach Enseli-Rescht, 204 Seemeilen (1 Seemeile = 1·85 km); allwöchentlich in 45 Stunden. Diese Linie dient dem directen Verkehre nach Teheran, bis wohin von Rescht aus noch 315 km mit Postpferden zurückzulegen kommen.

II. Von Bakû nach Usún-ada, 196 Seemeilen; Montag und Freitag (normal) in 19 Stunden, im Anschlusse an die zweimal die Woche verkehrenden Postzüge der transkaspischen Bahn. Von Usun-ada geht vom Mai bis October dreimal, sonst zweimal die Woche ein Dampfer in 4 Stunden nach Krassnowodsk, der andere einmal die Woche in 28 Stunden über Astrabad in den persischen Hafen Meschedi Ser = 305 Seemeilen.

III. Von Astrachan über Fort Alexandrowsk (27 Stunden) nach Petrowsk (17 Stunden).

Der Fahrpreis Bakû—Usun-ada beträgt für die I. Classe 12, die II. Classe 9, die III. Classe 4¹/₁ Rubel.

Grosses Gepäck muss mit 40 Kopeken pro 16·4 kg (= 1 Pud) bezahlt, die Verköstigung separat beglichen werden.

Die Billets sind gelöst, die Einkäufe besorgt. Ich sitze auf dem Verdecke im Hafen von Bakû und krame in meinen Papieren. Sie sind vollzählig vorhanden. Das wichtigste unter ihnen ist vorläufig mein Otkrytyl list. Dieses lautet:

„Offenes Sendschreiben!

Der Vorzeiger dieses, der österreichische Unterthan Max v. Proskowetz, kais. kön. Truchsess, ist ermächtigt, sich auf der transkaspischen Eisenbahn nach Samarkand zu begeben. Die Herren Befehlshaber der Landesverwaltung und des transkaspischen Gebietes werden angewiesen, dem genannten Reisenden im Verfolge seiner Fahrt sowie an den Orten seines Aufenthaltes den gesetzlichen Schutz und nöthigenfalls jedweden Beistand angedeihen zu lassen.

Tiflis den 13. September 1888.

Für den Chef der Civilverwaltung im Kaukasus der Gehilfe:

General-Adjutant Scheremétjew. m. p."

Der Eintritt und Verkehr in Transkaspien und Turkestan — ersteres, von General Komarów in Aschkabad verwaltet, untersteht dem General-Statthalter des Kaukasus, letzteres einem vom Minister des Innern unabhängigen, von Tiflis aus nur „dienst-

freundlich" nahbaren General-Gouverneur, dem General-Lieutenant
v. Rosenbach, in Taschkend — sowie die Benützung der beide Territorien und das dazwischen liegende Emirat Bochara durchziehenden,
dem General-Lieutenant Annenkow völlig untergeordneten Militärbahn erfordert ein solches Otkrytyi list. Dasselbe zu erlangen bedurfte es folgender Schritte: eines Gesuches an unsere Botschaft in
Petersburg; der persönlichen nachdrücklichen Verwendung unseres
liebenswürdigen Geschäftsträgers Baron Aehrenthal bei dem Vor-
stande des asiatischen Departements, Geheimrath v. Sinowjew,
um eine Reisebewilligung, die für englische Unterthanen direct
beim Zaren eingeholt werden muss; einer telegraphischen Instruction
des Statthalters in Tiflis durch Herrn v. Sinowjew; einer Audienz
beim General Scheremétjew unter Abgabe eines Einführungs-
schreibens der Botschaft und — zum Zwecke telegraphischer Ver-
ständigung der transkaspischen Behörden — der Bezeichnung des
zur Ueberfahrt nach Usun-ada gewählten Dampfers.

Mit diesem Geleitbriefe, einem Waffenpasse, dem Ergebnisse
langer Verhandlungen mit der Moskauer Polizei (vgl. S. 72) meinem
als bolschój (grossen) Passport überall respectvoll besehenen k.
und k. Ministerialpass und mit zahlreichen bei der Gastfreundlich-
keit der russischen Officiere ganz überflüssigen Empfehlungsbriefen
ausgerüstet, sonach mit Documenten bis an die Zähne bewaffnet
sah ich den kommenden Dingen ruhig entgegen.

Endlich waren Melikow, der die nächsten Wochen von mir
unzertrennliche Derwies und Butaków an Bord. Um 7 Uhr
hob der Dampfer rasselnd den Anker, heulend ertönte das Zeichen
zur Abfahrt und wir steuerten zum Hafen hinaus. Rasch war das
kahle, rauchige Bakú unseren Blicken entschwunden. Dämmerung
und Abendluft trieben uns unter Deck. An dem langen Tische
des eleganten Salons waren bei Thee und Cigaretten fast ausschliesslich Officiere und Beamte, alle mit dem kleidsamen Leinenrock angethan, versammelt. Bald wurden Karten getauscht und Be-
kanntschaften geschlossen, so mit Oberstlieutenant August Alfonso-
witsch Brunelli, den die Kriegsgeschichte als tapferen Capitän,
der Baubericht als Commandanten des vortrefflich geschulten
Ersten transkaspischen Eisenbahn-Bataillons verewigt, und mit
Komarów's Schwiegersohn, dem Genie-Hauptmann Wladimir
Wassiljewitsch Sachárow, jüngst betraut mit dem Neubaue des
Murghab-Dammes bei Alt-Merw. Dann mit Collegienrath Grigoro-
witsch, dem langjährigen ersten Dolmetsch der russischen Gesandt-

schaft zu Teheran, einem ernsten Manne arabischer Abkunft. Lebhaft wird über den Sturm auf Gök-tepe debattirt, erzählt, wie die
russischen Soldaten mit Hitze, Sand, Durst und Fieber zu kämpfen,
in den Tekketurkmenen*) einen tapferen Feind zu besiegen hatten.

Am Nebentische nahmen zwei junge, elegante Officiersfrauen
mit ihren Gatten leise plaudernd den Thee. Von der Hochzeits-
reise in die neue transkaspische „Station", welcher Contrast! Am
anderen Ende studirten die Söhne eines würdevollen, still rauchenden
Zolldirectors, zwei blonde, uniformirte Gymnasiasten, ein Capitel aus
dem „Frauenleben der Erde"; sie in der russischen Ausgabe von
Schweiger-Lerchenfeld's Bilderwerk, ich aus nächster Anschauung.

Immer wieder bietet die „Transkaspische" reichen Gesprächsstoff. 1880 als strategische Linie von Michailowsk nach Kisil-
Arwat unter Skobelew, „dem weissen General", und Annenkow,
den die Turkmenen der Locomotive halber „Ssamowar-Pascha"
nannten, begonnen, von diesem aber seit 2. Mai 1885 als wichtige
Kriegs- und Handelsbahn auf breiter Basis weitergeführt, erreichte
der Schienenweg am 2. Juli 1886 Merw, fünf Monate später
Tschardshui. Hier traten zu den bisherigen Schwierigkeiten des
Baues: Durchquerung wasserloser Steppen in einer Gesammtlänge
von 618 km; Sicherung der Dämme gegen Versanden und Ver-
wehen; Heranziehung, Beherbergung, Verpflegung, Gesund-
erhaltung und Schutz der Arbeitskräfte; Transport von Holz und
anderem Material; Uebersetzung der Wildwässer des Tedshen und
Murghab; dann endlose Intriguen, neue Hemmnisse: die Ueberbrückung des Amu-Derja (Oxus), der Durchzug bocharischen Gebietes.

Durch Ukas vom 2. Januar 1887 zum Weiterbau ermächtigt,
schlug Annenkow, den seine Untergebenen den „General der
Energie" nennen, binnen vier Monaten die grösste hölzerne Strombrücke der heutigen Welt über den tückischen Oxus, und schon
am 27. Mai 1888 konnte die Fertigstellung der 1433 km langen
Gesammtstrecke durch Feste gefeiert werden, zu denen unter
Anderen auch die „Neue Freie Presse" eine Einladung erhielt.
Annenkow's Vorschlag, den in Russland als todesmuthigen
Forscher bewunderten, aber unbeliebten Vambéry, welcher 1863
vor ihm lange völlig unnahbare Gebiete für die Wissenschaft er-
schlossen, einzuladen, wurde höherenorts abgewiesen.

So waren die neueroberten asiatischen Besitzungen Russlands
durch eiserne Fesseln an dessen Leib geschmiedet, war eine gross-

---

*) Vambéry schreibt Turkomanen.

artige und billige Handelsstrasse — der Kilometer kostete rund 37.000 fl. ö. W. — von Innerasien nach Europa eröffnet, Bochara und zum Theil Persien und Afghanistan den moskowitischen Waaren und Waffen freigegeben.

Der Tag der Ueberfahrt vergeht ohne besondere Eindrücke. Ein einziges Segel wird sichtbar. Auf dem Vorderdecke kauert allerlei Volk auf bunten Polstern, Decken und Bettzeug um die messingenen Ssamowars der Theetrinker. Perser knieen auf ihren Gebetteppichen neben vier Kartenspielern. Ein dicker Kaufmann schmaucht seine gurgelnde Wasserpfeife inmitten dreier sorglich vermummter Weiber; ihre weissen Hüllen, gestern Abends gespenstisch leuchtend, büssen im vollen Sonnenschein allen Zauber ein. Gelbe, violette, schillernde Käppchen neben den Pelzmützen der russischen Soldaten; farbige Kleider und doppeltes Tuch. Lustig schmettert ein Paar Canarienvögel, im Käfig an dem inneren Schiffsbord schwebend, sein Lied in die klare, blaue Luft hinaus.

Das Kielwasser ist wie eine grosse, krystallene Gräte anzuschauen, von Seifenschaum umgeben, im Abendsonnenschein aber milchig und röthlichbraun mit seitlichen grünen, am Kamme rosig gefärbten Wellenbergen.

Am frühen Morgen des folgenden Tages — wir bedurften 23 Stunden zur ganzen Ueberfahrt — passiren wir das zweieinhalb Stunden vom Lande abliegende Feuerschiff und besteigen eine Dampfbarcasse, die uns durch die Michaelsbucht führt, indess der verspätete Postdampfer seinen Curs südlich nimmt.

Hinter uns liegt ein Schlepper, schwarz mit rothen Streifen; weit in unserem Rücken schon schwärzt die schmutzige Rauchwolke des „Alexander" den Horizont; vor uns erscheinen schmale, dunkle Höhenzüge, fahles, wüstes Land, das so oft umstrittene Gebiet beutegieriger Nomaden, vor wenigen Jahren noch zum Alamanstwo, zum Raubzug von ihren Führern entboten:

> „Ihr Läufer der Wüste, gefürchtetes Heer,
> Ihr Schiffelenker vom Kaspischen Meer.
> Erhebet die Lanze, die Lanze des Kriegs,
> Entfaltet die Fahne, die Fahne des Siegs!
> Versammelt die Rosse, brecht ab das Zelt! . . . . . .
> Wir gehen nicht hinter dem Pflug einher,
> Wir pflügen die Länder mit unserem Speer;
> Wir kommen wie Geier und Raupenschwarm,
> Ein siegreich Volk, ein rächender Arm".

An die Stelle des Hafens Krassnowodsk und der Kopfstation Michailowsk ist, beide Functionen vereinigend, seit Mai

1886 die „lange Insel" Usun-ada getreten. In plein-air-Stimmung taucht der Halbmond von Sandbergen auf, in dem das russische Port-Saïd liegt, eine Landschaft für Schnellmaler: blaues Wasser, gelber Sand, bunte Dächer und Farbenflecke.

Ueber die lange Landungsbrücke schreiten wir zum Bahnhofe und zur Stadt. Ein Holzkirchlein mit Zwiebelknäufen auf wüstem Platze; zwei Reihen niedriger Hütten: der künftige „Prospect"; Esslocale, Trinkstuben, Kaufläden. Eine hölzerne Bude, die „Manège", dient heute Abends als Theater. Soldaten am Billard oder mit der Ziehharmonika, eine fliegende Schauspielertruppe, im Schatten der Plattform am regen Hafen, just unter der Tafel mit dem Rauchverbote ein Dutzend Asiaten mit Cigarette und Wasserpfeife und drei tatarische Weiber, die ihre Reize in dichte Schleier hüllen.

Beim Locomotivenhaus stehen Behälter für Naphta und Wasser, den herangeführten Speisebedarf der Maschinen, die stets mehrere 150 Wedro = 18·45 hl grosse Wassertonnen und Cisternenwägen à 109 hl Naphta*) mit sich führen. Weiterhin zeigen sich Biberbauten am Strande, Magazine und Comptoirs der Gesellschaften Ljebed, Nadjeshda u. s. w., zwei Badehütten draussen in der hellen, klaren Salzfluth. Landeinwärts, vor Annenkow's zierlichem Blockhause mit dem weiss-grün geschachten Dache, vegetiren, sorglich begossen, Gräser, Blumen und ein paar mannshohe Akazien. Der nächste Bau ist die „Ambulanz" mit dem Genfer Kreuz. Der Bahnhof bildet eine Reihe gesonderter Gebäude, aus Holz gefügt, grau und weiss bemalt, mit kupferrothen Dächern. Signalscheiben, Laternen, Telegraphenstangen — anfangs gingen die Drähte über die krummen Stämme des Saxaul (ammodendron haloxylon) — laufen den Holzperron entlang, auf dem hoch ober dem weichen Sand die Wägen stehen. (1888 hatte die Bahn 26 Locomotiven, 400 Güterwägen; anderen Quellen zufolge 70 bis 150 Locomotiven, und 1500 bis 2000 Waggons. Spurweite 1·51 m)

Es gibt bis jetzt, einen feinen Salonwagen für die Generalität ausgenommen, nur zwei Classen, die zweite weiss mit gelben Streifen und die dritte lichtgrüne Kästen. Von diesen haben einige vergitterte Coupés, für die Frauen der Eingebornen, in turkomanischen Lettern die Aufschrift: „Für Muselmanen zum Niedersetzen"

---

*) Das Brennmaterial für die Locomotiven bilden Naphtarückstände aus Bakû und aus Transkaspien selbst. 1888 wurden 272.400 hl Naphta für den Bedarf der Bahn, Heizung und Beleuchtung, verbraucht

russisch kurz „dlja magometan". Ueberall leuchten die russischen
Buchstaben Ж. В. Ж. Д. (Sakaspijskaja, Wojennaja, Shelesnaja Doróga,
Transkaspische Militär-Eisen-Bahn). Die z w e i t e Classe enthält ein
Mittelcoupé, zwei Abtheilungen an den Enden mit einfachen
Doppelbänken und einen Waschraum; ein Seitengang dient dem
Verkehre. Beleuchtung: Kerzenlaternen; Heizapparat: eiserne Oefchen (1886 gab es hier — 22 ° C.). Die d r i t t e — acht Bänke zu je
sieben Sitzplätzen und Klappbetten darüber — hat meist schon
beim Bahnbaue die tagtäglich auf dem neugelegten Schienenstrange vorrückenden Casernen für die Eisenbahnbataillons abgegeben, welche auch jetzt das stramme Personal für den Fahrdienst beistellen. In jedem Zuge führt ein Conducteur Mittel für die
„erste Hilfe" mit. Die genannten Wagengattungen laufen nur
mit den Postzügen: von Usun-ada bis Samarkand in
75 Stunden. (An den übrigen Tagen verkehren gemischte
Züge.) Vgl. S. 299. Für die directe Fahrt von W i e n nach S a m a r-
kand (5475 *km* zu Bahn und Schiff) sind mindestens 12 Tage und
eine Stunde nothwendig, und zwar nur bei Benützung des ausschliesslich im Sommer von Odessa nach Batúm am Samstag abgehenden Eildampfers, welcher an die Strecke Batúm-Bakû, die
Dampferlinie Bakû—Usun-ada und an die Postzüge der Transkaspibahn Anschluss hat.

Bei gemischten Zügen nun avancirt die dritte Classe der Postzüge zur zweiten, wobei jede Bank statt Sieben nur Einen aufzunehmen hat; die übrigen Waggons aber, ohne Bänke, unseren Viehwägen verzweifelt ähnlich sehen. Die Rückfahrt bot mir reichlichen
Anlass, die Bequemlichkeits-Summen der verschiedenen Trains in
Verhältnisszahlen umzusetzen. Bald gingen, stundenlang abwechselnd, die seitlichen Thüren auf, Staub und Nachtkühle drangen
herein; bald ächzte Melikow über die schmale, harte Bank; dabei
rüttelte und schüttelte es gewaltig, gab es Verspätungen jeglicher Dimension. Ich begreife die Launen der Verliebten, die
Schwächen der Frauen; für den Eigenwillen der Locomotivführer
aber habe ich kein Verständniss.

Ein Labsal auf solchen Fahrten sind die modernen Oasen in
der Wüste, B u f f e t s genannt. Jeder entspringt, sobald ein solches
in Sicht, seinem Behältniss, stapft durch den Sand und eilt an den
Schänktisch. Es ist erstaunlich, wie gut hierin vorgesorgt ist. Die
grossen Stationen, Steingebäude im Villenstyl (der schöne weisse Haustein kommt aus den Samarkander Bergen), haben geradezu elegante

Speiseräume mit Tafelaufsätzen und feinem Esszeug auf den sauber
gedeckten Tischen, mit Spiegeln, Generalsbildern, Thonet'schen
Sesseln und dem nie fehlenden Ikóna (Heiligenbild) an der Wand. Aber
auch die halb unterirdischen Hütten der kleinen Wüstenstationen
bieten Speise und Trank zur Genüge. Jedes Buffet enthält den von
dem Betriebsleiter und dem Streckenvorstand gefertigten Tarif. Eine
Mahlzeit zu drei Gängen, inclusive Schtschi oder Borschtsch (Kohl-
oder Rübensuppe), kostet 75, zu zwei Gängen 50 Kopeken, Beefsteak
oder Filet 35, inländisches Obst 20, russisches 30, „Butterbrod"
— dieses Wort ist auch russisch — 5, eine Tasse Kaffee 20, ein
Glas Thee oder Milch 10, Wasser, oft weit hergeholt, zum Ssamowar 5,
ein Glas Wasser 2 Kopeken; künstliches Selters die Flasche 20,
eine Kruschka (1·2 Liter) Samarkander Bavaria-Bräu 30, Kasaner
oder Astrachaner Flaschenbier 50 Kopeken. Während der Bauzeit kostete eine Flasche Bier bis zu 3 Rubel, ein halber Liter
Selters 1 Rubel. In den meisten Stationen sind beim Buffetschik

Neue Wüstenstation (Baba-Durmas).

oder im angrenzenden Laden Conserven, Weine, Spirituosen —
der Vertrieb solcher ist auf bocharischem Boden contractlich
verwehrt und jetzt auch in Transkaspien nur bei Verschluss mit
Accise-Banderolen gestattet — Chocolade und dergleichen verkäuflich. So fand ich Tokaier-Ausbruch der Brüder Elisejew,
französischen Benedictiner zu 11 Rubel, Champagner vom Don
und aus Rheims zu 7 Rubel, Cassis de Dijon, Bordeaux.

Die Bahnhöfe bilden zumeist den einzigen Versammlungsort
der benachbarten kleinen Garnisonen, an dem die Officiere und
Beamten das Ereigniss des Tages, die Ein- und Ausfahrt des
Trains, beobachten und mit den bekannten oder den fremden
Reisenden eine Viertelstunde lang — kürzer wird nicht gehalten —
plaudern, um dann wieder in ihre oft recht kahlen vier Wände
heimzukehren. Diese Leute sind wahre Märtyrer der Civilisirung
Innerasiens. In tage-, ja wochenlanger Entfernung von ihren in
Russland zurückgebliebenen Familien getrennt, klimatischen und
sanitären Gefahren preisgegeben, ausser Stande, selbst mit der

hohen Zulage sich das gewohnte Comfortminimum zu verschaffen, entbehren sie auch der geselligen Freuden, ja oft des Umganges mit Landsleuten, selbst in Fällen, wo solche an Ort und Stelle sind, da es dem gebildeten, achtbaren Manne besser dünkt, einsam seiner Wege zu gehen, als jene Desperados aufzusuchen, von denen es in den neuen Provinzen wimmelt. Welche Typen: der verunglückte Gardeofficier, der jetzt auf dem Bahnhofe schanzt; der Militärdoctor, als gemeiner Verbrecher lebenslänglich nach Sibirien verurtheilt, jedoch aus Mangel an Aerzten hieher internirt; der Fürst, bei der Champagnerflasche aufgezogen, mit der Schnapsbulle endigend, als Heizer! Degradirte, Declassirte jeder Färbung: der bettelhafte, einst millionenreiche Kaufmannssohn aus Moskau; der verkommene Schauspieler, vormals ein Liebling des Petersburger Publicums: ein seiner reichen Pfründe und stolzen Würde entkleideter Priester — alle drei schaufeln in Einem Graben und tragen jeden Heller in die Kneipe, die ein verabschiedeter italienischer Cavallerie-Lieutenant hält. Glücksritter, Strauchdiebe, Mörder und Schwindler, aus den Wogen des Lebens in dieser Oede gestrandet. Weiter hinauf die ganze Schaar der zweifelhaften und fahrenden Leute, der Anrüchigen und Verlumpten, bis zu der ewig hin- und herreisenden Officierswitwe mit schlechter Toilette und tadellosem Französisch. Kein Wunder, dass in den an die Niederlassungen californischer Goldgräber mahnenden Heimstätten längs der neuen Bahn so häufig das „häusliche Glück" durch zweideutige Trugbilder desselben ersetzt, Zelt, Hütte und Haus von wilder Wirthschaft erfüllt sind.

Bewunderung und Ehre den Vielen, die, nur der Pflicht eingedenk, Trunk, Spiel und Tollheiten scheuend, Jahr für Jahr hier ihren Posten ausfüllen, steter Nadelstiche nicht achtend, ohne Aussicht auf besondere Anerkennung; Achtung und Lob jenen Frauen, die hinausziehen in den glühenden Sand, in die eisige Steppe, dem Gatten Haus zu halten mit sparsamer Einschränkung, ohne freundnachbarlichen Verkehr mit den rohen Eingebornen in der Einsamkeit!

> Wenn Etwas ist
> Gewaltiger als das Schicksal,
> So ist's der Muth
> Der's unerschüttert trägt.

Inzwischen waren wir in Usun-ada, theils in dem Buffetzimmer, theils auf dem von Waarenballen umlagerten Balcon des

Stationschefs über die Hitze und die Stunden des Tages hinweg-
gekommen. Erst um 6 Uhr Abends ging der Zug ab. — Gepäcks·
stücke wurden aufgestaut, Lebensmittel feilgeboten; eine strup·
pige, schwarzbraune Kuh lieferte frische Milch. Obsthändler —
unter ihnen ein prächtiger Bursche, schier indischer Prägung, mit
zottiger Pelzmütze und rothem Kamisol — schrieen um die Wette.

Der Fahrpreis II Classe Usun-ada — Samarkand beträgt
37·80 Rubel, davon entfällt auf die Theilstrecke Tschardshui —
Samarkand 9·70 Rubel; pro Pud Gepäck ist $^{1}/_{1}$ Kop. pro Werst
zu zahlen (vgl. das Stationenverzeichniss Seite 298).

Endlich war Leib und Gut in die Wagen gehisst, — was die
Fahrgäste, weisse und braune, schon des immer mitgeführten Bett-
zeuges wegen an Handgepäck einlagerten, war erstaunlich —
Glockenschlag und Pfiffe tönen, und wir rollen hinaus durch die
Dünen in die rasch hereinbrechende Sternennacht auf der directen,
gefahrlosen, nicht unbequemen Bahnfahrt nach Merw, Bochara,
Samarkand.*)

Jeder dieser Orte stellt einen ausgeprägten Typus dar. Der
erste zeigt die innerasiatische Stadt der Vorzeit, todt und zerstört; der zweite die von westlicher Cultur noch unberührte
Hauptstadt eines asiatischen Naturvolkes; der dritte die moderne
Gestalt der Städte von Russisch-Asien. — Mit welchem Aufwande
an Zeit und Mühe, mit welchen Gefahren für Leben und Gesundheit reiste man noch vor wenigen Jahren in diesem Theile Asiens!

Bis über die Mitte des laufenden Jahrhunderts hinaus sind
die jetzt Allen geläufigen Namen der Gebiete und Städte Innerasiens, welche das mächtig nach Osten drängende Zarenreich
heute in seinen Provinzen Transkaspien und Turkestan, in seinen
Dependenzen Chiwa und Bochara beherrscht, in Oesterreich nur
selten genannt worden.

Geschichtliche Vorträge und Werke schilderten freilich, wie
Samarkand — Maracanda — die Hauptstadt Sogdianas, seit
Alexander dem Grossen gräcisirt, unter den Samaniden blühend,
von Dschingis Chan erobert, von Tamerlan (Timur lenk), dem Mon-

---

*) Ich legte die Strecke Usun-ada—Samarkand in 75stündiger Fahrt direct zu-
rück und besichtigte die dazwischen gelegenen Orte auf der Rückfahrt. Der Ueber-
sichtlichkeit halber jedoch gebe ich eine der Reihenfolge der Streckentheile ent-
sprechende Darstellung. Lt. Balaków trennte sich erst auf der Rückreise in Bochara
von mir, wo mich Darwien, der Bochara bereits besichtigt hatte und mir nach Samarkand gefolgt war, wieder einholte.

golenchan zur goldenen Stadt erhoben; wie Merw (Margiana) das
Reine und Feste, von Ormuzd geschaffen, die Königin der Welt,
von Arabern, Seldschuken, Persern erstürmt und beherrscht
worden; wie auch Bochara, das Edle, einst das Athen Centralasiens,
von Mongolen, Seldschuken, von Dschingis-Chan geschleift, unter
den Erben Ismail-al-Samani's stolz und kräftig, an die Horden der
Ozbegen gefallen; wie alle drei Städte, zu barbarischen Fürsten-
sitzen oder Ruinenfeldern herabgesunken, europäischen Reisenden
nunmehr so unzugänglich seien, dass Mac Gregor vorschlagen
konnte, die unerschlossenen Gebiete zwischen dem Kaspisee und
Indien auf den Landkarten scharlachroth zu bedrucken, um seine
Zeitgenossen zu Reisen dahin anzureizen.

Die Abgeschlossenheit der entlegenen, verfallenen, von rohen
kampfbereiten fanatischen Völkerschaften erfüllten Länder; der
Mangel an neuen Nachrichten über sie und die Spärlichkeit wirthschaftlicher Beziehungen zu ihnen brachte diese in früheren Jahrhunderten von zahlreichen Forschern besuchten Theile Mittel-
asiens immer mehr in Vergessenheit, ja in traumhafte Entrücktheit,
so dass Grillparzer wohl den König von Samarkand als poetisches
Bild gestalten mochte.

Gleich einem Meteor am dunkeln Himmel durchflog im Sommer
des Jahres 1864 die Kunde von dem heldenmüthigen, im Dienste
der Wissenschaft unternommenen Zuge eines Ungars durch diese
Gebiete die gesammte Culturwelt; mit unauslöschlichen Zügen hat
Hermann Vambéry*) durch seine, unter unsäglichen Gefahren
und Leiden vollführte Reise nach Bochara und Samarkand seinen
Namen eingetragen in das goldene Buch der Forscher. Seine
Reise war ein geographisches Ereigniss. Wie im Fieber
habe ich — gewiss nicht der Einzige — vor Jahren Vambéry's
Reisewerk verschlungen. Diese Pilgerfahrt fiel in die Epoche
der Ausbildung und Verallgemeinerung geographischer Kenntnisse.

Die Theilnahme an der kühnen That eines Landsmannes
wurde fortan wacherhalten durch das steigende Interesse an dem
seit Peter dem Grossen vorbereiteten Vordringen der russischen Truppen jenseits des kaspischen Meeres. Hie und
da zurückgeschlagen oder doch bedrängt, rückten diese, jedes ver-
fügbare Mittel benützend, nach allen Seiten hin siegreich vor,
festhaltend das mühsam Eroberte, mit Schwert und Gold und

*) Geboren 1832 zu Szerdahely, gegenwärtig o. ö. Professor der orientalischen
Sprachen an der Universität zu Budapest.

Worten kämpfend zum Staunen der ganzen Welt, zu nicht geringem Unbehagen der englischen Politiker.

1865 wurde Taschkend genommen, der Kreis Turkestan gegründet. 1868 fiel Krassnowodsk, dann Samarkand, Karaköl und Kättä-Kurgan, also ein Stück Bocharas, in russische Hände; 1870 das Serefschangebiet; 1871 Tschikischlar an der Mündung des Atrek; 1873 wurde Chiwa besetzt, Petro-Alexandrowsk am Amu-Derja erbaut und so das Chiwanische Emirat dem russischen Einflusse unterworfen. 1874 ergibt sich der transkaspische Militärdistrict, 1876 das Chanat Chokand, 1880 dauernd Kisil-Arwat. 1881 nimmt Skobelew Gök-tepe und Aschkabad, 1884 unterwirft sich Merw. 1885—1888 setzen sich die Russen in Sarachs und im Pendshegebiet längs der afghanischen Grenze fest und „reguliren" die Grenzlinie gegen das eingeschüchterte Persische Reich. Das Jahr 1889 bringt Unruhen seitens der Afghanen, die mit dem russischen Vasallenstaate Bochara geheim conspiriren. Ein offenes Auftreten des bocharischen Emirs würde diesem rasch den Rest von Unabhängigkeit rauben. Der Emir von Afghanistan aber, von England berathen, wird erst auf dessen Geheiss offen gegen die russischen Truppen Transkaspiens auftreten. Ein solcher Krieg liegt vorläufig allerdings weder im Interesse Russlands, welches durch Verwicklungen in Centralasien seine Front gegen Westen schwächen würde, noch in jenem der Engländer, die bisher in Centralasien noch immer der russischen Machtsphäre stückweise Zugeständnisse zu machen gezwungen waren.

Die Zwangslage der leitenden Politiker Englands hat wohl ihre Ursache darin, dass die Liberalen und Conservativen, in rascher Abwechslung zur Regierung gelangend, anstatt einander zu ergänzen, die unzweifelhaft vorhandenen Kräfte des Reiches in ähnlicher Weise lähmen, wie in unelektrischen Körpern positive und negative Elektricität sich gegenseitig binden, somit die Wirkung ihrer Kraft nach Aussen aufheben. Die Whigs übersehen, dass ohne Opfer auch das schon Errungene nicht behauptet, geschweige denn weiter entwickelt werden könne; die der richtigen Weltmachtpolitik näher stehenden Tories, dass zu wirksamer Machtentfaltung die sorgfältige Vorbereitung langer Jahre, während der Zeit der Ruhe oder der Abspannung der Kräfte, nöthig sei. So fährt England, das sich schon lange nicht mit einer Militärmacht im modernen Sinne gemessen hat und, ohne es sich einzugestehen, die gegenwärtige Inferiorität

seiner Machtmittel instinctiv fühlt, fort, mit möglichst geringem
Risico den möglichst grossen Erfolg anzustreben, kurz statt zu
wagen nur kaufmännisch zu calculiren.

Das Ergebniss der oben skizzirten siegreichen Schritte
Russlands ist das Supremat über Chiwa (161.634 $\square km$) und Bochara
(247.335 $\square km$), die Bildung des Generalgouvernements Turkestan
und der Provinz Transkaspien im Anschlusse an das General-
gouvernement der Steppe, die Beherrschung eines Gebietes,
welches nördlich von Sibirien, westlich vom Kaspisee, südlich von
Persien und Afghanistan, östlich von diesem und Theilen des
Chinesischen Reiches begrenzt ist. Die Gesammtfläche der russischen
Besitzungen in diesem Gebiete beträgt 3,433.736 $\square km$, wovon
550.929 $\square km$ auf Transkaspien mit Merw, 1,054.263 $\square km$ auf
Turkestan entfallen. Die Ausdehnung Transkaspiens übersteigt
somit jene des Deutschen Reiches, Turkestan ist fast doppelt so gross.
— Die Erweiterungen des russischen Besitzes in Asien unter Zar
Alexander III. (regiert seit 1. März 1881) betragen 240.400 $\square km$.

Doch finden wir in dem weiten Raume, der das eigentliche
russische Centralasien genannt wird, nur 5,327.098 Einwohner,
d. i. 1·55 auf den $\square km$.

Der uns näher liegende Theil dieses Gebietes enthält in der
aralo-kaspischen, vom Oxus (Amu-Derja) und Jaxartes (Syr-Derja)
durchströmten Tiefebene zwei ungeheure Wüstenstriche, Kara
Kum und Kisil Kum (Schwarzer und Rother Sand; vgl. S. 294).
Im Osten von Bochara stösst die aralo-kaspische Tiefebene an die
Ausläufer des Pamirplateaus. Diese Tiefebene stellt ihrer
geologischen Beschaffenheit nach mit Salzstreifen durchsetzte
Sandwellen dar; dann lettige Steppenstriche, die im Frühjahr
frisches Grün tragen; endlich harten, durch Bewässerung fruchtbaren Lehm und reichen Lössboden.

Feld- und Gartenbau, Baumwuchs und stete Weide finden
wir nur in den Oasen, d. h. in dem Bewässerungsgebiete der
Flüsse Atrek *), Tedshend, Murghab und Serefschan, und in jenem
der vom persischen Grenzgebirge abfliessenden kleinen Wasserläufe.
Der Oxusstrom nimmt seinen gewaltigen Lauf zum Aralsee bis
Chiwa durch fast unbebautes Land. Alle diese Wasseradern, von
denen der Tedshend, der Murghab und der Serefschan im Sande
versiegen, vermöchten bei sorglicher Regelung und Ausnützung,
wie vor Zeiten, bedeutende Strecken Landes zu befruchten.

*) Richtiger Etrek geschrieben.

Auch die culturfähigen Bodenflächen sind nur Wüsteneien und ertraglos, aus Mangel an Sommerniederschlägen, wo nicht künstliche Bewässerung eintritt. Bewässerungsanlagen*) finden sich also (wie Ingenieur Hobohm in seinen „Grundzügen zur Beseitigung der Ueberschwemmungen, Wien 1877, ausführt) fast in allen bewohnten und landwirthschaftlich ausgenützten Gebieten, es sei denn, dass Wohnungswechsel, wie dies bei den Nomaden der Fall ist, alljährlich stattfinde, dass die Bewohner oder Hirtenstämme während des Winterhalbjahres in den Thälern und Ebenen sich aufhalten, dagegen im Sommerhalbjahre, wegen Mangel an Futter für das Vieh, sich in die periodisch mit Vegetation bedeckten Gebirgsgegenden zurückziehen. Die künstliche Bewässerung, überall nur dort im grossen Massstabe möglich, wo eine starke Hand sie durchführt und verwaltet, wird jetzt im Grossen und Ganzen in den Oasen mühsam und stückweise von den Eingebornen besorgt, welche, ganz im Gegensatze zu der herrschenden Meinung über die Indolenz der Landbebauer im Oriente, ausserordentlich fleissig und betriebsam sind.

Konschin schildert Transkaspien in nachfolgender Weise:

„Nur wolkenlosen Himmel, nacktes Grenzgebirge, Flüsse ohne Mündung, Staubwolken, Flugsand, völlig todte Salzflächen gab die Natur diesem Theile der pontisch-aralokaspischen Senkung, in welcher das Schwarze, das Kaspische Meer und der Aralsee als einst communicirende Bassins erscheinen.

Kaum ein Hundertstel ist bewässertes Culturland, alles Andere trägt den typischen trostlosen Charakter der wasserlosen, centralasiatischen Wüste. Den grössten Theil bedecken eine mächtige Sandmasse in gleichmässiger Wellenform: Sandhügel, nackte Lettenflächen (Takyre), oder salzreiche, vegetationslose Kesselbecken und trockene Lagunenzüge. Die vom Winde aufgehäuften Barchane (Sandhügel), Lettentakyre und salz- und gypshältige, trockene Thäler sind die typischen Elemente der Physiognomie Turkmeniens. Die Sandhügel hier sind meist unbeweglich; bewegliche Flugsandwälle, welche den Bahnbau gefährden, finden wir zwischen Usun-ada und Mollah-Kari (bis zu 30 m hoch), zwischen Aschkabad und Gjaurs, bei Dört-Kuju, dann zwischen Refetek und Tschardshui." (Vgl. S. 295.)

---

*) Die Hauptcanäle (Arna) und Seitencanäle (Japi) sind in Turkestan mit Schleusen wider die Ueberschwemmungen versehen und werden, bei strenger Wasserpolizei, im Frühjahre gereinigt, vertieft und verengt.

Zwischen dem grossen und dem kleinen Balkangebirge, nächst dem Kaspischen Meere, befindet sich nach Radde eine 20 *km* enge Sturmstrasse, auf welcher die Ost- und Nordostwinde den Dünensand in Bewegung bringen. Die Perwaljnaja (Pass) bei Balla-Ischem ist vom September bis März wegen der Stürme verrufen.

„Die Kara-Kumwüste, circa 320.000 ☐ *km* gross (also etwa = Grossbritannien und Irland; die Kisil-Kum = 93.600 ☐ *km* ist beiläufig so gross wie Portugal), ist brauner Thon, grauer Sand; die Verwitterungsproducte beider bilden das Baumaterial für die schmutziggelben Sandhügel. Oft verleiht Eisenoxyd dem Sande die charakteristische rothe Färbung. Salzpflanzen, Gräser und Saxaularten bilden die spärliche Flora.

Am Fusse der Höhenzüge von Chorassan, parallelen Kettenbergen mit Kämmen und Plateaux, erstreckt sich, bis zu 30 *km* breit, zum Rande der Hungersteppe die Alluvialzone, welche zur Oase wird, wo Gebirgsbäche austreten. Usun-ada erhält Wasser vom Kasandschik zugeführt. Auf der Strecke von Kasandschik bis Sarachs (500 *km*) finden wir nur 36 Quellen. Der grösste Theil der Wässer kommt dem persischen Abhange der Gebirge zugute; dort werden die Wasseradern auch sorgfältig zugeleitet und benützt.*) An eine Wiederherstellung der früheren unterirdischen Wasserleitungen am Nordabhange des Grenzgebirges ist heute, wo die Sklavenarbeit fehlt, kaum mehr zu denken.

Die Achal- und die Attek-Oase erhalten Zuflüsse, welche nur 75 m^3 pro Secunde liefern und kaum ein Zehntel der Oberfläche versorgen können. Die Tedshend-Oase ist nicht viel mehr als eine sandiglehmige, baumlose Steppe. Der Murghab gibt 95 m^3 bis 145 m^3, bei Hochwasser 750 m^3 in der Secunde.

Artesische Brunnen sind nur in einigen Districten möglich; der geringe atmosphärische Niederschlag verwehrt die Aussicht auf Förderung reichlicherer Wassermengen in Transkaspien, welches durch regenlose Sommer und strenge Winter charakterisirt ist."

An mineralischen Schätzen fand Konschin in Transkaspien Naphta in der sandigen Niederung am Fusse des Balkangebirges. 30 *km* westlich von Balla-Ischem-Ajdin liegen zwei Gruppen naphtaführender Hügel: der Bujad und der Naphtadagh (650 *ha*). Die hier

*) Unter den zahlreichen Wassersperren Persiens ist die berühmteste jene von Kub-rud. Von Schah Abbas im 16. Jahrhundert errichtet, fasst sie 5,000.000 m^3 Wasser.

zu erwartende Menge wird auf 96,000.000 q geschätzt. Bei dem Reichthum des Bezirkes von Bakû an Naphta, dürfte die in Transkaspien vorhandene jetzt nur als Heiz- und Brennmaterial, für die Bahn und die Ansiedlungen, in Benützung treten. Spuren von Naphta zeigen sich auch nächst Kelat, bei Naphta-Kalá (Naphtaburg). In jüngster Zeit hat Uspenskij in der Umgebung von Pendshaket ein Kohlenlager entdeckt, welches etwa 37,000.000 q vortrefflicher Steinkohle enthalten soll, ein Fund dessen Bedeutung nicht übersehen werden darf.

Schwefel findet man in der Kara-Kum, 200 km nördlich von Gök-tepe, in 40 Hügeln unter 40° nördl. Breite, 58° östl. Länge. Ein einziger Hügel dieser grossen Lager wird auf 9,500 000 q reinen Schwefels geschätzt. Salpeter (2·5%) liefern die Kurgane, künstliche Hügel, die als Begräbnissstätten, Wachposten oder Orientirungszeichen erklärt werden. Kochsalz gibt es besonders an der neuen russisch-afghanischen Grenze bei Akrabad, dann bei Balla-Ischem, wo auf 24 ☐ km etwa 32,000.000 q Salz lagern. In den Gebirgen Turkestans werden Gold, Silber, Blei, Kupfer, Graphit, Alaun, Marmor und Türkisen gefunden.

Die Temperaturmessungen Radde's am Murghab ergaben: am 29. März Schneesturm bei — 2° C. (bei Duschak) — die Kälte soll im Winter bis — 35° C. sinken — ; am 11. April + 46° C. in der Sonne zu Mittag; in der zweiten Hälfte Juni Hitze in der Sonne bis über 60° C.

<pre>
1886, 24. Juni 2 Uhr Nachmittags im Schatten   44" C.
                              in der Sonne   59° C.
1886, 25. Juni 2 Uhr Nachmittags im Schatten   39° C.
                              in der Sonne   55° C.
                    nach Sonnenuntergang   26° C.
</pre>

Durch so ungünstiges Terrain musste die Transkaspische Bahn geführt werden, unter Ueberwindung des Flugsandes, der Wasserlosigkeit, des Mangels an Heiz- und Baumaterial und anderer Hemmnisse.

Sand oder Steppe, beide, bis auf vereinzelte schlechte Brunnen, wasserlos, umgeben das Geleise auf folgenden Distanzen: 1. Usun-ada—Kisil-Arwat (259 km); 2. Gjaurs—Artik (40 km); 3. Duschak—Tedshend (46 km); 4. Gök-ssju—Karibata (77 km): 5. Kurban-Kalá—Tschardshui (196 km); 6. Farab—Karaköl (50 km). Wo beweglicher Flugsand auftritt (S. 293) wurde der Bahndamm durch Begiessen mit Seewasser und Lehmlösung,

Bepflanzung der Böschungen mit Salzpflanzen (Saxaul) und durch Faschinen befestigt. Windbrecher, hohe, dichte Zäune, auf weiten Strecken zusammenhängend aufgestellt, schützen gegen Sandwehen.

Wasser erhielt man durch Destillation von Seewasser, Anlage von Leitungen (s. S. 301), Bohrung artesischer Brunnen. Das Wasser für die Locomotiven und die Wüstenstationen wird von den Zügen mitgeführt (s. S. 285).

Als Heizmaterial traten -- da es an Holz oder Kohle fehlte — Naphtarückstände in Verwendung (s. S. 285).

Der grösste Theil des Baumaterials musste aus Russland zugeführt werden.

Die Ueberbrückung zahlreicher Canäle (über 3000) und der Flüsse, namentlich jene des ewig wechselnden breiten Oxus erschwerte den Bahnbau wesentlich.

Anfangs kam noch der Mangel an Arbeitskräften zu diesen Hemmnissen. Der m^3 Erdarbeit stellte sich auf 26 kr. Der Taglohn betrug für Eingeborene 16 bis 23 kr., für russische Arbeiter bis zu 2 fl. Zuletzt arbeiteten 18.000 Eingeborene an der Bahn.

Irritirende Stürme, Sonnenstich, Fieber, Schlaflosigkeit, nervöse und acute Krankheiten aller Art beeinflussten den Gesundheitszustand des in den täglich vorgeschobenen Waggons casernirten Baupersonales.

Günstig war nur, dass weder starke Krümmungen, (diese erreichen zwischen Kisil-Arwat und Tschardshui 1:166, von da bis Samarkand 1:83), noch nenneswerthe Steigungen anzulegen waren; die Strecke oft 30 bis 40 km in einer Geraden läuft; der Unter- und Oberbau, die Ausrüstung der Bahn provisorisch hergestellt werden durften, Holzbrücken an der Stelle eiserner errichtet wurden; dass endlich der gesammte Bau unter dem Drucke militärischer Disciplin und ohne viel Federlesens mit den Einwohnern des Gebietes zu Stande kommen konnte.

Ueberstürzt ist der Bau wohl zu nennen; das bezeugen die zahlreichen Reconstructionen der Objecte — wir selbst wurden einmal in Samarkand, dann von Káhka nach Usun-ada durch Verkehrsstörungen in Folge der Unzulänglichkeit der Strecke zurückgehalten —, die Unsicherheit der Holzbrücke über den Oxus und der Wechsel in der Fahrgeschwindigkeit, welche auf einzelnen wohl fundirten Strecken 50 km per Stunde erreicht, auf anderen bis zu 15 km per Stunde sinkt. Doch für Annenkow galt die Losung: rasch und billig bauen. Vom Oberbau wurden per Tag bis zu 5 *km* gelegt. Dreimal des Tages brachten Lastzüge Schwellen und Schienen für 2 Werst zum jeweiligen Endpunkte der Bahn; von diesem wurde das Material auf Decauvillewägen 4 bis 5 Werst weiter geschafft. Auf den Kilometer kamen 1250 Sleeper; ein solcher Holzsleeper kostete in Russland 22 kr., in Transkaspien 1 fl. 44 kr. Die Stahlschienen, 5·7 bis 6·6 *m* lang, Klammern, Waggons, Betriebsmaschinen wurden aus den Kronvorräthen geliefert. Trotz des theuren Transportes des Eisen- und Holzmateriales beliefen sich die Kosten eines Kilometers nur auf 37.000 fl.

Dass im Dienste noch nicht Alles „rasselt", dass jetzt Nachtragscredite von allen Seiten gefordert werden (1888: 1,938.598 R. Betriebskosten; 1889: 2,872.356 R. Betriebskosten, sowie unter den ausserordentlichen Ausgaben 1,800.000 Rubel zum Ausbaue und zur Herstellung der richtigen Transportfähigkeit der I. Section Usun-ada—Tschardshui), schmälert die Rentabilität der Bahn, keineswegs aber das Verdienst Annenkow's, im Fluge, allen Ränken und Hemmnissen zum Trotz, die Wüste durchschritten, Russlands Macht hier consolidirt zu haben. Das Militär ist in diesem Gebiete die Volksschule, wie einst bei uns die „Grenzer" Pionniere der Cultur gewesen.

Anfangs schien man die Bahn von dem südlichsten Punkte Duschak direct gegen Herat führen zu wollen; doch bald nahm sie von Duschak (wohin vielleicht einmal die Schienen über Meschhed von Astrabad oder Teheran ziehen werden, etwa im Anschlusse an die Linie Tiflis-, respective Rescht-Teheran) ihren Lauf nordöstlich über Merw nach Tschardshui am Amu-Derja. Auch hier wieder zögernd, ob sie nicht über Belch nach Kabul sich wende, überschritt sie den Oxus, durchschnitt Bochara, um vorläufig in Samarkand als Torso zu endigen. Von da ab ist sie wohl bis Taschkend, (120.000 Einw.), dem Verwaltungscentrum Turkestans, einem grossen Handelsemporium, zu führen *) und seinerzeit an die grosse Transasiatische Bahn, die den Continent durchquerend, den Ural mit dem Stillen Ocean verbinden soll. Nach Südost zu aber dürften die dräuenden Bergketten Halt gebieten und England, das Indien mit allen Kräften schützt, England, das die Grenzpässe von Indien nach Afghanistan befestigt, dieses noch in der Hand hält, und hier wie in Persien einen Trumpf um den andern gegen Russlands Expansionsgelüste ausspielt.

*) Ein Ukas des Zaren vom 1. Juli 1889 ordnet den Bau der Strecke Samarkand—Taschkend, 359 km, an.

Transkaspische Militär-Eisenbahn.

Fahrordnung	Nr.	Stationen	Kilometer	
Abfahrt der	1	Usun-ada . . . . . 𝔗	—	Station 1—45 Transkaspien
Postzüge	2	Michailowsk . . . . 𝔗	27·74	
Dienstag.	3	Mollah-Kari	51·21	
Samstag	4	Balla-Jschem	87·49	Schwefelquelle
6·5 Abends	5	Ajdin	119·50	} Wüste
	6	Perewal (Pass) . . .	135·50	
	7	Achtacha-Kujma . .	152·58	
	8	Kasandschik . . . 𝔗	183·66	Quellen
	9	Usun-ssu	202·73	} Steppe
	10	Uschak	227·27	
Mittw., Sonn-tag 6·20 Früh	11	Kisil-Arwat . . . 𝔗	259·28	Bach, Wasserleitung. Be-ginn der Achal-Oase, Stadt
	12	K· dah	288·09	
	13	Baml . . . . 𝔗	313·72	Quellen
	14	Artschman	345·71	Wasserleitung
	15	Sauntscha	366·88	Quelle
	16	Bahaeddin . . . . . 𝔗	377·72	Wasserleitung
	17	Kel Ata (kahle Vater)	406·53	Quelle
	18	Gök-tepe . . . . . 𝔗	435·20	Bach
	19	Beurmejo	456·68	
Mittw., Sonn-tag 3·40 Nm.	20	Aschkabad . . . . 𝔗	478·02	Bach, Stadt
	21	Gjaurs	512·16	Ende der Achal-Oase
	22	Aksan	530·30	} Wüste
	23	Baba-Durmas	552·71	Salzhaltige Quelle
	24	Arilk	571·91	Beginn der Kähka-Oase (Attek-Oase)
	25	Kähka . . . . . . 𝔗	606·06	Bach
	26	Arman-Saat	625·26	Bach
	27	Duschak . . . . . 𝔗	647·67	Bach, Ende der Kähka-Oase
	28	Takir	669·01	Wüste
	29	Tedshend . . . . 𝔗	694·62	Tedshend - Oase, der Te-dshendfluss überschritten
	30	Gök-ssju	718·09	Ende der Tedshend-Oase
	31	Dahodahukli	744·87	Wasserleitung, Wüste
	32	Dört-Kuju	771·44	
	33	Karibata	795·98	Beginn der Merw-Oase
Donnerstag, Montag	34	Merw (Neu-Merw) 𝔗	831·59	Der Murghabfluss über-schritten. Stadt
5·53 Früh	35	Bajram-Ali (Alt-Merw) 𝔗	849·33	
	36	Kurban-Kala	867·47	Ende der Merw-Oase

Fahrordnung	Nr.	Stationen	Kilometer		
	37	Keltschi	886·68	Brunnen	Wüste
	38	Rawnina (Ebene) .	910·15		
	39	Utsch-Hadshi . .	930·42	Brunnen	
	40	Peskl (Sand) . . .	961·37		
	41	Refetek . . . . ↳	993·38	Brunnen	
	42	Karaul-Kuju . . .	1017·92		
	43	Barchan (Sandhügel) .	1041·39		
Donnerstag.	44	Tschardshui . . . ↳	1063·80	Der Amu-Derja (Oxus) überschritten	
Montag 7·50 Abends	45	Farab	1069·13	Station 45—57 Bochara	Wüste
	46	Chodscha-Dewlet . .	1091·54		
	47	Kara-köl	1113·81	Von hier ab bis Samar-	
	48	Jeketut	1137·42	kand im Thale des	
	49	Murghak	1156·63	Serefschan	
Freitag.	50	Bochara . . . . . ↳	1181·17	Stadt Bochara, 16 km ent-	
Dienstag	51	Kujo-Maser . . .	1209·78	fernt.	
7·30 Früh	52	Kisil-tepe	1233·85		
	53	Melik	1247·33		
	54	Kermineh . . . ↳	1272·93	Stadt	
	55	Sia-eddin	1298·54		
	56	Sara-Bulak	1325·21	Früher Tugaj-Rabat	
	57	Kisil-Kurgan . ↳	1351·02	Turkestan.	
	58	Nagornaya (Gebirgsst.)	1379·63		
	59	Dshoma	1407·37		
Ankunft: Freitag. Dien- tag 9·15 Abds.	60	Samarkand . . . . ↳	1433·98	Stadt	

Die wichtigsten Stationen sind durch gesperrten Druck gekennzeichnet. ↳ Buffet.

Fahrtdauer Usun-ada—Samarkand (1433·98 *km*) 75 Stunden 20 Minuten. Fahrgeschwindigkeit 18·37 *km* pro Stunde, die langen Aufenthalte an den Stationen inbegriffen. (Fahrtdauer Wien— Constantinopel = 1682 *km* in 43 Stunden 37 Minuten. Fahrge- schwindigkeit 37·4 *km* pro Stunde.)

Züge vom 1. November 1888 an: täglich bis Tschardshui; zweimal die Woche Postzüge bis Samarkand. Die Einheitsätze für Personengeld betragen 3·3 kr. ö. W. pro *km* in der II., und 1·7 kr. ö. W. in der III. Classe.

Man hat dem Erbauer der Bahn, Generallieutenant Michael Nik. Annenkow, namentlich von französischer Seite wiederholt den Beinamen des „russischen Lesseps" ertheilt, und damit wohl nicht zu viel gesagt.

Freilich besitzt Lesseps den Vorzug, wahrhaft internationale, aller Welt offene und dienliche Verkehrswege ins Leben gerufen zu haben, indess Annenkow eine fremdem Capital und Handel fast verschlossene Militärbahn schuf. Ob nun aber ein Mann Meere verbindet, wie Lesseps, Berge bezwingt, wie die Erbauer der Bahnen über den Semmering und durch den Gotthard, oder die erste Wüstenbahn schafft, immer wird ein Solcher Dank und Ruhm seitens der Mit- und Nachwelt verdienen und ernten, seinen Namen unsterblich machen. Unzweifelhaft ist Annenkow ein Mann von grosser Thatkraft und Begabung, dem der Ehrgeiz höher steht als jeder andere Gewinn, und ein hervorragender Ingenieur — on devient cuisinier, on naît rôtisseur —, welcher Grosses geleistet hat, der militärischen Bezwingung Transkaspiens, Bocharas und Turkestans die wirthschaftliche Eroberung folgen liess. Annenkow besitzt die Eigenschaft, das als richtig Erkannte fest und hochzuhalten, weder Winkelzüge, noch offene Gegnerschaft scheuend, seine Ideen mit Zähigkeit auszuführen. Er hat die Kunst schnell und billig — zunächst für militärische Zwecke — zu bauen, im Auslande studirt und die Resultate dieser Studien in Transkaspien praktisch zu verwerthen Anlass gehabt, da Russland der Bahn anfangs für eine kriegerische Operation, später zur Consolidirung seiner Eroberungen bedurfte.

Annenkow ist aber nicht bloss ein vorzüglicher Ingenieur, sondern auch zugleich ein tapferer Soldat. Er wurde an der Seite Skobelew's, dieses grimmigen Ajax, vor Gök-tepe verwundet und nicht bloss, wie man später verkleinernd wissen wollte, gestreift.

In unseren Augen gewinnt Annenkow viel dadurch, dass er, als Mann der Wissenschaft, einen internationaleren Charakter darstellt, als Skobelew. Der eigentliche Combattant wird freilich als directer Vaterlandsvertheidiger, dem eigenes und fremdes Blut zu vergiessen Pflicht und Ehre ist, immer specifisch nationaler sein müssen, als der Vertreter der Kriegswissenschaft.

Das wirklich Bedeutende, das Annenkow schuf, ist uns ungleich sympathischer, als die blutige Eroberung Russisch-Asiens durch Kauffmann, Tschernajew, Skobelew, Komarów, weil die Bahn im Ganzen, trotzdem sie eigentlich die Basis kriegerischer

Pläne bildet, doch ein Werk friedlicher Bewältigung der durch-
zogenen Länder ist und vorläufig vorwiegend den mercantilen
Interessen, der Civilisirung der Eingebornen, der Melioration des
Bodens dient. Unleugbar bedeutet die Erschliessung von früher
hermetisch verschlossenen Territorien, deren Gewalthaber jeden
Europäer mit Martern und Tod bedrohten, eine Erweiterung des
Gesichtskreises der gebildeten Welt, eine anregende Gelegen-
heit zu Forschungen.

Längs der transkaspischen Bahn schreitet denn nun die Civilisation, welche ja mit der Bändigung der rohen, unseren Cultur-
werken feindlich oder mindestens apathisch gegenüberstehenden
Völker beginnt, vorwärts; allerdings vorerst in groben Umrissen
durch Militärherrschaft und Handel. Hand in Hand mit diesen
aber, als Nebenzweck der politischen Verwaltung, geht auch
Hebung von Volk und Land.

Die Handelsverhältnisse längs der Transkaspischen
Bahn finden eine übersichtliche Darstellung im Anhang.

Früh Morgens (vgl. S. 289) sind wir in der Oase der Achal-
Tekke. Vom südlich gelegenen, zu 2000 m Höhe aufsteigenden
Köbet-dagh her, dem Grenzgebirge gegen Persien, ist in
Röhren (Kahriz) meilenweit Wasser zum Bahnhof geführt. Wohl
10 m hoch sprudelt der Strahl empor; plätschernd fällt er nieder
in das aufgemauerte, von Tamarisken, Weiden und Pappeln um-
standene Becken: ein prächtiger, zumal die Turkomanen ergötzender
Anblick, der sich weiter hin an den folgenden Wasch- und Früh-
stückstationen wiederholt.

Auf jeder Station laufen die eingeborenen Passagiere weit in
den Sand hinaus, um im Sande Deckung zum — wie soll ich
nur sagen? — zu suchen. Längs der zerklüfteten, kahlen, lichtgrauen Bergkette, an deren Fusse kleine Forts liegen, über
fahlen, von braunen Kräutern besetzten Boden und über sorgfältig geschonte Rinnsale fahren wir vorbei an Kibitken, kegelförmigen Hütten und an Schachthürmchen, die, jetzt verfallen,
den Landleuten früher als Schlupfwinkel vor den umherschwär-
menden Turkomanen gedient haben.

Wasseradern, Maulbeerbäume, Gärten und Felder werden
sichtbar, sobald wir Kisil-Arwat verlassen. Dieses, einst berühmt durch die 1875 erstürmte Festung der Tekke, zeichnet sich
jetzt durch seine von der Bauleitung gegründete Baumschule aus.

Von den „Notizen durch's Fenster" lenkt eine in unserem Coupé nach Merw reisende Dame ab. Bald wird hüben Schopenhauer citirt — in Russland modern —, drüben selbstständige Philosophie: „Il y a des choses inconvenantes, que l'on trouve très correctes"; oder: „une femme sera plutôt heureuse, si elle se marie avec un homme qui l'aime, qu'avec un homme qu'elle aime" u. s. w. mit Grazie.

Dabei essen wir gemüthlich Melonen und Arbusen, trinken wir Thee, zu dem Brunelli die Kanne, der Conducteur das heisse Wasser, Ich Cakes der Moskauer Firma „Einem" — Huntley und Palmers verwenden ja wohl auch russisches Mehl und verkaufen doppelt so theuer —, Derwies vorzüglichen Thee und Zucker, die Baronin ihre Kochkunst, Jeder von uns aber den Reisebecher beisteuert.

Wie lustig waren wir in dem engen, durch das zierliche Gepäck, die seidenen Decken und Kissen der jungen Generalin aufgeputzten Coupé. Was haben wir über des ritterlichen Brunelli gravitätisch vorgetragenen Code de l'amour en Transcaspienne gelacht. Auch manches Streiflicht fiel damals ab, auf Land und Leute: wie der Telegraphist, mit einem Ingenieur und dessen — Cousine beim Bahnbau exponirt, eines Zwistes halber das Paar zwingt, die Kibitka, ihre Behausung, in die Steppe zu verlegen, indem er den Draht mitten durch das Zelt führt; und die Geschichte von dem anderen Telegraphisten in der Wüste, der beim Empfang einer Depesche: das Tragen von Epaulettes seitens der Telegraphenbeamten sei abgeschafft, den schmerzlichen Ausruf seiner Frau „Du, Alexéj, ohne Epaulettes?" mit dem stoischen Satze beantwortet: „Das Pflichtgefühl lehrt uns Alles ertragen!"

Zwölf Uhr Mittag: Station Gök-tepe! Ich wecke den in meinen Pelzmantel eingewickelten Melikow aus seinem Murmelthierschlaf, um ihm die Festung zu zeigen. Knapp am Bahnkörper erstrecken sich die durch Skobelew's mörderischen Sturm auf den Hort der Tekke — am 24. Januar 1881 — seither durch Wind und Wetter halb zerstörten Lehmbastionen der weitläufigen Festung. Ein Trupp Reiter in wehenden Rothmänteln zieht durch die Bresche über das öde Glacis.

Die Belagerung von Gök-tepe ist zu wichtig gewesen, um nicht ausführlicher von ihr zu sprechen. 1880 erhielt Skobelew, den seine Kenntniss der Kriegführung in Centralasien hierzu besonders befähigte, den Auftrag Gök-tepe, die Hauptfestung der

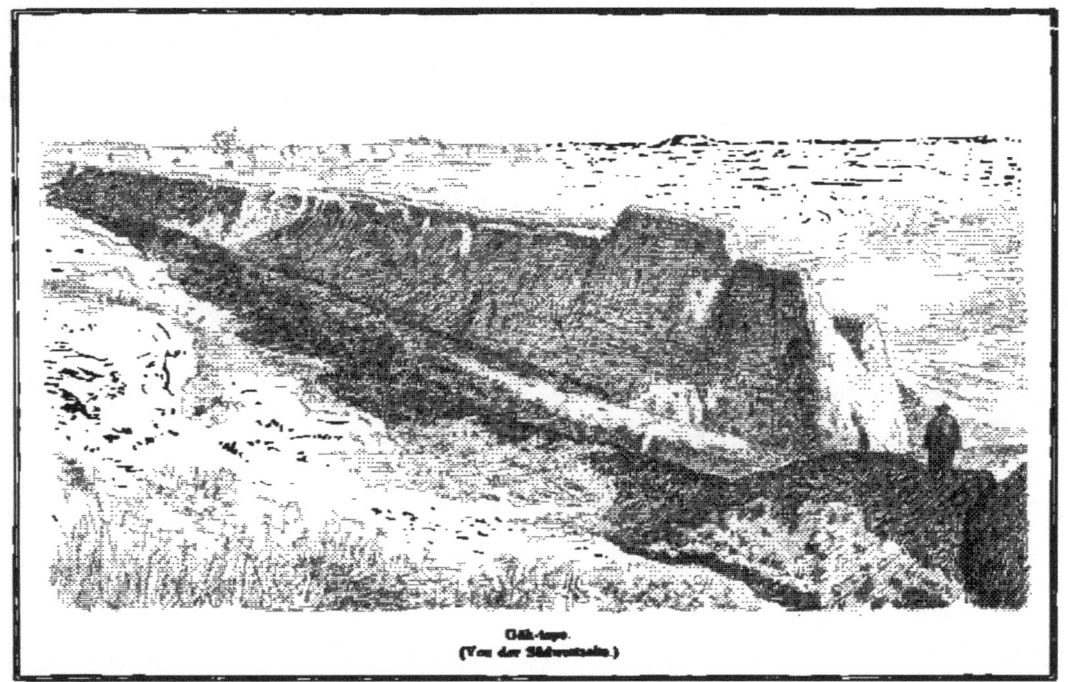

Gök-tepe.
(Von der Südwestseite.)

Achal-Tekke, um jeden Preis zu nehmen, durch die völlige Unterwerfung dieses mächtigen Turkomanenstammes die russische Herrschaft in Transkaspien überhaupt, welche seit der Niederlage
Lomakin's vor Gök-tepe 1879 bedenklich erschüttert war, aufs
neue dauernd zu befestigen.

Um eine systematische Action zu entwickeln, an die Stelle der
bis dahin üblichen Kameeltransporte eine raschere und gesichertere
Zufuhr von Munition, Proviant und Fourage zu setzen, liess Skobelew
durch Annenkow vom Kaspischen Meer her bis gegen Kisil-Arwat
jene strategische Linie bauen, welche noch zur Zeit der Expedition
gegen die Achal-Tekke wesentliche Dienste geleistet und späterhin
sich zu der jetzigen transkaspischen Militärbahn ausgebildet hat.

Nach mühseligen Märschen durch das zwischen dem Kaspisee und der Achal-Oase gelegene Gebiet rückte Skobelew im December 1880 vor Gök-tepe, welches, stark verschanzt, durch Gärten,
Mauern, Gebäude gedeckt, den grössten Theil des Achal-Tekke-
Stammes, die Familien und den ganzen Besitz der Vertheidiger
in sich schloss.

Gök-tepe, vom Germab-Bache durchzogen, hat einen Umfang
von 4380 m (andere Quellen geben 6000 m Umfang, 3 ☐ km Flächen-
raum an). Die Erdwälle, früher doppelt so hoch, messen heute
noch etwa 3·6 m Höhe bei grösserer Breite. Inmitten der Festung
erhob sich ein 30 m hoher Thurm. Die Gräben waren, wie Major
Wereschtschágin (ein Bruder des Malers) feststellte, zur Zeit
der Belagerung 1½ m tief, aber sehr breit.

Die Besatzung von Gök-tepe, 35.000 (40.000?) Mann, worunter
einige Tausend Reiter, verfügte nur über einen Vierpfünder mit
Sandsteinkugeln.

Die Russen zählten 70 Geschütze, anfangs 2000, schliesslich 5000 Mann.

Die Tekke, in vortheilhafter Stellung befindlich, kämpften
einen Verzweiflungskampf. Sie waren, nach Skobelew's eigenen
Worten (Tagesbefehl zu Samurskoje, 18. December 1880 cf. Heyfelder), tapfer, im Einzelkampf wohlgeübt, mit vortrefflichen kalten
Waffen ausgestattet und sichere Schützen.

Die Lage der Russen war um so ungünstiger, als ihre Geschütze an den elastischen Erdwällen der Festung nur geringen
Schaden auszurichten vermochten; die Gewehrsalven der Be-
lagerer blieben an Erfolg weit hinter dem Feuer der Tekke zurück, welche, von Bastionen gedeckt, den Vortheil hatten, von

oben herab auf das offene russische Lager zu schiessen. Nur ein durch Minen und Laufgräben vorbereiteter Sturm konnte Gök-tepe zum Fall bringen.

Ausserhalb der Festung schwärmte unablässig die schneidige, feindliche Reiterei auf ihren schnellen Pferden umher und schoss sich mit den die Detachements umgebenden Kosaken herum. Die enggeschlossene Aufstellung, „das Grundprincip des Kampfes in Mittelasien", musste stets aufrecht erhalten werden.

Besonders empfindlich war diese Beunruhigung der Truppen durch die Tekke-Reiter bei den scharfen Recognoscirungen der Russen von ihren Stützpunkten (tekkinischen „Burgen", Kalás) aus, am 16., 23. und 24. December.

Bei der Recognoscirung am 16. December, von der „Kalá der Freiwilligen"—denn nur solche wurden zur Besetzung dieses dem Feuer der Tekke sehr exponirten Punktes verwendet — gegen die 2 *km* von Gök-tepe ab liegende Dengil-Kalá (Dengil = Deichsel) unternommen, um den Topographen-Officieren eine Aufnahme des Terrains zu ermöglichen, kam die durch Artillerie unterstützte Infanterie dem Feinde auf 300 Schritte nahe.

An diesem Tage wurde Annenkow verwundet und kam, als er mit dem Chefarzte Dr. Heyfelder (wie mir dieser mittheilte) bei Seite geritten war, um sich verbinden zu lassen, von Tekke-Reitern umschwärmt, nur mit Mühe zu dem geschlossenen Detachement zurück.

Am 27. December traf Oberst Kuropatkin mit Hilfstruppen aus Turkestan ein. Am 1. Januar standen drei Colonnen vor Gök-tepe.

Ein Ausfall der Tekke am 9. Januar in die vorgerückten Tranchéen führte zur Vernichtung eines Bataillons vom Regiment Apscherón, zum Verluste einer Fahne und eines Geschützes. Ein zweiter Ausfall war nicht minder glücklich für die Besatzung. Am 12. Januar 1881, dem russischen Neujahrstage, liess Skobelew aus sämmtlichen Geschützen eine Salve auf die Festung abgeben.

Die Lagergrenze war damals bereits auf 1800 Schritte gegen Gök-tepe vorgerückt. Dem Schneewetter waren Stürme und eisige Kälte gefolgt.

Unablässig fiel der Kugelregen von den Wällen auf die grauen, in die Erde gegrabenen Zelte und die bis auf 1 *km* gegen die Festung vorgeschobenen Laufgräben. Das Lager war dem Feuer so ausgesetzt, dass wiederholt (wie Heyfelder mir mittheilte) Verwundete in ihrem Bette von einschlagenden Kugeln getödtet wurden. Tagtäglich hatte jetzt die Ejeke-Batyr-Kalá (Samurskoje), unter dem Befehl Wereschtschágin's stehend, hundert Kampfunfähige aufzunehmen.

Endlich waren die Minen, welche die Tekke für gewöhnliche Laufgräben hielten, fertig, lagen Schanzkörbe, Faschinen, Sturmleitern, Tragbahren bereit.

Am 24. Januar sollte der Sturm erfolgen.

Am 23. um Mitternacht erhielt Oberstlieutenant Gajdárow den Befehl, mit 6 Geschützen, 1 Bataillon Infanterie, 1 Sotnie Kosaken und 1 Commando Freiwilliger eine Kalá zu nehmen, welche ½ km von Gök-tepe an der Nordwestecke der Festung lag, um durch diese Umgehung den Feind von dem Hauptangriffspunkte im Südwesten abzulenken.

Die Kalá wurde genommen. In dichtem Nebel hatte sich Gajdárow's Detachement der Festung genähert und beschoss dieselbe, als plötzlich, um 11 Uhr Vormittags, die grosse Mine an der Südwestecke sich entlud, ein Theil der Mauer in die Luft flog und das Zeichen zum allgemeinen Sturm gab. Mit lautem Urá drangen die Russen in die Enceinte. Kugeln und Steine flogen ihnen entgegen, mit Bayonnet, Lanze, Säbel und Messer wurde in der Bresche gekämpft, bis es schliesslich Skobelew gelang, in dieser selbst die Geschütze aufzustellen. Ein Blutbad folgte. Jammergeschrei ertönte, Weiber und Kinder, ledige Pferde, brüllendes Vieh liefen zwischen den Kibitken und Erdhütten, mitten im Kampfgetümmel umher. Geschütze und Gewehre donnerten und krachten. Urá und Alláh! scholl durch den Pulverdampf.

Um 4 Uhr Nachmittags war der Sieg entschieden. In zwei grossen Massen flohen die Tekke gegen Norden. Skobelew selbst drang an der Spitze von 2 Escadronen Dragoner und einigen Sotnien Kosaken in die Festung und begann die Verfolgung der Fliehenden, welchen er, von der 10 Werst weit nachdringenden Infanterie unterstützt, 16 Werst lang, bis in die Nacht hinein nachsetzte.

Leiche lag an Leiche in der Festung, Waffen, Vorräthe, Verwundete und Thiere bedeckten den Boden — auf dem Thurme flatterte die kaiserliche Standarte.

Nun begann die Plünderung, die drei Tage lang währte. 4000 Weiber und Kinder wurden gefangen und in Sicherheit gebracht. Das Dépôt des Rothen Kreuzes nahm sich dieser Armen

an; aber auch die Soldaten sah man — wie Heyfelder zur Ehren-
rettung derselben 1888 in einem Schreiben an den „Pester Lloyd"
constatirt hat — am Abende des Sturmes im Lager einhergehen,
jeder ein Kind am Arme oder an der Hand und sorglich um dasselbe
beflissen, ein mildernder Gegensatz zu manchen Greuelscenen
dieses Tages.

Der Sturm auf Gök-tepe kostete 20.000 Tekke das Leben,
8000 wurden bei der Verfolgung niedergemacht. Die Russen sollen
an Todten 4 Officiere, 55 Soldaten; an Verwundeten 190 Officiere,
311 Soldaten verloren haben.

Das Leichenfeld in der Festung brachte drei Tage nach
dem Sturm Typhus zum Ausbruch. Auf Heyfelder's Rath hin
wurde das Lager am 27. Februar 7·5 *km* weit gegen Südsüdwest
an den Fuss des Gebirges verlegt und dort die Festung Neu-
Gök-tepe errichtet.

Mit dem Falle von Gök-tepe war der Widerstand der Tekke
gegen die russische Oberherrschaft vollständig gebrochen. Besiegt, erklärten dieselben, ebenso gute Unterthanen sein zu wollen,
als sie vordem eifrige Feinde gewesen. Und in der That sind
die Kriegs- und Raubzüge der Tekke heute zu Ende. Friedlicher
Erwerb, Ackerbau, Teppichweberei und Viehzucht ist ihre Beschäftigung geworden, und sicher vermag der einzelne Europäer
unter ihnen zu weilen. Die Worte, welche ein Officier in Merw
an mich richtete: „Im Kaukasus dürfen Sie nie ohne Revolver
reisen, in Transkaspien brauchen Sie keine Waffe!" entsprechen
den Thatsachen. Ein blut- und beutegieriger Schakal, so lange er
sich mächtig fühlt, wird der Asiate, besiegt, zum geduldigen Schaf.

Ein Theil der Tekke dient mit Stolz und Tapferkeit in der
turkmenischen Miliz, welche die Russen formirt haben.

Die in Transkaspien und Turkestan überhaupt ausgehobenen
Truppen sind folgende:

A. Transkaspien.
    I. Infanterie: 8 Schützen-Bataillons (2 Schützen-Brigaden);
    II. Cavallerie: 1 Sotnia turkmenische Miliz (ausserdem Dahigiten, circa 5000 aus
        Merw, Jolatan, Pendshe);
    III. Genietruppen: 1 Sapeur-Compagnie.
B. Turkestan.
    I. Infanterie: 20 Linien-Bataillons (4 Linien-Brigaden);
        4 Schützen-Bataillons (1 Schützen-Brigade).
    II. Artillerie. 1 Artillerie-Brigade,
        1 reitende Batterie.
    III. Genietruppen: 1 Sapeur-Halb-Bataillon.

Je eine Sotnia Turkomanen soll künftighin jedem Cavallerie-
und Kosakenregiment in Polen beigegeben und nach einjähriger
Abrichtung durch eine neue ersetzt werden. Die oben genannten
Truppen tragen einfache weisse Uniform; nur die Cavallerie hat
die turkomanische Tracht und Bewaffnung beibehalten, doch trägt
sie, wie alle anderen Truppentheile, die russischen Achselklappen.
(Vgl. Abbildung, S. 355.)

Die Commandosprache bei diesen Truppen ist die russische!

Wir durchkreuzen fortwährend fruchtbares, weil bewässertes Land. Ueberall Schutzdämme und Canäle (Aryk), Heerden
grasen zwischen den Sträuchern, Baumgärten und Wachtthürm-
chen stehen am Feldsaum. Weite Strecken Landes erglänzen im
Schimmer seidenweicher, rosenfarbiger, blutrother Blüthenbüschel.
Das freundliche, wirthschaftliche Bild setzt sich fort bis hinter
Aschkabad; hier gibt es einen stattlichen Bahnhof, neue Häuser
und alte Bazare, blanke Casernen, einen grünenden Stadtgarten
und General Komarów's, des Archäologen, Schatzkammer im
Gouvernementspalast zu sehen. Auf dem Perron wimmelt es
von hohen Officieren; Capitän Sachárow und seine junge Frau,
Komarów's Tochter, verlassen den Zug.

Wieder Wüste bis hinter Artik in der Attekoase, hart an
der uns heute fort begleitenden persischen Grenzgebirge. Bei
Kábka -- späterhin die Einbruchsstelle für meinen Ritt nach
Meschhed; quer über den hohen Gebirgskamm (s. Abschnitt 5)
erscheint wohlgepflegte Feldflur bis Duschak, von wo aus die
Bahn auf der Variante Sarachs-Herat nach Afghanistan ein
treten soll. Hinter der Station Takir übersetzen wir den Fluss
Tedshend auf einer etwa 80 m langen Eisenbrücke.

Sandzungen trennen die folgende Tedshendoase von der
grossen, durch ihre Ueppigkeit altberühmten, jetzt in ihrem östlichen Theile verödeten Oase von Merw.

Am Fusse des persischen Grenzgebirges.

2. ABSCHNITT.

Dem kargen Boden folgen reiche Ansiedelungen, grüne
Kleeschläge, Baum- und Ackerland, sumpfige Niederungen, fast
holländische Veduten im Weichbilde von Neu-Merw, im westlichen Rayon des Murghab-Deltas. Die Oase Merw umfasst
4128 □ km mit etwa 100'000 Einwohnern.

Magazine im Bau, Ziegelhaufen, Holzbaracken, mit Zeltlein-
wand überdeckt, Gartenanlagen erheben sich am Bahnhof. Ein
paar Officiere spazieren auf dem Perron umher: drei Fiaker
winken von der Seite her den Ankömmlingen zu. An der ganzen
Strecke finden wir „Wiener Wägen" mit zwei Pferden bespannt:
der Iswoschtschik und die Troïka sind den Russen nicht bis
hierher gefolgt.

Neu-Merw, die kleine, nette, von der Veste Kouschut-Chan-
Kalá beschirmte Stadt, ist der Kreuzungspunkt grosser Karawanen-
züge; an Markttagen strömt die ganze Umgebung zu den inter-
essanten Bazars, Vieh und Producte gegen europäische und einheimische Waaren einzutauschen. Berühmt sind die Melonen von
Merw, dann die im Umkreise von den turkomanischen Frauen
gewebten Filze, Tücher und die roth-weissen, dichten, kurz-
wolligen Teppiche*): die letzteren sind in Farbe und Stoff weit
besser, als andere, im Auslande hoch bewerthete Sorten.

Neu-Merw wird von Oberst Alichanow-Awarskij verwaltet,
dem Helden von Kuschk — dieses Gefecht, 30. März 1884, brachte
den Russen die Besetzung der Districte Sarachs, Jolatan und
Pendshe ein —, dem Kundschafter vor Gök-tepe, einem hier wie
im Kaukasus populären Manne von hervorragender Tapferkeit und
diplomatischer Gewandtheit. Ihm ist es gelungen, 1884 die fried-

---

*) Vgl. den Anhang.

liche Occupation von Merw durchzuführen; mit dem Charakter
der Bevölkerung vertraut und sprachkundig, überdies mohamedanischen Glaubens, übt Alichanow, ein ebenso geschickter Admini-
strator als kühner Soldat, jetzt hier als Districtschef den wohl-
thätigsten Einfluss aus auf die Entwickelung des Bezirkes.

Heute liegt in Neu-Merw Alles still da; auf der Rückfahrt
aber waren wir Zeugen der Ovationen, dem aus Paris heim-
kehrenden Annenkow dargebracht, mit flatternden Fahnen,
schmetternder Musik, Illumination und Festessen. „Dem Erbauer
der Bahn", lauteten die flammenden Worte auf dem grossen,
von freudig bewegten Menschen umwogten Transparent. Er aber,
der Triumphator, sauste am nächsten Morgen in dem geschmückten
Aussichtswagen weiter auf seiner Inspectionsfahrt; mit ihm Baron
E. Rothschild, dem die russische Presse ihr unliebsame Absichten auf Monopolisirung von Baumwolle und Naphta in Transkaspien unterschob.

Damals nahmen wir im Hôtel Eldorado, dem besten Gasthofe
Neu-Merws, Quartier. Ein sauberes, weissgetünchtes Zimmer mit
Tüllvorhängen und Eisenbetten kostete über Nacht 1 Rubel
75 Kopeken.

Die blaue Mondnacht übergoss mit stillem Lichte die
schimmernden Mauern des Gasthofs, der an ein ungarisches Castell
gemahnte. Unruhig schlugen im Hofe die auf Stangen aufgebäum-
ten weissen Hühner mit den Flügeln. Quickend drang Musik und
Singsang herüber von dem Café-Concert, dessen sich die Stadt
damals erfreute.

Am kommenden Morgen fuhr ich mit Derwies zu Wagen nach
dem 26 *km* von hier entfernten Bajram-ali, vorüber an der Festung,
an Alichanow's Haus und Park, über die Eisenbrücke, welche hier,
54 *m* lang, den Murghab übersetzt. Weiterhin zeigte sich ein turko-
manisches Dorf, kegelige Hütten und Zelte (Jurten), dann eine
gewaltige, rechteckige Aufschüttung — 100 *m* lang, 10 *m* hoch,
50 *m* breit — wahrscheinlich der Torso einer alten Festung. Andere
halten es für einen Kurgan. Uns erschien es von Weitem als ein
natürlicher grosser Hügel. Viehheerden weiden im Gestrüpp; Fasanen,
Holztauben und Wasservögel rauschen aus dem Schilf empor.
Tümpel, in denen Schwarzwild liegt, alte Rinnsale, morsche
Dämme ziehen sich an dem Wege hin. Wir fahren schon lange
in dem verödeten, dem östlichen Uferlande des Murghab und erreichen nun bei der Station Bajram-ali die gleichnamige kaiser-

liche Domäne nächst Alt-Merw, am alten Sultan-Japi-Canal, einem ehemaligen Ausläufer des Murghab, gelegen.

Der Wirthschaftsleiter Ingenieur Poklewski macht unseren Cicerone, nachdem wir in einer Kibitka beim Bahnhofe gefrühstückt.

Der Murghab, von Süd nach Nord strömend, entspringt im afghanischen Gebirge Sefid-Kuh; bei Pul-i-Chischti, unter dem versumpften Fieberheerde Pendshe, nimmt der Murghab den Kuschkfluss auf; sein Lauf beträgt etwa 320 km. (Vgl. die Karte im Anhange.)

Vor hundert Jahren noch tränkte der Murghab das Gebiet von Alt-Merw vermittelst des Sultan-Japi-Canals, welcher von dem seit Zoroaster und Alexander dem Grossen immer wieder hergestellten Damme von Sultan-Bend in einem Bogen von etwa 45 km gegen Bajram-ali abzweigte.

Der Umkreis von Neu-Merw wird heute, seitdem das Wasser des nördlich davon als Delta im Sande versiegenden Murghab nach der Vernichtung von Sultan-Bend wieder im Hauptbette allein läuft, von dem mangelhaften Kouschut-Chan-Damme aus, 45 km unterhalb Sultan-Bend, 26 km oberhalb Neu-Merw, befruchtet.

Stadt und Damm von Sultan-Bend zerstörte 1785 der bocharische Emir Murad-Chan; 40.000 Merwer wurden damals nach Bochara geschleppt; mit ihnen fand die Seidenzucht dort Eingang.

An die Erstürmung der Citadelle von Sultan-Bend knüpft sich die Sage, Frauenliebe und Frauenlist habe dem Befehlshaber der Besatzung die Schlüssel zum Festungsthore entlockt.

An die Stelle des alten Dammes von Sultan-Bend wird jetzt mit einem Kostenaufwande von 386.000 (450.000?) Rubel ein neues Schleusenwehr erstellt, dazu bestimmt, den östlichen Theil der Merw-Oase, die Domäne Bajram-ali, mit Wasser zu versorgen. 1444 entsteht unter Sforza die erste Kunstschleuse in Italien, 444 Jahre später die erste in Russisch-Asien.

Das Wehr liegt in der Mitte eines neugegrabenen (60 m breiten, 1 km langen) Canals; durch diesen „kleinen Canal" geht das Wasser des Murghab einerseits zu dem neuen, 40 km langen Hauptcanale Sultan Japi gegen Bajram-ali, andererseits in drei Ueberfällen in's alte Flussbett weiter nach Neu-Merw. Dieser kleine Canal ist als Sehne des früheren Bogenlaufes gezogen, der jetzt abgedämmt ist. (Vgl. die Specialkarte im Anhang.)

In diesem Canale steht eine Stauschleuse mit 15 Schützen. Sie bildet eine gemeinsame Brücke mit der Einlaufschleuse, welche in 8 Schützen den Ueberschuss des nach Neu-Merw laufenden Murghab östlich zur Domäne bringt. Eine von drei oder vier Männern auf einem Decauvillewagen über die Krone der Schleusen geführte Schiebebühne dient als Hebewerk für die Schützen. Die Stauschleuse hebt das Wasser 10 m hoch in den Hauptcanal. Die Schleusen sind Eisen, die Fundirungen Beton.

Ziegel (35·5 : 17·8 : 8·9 cm gross, das Tausend kommt auf 4·50 R.) und Cement werden bei Sultan-Bend fabricirt. Zur Herstellung des Cementes sind 3380 q Kalk (das Pud = 16·4 kg = 33 Kopeken, der Metercentner = 2 fl. 44 kr.) von Aschkabad geholt worden. Der zugemischte Mergel enthält 36% Kalk, als Brennmaterial dient das Holz der Tamarix. Ein Cubikmeter Erdarbeit stellt sich hier auf 9 Kopeken = 11 kr.

Beim alten Damme von Sultan-Bend finden sich noch Ziegel aus verschiedenen Epochen: einige, uralt, sind 25 cm im Geviert, andere 70 cm lang.

1890 soll das Bauwerk, das Wehr und der Hauptcanal bei Sultan-Bend vollendet sein. Vorläufig sollen 130.000 ha der Domäne Bajram-ali dadurch gespeist werden.

Der Murghab liefert in der Secunde 100 m³ Wasser (vgl. S. 294); 1 Cubik-Sashe = 9·63 m³ per Secunde aber genügt in Central-Asien, um 20.000 ha zu bewässern. Die Hochwässer des Murghab, z. B. im Jahre 1886, führen bis zu 666 m³ pro Secunde und Hektar zu. 1888 mass man im Winter 36 m³, im Sommer 135 m³ Wasser pro Secunde und Hektar.

Ohne Winterschnee in den Bergen gibt es im Gebiete des Murghab im Sommer wenig Wasser zur Berieselung, bei so mildem Winter bringt aber auch der Frühjahrsregen reichliche, zeitliche Ernte, schon im April. Nach der regelmässigen Bewässerung, — nur die „Neuerer" ackern vorher — säen die Turkomanen vom Pferde aus (die Colonisten mit Maschine und Hand), und zwar weil der Boden „bäckt", mit Sand vermengtes Saatgut, darauf folgt ein Pflugstrich. Im Sommer wird einmal in der Woche schwach oder alle zwei Wochen einmal stark bewässert.

Nach Hobohm (a. a. O. s. S. 293) wird in Mittelasien 2 bis 3 Tage vor der Saat, um den mit Pflügen auf 5—10 cm gelockerten Boden vorzubereiten, auf die mit provisorischen, 50 cm hohen Dämmen umgebenen Aecker so viel Wasser eingelassen, dass es etwa 15 cm hoch über dem Boden steht, das heisst das Wasser wird, weil die erste plötzliche Versickerung in dem ausgetrockneten Boden 5 cm Wasser vorwegnimmt, eine Stauhöhe von 20 cm erreichen müssen. Hobohm stellt die zur einmaligen Bewässerung eines Hektars nothwendige Wassermenge mit $2000\,m^3 = 2.000.000\,l$ ($1\,m^3 = 1000\,l$) fest.

Da die Landbesitzer im Orient nur durch 24 Stunden Wasser zu beziehen pflegen, so muss ein permanenter Zufluss von $23\cdot2\,l$ pro Secunde dieser 24 Stunden pro Hektar erfolgen.

Nach Angabe des oben genannten Ingenieurs Poklewski-Kosell sind in Bajram-ali $9\,m^3$ ($9000\,l$) Wasser pro Secunde im Jahresdurchschnitte genügend für $20.000\,ha$, also $777.600\,m^3$ in 24 Stunden ($= 86.400$ Secunden). Es genügen hier sonach pro Hektar $0\cdot45\,l$ in der Secunde, $38\cdot3\,m^3 = 38.800\,l$ pro 24 Stunden, $14.162\,m^3 = 14,162.000\,l$ im Jahre.

Die von Hobohm für die einmalige Bewässerung eines Hektars mit $2000\,m^3$ fixirte Wassermenge als Norm angenommen, verfügt Bajram-ali das Jahr hindurch pro Hektar über ein Quantum, $14.162\,m^3$, welches für sieben solche Bewässerungen ausreichen sollte; doch ist dabei nicht zu übersehen, dass der von Poklewski angegebene, anscheinend so geringe tägliche Zulauf von Wasser ($38\cdot3\,m^3$ per Tag und Hektar) nur eine Durchschnittsziffer darstellt. Gerade zur Zeit der Hauptbewässerung der Feldfläche führt unter dem Einflusse der Frühjahrsregen und der Schneeschmelze im Pamir der Murghab in seinen Hochwässern ein Wasserquantum zu, welches pro Hektar Feld der Hobohm'schen Bedürfnisszahl ziemlich nahe kommen dürfte. Es ist dies umso wahrscheinlicher, als die Feuchtigkeitsmengen der Frühjahrsregen hinzugerechnet werden müssen und als zu jener Epoche alles disponible Wasser ausschliesslich zur Ueberstauung der eigentlichen Feldfläche benützt, der übrige, weit überwiegende Theil des ganzen Terrains aber eben späterhin nach Massgabe des Zulaufes gespeist wird. Konschin (vgl. S. 294) schlägt die Wassermenge des Murghab höher an als Poklewski. (Ueber das Wasserbedürfniss der Irrigationen in der Don'schen Steppe s. S. 147, sowie die unter den Berichtigungen hierzu angeführten Correcturen).

Die Temperatur betrug in Bajram-ali im Januar 1888 in der Nacht $+17^\circ$ C., im Februar hatte keine Nacht unter $+11^\circ$ C. (Vgl. S. 295.)

Jedes Jahr liefert 2 bis 3 Ernten (gewöhnlich 1. November bis Mai Getreide, dann im September Moorhirse [Dshugara], daneben Gemüse, Melonen u. ä.): ja bei Luzerne, die 62 bis 93 cm

hoch wird und ohne Neusaat sieben Jahre nacheinander aushält, 7 Schnitte; Weizen wohl auch vierzigfältige Frucht. Das Getreide war im Februar des Jahres 1888 75 cm hoch.

Um aegyptische und amerikanische Baumwolle von seinen Grenzen abzuhalten, will Russland davon in seinen asiatischen Besitzungen alljährlich für circa 120 Millionen Rubel produciren;*) ein Theil dieses Quantums soll in Bajram-ali erzeugt werden. 68 Millionen Stück Bäume, darunter 40 Millionen Akazien, 10.000 Stück Korkeichen, sollen auf der Domäne binnen sechs Jahren ausgepflanzt werden.

Der Boden ist Löss auf Schotterunterlage.

Boden, Klima und Wasser vereinigt sollen hier massenhafte und edle Erzeugnisse reifen, 100 Rubel netto pro Hektar liefern; gibt doch 1 Dj. Landes in Kuldsha bei Feldbau 300, ja bei Opiumgewinnung 400 Rubel Reinertrag. Die Ansichten über die Fruchtbarkeit hier sind vielleicht sanguinisch, tagelange Wanderung durch trostlose Steppe lässt das Auge entzückt auf der erreichten grünen Flur weilen.

Wir besichtigen den 11 Dj. grossen Versuchsgarten. Baumwolle, amerikanische und einheimische (gossypium horbaceum) mit grober, kurzer Faser, Buchen, Ulmen etc., Gemüse, Artischoken, Winterhafer aus Buenos-Ayres, Ricinus, chinesischer Hanf. Sonnenblumen wachsen freudig empor. Der Strunk einer Sonnenblume misst 23 cm im Umfang, der Blumenteller 32 cm im Durchmesser. Von April bis October sind, erzählt Poklewski, die, im Verband angepflanzten Akazien mannshoch emporgeschossen. Kleine Beete sind mit Reseda, Nelken, Begonien u. s. w. besetzt.

Grosse Haufen Luzerne, nach Landesart, um zu Pferde transportirt werden zu können, in Zöpfe gewunden (100 solche Zöpfe kosten 1 R.); Handmühlen; Waggons zum Verfahren der Erde bestimmt, System Decauville — von der Transkaspischen Bahn übernommen —; Locomobile, ein Erzeugniss der Kolomensklj'schen Fabrik des Generals Struve; Sortirmaschinen; eine Kiste mit einem Pianino, für Frau Sachárow in Sultan-Bend bestimmt, liegen kunterbunt nächst den Arbeiterhütten im Schatten eines verfallenen persischen Hauses und nächst den halbfertigen Wohn- und Wirthschafts-

*) 1888 importirte Russland 1,373.603 q Baumwolle im Werthe von 83,000.000 R. Gluchowskij schätzt den jährlichen Import von Baumwolle auf 1 bis 1½ Million q im Werthe von 90,000.000 R. (Vgl. den Anhang.)

gebäuden. Kreuz und quer läuft das Netz neuer Canäle, Chausséen und Wege; überall wird gegraben und gemauert. Neue Brunnen, 16 *m* tief, liefern Wasser.

Die Hälfte des ganzen Terrains soll, um Arbeitskräfte heranzuziehen, gratis an Colonisten aus Turkestan, Bochara, Russland, ja aus Semirjetschensk und Kuldsha vergeben werden. Im letzteren hat Poklewski, so lange es russisch war (1871 bis 1881), europäische Theorie mit einheimischer Praxis vereinigend, mit 5000 Dunghanen und 75.000 Tarantschi die Canäle von Lakustan (86 *km*) Tarantschi (68 *km*) und Tschilik erbaut, der erste bewässert 150.000, der zweite 100.000 *ha*. „Die barbarischen Asiaten lachen über die europäische Bewässerungstechnik, sehen Sie nach Aegypten, was dort die Engländer mit den Regulirungen am Nil treiben! Die beste Entwässerung ist die Bewässerung durch Colmation!" Das nächste Ziel Poklewski's sind die Irrigationen längs des Amu-Derja.

So wird hier in Russisch-Asien fortgearbeitet, allgemach das Land durch Baumwoll- und Reiscultur zu Fiebersümpfen umgewandelt, bis einmal die, nicht durch Wassersperren und Entlastungs-canäle gebändigten Hochwässer alles fortschwemmen. Die Bewässerung neuer Landstriche, wie sie z. B. längs des Oxus geplant ist, bedeutet einen vollständigen Systemwechsel, ohne Rücksicht auf die Jahrtausende lang erprobte Oasenwirthschaft.

Wir kehrten in die Kibitka zum Thee zurück, den uns Stabscapitän Sawisha mit Hilfe einer kleinen deutschen „Colonistin" von der Wolga credenzte, und nun erzählte Poklewski, warm geworden, von Kuldsha, seinen geliebten Dunghanen, und deren sechzehnhunderttausend Pferden im Weidegebiete von Julduz-Tianschan. „Lassen Sie heute Krieg sein, und ich ziehe sofort mit diesen wilden Horden gegen den Westen. Wir Armen fürchten uns und weichen im offenen Felde jeder Escadron Cürassiere oder Huszaren aus; aber befiehlt es der Zar, bleibt kein feindlicher Soldat, kein Feld, kein Baum, kein Haus, weder Kind noch Greis übrig. Alles wird von uns rasirt. Befiehlt es der Zar, nehmen wir auch Indien!"

Weiter erzählte der „alte Kosak", aus dem polnischen Freiheitskämpfer zum eifrigsten Moskowiten geworden, wie er 1871 in Marseille im Kugelregen Caviar für die heimatlichen Pfannkuchen (blinnyi) geholt; wie er mit seinen Franctireurs den französischen Intendanten die wohlgefüllten Fourgons abgenommen, die Preussen in Eis und Schnee auf Tod und Leben bekämpft hat.

Iwán Iwánowitsch Poklewski-Kosell hat einen merkwürdigen Lebenslauf.

1863 dem Todesurtheile entfliehend, zieht er von Russisch-
Polen zu dem Baue von Bahnen in der Schweiz und in Süd-
frankreich. 1871 Generalstabschef Bourbaki's, liefert er sich nach
dem Krieg selbst aus und lebt nach langer Haft, zum sibirischen
Kosaken begnadigt, als Ingenieur in dem heute wieder chinesischen Kuldsha und jetzt hier als Culturtechniker.

Redebeflissen erzählt er Allerlei, während wir schweigend
zuhörten.

Die Kibitka, in der wir um den Theetisch sassen, diente
seit einem Jahre Sawisha als Wohnung. 2·85 m hoch, 3·80 m im Durchmesser, besteht sie aus einem 1·5 m über dem Boden beginnenden
Gitterwerke, einem Kreise gekreuzter Stäbe, welche nur die von
3 Stangen gebildete Thür freilassen. Oberhalb dieses Kreises laufen
gekrümmte Stäbe concentrisch zu dem Holzkranze an der Spitze:
durch denselben dringt das Licht ein, der Rauch hinaus. Zwei
Filzdecken übereinander bilden den Deckmantel. 1 m hoch ober dem
mit Matten belegten, gestampften Lehmboden umschliesst aussen und
innen je eine etwa 23 cm breite, gestickte Binde die Kibitka, Alles
zusammenhaltend. Ein solches Zelt kostet 48 Rubel und kann in
6 Theile — 6 Kameellasten — zerlegt werden. In der Art der Aufstellung und Ausstattung unterscheiden sich die Zelte der Turkomanen von denen der Kirgisen und der Bocharen.

Auf dem Bahnhofe Bajram-ali hatten wir bei unserer Ankunft
den Zolldirector getroffen, meinen Reisegenossen von Bakù nach
Usun-ada, in Paradeuniform und mit Orden geschmückt, hohen
Besuchs gewärtig. Sein Sohn jagte halbnackt und barfuss auf
seinem starken Gaule — die Pferde *) werden schon als Einjährige
gebraucht und kosten hier 30 bis 150, schöne Exemplare 300 Rubel
— hinter uns drein durch das Ruinenfeld von Alt-Merw, das wir
jetzt, einen Soldaten der turkmenischen Miliz zum Führer, auf
munteren Tekkepferden durchreiten. Mehr als 40 km, heisst es, umfasst diese Trümmerstätte von Merw Schahdschihan. Unzähligemal
ist die Stadt erstürmt, fünfmal ist sie geschleift, viermal wieder
unter neuem Namen aufgerichtet worden. Eine Culturschicht über
der anderen ist hier aufgethürmt. Hier erhob sich Gjaur-Kalá,
die Stadt Zoroasters; Iskander-Kalá, die Stadt Alexander's des

---

*) Ueber die Tekkepferde siehe den Anhang.

Grossen; Sultan Sandshar-Kalá, von Sandshar († 1157), dem Vasallen der Bagdader Khalifen erbaut, unter Sandshar's Nachfolgern zweimal zerstört, aber jedesmal wieder hergestellt. Auf diese muselmanische Epoche folgt die der Perser, welche hier die Stadt Bajram-Ali schufen. Diese wurde von den Bocharen zerstört.

Allerwegs Schutt, Unkraut, Gerölle, geborstene Säulen, zerrissene Mauern; nur einzelne Bauwerke ragen noch empor: die riesige graue Citadelle der Perser, knapp an dem Bahngeleise

Vom Ruinenfelde Merw.

gelegen, dann Gjaur Kalá, die Stadt der Gheber und Iskander-Kalá, an Alexander den Macedonier mahnend.

Wir reiten zuerst den langen, von Kegelthürmen flankirten Mauern der Citadelle entlang, dann durch ihr Inneres nordwärts über Schutthügel.*)

Auf einer Anhöhe steht das grossartige Mausoleum des Sultans Sandshar. Jede Seite des quadratischen Bauwerks hat etwa 20 m Länge. Innen: auf viereckigem Unterbau, diesen über-

---

*) Eine ausführliche Beschreibung des Ruinenfeldes von Alt-Merw gab 1881 Ch. O'Donovan in einem mir unzugänglich gebliebenen Werke.

schneidend, acht Eckspitzbogen, darauf 25 m hoch eine Kuppel, deren Rippen auf den Zwickeln ruhen. Aussen: in der Höhe der inneren Bogen eine farbige, von reizenden Pfeilern begrenzte Galerie; abgestufte Arcaden umsäumen das Gewölbe, an dem Spuren farbiger Verzierungen sichtbar sind.

Weiterhin erheben sich zwei Spitzbogenhallen mit hohen Façaden, belegt mit blaugrünen Fliesen (glasirten Ziegeln, Fayenceplatten, nach ihrem Erfindungsorte — Kaschan in Südpersien — Kaschani oder Kaschi genannt). Davor liegt, von Mauern umfriedet, das Doppelgrab Sultan Baba's. Die Steine sind lichtgrauer Marmor, köstlich verziert und mit wohlerhaltenen Inschriften bedeckt, jeder 106 cm lang, 44 cm breit, 62 cm hoch.

Dann gelangen wir zum Grabhause Chodscha Jussuf Hamadani mit einem seltsamen ärztlichen Laboratorium; Säcke, Siebe, durchlochte Eisenlöffel, Schüsseln und Kannen an den verräucherten Wänden; In den Lehmherd sind zwei eherne Kessel eingelassen, 115 cm im Durchmesser, 40 cm tief.

Endlich sind hier, um noch Eines zu nennen, zwei Gruftgewölbe nebeneinander, das eine birgt einen Grabstein, das andere bewohnt ein alter Turkomane, der einsame Wächter der Trümmerstätte, auf der nur ein kleines Arbusenbeet nächst der Ruine Mamnár und einige alte Rinnsale Spuren menschlichen Lebens zeigen.

Die innerasiatischen Bauwerke, welche, soweit sie noch erhalten sind, der kaiserlich russischen Archäologischen Gesellschaft (in deren Journal de l'Archéologie Orientale) Anlass zu Beschreibungen, zum Theil zu Restaurirungsarbeiten In den Ruinenfeldern und hier wie anderwärts Anregung zu Ausgrabungen geben, unterscheiden sich von den Denkmälern an den Ufern des Nils insbesondere durch das Material und die Ornamentirung. In Aegypten Steinbauten, Marmor, Granit, Porphyr, Monolithen; hier zumeist braune Ziegel und höchstens bunte Fliesen. Im Nilthale Bilderwerke (Colosse von Memphis, Ramses), Verzierungen nach Motiven der Palmenwedel und Straussfedern; hier die ewige Araboske. In Aegypten haben der Riesenstrom, die zudrängenden Felsen Einfluss genommen, hier die weite Ebene, der holz- und steinarme Lehmboden.

Ich nehme nun die Schilderung der Bahnfahrt von Merw, respective Bajram-Ali ab, wieder auf. Auf der nächsten Station in Kurban Kalá, einer provisorischen Haltestelle, misst die in den Sand hineingebaute, für zwei Bahnwächter bestimmte „Sakla"

14·4 ☐ *m* bei einer Höhe von 2 *m*; neben der Erdhütte stehen ein Taubenkobel, ein Wasserfass und ein Windmesser, wühlen zwei Schweinchen unter dem dünnen Wildhafer. Türkisblau leuchtet der Himmel, glühende Sonne (35° C., im October) liegt über der gelben Wüste. Fingerdick liegt der Staub auf unseren Fensterrahmen, wir fahren fast den ganzen Tag durch Wellen von Sand, gelbem, feinen, wehenden Sand, der sich mitunter zu förmlichen Bergen erhebt oder zu Schluchten sich vertieft. Mitten hinein sind, wohl auch, 2 Stunden von einander entfernt, Haltestellen gesetzt. (Vgl. Abbildung S. 275.)

Von Keltschi bis Rawnina gelbbraune Sandsteppe. Die Stationen Utsch-Hadshi, Pesski (= Sand), Refetek, Karaul-Kuju, Barchan (Sandhügel): Alles Wüste.

In Barchan ergingen wir uns während des Aufenthaltes auf dem Bahnhofe: röthlich steigt der Mond am Horizont auf, jetzt flammt er in glühendem Rothgelb, dann strahlt er in goldigem Glanze. Verwaschene Wolken gegen Sonnenuntergang auf bräunlichem Grunde. Ober uns schaaren sich „Schäfchen" in blassem Rosa. Kupferfarben hebt sich die Wüste ab von dem schiefergrauen Himmel. Der Waarenzug, eine lange Reihe mit Baumwollsäcken beladener offener Wägen, der Wasserständer und ein Paar Stangen liegen, in dumpfes Schwarz gehüllt, gegen Westen. Langsam schreiten wir auf und nieder, leise singt Derwies das Liebeslied aus „Faust" . . . . . .

Auf die lange öde, sandige Strecke folgen Gärten und Felder: Station Tschardshui. Drei Lichter funkeln durch die Nacht, die rothe Laterne der Maschine, die Riesenperlen der elektrischen Lampen, die silberne Mondscheibe. Wir lösen Karten für die Samarkander Theilstrecke, das 55. und 56. Billet seit der Eröffnung der Bahn und wechseln den Wagen. Zögernd gleitet der Train eine Viertelstunde lang auf der neuen, kaum fertig, schon zerstörten, jetzt wieder hergestellten Brücke über die grossen und kleinen Arme, die schlammigen Inseln des Amu-Derja (Oxus). Feucht spiegelnder Mondschein liegt auf den Fluthen. Noch ein Stück Brücke und der Zug läuft rascher auf dem Damme hinüber auf bocharischen Boden zur Station Farab auf dem rechten Stromufer.

Der Amu-Derja, im Pamir entspringend, einst in das Kaspimeer, jetzt in den Aralsee mündend, 2200 *km* lang, reissenden Gefälles und oft allwöchentlich sein Bett wechselnd, ist hier in der Breite von etwa vier Kilometer zu übersetzen gewesen; davon kommen auf die Brückentheile über die Seitenarme je gegen 400 m, auf jene über den am transkaspischen Ufer gelegenen Hauptarm 1518 m (an Ort und Stelle hiess es 1700 m, in anderen Berichten 1843 m). Schlammige Inseln trennen die vier einzelnen Arme.

Die gesammte Ueberbrückung, die längste hölzerne Strombrücke der Welt (vgl. S. 127), binnen vier Monaten geschaffen, am 18. (6.) Januar 1888 fertiggestellt, hat nur 300.000 fl. gekostet!

Die Brücke, aus vier, von Feuerwächtern und Zimmerleuten unablässig bewachten Abtheilungen bestehend, ist, nach Plänen des Ingenieurs Balenskij, durchwegs aus Holz hergestellt. 3000 Piloten, je zu Fünfen eingetrieben, stützen das grandiose, immer wieder von den Fluthen gefährdete Bauwerk, das so schnell und so billig eben nur aus Holz hergestellt werden konnte. Eine eiserne Bahnbrücke an dieser Stelle würde viele Millionen kosten. Der Wunsch, die Theilstrecken Usun-ada—Tschardshui und Farab—Samarkand zu vereinigen, hat Annenkow bestimmt, an der Stelle der früher gewählten Dampffähre diese provisorische Holzbrücke zu errichten, welche trotz der häufigen Reparaturen im Ganzen und Grossen den Zwecken der Eisenbahn entspricht. Die Schienen liegen 9 m über dem niedrigsten, 1·5 m über dem höchsten Wasserstande (vgl. die Abbildung am Schlusse des Werkes).

Um das einen halben Tag beanspruchende Oeffnen der Hauptbrücke zu vermeiden, gehen die beiden neuen Dampfer „Zar" und „Zaritza" (78 cm Tiefgang), der eine stromaufwärts — bis Kungrad oberhalb Chiwa—, der andere stromabwärts—nach Kilif an der bocharisch-afghanischen Grenze.

Etwa 10 km von der Station Tschardshui entfernt liegt die gleichnamige bocharische Stadt. Das bocharische Gebiet bildet auf dem linken Ufer des Amu-Derja nur einen schmalen Streifen (vgl. die Routenkarte). .

Dem Laufe des Amu-Derja folgend, gelangt man nach Chiwa und an den Aralsee, in welchen der Strom jetzt mündet.

Nach den Daten der Expedition zur Erforschung des alten Oxusbettes, des Usboi, berichtet die „M. Allg. Ztg." vom 14. Juni 1889 Folgendes über die Möglichkeit der Verbindung des Oxusstromes (Amu-Derja) mit dem Kaspischen Meere und über die Tragweite einer solchen Wasserstrasse:

„1. Das Terrain fällt zum Kaspisee allmälig ab. 2. Die Ausflussstellen des alten Strombettes liegen 127 m über dem Niveau des genannten Meeres, was auf einer Strecke von circa 1067 *km* vom Strome bis zum Meere einen Fall von circa 1·2 *m* pro Kilometer ausmacht, das heisst, dieses Gefälle ist hinreichend für die Schiffahrt und ermöglicht die Ableitung des Wassers zur Bewässerung der umliegenden Gegenden. 3. Mit der Regulirung des Stromdelta's (am Aralsee) würden, ohne die Bewässerung Chiwa's zu beeinträchtigen, 330 *m³* bis 1215 *m³* Wasser gewonnen werden, ein Quantum, das jetzt nutzlos verloren geht."

Ueber die Ableitung des Amu-Derja in die alten Bette und in's Kaspische Meer bestehen zwei neue Projecte:

Das erste will den Strom in den Kun-Derja, weiter in den Kessel von Ssari-Kamysch, von hier durch den Usboi, das alte Oxusbett, in der Nähe von Usun-ada ins Meer leiten (Kostenvoranschlag 15 Millionen Rubel).

Das vorzuziehende, zweite Project beabsichtigt, mit einem Kostenaufwande von 27 Millionen Rubel einen 83 *km* langen Canal zur Umgehung des Ssari-Kamyschkessels herzustellen und südwestlich von diesem gleichfalls in dem Usboi den Weg an's Meer zu finden.

Diese neue Wasserstrasse von mehr als 1000 *km* Gesammtlänge würde eine grosse Anzahl der fruchtbarsten Oasen schaffen, die Cultur von Baumwolle auf grossen, jetzt wüsten, jedoch bebaubaren Flächen, und die Colonisation gegenwärtig freien Landes durch die Russen ermöglichen. Alles als Folge der Bewässerung.

Noch wichtiger wäre die neue Anlage in Verbindung mit dem gegenwärtigen Stromlaufe für die Entwicklung der Schiffahrt: Chulum, östlich von Belch an einem Arme des Amu-Derja gelegen, ist über Kabul etwa 907 *km* von Peschawer entfernt. Auf dieser, wie auf anderen Linien, verbinden befahrbare Strassenzüge die benachbarten Bassins des Amu-Derja und des Indus. Die kürzeste Entfernung der letzten Eisenbahnstation im Pendshab zum Amu-Derja beträgt 373 *km*.

Ein grosser Theil der jetzt aus Indien nach Russland über die Route: Kuratschi oder Bombay—Suezcanal—England in die baltischen Häfen eintretenden Waaren, aber auch die Ausfuhr russischer Producte (z. B. von Naphta) nach Centralasien und Indien würde diesen kürzeren, billigeren und sichereren Wasserweg benützen können. „Die Interessen des Handels zwischen Centralasien und Indien einerseits und Russland andererseits erfordern somit" — sagt Gluchowskij — „die unverzügliche

Herstellung der neuen Schifffahrtsstrassse; dieser Verkehrsweg würde die Verbindung zwischen der 300 Millionen betragenden Bevölkerung Indiens mit der nicht geringeren Europas herstellen und" — natürlich zum Hauptvortheile Russlands — „einen directen Weg vom Indischen Ocean zum Schwarzen und Baltischen Meere bilden".

Interessant ist, dass man in Russland daran denkt, ausser der immer weitergreifenden Transkaspischen Eisenbahn, in Russisch-Asien auch noch eine solche grandiose Wasserstrasse in's Leben zu rufen, beide Verkehrswege gegenseitig zu fördern. Nicht überall denkt man so über die Wechselwirkung von Wasserweg und Schienenspur!

Durch Flug- und Sandwellen, die Dünen der Kisilkum-Wüste, gelangen wir über Chodscha-Dewlet in die Culturregion. Wir eilen vorüber an dem schafreichen Karaköl. Hohe Lehmmauern umrahmen die getränkten Saaten. Baumwolle und Mohrhirse (Dshugara, in Aegypten Durrha, Sorghum cernuum) bedecken breite Tafeln. Braune Maulbeerbäume, grüne Pappeln und Obstbäume begrenzen die Wassergräben so dicht, dass sie in der Ferne dem Saume von Wäldern gleichsehen. Links eine „Burg" mit Kegelthurm, rechtshin in der Ferne lichte Kalkberge.

3. ABSCHNITT.

(Die Stadt Bochara. Die politische Agentie. Moscheen. Bazare.
Die Russen in Bochara. Das Judenviertel. Gärten und Aecker
in Bochara. Die Bevölkerung. Staatsrath Heyfelder. Von
Bochara nach Samarkand.)

Station Bochara! Auf dem Bahnhofe empfängt uns, Butaków
und mich, liebenswürdigerweise Staatsrath Heyfelder, seit Jahren
im asiatischen Russland heimisch, derzeit der diplomatischen Agentie
Russlands in Bochara, die meist kurzweg Possolstwo (Gesandtschaft) genannt wird, als Stabsarzt zugetheilt. Sein, leider nur bis
Tschardshui führendes Buch: „Transkaspien und seine Eisenbahn",
vorläufig die einzig verlässliche Schrift über den Bahnbau bis zum
Amu-Derja, ist von E. Boulangier in „Le voyage à Merw" und
von manchen Anderen stark „benützt", von J. J. Vaclik aber
in den Skizzen von seiner angeblichen Reise nach Samarkand
(„M. Allgemeine Zeitung", 1888, Nr. 164 u. ff.), ohne Nennung des
Autor's, einfach seitenweise abgeschrieben worden.

Fachmännern bietet das vortreffliche Buch Heyfelder's eine
Fülle technischer und historischer Details.

Zwei à la Daumont bespannte, von Kosaken escortirte Wägen
führen uns von der am Bahnhofe entstehenden Neustadt
Bochara durch Felder und Dörfer, an einem Lustschlosse des
Emirs vorüber, nach der alten Stadt Bochara, die 16 km weit
nordwestlich von der Station liegt.

Ein Hundert baumwollbeladener Kameele, überdachte Arba's
(Karren) mit klafterhohen Rädern, einsame Wanderer ziehen an
uns vorbei. Endlich gelangen wir an eines der elf Thore in der
8 m hohen, 12 (20?) km langen, mit Eckthürmen geschmückten
Wallmauer Bochara's, „des Edlen". Die Thore sind zur Nachtzeit
geschlossen; den Wägen des Possolstwo aber öffnet sich die
Pforte, und wir rollen durch die stillen, engen Bazare und Gässchen zu dem der Agentie vom Emir eingeräumten „Palaste". Es
ist dies ein weitläufiges Gebäude, an dessen Thüre uns der Haus-

hofmeister (Mirachor) Sr. Hoheit, Pir Mahmud Karaulbegi, begrüsst. Bald erscheint das übliche Gastgeschenk, Zuckerwerk und Thee; zu später Stunde legen wir uns schlafen.

Am Morgen besichtigen wir zunächst unsere Behausung.

Unter einem Dache, an dem Eingange des Palastes, wo stets einige „Anhänger" uns ihren Salám machen, spielen die bocharischen Wachposten, behaglich rauchend, mit den Hunden. An der Wand lehnen Spiesse, Laternen und Lärmtrommeln. Von hier tritt man in einen langen Hof, der die Pforte zu dem grossen, centralen Hofe, weiterhin Waggenschuppen und Pferdekrippen enthält und im rechten Winkel in den Garten verläuft. Die Pferde sind unter Schwitzdecken im Freien angebunden. Der centrale Hofraum ist an drei Seiten von einer 3 m breiten, 1 m hohen Terrasse umgeben, dem Zugange zu den Wohnräumen. Der Hof ist ganz kahl, bis auf ein paar Laternenständer.

Links vom Eingange geht es in einen Seitenhof, zur Wohnung des politischen Agenten (damals des Wirklichen Staatsrathes v. Tscharikow). Im Vordertracte wohnt und wirthschaftet die Dienerschaft. An den übrigen Seiten des Hofes laufen die Dr. Heyfelder und den Gästen eingeräumten, ebenerdigen Zimmer. Rückwärts gegen den Garten ist, ein Stockwerk hoch, die Behausung des Dragomans Mirbadálew gelegen. Heyfelder's Zimmer, von Landkarten, Büchern, Curiositäten erfüllt, repräsentirt die Studirstube eines Gelehrten.

Mir und Melikow war ein kleines Zimmer eingeräumt. Den 150 cm hohen Eingang schloss ein bunter Vorhang von dem Vorraume ab. Die Einrichtung bestand in zwei Holzdivans mit Matraze, seidenen Decken und Polstern, drei rothen Stühlen, einem eisernen Oefchen, dessen Abzugsrohr in den Hof führte, und einem Tische. Eine Kanne und ein Becken, beide aus Kupfer, bildeten den Waschapparat.

Ein Teppich deckt den Boden, die Mauern sind kahl, der Plafond aus Holz, schwarz und blau geschacht.

Wir leben hier als Gäste auf Kosten des Emirs, der 25 Pferde, 30 Diener 3 Köche, 2 Wasserträger u. s. w. und sämmtliche sonstige Bedürfnisse der Agentie — vom Zucker und Thee angefangen bis zum Futter der 20 Kosakenpferde — beistellt; diese Ausgaben für die Agentie und deren Bewohner werden jährlich mit 20.000 Rubeln beziffert. Ein seltsames Verhältniss, den accreditirten diplomatischen Vertreter einer fremden Macht

aus der eigenen Tasche freihalten zu müssen! — Die vielen
Diener bedingen die Verhältnisse, d. h. die Umständlichkeit, mit
der die einfachsten Vorgänge in Scene gesetzt werden. Um z. B.
Thee für mich aufzutragen, begibt sich ein Diener in den Vorder-
tract, um Ssamowar und Geschirr zu holen. Ein zweiter Diener
holt heisses Wasser; ein dritter meldet, es sei Zucker nöthig;
ein vierter gibt Zucker, ein fünfter Brod, ein sechster getrocknete Früchte heraus u. s. f. Trotz dieses Instanzenzuges, der
ganz förmlich organisirt ist, verschwindet ein guter Theil der Vorräthe in die Taschen der Aufwärter. Ein Schöpsencôtelette im
Speisesaal kostet dem Emir vermuthlich einen ganzen Hammel,
dank der Verrechnung.

Zur Bedienung waren mir zwei Bocharen zugewiesen, Abdul
Ferradsch und Usta-áfr-begi (nach Melikow's Angabe), freund-
liche Leute in gelbgetigertem Chalate (langem, weiten Rock),
schneeweissem Turban, von dem der braune Kopf mit dem dunklen
Vollbart gut absticht, mit weissem Gürtel und den landesüblichen
Schaftstiefeln, deren gekrümmte spitze Absätze wohl 5 cm hoch
sind. Beide Bursche waren sehr dienstfertig; trotzem musste
Melikow selbst meine Sacktücher waschen.

Bei Tische, in der Wohnung des Legationssecretärs Klemm,
der mit seiner Frau verreist war, wartete ein Tatar auf. Die
Zimmer waren hier gleichfalls sehr niedrig, einfach weiss getüncht
und durch schmale Gänge von dem Hofe aus erreichbar, in welchem Herr v. Tscharikow wohnte. Dieser besass einen prächtigen, bemalten, einen Stock hohen Saal, den herrliche Teppiche
und das Bild des Zaren schmückten. In dem Seitenhofe stand stets
einer der 20 Ural-Kosaken auf Posten, welche zum Schutze der
Agentie hierher commandirt sind. •

Augenblicklich war ausser Heyfelder nur der Dragoman
anwesend, Capitän Mir Hajdâr Chodsha Mirbadálew, ein Bocha-
riote, in Russland erzogen und gebildet. Der kleine Mann mit
dem braunen Gesichte und dem dünnen Schnurbart sah wie ein
Japaner aus.

Auch der Emir war abwesend, auf Manöver mit einem
Theile seiner Truppen; eine Audienz und der „Stern von Bochara",
die häufig verliehene Ordensdecoration, blieben mir sonach unerreichbar. Man erzählte, dass die in den letzten Jahren sich
häufenden Audienzen fremder Gäste — 1889 droht dem Emir angeblich eine Invasion von 150 Touristen aus Frankreich — den

hohen Herrn sehr verstimmen, da er genöthigt ist, Jedem, den er empfängt, der Sitte gemäss, kostbare Geschenke zu machen. So erhielt Annenkow 1887 zwanzig Pferde mit kostbaren Sätteln, edelsteingeschmückte Geschirre, sowie eine grosse Zahl herrlicher Chalate. Die Menge dieser Festkleider ist nach der Rangstufe des Audienzwerbers oder nach der besonderen Gunst des Emirs bemessen.

In dem schattigen Garten hinter dem „Palaste" der Agentie — die ganze Anlage ist von hohen Zinnenmauern abgeschlossen — stehen Ulmen und Pappeln um die Wasserbehälter. Reblauben ziehen sich hin zwischen Kirsch-, Pflaumen- und Aprikosenbäumen, welch' letztere in Bochara vortrefflich gedeihen. Gemüsebeete begrenzen den Teich. An diesem sind, 1 m im Geviert gross, Futterstände aufgemauert; einige bocharische Pferde sind daran angebunden.

Ein achtjähriger Fuchshengst, mit weissem Stern und „Strümpfen" hatte 150 cm Widerristhöhe; ein ramsnasiger Eisenschimmel, siebenjährig, für 150 Rubel erkauft, 161 cm. (Ein kräftiges, ausgewachsenes Kameel kostet hierorts etwa 50 Rubel.) Vom Garten aus sehen wir im Seitenhofe die Kosaken ihr Zeug und die struppigen Gäule putzen.

Ueber den Mauern des Palastes ragen Baumwipfel und, dicht geschaart, helle Kuppeln empor; über ihnen steigt geradlinig die graue Masse der hochliegenden Burg auf.

Nach dem Frühstück wandere ich mit Melikow und Einem des Gefolges in die Stadt. Rechterhand liegt ein Friedhof, von krächzenden Raben umflattert; links erhebt sich eine Schule (Medresse) am Rande des ummauerten Teiches. Die engen Strassen, welche die Zufahrt zum Possolstwo bilden, werden sauber gekehrt. Zunächst fesselt meine Aufmerksamkeit eine halb unterirdische Mühle, von vier Pferden am kreischenden Göpel betrieben. Weiter sitzt ein Hufschmied; er hämmert an den Volleisen mit sechs Nagellöchern, welche die einheimischen Pferde tragen; dann beschlägt er einen Esel, den Huf mit Schaffett beträufelnd. Auch ein Hufeisen nach russischer Art, für eines der Kosakenpferde bestimmt, hängt hier am Pfeiler: ein Wahrzeichen für die Anpassungsfähigkeit der Bocharen an die neuen Verhältnisse *).

---

*) 1 Volleisen, 1 Hufeisen für Kosakenpferde und 1 Eselhufeisen, sämmtlich aus Bochara, überantwortete ich der Hochschule für Bodencultur in Wien.

Ark (Burg) in Recham.

Ein Gedal (Bettler) erzählt heftig, den Kopf in der Höhe; mit nasalem Ah! Ah! antwortet der Chor der Zuhörer.

Ueber eine Pfeilerbrücke, am Canale fort, gelangen wir zu neuen Teichen. Zweimal im Monat nur strömt frisches Wasser aus dem von Samarkand her durch Ableitung dünn gewordenen Seref-schan — leicht können die Russen durch dessen Abdämmung Bochara völlig austrocknen, weshalb auch jetzt noch in jedem Frühjahre eine bocharische Commission berechtigt ist, die Quellen und Wehre zu prüfen — in die zahlreichen, von Bäumen und Buden umdrängten Teiche. Das trübe, durch Waschen und allerlei Unrath verdorbene Wasser verbreitet ekelhafte Krankheiten. Beulenpest, Blattern, Aussatz, Fieber, Hautwurm sind hier endemisch. Im Winter 1888—89 herrschte eine Diphtheritisepidemie. Im Juli 1889 starben binnen 3 Tagen über 700 Personen in der Stadt, wohl in Folge der, durch die tropische Hitze beförderten Miasmen der Teiche.

Unbekümmert trinken Alle daraus. Die gemauerten Teich-ufer bilden ihren Lieblingsaufenthalt, ihren Corso, die Promenade für die Batschas (Tanzknaben) . . . . . . weibliche Halbwelt fehlt gänzlich in Bochara.

Ah, quelle saloperie! wiederholt Melikow, als wir eines der Wasserbecken näher betrachten. Einigen Leuten lässt der Arzt hier zur Ader, daneben wäscht sich Einer das Gesicht, dort trinken Drei daraus, ihre rothweissen Gewänder spiegeln sich verschwommen in der trüben Fluth.

Auch die mit dem Hautwurm (Rischte, filaria medinensis) Behafteten werden in den Hütten am Teiche operirt. Der Wurm wird in seinen Keimen durch das Trink-, ja selbst durch Wasch-wasser aufgenommen, weshalb hier im Possolstwo sowie auch im Pendshedistrict Destillirapparate den Bedarf an Trinkwasser reinigen, selbst die Mannschaft nur gekochtes Wasser zum Waschen verwendet. Oft gibt es hundert Rischtekranke im Tage in den Officinen der Aerzte von Bochara; der kleine, braune Alte da ist ein berühmter Specialist in diesem Fache, bei dem auch Heyfelder Unterricht genommen hat.

Die Wasserflächen mit den regellosen Bauten ober den morschen Treppen und Stufen, graue Baumwipfel dahinter und die bunten Façaden der Hochschulen oder Moscheen, Alles in einen Staubschleier gehüllt und grell in Licht oder Schatten, dazu die farbigen Gestalten am Teichrande als Staffage bieten jedem Besucher Bochara's ein unauslöschliches Bild.

Der Ark, die uralte Burg des Emirs, auf einer Anhöhe errichtet, in seinen hohen, kahlen, grauen Mauern auch den Harem
und die berüchtigten Gefängnisse einschliessend, hat fast die
gleiche Gestalt wie die Paläste des Begs von Tschardshul und
des Chans von Chiwa. Von einem düsteren Conglomerate hoher
Mauern, rechtwinkeliger Thürme, Häuser, Terrassen hebt sich die
Hauptpforte ab. Ober ihr läuft eine kleine Galerie; zu beiden
Seiten der Façade stehen zwei kegelförmige, oben mit Fenstern
besetzte, an der Spitze abgerundete Thürme. — Die glänzende
Uhr hier mit dem grünen Emailzifferblatt ist das Meisterwerk
Orlandi's, eines Italieners, den 1851 der Emir hinrichten liess.

Im Schatten des Thorbogens, zu dem ein Aufritt führt,
sitzen neben Kanonenrohren Höflinge, in ihren bunten Chalaten
(= Tschapan) gleich wie ein Tulpenbeet anzusehen. Ein Esel-
treiber jagt sein mit Schläuchen beladenes Thier den Aufritt
hinan. Auf der Galerie ruft ein Mollah das mittägliche Gebet
hinaus in die Lüfte. Die Hauptwache, lächerliche Soldaten bei
alten, drachenköpfigen Geschützen, liegt schräg gegenüber an
der kleinen Schlossfreiheit.

Nahebei erhebt sich die imposante Kellan-Moschee mehr
als 30 m hoch, auf einer Terrasse. Um den grossen Hof laufen
mehrere Reihen Spitzbogenhallen, aus Ziegeln geformt und gepflastert, mit der wohlerhaltenen Kiblehnische. Die vordere der
vier Façaden — das glasirte, rechteckige, den Vorbau ab-
schliessende, hohe Portal (Pischtak), der reiche Rahmen für
Bogennische und Eingang — lässt die glänzende, bläuliche Kuppel
sehen. Von dem mit gebrannten, bunten Steinen verzierten
„grossen Minaret" (Munari Kellan, 70 m hoch) in der Nähe
werden die Verurtheilten herabgestürzt. Im Sommer 1888 soll dies
dreimal zur Nachtzeit der Fall gewesen sein; im Possolstwo
wurde es bestritten, in der Stadt bestätigt.

Gegenüber der Kellan-Moschee liegt die Miri-Arab-
Medresse mit zwei Kuppeln und über hundert Schülerzellen.

Die Moschee am Teichufer des Divanbeg (Lebi Ha-us
Divanbegi) zeigt in der Vorhalle des Hauptthores eine gerade
cassettirte Holzdecke und ein Dutzend, circa 16 m hohe Säulen
(Cedernholz?): jede ist anders geschnitzt, die Knäufe mit den bereits
vermorschten Bienenzellen erscheinen in korinthischen Formen.

Prächtige Arabesken in Blauweiss und Gold, Blumengewinde
und lineare Ornamente hat die Siarkaran-Medresse (Hoch-

schule) des Abdul Aziz-Chan. Der Pischtak zeigt eine herrliche Halbkuppel mit Stalaktiten-Gewölbe ober den Bogenfenstern des ersten Stockwerks.

Bochara zählt angeblich mehr als 80 (?) Moscheen und Medressen, voll Farbenpracht und reizender Details an den Hauptfronten. Das Innere dieser Gebäude vermag jedoch mit dem Zauber der Moschee von Córdoba nicht zu wetteifern. Wiederholt stehen zwei solcher Bauten einander gegenüber. Ein grosser Theil der hohen, bunten Pischtaks mit ihreu halbrunden oder polygonen Nischen, und der schlanken, cylindrischen, wie mit glitzernder Schlangenhaut überzogenen Minarets hat sich hier, wie auch in Samarkand gesenkt und geneigt, vielleicht eine Folge der häufigen Erdbeben. Auf den Plätzen vor den Schulen und Moscheen treiben Marktleute ihr Wesen.

Zugleich mit dem Zollchef (Zekiattschi), der in weissgrünem Kleide einen prächtigen, goldgeschirrten Rappen mit Silberschabracke reitet, treten wir in die Sarais und Bazare ein. Erstere sind Niederlagshöfe mit Emporen, letztere Oktogone mit Kielbogennischen, je vier Hufeisenthoren und einer Sternkuppel, durch die das Tageslicht flammende Schriftzüge an die bunten Wände malt; ornamentirte, hölzerne Waarenschreine sind in die Wände eingefügt. Um diese centralen Hallen laufen Rundgänge und die Langseiten des Bazars.

Die Strassen der Waarenstadt, lange Reihen von viereckigen Nischen in den Lehmmauern — selten zeigen sich Stuck-Ornamente oder Holzschnitzereien — sind mit Matten und Stäben überdeckt. Nur hie und da fällt ein Bündel Sonnenstrahlen in das träumerische Grau, in die dunklen Nebenhöfe und Winkel der Teppichlager, in helle Gässchen hinab auf farbensatte Vorsprünge. — In den schattigen Räumen der Teppichhändler ersteht ein Rembrandt'scher Effect um den andern im milden, abgetönten Lichte. Greller Schein überfluthet als Gegenbild im Style Diaz' die Plätze und Moscheenhöfe. Glanzlichter flimmern auf dem Spiegel der Teiche, in dem goldgelben Melonenhofe, an den Obsthütten unter den viereckigen Baumwollschirmen, empor an den staubigen, dicken Stämmen der Schwarzulmen. Um diese schaaren sich Kaufstände, Hütten und Häuser.

Der Orientale schliesst sein Haus gerne von der Aussenwelt ab und sucht den Schatten; daher die engen Thorwege, die fensterlose Stirnwand, die gedrängte Bauart dieser Häuser. Hier erhebt sich ein Neubau: zwischen Baumstämme werden Trockenziegel geschichtet und mit feuchtem Lehm verschmiert. An alte, 1—2 m starke Maulbeerbäume, die ab und zu mit Mauerwerk unterfangen sind, lehnt sich jenes Haus, dieses umklammert mit dem Treppchen eine ehrwürdige Ulme (vgl. Abbildung S. 339).

Nur wenige Häuser sind etwas Anderes, als hässliche, allerwärts kahle, farblose Lehmwürfel. Nur eines, zunächst dem Rhigistan, war, alt und verfallen zwar, doch freier gestaltet und zierlich geschmückt. Ueber dem reich geschnitzten Holzrahmen des

Aus dem Bazar von Bochara

Ladens zog sich eine Reihe ornamentirter Stuckplatten hin, Blätter und Blumen, von Arabesken umfasst. Aus den Fensterchen des Oberstockes lugten neugierige Köpfe, ein farbenfrohes Genrebild, herab.

Die Kaufstände sind viereckige, enge Nischen; vorne hockt, zusammengeklappt, der Verkäufer; im Hintergrunde, an den Seiten, an den Pfeilern häufen sich die Waaren.

In braun und weiss gestreiften Säcken liegt Dshugara; daneben werden Baumwollkapseln ($kg = 15$ kr. ö W.), Hülsenfrüchte und Reis feilgeboten. In Schüsseln liegen zerschnittene Goldrüben,

grünes Gemüse, „Nosch" (Blätterstaub, eine Specificum für die
Zähne), dann Brodfladen, Pasteten, Zuckerwaaren in allen Farben.

In den Waffenhandlungen hängen alte Gewehre, Schwerter,
Dolche mit türkisblauem Griff, Rüstungen und Messer. — Melikow
überraschte mich mit einigen, ganz nutzlosen Einkäufen. „Gefällt Ihnen das Ding nicht?" „Ja!" „Aber Sie finden es theuer!
Gut; ich schenke es Ihnen aus meiner Tasche."

Tausende erfüllen die Bazare, Arba's, grinsende Kameele,
zottelnde Esel drängen sich durch die zwei Klafter breiten,
doppelt so hohen, überall eingeengten Gänge. Da ein Damenpaar,
schwarz verschleiert, in blauem Gewande hoch zu Ross; hier
Doppelreiter in Regenbogenfarben; ein Berittener, ein lebendes
Schaf vor sich.

Welcher Lärm, welche Farben! Was zuerst besehen, wohin
früher schauen? Waffen, Zelte, Gewebe und Stickereien, Zinnschüsseln
und Thonkrüge, Obst, Zuckerwerk, Wolle, Getreide — ringsum die
feilschende Menge; Leute, die hämmern, drehen, klopfen, schreien,
als seien alle hunderttausend Einwohner der Stadt versammelt.

Und doch wandere ich unbehelligt allein umher unter den
„wilden" Bocharen, indess Melikow und der Diener abseits einkaufen. Alle sind unbewaffnet; welcher Gegensatz zum russischen
Kaukasus, wo jeder Knabe seinen Kindshál trägt! So sicher
der einzelne Reisende im Banne des russischen Adlers die asiatische Steppe durchstreift, so ruhig vermag ich hier in der Brandung der Volksmenge einherzugeben, ja mitten im Bazar zu
zeichnen. Freundlich wischt ein Zuckerhändler den Rand seiner
Nische ab und winkt mir niederzusitzen.

Russische Waare ist bereits vielfach zu erblicken; noch
immer aber sucht man vergebens russische Läden oder Firmatafeln der russischen Comptoirs an den Sarais. Wenige Jahre
noch, vielleicht ein Aufstand unter den leicht entzündlichen
Bocharen, und auch die cyrillischen Schriftzeichen werden an
diesen Mauern sichtbar sein.

Bis jetzt ist erst ein Dutzend russischer Firmen hier etablirt,
darunter die „Nadjeshda", deren Vertreter auch das Welthaus
Thonet hier repräsentirt, die Brodski'schen Zuckerfabriken,
„Kaukas und Mercur", die mittelasiatische Handelsgesellschaft von
Kudrin. Ich hatte Gelegenheit, zwei dieser Comptoirs wiederholt zu
betreten. Auf die „Nadjeshda" lautete mein Creditbrief; sie übernahm auch die Spedition meiner, freilich monatelang erwarteten

Einkäufe. Bei „Kudrin" bewirthete uns der Angestellte, ein
Tatar, mit Thee, und führte uns — verstohlener Weise, das Betreten der Dächer oder gar der Minarets ist in Bochara den
Europäern noch immer streng verboten — auf das Dach seines
Hauses; von hier zeigt der Rundblick die hohen Kuppeln, die
flachen Dächer, die zahllosen Storchnester der Stadt, den Palast
des Emirs, das grünende Land rings um die Wallmauern.

Persien, Indien, Afghanistan und Chiwa haben Handelsver-
bindungen mit Bochara. Am bedeutendsten ist jene zwischen
dem Emirat und Russland; die Einfuhr nach Bochara betrug 1887
etwa 16¼ Millionen Rubel, die Ausfuhr von Bochara nach
Russland 15 Millionen Rubel. Erstere begreift Eisen, Glas, Zucker,
Porzellan, Leder, Kurzwaaren u. A. in sich; letztere Baum- und
Schafwolle, Seide, Därme, getrocknete Früchte, Lammfelle von
Karaköl, die bei uns unter der Bezeichnung „Astrachan" (vgl. S. 165),
in Russland unter jener von „Karakulj" gehen; endlich (für
45.000 R.) Teppiche (Vgl. Heyfelder, Russ. Revue, 17. Jahrg.
3. Heft).

Die Teppiche, welche ich, nach dem Besuche bei Kudrin
in den Bazar zurückkehrend, besichtigte, sind ungemein schmutzig
und ihres Ruhms kaum würdig.—Ausgezeichnet sind die Zelte,
aussen lichtgrünes Baumwollzeug, innen schöne vielfarbige Muster,
Halbseide und Baumwolle. Ein solches Zelt, für zwei Betten gross
genug, kostet etwa 60 fl. ö. W. Die russischen Officiere — bekanntlich camplrt das Militär in Russland zur Sommerzeit unter
Zelten — sind häufige Abnehmer für diesen Artikel. (Ueber den
Handel längs der Transkaspischen Bahn, über die Seide, die
Teppiche und Zelte von Bochara vgl. den Anhang).

Herrlich sind auch die mit goldenen und silbernen Ranken
bestickten, rothsammtenen Schabraken; für ein neues Stück derselben forderte der Verkäufer 130 Rubel. Ich erwarb ein schon
benütztes Exemplar (s. Abbildung S. 373, 6) für 10·50 Rubel.

Ein paar Messer, die Griffe mit Türkisen und Almandinen
besetzt, mit schöner, gewässerter Klinge erstand ich für 19 Rubel.
(s. Abbildung S. 373, 3) Sie wurden als afghanische Arbeit bezeichnet.

Unter der Menge im Bazar fielen uns die kräftigen Figuren
der Afghanen auf und die eigenthümliche Tracht der bocharischen Juden. Diese sind noch immer einer Kleiderordnung
unterworfen. Sie tragen eine Art Czapka aus pelzverbrämtem,

Straßenbild aus Buchara.

schwarzen Atlas und den Gabardin (Kaftan). Der Kopf ist rasirt,
bis auf die Seitenlocken. Ob das Verbot, statt des vorgeschrie-
benen Strickes einen Gürtel zu tragen, noch in Kraft ist, vermag ich
nicht zu sagen. — Mit dem Vorschreiten wahrer Cultur wird, wie
überall, auch in Bochara der Antisemitismus verschwinden müssen!

Gegen Abend ritten wir mit Heyfelder und dem Achor-
baschi (Stallmeister) in das Judenviertel. Der Himmel, Früh
grau und dunstig, zeigte jetzt seifige Wolken in tiefem Blau. Unverschleierte jüdische Frauen und eine Schaar Kinder erfüllten
die Gasse vor Aron ben Gassow's Haus. In Vertretung des ab-
wesenden Patriarchen führte uns dessen Sohn, ein schöner Knabe
mit langem, blonden Haar in das äusserlich unscheinbare, innen
einen grossen Saal mit persischen Wandmalereien enthaltende
Haus. Ich konnte beobachten, welche Popularität Dr. Heyfelder
hier unter der jüdischen Bevölkerung genoss.

Aber auch die bocharische Bevölkerung entwickelt immer
mehr Zutrauen zu dem menschenfreundlichen, hier dem einzigen
europäischen Arzte, der in Ausübung seines Berufes in die
Lage kommt, auch in das Innerste der Behausungen zu gelangen
und verschiedene Seiten des Familienlebens, des Charakters und
der Sitten des Volkes eingehend kennen zu lernen, welche sonst
Fremden unzugänglich sind. Die anfängliche Scheu der Eingeborenen vor Operationen mit dem Messer ist gewichen, und
schon zeigen sich auch Frauen während der Ordinationsstunden
im Hofe des Possolstwo, wo Morgens oft 40 Patienten versammelt sind. Zu der Beliebtheit Heyfelder's unter den Bocharen
trägt der Umstand bei, dass sich der europäische Arzt von
der bereits Seite 333 erwähnten Koryphäe Unterricht in der
Heilung der Rischte ertheilen liess; seine Bestrebungen, zunächst für die hiesige europäische Colonie und mit den von
ihr aufgebrachten Geldmitteln in Bochara eine Apotheke zu
Stande zu bringen, machen Heyfelder auch bei den Russen in
Bochara beliebt.

Am nächsten Tage waren die zwanzig Ural-Kosaken en
parade; ihr Oberst und der General Fürst Galitzyn waren angekommen. Galitzyn, den seine Würden als Obersthofmeister und
Senator in Petersburg festzuhalten pflegen, hatte seinen Urlaub
zu der Landreise von Orenburg nach Taschkend und Samarkand,
endlich hierher benützt. Seine verwandtschaftlichen Beziehungen zu
einer österreichischen Familie, den Grafen Rumerskirch, führten

unsere Gedanken in meine Heimat. Mit „Zdarówje rebjata" (Grüss'
Euch, Bursche!) begrüsst der Fürst die Kosakenreihe, als wir auf
den Hof treten. „Zdarówje shélajem wasche Wissokoprewos-
schodlteljstwo!" (Wir wünschen Gesundheit, hohe Excellenz) schallt
es im Chor zurück. Mit den Ankömmlingen, Heyfelder und dem
Dragoman Mirbadálew reiten wir, einige Hofcavaliere in getigerten
Chalaten vorauf, durch die Stadt. Einer von der Kosakenescorte
ist beauftragt, Almosen zu vertheilen. Zu Dutzenden kauern
wimmernde Bettler, mit Napf und Stab in der Hand, an den
Wänden der dumpfen, schmalen Gässchen. Auch alte, hässliche
Weiber betteln in den Seitengässchen; unverschleiert, weil alt und
hässlich, was der Koran gestattet, vorausgesetzt, dass sie nicht
auffälliges Wesen zur Schau tragen.

Auf dem Rhigistan, an den Wänden der aufragenden Moscheen, auf den Treppenstufen der Teichränder, unter den Buden,
Bäumen und Schirmen wimmelt es von Menschen.

Meine militärischen Begleiter danken lächelnd den saluti-
renden bocharischen Kriegern. Diese tragen eine Pelzmütze rothe Stiefelhose, schwarzen oder carminrothen Rock mit
Achselklappen und Krummsäbel an schwarzledernem Schulter
band.

Prasselndes Fett und schmorendes Fleisch verbreiten qual-
mende Düfte. In den Verkaufsbuden sehen wir glänzende Strähne
der einheimischen, berühmten Seide, gefüllte Schläuche, bocharisches Geschirr: grauglasirte, originell gemusterte Gefässe und
Platten: reichbemalte Teller und Schüsseln.

In einer tiefen Schüssel von 60 cm Durchmesser ist grün-
liche, fette Kuhmilch. (Weit wichtiger als die Rinder sind die
Schafe für Bochara, den bedeutendsten Markt Centralasiens in
dieser Hinsicht).

Prachtvolle Weintrauben mit weissen, süssen Beeren sind
als überquellender Kranz auf Holzteller gelegt oder liegen in
den viereckigen. an den Oberwinkeln mit Knäufen versehenen
Holzkästen, in welchen die Esel und Kameele sie herbeitragen.
(1 kg Trauben kostet 2·4 kr. ö. W.) Obst ist allbeliebt und
vortrefflich in Bochara: überall sieht man zwischen den Theetrinkern Leute, die Arbusen (Wassermelonen) essen, stundenlang
Pfirsich- oder Melonenkerne knuspern. Die Aprikosen des Landes
sind weithin geschätzt, die Pflaumen vortrefflich. Die Trauben
liefern auch Weinsyrup und Rosinen. Die Melonen Centralasiens

rühmen bereits Marco Polo und Ibn Batutah (S. 349). Vambéry preist insbesonders die Melonen von Chiwa.

Orangefarbene Flaschenkürbisse, lange Schnüre saftiger Granatäpfel, meterlange, stückweise von Pflaumen und gelben Blumen geflochtene Zöpfe hängen an den Seitenstangen der Läden hinab. Im Bazar werden auch glattes Seidenpapier aus Chokand, Schreibrohre, wasserblaue, 4 cm hohe Tintenfässchen und Manuscripte in farbigen Einbänden feilgeboten. *)

Heute, bei meinem zweiten Besuche der Marktstadt, gliedert sich schon das Getriebe des Bazars etwas vor meinen Augen; gewisse Läden dienen als Anhaltspunkte für die Uebersicht und Eintheilung. Die Reihe der Waffenhändler scheidet sich von den Zinngiessern und Kupferschmieden (eine Kanne bocharischer Arbeit zeigt die Abbildung S. 373, 5); die Lebensmittel sondern sich nach Gruppen; ein Heu-, ein Kohlen- und ein Mehlmarkt wird festgestellt. Hier kauft man Zuckerwaaren, da Brod und dort Früchte. Rechts Sammt, links Baumwollzeug. Vor uns liegt Tabak, in den dämmerigen Kammern hinter uns schaffen die Teppichhändler. Freilich greift Eines in das Andere über, erscheint an diesem Platze, und dann an einem zweiten und dritten; allein eine gewisse Orientirung habe ich mir nun schon zu eigen gemacht.

Interessant sind die Geldwechsler mit den Vorräthen an fremden Geldstücken und an Tengi und Pul, den silbernen und messingenen Münzen Bochara's; wie schreien die Wechsler, und wie eifrig rechnen sie! Der Curs ist hier sehr schwankend (4 bis 10%). Drei- bis viermal im Tage wechselt der Curs von Rubel gegen Tengi **), (normal 1 : 4) auf Telegramme von Moskau her. Noch etwas. „Monsieur, notez ça!" mahnt Melikow: Ein Postamt gibt es nicht im Emirat und daher auch keine bocharischen Briefmarken. Die Briefschaften holt ein Bote vom Bahnhofe ab; die Einrichtung scheint aber unzuverlässig: eine von mir an Heyfelder auf der

---

*) Ich erwarb hier eine buchförmig gebundene, persische Handschrift, welche ich Vambéry überreichte. Dieser schrieb mir darüber Folgendes: „Die Handschrift enthält den zweiten Theil des von Schereffeddin Ali Jesdi über das Leben und Wirken Timur's (Tamerlan's) verfassten Werkes, einer wichtigen historischen Quelle, die im vergangenen Jahrhundert von Petit de la Croix in's Französische übersetzt worden ist, aber als Originalarbeit, namentlich bezüglich der Varianten noch immer von Interesse ist." — Der englische Reisende Lansdell kaufte 1882 in Bochara einige Bücher unter der Hand und fügt bei, dass dies Geschäft offenbar geheimgehalten werden musste. 1888 lagen Manuscripte ganz offen zum Verkaufe im Bazar aus.

**) 1 Tilla (Gold) = 20 Tengi (Silber) nominal à 64 Pul (Messing).

Station Bochara eingelegte Correspondenzkarte kam erst sechs Tage später an. — Die russischen Kaufleute holen ihre Post-sendungen etwa alle Wochen einmal in Tschardshui ab, wo ein regelmässiger Dienst stattfindet.*) Dem russischen Telegraphen, der im Mai 1888 Bochara erreicht hat, folgt wohl bald ein russisches Postamt nach.

Vom Bazar begaben wir uns auch heute wieder ins Comptoir „Kudrin", wo wieder Thee mit Warenje (eingemachtem Obst) servirt wurde. Im Bureau zurückgeblieben, indes die neuen Gäste das Dach bestiegen, versäumte ich deren Abritt und jagte nun, den Kosaken, welcher mein Pferd gehalten hatte, vorauf, durch den vollen Bazar und die engen Strassen dem Possolstwo zu. Lachend schwang der Kosak seine Nagaika, laut schrie er die Leute auf unserem Wege an, wie wir so dahin-sprengten. Des Warnungsrufes ungeachtet kamen Zwei durch unsere Pferde zum Falle; ein Trupp beladener Esel scheute, warf die Last ab und floh, von den schreienden Treibern verfolgt.

Ich kam eben recht zu dem Festessen, das der Mirachor dem Fürsten Galitzyn Mittags auftragen liess.

Hier das Menu:

Suppe mit Kohl; Hammelfleisch; Schöpsennieren, sauce piquante; Pilaw mit Rosinen, Fleischstückchen und Schaffett; Ome-lette mit Confituren; gebratene Hühner; Pistazien, Mandeln, Weinbeeren, Zuckerwerk, darunter eine Art zu Zucker gewor-dener Zwirnsträhne; Pfirsichkerne. Dies alles war auf zwanzig Platten und Schüsseln, in Riesenportionen, auf dem langen Tische im Festsaale des Possolstwo aufgestellt; daneben standen als Geschenk drei Kistchen Candis und drei kleine Zuckerhüte aus der gräflich Bobrinskij'schen Fabrik, welche in Bochara durch das Odessaer Haus Brodski stark zurückgedrängt wird.

Unsere Wiener, die grossen Verächter von Schöpsenfleisch, müssten hier zu Lande tagtäglich mindestens zweimal davon essen. Ein Reisender muss einen guten Magen haben, heute hungern, morgen einer überreichen, doch oft unappetitlichen Küche alle Ehre anthun. Kein Wunder, dass wir sofort nach diesem

---

*) Eine am 14. October in Tschardshui mit dem nach Usun-ada abgehenden Zuge abgefertigte Correspondenzkarte wurde dem Adressaten, meinem Freunde Ministerial-Secretär Dr. Scharff, am 25. October 6½ Uhr Abends in Wien zugestellt; sie lief sonach nur 11 Tage.

Déjeuner dînatoire uns an die Sakuska und das gute Essen der Gesandtschaftstafel machten.

Am Abend ging es aus dem ewigen Staube der Stadt vor's Thor. Der Knabe Aron ben Gassow's, des reichsten jüdischen Händlers von Bochara, bestieg, aus dem Judenviertel herbeigeholt, seinen Esel, um uns in den Garten seines Oheims Sion ben Gassow zu geleiten. Die Einwohner Bochara's halten sehr viel auf Gärten; doch liefern diese keinen Ertrag, so dass sie in's Vermögen nicht eingerechnet werden und nur als Lustorte dienen. Der Gemüsebau hat sich in den letzten Jahren durch Einführung neuer Nutzpflanzen, wie der Kartoffel, erweitert. Ben Gassow's Garten war von hohen Mauern umgeben, von Canälen durchquert und zur Ueberstauung vermittelst Erd- und Holzschleusen eingerichtet. Hohe Reblauben durchzogen ihn. In den dazwischen liegenden Stücken standen Granat-, Mandel- und Feigenbäume; auf anderen Beeten waren Quitten, Aprikosen, dann Balsaminen, Rosen, Basilicum und andere Blumen gepflanzt. An einer Seitenwand erhob sich ein offenes Sommerhaus: die innere Bemalung in persischem Style zeigte grosse, vielfarbige Bouquets.

Der Garten bot frisches Grün und Baumschatten, staubfreie Luft, Ruhe und Blüthenduft; Erquickung nach dem Aufenthalt in der lärmenden, dumpfen, von einer hässlichen Staubwolke eingehüllten Stadt.

Von hier ritten wir um die Mauern Bochara's, Bastelen mit Eckthürmen, etwa 8 m hoch, angeblich 10 km im Umfang; diese Wälle sind, heisst es, zuerst 830, in ihrer jetzigen Form aber 1234 errichtet. Stark besiedelte Vororte, Gärten, Felder, der Bewässerung halber mit den bekannten Dämmen umgeben, von Canälen durchkreuzt, bilden einen grünen Kranz um die graue Stadt.

Man erntet hier mit Zuhilfenahme der Zwischenculturen drei- bis viermal im Jahr. Die vierte Saat erfolgt im September, deren Ernte im November und liefert, wenn sie nicht ausreift, Viehfutter. Nach dem Pflügen wird gesäet, mit Ackerschleifen und Aehnlichem geglättet, dann Compost und Erde aus den Kurganen (Grabhügeln), deren Salpetergehalt man auf diese Weise ausnützt, aufgestreut, um so bei der nächsten Bewässerung der jungen Pflanze für das erste Wachsthum Nährstoffe zu schaffen.

Gebaut werden: Weizen, Sommer- und Wintergerste, *) Mohrhirse (Dhugara), Sojabohnen, Baumwolle, Tabak, Hirse, Klee

---

*) Vgl. den Bericht der Samencontrolstation im Anhang.

und zwar Luzerne*) und weisser Steinklee, sogenannter „Bocharaklee", Gewürz- und Färbekräuter, dann Oelfrüchte (Sesam, Hanf, Lein), Knoblauch, Zwiebel, Pfeffer, Möhren, endlich Melonen und Arbusen.

Der weisse Klee (Melilotus arguta) wurde zuerst 1828 von Greiz aus unter dem Namen Bocharaklee als die beste Kleeart für magere Böden empfohlen; er gibt zwar eine gute Schafweide, als Trockenfutter kann er jedoch seines starken Geruches und bitteren Geschmackes wegen nicht unvermengt gefüttert werden. Wie mir Herr Weinstock, der Vertreter der „Nadjeshda" in Bochara mittheilte, findet ein Export von „Bocharaklee" nicht statt.

In Bochara kann die Luzerne (medicago sativa) fünf- bis sechsmal im Jahre und öfters, von März bis December geschnitten werden,**) falls Wasser genug in den Canälen ist, um sie nach erfolgtem Schnitte zu tränken. — Der Klee wird in Bochara Jondscha genannt.

Vor Schluss des Thores ritten wir durch den Bazar nach Hause. Die Läden sind bereits geschlossen. Alles ist still und leer, nur einzelne Lämpchen und Laternen flattern in Bazar und Strasse. Dunkle Gestalten schleichen an den Wänden oder sitzen stumm und unbeweglich auf den Thürschwellen. Der Mondschein verdeckt den Schmutz, verklärt die Formen der barbarischen Stadt.

Die Gefängnisse, in denen so mancher Europäer geschmachtet oder den Tod gefunden hat, und die auch jetzt noch von unglücklichen Eingebornen erfüllt sind, werden nur selten gezeigt. Am ersten Tage hiess es, sie seien unzugänglich, die Schlüssel habe der Emir an sich genommen. Dann aber, auf Galitzyn's nachdrücklichen Wunsch hin, fanden sich plötzlich die Schlüssel. Ob die schrecklichsten dieser finsteren, von Ungeziefer erfüllten Kerker gezeigt wurden, ist zweifelhaft; die den Ankömmlingen vorgewiesenen sind arg genug. Galitzyn durfte den Gefangenen für 3 Rubel Brod vertheilen lassen. Die letzten Europäer, die in den unterirdischen Kerkern der Burg von Bochara den Tod fanden, waren die Engländer Capitän Conolly und Oberst Stoddard († 24. Juni 1842). Nach dieser Zeit betrat von europäischen Reisenden nur noch 1844 Dr. Wolff, der Vater des jetzigen britischen Gesandten in Teheran, Sir Henry Drummond Wolff,

---

*) Vgl. den Bericht der Samencontrolstation im Anhang

**) Dasselbe berichtet schon Columella über die aus Medien zu den Römern gelangte Luzerne, herba medica.

die Stadt Bochara, welche für Europäer dann 20 Jahre lang un-
nahbar blieb, bis es Vambéry, als Derwisch verkleidet, 1863 gelang einzudringen und neue Nachrichten über Bochara zu geben.

Nahe am Possolstwo liegt ein Gebäude, in dessen Hofraum
Irrsinnige tagüber an Pfähle gefesselt sind, um Nachts in die
Seitenkammern eingesperrt zu werden; die Anverwandten der
Unglücklichen tragen ihnen ihre Nahrung zu.

Solche Schreckensbilder, die Willkürherrschaft grausamer
Tyrannen, ihre Cabinetjustiz, die Aussaugung und Bedrückung des
Volkes, dessen Fanatismus und seine Lasten werden in wenigen
Jahrzehnten unter dem Einflusse des russischen Supremats geregelten Rechts- und Steuerverhältnissen und einer gewissen Civilisation weichen; mit dieser zieht freilich immer ein gewisser Boden-
satz neuer Unsitten in ein neu erschlossenes Land. So wird man in
Bochara, wo bis jetzt von alkoholischen Getränken nur der Bedarf
der kleinen europäischen Colonie (etwa 150 Russen leben hier,
theils in der Agentie, theils als Angestellte der Niederlagscomp-
toirs u. s. w.) Einlass finden darf, bald auch unter den Eingeborenen den Branntweingenuss, das Treiben weiblicher Halbwelt verbreitet sehen. Betreffs des gegenwärtigen Sittenverfalls der Bevölkerung Bochara's (vgl. S. 333) deutlicher zu werden, sei mir
erlassen.

Die Männer tragen Turbans, weite Chalate, Pluderhosen
und hohe Schafstiefeln mit spitzigen Absätzen. Die Frauen
gehen hier in der Gestalt formloser Kleiderpäcke einher; ein
schwarzer Rosshaarschleier verhüllt das Gesicht, ein blauer, weiter
Chalat (Tschadr) bedeckt den Körper, die losen Aermel fallen
zusammengeknüpft über den Rücken; hohe Lederstiefel bilden die
Beschuhung. Unter den Hüllen gibt es wohl auch elegantere Figuren.
Im Bazar sieht man Schmuck, seidene und goldgestickte Kleidungs-
stücke für die Frauen der Reichen. — Die kleinen Mädchen, bis
zum zehnten Lebensjahre unverschleiert, schwarzäugig und von
dunkler Hautfarbe, tragen lange Röckchen über kurzen, rothen
Höschen und bunte Käppchen; das Haar ist in dünne Zöpfe geflochten (vgl. Abbildung S. 383).

An einem Abend sass ich, in interessante Gespräche über
Bochara vertieft, bis tief in die Nacht mit Heyfelder im Garten
des Possolstwo. Durch die laue Luft zog es wie Wetterleuchten.
Man hörte nichts als das leise Rauschen der Blätter und den
trockenen Klang der klopfenden Bazarwächter.

Med. Dr. Oskar Ferd. Heyſelder, als Sohn eines hohen russischen Sanitätsofficiers deutscher Abstammung zu Boppard am
Rhein geboren, machte in russischen Diensten rasche Carrière. 1880
Chefarzt der Achal-Tekke-Expedition, nahm er an der Seite
Skobelew's und Annenkow's an dem Sturme auf Gök-tepe theil und
trat mit Beiden in ein freundschaftliches Verhältniss. Den bei der
ersten, scharfen Recognoscirung vor Gök-tepe verwundeten, für
seine Bravour mit einem Ehrensäbel ausgezeichneten Annenkow
hat damals Heyſelder verbunden. — Nach Skobelew's Tode ver-
öffentlichte Heyſelder (inzwischen zum Sanitätschef der Transkaspischen Militärbahn ernannt und in dieser Charge verdienst-
voll wirkend) eine Biographie des populären Generals, dem er
äusserlich zum Verwechseln gleich sah. Mit dem Titel eines
Staatsraths und zahlreichen Orden geehrt, trat Heyſelder 1887
von seiner bisherigen Stellung zurück und lebt seitdem, der
Agentie als Arzt zugetheilt, in Bochara, dessen Zustände und
Verhältnisse er wiederholt eingehend dargestellt hat. Der Verkehr mit dem geistvollen Manne, den ich als den Vertrauensarzt
der k. und k. Botschaft durch Baron Aehrenthal bereits in Petersburg kennen gelernt hatte, war äusserst anregend und lehrreich.

Die bei ihm abgegebenen Visitkarten der Reisenden bilden
das Fremdenbuch von Bochara. Er kannte Bonvalot, den tollkühnen Uebersteiger des Pamirplateaus; Vogüé, den Schwager
Annenkow's; Dobson, den Reporter des „Standard"; Prshe-
walskij u. s. w. Er erzählte von Landsdell, dem unermüdlichen
Missionär in Centralasien, wie dieser eines Morgens, zur fest-
gesetzten Stunde hinsichtlich aller am Vorabend gemachten Zu-
sagen getäuscht, klagend ausgerufen: „Es ist Sechs! Wo ist
mein Thee, mein Wagen, wo Rubinstein?" Der gute Landsdell
hatte vergessen, dass eine freundliche Zusage oft schon an und
für sich einen Werth besitzt, der die factische Erfüllung ersetzen muss.

Rubinstein, der Sohn des berühmten Künstlers, diente damals
als Junker eines Kosakenregiments unter Annenkow und war
Landsdell zugetheilt worden; der flotte, junge Mann hat — beiläufig gesagt — von seinem Vater das musikalische Talent er-
erbt, übt es jedoch nur im leichten Genre aus.

Auch von Annenkow hörte ich, von seiner Umsicht und
Unermüdlichkeit, seiner Fürsorge für die Mannschaft und seinen
Plänen über die weitere Entwicklung des Landes.

Dann von Skobelew, der, selbst nie verwundet, im Kugel-regen, bei Sturm und Attaque kühl bis ans Herz hinan seine Officiere und Soldaten zu heldenhafter Tapferkeit zu entflammen gewusst.

Von Gök-tepe wurde gesprochen, dessen Erstürmung eine Lebensfrage für den Bestand der russischen Macht in Turkmenien gewesen; diese blutige Erstürmung, oft in den grausigsten Farben geschildert, hat die Grenzen militärischer Operationen nicht über-schritten, wie dies Heyfelder in einem Schreiben an den „Pester Lloyd" 1888 klargelegt hat.

G. Curzon hat kürzlich auf Grund von privaten Mittheilungen Heyfelder's dem englischen Publicum allerlei über Skobelew berichtet, theils Missverstandenes, theils Tendenzlöses, theils ver-traulich Ausgesprochenes; ein willkommener Anlass für die Nowoje Wremja, über Heyfelder herzufallen, dessen wissenschaftliche und publicistische Leistungen diesem Pionnier in Mittelasien selbst, wie auch ganz Russland nur zur Ehre gereichen.

Ohne Skobelew für fehlerlos zu erklären, hat Heyfelder in seinen „Erinnerungen eines Arztes" (in der Russkaja Starina) Bedeutsames zur Charakteristik des Generals vor die Oeffentlich-keit gebracht.

Dass nun ein chauvinistisches Blatt auf die ungenaue Relation eines Reisenden hin Demjenigen, der aus langjähriger Erfahrung wahrheitsgemäss die Vorzüge und Schattenseiten Skobelew's be-leuchtet, diesen als historisches Relief skizzirt, plötzlich Impietät gegen Russland und dessen Grössen vorwirft, als sei Skobelew ein Heiliger, den zu besprechen, anzuzweifeln, zu tadeln eine Sünde wäre, muss Jeden, der Heyfelder's unparteiische Auffas-sung kennt, mit Verwunderung erfüllen.

Auch Ibn Batutah, der berühmte Reiseschriftsteller des 14. Jahrhunderts (1325 bis 1375) wurde im Verlauf unseres Ge-spräches citirt.

Er schildert die Bewohner Bochara's, das innerhalb 56 Jahren (1230 bis 1276) von den Mongolen dreimal zerstört worden, als falsch, ungerecht und unverschämt.

Ernstes und Heiteres in bunter Reihenfolge, immer charak-teristisch und merkwürdig, entrollte sich an jenem Abende vor mir. Manches mit dem Reize interessanter Anekdoten, Anderes voll von Streiflichtern auf die markantesten Persönlichkeiten der Gegenwart Centralasiens — „verschweigt des Sängers Höflichkeit".

Bochara verlassend fahren wir immer dem südlichen Rand der Culturregion entlang, am linken Ufer des Serefschan, dem die Bahn jenseits der Station Bochara erst hinter Kermineh, einer blühenden Stadt (nordwestlich von der gleichnamigen Station gelegen, mit 16.000 Einwohnern in 2000 Häusern), und zwar bei Sia-eddin näher kommt.

Die Station Sia-eddin, im Villenstyl mit einer Veranda, ist von Traubenverkäufern umlagert, lieblich zerrissenen, anmuthig schmutzigen Burschen. In einem Anschlagzettel kündigt hier der Agronom Gulisambarow zu Kisil-Arwat den Verkauf von Eiern der Seidenraupe an, das Kilogramm dieser Grains, aus Frankreich bezogen, nach Pasteur's Selectionssystem präparirt, zu 122 Rubel. (Die Fleck-Krankheit des Seidenwurms ist hier häufig, sie heisst auch hier pébrine.) Ein Kilogramm Seidencocons kostet etwa ½ Rubel.*)

Kahle Höhenzüge, der Tjurjatacht, dann der Ak-tau, erscheinen nun links, nördlich und, hier immer mehr anschwellend, auch rechts, die Fläche begrenzend, die wir durchfahren.

Das nahe, südliche Gebirge liefert schönen, weissen Kalkstein, der leicht zu bearbeiten ist; von Bochara an sind nicht nur die grösseren Bahnhöfe, sondern auch die Wohngebäude der Beamten u. a. schöne Bauten aus Bruch- und Haustein, mit Risaliten und Pilastern.

Linkerhand sendet auf der Weiterfahrt ein endloser Streifen von Bäumen und Büschen mit lichten Gebäuden dazwischen, längs der Rinnsale, als Ausläufer einen Weidenhain und kahle Maulbeerbäumchen zum Bahndamm heran.

Kleeschläge, Hirse-, Reis- und Dhugarafelder folgen. Mitten auf der Strecke bleibt der Zug stehen und nimmt aus den mitgeführten Tonnen Wasser ein. Kahle Flächen wechseln dann ab mit üppigen Wäldchen, Tabak- und Baumwollfeldern um freundliche Dörfer. Unzählige, 2 m hohe, cylindrische Lehmthürmchen dienen als Piedestale für die Feldwächter, welche von hier aus, wie im Nilthal, durch lautes Geschrei die Vögel von den Feldfrüchten verscheuchen. Ziegen weiden am Saume der Wäldchen. Am Horizont wirbelt gelbbrauner dichter Staub auf; hinter den Reitern auf der Strasse züngelt eine grosse Staubwolke empor.

Bei der Station Tugaj-Rabat, nunmehr (seit 1888) zur Erinnerung an die Entscheidungsschlacht General v. Kauffmann's

*) Die Durchschnittspreise für Grains waren 1889 in Görz 200 bis 400 fl., für Cocons 1 fl. 46 kr. bis 1 fl. 70 kr. pro Kilogramm.

über die Bocharen (1. Juli 1868) in Sara-bulak umgetauft, verlassen wir das bocharische Gebiet um wieder russisches, die Provinz Turkestan zu betreten.

Auf der Höhe von Sara-bulak endet die lange, üppige Insel Miankal welche die beiden Hauptarme des Serefschan, der Ak-derja und der Kara-derja, bilden.

Längs des Narpuj-Canals, welchen der Kara-derja speist, erreichen wir Kättä-Kurgan, mit der alten Festung und etwa 8000 Einwohnern*).

Von hier ab geht die Strecke südöstlich in Schlangenwindungen am Fusse der Berge über Nagornaya und Dshuma, vorbei am Herbstlager der Kosaken, zum Ziele meiner Reise: Samarkand.

---

*) Bei Kättä-Kurgan fand Professor Fedschenko die boa tatarica (Eryx jaculus, David); die meisten der im Serefschanthale vorkommenden Schlangen sind nicht giftig. Ueber Fauna und Flora des Serefschangebietes vgl. Fedschenkos Mittheilungen im Turkestanischen Jahrbuche, 1873. In dem genannten Gebiete sind von Säugethieren anzutreffen: der Wolf, der Fuchs, der Tiger, der Luchs, der weissklauige Bär (ursus leuconyx), die Gazelle (antilope subgutturosa), der Zebu (bos indicus) u. s. w. Von Vögeln: der Geier (gyps fulvus), der Adler (aquila fulva), u. s. w.

4. ABSCHNITT.

Auf dem Bahnhofe trennen wir uns von unserem freundlichen Reisegenossen von Bakû her, dem Obersten Wissotzkij,
Commandanten des 19. turkestanischen Linienbataillons, der hier
stationirt ist, und von dem katholischen Feldgeistlichen, welcher
von Bochara ab unser Coupé theilte und nun mit der Post nach
Taschkend weiterfährt, wohin ihn sein Amt zu einem Regiment ruft.

Schon ist es spät am Abend, als wir, Butaków, ich und
Melikow, in einem guten Fiaker, dessen Kutscher allerlei Schick-
sale aus Warschau hierher verschlagen haben, vom Stationsgebäude in die Neustadt fahren. Auf der schönen Chaussée
geht es 5 *km* weit an zahlreichen Wasserläufen und Bassins, an
den beiden Brauhäusern, einer stattlichen Mühle, an wohlgesetzten
ärarischen Strohschobern vorbei in die von hohen Alleen ein-
gesäumten Strassen des russischen Samarkand. Wir steigen
im Centralhôtel ab. Ich copire die betreffende Anzeige:
> „Stadt Samarkand. (N. A. Pawizkij)
> Zentralnaya gostinnitza
mit Fremdenzimmern (Nomera), Table d'hôte, Buffet, Speisesaal,
Billardzimmer, Kegelbahn und Douchebad (1 Bad = 10 Kopeken).

Nahe der Badeanstalt, gegenüber der Börse, an der Ecke
der Kättä-Kurganstrasse gelegen.

Zimmerpreise: Nr. 1 2·50 Rubel; Nr. 2 1·75 Rubel; Nr. 3
und 4 1·30 Rubel; die übrigen zu einem Rubel."

Das ebenerdige Gebäude lag im rechten Winkel um einen
unsauberen Hofraum herum, welcher mit einem Durcheinander von
Wägen, Brennholz, Schoppen, Kehrichthaufen und Düngergruben
angefüllt war. Hier lag auch neben einem beschaulichen Winkel

die Küche, in die ich lieber gar nicht hineinsah. Zwei langhaarige Hunde rieben sich gähnend an verkümmerten Büschen.

„Nummer 1" der Passagierzimmer bestand aus zwei Gelassen: im ersten war ein Feldbett aufgeschlagen, das Melikow benützte, standen um den wackeligen Tisch ein Divan und zwei Fauteuils mit verdächtiger Polsterung; das genus Pulex irritans „und so weiter" ist in Asien nicht ganz unbekannt; im zweiten Zimmer des „Appartements" lehnte an der lange nicht getünchten Wand ein gichtbrüchiger Kleiderrechen; von dem Eisenbett warf ich sogleich Matratze und Decke ab. Daneben erhob sich auf wackeligem Dreifuss der Waschapparat mit schmutzigem Becken unter dem eingemauerten Wasserbehälter; da aber der Hahn absolut unbeweglich blieb, zog ich es vor, mein Kautschuklavoir und einen Krug Wasser als Reinigungsmittel zu benützen. Vorhänge, bunt aber zerrissen, erfüllten mühsam ihren Zweck, den Einblick in's Zimmer zu wehren. Der Tarif lautete: Ssamowar = 15 Kopeken, Licht = 30, Beefsteak = 40, Borschtsch (Rübensuppe mit kleinen Fleischstückchen) = 25, Sodawasser = 20, 1 Flasche Bier = 20 Kopeken etc.

Das Speiselocale wurde, wie ich hinterdrein erfuhr, seiner Stammgäste halber von der Gentry sorgfältig gemieden.

Gleich am Abende meiner Ankunft gab es hier im Gasthofe Ball „Maskerade". Entrée 1 Rubel. Damen in Costüm frei.

Der Rubel schreckte mich; so sandte ich Melikow aus, das Terrain zu sondiren. Er kam gratis in den Tanzsaal, kopfschüttelnd zurück. „Drei Masken, sonst nur Herren", meldete er.

Auf die Herren war ich wenig neugierig; das weibliche Terzett sollte mir nicht verborgen bleiben. Durch unsere offene Thüre sah ich in die benachbarte Garderobe. Da sass ein vollbusiges, rothhaariges Weib in blauem Flitterkleide in der Ecke, einen Kuchen in der Linken, ein Weinglas in der Rechten. Lächelnd sah eine blasse Brunette in schwarzem Domino mit halbgeschlossenen Augen über den Spiegel herüber, vor dem sie eben ihre Larve vorband. In heller, knapper Pagentracht, ohne Maske kauerte ein blondes Mädchen, fast noch ein Kind, erröthend und gesenkten Blicks auf dem Divan, bemüht, den Shawl über ihren Knieen festzuhalten.

Am nächsten Morgen begaben wir uns durch die breiten, schattigen Baumreihen zunächst zum Post- und Telegraphenbureau mit reinlichen, fast elegant ausgestatteten Räumlichkeiten, um Depeschen und ein Dutzend Correspondenzkarten

abzufertigen. Die russischen Correspondenzkarten kosten jetzt
sowohl für den Inlands- als auch für den Auslandsverkehr
3 Kopeken. Eine am 17. October aufgegebene Karte gelangte erst
am 7. November, also nach 21 Tagen, und zwar über Moskau nach
Wien. Ein Telegramm, das ich am 14. October um 6 Uhr 45 Minuten Früh (das Wort zu 89 Kopeken) aufgab, lief um 1 Uhr
5 Minuten Nachmittags, also schon nach 6 Stunden 20 Minuten
in meiner Heimat (Kwassitz bei Kremsier) ein. Auf eine zweite,
zur selben Zeit nach Petersburg expedirte Depesche hin ging die
Drahtantwort um 6 Uhr Abends ein und wurde mir noch um
11 Uhr Nachts zugestellt. Eine von Butaków nach Wladiwostok,
den grossen, russischen Hafenort am Stillen Ocean gesendete
Depesche zahlte pro Wort 5 Kopeken, ein Beweis für die Entwicklung des russischen Telegraphennetzes in Asien.

Breite, mit schattigen, bewässerten Alleen (Akazien, Ulmen und
Pappeln) geschmückte Boulevards bilden die Neustadt; seit
kaum zwanzig Jahren sind die Reihen hübscher Häuser enstanden,
die Bäume zu mehr als 10 Meter emporgeschossen. Jede Strasse
ist eine Allee, jedes Haus liegt in einem Garten; überall laufen
Wassergräben.

In den grünen Strassen — man sieht, meiner Treu! die
Stadt vor lauter Bäumen nicht — fanden wir reinliche Casernen,
ein grosses Krankenhaus, allerlei Läden und Comptoirs, ein
photographisches Atelier, eine stattliche, sehr saubere, auch hier
wie in ganz Russland mit dem kaiserlichen Doppeladler ausgezeichnete Kreisapotheke.

Die Strassen sind macadamisirt und werden fleissig besprengt. Petroleumlaternen sorgen für die Beleuchtung, zierliche
braune Pfeiler tragen die Strassennamen. Fiaker rollen vorüber;
es gibt keine Unnumerirten (jeder Wagen trägt auf einem Täfelchen seine Ordnungszahl), wohl aber eine Taxe: 50 kr. ö. W. pro
Stunde für Stadtfahrten. Erst ausser der Stadt beginnt das
Terrain für Accordirung oder willkürliche Taxüberschreitung.

Soldaten marschiren vorbei; allerlei Reiter galopiren die
Strasse entlang: zwei Männer auf einem Gaule, dann Ordonnanzen
des II. Uralkosaken-Polks, und ein Schimmelreiter in buntem
Chalat, glänzend wie ein Feuersalamander. Die mit Klee beladenen Arba's lenken Knechte, die auf dem Halse der Pferde
sitzen, so dass ihre Kniee fast den Kopf, ihre Zehen die lange
Gabeldeichsel berühren.

1. Turkmenen, Offiziere und Soldaten in Transkaspien — 2. Kosakenoffiziere. — 3. Reiter in Samarkand. — 4. Soldat vom Transkaspischen Schützenbataillon und Turkmene. — 5. Ingenieur. — 6. Lieutenant v. Sterwien. — 7. Turkmenische Miliz.

An der einen Seite des üppigen Stadtparks steht die vornehme Villa des Commandirenden, General Jafimowitsch, unweit davon das elegante Officierscasino Der General war auf Urlaub abwesend; den grössten Theil des hiesigen Officiercorps sah ich im Casino, wo ich, durch Lieutenant v. Butaków eingeführt, freundliche Aufnahme fand und meine Mahlzeiten einnahm. Das Lesezimmer enthielt ausschliesslich Zeitungen in russischer Sprache, sowie auch die Depeschen des hiesigen Correspondenzbureau. Der Officier du Jour und die meisten übrigen Herren hielten sich im Billardzimmer bei einer Partie „Kegel" auf oder sassen am Kartentische beim beliebten „Wint".*) In den Essräumen lag feines Gedeck auf; die Speisekarte war reichlich und preiswürdig, der Wein vortrefflich. Die Bedienung im „Wojennoje" oder „Dworjánskoje Ssobránje" (Militär- oder Adelsclub) besorgten stramme Ordonnanzen, selbstverständlich, wie auch die Officiere, durchwegs im weissen Rock.

Das Casino und der Stadtpark sind die hauptsächlichsten Erholungsstätten für das Officiercorps und die Beamtenschaft von Samarkand, für ihre Familien und die spärlichen Gäste.

Am Sonntag versammelte vor Abend die Militärmusik im Stadtpark die hiesige Gesellschaft; von Eingeborenen bemerkten wir nur einige Kinderwärter. Die Herren, fast ausschliesslich in Uniform, machten den wenigen, nach der neuesten Mode gekleideten Damen den Hof. Auch hier verlobt man sich, besitzt man böse Schwiegermütter und gutmüthige oder eifersüchtige Ehehälften, plaudert man von Büchern und Musik, von Bällen, Hüten, Toiletten und dem neuesten Scandal. Allüberall haben die Frauen das Vorrecht, schwach zu sein, und nehmen es ohne Zaudern in Anspruch.

Die Musiker spielten gar nicht übel Operettenmotive und Walzer von — Strauss. Der ganze Platz mit der Capelle, den Spaziergängern, dem Blumenparterre inmitten des prächtigen

---

* Wint (die Schraube), ein aus dem Whist hervorgegangenes Kartenspiel sibirischer Erfindung, welches seinen Namen davon hat, dass die zu machenden Tricks vorher nach gewissen Spielregeln angesagt werden und von den Gegnern überboten werden können (so dass das Spiel höher „geschraubt" wird), worauf diejenigen, welche das Spiel machen wollen, ihrerseits wieder mehr Tricks ansagen können etc. Macht man das angesagte Spiel nicht, so wird für jeden zu wenig gemachten Stich eine erhebliche Strafe angeschrieben Die schwache Seite des Spiels ist, dass durch das „Schrauben" die Lage der Karten und Farben sich zu sehr declarirt. C. v. Jürgens)

Gehölzes konnte ebensowohl in irgend einer Stadt jenseits der Wolga gelegen sein, als in Samarkand.

An einem Ende des Stadtparks liegt der, vom Gouverneur errichtete und erhaltene Pflanzgarten (pitomnik) mit mehr als 60.000 Setzlingen für die öffentlichen Gärten, die Bahnhöfe und Casernen; alle diese Anlagen bekommen je 1000 Stück gratis; anderweitig werden die Setzlinge mit 50 Kopeken pro Stück verkauft.

Ein Warmhaus birgt die zarteren Gewächse, der geräumige Pitomnik in bewässerten Beeten die robusteren. Das Verzeichniss wies u. a. auf: Allanthus, Akazien (gelb, weiss und roth), Artschá (Sadebaum), Bux, Hollunder, Buchen, Berberizen, Birken, Eichen, Granatbäume, Gleditschien, Harzföhren, Jasmin, Kastanien, Linden, Liguster, Mahonia, Nussbäume, zahlreiche Tannen und Fichten, Ahorn, Weiden, Cypressen, Chinarose, Spiraea, Mandel-, Birnen-, Aepfel-, Kirsch- und Pflaumenbäume, Pappelarten, Eschen, Hundsrose, Schwarzulmen (Karagatsch, Ulmus suberosa).

Das 1868 gegründete Weingut und die ausgedehnten Kellereien der Firma Philátow liegen unweit davon. Die Kellerhäuser (32·5 m lang, 4·9 m breit, 4 m hoch), sind aus Ziegeln, mit Holzdach. Darunter befindet sich ein ebenso grosser Lagerkeller. Hier liegen in langen Reihen auf Kanthölzern die Fässer, welche bis zu 35 hl enthalten. In zwei mit eisernen Ventilatoren ausgestatteten Oberräumen liegen die Pressen, von der „Weinlaube" in Klosterneuburg bezogen, mit Maschinenantrieb; ein Weinwärmer von der Kupfer- und Metallwaarenfabrik L. Fiala aus Döbling.

In diesen Räumen fanden wir einen russischen Popen, den Seelsorger von Samarkand als Käufer einer kleinen Partie Wein, einen freundlichen, starken Herrn mit dunklem Rock und Strohhut.

Seitengebäude dienen zur Spülung und Füllung der Flaschen, die früher in Kättä-Kurgan erzeugt wurden, jetzt in Nishnij-Nowgorod gekauft werden. Nahebei arbeiteten die Kistenmacher, auf Matten unter einer Veranda sortirten Sarten kleine, blaue Trauben.

Der Geschäftsführer, ein absolvirter Zögling der berühmten Weinbauschule Magaratsch (Krim), geleitet uns in den von hohen Mauern umfriedeten 35 ha grossen Garten, der in drei Terrassen absteigt. Wassergräben, 1 m hoch mit 34 cm Sohle, durchziehen die Anlage. Bewässert werden, namentlich im Herbst, die Stecklinge, dann bis 21. Juli die tragenden Stöcke, und zwar aus dem

Serefschan und dem Darghan. Auf dem ersten Absatz finden wir 250 cm hohe angepfählte Rebstöcke.

In Anwendung kommen: die Krimsche (tatarische) Methode und die sartische. Bei der ersten zieht man auf Beeten von 4·25 m Länge mit 1·40 m Reihenabstand Kachetiner auf Drahtrahmen mit bestem Erfolge, wobei die sonst fächerförmigen Triebe bei reichem Fruchtansatz auch unter der Horizontalen cultivirt werden, um die von der Erde ausstrahlende Wärme besser auszunützen. Ausser der krim'schen Methode kommt auch eine sartische in Verwendung: kurzer Schnitt; horizontal gezogen, erheben sich die Reben kriechend bis zu 79 cm Höhe.

Philátow erhielt von der Sorte Kisch-misch schon im dritten, ja selbst im zweiten Jahre Erträge, während die Sarten — von denen einzelne bis zu 3000 ha (?), allerdings unbewässertes Weinland besitzen sollen —, welche den Boden nicht vorbereiten und den Wein auf Klee folgen lassen, von dieser anspruchslosen Sorte nie vor dem dritten, bei anderen Sorten erst im vierten Jahre Ernten haben.

Die einheimischen Reben werden nur mit Muscat veredelt, sonst sind sie nach den Principien des reinen Rebsatzes strenge getrennt. Man beabsichtigt den Wein hier nach der Methode von Taschkend auf 3 m breiten und entsprechend hohen Lauben (tonnelles) zu ziehen. Diese Methode schützt die Trauben vor übergrosser Hitze, doch wird ihr Nachtheil darin gefunden, dass auch die Insecten, deren es in Turkestan noch zahlreiche unbeschriebene Arten gibt, ebenfalls hier Schutz suchen.*) An Parasiten kommt Oidium vor, die Phylloxera kennt man jedoch nicht.

Die in Turkestan cultivirten Traubensorten sind folgende:

1. Lalel, Tulpen (weiss).
2. Jekdanei (1 Kern).
3. Twiatschy (?) (sehr hart, zähe, compact).

---

*) Die Insecten Russisch-Asiens sind zum Theile gesammelt, bestimmt und beschrieben worden von: Sewertzow, Radde, Solskij, Erschow, General Komarów, Grube — Breslau, v. Linstorf — Hameln, Professor Friedrich Brauer und Dr. Gustav Mayr in Wien u. s. w.

Professor Fedschenko und seine Gattin haben sich die grössten Verdienste um die Systematik der Fauna und Flora Russisch-Asiens erworben. Die Flora hat Bearbeiter gefunden: vor Allen in Dr. E. Regel, dem Director des botanischen Gartens in Petersburg, dann in Dr Al. Regel, Semènow, Kessler, den Generalen Korolkow und Grodekow, Radde, Professor E. v. Martens — Berlin, Heinemann — Frankfort a. M., Clessin, u. s. w. (vgl. den wissenschaftlichen Anhang zu Landsdells Werk).

4. Sultanieh.

5. Kischmisch (ohne Kern).   } (weiss und roth).

6. Darajl (roth).

7. Tanassafedak (?) (Tschilegi; Taschkend, 15. Juni Ernte).

8. Tajisi, (roth, sehr gross).

9. Sajowby, (?) (roth, Stecklinge nach Taschkend·Methode).

10. Surchek, (roth).

11. Schakeranghur, Zuckertraube (weiss).

12. Wassargeh, (weiss und roth).

13. Bischti, die reifen (bocharische Sorte).

14. Bachtljârl.

15. Hussain, (7 Arten, weiss, roth, violett, schwarz, lang, cylindrisch, spitzig).

Die vorstehenden Namen, nach russischer Aussprache niedergeschrieben sind zum Theile, wie Vambéry erkläit, unverständlich, und daher mit Fragezeichen versehen.

Pro Hektar erntete man 1888 rund (240 bis 256 q). Der Grundpreis von 1888 war 1 bis 2 kr. pro Kilogramm. Philátow beherrscht durch hohe Einkaufspreise den Markt, 1887 zahlte er den Batman = 131·2 kg Trauben mit 4 Rubel (d. i. circa 4 kr. pro 1 kg), 1888 den Batman zu 3 bis 3·40 Rubel.

Nur 1 Tausendtheil allen Weines in Samarkand, circa 7000 Wedro (860 hl), ist rother. Die letzte Ernte lieferte noch weniger. Der rothe Wein soll, nach Ansicht der Sarten, bald trocken werden. Bei den Bocharen in den Bergen wird nur rother gebaut. Dort beginnt die Lese erst am 10. October, während sie um diese Zeit hier schon vollendet ist; dort werden die Reben über Winter nicht bedeckt, hier geschieht es.

Die Weinproduction Philátow's hat sich seit der turkestanischen Ausstellung zu Taschkend im Jahre 1886, zu welcher Zeit sie 9000 Wedro (1100 hl) im Werthe von circa 60.000 Rubel betrug, bedeutend gehoben. Seine Weine enthalten 13 Volumprocent Alkohol und werden in Flaschen zu 40 bis 60 Kopeken, in unserem Gasthause, wo sich ihn Melikow behaglich zu Gemüthe führte, zu 80 Kopeken, im Gebinde pro 1 l für 78 Kopeken loco Semi-Palatinsk (am Irtysch, Gouvernement der Steppe) verkauft. Das Erzeugniss der Eingeborenen wandert dahin und nach Sibirien.

Im Bezirk von Taschkend ist der Weinbau zuerst von Pawuschin und Iwánow in rationeller Weise cultivirt worden. Diese haben auch zahlreiche fremde Sorten aus Europa (Krim und

Frankreich) und aus Kachetien eingeführt. Die Preise stellten sich in Taschkend auf ½ bis 1 Rubel die Flasche.

1886 ging zum erstenmale Wein aus Turkestan nach Moskau. Das Hektar Rebland steht im Samarkander Bezirk im Werthe von 200 fl., wenn es bewässert ist; unbewässert ist es fast ohne Preis: 1 *ha* = 50 Kopeken.

Philátow besitzt auch zwei Spiritusfabriken, die Traubenbranntwein und Sprit liefern; ausserdem bestehen hier noch vier Spiritusfabriken der Firmen: Bistrow, Abramow, Illiàsow und Pawliga, sowie die Brauhäuser von Vetter, „Bavaria" und von Iwánow. (½ Flasche Bier 12 bis 15 Kopeken). Der Mangel an Eis im verflossenen Winter 1887/88 schränkte deren Ausstoss beträchtlich ein und waren sie auf Kunsteis angewiesen; eine Maschine lieferte täglich 24 *q* Eis.

Die Entwicklung der Fabrication von Spiritus und spirituosen Getränken in Russisch-Asien erläutert folgende Uebersicht:

I. In Sibirien und Turkestan bestanden 1885/86 62 Branntweinbrennereien, welche 491.000 *q* Getreide verbrauchten und 151.536 *hl* wasserfreien Spiritus erzeugten.

II. In Turkestan erbrannten 1885/86 7 Frucht- und Weinspritfabriken, zum Theile mit Dampfbetrieb, 1,914.388 Procent Spiritus.

III. Ebendort wurden im selben Jahre 555·5 *hl* Schnaps fabricirt, 1,669.071·5 Grade Branntwein gereinigt.

Der erste Regen tritt gewöhnlich am 15. October ein (1887 am 12. September), darauf folgen 20 bis 30 trockene Tage. Die Hauptregenzeit beginnt im November und erhält die Erde durch allwöchentliche Niederschläge andauernd feucht. Ende Mai pflegt der letzte Regen sich einzustellen. 1887 fiel noch am 29. Juni Regen. Der Winter 1886 brachte viel, jener von 1887/88 nur einmal Schnee.

Samarkand gehört zur Pfirsich- und Mandelzone. Die Sommerhitze erreichte 1881 40° C.

Für 1870/71 und 1881 gibt die mittlere Temperatur von Samarkand nachstehende Tabelle an (nach Landsdell):

1870/71. Jahresdurchschnitt + 15·34° C.

      Tiefste Temperatur im Durchschn. d. Mon. Februar + 1.50°C.

      Höchste   „   „   „   „   „   Juli + 28.00°C.

1881.   Temperatur: Maximum + 40.1° C.

        Minimum — 16.1° C.

        Mittel   + 14·5° C.

Regenfall 374.8 *mm*. Maximum an einem Tage 44.1 *mm*.

Zahl der Tage mit:

Regen	Schnee	Gewitter	klarem Himmel	bedecktem Himmel	Sturm
67	13	2	158	51	38

Hauptsächlichste Windrichtung: Süd, Südost, Südwest.

Kostenko theilt die Bevölkerung ganz Turkestan's in die iranische (Tadschik, Perser) und die mongolische (Turkotataren, Turkomanen, Özbegen, Karakirgisen, Tataren und das Mischvolk der Sarten) ein.

In der Provinz Serefschan zählte er 140.000 Özbegen, 132.000 Sarten, 67.000 Tadschiks. 46 Procent der Eingeborenen sind Nomaden. Im Serefschanthal sind fast alle Einwohner sesshaft; es kommen hier 3·4 Einwohner auf 1 $\square km$.

Im ganzen Bezirke Samarkand, 27.437 $\square km$ gross, leben 9397 Russen und 10 andere Europäer.

Die Stadt Samarkand zählt heute 36.000 Einwohner in 4500 Wohnungen, darunter etwa 6000 Russen, einschliesslich der Garnison.

Die Stadt besteht aus zwei Theilen: der modernen russischen Neustadt und der Altstadt Semir-kand („Obststadt"), östlich und südöstlich von der vorgenannten gelegen, mit den Behausungen der Eingeborenen und den Resten der alten Timuridenstadt. Zwischen diesen beiden Stadttheilen liegt auf einem Hügel die Festung und die Grabmoschee Timur's.

Aus der schattigen Neustadt mit ihren eifrig besprengten Strassen fahren wir aufwärts auf der staubigen Poststrasse gegen Taschkend zu den berühmten Ueberresten Maracandas. Links vom Wege stehen mit Matten bedeckte Arba's im Schatten der Weiden, unter dem Hügel, auf welchem die Festung liegt.

Wir besuchen zuerst die Gur-Emir-Moschee (Gur-Emir = das Grabmal des Emirs), im Volksmunde die Emirwánowa, mit Timur-Lenk's Grab. (Timur starb siebzigjährig im Jahre 1405.) Der malerische Gesammteindruck der, von Baumgrün umrahmten Gur-Emir-Moschee mit ihrer aufragenden Kuppel, den verfallenen Minarets, den glänzenden Farben der bunten Fliesen ist äusserst wirkungsvoll. (s. Abbildung S. 363.) Den mit Pawlownien und Gleditschien bestandenen Vorgarten umfängt eine neue Balustrade. Der Eingang, ein Hufeisenthor mit Seitenthüren, ist der ganzen Wand entlang mit Fliesen bedeckt. In den Zwickeln des Thorbogens treiben die reizendsten Ornamente ihr Spiel: weisse, gelbe, saphirblaue Arabesken auf azurnem Grund, verschlungen

Die Gur-Emir-Moschee in Samarkand mit dem Grabe Tamerlan's.
(Von der Rückseite.)

mit grünen stylisirten Granaten. Der Rahmen ringsum trägt in Riesenlettern eine arabische Inschrift. Die Kuppel ist abgebrochen, doch sind noch rechts oben Bienenzellen, dann Säulchen und Knäufe erhalten. Der Hof, in den wir eintreten, ist gepflastert. Rechts birgt eine hohe Geländerwand die Gräber von Timur's Eltern. Bäume, darunter ein Maulbeerstamm von 2.30 m Umfang, beschatten ein ausgetrocknetes Wasserbecken.

Im Hintergrunde des Hofes erhebt sich die Grabmoschee. Die mächtige, melonenförmige Kuppel der Moschee (die Spitze etwa 70 m hoch), oben blau, unten an der Einschnürung gelblich und von einem Bande lichter Riesenbuchstaben umgeben, flankiren zwei cylindrische, etwas kegelförmig zulaufende, diagonal gestreifte Minarets. Das rechte ist bereits sehr geneigt: „Schon geborsten, kann es stürzen über Nacht". Vom linken ist nur ein Stumpf erhalten. Die Regelmässigkeit des Baues ist schon arg gestört. Rechts fehlt das complementäre Kuppelgewölbe der Seitenfaçade. An der linken Aussenwand derselben sind fast alle Ornamente verschwunden; die andere, rechte Wand ist jedoch noch grösstentheils erhalten.

Die Hauptpforte unter dem mit eleganten Dessins verzierten Holzgitterfenster und die seitlichen Eingangsthüren sind geschnitzt und eingelegt; ein Rosenstrauss ist das Hauptmotiv. Die Hauptpforte ist verschlossen. Der Wächter lässt uns durch die linke Seitenthüre in das Innere der Moschee ein.

Die Grundfarbe des Hauptraumes ist schmutziges Grau. Unten etwa auf Manneshöhe ist die Wand mit Hexagonen belegt, deren Material als Jaspis, als Gyps, als Rauchwacke beschrieben worden ist. Ausserdem finden wir Stuckzierrath und eine fortlaufende, $\frac{1}{2}$ m hohe arabische Inschrift. Oberhalb sind vier Nischen, welche in einer Stuckzellenkuppel endigen.

Ein niederes Steingitter, Alabaster in durchbrochener Arbeit, umschliesst Timur's Grabmal und 7 andere Grabsteine, ein neunter Stein*) (des Kashrat Omar Beg) ist gegenüber dem Haupteingange. Timur's Grabmal, in der Mitte der Moschee gelegen, ist ein schwarzer, glatter Stein, ein Nephritblock, 1·80 m lang, 42 cm breit, 35 cm hoch, mehrfach angebrochen und an diesen Stellen mit Gyps vergossen. Rings um Timur's Grab liegen folgende 7 Grabsteine: Der erste Grabstein, zunächst der Seitenthüre, ist der Said Mir Barakha's, dann folgen jene der Sultane Miranshah und Dshlhan,

---

*) Landsdell führt im Ganzen nur 8 Gräber an!

Timur's Söhnen; seines Enkels, Ulug-Beg's Grab u. A. Nächst der Hauptthür steht auf einem Sockel eine Laterne, die all-abendlich angezündet wird, ein von einer kleinen Kuppel ge-krönter, an den vier freien Seiten von Spitzbogen durchbrochener Würfel. Daneben stehen zwei Stangen mit grünen Fahnen; eine dritte Fahne steht bei dem neunten Grabe.

Eine Seitentreppe führt aus dem Hauptraume zur eigentlichen Begräbnissstätte hinab; diese, ein Gruftgewölbe aus Backstein, wiederholt in neun gekalkten Sarkophagen die genau darüber liegenden Steinplatten. Timur's Gruftstein bildet hier eine lange, in drei Theile gespaltene, gelblich-graue Marmorplatte.

Ein Häuflein Asche unter nacktem Leichensteine eingesargt in düsterer Gruft, ein schmuckloses Grabmal im Schosse verfallender Mauern — das ist Alles, was noch in der goldenen Hauptstadt seines Reiches an Timur mahnt, den Welteroberer, diesen Napoleon des Ostens!

Was ist irdische Macht und Herrlichkeit? Eitel Schall und Rauch. Versunken ist das Reich der Timuriden, verweht das Volk, verflogen die Pracht der königlichen Stadt.

Ein Märchen aus alten Zeiten steht Timur's Schattenbild vor den Augen fremdländischer Wanderer. Für ein kleines Silberstück öffnet der Wächter jedem neugierigen Ungläubigen Pforte und Gruft. Neue Zeiten sind ehernen Flügelschlages herangerauscht, Sanct Georg hat mit der Schärfe seines Schwertes die Söhne des Propheten zu Boden geworfen und auf eisernen, von Dämonen gezauberten Schienen ziehen ungescheut fremde Leute herbei, den Schleier zu lüften, der Jahrhunderte lang über Samarkand, über Timur's Staub gelegen.

Von der Grabmoschee begaben wir uns, längs der Citadelle fortfahrend, in die Altstadt. Zwischen zwei Reihen von Kaufständen gelangen wir auf den Rhigistanplatz. Hier erheben sich drei Medressen (Hochschulen), mit dem Budenviertel als vierter Seite ein grosses Quadrat bildend: im Osten die zweistöckige Schiru-dar mit zwei prächtigen Melonenkuppeln an der Rückseite und einem gewaltigen Minaretpaare; die grandiose, mit farbigem Schmelz be-deckte, mit dem persischen Sonnenlöwen in Mosaik gezierte Façade enthält das hohe Bogenthor, den Eingang zu Hof und Säulengang. Im Norden die reiche Tillah-Kari mit Colonnaden, Kuppelhallen, Schülerwohnungen. Im Westen, von zwei 50m hohen Minarets flankirt, die kleinere Ulugbeg (vergl. Abbild. S. 369).

Die Innenräume dieser Hochschulen sind fast durchwegs ziemlich kahle, für die Beter mit Matten bedeckte Hallen und Höfe, die nur selten, etwa durch die Marmortreppen für die Koranleser oder durch dunkle Interieurs und graublauen Duft einzelner Winkel, malerisch wirken.

Hier auf dem Rhigistan, wo ich heute, inmitten einer hundertköpfigen, neugierigen, aber keineswegs zudringlichen Menge ruhig

(Aulia) Grabmal vor der Schiru-dar Medresse in Samarkand

zeichnete, wurden 1868 die auf Stangen gesteckten Köpfe erschlagener Russen vom Volke umdrängt. Vor der Schiru-dar erhebt sich das zierliche Grabdenkmal (Aulia) eines Heiligen mit einem phantastischen Banner. Eine rechteckige Plattform aus Quadern trägt, in jeder Ecke von verstümmelten Pfeilern begleitet, ein die Schmalseite überquerendes Bauwerk, welches wie die Miniaturausgabe eines mittelalterlichen Stadtthores aussieht, dessen Thorbogen zu Nischen vermauert sind. Diesen occidentalischen

Charakter verwischen von der Seite her schlanke Eckpfeiler, welche mit den prächtigsten orientalischen Verzierungen und in Bienenzellen auslaufenden seitlichen Einkerbungen geschmückt sind. Das Material (graugelber, polirter Alabaster) wirkt mit an dem pittoresken Reiz des von Blumen umgebenen von Vögeln umflatterten und von bunten Gruppen umlagerten Juwels islamitischer Renaissance.

Auf dem Rhigistan drängen sich Händler und Gaffer um einen Taschenspieler. (vgl. seine Abbildung auf S. 240.) In einem ausgehöhlten Holzstücke lässt er unter fortwährendem Gesang und Geschrei und scheusslichen Trompetentönen die Mützen seiner Zuschauer verschwinden, um zu deren Erstaunen aus seinem Zauberapparate allerlei Fetzen hervorzuziehen.

Kuchen- und Brodhändler gestikuliren heftig neben einem Kebab-Brater, der das Kohlenfeuer in dem kleinen Troge auf seinen Beinen mit einem Fähnchen aus Goldstoff anfacht, um die Stücke Schaffleisch an den zu Vieren an einem Griffe befestigten Eisenspiesschen zu rösten.

Bänkelsänger krähen ihre Lieder; an den Wänden der Medressen üben die Barbiere ihre Kunst an den Köpfen ihrer Kunden, fabelt ein Derwisch mit überschnappender Stimme seinen zahlreichen Zuhörern vor; jetzt bockt er sich nieder, schlägt mit dem Stabe auf das Pflaster, kriecht darüber hin, um mit den Geberden eines Gauklers wieder aufzuspringen und auf die Brust zu schlagen. Langgezogenes, mit eigenthümlichem Tonfalle wiederholtes Ah! Ah! der Zuhörer begrüsst seine Darstellung. Nur ein Alter in blauem Chalat und weissem Käppchen lässt sich nicht stören, sondern schreibt, auf einem Ruhebett kauernd, die grosse Brille auf der Nase, emsig weiter, mögen ihm auch freche Jungen über die Schulter blicken. Einzelne Frauen, „blaue Dominos", schreiten unbeachtet durch die Reihen der Verkäufer, unter welchen nur zwei russische Waare in der Form von Kwas, dem Lieblingsgetränke der umherschlendernden Soldaten, führen.

Im Gegensatze zu den absprechenden Urtheilen anderer Reisenden empfing ich von der Gesammtansicht des Rhigistan den günstigsten Eindruck. Dieser mässig grosse, aber durch die farbenprächtigen Façaden der Medressen interessante Mittelpunkt der Stadt liegt, von der russischen Neustadt aufsteigend, auf einer Anhöhe, frei von beengenden Nebengebäuden, welche in Bochara z. B. die Wirkung der öffentlichen Bauten so sehr beeinträchtigen.

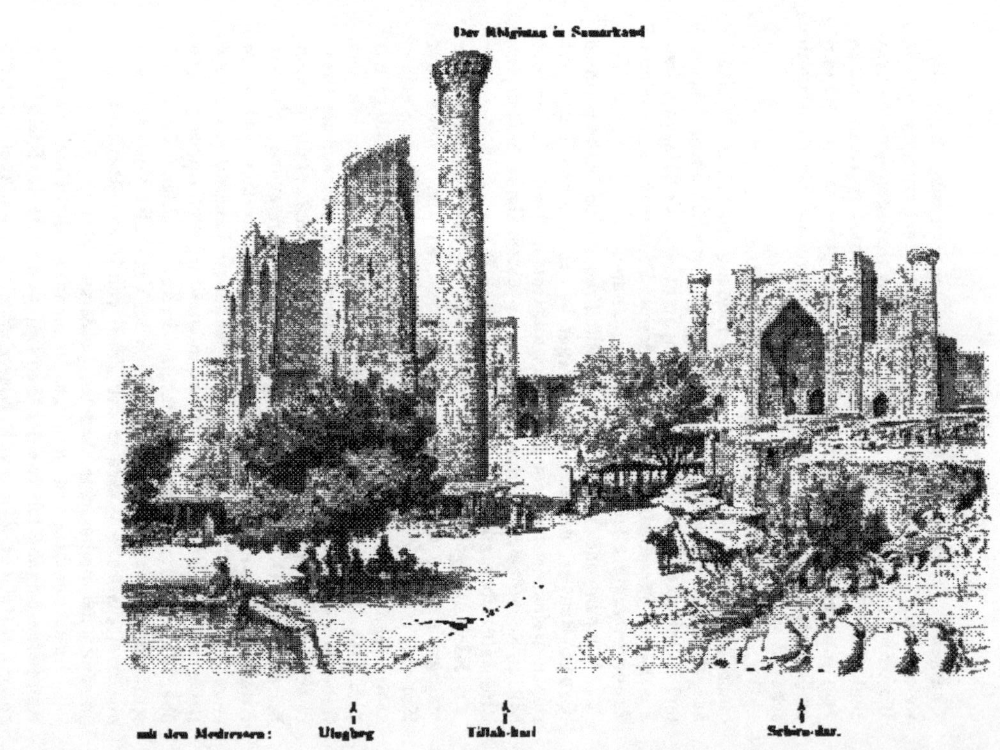

Der Righistan in Samarkand
mit den Medresen: Ulugbeg   Tillah-kari   Schir-dar.

Die schlanken, ungegliederten, runden Minarets streben glitzernd
und bunt gegen den hellen Himmel; die Gebäudemassen zeichnen
in kräftigen Schatten die Contouren der Fronten auf dem ocker-
farbenen Boden, und weisse Schutztücher, schräg vor die Nischen-
galerien gespannt, erglänzen im Sonnenbrand. Auch die übrigen
Plätze und die Umgebung der von achteckigen, mit Ziegelrändern
eingefassten Wasserbecken, der Sammelplätze von allerlei Volk,
haben etwas Freies und Luftiges und bilden dadurch einen lebhaften Contrast gegen die quetschende Enge, die schattigen
Winkelgässchen Bochara's, wo man stets in einem grossen Gefängnisse zu wandern glaubt. Hier in Alt-Samarkand ist fast Alles
breit, offen, sonnig.

Nur ein Stück des alten Karawanserais — für den, der von
der Neustadt herkommt, zur Rechten — ist dunkel und dumpf. In
diesen kleinen Seitenstrassen überdecken Rohrmatten die Läden
der Schlächter, die Fleischstücke an den blanken Eisen- und
Messinghaken, die Garküchen mit den brodelnden Töpfen; hier
sehen wir grau in Grau ein Bauwerk auf verwitterten Holzsäulen,
mit verfallenen Stiegen, die zum Mauerkranze eines Bogenthores
emporklettern; im satten Braun eines Hinterhofes Ziege, Schaf
und Esel nur als drei Farbenflecken: schwarz, grau und weiss.

Eine Lichtspalte dringt vom Obsthof herein, den ganze
Berge gelber, grüner, gestreifter, rundlicher Früchte erfüllen. An
langen Schnüren hängen Melonen zum Nachreifen da; jede Nische,
jeder Winkel glänzt von saftigen Arbusen, langen, breiten, roth-
gefleckten, schwefelgelben, kupfergrünen Wassermelonen. 1 kg
Weintrauben 3 bis 4 kr., 1 kg Aepfel 12 kr., Melonen von 6 kr.
aufwärts. Lange Ketten rothen Pfeffers, Granaten, Blumenstöcke,
Waarenballen, Körner und Hülsenfrüchte aller Art, ganze Berge
der berühmten Samarkander Pfirsiche, gravirte Zinnschüsseln sind
in dem schmalen Gässchen aufgestapelt, das so schwarz von
dem sonnengelben Höfchen, von den braunen Gesichtern, von
den blauen und weissen Glanzlichtern des Hintergrundes sich
abhebt.

Die Wechselbeziehungen zwischen Ornamentik und Archi-
tektur einerseits, den Formen und Farben der Früchte
andererseits bilden meines Erachtens ein nicht uninteressantes
Capitel der Kunstgeschichte. Die grosse, geriffte Kuppel der
Gur-Emir-Moschee, die Dome der mohamedanischen Gotteshäuser
in Kairo mit ihrem zarten Stucco-Netzwerk bieten wohl nicht

unwillkürliche Analogieen mit riesenhaft vergrösserten Melonen; die Kirchthürme im Moskauer Kreml, die ihre Gestalt dem von Iwan dem Schrecklichen aus Früchten und Bechern aufgehäuften Nachtisch der Zarentafel verdanken sollen, bieten Aehnlichkeit mit gigantischen Ananas, Pinienäpfeln und Zwiebeln.

Ein Rinnsal führt uns vom Karawanserai zu einem der Teiche, an dem ein Mann seine Schläuche füllt, ein anderer Wasser schöpft, um sein Gesicht zu waschen, ein Dutzend Leute den Verkäufer umdrängen, der seine Zuckerwaaren im Schatten einer Ulme feilhält und mit einem Wedel die gierigen Fliegen abwehrt.

Dann wenden wir uns ostwärts, jenseits des Rhigistan, zu dem kleinen, runden Kleiderbazar und Mützentempel, den kreuzförmig Durchgänge schneiden. Drei schöne Eisenschimmel jagen durch, dass das kirschrothe Kleid der Reiter im Winde flattert. Von Oben bis Unten sind die Innenwände des Bazars mit Käppchen und Mützen, mit Gürteln und Chalaten behängt. Hier kaufen wir einige Tilbatejkas*), die farbigen Mützen, mit denen Jeder der Eingeborenen seinen rasirten Kopf bedeckt, und aufgekrämpte Kirgisenhüte. Weiterhin gelangen wir zu den Läden der Seidenhändler, welche ihre schönen Waaren nach europäischer Art sortirt, ausgelegt und einmagazinirt haben, wo zwei russische Damen einen Carton nach dem andern, ja fast alle Regale prüfen, um schliesslich mit dem Troste, morgen wieder zu kommen, den ernsten Kaufmann abzuspeisen (Vgl. den Anhang: Ueber Seide und Sammt).

Eine grosse Marktstrasse führt ostwärts weiter; an ihrem Ende flimmert es vom Mehlmarkt her weiss und orange, scharlach und blau, violett, braun und krapproth. Die Häuser, ebenerdig oder mit niedrigem Oberstocke, sind aus mit Häksel vermengtem Lehm gebaut.

Bei dem Mangel an Holz und angesichts der Mühe, das für den Hausgebrauch nothwendige Feuerungsmaterial (Dünger, Gestrüpp u. dergl.) zu sammeln, stellen gebrannte Ziegel einen Luxus dar, welcher nur bei den Bauten von Moscheen, Schulen, oder von Häusern reicher Leute in Centralasien in Anwendung kommt. Baumpfähle finden spärlich, bei den Thüren, Veranden und Aehnlichem Verwendung. Die Fenster der dumpfen, düsteren Zimmer bestehen zumeist aus Gitterwerk oder ölgetränktem Papier.

*) Vgl. die Abbildungen 5 und 6 auf Seite 383.

1. Turkestanischer Sattel.   4. Nagaika aus Samarkand
2. Schwert aus Chorassan   5. Kanne aus Bochara.
3. Dolchmesser aus Bochara   6. Schabracke aus Bochara.

Sämmtlich im Besitz des Verfassers.

In dem Oberstocke zweier Häuser der Marktstrasse waren Theestuben eingerichtet. An den Fronten der Häuser waren, die ganze Strasse entlang, im Erdgeschosse Läden und Werkstätten eingebaut, in welchen Händler und Handwerker inmitten ihrer Waaren lagerten, Kinder, Bettler, Käufer, Karren, Kameele, Reiter standen, schritten, eilten in buntem Durcheinander im Staube der breiten Marktstrasse.

Gravitätisch schreitet ein Aufseher im Leinenchalat und indigofarbenen Turban durch die Menge, einen langen Stock in der Faust; ein Messingschild mit einer Nummer über dem rothgelben Gürtel bezeichnet ihn als öffentlichen Beamten letzter Güte. Sein Antipode in der Welt der hiesigen Diätenclassen — ein General — saust in der Troïka, rauhe Kosaken in vollem Galop vor und hinter sich, von einer Staubwolke umwirbelt, rasselnd durch die Strasse. Der Ankauf einiger Peitschen [1 Peitsche, Nagaika, 80 Kopeken], landwirthschaftlicher Geräthe und eines completen turkestanischen Sattelzeuges (10 Rubel, vergl. Abbildung) fesselt mich durch mehr als eine Stunde an die Waarenstrasse. Die Steigbügel des emailirten, aus Holz geschnitzten Bocksattels, welchem mehrere Filzdecken unter-, eine farbige Schabracke übergelegt werden, mussten erst angepasst, in den Sattel selbst vorsichtig die Löcher dazu geschnitten werden. Während Melikow den Preis eines landesüblichen Ungethüms von Pflug aushandelt, mustere ich die Nachbarläden mit ihren Messern, Gespinnsten, Thonwaaren, Schuhzeug, Teppichen und Vogelkäfigen.

Als am Abend der Stellmacher den Pflug ins Gasthaus brachte, rieth mir der alte Sarte, doch lieber einen russischen Pflug zu kaufen. „Mit diesem Ding," meinte er, auf den langen, mit einem Eisenschar beschlagenen Haken weisend, „werden Sie wenig ausrichten".

Der Hakenpflug hat folgende Masse: Der Pflugbaum, 313 *cm*, ist im Haken festgekeilt, dieser ist 110 *cm* hoch und hat eine Pflugsohle von 60 *cm* Länge. An der Spitze des Hakens ist ein spiessförmiges Schar aufgesetzt (aus Eisen), 27 *cm* breit, 28 *cm* lang. Das Doppeljoch für die Zugthiere, am Pflugbaume mit einem Stricke befestigt, ist 250 *cm* lang. Gesammtgewicht = circa 40 *kg*. (Vgl. über diesen Haken den Bericht des Professors Dr. Perels im Anhang.) Die auf umseitigem Bilde dargestellten Gegenstände: Haken, Strohgabel, Schaufel und Getreidelöffel sind jetzt im Besitze des k. k. naturhistorischen Museums in Wien und gelangen in der anthropologisch-ethnographischen Abtheilung des Museums zur Aufstellung.

Gerste*) und Weizen bilden um Samarkand die Hauptfrucht; in den Niederungen des Serefschan, 40 km von hier, ist es der Reis. Der Klee gibt 4 bis 5 Schnitte.

Gerste kostet 2 bis 3 fl., Weizen (man baut Sommer- und Winterweizen) 4·90 fl. — 5·90 fl. ö. W. der Metercentner.

Gerechnet wird nach Batman, und zwar hat der sartische Batman 8 Pud (131·2 kg), der Taschkender 180·4 kg, der bocharische

Turkestanischer Haken.
Strohgabel, Schaufel, Getreidelöffel aus Samarkand.

160 kg. Das Feldmass ist der Tanab. In Samarkand sind 4 Tanab à 600 Quadratsashen, in Taschkend 6 Tanab à 400 Quadratsashen, gleich einer Dessjatine = 1·09 ha.

Das Hundert Eier kostete 50 kr., ein Huhn 10—15 kr. ö. W. 1 kg Rindfleisch nach der gesetzlichen Taxe 10 kr., 1 kg Schaffleisch 12 kr. (jeder Soldat der hiesigen Garnison fasst täglich

---

*) Ueber Gerste, vgl. den Bericht der Samen-Controlstation im Anhang.

410 Gramm Fleisch); der ganze „Mehlmarkt" war besäet mit Buden, Körben und Säcken, erfüllt von einer lärmenden Schaar, Landleuten, Händlern und Gaffern.

Auf dem breiten belebten Mehlmarkte erheben sich zwei verfallene Medressen; die nähere ist die grossartige Bibi-Chanum-Schule mit reichem Mosaikportale, einer Riesenkuppel und zwei schlanken, lichtblauen, zerlöcherten Minarets, von welchen jedes an der Basis einen Umfang von 16 m hat. Schräg gegenüber steht das kleine Mausoleum Gur-Chana, von Timur's Lieblingsfrau, Bibl-Chanum. Auf der halb eingestürzten, begrünten Kuppel tummelt sich ein Volk von Tauben; innen, zeigen sich vier hohe Bogenwände, und unter ebenso vielen Wölbungen liegen Grab-steine. An dieses Grabmal reihen sich hübsche neue Arcaden, Stein-säulen unter einem Holzdache, erfüllt mit grossen Weizensäcken

In der folgenden Senkung, südlich von dem fahlen Fried-hofshügel, bewegt sich im Staubschleier die Menge auf dem grossen Viehmarkte bis hin zur Moschee Schah-Sindeh, ein Bild voll Sonnengluth, mit starrem Graugrün, Dunst und scharfen Contouren, wie es nur Lojacono malt.

Die weissschimmernden Punkte in der von grauen Bäumen besetzten Niederung und auf ihren Ausläufern sind die Turbane der zahllosen Händler. Der Markt enthielt, in drei grosse Gruppen getrennt, Pferde, Rindvieh und Kleinvieh, selbstverständlich mit Ausnahme von Schweinen.

Ein junges Pferd mit starkem Widerrist und breiter Brust, jedoch kuhhessig, mass 151 cm; ein anderes war 150 cm hoch bei einer Länge von 128 cm vom Schweifansatz bis zum Bruststern, von 90 cm vom Widerrist bis zum Bruststern. Die meisten der hier versammelten Pferde hatten braune Haardecke; von dem fein-knochigen Bau und den anderen Racevorzügen konnte ich nicht viel bemerken; es waren offenbar durchwegs minderwerthige und deshalb auch im Kleide ziemlich vernachlässigte Bauernpferde. Dass sie bei harten Hufen ein bedeutendes Mass von Ausdauer besitzen und unverdrossen über jedes Terrain gehen, ohne besondere Ansprüche an Futter zu stellen, kann ich bestätigen. Die Preise waren insoferne nicht leicht richtig zu stellen, als jeder Orientale im Preisansatze überhält, besonders wenn ihn die Nachfrage eines Europäers höheren Gewinn hoffen lässt, und überhaupt, meiner Erfahrung nach, sei es aus Misstrauen, sei es aus Mangel an Zahlenvorstellung stets ungenaue Ziffern angibt.

Ein hiesiger Landwirth berechnete die Durchschnittspreise für Pferde mit 40 Rubel für einen Samarkander Karren- oder Reitgaul, mit 15 bis 20 Rubel für ein kirgisisches Pferd, während die sartischen bis 200 Rubel kommen. (Vgl. den Anhang.)

Unter den Rindern stellte ich die Höhe eines Ochsen mit 120 cm, jene einer Kuh mit 108 cm bei einer Länge von 145 cm fest. Die Thiere waren schwarz und zottig, mit rothem Aalstrich (Rückenstreif) und eben solcher Stirnquaste. Doch sah ich auch braunes Vieh und solches mit schwarzen und weissen Flecken. Fast alle hatten Ramsnasen und einen buckelähnlichen Widerrist. Eine Kuh kostet 15, 20 bis 50 Rubel.

Schafe und Ziegen gab es ebenfalls einige Hundert. Das Schaf bildet die hauptsächlichste Fleischnahrung im Turkestan. Das Fett dieser Thiere muss die Butter ersetzen; das Vliess liefert als Haut den Gärbereien, als Wolle der Hausweberei Material. Die Schafe waren Fettschwänze (Kurdshuk; Vambéry schreibt Kurdschuk, wonach die Schreibweise auf S. 138 ff. richtig zu stellen ist), braun, mit schwarzem Kopf und Hängeohren. Ausser diesen besitzt das Thal des Serefschan die feinwollige Karaköl-Race (vgl. S. 338). Ein Stück gibt 0·6 kg Wolle. Ein Widder kostet 15 Rubel, ein zweijähriges Schaf 8 Rubel.

Die Kameele kosten gewöhnlich 50 bis 60 Rubel; bocharische Eilkameele bis 200 Rubel. Solche legen die Strecke bis Kättä-Kurgan (etwa 70 Werst = 74·7 km) in 13 Stunden, inclusive der Rast, im Trabe zurück. Weisse und graue Esel waren zahlreich vertreten.

Durch das Marktgewühl gelangen wir in die enge Schah-Sindeh-Allee. Zu der ehrwürdigen Moschee mit dem Grabe Schah-Sindehs, des vertrauten Freundes Tamerlan's, führen 40 Stufen aufwärts zwischen langen Mauern, die mit blaugrünen Azulejos (glasirten Ziegeln) verkleidet sind. Durch eine reichgeschnitzte Thür mit metallenem Klopfer und einem ex voto aufgenagelten Eselhufeisen treten wir ins Halbdunkel des Grabgemachs. Ober dem emaillirten Sockel und der lichtverzierten Wand erheben sich abwechselnd helle Gewölbe und braune Gitterwände. An der Decke ist wieder Glasurschmuck. Ein Kronleuchter, mit Halbmonden aus Messing und Krystallen behängt; eine Fahnenstange an der dichtvergitterten Grabthür, die oben mit einem Eisenfisch belegt ist; Fetzen von Gebettüchern, das schwarze Grabcapellchen verhüllend, erscheinen im Dämmerlichte. Durch die Gittermaschen der Grabthüre erblicken wir im tiefen Schatten der Nische die Umrisse des Sarkophags und einer Fahne.

Am Eingange der kleinen Moschee und gegenüber auf der Gartenterrasse, um das beschattete Wasserbecken, säuseln die Zweige, summen die Bienen, zwitschern die Vögel; stiller Friede liegt ob dieser Stätte.

An den Mauern der Gartentreppe waren sechs edle Parade-rosse reicher Sarten an eingelassenen Ringen angebunden und in prachtvolle gestickte Decken eingemummt; letzteres veranlasste mich, den Abritt ihrer Besitzer abzuwarten, um wenigstens so die Thiere, welche die Formen englischer Jagdpferde aufwiesen, in Augenschein zu nehmen. Unter einem Zeltdache nächst der Garten-treppe trieb wieder ein Barbier sein Handwerk.

Ueber den Viehmarkt kehrten wir in die Altstadt zurück. Lange Wagenreihen mit Kaljuschka (russisch Stachelkraut) zogen langsam der Stadt zu: der Durchmesser eines Rades, deren ein solcher Karren zwei besitzt, misst $2 \cdot 20\,m$, die hintere Breite des gegen die Gabeldeichsel sich verjüngenden Tragbrettes 190 cm. Eselreiter, Holzscheite oder Stücksalz im Arm, sprengen vorbei.

Einen niedlichen Jungen (S. 383, 6.) zum Führer, besuchen wir das moderne Haus eines reichen Sarten. Von der Veranda mit grossen bunten Holzsäulen traten wir in einen grossen, mit schreienden Farben bemalten Saal. Ober der Hauptnische lag ein Empor, vielleicht bei Festen für die Musiker bestimmt. Ein dicker Teppich war über den Boden gebreitet. Unsere Neugier war vollkommen gestillt, ehe der kranke oder wenigstens verschlafene, jedenfalls sehr sauertöpfische Hausherr zum Salám eintrat.

Weit interessanter waren die fleissigen Seidenweber in dem kleinen, mit Stangen und Matten überschatteten, zwischen zwei Häusern eingezwängten Hofe. In dem in Lehm eingelassenen Eisenkessel kochten die Cocons, welche ein kauernder Tadschik packweise aus dem Wasser fischte, um die gesonderten Fäden seinem Nachbar zum Abhaspeln auf dem halb in den Boden versenkten Rade zu reichen. Die Seidenzucht Samarkands ist berühmt. Die Roh-seide wird zu glänzenden, dünnen Seidenstoffen verwebt; sie findet sowohl geflammt mit grellen Mustern und feurigen Farben für die schlafrockartigen Chalate, als auch in modernen Sortiments bei den Russen Anklang; 1 m weisser, kräftiger Seide für Damenkleider kostete im Stück 1 Rubel, 1 Dutzend weissseidener Taschen-tücher 4 Rubel, grosse Foulards, chamoisfarbene Sorties de bal per Stück 5 Rubel, ein Chalat, gelb, rosa und pflaumenroth, mit Dessins, die in der Mitte zwischen flammenden Herzen und rothen Rettigen stehen, kostete in dem oben genannten Laden, wobei ich wahrscheinlich als Fremder eine Art statistischer Gebühr entrichtete, 25 Rubel.

In Begleitung des Lieutenants Butaków fuhr ich am kommenden Morgen zur Citadelle hinauf, um das Arsenal, die russische Kirche und den berühmten Krönungsstein *) — Kök-tasch, „blauer Stein" — in Augenschein zu nehmen. Die Citadelle ist an der Stätte der alten Festung von den Russen 1878/82 wieder-hergestellt worden, wofür eine datirte Inschrift am Eingangsthor Zeugniss gibt, und bietet, von einer starken, etwa $2^1/_2$ km langen Mauer umgeben, der Garnison gegen etwaige Angriffe durch eingeborene Kriegsvölker, keineswegs aber gegen eine regelrechte Belagerung durch reguläre, mit neuartigen Geschützen ausgestattete Truppen, genügenden Schutz.

Die alte Festung von Samarkand wurde ohne Schwertstreich im Mai 1868 von General Kauffmann von Taschkend her besetzt. Während Kauffmann mit dem Gros seiner Truppen nach Kättä-Kurgan weitermarschirte, blieben hier nur etwa 500 Soldaten unter Major Baron Stempel zurück. Die durch die Anwesenheit des Kauffmann'schen Corps zurückgehaltene Empörung der Einwohnerschaft brachte jetzt 40.000 fanatische Eingeborene vor die Mauern der Festung. Eine Woche lang, 25. Juni bis 2. Juli, folgte wie der Maler Wereschtschágin als Augenzeuge berichtet, Tag und Nacht ein Ansturm dem anderen; mit Feuer und Schwert kämpfte die feindliche Uebermacht, immer wieder zurückgeworfen von dem bedrängten Bataillon, bis Kauffmann, von einem glücklich durch den Belagerungsring gedrungenen Boten zurückgerufen, von Tugaj-Rabat, wo er den Emir von Bochara am 1. Juli auf's Haupt geschlagen hatte, zum Entsatze herbeikam.

Heute war die Caserne bis auf die Schildwachen völlig ausgestorben, da die Truppen auf dem Exercirplatze manövrirten, so dass ich derzeit weder die Talari timur, die Empfangshalle im alten Palaste mit dem berühmten Steine des Gök-sarai, noch auch die Casernen zu Gesicht bekam. An der Bereitwilligkeit, auch das militärische Innere der Festung zu zeigen, durfte ich umso-

*) Ein Stück von diesem Steine, durch russische Soldaten nach der Einnahme Samarkands herabgebrochen, befindet sich gegenwärtig im Geologischen Museum zu Budapest. Sachkenner halten es für eine Gattung Nephrit (Vambéry).

weniger zweifeln, als mir dieselbe schon während der Fahrt von einem höheren Officier mit der Randglosse in Aussicht gestellt worden war, ich dürfe hier Alles sehen, die österreichischen Dragoner würden ja doch nie in Samarkand einreiten!

Auf dem Rückwege begegneten wir einigen Abtheilungen auf dem Heimmarsche. Auf dem grossen Glacis vor der Citadelle waren einige Züge mit Freiübungen beschäftigt. 1888 bildeten die Garnison von Samarkand 3 turkestanische Linienbataillons, einige Escadronen Uralkosaken und eine Abtheilung des 2. transkaspischen Eisenbahn-Bataillons.

Die Stärke der in ganz Russisch-Asien von Kisil Arwat bis an die chinesische Grenze, dann um Sarachs (gegen Herat zu) und bis Fort Alexandrowsk am Oxus hin dislocirten Truppen dürfte auf dem Friedensfusse circa 40.000 Mann, 1200 Officiere, 124 Geschütze und 7800 Pferde betragen.

1888 lagen in Russisch-Asien:

	Mann	Officiere	Pferde
I. Infanterie:			
a) 25 Linien-Bataillons (5 Brigaden)	23.000	500	50
b) 12 Schützen-Bataillons (3 Brigaden) .	5700	205	25
II. Cavallerie:			
8 Kosaken-Regimenter	7000	326	6500
III. Artillerie:			
a) 2 Artillerie-Brigaden	1400	87	515
b) 3 Reitende Batterien	620	17	570
IV. Genie-Truppen:			
a) 3 Sapeur-Bataillons	650	26	15
b) 2 Eisenbahn-Bataillons	1890	48	140
	40.260	1204	7815

(Welche dieser Truppen in Transkaspien und Turkestan ausgehoben werden, ist S. 308 angegeben.) Von den Geschützen (Stahl, Hinterlader, gezogen, mit eisernen Laffetten) sind: 1. 32 schwere 9pfünder, Caliber 10·68 *cm*. 2. 52 leichte, 4pfünder, oder „reitende" Geschütze, beide Arten mit Caliber 8·69 *cm*. 3. 40 Gebirgsgeschütze a) 2½pfünder, Stahlgeschütze, Caliber 6·35 *cm* oder b) 3pfünder, Bronze, Caliber 7·62 *cm*; beide Arten mit zerlegbaren Laffetten.

Die Fusstruppen in Russisch-Asien führen das Berdangewehr (10·7 *mm*) zum Theile auch noch das Krnkagewehr (15·24 *mm*). Jeder Mann trägt 84 Patronen in den beiden Taschen des Leibriemens und im Rucksacke. Das Gesammtgewicht des Gepäckes für den Infanteristen beträgt 28·5 *kg*.

Die Genietruppen führen Carabiner mit Bayonnett und zum Theile Revolver.

Sämmtliche Truppen mit Ausnahme der Kosaken (über deren Ausrüstung vgl. den Anhang) tragen graue Mäntel, hohe Juchtenstiefel, rothe Lederhosen, weisse Kittel und Mützen, sowie Baschliks.

Die Verschiebungen der letzten Monate lassen nicht genau erkennen, wie viele Mannschaft einerseits gegen Westen verlegt,

andererseits aus Sibirien zur Verstärkung der russisch-afghanischen Grenze herangezogen worden ist.

Ueber die russischen Streitkräfte speciell in Transkaspien berichten russische Blätter Nachstehendes: Es befinden
sich gegenwärtig in Transkaspien 10 Infanteriebataillons und
7 Local-Commanden, 14 Kosaken-Sotnien, 5 Artilleriebatterien,
1 Sapeur- und 6 Eisenbahn-Compagnien, dann noch 300 Mann
turkmenischer Miliz. Im ganzen Gebiete gibt es nur sechs Orte,
wo man Truppen einquartieren kann. Das Hauptquartier ist
Aschkabad; relativ starke Garnisonen haben nur Merw
(3 Bataillone, 2 Sotnien, 1 Batterie) und — Kerki in Bochara*) —
(1 Bataillon, 2 Sotnien mit 2 Batterien). Die transkaspische Armee,
bemerken die „Nowosti", müsse überdies zwei Grenzen — die
persische und die afghanische — schützen. Die „Nowoje Wremja"
erinnert daran, dass im Feldzuge gegen die Achal-Tekinzen, wo nur
ein Operationspunkt, Gök-tepe, vorhanden war und der Feind über
keine Artillerie verfügte, russischerseits 75.000 Mann und bis
100 Geschütze ins Feld rücken mussten; (vgl. die Angaben Wereschtschágin's, S. 305) Afghanistan aber werde bedeutendere Kräfte
erfordern, was angesichts der gegenwärtigen Lage in Europa sehr
ungelegen komme.

Die aus den hier einheimischen Elementen recrutirten
Truppenkörper sollen in der Treffsicherheit und im Schnellfeuer
hinter den anderen russischen Soldaten zurückstehen. Dafür zeichnen
sie sich vor den letzteren durch ihre Mässigkeit aus, wenn auch
durch das Zusammenleben beider der Genuss geistiger Getränke, der steten Begleiter der Russen, unter ihnen Verbreitung
gefunden hat, und dies umsomehr, als ein Theil der aus dem Westen
hierher versetzten Kosaken aus dem Kaukasus stammt, wo auch
die Bekenner des Islam ungescheut der Trunkenheit fröhnen.

Mit dem Vordringen der Civilisation geht hier wie anderwärts Hand in Hand die Trias, die wir mit den Worten aus „Robert
der Teufel" charakterisiren wollen: der Wein, das Spiel und die —
Liebe. Der Branntwein, dessen Import in das Gebiet der transkaspischen Bahn ein bedeutender ist, findet an allen Orten, wo
ungesundes Wasser vorherrscht und das Trinkwasser nicht durch
Destillirapparate geniessbar gemacht wird, lebhafte Nachfrage, da
die hier erzeugten Biere und Weine, und gar erst die zugeführten
Sorten, nur wohlgefüllten Börsen zugänglich sind. Lobend muss

---

*) Vgl. S. 390.

1. Mädchen in Bochara.
2. Brücke in Bochara.
3. Bocharinin.
4. Bocharinin.
5. Mädchen
6. Knabe (Sarte)
7. Tadschik
8. Usur
} aus Samarkand.
9. Kaschanier (Tadschik Mehmed Ali) aus Chulissa.

der Bestrebungen einzelner Commandanten und Militärärzte, die
in dem perniciösen Klima doppelt verhängnissvollen mittelbaren
und unmittelbaren Folgen des Missbrauchs starker geistiger
Getränke durch Regelung der Cantinenwirthschaft und
durch Verallgemeinerung des Theegenusses seitens der Mannschaft zu paralysiren, gedacht werden.

Die Fälle von acutem Alkoholismus sind unter der Ein-
wirkung der glühenden Sommerhitze hier besonders verhängnissvoll. Auch den in kleinen Garnisonen exponirten Officieren
wird dieses Laster häufig verderblich, womit keineswegs gesagt
sein soll, dass nicht auch in grösseren Orten das altgewohnte
Zechen und der häufige Umtrunk zahlreiche Opfer fordern; an den
letzteren Stationen tritt noch das Hazardspiel, häufig der Anlass
zur Versetzung vornehmer Gardeofficiere zu Linienregimentern in
Asien, hinzu; anderer Anzeichen moralischen Verfalles und orientalischer Unsitte gar nicht zu denken. Beigefügt sei an dieser
Stelle, dass ich bei dem wiederholten Besuche militärischer Tafel-
runden in Transkasplen oder im Casino von Samarkand nie
Gelegenheit hatte, Augenzeuge von Trinkgelagen zu sein, sondern
im Gegentheile allen Anlass habe, die ruhigen und guten Manieren
der Officiere rühmend hervorzuheben.

Das Viertel von Bajkabak (Kabák russ. = Schenke) hinter
der Stadtmauer, dort, „wo die letzten Häuser sind", wimmelte am
Abend von trunkenen Soldaten. Ein kleiner Wasserlauf zieht sich
längs der steilen, schmutzigen Böschungen der verfallenen Wallmauer gegen den Viehmarkt hin. Ein schmales Brückenthor bildet
den Zugang zu der langen Gasse, welche die niedrigen, von überhängenden Bäumen beschatteten Häuser bilden. Empore und Platt-
formen, von aufgezogenen Matten überdacht, mit Pritschen, grell-
farbigen Teppichen und bunten Blumen geschmückt, dienen vor
den Häusern bärtigen Patriarchen, frechen Tanzknaben und lauten
Unterhändlern zur Liegerstätte.

Ueberall winkt, flüstert und lockt es. Schrille Musik tönt
aus dem Kreise der zerlumpten, kauernden Bläser, Trommler und
Pfeifer. Roth und Goldgelb, Bläulich und Weiss, sattes Braun,
giftiges Grün und tiefes Schwarz, ein wahrer Farbentaumel,
leuchtet auf in der Abendgluth der sinkenden Sonne.

Nächtliche Schatten breiten sich rasch über das laute
Gässchen. Immer lebhafter und dringender erschallen die
Schmeichelworte der in gleissende Gewänder gehüllten, schleier-

losen Mädchen; eifrig sprechen uns aus jeder Thüre, aus jedem
Hofe heraus in dunkle Tücher vermummte Weiber zu, in ihrem
Hause den Thee einzunehmen. Durch die niedere Pforte und
finstere Gänge gelangen die Neugierigen in einen mit Decken
und Teppichen bedeckten Raum, den nur zwei kleine, auf den
Fussteppich gesetzte Lampen spärlich erhellen.

Ein Aufwärter bringt eilig den siedenden Thee und eine Glas-
schale voll Zucker und stellt beides vor uns hin, die wir auf dem
rothenTeppich Platz genommen haben. Eine Alte führt die schöne
Irka — eine Özbegin von hohem, schlanken Wuchs — und Babu —
eine Tatarin, wie es hiess, vielleicht eine Kara-Kirgisin — herein.

    „Zwei der feinsten Lacerten, sie hielten sich immer zusammen;
    Eine beinahe zu gross, eine beinahe zu klein.
    Siehst du beide zusammen, so wird die Wahl dir unmöglich;
    Jede besonders, sie schien einzig die schönste zu sein".

Irka's langes, schwarzes Haar fällt, in dicke Zöpfe geflochten,
bis zu den Knieen ab. Ihr einziges Kleidungsstück bildet ein
dünnes Hemd aus weisser Seide. Silbergeschmeide schmückt die
Arme, den Hals, die Ohrläppchen und den Gürtel. Sie war ein
schönes Weib, mit zierlichen Händen und Füssen; mit den
strahlenden Augen, dem Schnitt des braunen Gesichtes, dem
knospenden Busen und den gelenken Gliedern einer Magyarin
vergleichbar.

Schnell war mein Skizzenbuch aus der Tasche; aber eben so
schnell war Irka zur Thüre hinaus, und alle Vorstellungen
Melikow's und der geschäftigen Alten, alles Bitten und Versprechen, ja sogar das Angebot einiger Rubelscheine blieb
fruchtlos bei der auch der flüchtigsten Aufnahme hartnäckig
Widerstrebenden. Erst als ich Buch und Bleistift versorgt und
jedem weiteren Versuche in dieser Richtung feierlich entsagt
hatte, liess sie sich herbei, wieder bei uns niederzusitzen. Aber
auch dann verbarg sie ihr Antlitz mit den Armen, so oft ich
länger auf sie hinblickte, erklärend, ich würde sie dann aus dem
Gedächtniss zeichnen. Freilich traten gerade bei dieser graziösen
Stellung im Scheine der Lampen und auf dem dunklen Hintergrunde ihre Formen in einer Weise hervor, welche jeden bildenden Künstler entzückt hätte.

Die kleine „Tatarin" mit den grossen Augensternen, den
rothen Lippen und dem rosigen, runden Gesichte folgte selbstverständlich dem Beispiele ihrer Freundin. So blieb mir denn

nur übrig, im Nebenhause eine weniger scheue, freilich auch minder hübsche Repräsentantin der hiesigen Frauen in meinem Skizzenbuche festzuhalten (s. das Bild S. 383, 5.).

Nachdem wir so Alt- und Neu-Samarkand in Augenschein genommen hatten, suchten wir Einiges von der Umgebung zu sehen.

Vom Marktplatze aus sendet die Poststrasse nach dem 294·5 *km* entfernten Taschkend nach rechts und links Ausläufer; südöstlich gegen das Gebirge, nördlich gegen Afrasiab Kalâ, die Trümmerstätte der ältesten, durch archäologische Funde gekennzeichneten Niederlassung im Stadtbezirke von Samarkand, einen Scherbenberg, der für den flüchtigen Beschauer nur Kurgane und Sandhaufen zeigt.

An kleinen Moscheen vorbei und längs des Friedhofes wandeln wir in nordöstlicher Richtung auf und nieder durch die trostlose, wellige Lösslandschaft. Völlig kahl, unbebaut und unbewohnt, zieht sich das Plateau bis zu einem ausgedehnten Blachfeld, auf dem im Frühjahr das grosse Volksfest abgehalten wird. Zu dieser Zeit haben die Regengüsse die jetzt ganz ausgebrannte, ockergelbe Grasnarbe in grüne, blumige Fluren umgewandelt, stehen Zelte, fliegende Buden in den Erdfalten, drängt sich die Menge lustig und laut, zu Fuss und zu Pferd, um die Gaukler, die Garküchen, die Händler und Derwische.

Tiefe Einschnitte führen von dem Plateau hinab zu der Schlucht ober dem Flussbette des Bamejdan, wie unser Führer diesen Seitenarm des Serefschan nannte.

Eine Zinnenmauer schliesst die Terrasse ab, in deren Seitenwand die Höhlenwohnung des Wächters und eine kleine, offene Moschee eingegraben sind. Auf der freien Fläche zwischen den steilen Mergelwänden liegt das Grab Daniar's, den die Sage mit dem jüdischen Propheten Daniel identificirt. Das kofferförmige Grabmal ist 18 *m* lang, 1 *m* breit und 1·25 *m* hoch. Am Kopfende, gegen Osten, ist eine pylonenförmige Stirnwand aufgemauert, 3 *m* hoch, an der Oberkante 1·3 *m* breit. Den Pylon deckt eine abgestumpfte Pyramide, deren Spitze ein Widdergehörn, ex voto hier niedergelegt, krönt. Ein rundes Thürmchen mit Kuppeldach und Lilienknauf enthält eine Vertiefung für die Donnerstag und Freitag hier angesteckten Votivkerzen. Fünf Fahnenstangen mit rothen Bannern und Haarquasten ragen zur Seite des Grabes empor, auf dem die Frommen allerlei Steine aufgehäuft haben. Zur linken Seite, an dem Unterschlupf des alten Grabhüters vorbei, führen Stufen in das Flussthal.

Der Bamejdan fliesst hier in drei Armen; die dadurch gebildeten Inseln tragen Mühlen; die Werke pochen, das Wasser rauscht, beladene Pferde kommen mit Mahlgut vom jenseitigen, abgestuften Ufer. Auf den flachen Dächern der Mühlen liegt Getreide ausgebreitet; buschige Pappeln und alte, starke Schwarzulmen erfüllen das Thal mit ihrem Grün bis herauf zur Zinnenmauer, die ein mächtiger Karagatsch mit seinem schwärzlichen Laube und den knorrigen Aesten umfängt.

Von Daniar's Grab wandern wir südöstlich; die Taschkender Poststrasse mit ihren freundlichen Dörfern und dem „Garten der Erlaubniss", einen beliebten Ausflugsort der eleganten Welt, verlassend, steigen wir über kärgliche Felder zum Hügel Tschobanata (Vater Hirt) empor. Diese Anhöhe — 8 km nordöstlich von Samarkand, westlich von der Furt des Serefschan gelegen — trug einst die Sternwarte Ulug-Beg's, des Enkels Tamerlan's.

Jetzt erhebt sich hier das verfallene Grabdenkmal Tschobanata's, des Hirten- und Stadtpatrons von Samarkand.

„Ilchan Helagu, der Enkel des Weltstürmers DschingisChan, errichtete auf einem Berge bei Maragha eine mit vielen Instrumenten ausgerüstete Sternwarte, in welcher Nasr-Eddin aus Tus (bei Meschhed) seine Beobachtungen anstellte. Das Licht, welches in dem von tatarischen Völkern bewohnten Asien angezündet war, verbreitete sich im 15. Jahrhundert weiter im Westen bis Samarkand, wo der Timuride Ulug-Beg neben der Sternwarte ein Gymnasium nach Art des alexandrinischen Museums stiftete und einen Sternkatalog anlegen liess, der sich ganz auf neue und eigene Beobachtungen gründete." (Kosmos II.)

Die Enkel der beiden Weltstürmer als Adepten astronomischer Wissenschaft — was sagt die Theorie der Vererbung geistiger Anlagen dazu?

Ein meilenweiter Rundblick eröffnet sich vom Hügel Tschoban-ata auf das reiche Thal des goldspendenden Serefschan, der seine Kraft in zahllose, befruchtende Wasseradern ergiesst.

Der Fluss Serefschan gibt dem gleichnamigen Kreise den Namen. Der Kreis Serefschan, ein Theil des Gouvernements Turkestan, wurde 1868—1871 von den Russen erobert und umfasst das Gebiet des oberen und mittleren Flusslaufes, während der Unterlauf und sein Bereich, westwärts von der Station Kättä-Kurgan, Bochara angehört. Die Ausdehnung des Kreises Serefschan beträgt rund 25.000 $\square km$ mit einer Bevölkerung von 394.000 Einwohnern. Von diesen finden wir den grössten Theil an den Canälen im Flussthal angesiedelt. Der Kreis enthält Garten- und Acker-ländereien (Oase, etwa ein Zehntel), Steppe, Wüste und Gebirgsland.

Der Fluss Serefschan entspringt im gleichnamigen Gletscher (3000 m über dem Meer gelegen und 32 km lang!) des Alai-dagh und theilt sich im Osten von Samarkand in die beiden, bei Sara-bulak sich wieder vereinigenden Hauptarme, den nördlichen Ak-derja und den südlichen Kara-derja; der letztere steht in der Wasser-menge dem ersteren nach. Der Serefschan ist etwa 650 km lang, wovon weniger als ein Dritttheil auf bocharisches Gebiet kommt. Für seinen raschen Lauf spricht die Niveaudifferenz zwischen Samarkand (723 m über dem Meere) und Karaköl (180 m über dem Meere). Die Entfernung zwischen beiden Orten beträgt auf der dem Serefschan entlang laufenden Bahnstrecke 311·17 km. Im Hauptarme versiegt der Serefschan östlich 23 km vom Oxus, zu dessen Stromgebiet er einst gehörte, bei der Station Chodsha-Dewlet. Ein Arm endet im Jalanbecken bei Karaköl, der andere aber südöstlich davon in der Niederung der drei Steppenseen Dschungarje, Karanga und Dengis.

Der Serefschan verliert seine Mächtigkeit durch die zahl-losen Irrigationscanäle, welchen durch Dämme die schlammigen Winterwässer zugebracht werden. Samarkand selbst liegt am Fseap-canale, jedoch benützt die Bevölkerung Quellwasser zum Trinken.

Im Südosten des Tschoban-ata streben, in leichten Duft gehüllt, graue Berge empor, zu deren Füssen üppige Gärten, dichte Buschwäldchen und helle Behausungen liegen. Hier ist stundenlang weit und breit reicher Segen und lebhaftes Grün ausgebreitet. Weiterhin sehen wir an den Verästungen des Flusses kahle, garstige Sandbänke, weisse und braune Inseln; zwischen den gelblichen Feldern, den grau-grünen Maulbeerbaumzeilen und Büschen blitzt überall das seichte Geäder des Wassers hervor. Den Tschoban-ata umkreisend, benetzen Seitenarme des Flusses die dichten Auen und Gärten von Alt-Samarkand, andere Wasser-adern die sattgrünen Anpflanzungen der russischen Neustadt.

Zwischen dieser Fülle von Baumwipfeln und Laubkronen, Saat-feldern und Fruchthainen und zwischen dem Grün an den Ufern des Bamejdan liegt gegen Nordwest das helle, kahle Plateau mit dem Friedhofe; weiterhin thürmen sich die Kuppeln, die Bogen und Thore des Rhigistan und seines Bereiches auf. Kräftige, blaue Schatten zeichnen die weissen Kalkmauern der Festung ab. Ganz

Samarkand mit seinen Moscheen und Medressen liegt, gleich der Festung, hoch und frei auf den Kämmen des zerrissenen, von zerklüfteten Abhängen begrenzten Tafellandes. Weit im Hintergrunde glänzen die Bauten und die Schienen des Bahnhofes. Wolkenschatten jagen über die in Staub gehüllten fahlen Hügel; Sonnenblicke aber setzen grelle Lichter auf die Kanten der hohen Mauern, tauchen die Neustadt und die südlichen Weiler in helles Goldgrün und flimmerndes Grau. In tausend kleinen Krümmungen schimmert der Fluss, dessen Hauptlauf kaum bemerkbar bleibt, aus den kugeligen Bäumen hervor, ein Gewirre unzähliger, türkisblauer Fäden.

Unter uns weiden Ziegenheerden und Schafe in den Wermuthkräutern der steilen, von regellosen Ackerfurchen verbrämten Abhänge.

Durch die Beherrschung des Quellengebietes und des Hauptlaufes des Serefschan halten die Russen Bochara in der Hand; wie vordem würde ein Krieg Russlands auch heute in diesen Ländern die Wasserwerke vernichten, die Dämme brechen, den Fluss ableiten und derart Bochara niederwerfen.

Die Botmässigkeit Bocharas, dessen Emir es dulden muss, dass russische Truppen auf bocharischem Gebiete, in Kerki (s. S. 382), am linken Ufer des Oxus, ja an dessen Nebenflusse Kafurnihan, in der Sommerresidenz Hissar garnisoniren, sichert Russland von Samarkand aus über Karschi, Belch, Korum den Zugang zu den Pässen von Bamian auf Kabul und Peschawer zu — die Uebersteigung des über den Hindukuh nach Kafiristan führenden, 4000 m hohen Defilés von Chodschak ist zwar näher, aber weit schwieriger — immer vorausgesetzt, dass das schwache afghanische Corps*) nicht rechtzeitig durch ein anglo-indisches Corps Unterstützung erhält.

Peschawer ist die Endstation der indischen Eisenbahn, welche durch das Pendshab von Lahore aus zur afghanischen Grenze führt. Bis Peschawer soll die russische Transkaspibahn von Tschardshui her über Kerki, den Oxus entlang, via Chodsha Salih nach Belch und Kabul vorgestossen werden.

Die zweite Linie für die Bahn — und zugleich eine zweite Angriffscolonne — führt, wie schon erwähnt, von dem südlichsten Punkte der gegenwärtigen Strecke, von Duschak über Sarachs,

---

*) Von den regulären Truppen Afghanistans stehen an der russischen Grenze 7750 Mann Infanterie, 21 Sotnien und 78 Geschütze.

dem Flusse Tedshend (Herirud) folgend, nach Herat, Kandahar und Quetta zum Endpunkte der indischen Bahn Sukkur-Schikarpur-Sibi. Diese letztere Bahnlinie hat heute die Pässe von Bholan und Quetta überschritten und den Khojakpass (2250 m über dem Meer, circa 250 km südöstlich von Kandahar) mit einem 8 km langen Tunnel erreicht, welcher zwischen den Gebirgen Amran und Serawak gelegen ist.

Der Bholanpass (1743 m) ist durch eine Bergbahn nach dem Zahnstangensystem des Schweizer Ingenieurs Roman Abt überschient. Meine Mittheilungen über das Abt'sche System, welches unter Anderem in Deutschland beim Bau der Harzthalbahn, in Oesterreich auf der Strecke Eisenerz-Vordernberg Verwendung findet, erregten im Kaukasus, wo es vielleicht an die Stelle der projectirten Tunnelirung bei Gudaur auf der Militärstrasse Wladikawkas-Tiflis (vgl. S. 168) treten könnte, wie auch in Turkestan, mit Hinblick auf die Fortsetzung der transkaspischen Bahn, das lebhafteste Interesse der Ingenieurofficiere. Einer dieser Letzteren nahm daraus Anlass, mir russische Photographieen der Quettalinie vorzuweisen.

Dass die Engländer, welche, dem Rathe des bei ihnen als unbestrittene Autorität geltenden Vambéry folgend, alle Mittel anwenden werden, um Afghanistan und damit ihre indische Grenze vor den Russen sicherzustellen, ist unzweifelhaft.

Und so mag in den nächsten Jahren etwa Bochara als reife Frucht dem Zarenreiche in den Schooss fallen, wohl auch noch mancher Uebergriff der Petersburger Politiker oder einer der in Russisch-Asien stillschweigend gutgeheissenen, officiell freilich desavouirten Handstreiche und Winkelzüge eintreten, bevor die Bahnen beider Mächte ineinander münden, die Grenzverhältnisse an dieser Stelle Asiens sich wesentlich ändern.

Ich darf wohl hier einer Scene aus Walter Scott's „Quentin Durward" gedenken. Angesichts Ludwig's XI. von Frankreich und Karl's des Kühnen erklärt der Wappenkönig des goldenen Vliesses das von dem fränkischen Könige Childebert nach der Gefangennehmung Gandemar's von Burgund erwählte Wappenbild: einen Leopard hinter einem Stabgitter. Da wirft Le Glorieux, Ludwig's weiser Narr, die Worte hin: „Bei meiner Schellenkappe! heut' steht der burgundische Leopard vor dem Gitter." Nun wahrhaftig, auch der britische Leopard wacht heute in der That weit vor Indiens Thoren!

5. ABSCHNITT.

(Káhka. Ritt über das persische Grenzgebirge ins Thal von
Meschhed. Lage und Bedeutung dieser Stadt. Nasir Bekow
und sein Haus. Ich kann weder Herat, noch Astrabad erreichen. Rückkehr nach Káhka.*)

Da mein Geleitbrief nur strict bis Samarkand lautete, war mir
die Rückreise über Afghanistan und Indien oder über Taschkend
und Sibirien verwehrt. So ging es denn von Samarkand, dem
östlichsten Punkte meiner Reise, wieder auf der Transkaspischen
Bahn gegen das Kaspische Meer zurück.

In der Station Bochara traf ich wieder mit Derwies, welchen
ich hier zu erwarten hatte, zusammen. — Butaków war bereits
früher abgereist — Mit Derwies wollte ich nun von Káhka aus
über das Grenzgebirge nach Meschhed, von hier aber allein entweder, von Persien aus, nach Herat oder nach Astrabad reisen.

Von Bochara rollte ich mit Derwies und Melikow in einem
Güterzuge über Merw hinaus der Station Káhka zu. Diesmal
erfreuten wir uns der ausschliesslichen Benützung eines ganzen
Waggons, in dem wir uns mit den erkauften Teppichen ganz
wohnlich einrichteten, soweit die schmalen Bänke es gestatteten.
An einem Ende des Waggons befand sich ein Waschraum, Coupé
wird es genannt — „Mistgrüberl" ausgesprochen. Dank meinem
Begleiter, dessen Stellung als Flügeladjutant des Kriegsministers
manches kleine Hinderniss überwand, konnten wir, im Gegensatze
zur Herfahrt, auf der Melikow an den Haltestellen als Wächter
unseres Gepäcks im Coupé bleiben musste, nun alle Drei in den
Buffetstationen den klafterhohen Sprung den Bahndamm hinunter
wagen, da die herbeigerufenen Kosaken rechts und links von dem
Waggon Posto fassten und diesen hüteten. Noch einmal zogen die
früher geschauten Bilder und Landschaften in umgekehrter Reihen-

---

*) Vgl. die Routenkarte im Anhang.

folge an uns vorüber; aber wie der Mensch nun einmal ist, wurde manche Stunde verplaudert oder verschlafen, anstatt auch jetzt mit ungetheiltem Interesse zum Fenster hinaus zu blicken. Schien uns doch der Charakter des Landes, der Anblick von Bocharen, Turkomanen und Persern schon so alltäglich, dass nur die Hauptpunkte, die Farbengluth der scheidenden Sonne über den Sand-dünen, den umbuschten Dörfern, oder besonders auffallende Typen der Lungerer in den Bahnhöfen, ja oft auch nur der blinkende Ssamowar des Buffets uns unseren Gesprächen oder Träumen zu entreissen vermochte.

Auf der Fahrt nach Samarkand wurden meine Aufschreibungen und die Aufnahme von Skizzen von den mit mir reisenden Officieren von Fall zu Fall einer controlirenden Besichtigung unterzogen, so dass ich öfters, um derselben zu entgehen, verstohlenerweise Notizen machte. Jetzt auf der Rückfahrt, wo ich mit meinem militärischen Begleiter, welcher mich inzwischen näher kennen gelernt, allein war, hatte ich freie Hand. Lesen oder Schreiben machte aber das Schleudern des Waggons unmöglich.

Am Morgen des dritten Tages erreichten wir die Station Káhka. Lieutenant Kunitzjn der hier im Fort stationirten Batterie hatte auf ein Telegramm Derwies' hin Umschau gehalten und versprach uns Beistellung von vier Pferden und einem Führer, die uns nach Meschhed bringen sollten. Bis dahin nahmen wir in dem sauberen, weissgetünchten, von Mauern umschlossenen Officierspavillon Quartier.

Die Behausung des freundlichen, dienstfertigen Lieutenants bestand aus zwei Zimmern. In dem ersten standen eine eiserne Bettstelle, ein Tisch und drei Thonet'sche Stühle; Teppiche, Vorhänge, Bilder, Alles fehlte; das zweite enthielt keinerlei Möbel. In demselben Gemache lagen neben einem Stoss Bücher allerlei Mundvorräthe auf dem Boden aufgehäuft, mit deren Hilfe die Ordonnanzen des Lieutenants uns ein Frühstück bereiteten; es gab marinirte Fische, Milch, Eier und natürlich Thee. Unser guter Wirth half selbst beim Auftragen, lief eilfertig hin und her und erschöpfte sich in Entschuldigungen über das Gebotene.

Der Garten am Hause und die durch Pappelreihen gesonderten Gemüsebeete werden vermittelst einer Leitung mit dem frischen, aus den Bergen strömenden Bachwasser getränkt, welches auch das offene, hier doppelt erquickliche Badebassin speist. Der Garten mit seinen üppigen Früchten erhebt sich auf der Stelle, wo noch

vor zwei Jahren, aus der Kibitka hervor, auf Wild geschossen
worden war. Die Vögel abzuwehren war hier als Schrecker auf einer
Stange ein abgenagter Kuhschädel aufgepflanzt. Er gab Gelegenheit zu folgenden Messungen: die Schädellänge 33 *cm*, die Stirnbreite
unter den Hornzapfen 15 *cm*, zwischen den Augenhöhlen 13 *cm*;
die Hörner, 16 *cm* lang, im ersten Drittel 10·5 *cm* im Umfange,
waren zugespitzt, leicht nach rückwärts gebogen.

Der ganzen Bergkette entlang findet man wilde Katzen,
Fasanen, drei Arten von Rebhühnern, Geier; im Gebirge selbst
aber Wildschafe, Luchse und Panther, ja um Sarachs herum
ist ein berühmtes Tigerrevier. Ein Pantherfell kostet hier 5, ein
Fuchspelz 1 Rubel. Der hier stationirte Stabsarzt erzählte beim
Frühstück von dem Besuche des österreichisch-ungarischen Gesandten in Teheran, General Baron Thömmel, in Káhka, verbreitete sich dann über seine Jagdabenteuer und illustrirte sie
durch die mannigfachen Geweihe und Felle, welche die Wände
seiner benachbarten Stube schmückten.

Als die erste russische Abtheilung 1885 die von den Persern
geräumte, halb zerstörte Festung Sarachs bezog, schützte sie
lediglich ein in der Thoröffnung entzündeter Scheiterhaufen vor
dem Eindringen der Tiger. Die ganze Nacht hindurch schlichen
die Bestien heulend um die Mauern, innerhalb welcher die Pferde
zitternd, die Hunde ängstlich winselnd standen, die Soldaten aber
schlaflos den Feuerkreis immer wieder erneuerten.

Ein Officier, der im verflossenen Herbste vom Fort Sarachs
aus seine Tochter zur Station Duschak geleitete, schlug, während
der Fahrt plötzlich durch die Rufe seines Kutschers „barss!"
„barss!" (Panther) aufgeschreckt, die Leinwandplachen seines
Wagens zurück und sah zu beiden Seiten je ein Katzenthier
funkelnden Auges, einen dritten Panther aber vor den starren
Pferden stehen. Da der Oberst nur ein Schrotgewehr und einen
Revolver mit sich führte, zog er der Gefahr unsicherer Schüsse
das in diesem Falle einzig richtige Verfahren vor, sich vollständig ruhig zu verhalten. Nach Verlauf einer kurzen, für die
Bedrohten endlosen Weile zogen die Panther gähnend wieder ab.

Immer noch waren die Pferde nicht zur Stelle, und so setzten
wir uns unter die Laube des nahen Dukians (Duchans), welcher die
Vorzüge einer Schenke mit jenen eines Kaufladens vereinigte.
Krim'scher Wein, eine Schachtel Moskauer Canditen und marinirter
Fisch wurden uns vorgesetzt. Der Wirth, ein Kaukasier in langer

Tscherkesska, mit dem Georgskreuz, nahm mit Melikow Fühlung,
während wir Anderen über Káhka plauderten, das noch vor Kurzem
ein befestigter Sammelplatz der Alieli-Turkomanen gewesen war
(die alte Burg von Káhka liegt 370 m über dem Meer), jetzt aber, im
Schutze der hier liegenden Infanterie und Artillerie, ein grosses,
etwa 700 Sakli (Häuser) zählendes Dorf mit reichem Ackerland
und zahlreichen Ruinen darstellt. Das Land, mit Pferden beackert
— in anderen Theilen Transkaspiens spannt man Kameele vor den
Pflug — trägt Tabak, Gerste, Korn, Weizen, Baumwolle und Reis.
Das verflossene Jahr brachte nur dreimal Regen; selbstverständlich
beruht die Cultur auf der Bewässerung, und zwar durch den die
Káhka-Oase (340 m über dem Meer, der Káhka zunächst liegende
Berg erhebt sich schon auf 1354 m) durchströmenden, im nahen
Sande der Wüste von Kara-Kum versiegenden Bach.

Káhka gehört zur Attek-Oase. Nordwestlich von Káhka,
jenseits der Station Gjaurs, 94 km von hier, liegt die Oase der
Achal-Tekinzen, östlich die Tedshend-Oase. Der Tedshend (bis
Sarachs Herirud, Herat-Fluss genannt) versiegt 8 km unterhalb
Sarachs, um 53 km weiter nordwestlich wieder hervorzubrechen
und die nach ihm benannte Oase zu befruchten; nur unterirdische
Dämme vermöchten den Flusslauf längs dieser Strecke zu fassen.
Die Bahnstrecke von Káhka gegen Osten besitzt bis zu der 88 km
entfernten Station Tedshend, der südlichen Spitze des Stromdeltas,
nur bei Duschak in dem Kelatbache eine Wasserader. Westlich
von Káhka hat blos die Station Artik, 34 km weit, vom Dere-
gössbache aus süsses Wasser.

Das Vordringen des Atrek bis gegen Artik und Lutfabad,
sowie die Verbindung des bei Rudkian nordwestlich von Meschhed
versiegenden Tedshend quer durch das Gebirge mit dem Gebiete
von Káhka — beides auf mehreren Karten*) verzeichnet — wider-
legt die neueste russische Generalstabskarte (Massstab 5 Werst
= 1 engl. Zoll d. i. 1 : 213.400), welcher die in diesem Abschnitte
gegebenen Höhenmessungen entstammen. Dieselben gelten für
die Elevation über dem Spiegel des kaspischen Meeres. (Vgl. die
Routenkarte im Anhang, welche nach der citirten Generalstabs-

*) Z. B. auf der Karte von G. Philip-London; diese führt auch den grossen
und den kleinen Balkan als zusammenhängendes Gebirge quer über die Wüste Ust-urt,
setzt Tschinaran und Rudklan, beide auf dem Wege von Lutfabad nach Meschhed
gelegen, irrig ein u. s. w.

karte, Aufnahmen eines russischen Officiers, meinen Notizen und Vambéry's Correcturen hergestellt ist.)

Unsere gemüthliche Stimmung vor dem Duchan störte der Pristaw des Kreises, Stabscapitän Paul Polykárpowitsch Schimkjéwitsch, der in voller Uniform, mit allen Orden, den Säbel umgehängt, mit militärischer Kürze nach unseren Papieren fragte, ohne das ihm von den beiden anderen Officieren angebotene Glas, eine Cigarette oder einen Stuhl anzunehmen.

Die Grenze zwischen Russland und Persien ist etwa von der Station Baba-Durmas bis nach Duschak Gegenstand einer Regulirungs-Commission gewesen, deren Abmachungen vorläufig ein Geheimniss sind, und unterliegt einer scharfen Ueberwachung des Verkehrs. Wir hörten von der Ergreifung zweier als Turkomanen verkleideter Engländer, die am Tedshend Aufnahmen machten und deren Abführung nach Aschkabad. Um den Zuzug der Perser an die Transkaspibahn (oder den Eintritt der Russen nach Chorassan?) zu erleichtern, betreibt Russland die Fertigstellung breiter Fahrwege querüber von Aschkabad und von Duschak her nach Meschhed.

Gerade die Schwierigkeit, auf diesen Wegen eine Begegnung mit den persischen Behörden fürchten zu müssen*), und der Wunsch, den directen Saumpfad über das Gebirge zwischen Káhka und Meschhed zu erforschen, hatten uns zur Wahl dieser kürzesten, wenn auch mühevollen Route bestimmt.

Die Bewohner dieses Gebietes sind zum Theile Kurden, „räuberische Schakale in Menschengestalt", welche weder den Persern botmässig sind, noch russische Reisende respectiren.

Lieutenant v. Derwies legte die telegraphische Bewilligung des Kriegsministers Wannowskij, eben hier die Grenze zu überschreiten vor, und ich stützte mich auf das Visum des persischen Generalconsuls in Wien. Nichtsdestoweniger bestand der Pristaw energisch darauf, uns erst nach dem Eintreffen der von ihm erbetenen telegraphischen Entscheidung General Komarów's in Aschkabad — des Gouverneurs von Transkaspien — abreiten zu⁴ lassen und stellte angesichts unserer Erklärung, unverzüglich aufzubrechen, die Einholung durch Kosaken in Aussicht. Nach diesem Bescheide machte er „Kehrt" und überliess uns unseren Entschlüssen.

---

*) Ein mir persönlich bekanntes Mitglied der obenerwähnten Grenzregulirungs-Commission, der russische Oberstlieutenant Miljutin, wurde wochenlang in Kelat zurückgehalten, ohne überhaupt nach Meschhed gelangen zu können.

Ritt nach Menchbvd.

Die herankommenden Pferde behoben alle übrigen Bedenken und so gingen wir an das Bepacken der Pferde, ohne zu ahnen, dass unser Erscheinen in Meschhed die Spannung zwischen Russland und Persien, welche bald darauf gelegentlich der Einsetzung des Generalconsuls Wlassow für die Hauptstadt des Chorassan eine diplomatische Krise hervorrief, steigern würde. Unbewusst und ganz unschuldig habe ich somit an einem politischen Abenteuer theilgenommen.

Die Pferde, struppige, breite, wie die Folge lehrte, ausdauernde und im Klettern geübte Thiere von 150 bis 153 *cm* Höhe, waren frisch beschlagen worden und trugen die landesüblichen Sättel, statt der Zäume aber nur Stallhalftern. Meine englische Pritsche mit den Packtaschen nach österreichischem Cavalleriemodell fand wieder Verwendung auf einem braunen, leichtfüssigen Gaul. Derwies gurtete seinen Schwarzbraun mit dem Bocksattel Kunitzjn's. Das wenige Handgepäck im Quersack (Kurdahin, richtiger Churdahin) legte der Führer seinem Pferde über den Widerrist. Da der edle Tekke-Turkmene überdies seine eigenen Decken und zwei grosse Leinenbeutel mit Mundvorrath — weiche, wie Kautschuk dehnbare Fladen ungesäuerten Brotes — und meinen Handkoffer aufstaute, war er gezwungen, auf der Höhe des Ganzen wie der Affe auf dem Kameel zu hocken. Eine schmutzige, hohe Pelzmütze umrahmte das verschrumpfte, mit struppigem Schnauz- und Backenbart verzierte Gesicht des Tekke, ein Krummsäbel klirrte an seinen Hüften, starke Socken dienten als Fussbekleidung, die unvermeidliche Riemenpeitsche hing an seinem Handgelenk.

Bald war Alles in der sogenannten schönsten Ordnung, wir schüttelten unserem Gastfreunde Kunitzjn, der unser entbehrliches Gepäck in Aufbewahrung genommen hatte, die Hand, die beiden Ordonnanzen grinsten, die Hunde schlugen an, der Doctor credenzte noch einen Steigbügeltrunk und nun ging's (Sonntag, 21. October) 11½ Uhr Vm. mit Peitschenhieb und unfruchtbarem Anspornen hinaus zum Hofe gegen die Berge, als wäre uns der Feind im Rücken. Der „Feind" wäre diesmal der verheissene Zug Kosaken gewesen. Aber ungefährdet sprengten wir unter dem melancholischen Aufblicke unseres Turkmenen, welcher die Ausdauer seiner Pferde nicht gleich im Anfange der Tour auf die Probe gestellt sehen wollte, über die grasige, sanft aufsteigende Fläche, welche sich 14 *km* von Káhka bis nach Chairbabad erstreckt (vgl. für die folgende Tour die Marschroute am Ende des Abschnittes). In der Niederung weidete Vieh. Oben auf den Felsen kletterten Ziegen, ihr Hirt hob sich dunkel vom tiefblauen Himmel ab. Geier, Elstern und Rebhühner waren die einzigen jagdbaren Thiere, welche in der Niederung am Bache und auf den Seitenhügeln zum Vorschein kamen.

Die geschleifte, weitläufige Perserveste Chairbabad, graues Gemäuer mit Zinnenthürmen, in einem wüsten, lederfarbenen Thalkessel, westlich lassend, gelangten wir 5·3 *km* weiter zur Ruine Senglban, wo ein weisses Fähnlein als Grenzzeichen flattert.

Hier verlassen wir den Bach Lajn-Su und reiten über spärlich bewachsene Hügel zum Thal des Chaksari-Baches. Grosse Heerden von Schafen und Ziegen weiden da unter der Obhut wilder, bewaffneter Kurden. Das Wasser bahnt sich mühsam durch die grossen Felsblöcke des Defilés von Chaksari-Derbént seinen Weg. Basaltfelsen steigen zur Rechten und zur Linken auf, nachdem wir den östlichen Seitenpfad gegen Kelat hinter uns gelassen haben.

Gegen 5 Uhr Abends erscheinen Gebilde von Menschenhand. Hoch über uns ein wettergrauer Wartthurm, zu unseren Füssen zusammengetragene Steinwälle zum Schutze der Pappelpflanzungen und Felder.

In dem schmalen engen Thale webt das Wasser zwischen den Steinen im Bache. Hohe, alte Nussbäume ziehen sich von der Mühle am Ufer aufwärts; in ihrem Schatten liegen dunkle Häuser. Halb verschleiert waschen Frauen buntes Zeug in der Fluth; unter den gewaltigen Baumkronen kocht ein Feuerchen die Mahlzeit der Kameeltreiber, welche mit ihren kleinen Thieren hier rasten; Kinder springen unter den Bäumen umher, ein kleines Mädchen in rothen Beinkleidern und Kittel, ein Käppchen über den fliegenden Zöpfen, lehnt an einem Baumstamme und singt laut in die Abendluft hinaus. Zu beiden Seiten des Baches erheben sich hohe Bergwände, deren Gipfel herbstlicher Duft verschleiert.

Vorerst sassen wir in diesem Wäldchen ab, um unsere Pferde zu tränken und selbst einen Schluck frischen Wassers zu schöpfen. Scheu zogen die Weiber den Zipfel ihres Gewandes über das Gesicht, mochten auch dem fremden Christen ihre blanken Kniee und der Busen sichtbar bleiben. Im Sande des Ufers sass ein Alter mit gewaltiger Adlernase; sein seltsamer Bart spielte in drei Farben, ein Theil des wallenden Vollbartes war noch schwarz, ein anderer bereits ergraut, der Rest üblicherweise rothgefärbt. Behende rasirte ein Mann, dessen Kinnschmuck im herrlichsten Rothgelb erstrahlte, dem Alten den Kopf. Freundlich kam einer der Einwohner heran, bot uns eine Handvoll grosser Nüsse und zwei Kiesel an, um erstere damit aufzuklopfen, und bedeutete unserem Tekke, weiter oben im Dorfe Rast zu machen.

So stiegen wir denn zu den kastenförmigen Häusern von Chaksari empor, die über einander terrassirt so gebaut waren, dass immer das Dach des einen den Hof des nächsthöheren bildete. Gegen den Kamm der westlichen Lehne zu, auf welcher dieses erste persische Dorf unseres Rittes sich hinanzog, standen einige Erdthürme. Erstaunt traten die Leute aus ihren Hütten, unwillig scheuchte der rasch herbeigeholte Dorfälteste das Weibervolk in seine vier Wände zurück, johlend folgte uns die Dorfjugend auf der Wanderung durch die engen Gässchen von dem zuerst gewählten Quartier hinauf zu der Plattform des höchstgelegenen Hauses. Wir verschmähten das dumpfe Zimmer und breiteten unsere Decken auf der genannten, gestampften, lehmbedeckten Plattform aus, von welcher wir einen genauen Einblick in die unterhalb gelegenen Höfe genossen, wenn „geniessen” der richtige Ausdruck für die Ansicht eines Dutzends schmutziger Hofräume ist; erst die Dämmerung setzte diese Intérieurs in malerische Stimmung. Mit dem Sinken der Sonne scholl der priesterliche Ruf des Mollah durch die Lüfte.

Bald hatte Melikow nach geheimnissvoller Hantirung unter einer Reihe unsauberer Töpfe den Thee fertig, und nun galt es, einer kurzen Ruhe zu pflegen. Schwarze Buckelrinder zogen heim in ihren Pferch, grunzende Ungethüme, zottige Lastkameele lagen auf dem freien Platze vor der Herberge, stumm und still schritten dunkle Gestalten an uns vorbei. Rasch waren meine drei Begleiter auf ihren Teppichen in Schlummer gerathen; mich aber hielt der Mond wach, dessen Schein die nahe, jähe Felswand mit Silberglanz übergoss. Hie und da deuteten schwarze Linien die Risse im Gestein an. Dunkel erhebt sich rechtshin die abgestufte Silhouette der Berghäuser, linkshin die schimmernde Ruine der Festung. Zu Füssen, tief unten, steht mit dichten Laubmassen der gewaltige Strauss duftender Nussbäume. Jetzt funkeln Lichter in den Häusern, Lachen ertönt und Singen. Wüthend kläffen die Hunde, hinter uns im Schoppen stehen die Pferde, geräuschvoll ihr Futter kauend. Im Lichtglanze der zauberhaften Nacht erscheint inmitten der steil aufwärts führenden Gässchen eine schwärzliche Missgestalt: der widerliche Schädel, der Buckel, die langen Beine eines Kameels.

Von dem breiten Dache, auf dem wir lagern, sehe ich durch die runde Oeffnung in der Mitte den Feuerschein des unter uns befindlichen Gemaches. Der Wohnraum empfängt Licht und Wärme zugleich nur durch das Holzfeuer, dessen Rauch hier herauf abzieht. Die Neugier trieb mich in das Innere unserer Herberge. Anfangs stand ich unter dem Vordache und spähte durch die niedere Thür hinein. Kaum hatte das der Hauswirth bemerkt, als er mich durch die internationale Sprache der Geberden zum Eintreten einlud.

Da sass ich nun mit ihm und zwei Weibern — die bald, um besser zu sehen und an meine Erscheinung rasch gewöhnt, ihr Antlitz enthüllten — auf dem Lehmboden beim qualmenden Feuer und beissenden Rauch. Schwarz und verräuchert waren die Balken der Decke, dunkel und rissig die Wände der Hütte.

Gemüthlichkeit in unseren Kreis zu bringen, bot ich dem pater familias, seiner jungen, hübschen Frau und dem runzeligen Kobold, den ich, um dem Manne nicht nahezutreten, bis auf Weiteres für seine ·Schwiegermutter halten will, von meinen guten Asmolow-Cigaretten an. Er nahm sie mit Anstand, die alte Dame mit Seelenruhe, während la belle Persane mit einem Augenaufschlag dankte, der auf der besten Operettenbühne tosenden Beifall entfesselt hätte. Freilich muss dann die Diva so schöne schwarze Augen und eine so durchsichtige Toilette haben, wie diese kleine, nach der Mode von Chaksari mit einem langen Hemde und zwei Armbändern bekleidete Frau. Ich vervollständigte meine Rolle als liebenswürdiger Hausfreund, indem ich die Schöne mit einigen Exemplaren meiner Reithoffer'schen Seifenblätter beschenkte, deren Veilchenparfum sie freudig zur Kenntniss nahm. Die Schwiegermutter ging nicht leer aus, und auch sie führte die glänzenden Blättchen vergnügt an ihren Gesichtsvorsprung, obwohl ich diesmal aus dem Vorrathe meiner carbolisirten Seifenblätter schöpfte. Ob die beiden Damen dieses hochherzige Geschenk seiner eigentlichen Bestimmung, dem Händewaschen, zugeführt haben, ist mir unbekannt geblieben. Den Schluss unserer Conversazione bildete die eingehende Besichtigung meiner Waffen, meines grauen Reisehelms, des Feldstechers, der

Ein Keiler am Wege.

26 *

Stulpbandschuhe, der hohen Juchtenstiefel und der Uhr. Bei dieser Gelegenheit nahm ich wahr, dass es Zeit zum Aufbruch sei, und da ja Alles hiernieden ein Ende haben muss, der Herr des Hauses auch unruhig zu werden begann, erhob ich mich mit einem eleganten „Salám" und blies zwar nicht, aber rief deutlich genug zum Abmarsch, die schlafenden Jünger weckend.

Dann ging's bei hellem Mondenscheine weiter im Thal, zwischen Felswänden, das rauschende Wasser entlang oder im Flussbett fort, dieses zwanzigmal kreuzend. Mehr als zwei Stunden lang ritten wir so, theils im Wasser, theils zwischen Steinmauern, die oft nicht einmal eine Pferdelänge von einander abstanden Doch an solche und die folgenden Pfade und Abgründe hatte ich mich im Lesghistan gewöhnt. Die Schluchten des Hochthals waren mit alten Bäumen bestanden, Gehölz und Kräuter wucherten an sumpfigen Stellen. Durch die knackenden, dichten Büsche im Dunkel des beschatteten Bergfusses brach, unsere Pferde erschreckend, ein Keiler, der sich hier gesuhlt hatte.

Wir verliessen jetzt den Wildbach, um einen jähen Abhang dessen glatte Steinplatten die Pferde und auch wir nur langsam überwinden konnten, in etwa einer Stunde zu ersteigen. Alle Augenblicke strauchelte oder fiel eines der Rosse, die wir am Schleifzügel hinter uns führten, wiederholt auch Einer oder der Andere von uns auf dem halsbrecherischen Steindache.

Endlich war der Kamm erreicht, der westlich zum Sassin-kaji, östlich gegen den Bajram-Kala, 3403 m, führt und die Wasserscheide dieses Gebirgszuges bildet. Die Berge steigen hier hoch an. Die uns zunächst gelegene Spitze des Ochrija Dagh ist 3022 m, der Pass Koteli Dasch (russisch Kotalaj-Daschg, Kesselpass) 2641 m, ohne die Grenze des ewigen Schnees zu erreichen.

Vom Kamme des Kesselpasses ging es, Anfangs noch immer zu Fuss, über Schutthalden abwärts weiter durch einen natürlichen Steinbruch im Zickzack am Rande des riesigen Kessels, von dessen Wand ein Wasserstrahl in ein kleines, von Steintrümmern umstandenes Becken herabfiel, um von dort aus in einer wilden Schlucht ostwärts gegen Kelat abzustürzen.

Am Rande der Felsplatten, welche von dem Steinbruche zum Kesselpasse führen, allein dahinreitend — meine Begleiter waren vorausgeritten und schon tief unter mir sichtbar — gelangte ich plötzlich zu einem jähen Absturze. Als ich hier über den Abstieg mit mir zu Rathe ging, ertönte eine rauhe Stimme aus der

Tiefe, erschien im Mondlichte eine dunkle Gestalt, welche mir
winkte, umzukehren. Auf Umwegen zum Fusse des Absturzes gelangt, fand ich in dem freundlichen Warner einen Kameeltreiber,
welcher mit seinem Thiere — die Kameele klettern vortrefflich,
so wenig das plumpe, anscheinend nur für die Ebene bestimmte
Geschöpf dazu geeignet scheint! — hier rastete. Der Mann hatte
in einer Höhlung der Felswand ein Feuer angemacht und zu
diesem Behufe einen starken Baum gefällt. Durch solche Ver-
wüstung geht, selbstverständlich der hier ohnedies kärgliche Wald-
bestand raschem Ende entgegen, versiegen die Quellen immer
mehr, von welchen die zu Thal eilenden Gewässer gespeist werden.

Der nächste Wasserlauf der Scheideck nimmt bereits
seinen Weg energisch gegen Südost und speist den nach
Meschhed abfliessenden Bach.

Die Angabe einiger Karten, insbesondere jener von George
Philip and Son, London, ist also, wie an vielen anderen Stellen,
z. B. hinsichtlich der völlig fabelhaften Bergkette zwischen Kisil-
Arwat und Gök-tepe (56 bis 58° ö. L. von Greenwich, 38° 40′ n. Br.),
des Murghablaufs, so auch in der Durchführung eines Flusslaufes
von Meschhed über Tschinaran, Rudkian nach Káhka un-
richtig, wie ein Blick auf die erwähnte russische Generalstabskarte sofort erweist.

Der parkartige Südabhang des Gebirges ist zum Theile mit
balsamisch duftenden Nadelhölzern, Wachholderbäumen und
Büschen besetzt (Juniperus excelsa und pseudosabina?). Einige,
mannsdick, breiten hoch ober dem Stamme ihre dichten Nadel-
büschel aus, andere kriechen buschartig zwischen den Felsblöcken
hindurch. Einzelne sind schon abgestorben und ragen malerisch
gewunden, weiss und schwarz in die herrliche Mondnacht.

Einmal hörten wir die ferne Axt des Holzfällers scharf durch
die stille Luft herüber. Dann flog ein Volk Hühner auf. Auf der
Höhe hinter dem Kesselpass drang das eigenthümliche, monoton
nervöse Geräusch einer grasenden Schaf- und Ziegenheerde
herauf. Ein kurdischer Schäfer mit einem an den Schultern
wagrecht wegstehenden Pelz, im Dämmerlichte wunderlich, wie
ein schwarzes, von einer kleinen Kugel — seinem Kopf — über-
höhtes Rechteck anzusehen, stand, das lange Gewehr über dem
Rücken, unbeweglich an dem Pfade; heisere Hunde kläfften aus
der Tiefe uns nach, die wir fröstelnd und müde jetzt noch stundenlang über das kahle Hochplateau hinabritten, von unserem

Führer immer aufs Neue vertröstet, Charköi sei bald erreicht. Die Asiaten haben eben keine genauen Zahlen- und Zeitbegriffe! Unser Tekke war zudem ein mürrischer Patron, den wir jedoch nicht zu unsanft zu grösserer Eile antreiben durften, da er — wie Melikow erläuterte — nur zu sehr bereit war, völlig zu striken und uns wild anblickte, so oft Derwies oder Ich energisch ein schnelleres Tempo forderten oder den Gaul des Tekke antrieben. Der Mann verstand unsere Worte nicht, doch ihre Tonstärke und unsere Geberden liessen ihn nicht im Zweifel.

Ewig neue Wellen tauchten in der trostlosen Einöde auf; starr wie die Mondgebirge, die uns der Refractor der Sternwarten vor Augen führt, lagen die Höhenketten von Hezari Mesdschid (tausend Moscheen) um uns. Nicht minder traurig zog sich der Weg von der Hochalpe in die Senkung herab, einem breiten Querthale mit nackten Seitenwänden.

Hier erreichten wir wieder einen rauschenden Bach, der uns an öden Hügeln vorbei bis nach Chorköi (auch Charköi genannt; der westlich davon gelegene Berg ist 2993 m über dem Meere) begleitete. Auch dieses Kurdendorf liegt, wie der ganze Weg der letzten Stunden, ohne den Schmuck aufstrebenden pflanzlichen Lebens da. Unheimlich thronte im silbernen Grün des Mondes die verfallene Burg, ein Geisterschloss, ober dem elenden Dörflein.

Es war (Montag) 5 Uhr Morgens, und wir mussten unseren Gäulen kurze Rast gönnen. Nach langem Suchen, Rufen, Poltern fanden Melikow und der Tekke einen Kurden, der uns in seinen halb ausgebauten Duchan wies. Thüren und Fenster fehlten gänzlich, auch der Hof, durch den ein Rinnsal kühlen Wassers zum nahen Bache abfloss, war nur zur Hälfte mit Mauern umgeben. An Lebensmittel und Thee durften wir umso weniger denken, als der Wirth, kaum erschienen, wieder in dem Gemäuer der lautlosen Ansiedelung verschwand. Nur das Geheul von Schakalen und, wenn wir dem Tekke glauben durften, von Panthern klang in langgezogenen Tönen durch die Nacht.

Zwei Stunden später trabten wir weiter dem Bache entlang. Plötzlich machen die Felsencoulissen eine rasche Wendung und eröffnen ein Seitenthal voll üppigen Grüns. Grosse Bäume und frisches Gehölz erfüllen die Uferränder des Baches, der hier den mitgeführten Schlick abgesetzt hat. An einer Furth stehen drei knorrige Weiden malerisch beisammen. Weiterhin gelangen wir zu einem reizenden Fleckchen. Ueber moosige Felswände schiesst der Giessbach in ein tiefes Bassin von drei Seiten her und bildet einen Wasserfall, dem wir den Namen der „drei Cascaden" beilegten. Grosse Eidechsen huschen über die seitlichen Felsplatten.

In schmalen Feldstreifen, von Steinwänden umfangen, erscheint Culturland. Dann begegnen wir einer Rinderhoerde. Unser Blick beherrscht ein neues breites Thal, in dessen Sohle ein zweites Gewässer von Osten her die eingehegten, sorglich gehaltenen Aecker, die jungen Pappeln und die Futterschläge aus dem Geäder der erstellten Rinnsale tränkt. Zur Linken häufeln zwei Bauern die gelbgrünen, saftigen Tabakpflanzen, Nicotiana rustica, an; zur Rechten wird geackert und gesäet, im Weingarten gegraben. Metallischen Tones flattern Fasanen auf.

Wir lassen Kerim-abad (Germab) und das stattliche Maritz (nach russischer Schreibart) — Dorf und Hochburg — hinter uns, passiren Jal, am Riswan-rud gelegen, gleichfalls befestigt, und erreichen, aus der Thalsenke tretend, einen neuen Felsenrücken.

Im Rückblicke sehen wir die üppige Niederung: die fernen dunklen Punkte sind eine Schaar weidender Esel, die langen, dünnen, grauen Streifen sind das Steinfutter der Wasserleitungen, die glitzernden Bänder ebenso viele Rieselfurchen.

Das öde, graubraune Hochland, dessen Höhen und Tiefen wir durchreiten, zieht sich wohl drei Stunden lang hin; von der Kuppe sehen wir die lichten Erhebungen des Ashdar-Kuh und des Schir-achir, der letzten Ausläufer des Gebirgsstockes im Thale von Meschhed. An einer Wendung des Weges erreichen wir wieder den Thalbach Riswan-rud und stossen auf einen Trupp lagernder Kaufleute. Sie ziehen, wie Melikow erkundet, gegen Káhka, um von dort nach Bochara zu fahren, wohin sie vor dem Ausbau der Bahn von Meschhed aus über Merw zu wandern pflegten.

Immer höher und heisser wird die Sonne; zu Mittag rasten wir im Schatten einer überhängenden Sandsteinwand (auf der Routenkarte mit „Felsen" bezeichnet) an einem dünnen Wasserfaden. Einträchtlich liegen unsere Kopfbedeckungen auf dem spärlichen Grase: mein Korkhelm, Derwies' weisse Militärkappe, die turkomanische Zottelmütze und Melikow's schwarze Lammfellpapácha. Die Pferde werden abgesattelt und weiden unter den Sträuchern, Melikow holt Decken zum Lager und Proviant herbei, der Tekke aber sitzt abseits und kaut an seinem zähen Brode. Um dem durch die Pferde und die Waschungen getrübten Wasser zu entgehen, schritt ich fünf Minuten aufwärts, Wasser zu schöpfen. Der Mensch

scheut den Schmutz überall nur dort, wo dieser aufdringlich zu
Tage liegt, im Uebrigen hält man sich doch an das Sprichwort:
„Was man nicht weiss, macht Einem nicht heiss".

An der aufgesuchten Stelle sprang der klare Quell als zierlicher
Wasserfall über Stein und Gräser, bunte Thierchen schossen über
die Spiegelfläche, gaukelten in der feuchten Luft um den einsamen
Wachholderstrauch. Ringsum war alles still und glühend; in
solcher Stunde schläft Pan, der Hirtengott. Hier sass ich ruhig
nach gestilltem Durst, niederblickend auf den Mikrokosmus zu
meinen Füssen: das krystallene Wasser, das saftgrüne Moos, den
Wachholderbusch, die geglätteten Kiesel, die kirschrothen Stauden,
die beflügelten Gäste des Brünnleins.

Und ein Bild wurde vor mir lebendig: wie ein kurdischer
Schäfer, schwarzgelockt und braungebrannt, einer fremdartigen,
weissen Reisenden in moderner Tracht, der zarten Tochter Albion's,
einen Trunk aus der Quelle schöpft. Und ein zweites Bild: wie
hier einem Maler am Ufer über die Schulter hinweg die Najade
des Bächleins verwundert auf die Leinwand blickt.

Der Ruf des Tekke, der mich trotz meiner Waffen im Bereiche
räuberischer Hirten nicht abseits allein wissen wollte, führte mich
zum Halteplatz zurück.

Weiter, weiter in das bebaute Thal des Kiswan-rud, im
Volksmunde Kutchand, gegen Bottowá. Um 4 Uhr waren wir in
Kiardi, einem grossen Dorfe. Auch dieses hatte Zinnenthürme,
wie alle Grenzorte Persiens, welche seit einem Jahrhundert von
den Turkomanen bedroht wurden. 1878 waren räuberische Tekke,
die Dörfer verheerend, Meschhed auf 8 km nahe gekommen. Noch
nach 1887 fiel eine Horde Jomuden (Atabai-Turkomanen) auf einem
ihrer Raubzüge mordend und plündernd in persisches Gebiet ein.
Die Einwohner von Kiardi erwiesen sich nicht sehr gastfreundlich,
wir mussten am Dorfrande, ober dem schäumenden Bache, campiren und es bedurfte langen Zuredens, um uns ein Gefäss zum
Kochen des Theewassers zu verschaffen. Die Perser, schiitische
Mohamedaner, verabscheuen jede Berührung mit dem Christen.
Mein mitgebrachter Kochapparat war im Verlaufe der Reise
gänzlich verrostet; Thee aber musste zur Stelle, und so verlegte
sich Melikow auf Bitten und klingende Münze, um das Nöthigste
zur Stelle zu schaffen. Der einzige freundliche Mann war ein
persischer „Urlauber" in mangelhafter Uniform; vielleicht die
„Kameradschaft" mit Derwies oder die Aussicht, seine kärgliche

Löhnung durch einen ausserordentlichen Verdienst vervollständigt
zu sehen, bewog ihn, uns behülflich zu sein.

Hier konnte ich beim Absatteln des Lastpferdes den Palan
(Packsattel), ein Längskissen mit Gurt und Steppdecke, Umgang-
und Schweberiemen in Augenschein nehmen. Unsere Klepper sahen
recht erbärmlich aus gegen die hohen, schönen Pferde, welche
eben in die Schwemme geritten wurden. Besonders ein grosser
Eisenschimmel imponirte durch seine elegante Figur bei kräftigen
Formen. Alle Pferde wurden unter Decke zur Tränke gebracht.

Getreideklöppel (Diegh).

Eine Heerde schwarzer, buckliger Kühe, mit braunem Rückenstreif, zog durch die Furth dem Thore zu, eine andere Heerde
zeigte gescheckte und rothe Exemplare.

Inzwischen hatte sich das halbe Dorf um den Erdwall, auf
dem wir lagerten, versammelt und beobachtete schweigend unser
Thun und Treiben. Die Männer trugen durchwegs blaue und
grüne Kleider, auf dem Kopfe Pelzmütze, Filzkappe oder Tücher.
Hochgeschürzt, mit Bündeln beladen, wateten die Weiber durch
das Wasser des Riswan, die Kinder trieben sich mit blossen
Beinen am Abhang der Schanze umher, auf der ein sonderbarer
Getreideklöppel meine Aufmerksamkeit auf sich zog: vor
einer runden Grube erhoben sich auf zwei Lehmwürfeln zwei

Gabelhölzer, auf denen, etwa 75 *cm* über dem Niveau des Gruben-
randes, eine Stange lag. Ein Querholz zwischen den Würfeln
bildete das Lager für den langen Klöppel, dessen Vorderende mit
einem grossen Stein belastet auf die Grube schlug, so oft der
andere Hebelarm frei in die Höhe ging. Das Auf- und Niederfallen des Hammers bewirkten zwei Männer, indem sie durch Auf-
springen den rückwärtigen Hebelarm belasteten, durch Abspringen
den Hammer niederfallen machten. Die obere Gabelstange diente
zur Innehaltung des Spielraumes für den Hammer und als Stütze
für die beiden Motoren in Menschengestalt. Die Länge des ganzen
Hebels betrug 2·3 *m*, jene des eigentlichen Klöppels 74 *cm*, wovon
14 *cm* auf den blechbeschlagenen Stampftheil kamen, der Umfang
des Klöppels 46 *cm*. Diese Vorrichtung wird Dingh genannt und
dient dazu, den Reis von den Spelzen zu befreien. In grossen
Sieben (80 *cm* im Durchmesser) wird das Reutern besorgt.

Bodenlage und Klima gestatten hier schon die Reiscultur. Die
Bewässerung der Aecker wurde in der ganzen Gegend sorgfältig •
In Rieselbauten gehandhabt, an den Lehnen lagen Compost- und
Aschenhaufen, die das eintretende Rieselwasser auflöste, mitführte
und vertheilte. Zum Aufwerfen und Durchstechen der Dämme
wurden eiserne Schaufeln benützt. Das Blatt, mit einem Nagel an
dem Holzstiele festgehalten, war trapezförmig, an der unteren,
schmäleren Seite abgerundet und stark concav. Die Saatpflüge
waren durchgehends aus Holz, ohne jeglichen Eisenbeschlag.

Von dem Thale von Kiardi ging es zuerst aufwärts, dann,
immer dem Wasser folgend und häufig in demselben, zwischen
hohen Felswänden durch Engpässe, welche die Amerikaner Cañons,
wir Klausen oder Klammen benennen. Schäumend drängt sich der
Bergbach durch, dann strömt er dem Ackerlande des sich neu
öffnenden Thales von Meschhed zu, um sich 30 *km* vor dieser Stadt
südostwärts zu drehen. Hochgeführte Canäle leiten den Ueberfall
des Riswan-rud gegen Süden und vertheilen es auf der grossen,
ebenen Thalstufe, welche der hier aus dem Tschuruk und Keschab-
oder Ketaw-rud gebildete Tedshend von Meschhed trennt.

Meschhed, die Hauptstadt des Chorassan, am linken Ufer
des Tedshend, der Kreuzungspunkt der Strassenzüge von Teheran,
Astrabad, Lutfabad, Sarachs, Herat liegt zwischen dem eben über-
schrittenen Grenzgebirge und der Kette des Binalud-Kuh,
welch letzterer hier bis zu 1700 *m* aufsteigt, während Meschhed
selbst auf einer Terrasse ober der Sohle des von Nordwest nach

Südost streichenden, 40 *km* breiten Thales, eine Bodenerhebung von 1014 *m* über dem Meer besitzt.

Das ganze Gebiet weist nur einen geringen Procentsatz bebauten Landes, und zwar dort auf, wo die, oft meilenweit unterirdisch geleitete, künstliche Bewässerung und geschützte Lage günstig eintreten, hat aber hohe politische Bedeutung; denn „Chorassan ist das Schwert von Persien; wer dies Schwert schwingt, hat Iran und Turan".

Im Mondscheine ritten wir abwärts, an Anderuch-i-bala vorbei, das, malerisch zu beiden Seiten des Baches aufgethürmt, seine Mauern bis herauf an die kahlen, steinigen Höhen sendet. Endlich zweigt der Weg vom Gebirge ab und wird zur breiten Strasse. Nach allen Seiten hin erstrecken sich kahle Aecker; kleine Dämme und Wassergräben durchschneiden die einstige Chaussée.

In der Ferne blitzen Lichter auf und Wachtfeuer; aber von Meschhed trennt uns noch ein weites Stück. Die Pferde versagen, und überdies würden sich die Thore der Stadt zur Nachtzeit den Reisenden nicht öffnen. So schlagen wir denn einen Seitenpfad zum Dorfe Misskiarán ein, das starr und grau im Mondlicht daliegt. Querfeldein, an Mauern und Bäumen vorüber, reiten wir ein.

Links von uns werfen hohe, belaubte Wipfel ihre Schatten gegen eine Mulde, den Pferch einer unruhigen Schafheerde. Rechter Hand glänzt lichtumflossen wirres Gemäuer um einen Wartthurm. Der Tekke erhebt seine Stimme, pocht an das Thor und schlüpft durch eine Seitenthüre in den Fuchsbau. Hinter einem aufgespannten Leinentuche, von der Mauer her, wird eine hustende Stimme vernehmbar; doch der Wächter, der hier im Freien „schläft", gibt auf Melikow's Anfrage keine Antwort. Vielleicht war der gute Wächter taub. Fluchend steigt Melikow ab, den verschwundenen Tekke zu suchen.

„Der Herr, der schickt den Jockel aus, er soll den Hafer schneiden;
Der Jockel schneid't den Hafer nicht, und kommt nicht mehr nach Haus.
Der Herr, der schickt den Pudel aus, er soll den Jockel beissen,
Der Pudel beisst den Jockel nkht, der Jockel schneid't den Hafer nicht u. s. w."

Ich halte die Pferde der Beiden, und Derwies wehrt mit der Peitsche die Hunde ab, welche die Hürden bewachen. Wir warten, es kommt noch immer Niemand, es rührt sich noch immer nichts. Derwies zog eben einen seiner Revolver hervor, um einen Allarmschuss abzugeben, als endlich die Pfadfinder wiederkehren und uns in das gastliche Haus, eine Treppe empor auf ein glattes Dach zu einer kleinen Kammer führen, die wir mit allerlei Gerümpel gefüllt fanden.

Der schmutzige Unterschlupf veranlasste mich, wieder auf die Plattform zu treten und hier eine Schlafstätte zu suchen, nach dem langen Ritte ein begreifliches Bedürfniss. Auf dem Dache lagen, neben zwei runden Backöfen, schwarze, ramsnasige Mast-hammel angebunden und stöhnten. Von hier herab waren Hof und Pferch zu überblicken, dahinter tauchten massige Baumgruppen hervor, dann, immer mehr verschwindend, das Thal, die südwest-lichen Berge und die glitzernden Lichter von Meschhed. Die Schafe im Pferch, ein Haufen grauer Flecken, schnarchten und husteten kläglich. Weiterhin standen die riesigen Nussbäume, näherzu der Wachtthurm, eine abgestutzte Pyramide, der doppelte Thorbogen, Vorwerke und Rundthürme, alles nur aus Lehm, aber von seltenem Reiz in Linien und Schattirung. Einige Vögel flatterten mit rauschendem Flügelschlag durch die kühle Luft. So kam Mitternacht heran und mit ihr erquicklicher Schlaf.

Morgens um Fünf (Dienstag) zogen wir die Strasse weiter, übersetzten auf morschen Steinbrücken 16 *km* vor Meschhed den Nahri-Schah und einen zweiten Arm des Tedshend und kamen an einem grossen Heiligengrabe, dann an dem Sommer-schlosse des Schah vorbei. Langgestreckt steigen nun die grauen Basteien der Stadt auf, von goldigen Domen gekrönt, von stolzen Minarets überhöht. Im Vordergrund erheben sich reiche Frucht-gärten, hinter der Stadt steht die lichte Bergwand.

Wir hatten Meschhed erreicht, Meschhed das Jerusalem und Mekka der Schiiten; Meschhed den Mittelpunkt religiösen Denkens und Fühlens dieser orthodoxen Sectirer, welche, als starre Anhänger Ali's, des Schwiegersohnes Mohamed's, das Chalifat und damit die geistliche Autorität des sunnitischen Sultans zu Stambul verneinen, aber auch den schiitischen Schah von Persien nur als „Beschützer" des wahren Islam anerkennen.

Meschhed ist das Hauptbollwerk Chorassans, „welches die Brust von Iran ist"; doch vielleicht nur einige Jahrzehnte noch, und Chorassan verfällt dem russischen Supremate.

Der politische Niedergang läuft, wie überall, so auch hier parallel mit religiösem Fanatismus! Nie ist der Islam so intolerant gewesen, als von da ab, wo er an weiterer Macht-entfaltung gehindert wurde. Grollend schloss er sich gegen die Aussenwelt ab; die Kräfte, welche er im Dienste des Glaubens

nicht mehr erobernd verwerthen konnte, concentrirte er in Un-
duldsamkeit nach Innen.

Und vielleicht ist dies nicht einmal eine Eigenthümlichkeit
des Islami Ueberall, wo religiöser Propaganda nach Aussen
ein starker Damm entgegengesetzt wird, metamorphosirt sie sich
zum unduldsamen Fanatismus im Innern. Und es blüht und reift
die Saat der Schriftgelehrten und Pharisäer. — — — —

Vor uns liegt Meschhed, berühmt auch durch Waffen,
Weizen und Wein!

Meschhed.

Die Vorstadt von Meschhed, ein Gewirre von Villen und
Gärten, bildet ein ganzes Netz von hohen Mauern, über deren
Rand üppige Fruchtbäume nicken. Als wir so zwischen zwei
Lehmwänden einhertrabten, sprang ein Fuchs längs der einen
hinab über den Weg und die andere Mauer hinauf. Grosse
Töpfereien und Ziegelschläge breiten sich vor dem Westthore
der Stadt aus, die mit ihren von Thürmen besetzten Wällen und
den hohen grauen Schutzmauern gar stattlich daliegt, ein Hort des
Islam, feindlich den Christen. Ein breiter Graben, voll Unrath und
Schutt, umläuft die Bastionen, deren Umfang auf 12 *km* angegeben
wird. Nach kurzem Zwiegespräch mit der Thorwache fanden wir
Einlass in das von Sonnenuntergang bis Sonnenaufgang verschlossene Meschhed und ritten, von Neugierigen und dem Wachposten gefolgt, durch ein schmales Seitengässchen direct zum
Hause des russischen Agenten.

Vor einem unscheinbaren Gebäude sassen wir ab und traten
in den Hofgarten, wo uns der blonde Knabe Adil-Chan, der
jüngere Sohn des Hausherrn, in das Fremdengemach wies. Gleich
darauf erschien in schwarzem Kaftan Medschid, ein Anverwandter
des Hauses und der Secretär, endlich mit Brillen und Langrock
der Agent selbst. Hier seine Visitkarte in deutscher Uebersetzung:

Mirsa-Kerim-Chan
Nasirbekow
kaiserlich russischer Commercial-Agent
zu Meschhed (Persien)
und Collegien-Assesor
Meschhed per Dshulfa.

Wir nahmen auf Thonet'schen Möbeln Platz und erwarteten
sehnlich das angebotene Frühstück. Ich muss gestehen, dass
unser Gespräch, trotzdem Nasirbekow fliessend Russisch sprach,
sehr aphoristisch gehalten war, bis der dampfende Kaffee, die
fette Milch und das Weizengebäck auf dem runden Tischchen vor
uns standen. Servirt wurde das alles in schwerem Silbergeschirr.
Am Schlusse ging die Wasserpfeife von Mund zu Mund,
während Nasirbekow sich mit mir dem Genusse der hier nicht
gangbaren Cigaretten hingab. Medschid und noch zwei Hausfreunde sassen an den Fensterpfeilern, der Secretär kniete auf
dem einen Beine und schrieb auf dem anderen flüchtig seine
krausen Zeichen.

Unser Eintreffen in Meschhed, einer heiligen Stadt, welche
den Christen nicht einmal eine Nacht beherbergen soll, verursachte unserem Wirthe offenbar viel Kopfzerbrechen. Es war
nicht leicht für ihn, Gastfreunde, die unter russischem Schutz
hierhergekommen waren, zur sofortigen Rückkehr aufzufordern;
andererseits musste unser Erscheinen bei den Frommen, sowie
bei den Politikern Aergerniss erregen. Letzteres umsomehr,
als hier seit langer Zeit die persische Nordgrenze für Russen,
zumal in Uniform, als verschlossen galt.

Es dauerte auch gar nicht lange, dass ein Beamter des hiesigen
Gouverneurs eintrat, um uns zu einer Audienz bei diesem auf-
zufordern. Wir sahen Nasirbekow an. Sein verständnissinniger
Blick liess uns die Antwort dahin formuliren, wir seien unseres
Aufzuges wegen erst am kommenden Tage in der Lage, vor
seiner Hoheit zu erscheinen.

Als der Abgesandte hinauscomplimentirt war, verfehlte der
Agent nicht, uns schleunigen Rückzug am nächsten Morgen zu
empfehlen, wollten wir nicht einer Internirung, einem diplomatischen
Depeschenwechsel oder ähnlichen Scherzen zum Opfer fallen. So
ist thatsächlich ein mir bekannter russischer Stabsofficier wochenlang in Kelat festgesessen, ohne bis Meschhed vordringen zu
können. (s. S. 396.)

Perser.

Aus Vorsicht, einer durch und durch fanatischen Bevölkerung
gegenüber, die in letzterer Zeit einem Andersgläubigen nicht
einmal mehr Getreide verkaufen wollte, drang Nasirbekow in
Derwies, seine Officiersdistinction, die silbernen Achselstücke
und den Säbel bei dem Gange durch die Stadt abzulegen.

Leinenrock und weisse Schirmmütze trägt ja jeder Russe in Asien, wofern er überhaupt nur den gebildeten Ständen angehört. Auch mir war bisher wiederholt empfohlen worden, diese Kleidung zu tragen, um weniger aufzufallen. So konnte der schmucke Garde-officier für einen unschädlichen Particulier gelten, und was an ihm noch moskowitisch erschien, machte meine englische Aus-rüstung wett.

Inzwischen hatte Melikow die durch die Nägel des Sattels verursachten Schäden seiner Beinkleider beendigt. Der Agent, durch die eben eingetroffenen Briefschaften, welche der Secretär feierlich aufschnitt und überreichte, in Anspruch genommen, gab uns seinen ältesten Sohn, einen 27jährigen kräftigen Mann, Muchtar-Kerim-Chánowitsch Nasirbekow, als Begleiter mit.

Die etwa 60 m breite Hauptstrasse Meschheds liegt zu beiden Seiten des Baches Tscheschmé-gilass, einem Nebenlaufe des etwa 7 km nördlich laufenden Tedshend. Wie alle asiatischen Städte liegt Meschhed nicht am Flusse selbst, sondern an Canälen. Breite Steinquais umfassen den Tscheschmé-Canal, dessen Seitenwände aus gebrannten Ziegeln aufgeführt sind. Alte, staubige Riesenplatanen und Silberpappeln beschatten den Ufer-rand; unter ihnen sitzen emsige Handwerker: Schuster, Schneider, Drechsler. Im Canale, zu welchem Mauerstufen hinabführen, hantiren mit Waschfass und Schöpfkanne Männer und Weiber.

Zu beiden Seiten des Canales zieht sich eine lange Reihe einstöckiger Häuser mit Kaufläden, Badstuben, Schulen hin bis zu dem Doppelthore, dem uns verbotenen Eingang zu dem geheiligten, mit Ketten abgesperrten Bezirke der Moscheen.

Wir wenden uns durch eine Seitengasse zum Bazar, hohen, luftigen, aus gelben, gebrannten Ziegeln errichteten Spitzbogen-hallen mit viertheiligen Kuppelgewölben. Hier finden wir kleine, mehlige Datteln aus dem Süden Persiens, lichtbraunen, kurdischen Tabak, im Tscharschu-Bazar Kupferschmiede und Waffen-händler. Feldfrüchte, Obst, Lebensmittel aller Art sind hier auf-gehäuft; die grossen, ringförmigen Zucker-Candisstücke mit den glänzenden Krystallen kommen aus Russland. Ein Meschheder Batman*) [2·9 kg] weissen russischen Zuckers kostet 3 Kran (1·16 fl. ö. W.), d. i. 40 kr. das Kilogramm. In Merw hatte mir Melikow 58 kr., für Würfelzucker 62 kr. per Kilogramm berechnet.

---

*) In Chiwa 1 Batman = 20 kg. Ueber den Batman in Samarkand, Taschkend, Bochara vgl. S. 376.

Die Rechenmünze in Persien ist der Goldtoman = 10 Sahib Kran = 3 fl. 90 kr. Die persischen Münzen sind von eleganter Zeichnung und tadelloser Prägung, beides das Verdienst der seinerzeit nach Teheran entsendeten Wiener Münzbeamten.

Die Vorstellungen unserer Begleiter, der Unwillen der Bazarleute und schliesslich die vorliegenden Ketten veranlassen uns, am Baizan-shir, der Grenze des Moscheenviertels, umzukehren und durch Winkelgässchen einen Ausblick auf das berühmte Grabmal des Iman Riza, eines Jüngers des Ali, zu suchen. Die mächtige, vergoldete Kuppel, die hoch über die Gebäude emporragt, bedeckt das Grab, die überreiche Schatzkammer und Bücherei. Alljährlich pilgern Tausende frommer Schiiten zu dem Heiligthume, um mit dem Ehrennamen „Meschhedi" heimzukehren, der für die Perser gleiche Bedeutung hat, wie der Titel Hadshi (Mekkapilger) für die Sunniten. Man schätzt den Werth der für die Moscheen und Schulen von Meschhed gestifteten Geschenke Jahraus jahrein weit über 100.000 Rubel. Neben der goldgleissenden Kuppel erhebt sich eine zweite in schimmerndem Wasserblau mit prachtvollem Goldmosaik. Es ist die zu Anfang dieses Jahrhunderts zum Gedächtnisse eines afghanischen Fürsten errichtete Gowherschad-Moschee.

Ist schon der Aufenthalt in Meschhed für den Christen mit Schwierigkeiten, ja mit Gefahren verknüpft, so ist der Besuch der genannten Moscheen geradezu ein tollkühnes Wagstück. Vambéry vermochte, als Derwisch verkleidet, Einlass zu finden. Der englische Agent, Oberst Dolmage, betrat erst im siebenten Jahre seines Aufenthaltes zu Meschhed nach vielen vergeblichen Versuchen die Grabmoschee unter der Hülle eines mohamedanischen Weibes. Nasirbekow selbst, obwol Muselman, wurde erst nach Verlauf zweier Jahre eingelassen. Er widersetzte sich energisch dem Plane Derwies', in gleicher Verkleidung wie Dolmage einzudringen, mit dem Bedeuten, die Wachsamkeit der Moscheehüter sei schärfer als je, sobald die Anwesenheit von Fremden in der Stadt bekannt geworden.

Die Engländer besitzen in Chorassan einen Vertreter in der Person des, zur Zeit meines Eintreffens in Meschhed, seit Wochen an der afghanischen Grenze weilenden Obersten Mac Lean.

Die Weigerung Persiens im Winter 1888, dem für Meschhed neuernannten Generalconsul Russland's, Wlassow, das Exequatur zu ertheilen, ist gewiss noch in lebhafter Erinnerung und

die Erlangung desselben für einen russischen Vertreter christlichen Glaubens zeugte für das momentane Uebergewicht Russlands in Teheran.

Für die Sicherheit Wlassow's wird eine Sotnia (Hundertschaft) Kosaken aufkommen. Nasirbekow waltete ohne alle Schutzmannschaft seines Amtes. Der einzige christliche Russe in
der Stadt war damals der Telegraphist, dem wir jetzt begegneten. Seine Freude, mit Derwies, einem Glaubensgenossen
und Landsmanne, in seiner Muttersprache reden zu können, war
unverhohlen. Ein mohamedanischer Transkaukasier in milch-
weisser Tscherkesska schloss sich auf unserem Rundgange
Melikow an.

Die zahlreichen Wachstuben — die komischen, ruppigen
Soldaten traten zögernd vor uns in's Gewehr — waren mit
Löwen und grotesken Kriegerfiguren bemalt. Die Aussenwand
der Badehäuser zeigte gleichfalls reiche, bunte Fresken: Nadir
Schah, von einer Krone beschattet, seine Söhne zur Seite, ihrem
Rang und Alter gemäss in verschiedener Grösse gezeichnet,
schnauzbärtige Löwen in den Oberecken, Lautenspieler und
Drachen zu Füssen. Mit besonderer Liebe waren die Schnurr-
bärte dieser Fratzenbilder gepinselt. Das Colorit war ein toller
Farbenrausch. Bemerkenswerth blieb, besonders hier, das Auftreten zahlreicher menschlicher Figuren in diesen modernen
persischen Malereien im Gegensatze zu dem bisher gesehenen
asiatischen ornamentalen Bilderschmuck mit seinen Arabesken,
Blumen und Blattgewinden in sanften Farbentönen. Doch auch
solche Decoration fanden wir an den emaillirten Wänden zwischen
den Gitterfenstern der Kinderschulen an der Hauptstrasse.
Lautes Recitiren drang näselnd aus diesen Gebäuden.

Am Tscheschmé-Canal, zu welchem wir nun zurückgekehrt
waren, zottelten Esel einher, Holzkohle in Netzen tragend,
Kameele schritten vorbei und Kühe mit sanften Buckeln, der
Sistansky-Race angehörig. Schafe mit Hängeohren und kleine
langhaarige Ziegen. Eine Kuh kostet hier 10 bis 28 fl. ö. W.,
ein kurdisches Schaf 2·80 bis 8 fl., ein Pferd 30 bis 400 fl. Ein
Dutzend Pferde des Landschlags, worunter mehrere Schimmel,
dann zwei arabische Hengste, standen in Nasirbekow's Stall. Die
letzteren, ein Rappe und ein Schimmel, hatten je 500 fl. gekostet.

Der Getreidemarkt regte Fragen über den hiesigen Landbau
an: Die nächste Umgebung von Meschhed ist bei reichlicher

Bewässerung sehr ergiebig. Die Leute sind hier Gartenbauer mit Messer und Spaten. Das Getreide, im November gesäet, liefert nach sechs Monaten die erste Ernte. Darnach wird als zweite Frucht wieder Gerste, Weizen, Hirse gebaut; im Mai dreimal, nach der Blüthe im Juni zum viertenmal berieselt; Salat, Gurken, Kürbisse, Erbsen bilden häufig eine dritte Ernte. Das Getreide wird in Erdgruben aufbewahrt. Es werden auch Tabak, Luzerne (4 bis 5 Schnitte), Reis bei Tschinaran, 1500 m über dem Meere, Mohn zur Opiumgewinnung, Sesam, welcher Mandò (Lampenfett) liefert, dann Hülsenfrüchte und Gemüse gebaut. Der Tabak wird im Mai ausgepflanzt und in geschützter Lage schon Mitte August geerntet. Die Kartoffel hat Nasir-bekow hier eingeführt. An Obst liefert das Thal: Kirschen, Weichseln, Pfirsiche. Die berühmten Sawâ-Granatäpfel, mit papierdünnen Schalen und bis 1 kg schwer, werden, in Wolle ein-gepackt, nach Teheran gebracht. Im ganzen Thale wird Weinbau seit alten Zeiten betrieben, und zwar auf breiten, hohen, von grossen Bewässerungsgräben begleiteten Beeten. Die aus den Gräben gehobene Erde liefert die gewölbte Beetkrone, auf welcher die Reben ohne Pfähle sich verbreiten. In der Vorstadt sahen wir eine Anzahl Syrupsiedereien, welche den Traubensaft ver-kochen. Bewahrt wird der Most in Schläuchen, der Wein in Thongefässen.

Bei unserer Rückkehr ergab sich Gelegenheit, das Haus Nasirbekow's in Augenschein zu nehmen. Das ganze, von etwa 9 m hohen Seitenmauern eingeschlossene Rechteck der Grundfläche war in drei Gartenterrassen abgestuft. Diese lagen zwischen vier parallelen, bis an die Seitenmauern reichenden Wohngebäuden. Die Gliederung der Gärten und der sie trennenden, langgestreckten Wohnhäuser war folgende:

Der erste Garten mit breiten Blumenbeeten und einigen hochstämmigen Ahornbäumen war von einem in Ziegelstein ge-fassten Wasserlaufe quer durchzogen. Die Nordseite enthielt das uns, den Gästen, eingeräumte Gartenhaus, in einer Ecke den Jardin de los caballeros, wie man in Sevilla sagt, die Südseite, nächst dem genannten Rinnsale, die Wohnung Muchtar-Kerim's und seiner Familie. An den Seitenmauern liefen hier geräumige Pferdestallungen hin, die eine halb offen, die andere ge-schlossen.

Der zweite Garten war mit Obstbäumen, Quitten, Pfirsichen und Weichseln dicht bestanden, von Wassergräben durchzogen. An dem Wegrande erhoben sich Pappeln, die binnen Jahresfrist eine Höhe von $2^{1}/_{2}$ m erreicht hatten.

Hinter dem dritten Hause, das Nasirbekow's Prunk· gemach und Privatquartier enthielt, erhob sich eine wahre Wildniss.

Uralte, von Schlingpflanzen umsponnene Stämme, hoch auf· strebende Pyramidenpappeln, üppige, duftende Büsche verdeckten mit ihrem dichten Laub das vierte Haus, das, wie uns einer der Hausfreunde versicherte, soweit abliege, wie Meschhed von Asch· kabad! Wir wollten durch weitere Fragen nicht lästig fallen; wer frägt auch im Orient den Herrn des Hauses nach seiner Frau? Da wir aber sichtlich von einem Besuche dieses intimen Parks und der geheimnissvollen Villa abgehalten wurden, gaukelte uns die immer rege Phantasie das Frauenhaus und seine Be· wohnerinnen als ein Stück orientalischer Märchenwelt vor, zumal, als der laue Abendwind flüsternd durch die Wipfel des Hains zog, der Mond das ferne Dach und die üppigen Laubkronen davor mit seinem Glanze versilberte. Kaum vermochten wir uns, beim Abendessen in Nasirbekow's Festsaale an's Fenster des ersten Stockwerkes tretend, dem Zauber dieses verschlossenen Lust· gartens zu entreissen. — Doch kehren wir zur Prosa zurück.

Unser Gastzimmer sah mit drei Rundbogenfenstern auf den ersten Garten. Den Fenstern gegenüber lag eine grosse Nische mit einem Kamine. An jeder Seite der Kaminwand führten Thüren in's Helldunkel winziger, staubiger Waschkammern, in denen Krüge, Kannen und Flaschen alle Winkel erfüllten. Ausser den schon oben, bei der Schilderung des in diesem Gemache eingenommenen Frühstücks, genannten Sitzgeräthen enthielt der weissgetünchte, mit Stuck verzierte Raum nur Teppiche, darunter ein herr· liches, blau und drapfarb gemustertes Stück, welchem Nasir· bekow ein Alter von mehr als 150 Jahren zuschrieb.

Endlich gegen 2 Uhr war das Mittagmahl bereit. Ein· genommen wurde es im dritten Hause, dessen Oberstock mit dem langen Balcon wir auf einer Holztreppe erstiegen. Der viel· fensterige Saal mit bunter Bemalung und reizenden Stuck· ornamenten war bis auf den prächtigen Kamin und die Tafel leer. Weisser Damast, Silberbestecke, Teller mit blauem Zwiebel· muster waren uns schon lange nicht untergekommen. Vor jedem

Gast stand einer der goldenen, mit dem herrlichsten Email bedeckten Becher, die nur in Karabagh im Kaukasus für schweres Geld zu haben sind. An Wein wurde uns Kachetiner vorgesetzt, dem wohl Nasirbekow beim Ausbringen der Gesundheiten, nicht aber Muchtar-Kerim zusprach. Dieser begnügte sich, mit Verbeugungen an den Toasten theilzunehmen. Das Essen war ganz nach russischer Sitte bereitet und servirt, nur das Brod war der landesübliche weiche Fladen: Sakuska und Wodka fehlten selbstverständlich nicht. Nachdem auf den Zaren und in wechselseitigen Trinksprüchen auf alle fünf Tischgenossen getrunken worden, erschien ein vorzüglicher „Schwarzer". Feierlich wanderte der Diener mit der Pfeife herein, und nun gab es eine interessante Siesta.

Nasirbekow zeigte uns einen köstlichen, 200jährigen Teppich, hiesiges Gewebe, ehrwürdige Manuscripte und alte Klingen. Einzelne dieser Waffen erreichen den Preis von 3000 Rubel; allerdings müssen dann solche Prachtstücke Chorassan'scher Schwertfeger auch noch den Vorzug besitzen, historische Exemplare darzustellen. Muchtar-Kerim brachte seinen Cymbal herbei, der wie die ungarischen geformt ist. Dieses Instrument war mit Gold und Elfenbein ausgelegt; über einen grossen und sieben kleine Stege liefen 72 Metallsaiten, welche Muchtar-Kerim mit zwei Klöppeln schlug.

Nach diesem Concerte in unser Zimmer zurückgekehrt, wurden wir von Muchtar mit Silberringen beschenkt, deren hoher Kopf einen Moosachat trug. Leider gestattete mein spärliches Gepäck keine bessere Gegengabe als Toiletteartikel. Den Nachmittag füllte Besehen und Feilschen aus; denn da uns der Eintritt in den Bazar verwehrt geblieben war, suchten uns die Händler mit Teppichen, Waffen, Tüchern und Gefässen hier auf. Schwere, chamoisfarbene Kleiderstoffe aus Kameelhaar, Lackarbeiten, steinerne Becher, Türkise wurden ausgekramt. Ganze Ballen herrlicher, farbenfrischer, weicher Teppiche*) lagen umher. Das Färben von Geweben mit dem modernen, rasch verbleichenden Alizarin straft, sagt man, in Persien ein neues Gesetz mit Köpfen. Ein Beitrag zur Geschichte der Gewerbe!

Kleine, neue Teppiche zahlten wir mit 10 bis 15 R., eingelegte Spiegel mit 5 fl., Krummschwerter mit schmucklosem Griff mit 20 fl. (Siehe die Abbildung S. 373, 2.)

---

*) Ueber die persischen Teppiche. vgl. den Anhang.

Nach Sonnenuntergang tranken wir Thee unter den alten Bäumen am Wasserlaufe des ersten Gartens. Die Besucher, die tagsüber unaufhörlich gekommen und gegangen waren, hatten sich endlich zurückgezogen, und so sass wieder unser Quintett, Nasirbekow, Muchtar, Derwies, ich und Melikow, auf Thonet'schen Stühlen beim Windlicht am Gartentische. Auf Teppichen hatten sich neben uns der Secretär und der herzige Adil-Chan gelagert.

Die Sitte legt hier den Söhnen strenge Ehrfurchtsbezeugung gegen den Vater auf. Auch Muchtar, obwohl schon beweibt, wartete stets eine Aufforderung ab, bevor er sich in Nasirbekow's Gegenwart niederliess. So lange dieser anwesend war, behielt er jede angebotene Cigarette in der Hand, um sie erst in dessen Abwesenheit anzuzünden. Eine Tasse Thee nach der anderen floss aus dem Ssamowar; die Schalen spülten die Diener in dem murmelnden Wasserlaufe.

Eine Postverbindung besteht nur über Teheran. Die eben einlaufenden Zeitungen hatten wir schon längst gelesen; trotzdem sollte es uns an neuen Nachrichten nicht fehlen. Als lebendiges „Abendblatt" tauchte im Lichtkreise ein Kundschafter auf, der von der afghanischen, eben in kriegerischer Bewegung befindlichen Grenze herkam und seine Botschaft wie Sonne und Wind zwischen dem russischen und dem englischen Agenten vertheilte, wahrscheinlich Beide belügend. So viel aber stand fest, dass der Landweg nach Astrabad, eines Aufstandes halber, mir jetzt verschlossen und ebenso meine Weiterreise nach Herat unausführbar war. Die Grenzbestimmung zwischen Russland und Afghanistan, oder sagen wir lieber England, vom Jahre 1885 bis 1888 erregt noch immer die Leute von Herat und Maimene, die sich in ihren Rechten verkürzt sehen. Der District, welcher von Chodsha-Salar am Oxus über Andchoj und Martschah (am Murghab), weiter über Tschil-Duchteran zum Tedshend zieht und die russischen Vorposten der Stadt Herat bis auf etwa 100 *km* nahegebracht hat, wird von den Afghanen bestritten, russischerseits hingegen nur als Etape gegen den Süden angesehen. In dieser Frage und für jede Complication in Afghanistan hätte Chorassan als natürliche Verproviantirungsquelle russischer Truppen grosse Bedeutung. Dass Meschhed mit seinen 100.000 Einwohnern für Russland keine leichte Beute wäre, dafür spricht schon der Fanatismus seiner Bevölkerung. Immerhin zeugen auch die neuesten Nachrichten für das Bestreben Russlands, in Persien an Terrain zu gewinnen; so der Ausbau der Chausséen von Aschkabad und von Duschak über Kelat, also von der Transkaspischen Bahn her gegen Meschhed; die freilich gleich wieder dementirte Nachricht von der Abtretung der starken persischen Grenzfestung Kelat an Russland und die folgende Thatsache:

Eine Concession für den Bau von Eisenbahnen und Landstrassen in Persien ist Russland für fünf Jahre gewährt worden mit der Erlaubniss, die Rechte auf Andere zu übertragen. Wenn innerhalb der genannten Zeit die Arbeiten nicht in Angriff genommen werden, erlischt die Concession. Das Recht der Schiffahrt auf dem Sefid Rud und der Enseli-Lagune ist Russland ebenfalls zugestanden worden, welches seinerseits Persien Beistand gegen die Russland botmässigen und im Geheimen wiederholt gegen Persien aufgehetzten Yomud-Turkomanen versprochen hat.

Die Unmöglichkeit, in den letzten Jahren von Russisch-Asien oder von Meschhed her in Afghanistan einzudringen, bestätigen unter Anderem Radde, Stevens, der Verfasser von „Auf dem Zweirade um die Erde", und Bonvalot, welcher, an der afghanischen Westgrenze zurückgewiesen, eben dadurch zu seinem tollkühnen Zuge über das Pamirplateau veranlasst wurde, um sein Ziel, Indien zu erreichen.

So beschloss ich denn, da verschiedene Gründe den Rückweg nach Tiflis über Teheran ausschlossen, mit Derwies wieder auf demselben Wege nach Káhka zurückzukehren.

Länger in Meschhed zu verweilen, verbot die Klugheit und die Rücksicht auf die, durch unser Bleiben, unserem Gastfreunde Nasirbekow erwachsenden Schwierigkeiten. Der Agent hätte uns am liebsten gleich Morgens nach unserer Ankunft wieder umkehren gesehen, und nur unser Wunsch, wenigstens einen Tag in Meschhed zu verbringen, sowie die Unmöglichkeit, hier Pferde für den Ritt nach Káhka sofort aufzutreiben, hatten diesen Vorschlag Nasirbekow's unausgeführt gelassen.

Das politische Gespräch wurde beim Abendessen, das aus Schaffleisch und Pilow bestand, fortgesetzt.

In unser Gastzimmer zurückgekehrt, schrieben wir einige Briefe, unter Assistenz Muchtar's, welcher ein Tintenfässchen und eine Feder herbeigeschafft hatte und die Adressen in persischer Schrift auf die Briefcouverts setzte. Diese Schreiben liefen zum Theile erst fünf Wochen nach meiner Rückkehr in die Heimat dort ein!

Dann legten wir uns auf den seidenen Kissen und Teppichen in unserer Nische zur Ruhe.

Bei Tagesanbruch kam unser Tekke mit den Pferden aus der Vorstadt, wo diese eingestellt gewesen, und nun ging es, ohne dem noch schlafenden Muchtar Adieu zu sagen, denselben Weg zurück nach Káhka. Die Thorwache, unserem Ausritte anfangs widerstrebend, erhielt eine kleine Erläuterung — in persischer Währung. Medschid sprengte auf prächtigem Rappen eine halbe Stunde lang neben uns her.

Zwei Stunden später holte uns ein Courier Nasirbekow's mit Briefschaften für Derwies und der schriftlichen Empfehlung Muchtar-Kerim's ein, die wir mit einem Abschiedsgrusse an den gastfreundlichen Agenten und seinen Sohn erwiderten. Dann ritten wir, ohne nennenswerthe Begegnung, über Berg und Thal die schon bekannte Strecke zurück; diesmal jedoch, um am Freitag Früh den Zug in Káhka zu erreichen, in schärferem Tempo.

Die letzten Stunden unseres Rittes wurden uns durch einen heftigen Gewitterregen vergällt. Der Tekke und die Bewohner der Dörfer, welche wir passirten, freuten sich der niederstürzenden Wassermenge. Lässt doch der Korán die guten Geister sagen: „Wir glessen den Regen in Güssen hinab und spalten die Erde und lassen hervorsprossen Korn, Weintrauben, Kräuter, Oliven, Palmbäume, Gärten und Bäume, Obst und Gras für Euch und Euer Vieh!"

Durchnässt und müde, verfehlten wir in der finsteren Nacht den Weg, kamen in aufgeweichte Felder, stolperten über die Kieselfurchen und passirten weit ober der Furth den Lajn-Su. In erbärmlicher Verfassung erreichten wir den Officierspavillon des Forts Káhka. Der gute Lieutenant Kunitzjn bewirthete uns mit heissem Thee; wir lohnten den Tekke für seine Pferde mit 150 Kran = 58·5 fl. ö. W. ab, einem Betrage, der redlich verdient war, und wateten zum Bahnhofe, um in unserem dort zurückgebliebenen Waggon die Nacht zuzubringen. Der herankommende Frühzug brachte uns in 24stündiger Fahrt nach Usun-ada, wo wir, trotz der durch den Wolkenbruch veranlassten Verzögerung bei Baml, das Samstagschiff nach Bakû erreichten.

Nachstehend gebe ich die Details unserer Tour von Káhka nach Meschhed und zurück:

Reittour nach Meschhed und zurück.

Datum	Stationen	Tageszeit	zu Pferd	Rast	Kilometer
			Stunden		
1888	**I. Káhka—Meschhed.**				
Sonntag	Ab Káhka	11½ Vm.	—	—	—
21. October	An Chaksarl	5½ Nm.	6	—	30·9
	Ab Chaksarl	7½ Nm.	—	2	—
Mont. 22. Oct	An Charköl	5 Früh	9½	—	32
	Ab Charköl	7 Früh	—	2	—
	An Felsen hinter Marltz	12 Mittag	5	—	—
	Ab Felsen hinter Marita	2 Nm.	—	2	—
	An Kiardl	4 Nm.	2	—	24
	Ab Klardi	6 Nm.	—	2	—
	An Miaskiaran	11 Abd.	5	—	39
Dienst. 23. Oct.	Ab Miaskiaran	5 Früh	—	6	—
	An Meschhed	8 Vm.	3	—	23
		—	30½	14	138·9

Summe 44½ Stunden . 4·55 *km* pro Stunde Ritt.

Datum	Stationen	Tageszeit	zu Pferd	Rast	Kilometer
	II. Meschhed—Káhka.				
Mittw. 24. Oct.	Ab Meschhed	7½ Früh	—	—	—
	An Klardl	2 Nm.	6½	—	—
	Ab Kiardl	3 Nm.	—	1	—
	An Charköl	10 Abd.	7	—	—
Don. 15. Oct.	Ab Charköi	5 Früh	—	7	—
	An Chaksarl	12 Mittag	7	—	—
	Ab Chaksarl	2 Nm.	—	2	—
	An Káhka	7½ Abd.	5½	—	—
		—	26	10	138·9

Summe 36 Stunden . 5·34 *km* pro Stunde Ritt.

IV. THEIL.

1. ABSCHNITT.

(Bakû, die Naphthastadt. Rückfahrt nach Tiflis. Zustände im Kaukasus. Batûm. Auf der Rossija nach Sewastópol).

Die Ueberfahrt von Usun-ada nach Bakû machten wir wieder auf dem „Alexander III." Ein heftiger Sturm hatte das Schiff von der Landung in Astrabad abgehalten und es nahm, vor der Zeit zurückgekehrt, nun die Stelle des anderen fälligen Postschiffes ein. Die gähnende Langweile eines längeren Aufenthaltes in Usun-ada ersparte uns die Verspätung unseres Zuges, welcher statt um 9 Uhr 5 Minuten Vormittags so spät einlief, dass wir eben noch knapp vor 11 Uhr den Anschluss an das Postschiff erreichten.

Diesmal war das Kaspische Meer spiegelglatt, die Ueberfahrt eine wahre Passage des dames; natürlich waren heute keine Damen da, um die gute See auszunützen. Ueberhaupt war der erste Platz nur von Wenigen besetzt. Wir fanden einen Civilbeamten aus der Suite des Generals v. Rosenbach, direct aus Taschkend gekommen, drei Topographen-Officiere und einen Artillerie-Capitän vor. Zwei dieser Herren trieb heftiges Wechselfieber an, durch Luftveränderung Heilung zu suchen. Zwei andere leisteten uns auf Deck Gesellschaft. Monatelang waren diese einsam im Sand gesessen, um die Generalstabskarte durch ihre Aufnahmen zu ergänzen. Kein Wunder, dass sie jetzt, wieder unter Menschen, das Versäumte nachholten und wie die Dohlen schwätzten.

Das ewig Weibliche war an Bord nur durch eine dralle Russin vertreten, die vom Vorderdeck herausfordernde Blicke auf den gebräunten, langbärtigen Officier an meiner Seite heraufwarf. Dem Mienenspiele folgte bald lachendes Gespräch und schliesslich eine Einladung an die rothbackige Schöne, ihren Abendthee bei dem Krieger einzunehmen.

Einen angenehmeren Gesellschafter fand ich in dem Artillerie-Capitän, der inzwischen stumm Schach gespielt hatte. Es war ein Baron Krusenstern, Sprosse des berühmten Admirals. Mit ihm verbrachte ich nach dem Abendessen, nachdem sich Alles zurückgezogen hatte, einige Stunden in anregenden Gesprächen. Er sprach fliessendes Deutsch, ganz accentlos, wie denn überhaupt die Deutsch-Russen gebildeter Kreise geradezu mustergiltig unsere Sprache handhaben. Ein Grossoheim des Freiherrn, Graf Tiesenhausen, war 1805 bei Austerlitz gefallen und dort begraben. Welcher Umschwung in dem politischen Verhältnisse zwischen den beiden Doppeladlern seit der Dreikaiserschlacht gegen jetzt, wo unsere und die russischen Interessen im Balkan unausgesetzt in Widerstreit sind, die Kriegsfackel immerdar glimmt und die Occupation Bosniens, unser Vordringen auf Salonich, Oesterreichs Einfluss auf Serbien der nationalen Presse Russlands eine unversiegliche Quelle zu gehässigen Ausfällen bietet!

In Bakû lagen wir einen Tag lang fest. Vor dem Betreten des Landes hatten wir das Zollamt zu passiren, welches sämmtliches Gepäck hinsichtlich seiner etwaigen Provenienz aus Persien, Bochara, Afghanistan u. s. w. sorgfältig prüfte. Stolz auf meine Einkäufe, hatte Melikow die rothen persischen Teppiche hübsch an der Aussenseite der Päcke festgenestelt. Selbstverständlich entgingen diese Gewebe nicht dem scharfen Auge der Finanzer, welche den Schwur meines Führers, es seien Teppiche aus Merw, keiner Antwort würdigten. Dank meinem Otkrytyi list fiel die Amtshandlung sehr gnädig aus, indem meine Teppiche als „bereits gebraucht" das Gehege der Douane passirten. Die armen Reisenden der anderen Classen mussten den Inhalt ihrer Bündel bis in ihre geheimsten Falten eröffnen. Der kleine Mann hat, wie überall, auch in Russland die grössten Scherereien zu überwinden.

Allerorten waren noch die Spuren des Festschmuckes von der Zarenreise her sichtbar: Fahnen, Flaggenstangen, Transparente und Guirlanden. Vor dem Bahnhofe erhob sich, aus Holz gefügt und grell bemalt, eine Ehrenpforte, die zwei Thorbogen hatte: den einen für die Ankunft, den anderen für die Abfahrt.

Vom Qual aus sieht man die Ausdehnung des Hafens von Bakû. Gegen Norden liegt die Halbinsel Apscherôn, gegen Süden erheben sich öde Hügel; dazwischen baut sich das bethürmte persische Viertel, die neue, regelmässige russische Stadt auf, während die schwarze Stadt Balachane mit den Naphthaquellen etwa 1½ Meilen von der weissen Stadt, dem eigentlichen Bakû, entfernt ist. Die Insel Nargin sichert, der Bucht vorgelagert, den grossen Hafen, dessen Aufschwung vornehmlich der grossartigen Entwicklung des Petroleumhandels zu verdanken ist.

Eine Bahnlinie, 19·2 *km* lang, führt von Bakû nach Ssabuntschl und Ssurachane. Der Frühzug erreicht die letztere Station in 1 Stunde 27 Minuten, der Nachmittagszug in der gleichen Zeit. In einem Umkreise von etwa 9·5 *km* sind über 400 Brunnen erbohrt. Grosse pyramidale Gerüste stehen über den Bohrlöchern, von denen einzelne, circa 30 *cm* im Durchmesser, bis auf 300 *m* tief gehen. Die Bohrstange wird durch Dampfkraft eingetrieben, bis sie ein Naphthalager erreicht, dessen Inhalt aufgepumpt wird, nachdem zuerst die Gase entwichen sind.

Trifft man aber beim Anbohren zufällig direct auf Naphtha, so treibt der Druck des über dem Oel comprimirten Gases selbstthätig einen Springquell des Oels in die Höhe. Ein solcher Ausbruch bedeckt die Oeffnung des Bohrlochs mit Sand und reisst die Decke der Hütte ein. Derartige Springquellen spritzen bis zu 60 *m* empor.

Bekannt ist der Ausbruch des Drushba-Brunnens und jener vom August 1887, welcher eine Naphthasäule von mehr als 110 *m* emporschleuderte. In dem letzteren Falle konnte der Strahl, der in 24 Stunden 82.000 *q* eines Gemisches von drei Viertheilen Sand und einem Viertheile Gas und Naphtha auswarf, erst nach 35 Tagen gebändigt werden. Im Museum von Tiflis sind starke Eisenplatten aufbewahrt, welche dieses Gemisch durchlöchert hatte. Die Naphtha verheert bei solchen Gelegenheiten die ganze Nachbarschaft und bildet, ringsum die Canäle und Gräben füllend, grosse Tümpel. Neuerdings wird die Ausflussöffnung, sobald das Tosen einen Ausbruch anzeigt, mit einer eisernen Haube bedeckt, welche jedoch aussergewöhnlich starke Springquellen nicht niederzuhalten vermag. Solche Springbrunnen führen also bei übermächtigen Ausbrüchen Gefahr und Schaden mit sich, sind aber andererseits bei kleineren Strahldimensionen des Springquells erwünschte

Hebemittel des Steinöls, welches dann in die vorbereiteten Bassins abfliest. Der berühmte Nobelbrunnen lieferte ungebändigt nahezu 5,000.000 q im Gesammtwerthe von etwa 4 Millionen Gulden innerhalb eines Monats. Das Aufpumpen liefert selbstverständlich eine weit geringere tägliche Leistung als die Springquellen.

Neuerdings soll die Ergiebigkeit der Quellen abnehmen. Die Tagesproduction beträgt etwa 70.000 q. Eiserne Leitungen bringen die Rohnaphtha zu den Raffinerieen, wo sie zu Petroleum oder zu den dichteren Leuchtmaterialien: Kerosin und Paraffin, verarbeitet wird. Die Destillation wird bei Temperaturen zwischen 15 und 400° C. vorgenommen und erfordert besondere Vorsicht.

Naphtharückstände werden neuerer Zeit vielfach von Bakû als Brennmaterial nach Moskau gebracht, wo sie sich, trotz der grossen Entfernung um ein Drittel billiger stellen als Holz oder Kohle.

Aus grossen Reservoirs erfolgt die Füllung der Destillate in eiserne Schiffe (tanks) oder eigene Petroleumwaggons. Die Nobel'schen Schiffe und Behälter bilden eine charakteristische Staffage der Wolgaufer. Erwähnt sei noch das Project einer directen Röhrenleitung von Bakû an die Küste des Schwarzen Meeres, circa 850 km.

Die russische Petroleum-Industrie hat sich in letzter Zeit bedeutend erweitert. Beim amerikanischen Petroleum constatirt man eine Abnahme des Exports, wenn derselbe auch noch immer weit grösser ist, als der russische Export:

1884 betrug die Ausbeute 14,596.000 q, die Ausfuhr 8,968.410 q
1888 „ „ „ 27,060.000 q, „ „ 19,322.650 q

Die in der Naphtha-Industrie von Bakû investirten Capitalien belaufen sich auf circa 50,000.000 Rubel; davon entfallen auf die Anlagen der Gesellschaft Nobel circa 20,000.000 Rubel.

Die Petroleumgewinnung zu Bakû betrug vor 50 Jahren wenig mehr als 30.000 q; sie verdankt ihren Aufschwung den Gebrüdern Nobel aus Schweden, deren Villa Petrolia in dem rauchigen, düsteren, übelriechenden Hüttendistrict einen Lichtpunkt bildet.

Das interessanteste Gebäude im Bereiche der Naphtastadt ist der Gheber-Tempel zu Ssurachane mit den ewigen Feuern des Zoroaster. Lange Zeit erhielt in dem Kloster ein einziger Parse die Feuer entflammt, und erst im October, knapp vor dem Besuche des Zaren, kamen vier Jünger Ormuzd's aus Indien als Tempeldiener hieher.

Alle Elemente sind im Umkreise von Bakû von der Naphtha gesättigt: die Erde, das Feuer, die Luft und auch das Wasser. Bei Bajilowmyss, im Südosten von Bakû treibt eine unterirdische Leuchtgasquelle Brennstoff an die Oberfläche, welcher, entzündet, im nächtlichen Dunkel ein unheimliches Bild bietet. Von Weitem schon werden den Schiffern die flackernden Feuer von Balachane durch die Nacht sichtbar, und jeder Athemzug, jeder Bissen, ja ich glaube, jeder Kuss wird den Einwohnern von Bakû durch den Naphthahauch vergällt, dem unausrottbaren Genossen der Quellen, ihres Reichthums und ihrer Qual.

Eine Wanderung in den Strassen der Stadt Bakû bietet in deren neuem Theile wenig Interesse; das persische Viertel hingegen ist sehenswerth.

Den Mittelpunkt der Stadt bildet ein Square mit kläglichem Rasen und jämmerlichen Bäumen, der Michailowskij-Garten. Die Wege, die ihn durchschneiden, und die Trottoirs sind aus Asphalt. Ringsum laufen einstöckige Häuser; in den Seitenstrassen steht manches unansehnliche Gebäude zwischen den Wohnhäusern der hiesigen Plutokratie. In diesen langweiligen Strassen erregen nur wenige Gebäude die Aufmerksamkeit: das Post- und Telegraphenamt, welches während der Mittagsstunden, wo hier fast Alles ruht, geschlossen ist, und die beiden Hôtels, eines schlechter als das andere und alle zwei miserabel. Das erste hat hohe, grosse Zimmer in den langen Fronten und einen geräumigen Speisesaal — alles starrend von Schmutz. Das andere hat einen gemüthlicheren Anstrich und eine Fülle unsauberer Winkel. Diese Kritik ist gewiss objectiv, da wir lange Wochen asiatischer Gastwirthschaft eben erst durchgekostet hatten und in einer reichen Handelsstadt von 60.000 Einwohnern wohl mehr erwarten durften. Für die Bedeutung des Platzes sprach die Bewegung am Hafen, die lange Reihe von Comptoirs und Läden, die grosse Anzahl von Fiakern.

Der Kutscher, der mich zum Hôtel brachte, schien meine Wenigkeit für einen Nobel oder Rothschild anzusehen, so energisch wies er das dargereichte Fahrgeld zurück. Mein Wortschatz war bald erschöpft — Mellkow, sonst ein wahrer Attila für die Wagenlenker, spazierte mit irgend einem Vetter umher — was blieb mir übrig, als zu der einfachsten Ausdrucksweise zu greifen. Ich legte das fluchend zurückgewiesene Geld einfach auf das Trottoir und ging stramm die Gasthoftreppe hinauf. Kaum hatte ich Platz genommen, als der Kellner mit einer Botschaft von dem tobenden Kutscher, der am Eingange des Hôtels Posto gefasst hatte, herankam. Um meiner Sache sicher zu sein, stellte ich durch eine Anfrage an den Wirth die Höhe des Fuhrlohnes als correct bemessen fest und las dann ruhig im „Petersburger Herold", unbekümmert um die oratorischen Leistungen des Kutschers, der anfangs mir nachdringen wollte, aber endlich doch abzog. Bei meiner Rückkehr in den Hafen machte ich mich auf eine Scene bei der Polizei oder auf Stockprügel gefasst, aber nichts davon! Mein verehrter Freund lud mich, sei es aus Mangel an Physiognomiegedächtniss, sei es aus Unternehmungsgeist, mit freundlichem Grinsen ein, in seinen Wagen einzusteigen.

Der Bazar in der Perserstadt beginnt mit einer breiten, mit farbigen Läden besetzten Strasse, um in schmalen, gewundenen Gässchen zu endigen. Die ausgestellten Curiositäten, Waffen, Teppiche, falsche Türkise und andere persische Fabricate waren nicht sehr verlockend und schamlos theuer. Wir wendeten den Krämern den Rücken, auf welche die Stelle in der zweiten Sure des Korán passte: „Die, welche von Wucher leben, werden einst wieder aufstehen als Besessene, vom Satan berührt, deshalb, weil sie sagen: Kaufhandel ist mit Wucher gleich. Aber Gott hat den Handel erlaubt und den Wucher verboten."

Vom Bazar steigen wir empor zu der seit unvordenklichen Zeiten hier bestehenden Burg von Bakû, welches Alexander der Grosse erbaut haben soll. Von Bauten aus der Zeit der persischen Herrschaft, welche zu Anfang des Jahrhunderts ihr Ende nahm, bestehen nur noch zwei: die alte Burg, gegenwärtig eine stille Citadelle, und der grosse Thurm Kis-kalassi.

Die Burg ist von Schah Abbas errichtet worden. Sie liegt, von kahlen, engen Gebäuden umschlossen, auf einer Anhöhe und birgt, von aussen unscheinbar, in ihrem Innern prächtige Bauwerke. Den Bala-Hissar, den alten steinernen Palast der Chane, aus dem 15. Jahrhundert, mit der grossen, reich verzierten Pforte rühmt man als ein Meisterwerk persischer Baukunst. Nahebei stehen zwei zierliche Moscheen hinter hohen Mauern; das Portal der einen, ein Pischtak mit tief eingeschnittenen Kielbogen, ist mit den zartesten Ornamenten überkleidet, als wären feingemusterte, echte Spitzen auf die Steinflächen gelegt und dortselbst zu Stein geworden. Den wohnlichen Eindruck des malerisch übereinander gethürmten Burgpalastes beeinträchtigt der Mangel der beiden orlentalischen Köstlichkeiten: Quellwasser und Grün. Unerbittlich liegt klarer, heisser, tiefblauer Himmel über uns, fegt der heisse Wind Badigherm über die Kuppeln von Bala-Hissar, das hohe Zinnenthor des Marktviertels, über das öde Land und das schäumende Meer*). Der Regenfall beträgt hier nur 234 *mm* im Jahr. Das Thermometer sank 1887 nicht unter + 3·4° C. Die Differenz zwischen der höchsten und niedrigsten Temperatur betrug 22·4° C. die mittlere Jahreswärme + 14·3° C.

Hoch über dem Strande des Meeres erhebt sich zunächst der Burg der alte Perserthurm, 17 *m* im Durchmesser und 42 *m* hoch, der Thurm der Jungfrau zubenannt. Eine Sage berichtet über ihn: Es war einmal ein Chan in Bakû; der hatte eine schöne Tochter. Ist der Vater Chan und die Tochter schön, so sind der Freier viele; doch auch der Mädchen-launen sind nicht wenig, und so schenkte die Maid ihr Herz dem Geringsten der Werber, der Vater aber hatte ihre Hand dem reichsten und mächtigsten unter ihnen zugesagt. „Nicht eher ver-mähle ich mich dem hässlichen Alten, als hier am Strande ein Thurm ersteht, hundertmal so dick wie der gehasste Mann, und zwanzigmal so hoch wie der Speer dieses Jünglings." Doch der Chan scheute den Bruch mit dem kriegerischen Nachbar, und hiess Stein fügen auf Stein, bis der gewaltige Thurm in die Lüfte ragte. Doch stärker noch, als der Wille des Vaters und tapferer als der kriegerische Nachbar, war die Liebe der schönen Maid. Un-erschrocken stieg sie auf die Zinne des Thurms und sprang in die brandenden Wogen.

Heute steht ein Fanal, ein Feuerzeichen, auf der Höhe des Thurms, wetteifernd mit den elektrischen Lichtern der Stadt, den Schiffern den Weg zu weisen von der Wolga, von Transkaspien und von der persischen Küste her.

Die Beziehungen zu den Unterthanen des Schah finden auch in den Strassen von Bakû Ausdruck, welche, wie nur selten in Russland, mit doppelsprachigen Tafeln gekennzeichnet sind. Wie sollte auch Russland mit seinen 112 Nationalitäten im Reiche überhaupt die selbst in solchen Dingen geforderte Gleichberech-tigung durchführen? Bei so zahlreichen verschiedenen Volks-

---

*) Der Name von Bakû soll vom persischen Badkube, d. i. Windstoss, stammen. Eine andere Deutung des Namens, auf die uralten Feuertempel hinweisend, führt auf das armenische Bagin = Götzentempel.

stämmen kann nur eine Sprache, die Staatssprache, also hier
die russische officiell Geltung haben!

Bakû war besichtigt; nichts hielt uns ab, die Stadt zu verlassen. Auf dem stattlichen Bahnhofe im maurischen Styl
steht der Zug der transkaukasischen Bahn zur Abfahrt bereit.
Diese Linie, 900 *km* lang, verbindet Bakû, also das Kaspische
Meer, in den Endstationen Poti und Batûm mit dem Schwarzen
Meere. So ziemlich den Mittelpunkt der Strecke bildet Tiflis,
genau 548 *km* von Bakû abliegend.

Wir passiren, anfangs der Küste folgend, die Steppe, bei
Ljaki den Fluss Kurá und kommen durch die gartenreiche Stadt
Elisabethpol, mit Festung und Moschee, und von Persern,
Armeniern und Tataren bewohnt, nach Akstafa, dem Ausgangspunkte der Poststrassen nach Eriwan, Kars und Dshulfa.
Hinter Akstafa überbrückt die Bahn abermals den Kurá, um in
dessen Thal bis Tiflis fortzulaufen. Ein Theil dieser Strecke ist
bis in die jüngste Zeit hinein von Räubern beunruhigt, welche
wiederholt die Stationen überfielen. Noch unsicherer ist der
Landstrich zwischen Petrowsk und Bakû, wo 80- bis 100köpfige
Schaaren von Flibustiern ungeachtet des gegen sie ausgeschickten
militärischen Aufgebots dem Reisenden den Durchzug unmöglich
machen. Nicht einmal der ortskundige und vertrauensselige Melikow
wollte es seinerzeit übernehmen, mich hier durchzubringen. Die
Briganten hängen mit der Bevölkerung innig zusammen. Durch
diese bringen dieselben in Erfahrung, sobald ein Streifcorps aus-
gerückt ist, und schlagen sich dann seitwärts in die Büsche, d. h.
sie ziehen sich in das unwegsame, ihnen vertraute Hochgebirge
zurück. So lange das Volk mit seinen beutegierigen Vettern und
Freunden unter einer Decke steckt, wird es der Verwaltung
unmöglich sein, den Kaukasus von einer Landplage zu befreien.
welche diesen Theil Russlands für Leib und Gut gefährlicher
macht, als Russisch-Asien. Das allgemeine Waffentragen erleichtert
eben diesen nationalen Sport. Auf ihre Erfahrungen gestützt,
hatten mir seiner Zeit bekannte Officiere gerathen, den Kaukasus
nicht ohne sichtbare Bewaffnung zu durchstreifen, hinzufügend,
dass eine solche jenseits des Kaspi-Sees kaum nothwendig sei.

Sowohl seitens der Passagiere auf der Fahrt von Bakû
nach Tiflis, als auch in Tiflis selbst bildete die eben zu Ende
geführte Reise des russischen Kaisers im Kaukasus den ausschliesslichen Gesprächsstoff. Während der ganzen Zarenreise

war der Kaukasus förmlich blokirt, der Verkehr auf das Aeus-
serste eingeschränkt und jeder halbwegs Verdächtige unter Beobachtung gestellt. Ja, in Bakû wurden am 21. October drei
Engländer, die Correspondenten der „Times" und des „Standard"
und sogar ein Mitglied der Gesandtschaft in Teheran, trotz ihrer
Ausweise in Haft genommen. Die Vorsichtsmassregeln, mochten sie
auch in vorstehendem Falle einen falschen Weg genommen haben,
waren nicht ungerechtfertigt, wie zwei Mordversuche auf die
Person des Zaren bei Michailowo und in Kutaïs beweisen. An
ersterem Orte fand eine glücklich abgelaufene Entgleisung statt. In
Kutaïs wurde knapp vor dem Eintreffen des Cortège ein als Kosakenofficier verkleideter Nihilist verhaftet, der Dynamitbomben mit sich
führte. Der Verbrecher war ein gemassregelter Student und Mitglied
der südrussischen Propaganda.

Den günstigsten Eindruck rief der Zar in Tiflis durch Entfernung des Polizeicordons hervor, worauf die Menge jubelnd den
kaiserlichen Wagen umdrängte. Trotz des Antagonismus eines
Theiles der Kaukasier gegen die russische Herrschaft durfte
der Kaiser ruhig in deren Mitte weilen; denn ein Gast ist ihnen
geheiligt. Die loyalen Gefühle des eingebornen Adels fanden ihre
Anerkennung bei dem Festmahle im Lager zu Tioneti, wo Fürst
Tschawdschawadze ein Trinkhorn mit drei Flaschen Champagner
Inhalt auf das Wohl der kaiserlichen Gäste leeren, die Tafelrunde
den heimischen Chor „Mrawal-sha-miér gmertma inebos" anstimmen
durfte und der Zar und die Zaritza aus dem goldenen Trinklöffel
Bescheid gaben.

Allerseits hörte ich die Popularität rühmen, welche der
Zar im Kaukasus allerorten bei Hoch und Niedrig durch sein
Auftreten mit einem Schlage gewonnen. Damit soll nicht gesagt
sein, dass die Missstimmung der Bevölkerung gegen die Verwaltungsbehörden nachgelassen habe.

Die „Kölnische Zeitung" schreibt über diese Kaiserreise
Folgendes:

„Die in die europäischen Zeitungen gelangenden Schilderungen über den Empfang des Kaiserpaares im Kaukasus geben
ein falsches Bild über die dortigen Verhältnisse. Nach der Schilderung all der glänzenden Feste, der reichen Volkstrachten, der
dem Kaiserpaare und den Grossfürsten überreichten Geschenke,
den Ansprachen der einheimischen Adelsmarschälle müsste man
an Begeisterung für den Zaren und Russland, an Reichthum des

Adels und an Wohlleben der Bevölkerung glauben. Von dem Allen ist aber keine Rede".

An der spontanen Begeisterung der Bevölkerung für den Zaren, dessen Persönlichkeit diese von Russland wohl zu trennen weiss, kann ich nach den vielfachen übereinstimmenden, mir an Ort und Stelle gewordenen privaten Mittheilungen durchaus nicht zu zweifeln.

„So lange der Kaukasus unter geregelter russischer Verwaltung steht, so lange ist dieselbe eine Misswirthschaft gewesen. Russland machte im Kaukasus den Fehler, dass es in den nach jahrzehntelangen, schweren Kämpfen erworbenen Besitz Beamte und Officiere versetzte, welche es nicht als ihre Aufgabe betrachteten, den Wohlstand des Landes zu heben, für dessen gedeihliche Entwicklung zu sorgen und dadurch die Liebe zu dem neuen Herrscherhause zu festigen, sondern Functionäre, welche nur auf die Füllung ihrer Taschen bedacht waren. Bis zum heutigen Tage hat sich dies im Grossen und Ganzen nicht verändert, und die alte Misswirthschaft dauert fort. Namentlich hat es aber der jetzige Generalgouverneur Fürst Dondúkow-Korssákow in den etwa zehn Jahren seiner Amtsdauer durchaus nicht verstanden, die Liebe des Adels oder der übrigen eingeborenen Bevölkerung zu erringen."

Sein Vorgänger im Amte, Grossfürst Michael Nikolájewitsch, hat sich der grössten Beliebtheit erfreut und die Sympathieen selbst jener Kreise zu erwerben gewusst, welche dem gegenwärtigen Generalgouverneur nicht auf den Namen kommen können und für ihre Opposition gegen denselben nicht blos in dessen Russenthum Motive finden.

Die Einsetzung eines Statthalters aus einem der einheimischen grossen Geschlechter würde sich ebenso wirksam erweisen, wie die Verwendung kaukasischer Fürsten als Kreisvorsteher in schwierigeren Gegenden, wo russische Beamte so ziemlich einflusslos bleiben. Der Particularismus in den kaukasischen Landen würde durch die Wahl eines solchen Statthalters keineswegs eine Förderung finden; denn die hiesigen Aristokraten sind die Ersten gewesen, welche sich Russland unterworfen, militärische und officielle Stellen angenommen haben, und sie werden, weil sie am meisten zu verlieren haben, die letzten sein, welche eine offene Empörung betreiben, mögen sie auch insgeheim national fühlen und die alten Zeiten zurückwünschen. Der Egoismus würde einen solchen Statthalter gewiss abhalten, anders als im Geiste des russischen Einheitsstaates zu verwalten, um nicht seine glänzende Stellung und die enormen, mit dieser verbundenen Einkünfte einzubüssen. Die Ernennung eines Kaukasiers zum Statthalter würde diesen vollständig russificiren und ihn bedacht machen, seine Popularität bei der grossen, stammverwandten Menge und seine Connexionen mit den oberen Ständen gerade dann auszunützen, wenn einmal die zweifellos bestehende Unzufriedenheit mit der russischen Oberherrschaft sich wieder Luft machen wollte. Doch vielleicht glaubt man in Petersburg, durch die Gestaltung der Generalstatthalterschaft im Kaukasus zu einer Art Vicekönigthum der Eitelkeit dieses Gebietes genug Concessionen gemacht zu haben, vielleicht hält man die Ernennung eines einheimischen Knjas für ein gefährliches Experiment; auf alle Fälle muss Russland, wie jedes nicht ohnmächtige Reich, unerschütterlich an der Einheit der Verwaltung in allen Theilen und an der Staatssprache festhalten. Die Zulassung föderalistischer Formen und Willkürlichkeiten müsste ein aus so verschiedenen Elementen zusammengefügtes Staatsgebäude an dem Tage zerfallen lassen, an dem die einigenden Klammern gelockert werden!

„Die ganze Verwaltung Dondukow's ist nur auf den äusseren Schein berechnet, dazu angethan, der Petersburger Regierung Sand in die Augen streuen, und ganz besonders ist dieses Scheinwesen bei dem verflossenen kaiserlichen Besuch zur Geltung gekommen. Ueberall, wo, wie man wusste, der Zar hinkommen sollte, wurde alles in Stand gebracht; jahrzehntelang vernachlässigte wichtige Strassen wurden mit grossen Kosten wieder hergestellt, in den Städten Strassen gepflastert und Häuser neu angestrichen, die Bewohner mussten in Festkleidern erscheinen, kurzum, der Wahlspruch war: „Sand in die Augen." Alle dem Generalgouverneur zum Besten des Landes zur Verfügung gestellten Summen wurden ausschliesslich hierzu verwendet, und der vom Zar nicht besuchte Theil des Landes, d. h. etwa neun Zehntel des Gebietes, wird nun doppelt leiden; denn Gelder sind nicht mehr vorhanden."

Auf der Endstrecke der Poststrasse zwischen Tiflis und Sinandal, der neuen kaiserlichen Domäne, war im October 1888, zur Zeit meiner Reise in Kachetien (s. II. Theil, 3. Abschnitt), Alles fieberhaft beflissen, den Weg für die Kaiserreise endlich in Ordnung zu bringen. Bei Fackelschein arbeiteten Tausende von

Bauern, trotz der im Zuge befindlichen Weinlese herangezogen, unbezahlt, verdrossen, jeder Appellation bar, an der Strasse, an den Brücken, ja dort, wo diese längst fälligen Objecte in der Eile auch provisorisch nicht mehr herstellbar waren, z. B. in dem grossen Schotterbett unmittelbar vor Sinandal. räumten Leute wenigstens die einzelnen Steine und Kiesel aus den Geleisen. Gleich hinter Sinandal waren die Strassen in der alten Verfassung, die Brücken entweder abwesend oder in einem Zustande, der regelmässig eine Umgehung erheischte. Nur wenige Spazierwege und Ausflugspunkte waren gleichfalls in Arbeit, wie das Schlagen einer Brücke über den Alasán und der Bergsteig von Signach nach dem Nina-Kloster bewiesen. Auf meine Frage, was geschehe, falls der Zar bei der Promenade unvermuthet einen anderen Weg einschlagen wolle, wurde mir die Antwort: „Das Reiseprogramm ist genau festgesetzt, der Umgebung des hohen Gastes sei man sicher.".

Potemkin, Dein Beispiel ist unvergessen!

„Der kaukasische Adel aller Stämme ist in Folge der langen Unabhängigkeitskriege und durch die Schuld der russischen Verwaltung verarmt."

Die Verschwendungssucht, Spiel und Trinkgelage, die Erhaltung zahlreicher Diener- und Gefolgschaft, die niedrigen Marktpreise und die schlechte Cultur der Gutskörper sind gewiss hier auch zu nennen. Fast überall werden die Felder in der alten Weise bestellt, als gäbe es nicht heute eine Landwirthschaftswissenschaft.

In dem reichsten Theile des Kaukasus, in Kachetien, wird der gekelterte Wein, um nur rasch Geld auf die Hand zu bekommen, schon nach wenigen Monaten an die Zwischenhändler verkauft. Rühmliche Ausnahmen, Fürsten, die Fachschulen absolvirt haben, rationell wirthschaften und bei Aufrechterhaltung der Gastfreundschaft jahraus jahrein ein bescheidenes Haus führen, sowie Andere, welche mit Glücksgütern gesegnet sind, bestätigen nur die Regel.

„Trotz der Verarmung des Adels stellte der Generalgouverneur, seinen Grundsätzen getreu, die übertriebensten Anforderungen an denselben. Mit Murren und Unzufriedenheit kamen die für die glänzenden Feste nothwendigen Summen zusammen; die orientalische Eitelkeit, der Wunsch, vor dem Zaren und der Zarin zu glänzen, erleichterte allerdings dem Generalgouverneur die Beitreibung der Gelder. In welchem Masse dieselben gefordert

wurden, daraus kann man ersehen, dass der sehr arme Adel aus
Tiflis nahe an 50.000 Rubel zusammenbringen musste. Dazu
kommen nun noch die Ausgaben der Gesammtheit wie der Einzelnen
für die Geschenke, Kleidungen u. s. w. Man lasse sich nur ja nicht
durch Berichte über scheinbare Begeisterung blenden. Der Kaukasier
ist vor allen Dingen Orientale, und gerade in ihm sind die guten
wie die schlechten Eigenschaften des Orientalen besonders scharf
ausgeprägt. Es wird ihm nicht darauf ankommen, morgen die
Waffe gegen Den zu erheben, dem er heute begeistert zujubelt.
Es steht ausser allen Zweifeln, dass es im Kaukasus eine über
das ganze Gebiet verbreitete, hauptsächlich aus dem Adel bestehende Partei gibt, welche den Abfall von Russland durch
gewaltsame Mittel anstrebt und nur auf die Gelegenheit lauert,
ihr Vorhaben auszuführen. Es ist im Stillen gewaltig in dieser
Beziehung vorgearbeitet worden, und fast mit Sicherheit kann
man behaupten, dass in einem, für Russland ungünstigen Kriege
der Kaukasus bald in hellen Aufruhrflammen stehen würde. Auf die
Officiere kaukasischer Abstammung, hohe und niedere, ist grösstentheils kein Verlass; sie würden im Unglücke sofort die russischen
Fahnen verlassen und die eingeborenen Truppen mit sich reissen."
Von einer Partei kann man hier wohl nicht reden; die
Elemente, welche eine Umwälzung der Dinge planen, zerfallen in
eine ganze Reihe von Gruppen: Jung-Georgien, Jung-Armenien,
Jung-Mingrelien u. s. w., die fast unnahbaren Swanetier, die Lesghier
in Daghestan, eifrige Christen, starre Mohamedaner. Diese alle
erfüllt vielleicht der Gedanke an einen Abfall; aber es ist kein gemeinsames Band vorhanden, welches den Gedanken mit geeinigter
Kraft zur That werden liesse. Spricht doch fast jeder dieser Stämme
ein dem andern unverständliches Idiom, sind sie doch alle grund-
verschieden: körperlich, geistig, in Sitten und Anschauung, so
dass man keineswegs die „Kaukasier" kurzweg als ein Volk betrachten und von dem Völkergemisch an der Schwelle Europas
und Asiens keinen erfolgreichen Widerstand gegen ein
russisches, heutzutage obendrein durch ein entwickeltes Verkehrs-
wesen unterstütztes Corps gewärtigen kann. Die Eifersucht unter
den einzelnen Stämmen zeigt z. B. der Umstand, dass Schamyl's
Feste gerade durch kaukasische Truppen, vom Regiment Ap-
scheron, erstürmt wurde.
Unter den Adeligen betrachten wohl viele die handschrift-
lichen Documente früherer Zeiten mit Stolz und Wehmuth und

sprechen von ihren Königreichen, von ihren Kaiserthümern und dagegen vom Zarenthum jenseits von deren Grenzen, wie ich selbst erfuhr:

„Woher kommen Sie?"

„Von der Wolga."

„Also aus Russland?"

„Ich glaube, noch in Russland zu sein."

„Entschuldigen Sie, Sie sind in meinem Königreich!"

Es werden Zeitungen unterstützt, Werke subscribirt, Clubs und geheime Gesellschaften gebildet, alles zur Wiederentfachung des Nationalgefühls. Man spricht in vertrautem Kreise gehässig von dem Moskowiterthum und rühmt die Helden der Befreiungskämpfe, man bekleidet die Aemter, trägt die Epaulettes und nimmt die Orden mit stillem Protest; man thut dies alles und noch viel mehr um so eifriger, je weniger Arbeit und Sorge, je mehr Leichtsinn und seichte Bildung man besitzt. Wie aber einst zur Zeit der Befreiungskriege so Viele, die zu verlieren hatten, sich bequemten in russische Dienste zu treten — der Mensch will leben, besonders jener, der nicht trockenes Brod, sondern Braten gewohnt ist — und es den todesmuthigen Söhnen der Berge überliessen, ihre Unabhängigkeit und ihre kahlen Steinhütten bis auf den letzten Blutstropfen zu vertheidigen, so dürfte auch heute, wenn eine Niederlage von Russlands Heeren auf grösseren Schlachtfeldern den Kaukasus zum Versuche ermuthigen sollte, nochmals zum Kampfe für die Freiheit von einer fremd gebliebenen Herrschaft das Schwert zu ergreifen, der Aufstand kaum vom Adel, der theils zu loyal, theils zu aufgeklärt, theils zu vorsichtig dazu ist, noch von dem spärlichen Bürgerthum, sondern nur von den Bergvölkern ausgehen, die hoch oben in ihren Felsennestern hausen, fast unerreichbar dem russischen Gesetze, der russischen Blut- und Geldsteuer. Als während des russisch-türkischen Krieges Kasi Mahom, Schamyl's Sohn, durch Sendschreiben und Boten von Stambul aus den Daghestan zu den Waffen gerufen und eine Schaar die Besatzung des russischen Forts Kasi-Gumuch *) am 21. September 1877 nächtlicherwelle überfallen und niedergemetzelt hatte, fiel die Strafe der Rädelsführer dieser rasch erstickten Bewegung so milde aus, dass man sich fragen muss, ob die Russen nur aus weiser Rücksicht so vorgegangen sind.

---

*) Siehe Seite 360.

„Waren Sie im Kaukasus, im Daghestan?" frug mich einmal ein russischer Officier, „sehen Sie, der Kaukasus ist unser Bosnien und der Daghestan unser Montenegro!"

„Der russischen Regierung sind diese Verhältnisse augenscheinlich nicht verborgen geblieben, wenngleich sie dieselben nicht so ernst auffasst wie sie es thun müsste. Jedenfalls waren aber vor Ankunft des Zaren die umfassendsten Vorsichtsmassregeln getroffen worden gegen etwaige Gewaltthätigkeiten Einzelner sowohl wie grösserer Haufen. Zu solchen Vorsichtsmassregeln gehört z. B., dass die beabsichtigte längere Fahrt auf der grossen grusinischen Militärstrasse unterblieb, weil man dort nicht für die Sicherheit des Zaren einstehen konnte. Es waren nicht nihilistische Bedenklichkeiten, welche jene Vorsichtsmassregeln verursachten, obwohl der Nihilismus auch im Kaukasus Fortschritte gemacht hat. Wurden doch Persönlichkeiten vornehmen kaukasischen Namens, sogar höhere Officiere für die Dauer der Anwesenheit des Zaren aus den von demselben zu besuchenden Gebieten verwiesen." —

Die Regierung will wohl nicht durch auffallende Massnahmen und energischeres Vorgehen Dinge zu einer ungebührlichen Bedeutung hinaufschrauben. Die Ritterlichkeit der Kaukasier liess ein Attentat seitens eines „Patrioten" absolut nicht befürchten. Nur nihilistische Machinationen wurden gefürchtet, nur solch' verrückter Meuchelmörder wegen wurden z. B. im Alasán-Thal die Kaiserwege an den Seiten von allen Büschen und Hecken, ja von den Zäunen der benachbarten Weingärten gesäubert, die Strassen und Brücken Tag und Nacht bewacht, die Wälder durchstreift und um die kaiserliche Villa herum die Grundstücke der Anrainer bis zum Lager der Leibwache hin in aller Eile expropriirt.

„Mit der gespannten Pistole pürsche ich Tag für Tag die Wegstrecke in meinem Bezirke ab," sagte mir ein wackerer Oberst, „für meine Kaukasier stehe ich ein, aber kann nicht ein solcher vermaledeiter Nihilist auf einem Baume sitzen oder in einem Graben liegen?" Mit der grössten Vorsicht und Strenge wurde die ganze Zeit über der Fahrpostdienst gehandhabt; lang vorher hatte man, wie es hies, die polnischen Beamten der transkaukasischen Bahn auf Studienreisen verschickt, den Bahndienst selbst aber in der Zeit der Zarenreise durch drei Tage eingestellt.

Die Commentare wurden um so lebhafter, als die Katastrophe von Borki bekannt wurde.

Von Tiflis geht die Bahn längs des Kurá fort. Eine der ersten Stationen ist Mzchet, dann folgt weiterhin Gori mit seiner kühnen Burg. Die ganze Strecke ist mit prächtigen Feldern und Weingärten erfüllt. Bis Michailowo verkehren Sommerzüge, welche die elegante Welt nach dem reizenden Borshom bringen. Hier beginnt die Steigung, zwei Locomotiven ziehen, eine schiebt den Zug, während wir den Ssuram-Pass übersteigen. Von der Station Ssuram steigt der Zug auf einer Strecke von 5·5 *km* bis zur Spitze, Poni (998 *m* über dem Schwarzen Meer), um 9·49 *km* lang wieder bergab zu fahren. Kürzlich erst ist zur Vermeidung dieser, die Raschheit des Betriebes stark beeinträchtigenden Strecke unter Leitung eines österreichischen Ingenieurs, W. Müller, hier ein Tunnel gebohrt worden. Der Tunnel ist 3927 *m* lang. Der Tunnel von Ssuram übertrifft durch sein Profil, 90 ☐ *m*, alle europäischen Tunnels, auch jenen des Gotthardpasses, welcher ein Profil von 60 ☐ *m* besitzt.

Graue, geballte Wolken liegen über den hohen, blauen Bergen und den herbstlich gelben Waldlehnen.

An den folgenden Stationen tauchen andere Gesichter, andere Trachten auf. Wir haben Georgien verlassen. Im Norden der fortlaufenden Strecke liegt Imeretien und Mingrelien, südlich vor Batúm Gurien.

In Rion nahmen wir unseren Thee; der Bahnhof wimmelt von prachtvollen schlanken Gestalten, die in ihrem langen Kleide alle wie Minnesänger oder Falkner aussehen. Hier trägt auch ein scharfgeschnittener, bärtiger Kopf auf dem dichten Lockenhaupt jenes gestickte Tuchfleckchen, welches wie ein färbiges Blatt auf dem Haar schwebt. Wir sind im Lande der Adlernasen. Jeder ist fürstlichen Blutes, Alle sind Könige von Yvetot! Weiter kommen wir ins Rion-Thal, das wir erst bei der Gabelung nach Poti und Batúm verlassen, um durch üppige Wälder hindurch der Küste entlang in den ersten Hafen Kaukasiens, das rege Batúm, zu gelangen. 1887 erreichte der Export Batúms einen Werth von 14½ Millionen Rubel.

Schifffahrt, Handel, Arsenal, Kriegshafenbauten kennzeichnen die grossentheils neue Anlage.

In Batúm trennte ich mich am folgenden Tage von Derwies, der die Küstenlinie zur Heimfahrt wählte und den „Puschkin", einen Dampfer der Russischen Dampfschiffahrts- und Handelsgesellschaft, bestieg. Mir bot sich die Gelegenheit, statt über

Noworossijsk, Kertsch, Jalta nach Sewastópol (981 *km* in 3 Tagen 19 Stunden) zu fahren, direct nach letzterem Orte zu übersetzen (421 Seemeilen = 778 *km* in 40 Stunden 25 Minuten).

Oberstlieutenant Georg Nikolájewitsch Miljútin vom Stabe Annenkow's verschaffte mir nämlich die Bewilligung, auf der „Rossija", einem Schiffe der Freiwilligen Flotte, die Ueber· fahrt mitzumachen, wodurch ich ausser der Zeit auch noch das halbe Fahrgeld ersparte.

Dieser Dampfer, welcher gewöhnlich die Strecke Odessa· Wladiwostok befährt — noch waren Ratten aus Singapore an Bord — hatte diesmal einen Militärtransport von 1534 Mann nach Sewastópol zu bringen. Es war ein in Hamburg gebautes, zur Zeit des russisch-türkischen Krieges, wie es lag und stand, auf· gekauftes Schiff, mit 8 Bildern von H. Kauffmann im Salon, einer deutschen Uhr in der Cajüte und englischem Comfort in den Cabinen.

Regenbogenfarbene Flecken (Naphtha) schwimmen im Hafen; Minaret und Leuchtthurm, Krahne leuchten in der Sonne. In den graublauen Bergen links fliegende Lichter, rechts grüne Höhen. Ein Lloydschiff, die „Iris", ein blaues Wimpel über der öster· reichisch-ungarischen Flagge, ladet Petroleum.

Wir verlassen den Hafen. Längst ist der „Puschkin" mit Derwies am Horizont verschwunden, und auch Batúm ist bald unseren Augen entrückt. Die erste Cajüte war ausser mir nur von Officieren besetzt, welche nach erfolgter Vorstellung sich gegen mich sehr liebenswürdig zeigten. An Oberstlieutenant Miljútin fand ich einen vielgereisten, gebildeten Gesellschafter, mit dem ich stundenlang über das ihm so wohl bekannte Russisch-Asien plauderte.

Die Soldaten auf der „Rossija" kauern zu Sechs bis Zehn, den Holzlöffel in der Rechten, ein Stück Brot in der Linken, um die dampfende Blechschüssel. Sie erhalten Tschtschi und graue Kascha mit honiggelben Fettbrocken. Einige sind im rothen oder buntgestickten Hemd oder im Kittel mit weisser Kappe·oder der rothgestreiften Soldatenmütze, wieder Andere barhaupt, diese im grauen Mantel, Andere in verschossenen Uniformen; Alle tragen gute Stiefeln.

Den ganzen nächsten Tag spazieren oder sitzen die Soldaten auf dem Verdeck. Wir haben 20° Celsius im Schatten (Anfang November) und fahren wie auf einer dunkelblauen Glasplatte einher.

2. ABSCHNITT.

(Sewastópol. Der Canal von Perekop. Die russische Riviera. Alupka. Jalta. Ueber Simpheropel nach Bachtschi-sarai. Von Sewastópol nach Odessa. Atschinow. Odessa. Kijew Schluss.)

Am kommenden Morgen erreichen wir Sewastópol. In dem grossartigen Hafen von Sewastópol (deutsch gewöhnlich Sebástopol geschrieben und ausgesprochen) liegt eine Papówka, ein grosses gepanzertes Rundschiff, eine rothe Schachtel mit drei Schloten. Das System hat sich nicht bewährt, und das Fahrzeug, welches 5 Millionen Rubel gekostet hat und 5000 Mann fassen kann, hat seine elegante Einrichtung an den Marineclub hier abgegeben.

Die russische Flotte zählt im Ganzen:

39 Panzerschiffe . . .	(davon 7 im Schwarzen Meere)
84 Kriegsdampfer . („ 77 „ „ „)
138 Dampfer . . . . . („ 57 „ „ „)
8 Segelschiffe	
117 Torpedoschiffe . . („ 16 „ „ „)
mit 936 Geschützen . . . („ 116 „ „ „)
und 26.500 Mann.	

Docks, rothweisse Torpedoboote, Kriegs- und Handelsschiffe füllen das kleine „goldene Horn" des Hafens. Links auf der Höhe ist ein Theil der zerfallenen Casernen wieder neu aufgebaut. Dort oben steht auch ein Monument, das nach dem Krimkriege als Zeichen der Verheissung neuer Entwicklung für die Bevölkerung der damals in Trümmern liegenden Stadt errichtet worden ist. Auf dem rechten Ufer steigen wir die Stufen einer Freitreppe zu einem griechischen Säulentempel hinan.

Sewastópol wird immer mehr Kriegshafen; 10 Millionen Rubel sind für den Bau von Kriegsschiffen binnen kurzer Zeit unter die Leute gekommen. Die Stadt blüht sichtlich wieder auf. Kirchen, neue Steinhäuser, neben solchen, welche noch die Spuren

der Beschiessung zeigen, erheben sich. Breite, glänzende Boule·
vards, Villenviertel entstehen, und elegante Anlagen ziehen sich
an's Ufer hin.

Von dem orientalischen Kiosk, einem Restaurant am Meere,
ist ein herrlicher Ausblick auf die lichte Küste der Bucht und
nach Norwest auf das blaue Meer.

Hinter uns erhebt sich das antikisirende Monument Ko·
sarskij's, eine eherne Galeere auf einem mit Trophäen verzierten
Reliefsockel und Unterbau. Das Denkmal steht auf einer Anhöhe,
Doppeltreppen führen hinan durch eine zerfallene Pforte. In
nächster Nähe liegt das vornehme Haus des Marineclubs;
malerischer ist die Freitreppe mit ihren Löwen und weiss·
glänzenden Säulen, die zum Wasser hinunterführt. Levantinische
Gesichter, griechische Profile erscheinen unter den Hafenleuten,
die da hinübersehen auf die elegante Strogánow'sche Yacht. Neben
diesen Nachkommen der ersten Ansiedler von Sewastópol stehen
deutschredende Colonisten aus der Krim und kleinrussische Soldaten.

Vom Hafen schreiten wir der Hauptstrasse zu. In der langen
Gasse leuchten die Schilde, ragen die Flaggenstangen der Con·
sulate, steht das interessante Museum des Generals Totleben:
Waffen, Geschütze, Reliquien aller Art, Portraits, Büsten, Schlachten·
bilder, eine polyglotte Bibliothek geben ein Bild über den Krim·
krieg; man kann hier die seitherigen Fortschritte in den Zer·
störungswerkzeugen und auch im Sanitätswesen studiren.

Einen merkwürdigen Gegensatz zu den Bildern des Museums
aus dem von regulären Armeen geführten Krimkriege bieten
die in der nächsten Strasse ausgestellten Gemälde Weresch·
tschágin's und Roubaud's, welche die Kämpfe der Russen mit
wilden Heerschaaren in Centralasien (Samarkand, Gök-tepe) und
im Kaukasus (Gunib, Achulgo) schildern.

Für den Seemann wie für den Soldaten ist nicht nur das
hochgelagerte Sewastópol, sondern auch sein vortrefflicher Hafen
und die Umgebung interessant: Malakow, Inkjerman, Alma,
Balaklawa, eine Fülle von kriegerischen, blutigen Erinnerungen.
Niemand hat die Schrecken des Krieges, die Greuel während der
Belagerung von Sewastópol eindringlicher zur Anschauung ge·
bracht, als Leo Tolstoy in seinen Soldatengeschichten.

Die Handelskreise der Stadt fürchten eine Ablenkung des
Handelszuges durch den Canal von Perekop. Dieser soll 118 *km*
lang werden. Privatmittheilungen erörtern das Project wie folgt:

„Von dem Perekoper Canale heisst es, dass die Arbeiten in Bälde beginnen sollen. Die Distanzabkürzung, welche durch diesen circa 111 Werst langen Canal geschaffen werden soll, ist, wenn absolut genommen, sehr gross, da der Seeweg um die Krim herum rund 800 Werst betragen dürfte. Relativ aber ist die Ersparniss nur gering. Man muss nämlich als praktische Endpunkte des Verkehres im Westen Odessa und Nikolajew, im Osten Mariupol, Taganrog und Rostow am Don betrachten. Ob man als westlichen Endpunkt Odessa oder Nikolajew annimmt, kömmt in Bezug auf die Distanzverhältnisse so ziemlich auf Eins hinaus. Im Osten dürfte Taganrog als Endpunkt der respectiven Durchschnittsdistanz anzusehen sein. Der Seeweg zwischen Odessa und Taganrog wird durch den Canal 640 Werst gegen die 840 Werst des jetzigen Weges um die Krim betragen.

Es darf wohl als sicher gelten, dass die Segelschiffahrt sich des Perekoper Canals nicht bedienen wird. Man hat diesem Canale einen Verkehr von 100 Millionen Pud (1,638.000 q), davon 80 Millionen Pud Steinkohle vorhersagen wollen; aber in Bezug auf die Steinkohle dürfte sich das erst spät bewahrheiten. Uebrigens ist es ein Irrthum, wenn man, wie es zuweilen geschieht, dem Canale von Perekop eine besondere Bedeutung für die Hebung der Ausbeute des Donetzer Steinkohlenbeckens zuschreibt. Weder der Weg noch die Transportmittel fehlen der Steinkohle, wenn sie einmal an der Küste ist; aber die Schwierigkeit besteht darin, dass sie entweder gar nicht oder nur des Weges bereits müde nach der Küste gelangen kann.

Es fehlt in der russischen Presse nicht an einer gewissen Opposition gegen die Concession für den Perekoper Canalbau; denn wie es scheint, bedingt diese der Compagnie ausser dem Canalunternehmen selbst und der Trockenlegung eines Theiles des Siwasch, des „Faulen Meeres", durch welches der Canal geführt wird, auch noch das Schiffahrtsrecht auf dem Canale, dem Schwarzen und dem Asow'schen Meere, sowie auf den in die letzteren mündenden Flüssen. Das wäre, meint man, in aller Form das Recht zur Betreibung der in letzter Zeit hier so vielfach verhandelten Küstenschiffahrt, die man Ausländern gänzlich verschlossen wissen möchte. Es bemüht sich hier bereits seit Langem ein englisches Odessaer Haus um das Recht, ein Cabotageunternehmen*) mit auf den Inhaber lautenden Actien betreiben zu dürfen. Das Recht,

---

*) Küstenfrachtschiffahrt in Häfen eines und desselben Landes.

die Cabotagefahrten selbst zu betreiben wird gerne gewährt, aber anonyme Actien zu emittiren nicht; und das ist gerade der wunde Punkt, da russisches Capital zu diesem Zwecke vorläufig noch äusserst schwer zu finden ist.

Es meinen nun Einige, dass die 87 Millionen Francs, auf welche man den Perekoper Canal veranschlagt hat, zum Theil als eine Art Kaufsumme für das Cabotagerecht anzusehen sei. Mag die Zukunft das bestätigen oder nicht, wäre es gewiss Vielen lieb gewesen, wenn es sich überhaupt um einen anderen Canal am Asow'schen Meere gehandelt hätte, nämlich um einen circa 7 Fuss tiefen Lateralcanal am nördlichen Ufer des Asow'schen Meeres von der Mündung des Don etwa nach dem Hafen von Mariupol, um in Verbindung mit dem, leider auch immer noch fehlenden Wolga-Don-Canale der gewaltigen Binnenschiffahrt der östlichen Hälfte Russlands einen anständigen Anschluss an die Seeschiffahrt zu verschaffen. Das liesse sich vielleicht auch gründen.

In Bezug auf das Asow'sche Meer mag noch eines Projectes Erwähnung gethan werden, welches in ganz jüngster Zeit aufgetaucht ist. Dieses bezweckt, das Niveau des Asow'schen Meeres durch einen Dammbau bei Kertsch um 4 Fuss zu erhöhen. Es sollen dadurch die Wassertiefe in den Asower Häfen aufgebessert und viele Sümpfe am östlichen Ufer unter Wasser gesetzt werden. 4 Fuss ist aber wenig angeboten gegenüber den grossen Kosten und Schwierigkeiten vielerlei Art, die damit verbunden wären. Auch dürften durch die Niveauänderung an Stelle der überschwemmten Sümpfe neue entstehen; das Project dürfte demnach ad acta gelegt werden."

Mit Oberstlieutenant Miljútin fuhr ich in einer Miethkutsche von Sewastópol gegen Jalta; obschon die Saison nicht in der Blüthe war, nahm man uns doch für diese Strecke von 88½ km 30 Rubel ab.

Zuerst geht es, am Denkmal der im Krimkriege gefallenen Italiener vorbei, hoch über die Steppe hin gegen Südost, die Bucht von Balaklawa (Bellachiava) bleibt zur Rechten. Auf dieser Strecke begegneten wir berittenen Grenzwächtern. Das russische Grenzwächtercorps, in jüngster Zeit reorganisirt und vermehrt, vermag im Kriegsfalle etwa 30.000 Mann, Reiter und Fussvolk, zu stellen, welche in 18 Brigaden eingetheilt sind. — Sobald die Steppe zu Ende ist, beginnt Culturland, sieht man die junge Saat, Ackerschleifen in Thätigkeit, Tabakpflanzungen, endlich Eichenwald. Ueberall knarren die Karren der Tataren: ein ehrlicher Mann kann sich immer hören lassen und schmiert seine Räder nicht. Durch die grünen Felder, Wälder und Wiesen des breiten Baidarthales, gelangen wir an zahlreichen Tatarendörfern vorüber zum Phoros-Pass.

Dann eröffnet sich die weltberühmte Aussicht durch das in den Felsen gesprengte Baidar-Thor. Die macadamisirte prächtige Woronzów-Strasse führt nach abwärts und verlässt bis Jalta den Uferrand des Meeres nicht, zu dem die Felsen abstürzen. Links sind stets die 2000 Fuss hohen Wände; blaue, gelbe, graue, schwarze Felsen; Steinstürze und rieselnde Quellen erscheinen am Wege, Ranken Epheu, Perückenstrauch umhüllen wuchernd die Bäume. Offenbar ist der ganze schmale, mit Grün erfüllte Landstrich, der sich hier oben um die Strasse und tief unter uns am Saume des glänzenden Meeres hinzieht, im Laufe der Zeiten aus den abgestürzten Theilen der Felswände entstanden.

Prächtige Villen liegen am Strande tief unter uns in herbstlichen Purpur, in Gelb, Roth und das Dunkelgrün der düsteren Cypressen gehüllt.

Diese ganze Südlehne hat fast ewiges Frühjahr, schneelose Winter, üppige Vegetation, köstliche Luft, doch einen schlechten Strand zum Seebad und so offene Buchten, dass unlängst Graf Tolstoy's Dampfer im Hafen von Jalta zerschellte.

Immer mit neuem Entzücken verfolgen wir die landschaftlichen Schönheiten längs der Kunststrasse. Diese ist nur an wenigen Stellen, seit wir die colossale Serpentine vom Baidar-Thor herabgekommen, ansteigend geführt, und an solchen Stellen mahnt den bergab fahrenden Kutscher ein Täfelchen mit dem Wort: „Tormas" (Sperren) an seine Pflicht.

Die herrliche Natur hier hat die Aristrokratie der Geburt und neuerer Zeit auch die des Geldes an diesen Strand gezogen. Neben den stolzesten Namen des Reiches finden wir die Träger der bedeutendsten Firmen unter den Besitzern der Landhäuser: Galitzyn neben Kusnjetzow, dem Theekönig; Naryschkin, Orlow und General Maltzow, der seine Villa aus Glas und Eisen erbaut hat, dem Producte seiner riesigen, jetzt nothleidenden Industrieen.

Vor Alupka trennte ich mich von meinem Begleiter, der in Schloss Simeïs seinen Oheim, den früheren Kriegsminister Graf Miljútin aufsuchte, und verbrachte die Nacht in einem schon völlig ausgestorbenen Hôtel garni, um am Morgen Alupka, diesen schönsten Punkt der Küste, näher zu betrachten.

Die Vegetation treibt hier wahre Orgien: Buchen und Eichen, Pinien und Myrten, Haselnusssträucher, Granat- und Feigenbäume, edle Reben, Epheu, wilde Rosen, Alles ist wie aus einem Füllhorn über dieses Stückchen Land geschüttet.

Gemüthlich frühstückte ich unter einer Veranda des Gärtchens, welches in den Park des Fürsten Woronzów hineinsieht. Ein tatarischer Führer leistete mir Gesellschaft und rührte dienstfertig, während ich noch las, was Murray sehenswürdig findet, den Zucker in meinem Thee auf.

Tief unter dem schwärzlichen Tatarendorfe erhebt sich das Schloss Woronzów's auf einer Klippe unmittelbar am Meere, 50 m über dem Wasserspiegel, zu dem sich die Gartenterrassen hinabziehen, um, aufwärts gegen die Strasse zu dichter bestanden, an dem Hadschipetri (Hadshipetros), 1300 m, einen köstlichen Hintergrund zu finden. Ein Theil des Parkes enthält knorrige Bäume, uralte Reben neben kleinen Partieen, in denen Alles zierlich, fast puppenhaft ist. Hier ist ein Teich, dort üppiger Rasen, weiterhin kräftige Bäume mit dem Blick nach dem Meere, dann Cypressen, Buxhecken, Arbutus, Magnolien. Unter Felsblöcken liegt ein Hund begraben, eine Inschrift preist seine Treue. Auf einem Felsen steht ein steinerner Storch. Solche Dinge, dann enge Wege, schmale Bänkchen und zahllose Drehkreuze sind die Dornen im sybaritischen Rosenbett.

Das Schloss — halb maurisch, halb Tudor-Styl — in edlem Stein erbaut, enthält über 200 fürstlich eingerichtete, mit Kunstschätzen angefüllte Räume. Trotz der orientalischen Thürmchen, Inschriften, Kuppeln und Bogen trägt das Schloss mit seinen Zinnenthürmen einen englischen Charakter und erinnert an die idealen Behausungen der feinen Leute in Hackländer's liebenswürdigen Romanen. Das Gebäude liegt in kunstvoller Unregelmässigkeit um mehrere Höfe vertheilt. Dem Haupteingange gegenüber erhebt sich die Hofseite als Mauerterrasse, auf welcher dunkle Cedern, gelbe Laubbäume, bunte Blumen eingebettet sind. Marmorbrunnen fassen die rieselnden Quellen. Epheu umhüllt die Mauerwände, klettert bis zu den Kaminen empor. Am Uhrthurm, der zum Stallhofe führt, erscheint ein reizendes pflanzliches Bild: Terebinthen, hoch hinauf von Ranken umschlungen, Palmen zwischen grossen Felsblöcken, welche die ciselirte Mauer umfängt. Diese rauhen Steinblöcke rufen den Eindruck hervor, als habe man sie schmeichelnd gezähmt, mit gelben Blüthenketten gefesselt; immer noch grimmig sehen sie zwischen dem Grün hervor, von orangefarbenem Blattgehänge und blauen Blumenbeeten festgehalten. Im Dufte steht das hohe Gebirge dahinter, und blauer Himmel mit sammtgrauen Wölkchen.

Das Murmeln der Quellwässer tönt uns aus allen Ecken entgegen. Hier aus der Fontaine, dort aus einem gezierten Steintrog, aus Springbrunnen von der Mauerwand.

Die Zufahrt zum Schlosse bilden hohe Mauerwände; Schlingpflanzen voll weisser Blumen, Epheu und blühende Wildrosen umspinnen vier Klafter hoch Wände und Thurmkanten. Die reizendsten Blicke in der ganzen Anlage bieten die terrassirten, mit Edelpflanzen besetzten ausgedehnten Abhänge am Meeresufer hin.

Nun nach Jalta.

Ueppigstes Grün längs der Senkung zur See, dann wieder echte Gebirgslandschaft, Bäche, die zum Meere eilen, apfelrothes Laub, Tabakpflanzungen, Heukegel, zwischen vier hohen Baumstämmen geborgen, freundliche Ansiedelungen: das sind die wechselnden Bilder längs der prächtigen Strasse. Die vielfältigen Niveaudifferenzen bieten grossen Reiz, die durchschneidenden Linien und Winkel ergeben immer neue Perspectiven.

Zur Rechten bleibt uns das Meer getreu, am dichtbegrünten Strande glitzern Villen, Dächer, flatternde Fahnen. Eine originelle Kirche, Heiligenbilder im Spitzenbogen ihrer beiden Thürme aufweisend, zeigt sich rechterhand, eine malerisch umgrünte Schlucht unter der Brücke von Mishor; dann erscheinen wieder Weinberge, Fruchtbäume, Strassenbrunnen und Quellen, von Ranken übersponnene Cyklopenmauern; rauschende Baumwipfel, knollige Feigen, Baumriesen mit Epheu umgürtet; Tatarenhäuschen mit Holzfällern: alle Farben der Palette, Silbergrau, Rubinroth, Goldgrün, helles Weiss und tiefes Blau.

Unten am Strande liegt Schloss Gaspra, einst der Sitz dreier Frauen, die aus Weltdamen zu Missionärinnen des Christenthums hier unter den Tataren geworden. An dieses Ufer verbannt, waren die drei Schönen, ihre Reize in männliche Kleidung hüllend, nun fromm geworden: die Prinzessin Galitzyn, Frau von Krüdener und die Gräfin de la Mothe, die Heldin der Halsbandgeschichte.

Wäldchen von hohen Walnussbäumen, Oelbäumen, Pfirsich- und Aprikosenbäumen, Rebgärten, Wildreben, Lorbeer und Wachholder lagern sich um weisse Villen und Dörfer. Dann geht es eine lange

Strecke zwischen Steinen und niedrigem Buschwerk empor. Ein
Vorgebirge von Nadelholz und Laubwald legt sich quer über die
Schlucht zur Linken; ein Park und thurmartige hohe Felsen stehen
am Nordrande dieser Steinmulde.

Die hohe Wand des Megabi erscheint von blaugrünen
Bäumen umsäumt. Eine griechische Ruine taucht auf zwischen
Felsblöcken, feuerfarbenes Terrain, blutrothes Laub und launen-
haft gewundene Aeste.

Anschlagzettel, Bauplätze, Pensionen, Miethhäuser mit ein-
ladendem, weissrothem Tischtuch auf der Veranda: alle diese
Anzeichen der entwickelten Fremdenindustrie längs der Küste sind
nun hinter uns, und ich gelange in den Bereich der grossfürstlichen und kaiserlichen Landsitze, Orianda auf der Höhe und
Orianda am Strande, hoch oben Eriklik, tief unten die kaiserliche Ferme und Schloss Liwadia, die Villeggiatur des Zaren.
Vergoldete Gitter mit dem kaiserlichen Wappen und der Krone,
Schilderhäuser, ein Telegraphenamt, abwehrende Mauern bezeichnen den Bannkreis der Residenz. Von der Höhe her sehe
ich Rebgärten, Blumenparterres und schimmernde weissrothe
Dächer.

Die Bucht, die goldene Muschel von Jalta öffnet sich.
Helle Sonne liegt am Fusse der veilchenblau in Grün verlaufenden
Berglehne. Luftige lichte Bauten laufen den Steinquai entlang,
und weiterhin über das Vorgebirge im Kranze der Bäume und
Berge schimmert um die Kirche grellweiss ein Auf und Ab von
Häusern (s. Abbildung S. 427).

Rosen und Canna blühen, zartes Blätterwerk rankt empor um
den Eisenpavillon auf der hohen Terrasse des schlossartigen
Hôtel de Russie. Ein kupfergrünes Spitzdach auf massigem
Säulenthurm; ein persischer Kiosk, blaugrünweisse Azulejos,
Holzgitterwerk, ein vergoldeter Halbmond als Windfahne tauchen
daneben aus den dichten Baumkronen zwischen den ragenden
Cypressen hervor, hinter diesen leuchten die hohen Berge.

Auf dem Quai mit der Landungsbrücke steht eine byzantinische Capelle, das dreiarmige Kreuz krönt die grüne Zwiebel-
kuppel; zwei verzierte Bogen der Eingangswand tragen in der
Mitte gelbe Holzschilde mit A und M in rother Farbe. Zwischen
den Initialen des Kaiserpaares trägt ein Rundschild ein rothes

Doppelkreuz. Wachslichter schimmern an Altar und Bildern in
dem hölzernen Capellchen, das gegen das Meer zu eine Veranda
hat, in welcher Commissionäre, Zeitungsleser, reiche und arme
Tagediebe auf die schaukelnden Schiffe, die bewegte See hinaus-
sehen.

Von dem Quai führen Stufen zu den Booten, die heute in
ihren Hütten geborgen sind; denn die See ist bewegt. Schöne
Kammwellen kommen herangebraust, überstürzen sich, zerstieben
in weissen Schaum und schleudern den Gischt hoch empor
zu den vom Steindamm ins Meer hinausgebauten Pavillons, zu
dem Seebade mit seinem roth-schwarzen Dache. Weit draussen ist
die Fluth stahlblau, näher herzu zittern in Licht und Dunkel braun-
grüne Wellen.

Zierliche Verkaufsbuden, Gaslaternen*), weisse Telegraphensäulen laufen an dem Trottoir hin; über Vormauer und Gitter
der eleganten Esplanadenhäuser quellen (im November) blühende
Rosen. Ein stutznäsiger Infanterist in sauberer Uniform pflückt
hier Blumen für das hübsche, nette Kindsmädchen. Kelter, Korb-
wägen und Tartanen sausen vorbei; die Iswotschtschiks in Blau und
Braun tragen schwarze Käppchen statt des hässlichen, niedrigen
Petersburger Seidenhutes.

Die Esplanade am Quai mit ihren eleganten Wohnungen
und Läden ist der Corso der vornehmen Villeggiatur; Jalta ist der
Brennpunkt der russischen Riviera und versammelt, da die
kaiserliche Residenz so nahe liegt, die Crême der Gesellschaft:
Alles ist hier luxuriös, chic, exquisit; dem Eingange von Jalta
gebührt aber auch ein Täfelchen mit den Worten: Nur für Reiche!

Als Winteraufenthalt beliebt, erfreut sich die Gartenstadt,
im Norden von dem 4000 Fuss hohen Berge Joprak geschützt,
angenehmer klimatischer Verhältnisse. Nur wenn der Südwind
kommt, flüchten die Kranken ins Zimmer. Neben den vielen müden,
hüstelnden Gestalten auf der Jagd nach der verlorenen Gesundheit, braust auch der bunte Zug des Vergnügens über die Villen,
Hôtels und Restaurants von Jalta hin.

Ein kleiner Officier, eine Dame neben sich, führt mit Sieger-
miene seine plumpen, galopirenden Pferde an dem viersitzigen
Phaëton über die Quaistrasse. Es ist ein „Zeugl", das jeden Fiaker
zu einem Lachkrampf zwingen würde.

*) Jalta wird mit Naphthagas beleuchtet; Leuchtgas, aus importirter Steinkohle
hergestellt, benützen in Russland 14 Städte.

Halbwüchsige Backfischchen mit hellen Seidenstrümpfen, gelben Schuhen und feinen Kleidchen stolziren mit Gouvernante und Bonne einher. Persische und kaukasische Läden, Juweliere, Modistinnen legen in ihren glänzenden Magazinen ausgesuchte, überspannt hochgehaltene Waaren aus; die Träger der Tscherkesska und des Kindshàl, drüben im Kaukasus mit dem Volk und Boden verwachsen, erscheinen hier nur als Salonhelden und Aufputz.

Cylinderhüte und fesche lichte Jacken, Tournuren und moderne Regenmäntel feiern hier ihre Triumphe neben eleganten Pelzmützen und weissen Officierskappen. Ein allerliebster Café-Kiosk mit grossem Zeltdache und luftiger Tricolore am Molo, gegenüber dem in coquetter Renaissance mit grossen Balustraden-flügeln prangenden Mariino-Hôtel, versammelt das feine Publicum am Nachmittage. Geschäftig laufen die Kellner über die Strasse hinüber zu der Confiserie Parisienne Vernet.

Damen in Toiletten, wie ich sie seit Petersburg nicht mehr gesehen; Generale, Gentlemen und „Gigerln" aus der Hauptstadt sitzen plaudernd im Kiosk. Gegenüber lachen drei Grazien vom Balcon auf die Passanten hinab.

Auch die kleinen Leute halten heute hier auf dem Qual ihre Sonntagsruhe. Tataren im Fez schleichen vorbei, dann kommt ein Reiter vom Lande: ein falbes Bergpferd, darauf ein Mann mit hohen Stiefeln, weissem Leinenwams und Baschlik. Auf den massiven Holzbänken der Esplanade sitzen paarweise oder einzeln Raucher und blicken hinaus auf das wechselvolle, ewig schöne Meer, das bald lieblich blau unschuldig seine Decke ausbreitet, bald tosend an die Steinmauern schlägt. Links über dem Vorberge mit dem bescheidenen Theile der Stadt, erhellt die Sonne die grüne Berglehne; ein Regenbogenstück durchschneidet, in die grauen Wolken und den Azur quer aufsteigend, die sattgrünen Waldhöhen. Wolkenschatten setzen tiefer ein, breiten ihre tief-blauen Flügel aus unter dem lichten Grün der dichten Wälder.

Wohlgepflegte Gärten mit prächtigen exotischen Nadelhölzern sehen hinter feinen Gittern hervor, und weisse oder gelbfarbige Villen heben sich von dem breiten Grundton der grauen Bergwand ab.

Nur reiche Leute mit ererbtem oder erworbenem Vermögen können hier in Jalta ein Landhaus bauen und in ihm den Styl der Saison aufrecht erhalten

Alle Style sind vertreten: die russisch-bojarische Holzdatsche, nordische Häuser mit mächtigen Ausladungen und Holzschnitzerei,

Schweizerhäuschen, normannische Gebäude, ein griechisches
Haus mit korinthischem Säulenporticus, geflügelte Greifen und ein
grosses, ruhiges „Salve" über der Thür. Im Innern erblicke ich
einen reichgedeckten Abendtisch, Silber und Damast. Dann komme
ich zu einer türkischen Villa mit Minaret und Kuppel, weiterhin erscheinen Renaissance, Barock, Rococo, Zopf, Empire; auch
ein tatarisches Haus. Alle drängen zur Front und suchen die
Stirnseite, deren Balcone und Fenster so gut für den Corso sich
eignen, gegen das Meer hin zu richten und möglichst putzig und
einladend zu machen; denn bei den meisten heisst es: „Zu ver-
miethen". Die Privathäuser sind gegen die Höhe zurückgezogen
und in Baumgrün vergraben. Schmale, von Mauern und Gittern
gebildete Gässchen führen zu diesen Behausungen, in die Einlass · zu finden die russische Gastfreundschaft so viele leichte
Wege bietet.

Bediente und Dienstmädchen lehnen an den Thoren in der
lauen Abendluft, kichern und schmeicheln dem Haushunde.
Dieses Haus ist rothgelb bemalt, hat Hufeisenfenster, vorsprin-
gende Balcone, in den Ecken einen Runderker; Urnen und Knäufe
schmücken das vorgebogene Dach, zu dem Schlingpflanzen emporklettern. Ueberall Grün, Bäume und Büsche, Sträucher, Ranken
und Blumen.

Ihren besonderen Reiz hat die Villenstadt durch den orientalischen Hauch, welchen Styl, Bevölkerung und Vegetation darüber
breiten. Ein grosser, freier Zug weht über die Fülle von Meer
und Bergen her.

Weiterhin gelange ich in die Gässchen der Kaufstadt. Freundlich laden mich Tataren mit Fez und Turban ein, von ihren köstlichen Weintrauben, Hasel- und Walnüssen, Melonen, Aepfeln
und Quitten zu versuchen, die, zu Pyramiden aufgesetzt, auf
Schnüre gereiht oder in Körbchen und Schachteln gebettet, im
Scheine der Laternen glänzen.

Interessante Daten über den Obstbau in der Krim gab
Herr Rudkj auf der landwirthschaftlichen Ausstellung zu Simpheropel 1888. Danach gab ein Garten von 9000 Bäumen im Jahre 1883
Früchte für 1800 R., 1884 für 3300 R., 1885 für 6000 R., 1886
wieder nur für 2500 R. Der Garten des Herrn Altundshi (Feodosia) mit 3100 Bäumen gab Früchte: 1883 für 17.500 R., 1885 für
32.000 R., 1887 für 21.000 R.

Von Jalta fuhr ich die Küste entlang gegen Aluschta.

Tabak- und Weingärten ziehen sich über Massandra nach Magaratsch und Nikita; hier ist die berühmte Weinbauschule und der reiche botanische Garten. Ein Hektar Weinland liefert in diesem Districte etwa 50 *q* Trauben, einen Reinertrag von circa 600 fl. ö. W. Die Phylloxera ist auch in der Krim bereits verheerend aufgetreten. Die meisten Weintrauben werden in der Krim frisch verkauft, selten verarbeitet. Hervorragend sind als Weinbauer: Fürst Galitzyn, Gubonin in Gursuw, Christophorow, Skirmunt, Fürst Woronzów; die Güter Liwadia, Orianda, der Nikitskische Garten.

Das Klima in der Krim ist an dieser Küste so milde, dass hier Thee und Kaffee mit Erfolg cultivirt werden.

Weiter gelange ich nach Gursuw: der herrliche Park umschliesst helle, elegante Pensionen und Pavillons. Der Blick durch das vielfältige Grün der Cypressen, Platanen, Fichten, die rund um die Bassins und Teppichbeete stehen, auf den Ajudagh, einen seltsamen (600 *m* hohen) Felsenberg, der östlich in's Meer taucht, während die flachere Rückseite in's tatarische Dorf mit seinen Terrassen eingreift, ist bezaubernd. Berge, Meer, üppiger Küstenstrich, gesättigte Farbe, Blüthenduft, blauer Himmel, nichts fehlt.

In Gursuw, Gurzobita, hat Kaiser Justinian, später das stolze Genua Festung und Burg erbaut. Hier hatte auch Herzog Richelieu vor 70 Jahren seinen Sitz. Richelieu, der Odessa von 1803 bis 1814 mit öffentlichen und Hafenbauten geschmückt, die Stadt nach jeder Hinsicht so gefördert hatte, dass die Bevölkerung binnen 11 Jahren von 9000 auf 25.000 Seelen stieg, ist auch der Begründer der modernen Blüthe der südöstlichen Krimküste gewesen.

Rastlos schaffend und bauend, wusste Richelieu die Grossen des Reiches zur Ansiedelung an diesem herrlichen Strande zu bestimmen. Selbstlos kehrte der herzogliche Emigrant aus seinem Adoptivvaterlande nach Napoleon's Sturz in die Heimat zurück, arm, zwei Hemden und die Uniform im Felleisen; welcher Gegensatz zu jenem „Taurier", dem grossen Decorateur Potemkin, dessen Statue jetzt in Simpheropel das Denkmal Katharina's schmückt!

Bald hinter Gursuw nimmt der Südabhang andere, weniger reiche Formen an: vom Phorospasse am Baidarthor bis hierher aber schmückt erlesener Reiz die Küste:

„Himmel, Meerblau, Gärten, Seegestade,
Alles ruft: hier taucht verjüngt empor
Jener Weltmal aus dem Wellenbade,
Den Europa seit Homer verlor."

Bald erscheint der vom Jailagebirge abgetrennte Gebirgsstock des Tschatirdagh (1519 *m*) hinter dem Fischerdorfe Aluschta. Diese auch Tabak und berühmte Weine pflegende Ansiedelung, das römische Alustum, ist von Tataren bewohnt. Es besitzt eine günstige Bucht mit gutem Wellenschlage, und steigt am Ufer eines Bergbaches auf, dessen Thale anfangs die Strasse nach Simpheropel folgt, welche ich nach kurzer Rast einschlug. Die Gegend ist kahl; gequälte Formen, niedriger Laubwald begleiten den Aufstieg.

Späterhin passirt man die berühmte Pappelallee, hoch ober mir schweben Frescowolken. Die vortreffliche Kunststrasse zieht nordwestlich, links ist der rostbraune Tschatirdagh, rechts Laubwald, graubraun gesprenkelt, dahinter der Demirdshi-Jaila.

Abwärts im Thale des Salgir: schöner Buchenwald, goldig abgehoben gegen die blauen Höhen.

Tatarendörfer, Holzfuhren, frische Ackerfurchen mit Pflügern, hübsche Landsitze der Mursen, tatarischer Fürsten, bilden die Staffage.

Simpheropel (30.000 Einw.), breit, üppig, mit landwirthschaftlicher Umgebung. Der Wagen von Jalta bis hierher, 94 *km*, kostete mich 35 Rubel. Der Bahnhof ist erfüllt von Leuten; wie in Aegypten zu früh, so kommen in Russland die Züge immer zu spät. „Wenn es dafür steht, kreide ich die Verspätung an", sagt mir der Bahnwächter. Am Schänktische des Buffets waltete eine freundliche alte Frau, eine deutsche Colonistin, ihres Amtes. In einer Ecke des Wartesaales sassen drei junge Mädchen: eine schöne Zigeunerin und zwei blonde, rosige Russinnen. Die Zigeunerin blieb stumm auf meine Fragen. Die beiden Russinnen aber nahmen mit Vergnügen das Glas Thee an, welches ich ihnen anbot. Sie waren elegant gekleidet, aber, wie sofort zu sehen war, keine Damen, sondern Lilien, die nicht arbeiten und nicht spinnen. „Wir nähen für die Leute in Jalta", sagte die Eine lachend. „Ja, so näht sie..." Schlanke, hübsche Tataren poculiren am Buffettische. Scheu sassen tatarische Frauen in einem dunklen Winkel.

Die Tatarinnen, schöne, üppige Weiber mit glühenden Augen (daneben findet man, wie in der ganzen Welt, hässliche, runzelige

Frauen), alle in faltigen, bunten Gewändern färben Haar und Fingerspitzen roth nach berühmten Mustern der Antike.

So sah ich die Mädchen in Bachtschi-sarai, dem „Haus der Gärten", der malerischen Stadt im Felsenthale des Tschurjuk-asu. Bachtschi-sarai ist 32 *km* südwestlich von Simpheropel an der Bahn nach Sewastópol, im Jailagebirge gelegen. Zwischen Kalkbergen, von schlanken Minarets, hohen Cypressen und Pappeln durchsetzt, dehnt sich die frucht- und weinreiche Residenz der

Aus Bachtschi-sarai.

Chane weit hin, ihre Ausläufer den Bergterrassen des Thales zuwendend.

Die schmale Hauptstrasse ist von Winkelgässchen begleitet. Zahlreiche Moscheen ragen auf; Häuser, Läden, Marktgetriebe und Hofraum tragen orientalisches Gepräge.

Die grösste Sehenswürdigkeit hier ist die „tatarische Alhambra", der Chan-Palast.

Unregelmässige, phantastisch geschmückte Gebäude lagern um Moscheen, Mausoleen und Höfe. Bogenthore, Treppen; helle Säle, dämmerige Baderäume; Marmorbecken, klare Fontainen, blühende Gärten, zierliche Thürme, bunte Erker; Farbenschmelz, Formenschatz, Blumenduft, romantische Sagen: ganz Bachtschi-Sarai ist ein einziges Liebesgedicht, eine irdische Paraphrase der Koranstelle:

„Die, so den Herrn verehren, kommen in den dicht-beschatteten, wasserreichen Garten.

Dort werden sie im dunklen Grün dornenloser Lotosbäume unter schön gereihten Talhab-Wipfeln ruhen bei zwei ewig strömenden Wasserbächen; allerlei Früchte hängen da herab für die Frommen, die Gefährten der Rechten Hand, damit diese leicht pflücken können das köstliche Obst.

Die, so den Herrn verehren, werden ruhen in den dicht-beschatteten, wasserreichen Gärten auf ausgebreiteten herrlichen Teppichen und auf golddurchwirkten, mit Edelsteinen gezierten Kissen von grüner Seide.

Für Euch sind aufbewahrt, in Zelten verborgen, die schönsten Jungfrauen mit grossen schwarzen, strahlenden Augen; Jungfrauen, geschmückt mit silbernen Armreifen und gehüllt in gold- und silberdurchwirkte Sammt- und Seidengewänder, Jungfrauen, gleich den Perlen, die noch in der Muschel ruhen; Jungfrauen, die nie gebären, nie altern, die schön bleiben immerdar!"

Buntbemalte Säulen, Muscharabijen, Erker, Dächer, Kioske, Thürmchen, tatarische und arabische Inschriften, Ornamente feinsten Stylgefühles zieren die eine Pforte. Die andere ist als Bogen in einen rechteckig aufsteigenden Bau eingeschrieben, den ein vorspringendes Hohlziegeldach bedeckt. Im Oberstocke sind drei Spitzbogenfenster an einander geschlossen, grelle Arabesken bilden die Bemalung. Ein Treppchen lehnt sich an den höheren Seiten-flügel, Schlingpflanzen umwuchern den anderen, einen Halbstock.

Doch nun fort von dem so oft in glühenden Farben ge-schilderten Bachtschi-sarai und der verlassenen, hochgelegenen Bergstadt Tschufut-Kala, einer Tragödie in Stein, dem einstigen Sitze der Karaïten, dieser originellen Nachfolger der Sadducäer.

In Sewastópol wartete ich die Ankunft des Dampfers ab, welcher mich nach Odessa bringen sollte. Einen Regentag im Speisesaale meines Hôtels versitzend, wich ich mit Mühe der all-gemeinen Discussion der Gäste über die Katastrophe von Borki aus. Nur schwer entzog ich mich auch dem Drängen eines agent provocateur, welcher mich in das jedem Unberufenen hermetisch

verschlossene Arsenal, in die Torpedobauanstalt und in die Forts
von Sewastópol einzuführen versprach. Endlich war der Dampfer
eingelaufen, um Mittags nach Odessa abzugehen. Deutsche Colonisten tragen sorglich eingehüllte Pflanzen an Bord, Musa und
Ficus, in Stroh verpackte Obstbäumchen. Ueberall stehen Kisten
mit Aepfeln und Birnen für Odessa. 300 Mann werden, Gewehr
bei Fuss, unter Deck rangirt. Das Schiff ist überfüllt. In
Eupatoria soll die Mehrzahl der Passagiere ausgesetzt werden.

An Bord traf ich einen englischen Attaché, Mr. Lowther,
der in Sewastópol wegen unbefugter Besichtigung eines Forts
grosse Unannehmlichkeiten erfahren hatte; einen Wiener Kaufmann, Herrn E. Westel; General Graf Lewaschéw und dessen
Gemalin; General v. Bilderling, Präsidenten der Naphtha-Pro-
ductions-Gesellschaft „Gebr. Nobel", Besitzer einer Bildergalerie
und Eigenthümer einer bekannten Musterwirthschaft, einen noch
jungen, hochgebildeten, liebenswürdigen Officier.

Mit der Gräfin konnte ich über gemeinsame Bekannte in
Oesterreich sprechen, mit meinem Landsmann über unsere Fahrten
in Russland und die Kaiserstadt, mit General v. Bilderling über
Bilder und Literatur.

Doch auch einen politisch interessanten Nachbar be-
scherte mir der Zufall: ein breitschulteriger, rothbärtiger Mann,
mit scheuem Blick und widrigen Zügen hatte mich bald nach der
Abfahrt angesprochen. Er hielt mich für ein Mitglied der englischen Diplomatie, und trotz meiner, ihm hörbaren Conversation
auch in anderen Sprachen liess der Rothbart nicht ab, mich über
Russland und England, den Sudán, Centralasien u. s. w. auszu-
forschen.

„Haben Sie Kosaken gesehen?"
Ich: „Ja".
Er: „Viele?"
Ich: „Nein, nicht sehr Viele."
Er: „Wie viele beiläufig?"
Ich: „Das weiss ich nicht zu sagen."
Er: „Hm! Halten Sie die Kosaken für besser als die andere
europäische Cavallerie?"
Ich (mit Hinblick auf die Verdächtigkeit meines Interviewers):
„Entschieden."
Er: „Das sagen Sie nur, weil ich frage; Sie denken wohl anders!"
Ich zucke die Achseln.

Bei Tische, wo der Mann, in blauem Kaftan, die groben Finger mit Ringen bedeckt, mir seine Schmucksachen und Cameen zeigte, ging das Gespräch weiter. Das Individuum hatte neben mir Platz genommen und häufte Schtschi auf meinen Teller, bis ich dankte.

„Sie sind ein Feind Russlands, Sie verschmähen unsere Nationalgerichte."

Im Rauchzimmer:

„Kennen Sie den Nil? die Wolga?"

Ich: „Ja."

Er: „Welchen der beiden Ströme halten Sie für schöner?"

Ich: „Jedenfalls den Nil; dort sind uralte, prächtige Baudenkmale, historische Erinnerungen aller Art, Palmen."

Er (wüthend): „Beschimpfen Sie nicht unsere Wolga, die ist ein heiliger Strom, der erste der Welt."

Dann wurde wieder interpellirt, was ich vom Nihilismus, von der heiligen Synode, vom Zaren halte u. s. f.

Der Mann intriguirte uns Alle.

Jemand warf hin, es sei Atschinow, der „freie Kosak", auf der Fahrt nach Abessynien begriffen, wo er eine russische Colonie gründen wolle.

Atschinow also!

Den hatte ich ja flüchtig in Moskau gesehen und erkannte ihn nun wieder.

„Wie heissen Sie," frug ich.

Er: „Iwán Iwánowitsch" (d. h. so viel, als wenn man „Peter Zapfel" angibt!).

Endlich sagte ich ihm kurzweg, schnell:

„Ich habe Sie schon in Moskau gesehen; bei Herrn Weber, in der Boshedómka."

Er wandte sich mit den Worten ab: „Ich kenne keine Deutschen."

Sein Anerbieten, mit ihm die Cabine zu theilen, lehnte ich ab; der Mann sah ganz darnach aus, als würde er mich in der Nacht darauf untersuchen, ob ich, als angeblicher englischer Diplomat, nicht interessante Papiere bei mir trüge.

Im Hafen von Odessa — man hatte mich gewarnt, ihn, der vielleicht Spionsdienste versehe, irrezuführen — warf ich meine amüsante Maske ab und sagte:

„Adieu! Ich bin kein Engländer, sondern ein Oesterreicher!"

Unsere Fahrt von Sewastópol nach Odessa, gewöhnlich in 22 Stunden zurückgelegt, hatte 43 Stunden in Anspruch genommen. Vor Eupatoria (7 Uhr Abends) lag der Nebel so dicht, dass unser vorsichtiger Capitän Halt machte. Dabei toste die See, dass kein Boot heran konnte. Unsere Zeichen blieben erfolglos. Die armen Soldaten unter Deck mussten viele Stunden lang eingeschachtelt stehen; Proviant für sie musste aus den Vorräthen der Mitreisenden herausgesucht werden. Am Morgen war dichter Schnee auf dem Verdeck. Der Schneesturm dauerte an und erst mit 21stündiger Verspätung liefen wir Odessa an.

Das Schönste in Odessa ist die grandiose, steinerne Treppe, die, 20 m breit, vom Hafen auf 193 Stufen hinauf zu dem glänzenden Boulevard führt.

Stattlich, elegant, modern, reich, eine rege Handelsstadt — mehr lässt sich von Odessa nicht sagen.

„Prächtige Bauten, ein schönes Theater, von Fellner und Helmer erbaut, ein Magazin am anderen, vortreffliche Hôtels und Restaurants, 250.000 Einwohner, Mittelpunkt des Getreidehandels, die wichtigste Fabriks- und Hafenstadt Russlands am Schwarzen Meere" notire ich kreuz und quer ohne die colossalen Ziffern einsetzen zu wollen.

Mit vielem Interesse besichtigte ich hier die wundervolle, reiche Antiquitäten- und Curiositätensammlung eines Privatmannes, des als Kunstkenner bekannten Herrn Jul. Lemmé.

Mit vieler Mühe erwirkte ich mein Passvisum bei der hohen unwilligen Polizeibehörde, und nun ging es nach Kijew: Eine grosse Zahl reicher, sehenswürdiger Kirchen, darunter die weltberühmte Lawra, das Höhlenkloster, von Pilgern stets umlagert; 170.000 Einwohner; bedeutende Handelsstadt, an dem Ufer des Dnjepr, den hier zwei schöne Eisenbrücken übersetzen, malerisch gelegen, inmitten eines wichtigen Industriebezirkes und reichen Ackerlandes.

In Kijew steht das Denkmal des Grafen Bobrinsklj, des Begründers der russischen Zuckerindustrie, wohl das einzige bisher einem Zuckerfabrikanten gesetzte! Ich erinnere mich des Althen, dem Gründer des Krappbaues, errichteten Monuments in Avignon.

Ein angenehmer Nachmittag vergeht mir im Fluge in Kijew auf „österreichischem Boden", in dem gastfreien Hause unseres Consuls Filtsch; dann rassele ich wieder weiter durch Schneefelder über die Grenze: Podwoloczyska. In Lemberg verbringe ich

einige Stunden bei meinem Vetter, General Kraumann. — Krakau
fliegt vorbei, Oderberg, die Stunden eilen — ich bin zu Hause.

Wenn ich nun all das Gesehene zusammenfasse, so bin ich
gerne bereit, die Bitte jenes russischen Officiers zu befolgen, der
mir beim Abschiede gesagt: „Ob Sie nun Russland besser gefunden haben oder schlechter als Sie erwartet: jedenfalls,
bitte ich, denken Sie freundlich zurück an Russlands Land
und Leute!"

Brücke über den Onon (s. S. 313).

ANHANG.

1. Ueber die innerasiatischen Pflüge.

Dr. Emil Perels, o. ö. Professor an der k. k. Hochschule für Bodencultur in Wien, eine Autorität auf dem Gebiete des Maschinenwesens, äussert sich über den S. 375 erwähnten Pflug in folgender Weise:

„Der Typus des dargestellten innerasiatischen Pfluges zeigt, dass dies Geräth in ähnlicher Ausführung in den allerältesten Zeiten bekannt und angewendet war und dass die römischen Pflüge in der Zeit Julius Caesar's auf einer weit höheren Stufe standen, wie sich dies aus Darstellungen des Pfluges auf alten Münzen, römischen Wandgemälden u. s. w. erkennen lässt.

Man möchte die Vermuthung aussprechen, dass der vorliegende Haken als das erste Stadium des Ueberganges des Handgeräthes für die Bodenbearbeitung in das Gespannsgeräth zu bezeichnen ist. Ersteres, das Handgeräth, ist nicht der Spaten oder die Hacke, sondern ein keilförmiger Körper, welcher mittelst einer Stange in den Boden geschoben wird, ähnlich den noch heutigen Tages auf den Hebriden üblichen Cashrom's. Durch Umbiegung des Stieles nach vorn entstand der älteste uns bekannte Pflug, der auf allen syrakusischen Münzen dargestellt war.

Die Verschiedenheiten dieser alten Geräthe von dem von Dr. Ritter v. Proskowetz zu uns gebrachten Pfluge sind nur ganz unwesentliche.

Es ist jedenfalls eine interessante Thatsache, dass der Pflug, wie er sich im Laufe von zwei Jahrtausenden entwickelt hat, in allen seinen Stadien, vom ältesten angefangen noch heutigen Tages in den verschiedenen Ländern in Gebrauch ist; dass aber oft dicht neben einander das vor Jahrtausenden bereits übliche Bodenbearbeitungsgeräth und die derzeit vollkommensten Pflüge von Sack und Ransomes angetroffen werden".

Wien am 23. Mai 1889.   E. Perels m. p.

2. Samen-Control-Station der k. k. Landwirthschafts-Gesellschaft Wien.

I. Die Untersuchung der acht am 4. Mai von Herrn Dr. M. Ritter von Proskowetz eingeschickten Getreidekörner-Proben hat folgende Resultate geliefert:

Laufende Nr.	Bezeichnung der Probe	100 Körner wiegen gr	Reinheit %	Keimfähigkeit %	Spelzenantheil %	Von je 100 Körnern		Bemerkungen, fremde Samen
						mehlig und übergehend	glasig	
8306	Weizen I aus Bochara 1888	23·9	72·8	·	·	35	85	Gerste
8307	" II " 1888	23·4	90·1	·	·	42	58	"
8308	" aus Sakatalj 1888 (Kachetien, Kaukasus)	27·8	88·7	·	·	50	50	"
8309	Weizen aus Bochara 1888	21·0	80·6	·	·	40	60	"
8310	" " der Don'schen Steppe	29·5	98·6	·	·	17	83	"
	Guter Weizen österr. Provenienz hat	35·1	99·5	·	·	57	53	
8305	Gerste aus Bochara 1888	29·3	73·0	100	15·7	91	9	Weizen
8311	" " Samarkand	28·7	90·8	100	15·9	80	10	"
8312	" " Sakatalj (Kachetien, Kaukasus)	27·8	96·1	99·5	16·4	83	17	"
	Gute Gerste österr. Provenienz hat	38·5	98·9	95·5	13·1	66	33	

II. Die Untersuchung der einen am 4. Mai von Herrn Dr. M. Ritter von Proskowetz eingeschickten Luzernen-Probe hat folgende Resultate geliefert:

Protokoll-Nr.	Bezeichnung der Samenprobe	Reinheit %	Fremde Bestandtheile				Gekeimt haben		Von den harten Körnern keimfähig %	Keimfähigkeit %	Bemerkungen, fremde Samen
			fremde Samen %	Erde, Sand und Steinchen %	Spreu etc. %	Kleeseidensamen in 1 kg	nach Tagen	von je 100 Körnern			
8313	Luzerne aus Bochara	90·1	9·8			20.000	4	91·5	1	92·5	Gerste, Weizen, Korn, Lein

Der Vorstand: Dr. v. Weinzierl m. p.

Alle fünf Weizenproben sind sowohl hinsichtlich des Körnergewichtes, als auch der Reinheit unter den Mittelwerthen für eine gute Handelswaare österreichischer Provenienz; hingegen zeigen vier Proben eine weit höhere Glasigkeit, als unsere einheimischen Sorten.

Der Weizen aus der Don'schen Steppe ist in jeder Hinsicht der beste von den fünf Proben, wenn auch im Körnergewichte hinter unseren Weizen zurückbleibend.

Der geringwerthigste Weizen ist der aus Bochara.

Hinsichtlich der Keimfähigkeit und der Mehligkeit stehen die drei Gerstenproben über, in den anderen Eigenschaften unter dem Mittel für österreichische Brauwaare.

Unter ihnen ist die Gerste aus Bochara die beste, die Gerste aus Sakatalj hingegen die schlechteste.

Der Luzernerklee ist sehr unrein und enthält die colossale Anzahl von 20.000 Kleeseidesamen in $1\,kg$. Die Cuscutasamen sind in der Form und Grösse von den in unseren Gegenden vorkommenden nicht verschieden, wohl aber in der auffallend lichtgrauen bis weissen Farbe.

Eine besonders interessante Erscheinung zeigte sich bei der Keimfähigkeit der Luzerne, indem dieselbe nur 2'5 Procent harte (schwer quellbare) Samen enthielt, ein Factum, welches im Gegensatze zu der herrschenden Meinung steht, dass Kleesamen aus trockenen Klimaten regelmässig einen hohen Procentsatz von schwer quellbaren Körnern besitzen.

Wien, 4. Mai 1889.

Dr. v. Weinzierl m. p.

3. Allgemeines Reichs-Budget der Einnahmen und Ausgaben.

Voranschlag für 1889.

A. Einnahmen.

I. Ordentliche Einnahmen.

A. Steuern.   Rubel

   1. Directe Steuern 86,415.033
   2. Indirecte Steuern 487,345.600

a) Abgaben und Accise:

                      Rubel

    I. Getränke 256,927.880
   II. Tabak 26,173.000
  III. Rübenzucker 17,192.000
  IV. Naphthabrennöl 8,024.000
   V. Zündhölzchen 3,029.000
  VI. Zölle 121,012.500

b) Gebühren:

    I. Stempel 19.800.000
   II. Passgebühren 3,500.000
  III. Eisenbahn-, Passagier- und
       Eilgutsteuer 8,100.000
  IV. Andere Gebühren 23,587.220

B. Regalien 32,330.371

   a) Bergwerke 2,580.389
   b) Münze 230.782
   c) Post 19,479.000
   d) Telegraphen 10,020.000

Rubel

		Rubel
C. **Staatseigenthum**		55.963.303
a) Verpachtung von Liegen-	Rubel	
schaften	10,169.578	
b) Verkauf von Liegenschaften .	992.390	
c) Forste	12,791.333	
d) Berg- und Hüttenwerke . .	6,490.600	
e) Eisenbahnen	25,586.402	
D. **Loskaufzahlungen der Bauern**		96,067.669
E. **Verschiedene Einnahmen**		103,191.245
a) Obligatorische Zahlungen der		
Eisenbahngesellschaften . .	41,203.604	
b) Zurückerstattete Darlehen .	22,451.119	
c) Communalabgaben, Verkauf		
ökonomischer Producte etc.	39,536.522	

II. Ausserordentliche Einnahmen.

a) Kriegsentschädigung	3,523.650
b) Einlagen in die Reichsbank .	770.000
c) Von den Eisenbahnen rücker-	
stattet	1,085.136
d) Disponible Special-Capitalien	4,000.000

B. Ausgaben.

I. Ordentliche Ausgaben.

1. Oeffentliche Schuld	272,568.839
2. Höchste Regierungsinstitutionen	2,033.693
3. Ressort der hl. Synode	11,174.639
Darunter für:	
a) Klöster	402.298
b) Orthodoxe geistliche Anstalten	
im Auslande	186.109
4. Ministerium des kaiserlichen Hofes . . .	10,560.000
5. Ministerium des Aeussern	4,507.193
6. Kriegsministerium	215,569.510
Darunter für:	
a) Ausgaben im General-Gouver-	
nement Turkestan . . .	927.201
b) Proviant	40,088.313
c) Fourage	18,696.030
d) Besoldung	50,279.771

	Rubel	Rubel
e) Ausrüstung und Bekleidung .	18,829.798	
f) Waffenfabrication, Geschütz, Munition	10,335.749	
g) Transporte, Fahrgelder, Estafetten und Depeschen . . .	7,506.920	
h) Topographische Aufnahmen .	272.000	
7. Marineministerium		39.383.129
Darunter für:		
Schiffsbau	14,848.019	
8. Finanzministerium		112,001.600
Darunter für:		
a) Pensionen u. Unterstützungen an Beamte, Witwen u. Waisen	33,754.000	
b) Unterstützungen an verschiedene Behörden und Actiengesellschaften	5,390.473	
c) Restituirung etatwidrig erhobener Gelder	1,798.066	
9. Ministerium der Reichsdomänen		24,119.397
Darunter für:		
a) Lehr- und Musteranstalten für Landwirthschaft, Forst- und Montanwesen	1,044.913	
b) Unterstützung der Volkswirthschaft, des Bergbaues und Verbreitung rationeller Kenntnisse darüber	515.641	
c) Forstcultur und Trockenlegung von Sümpfen	876.513	
d) Vermessung und Regulirung .	476.354	
10. Ministerium des Innern		75,530.570
Darunter für:		
a) Oberpressverwaltung . . .	225.838	
b) Gefängnisswesen	14,276.663	
c) Versendung der Correspondenz mit Post und Telegraphen .	2,443.703	
d) Unterhalt der Poststationen .	7,644.015	
e) Remonte der Kronbauten und Erweiterung d. Telegraphen- u. Telephon-Leitungen u. Linien	805.760	

Rubel

11. Ministerium der Volksaufklärung. . . . 22,053.687
Darunter für: Rubel
  a) Universitäten und Lyceen . . 3,639.234
  b) Gymnasien, Realschulen und
      andere Mittelschulen . . . 9,648.411
  c) Kreis-, Pfarr-, Elementar- und
      Volksschulen etc. 4,881.235
  d) Unterstützungen auf wissen-
      schaftlichem Gebiete und dem
      des Unterrichtswesens . . 41,751.11
12. Ministerium der Communicationen. . . 34,858.850
Darunter für:
  a) Wasserstrassen 5,395.956
  b) Landstrassen 7,790.750
  c) Instandhaltung der Hafenan-
      lagen 190.000
  d) Ausgaben für die Staatsbahnen 17,422.601
13. Justizministerium 21,784.369
Darunter:
Kaiserliche Rechtsschule . . . 226.841
14. Reichscontrole 3,527.835
15. Hauptverwaltung der Reichsgestüte . . 1,131.551
Darunter für:
  a) Centralverwaltung 54.432
  b) Reichsgestüte und die Pferde-
      zucht betreffende Etablisse-
      ments in Moskau und Peters-
      burg 215.585
  c) Wirthschaftliche Ausgaben . 717.000

II. Ausserordentliche Ausgaben.

Für Eisenbahn und Hafenbauten 34,206.982

Resumé:

I. Einnahmen. 1. Ordentliche Einnahmen 861,313.221
         2. Durchgehende Einnahmen . . . 4,149.744
         3. Ausserordentliche Einnahmen . . 9,378.786
                            874,841.751

Aus dem disponiblen Baarbestande d. Reichs-
    rentei 20,320.059
                            895,161.810

		Rubel
II. Ausgaben.	1. Ordentliche Ausgaben	856,805.084
	2. Durchgehende Ausgaben . . .	4,149.744
	3. Ausserordentliche Ausgaben . .	34,206.982
		895,161.810

Der Stand der Staatsschuld war am 1. Januar 1888:

391,505.969 Metall-Rubel
3104,899.764 Papier-Rubel
66,068.000 holländ. Gulden
122,271,720 Pfund Sterling
522.081.000 Francs.

Die Ausgaben für Verzinsung und Tilgung der Staatsschuld betrugen nach dem Budget pro 1889 = 272,568.839 Rubel (vgl. oben *B*. Ausgaben) — gegen 287,939.472 Rubel im Jahre 1888.

4. Von der Ein- und Ausfuhr Russlands

über die europäische Grenze mit Ausschluss der Schwarzenmeer-
grenze des Kaukasus sind im Folgenden (auf Grund der neuesten
im Augustheft der „Russ. Revue" publicirten Daten) die hauptsächlichsten Ziffern für das Jahr 1888 wiedergegeben. Dieselben
sollen den Text zum Theil (unter Angabe der betreffenden Seiten)
berichtigen, zum Theil aber auch bezüglich solcher Artikel,
welche das Interesse weiterer Kreise erregen dürften, in entsprechender Gruppirung ergänzen und das Bild der Erzeugnisse
des russischen Reiches sowie der Bedürfnisse desselben einigermassen vervollständigen. (Die Gewichte sind auf Metercentner
umgerechnet.)

I. Export.

a) Die allererste Stelle unter den Ausfuhrartikeln nehmen
die Mehlfrüchte, das Getreide ein (s. S. 35 und 102).

1887 betrug die gesammte Waarenausfuhr 568,520.000 R
die Getreideausfuhr 307,580.000 R.

1888 betrug die gesammte Waarenausfuhr 727,147.000 R
die Getreideausfuhr 426,841.000 R.

1888 wurden exportirt an Mehlfrüchten:

Weizen	34,736.000 q	im Werthe von	220,409.000 R.
Roggen	17,377.000 q	„ „ „	66,928.000 „
Hafer	14,413.000 q	„ „ „	55,025.000 „
Gerste	13,004.000 q	„ „ „	47,221.000 „
Mais	2,770.780 q	„ „ „	19,339.000 „
Buchweizen	336.036 q	„ „ „	1,744.000 „

S. 35 u. 102

b) 1888 war der Export von Mehl 641.568 *q* im Werthe von 5,862.000 R.

1888 war der Export von Kleie 2,133.804 *q* im Werthe von 7,032,000 R.

c) Dem Getreideexport zunächst kam die Ausfuhr von:

1. Flachs (s. u.)
2. Holzwaaren: 20,055.068 *q* im Werthe von 38,197.000 R.
3. Leinsaat (s. u.)

Die Ausfuhr von Holzwaaren ist trotz der immer stärkeren Abnahme der Wälder (S. 98 u. 156) von 1887 auf 1888 um 10,901.000 R. gestiegen.

Die Einfuhr von Holzwaaren betrug 1888 nur 3,013.000 R.

4. Raffinirtem Zucker 687.237 *q* im Werthe von 16,398.000 R.

In Russland erzeugten 1888/89 (bis Ende April 1889) 220 Fabriken 3,868.598 *q* Sandzucker aus 45,833.778 *q* Rüben; die mit Rüben bestellte Area war 270.317 *ha.*

(In Oesterreich-Ungarn verarbeiteten 1887/88 207 Fabriken 32,263.262 *q* Rübe = 4,000.000 *q* Zucker; im Deutschen Reiche 394 Fabriken 78,965.029 *q* Rübe = 9,900.000 *q* Zucker).

In Russland verarbeiteten 1888 20 Zuckerraffinerien circa 2 Millionen Metercentner Rohzucker. (Oesterreich-Ungarn hatte 15, das Deutsche Reich 53 Raffinerien).

In Russland betrug der Zuckerimport 1887/88 865 *q*; der Zuckerexport 1888 889.162 *q*, wovon 201.935 *q* über die asiatische Grenze gingen. (Oesterreich-Ungarns Export 1887/88 = 1,883.926 *q* Rohzucker; jener des Deutschen Reiches 5,147.232 *q*).

Der Zuckerconsum beträgt im europäischen Russland per Kopf circa 4·7 *kg* jährlich (in Oesterreich-Ungarn 5·8 *kg*, im Deutschen Reiche 8·5 *kg*).

Die Zuckersteuer wird nach dem Gewichte der effectiv producirten Zuckermenge erhoben, und zwar bis 1. August 1889 mit 5·18 R., weiterhin mit 6·09 R. pro Metercentner.

Die erhobene Steuer wird bei der Ausfuhr russischen Zuckers rückvergütet. Für Zucker, welcher über die asiatische Grenze exportirt wird, besteht eine Ausfuhrprämie von 4·87 R. pro Metercentner bis zum 1. Mai 1891. (Vgl. Jahrb. d. Central-Ver. f. R.-Z.-Ind. 1889).

5. Spiritus und Getreidebranntwein (S. 21): 533,509.000 Grade im Werthe von 7,813.000 R.

6. Naphthaproducten*): 1,109.952 *q* im Werthe von 7,789.000 R.

7. Kleidern, Wäsche, Pelzen: 6,396 *q* im Werthe von 6,459.000 R.

8. Rüb-, Mohn- und Sonnenblumenöl (S. 139): 780.148 *q* im Werthe von 6,366.000 R.

9. Pelzwerk (S. 155): 39.032 *q* im Werthe von 3,760.006 R.
Die totale Ausfuhrmenge an Pelzen ist nicht bestimmbar, da auch unter Position 7 fertige Pelze enthalten sind. Ein Theil des Pelzwerks, welches Russland an Westeuropa liefert, stammt aus der Importmenge dieses Artikels (vgl. den Import).

10. Caviar (S. 280): 37.720 *q* im Werthe von 2,403.000 R.

11. Fischen (S. 280): 76.620 *q* „ „ „ 2,083.000 „

12. Baumwollgeweben (s. Einfuhr von Baumwolle): 4100 *q* im Werthe von 1,250.000 R.

13. Wild: 2,372.000 Stück im Werthe von 1,046.000 R.

d) Im Export landwirthschaftlicher Producte standen folgende oben an:

1. Flachs, Hanf, Werg	2,215.312 *q*	im Werthe von		83,352.000 R.
2. Leinsaat	3,521.000 *q*	„	„	27,477.000 „
3. Eier (S. 103) . . .	678,217.000 Stück	„	„	11,589.000 „
4. Borsten (S. 151). .	26.732 *q*	im	„	9,233.000 „
5. Erbsen und Bohnen	1,248.204 *q*	„	„	7,898.000 „
6. Wolle (S. 125) . .	115.948 *q*	„	„	7,152.000 „
7. Merinowolle (S. 125)	59.660 *q*	„	„	4,359.000 „
8. Kuhbutter (S. 91) .	62.812 *q*	„	„	4,159.000 „
9. Hanfsamen . . .	317.340 *q*	„	„	2,293.000 „
10. Kameelhaare . .	19.844 *q*	„	„	1,027.000 „
11. Rosshaare . . .	11.644 *q*	„	„	930.000 „
12. Tabak (s. Einfuhr) .	22.140 *q*	„	„	912.000 „

e) An Thieren wurden exportirt:

1. Pferde (S. 55 u. 91)	41.000 Stück im Werthe von			4,573.000 R.
2. Geflügel (S. 153)	2,760.000 „	„	„	2,750.000 „
3. Schweine (S. 91 u. 151)	59.000 „	„	„	1,879.000 „
4. Rinder (S. 90 u. 91)	21.000 „	„	„	1,473.000 „
5. Schafe (S. 91 u. 125)	179.000 „	„	„	968.000 „

---

*) Der Gesammtexport an Naphtha 1888 betrug 19,322 647 *q*, den Export von Baku inbegriffen.

II. Import.

1887 betrug die gesammte Waareneinfuhr 333,239.000 R.
1888 „ „ „ „ 332,293.000 „

Die bedeutendsten Importartikel sind:

a) Baumwolle und b) Thee.

a) 1. Die Menge der eingeführten Rohbaumwolle war:
1887: 1,856.705 q im Werthe von 96,437.000 R.
1888: 1,373.603 q; davon traten über die europäische Grenze ein:
1,139.960 q im Werthe von 68,248.000 R.

Die Gesammtziffer des Baumwollimports pro 1888 zum Durchschnittspreise von circa 60 Rubel gerechnet, ergibt sich für die im Jahre 1888 eingeführte Menge ein Gesammtwerth von 83 Millionen Rubel (vgl. hierzu das auf S. 313 und 324 über die Handelspolitik Russlands hinsichtlich der Baumwollproduction in Centralasien Gesagte).

Der Zollertrag von Baumwolle ergab 1888 12,529.906 R.
2. Die Menge der importirten Baumwollgarne und Fabricate war 1888: 47.560 q im Werthe von 11,764.000 R.

b) Der Import von Thee (s. S. 102) war:
1886: 349.709 q im Werthe von 67,218.476 R.
1887: 338.321 q „ „ „ 46,307.481 „
1888: 326.819 q „ „ „ 34.240.647 „

Der Zollertrag von Thee ergab 1888:
An der europäischen Grenze: 26,296.549 R.
Im Zollamte Irkutsk: . . . . 14,386.775 „
40,683.324 R.

Einer Mittheilung der St. Petersburger „Nowosti" zufolge hätte sich ein aus den hervorragendsten Theehändlern von St. Petersburg und Moskau sowie mehreren südrussischen Zuckerfabrikanten bestehender Verband an den Vorstand des Vereines zur Förderung der Gewerbe und des Handels von Russland mit dem Ersuchen gewandt, von der Regierung die Einrichtung geeigneterer und unmittelbarer Verkehrsverbindungen zwischen Russland und der Insel Ceylon zu erwirken.

c) Ferner wurden 1888 importirt:

	Metercentner	im Werthe R.	Zollertrag
Wolle (s. Ausfuhr) . . .	128.904	24,573.000	3,612.261
Maschinen	275.192	16,368.000	4,152.772
Farben, Farbstoff	573.836	15,226.000	1,241.265
Kohle und Coaks (S. 139) .	17,384.492	13,063.000	3,111.611
Stahl, Eisen, Blech . . .	205.328	11,395.000	5,837.825
Seide (s. Anhang) . . .	6.888	11,162.000	?
Weine (S. 186)	—	7,377 000	3,921.244
Olivenöl	97.744	7,046.000	2,412.154
Häringe (s. Fische-Export) .	757.352	6,085.000	2,244.956
Leder	97.252	5,956.000	?
Kaffee	63.796	5,207.000	2,098.323
Pelzwerk (s. Ausfuhr) . .	2.952	4,175.000	?
Früchte	202 376	2,833.000	1,419.033
Landw. Maschinen (S. 136) .	82.984	2,646.000	?
Tabak (s. Ausfuhr) . . .	9.020	2,409.000	1.498.415
Bücher in ausländ. Sprachen	9.184	1,557.000	?
Seidenwaaren (s. Anhang)	656	1,419.000	?
Glas	—	1,332 000	?
Papier	15.088	1,054.000	?
Hopfen (S. 21)	6.233	960.000	?
Tischlerwaaren (S. 37) . .	—	908.000	?
Musikinstrumente	—	838.000	?

Den Ertrag der Zölle siehe im Reichsbudget.

Das Turkestanische Gebiet lieferte 1887 180.153 R.
1888 246.367 „

an Zöllen.

5. Handel und Verkehr längs der transkaspischen Bahn.

Die Benennung als „Weg nach Indien" verdient die Transkaspische Bahn nur in sehr beschränktem Masse: an den Engländern wird es liegen, ob sie je Afghanistan dort oder da durchschreitet und an einem der Punkte der Eisenbahnen im angloindischen Dominium Anschluss findet. So lange die Staatsmänner Grossbritanniens fernblickende Rathgeber besitzen, werden die Russen wohl nur immer zum Sprunge bereit auf der Lauer liegen, ohne den Gegner offen anzugreifen.

Immerhin hat Russland durch das Zustandekommen der gegenwärtigen Strecke politische, strategische und commercielle Vortheile erzielt: die Sicherung der militärischen Position, die Verbindung Turkestans mit den Häfen des Kaspischen Meeres, die Beeinflussung Bocharas und Chorassans (Nordpersiens), die Erschliessung weiter Gebiete für die Zwecke der Urproduction, der Industrie, des Handels und Verkehres.

Schon zeigen sich Veränderungen in den Verkehrslinien. Uralte Karawanenrouten machen dem Zuge nach der Bahn Platz; die Transportsätze für Kameellasten von Orenburg nach Bochara fallen von 3 auf $\frac{1}{2}$ Rubel; die Fahrpostverbindung Orenburg-Taschkend wird eingeschränkt; die bocharischen Kaufleute wählen den Weg über Usun-ada, um zur Messe von Nishnij-Nowgorod zu gelangen; nicht nur nach Lutfabad und Sarachs hin, auch quer über die steilen Pässe des Gulistangebirges streben, wie ich aus eigener Anschauung bestätigen kann, Händler und Pilger den Bahnhöfen zu.

Die angeborene Scheu der Eingeborenen vor der Bahn ist rasch der Neugier, dann der Gewöhnung an die Schaitan arba, den „Teufelswagen", gewichen, umsomehr als die Russen, welche sich den Sitten und Vorurtheilen der Bewohner Innerasiens stets weit besser als die Engländer anzupassen verstanden, auch in diesem Falle kleine Mittel, wie die Einführung separirter Wagen für die Muselmanen, vergitterter Coupés für deren Weiber, Aufschriften und Ankündigungen in turkomanischen Lettern, in Scene gesetzt haben.

Der Handel zwischen Russland im engeren Sinne und Innerasien findet vermöge der Bahn den Weg erleichtert und geebnet, wenn auch ab und zu Klagen laut werden über die langsame Verfrachtung der Waaren, die unzuverlässige Einhaltung der Lieferfristen, die, bei der Besetzung fast aller Dienstposten an der Bahn durch Militärpersonen natürliche, häufige Bevorzugung ärarischer und anderer Transporte.

Die Bahn ist eben neu, der Betrieb schwierig, das Personale nicht immer stramm. Verkehrsstörungen durch Brückenbruch, Sandwehen oder Ueberschwemmungen kommen häufig vor; aber die bewilligten Credite für die Reconstruction der Strecke, für die Auswechselung der Objecte und Locomotiven, die Vervollständigung des rollenden Materials sorgen wohl in Bälde für eine grössere Präcision des Betriebes.

Dass die Russen mit ihrer Energie und Umsicht in kurzer Zeit viel zu erreichen vermögen, beweist ein Vergleich der Verkehrsmittel in den von ihnen besetzten Gebieten mit den Einrichtungen jener Territorien, wo noch fremder Einfluss vorwaltet.

Von zwei fast gleichzeitig von mir im October (1888) aus Samarkand und aus Bochara abgefertigten Sendungen traf die erstere bereits im December in Tiflis ein, während die letztere erst 7 Monate nach der Aufgabe in Wien einlief.

Das Post- und Telegraphenwesen längs der neuen Strecke ist vortrefflich organisirt und functionirt mit erwünschter Raschheit; so langte eine Früh 6 Uhr in Samarkand aufgegebene Depesche schon um 1 Uhr Nachmittags in der kleinen Station meines Heimatsdorfes ein; ein nach Petersburg zur selben Stunde expedirtes Telegramm erzielte noch am selben Abend die Drahtantwort, welche mir um 11 Uhr Nachts in mein Absteigequartier zugestellt wurde (vgl. S. 354).

Sobald man jedoch die 16 *km* von der Bahnstation nach der Stadt Bochara zurückgelegt hat und somit auf dem Boden des

Emirats weilt, tritt man in die Sphäre der incommensurablen
Postverbindungen. Eine auf dem Bahnhof Bochara eingelegte
Correspondenzkarte an Staatsrath Heyfelder kam demselben erst
6 Tage später zu. Die russischen Kaufleute in Bochara benützen
daher, da selbst dieser einzige Postenlauf zwischen Stadt und Bahnhof regellos ist, die Station Tschardshui (am Amu-Derja) als Sam-
melstelle für ihre Correspondenz, während sie für Telegramme
durch die zunächst für die diplomatische Agentie Russlands in
der Stadt Bochara am 15. Mai 1888 eingerichtete Station sicher-
gestellt sind. Es ist kaum zu bezweifeln, dass die russische Regierung im Interesse ihrer diplomatischen Vertretung und der
russischen Handelsniederlagen in nächster Zeit hier ein Postamt
einrichten werde.

Steigt ja doch von Jahr zu Jahr der Handelsverkehr
Bocharas mit Russland (vgl. Heyfelder, XXVII. Bd., 4. Heft
d. Russ. Revue) zugleich mit dem Einflusse der russischen Macht
im Gebiete des suzeränen Emirs, dessen Truppen bald zerstreut
wären, wenn es dem Zaren heute angenehm erschiene, das jetzige
Suprematsverhältniss in directe Herrschaft umzuwandeln und dort
militärisch Fuss zu fassen, wo noch heute aus Rücksichten der
hohen Politik dem Emir der Schein einer gewissen Unabhängigkeit bewahrt bleibt.

Noch ist in der ganzen Stadt Bochara keine Firmatafel in
cyrillischen Schriftzeichen zu sehen; aber ein Dutzend grosser
Comptoirs"), die Menge russischer Kurz- und Galanterie-

") In Bochara sind etablirt:

1. Das Handelscomptoir des Tataren Burnaschew, 1869 gegründet, bis 1888
Privatpostamt;

2. die russische Transportgesellschaft;

3. die Firma Djakow;

4. das Haus Kamenskij (seit 1882);

5. die Jaroslawer Manufacturgesellschaft (Vertreter Skabejew);

6. die Mittelasiatische Handelsgesellschaft von Kudrin (gegründet 1885).
Diese Firma besitzt 22 Niederlagen in Russisch-Asien, dann solche in Bochara, Kaschgar,
Meschhed, Chiwa, Moskau (Vertreter in Bochara Pakorskij);

7. Dürschmitt und 8. Dewlikanow, beide Darmexportgeschäfte;

9. die „Nadjeshda", gegr. 1887 (Vertreter S. Weinstock);

10. „Kaukas & Mercur" (gegründet 1887, Vertreter Rosmow), mit zahlreichen
Niederlagen in ganz Russisch-Asien,

11. Brodski aus Odessa (Vertreter Stein), Zuckerimporteur.

12. Steinauer & Reichmann aus Warschau (gegr. 1887), Vertr. Dschewetskij
& Reichmann, gegründet 1888.

waaren in den Bazars des Rhigistan, das Erscheinen kleiner
Zuckerhüte und Candiskisten aus den Fabriken des Grafen
Bobrinskij unter den vom Emir gegebenen Gastgeschenken, der
ungehinderte Verkehr der Europäer in den Ladenreihen, die Einrichtung einer Apotheke für die Familien der russischen Kaufleute und der ansässigen Israeliten, die Benützung des Telegraphen seitens der Bocharen zur Regelung ihrer Geldcurse auf
Grund der Depeschen von der Moskauer Börse: Alles das sind
Anzeichen der nahenden wirthschaftlichen Occupation Bocharas
durch Russland.

Charakteristisch erschien mir für die Anpassung der Bocharen
an die neuen Verhältnisse die dem „Palaste" der politischen
Agentie zunächst gelegene Schmiede. Hier hing neben dem vollen
nur in der Mitte durchlöcherten Hufeisen für die Pferde und Esel
der Bocharen ein Eisen, das der Hufschmied für eines der Pferde
der 20 Uralkosaken, welche die Ehrenwache der Agentie bilden,
hergestellt hatte (vgl. S. 330).

In der Neustadt von Samarkand, das freilich schon seit
1868 eine russische Stadt ist, erhebt sich ein russisches Magazin
und Comptoir neben dem anderen,*) die Kreisapotheke, ein photographisches Atelier u. s. w. Hier wird auch in zwei Brauhäusern
Bier gebraut, in den Kellereien Philátow's Wein verzapft —
der Weinbau im Serefschanthale datirt erst aus den Siebziger-
jahren —, in modernen Läden Seide und Sammt nach der russischen Elle (Arschin) verkauft u. s. f.

Der Culturboden längs der Flüsse, welche die Bahn überschreitet, fluthet bis zu den Ausläufern der beiden grossen
Wüsten Kara Kum und Kisil Kum hin, allerdings noch zum
grossen Theile brach, aber von grossartiger Productivität,
sobald zu der Bodenkraft und den klimatischen Factoren die
Bewässerung tritt. Diese zu erweitern, das Netz der Riesel-
canäle auszubreiten, die Bodenbearbeitung und die Pflege der
Gewächse zu vervollkommnen, auch neue edlere Arten und
Zuchten (amerikanische Baumwolle, französische Grains, Reben etc.) einzuführen, ist eine Hauptaufgabe der russischen Er-

---

*) Darunter: jenes der Russischen Transportgesellschaft, welche die
Spedition meiner Einkäufe prompt besorgte (s. S. 479); die Agentie der über das
ganze russische Reich verbreiteten Versicherungsgesellschaft „Rossija", deren General-
secretär, Hrn. Otto B. Manassewitsch ich zahlreiche Empfehlungsbriefe für Russisch-
Asien verdankte; die „Nadjeshda"; Commissionshäuser Warschauer Firmen.

oberer. Schon ist im Weichbilde von Merw eine grandiose Bewässerungsanlage im Werke, geeignet 130.000 *ha* Landes, die jetzt
ein wüstes Trümmerfeld darstellen, für die Anpflanzung von
Baumwolle, Korkeichen etc. herzurichten. Dem Soldaten ist
der Ingenieur und jetzt der Culturtechniker gefolgt, um das eroberte und erschlossene Land und dessen Producte auf eine höhere
wirthschaftliche Stufe zu heben. Gemüsebeete werden in der
Nähe der russischen Städte sichtbar, Arzenel- und Färbepflanzen in ausgedehnterem Massstabe cultivirt, der Reisbau,
die Obstproduction gewinnt an Bedeutung; von eminenter
Tragweite aber für die Consolidirung der russischen Textil-
industrie dürfte die Erweiterung des Baumwollbaues und
der Maulbeerbaumcultur sein. Baumwolle aus Russisch-
Asien war 1889 auf der Messe zu Nishnij Nowgorod stark ge-
fragt. Die Zufuhr dieses Products in das Königreich Polen ist
von 1032 *q* im Jahre 1887 auf 21.112 *q* im Jahre 1888 gestiegen,
ein Zeichen für die zukunftsreichen Fortschritte der russischen
Baumwollcultur! Auch an mineralischen Schätzen: Naphtha,
Salz, Schwefel, Erzen und Metallen, Kohle, Edelsteinen u. s. w.
ist das Gebiet nicht arm.

Kein Wunder, dass die nationale Presse Russlands schon
jetzt nachdrücklich vor dem Eindringen fremden Capitals in
das Land, „das Russland mit dem Blute seiner Söhne erkauft
hat", warnt. Baron E. Rothschild, der im November 1888
in Begleitung Annenkow's die Transkaspische Bahn bereiste,
soll die Baumwollproduction des Gebietes monopolisiren wollen;
vor Kurzem hiess es, Annenkow habe in Petersburg die Regierung gedrängt, die Naphthalager Transkaspiens selber auszu-
beuten, um so vor Allem das Heizmaterial für die Bahn sicherzustellen und dieselben nicht ausländischen Geldkräften in den
Schoss fallen zu lassen.

An finanziellen Unternehmungen finden wir in Russisch-
Asien:

I. Die Kaspische Bank (5 Millionen Rubel Grundcapital)
zur Unterstützung der Naphthaindustrie Bakús gegründet, mit
Filialen in Samarkand, in der Station Bochara etc.

II. Die Centralasiatische Handelsgesellschaft (15 Millionen
Rubel Capital) mit dem Zwecke, die Concurrenz mit dem englischen Handel in Centralasien, Afghanistan und Persien aufzunehmen. Der Bericht des k. und k. Generalconsulates in

Warschau (September 1889) constatirt das Bemühen der Geschäftswelt Russisch-Polens das asiatische Russland und Persien für den Absatz ihrer Producte zu gewinnen und in engeren Contact mit diesen Ländern zu treten.

Der Vertrag zwischen Russland und dem Emir von Bochara, abgeschlossen am 28. Juni 1868 respective 28. September 1875, bestimmte unter Anderem:

1. Allen russischen Unterthanen ohne Unterschied des Glaubens wird das Recht des freien Handelsverkehres im ganzen Emirat gewährt. Der Emir übernimmt die Verpflichtung, innerhalb der Grenzen seines Gebietes für die Sicherheit der russischen Kaufleute, ihrer Karawanen und ihres Vermögens zu sorgen.

2. Die russischen Kaufleute haben das Recht, in allen Städten des Emirates Agenten zu halten.

3. Von den nach Bochara eingeführten russischen Waaren wird ein Zoll von höchstens $2\frac{1}{2}$ Procent ihres Werthes erhoben. Die Abgabe der Eingeborenen an den Emir (respective den Zollpächter) beim Export aus Bochara beträgt 5 Procent des Werthes.

4. Den russischen Kaufleuten ist die freie Durchreise durch Bochara nach den benachbarten Ländern gestattet.

5. Ueber den Alkoholimport vergleiche S. 287 und 347.

Ein Ukás setzt fest, dass jede über Land, sei es aus Europa, Anglo-Indien, Persien, Afghanistan, Bochara nach Transkaspien und Turkestan eingeführte Waare $2\frac{1}{2}$ Procent Einfuhrzoll zu zahlen habe, eine Massregel, die zunächst gegen den Import anglo-indischer Waaren nach Russisch-Asien gerichtet ist.

Die Russen schützen nach Kräften ihre einheimischen Producenten und Händler. Sehr ermässigte Frachttarife auf den Eisenbahnen und Dampfern begünstigen die vaterländische Industrie im Verkehre mit Russisch-Asien und dessen Nebenländern und räumen derselben einen bedeutenden Vorsprung ein gegenüber der ausländischen Concurrenz, so dass die Präponderanz, welche englische Baumwollgewebe heute noch in Bochara besitzen bald verschwinden dürfte. Auf der internationalen Zuckerprämienconferenz zu London erklärte Russland, vorläufig die Prämie für den Export nach asiatischen Märkten aufrecht zu erhalten (s. S. 474).

Es soll überhaupt für fremde Waaren — mit Ausnahme der französischen, von welchen ich auf der Strecke zahlreiche Proben sah: Decauville-Waggons, Conserven, Weine und Liqueure — äusserst schwierig sein, Unterkunft in Transkaspien, Bochara und Turkestan zu finden, die Chicane in den meisten Fällen unerträglich, ein Hauptübelstand die Nothwendigkeit sein, lange Credite einzuräumen. Umsomehr Anerkennung verdienen Jene, welche trotzdem ihren Waaren den Weg hierher bahnen.

Gebogene Möbel österreichischer Firmen — zumeist der Gebrüder Thonet, welche in Bochara und Taschkend vertreten sind — (wenn auch wohl nicht fertiggestellt über die russische Grenze gebracht) fand ich überall: auf den Bahnhöfen, in Bochara, in den Speisehäusern Samarkands, im Hause des russischen Agenten zu Meschhed (Nordpersien), welches jetzt nach der Transkaspibahn gravitirt. Einmal traf ich auf österreichische Zündhölzchen, bei Philátow in Samarkand auf Weinpressen aus Döbling und Klosterneuburg und auf — Tokaier (?). Die mitgeführten Seifenblätter (von Reithoffer) und die Demijohns von österreichischen Firmen (Reich) erregten überall Beifall, und hätte ich eine ansehnliche Zahl dieser Waaren an Mann bringen können, ebenso wie kleine Compasse, Messbänder und einfache Taschenuhren.

Ob die leuchtende Seide in den Samarkander Läden und Webereien gut war, vermag nur ein Fachmann zu beurtheilen; jedenfalls sah sie schön aus und schien sehr billig. Die Teppiche von Bochara und Merw waren preiswürdig; seidene Zelte, eingelegte Waffen, alte Metallgefässe, Stickereien, bocharisches Fayencegeschirr spottbillig, bei schöner, stylvoller Ausführung. Mein Führer kaufte für seine Freunde im Kaukasus zarte Wollvliesse für Mützen vortheilhaft ein.

Alle Waaren, welche die Dampfer von Usun-ada nach Bakû bringen, passiren das Zollamt, wo auf Waaren persischer und bocharischer Provenienz eifrig gefahndet wird. Immerhin halte ich die statistischen Ziffern dieser Behörde nicht für ganz zuverlässig......

Ueber die Frachtenbewegung auf der Transkaspischen Bahn — es verkehren, ausser zwei Postzügen wöchentlich, nur gemischte" Güterzüge (s. S. 286 u. 299) — vermochte ich ebenso wenig Positives in Erfahrung zu bringen, als über die Rentabilität der Strecke.

Der „Statistik der Verkehrsverhältnisse auf der transkaspischen Eisenbahn" entnehmen wir, dass in der Zeit vom 1. Jänner bis

1. Juni 1889 mit derselben 64.865 q Zucker befördert wurden. Eine Zeit lang stockte in Folge politischer Unsicherheit an den nördlichen Gemarkungen Afghanistans die Einfuhr russischer Erzeugnisse, seither indess, da vollständige Ruhe wieder hergestellt worden ist, zeigen sich von Neuem russische Erzeugnisse in bedeutenden Mengen auf den Märkten. Namentlich sind die Stationsniederlagen von Bochara, Samarkand und Usun-ada mit Waaren geradezu überhäuft.

Vielleicht geben diese Bemerkungen über das von der Transkaspischen Bahn erschlossene Gebiet einem österreichischen Kaufmanne Anlass, die Marktlage an der neuen Strecke persönlich zu erforschen. Für diesen Fall sei Folgendes empfohlen: durch unsere Vertretung in Petersburg einen Erlaubnissschein zur ungehinderten Circulation längs der Bahn auszuwirken, um gegen alle Willkürlichkeiten der Localbehörden gefeit zu sein und nicht bei jeder Kleinigkeit an das nächste k. und. k. österreichisch-ungarische Consularamt — Batúm (Gerent derzeit Viceconsul v. Cischini) — appelliren zu müssen; schon in Tiflis oder Bakú einen Führer oder Dolmetsch aufzunehmen, da es auch für den des Russischen Kundigen unmöglich ist, überall mit den eingeborenen Händlern und Producenten in Verkehr zu treten*) die Routen und Anschlüsse sorglich im Vorhinein zu studiren, da jede Versäumniss hier geraume Verzögerung bedeutet; im Frühjahr oder Herbst zu reisen; beim Genusse des Wassers wie auch alkoholischer Getränke Vorsicht walten zu lassen, nicht minder gegen Fieber und andere endemische Krankheiten durch angemessene Kleidung, Mässigkeit, eigene Waschapparate und Bettwäsche Vorkehrungen zu treffen; Insectenpulver in ausreichender Menge mitzuführen, endlich weder über das „Vorschlagen" der Händler und Wirthe, noch über die Misstrauenskundgebungen der Amtspersonen in Aufregung zu gerathen.

Die Wägen der Transkaspischen Bahn (Postzug II. Classe) sind nicht sehr bequem, aber ganz anständig, die Bahnhofbuffets nicht theuer und recht gut (s. S. 286), die Unterkunft in den grösseren Städten ist erträglich; die Eingeborenen, seit ihrer Bezähmung durch die Russen wie hypnotisirt, sind harmlos und willig; die ansässigen Russen meist entgegenkommend, soweit

---

*) Professor Babeníček theilt mir mit, dass er längs der Bahnstrecke österreichische Unterthanen (Czechen) als Bahningenieure und Militärcapellmeister getroffen.

nicht Amtspflichten oder — Interesse in Frage kommen. Gerne
erkläre ich mich bereit von Fall zu Fall auf directe Fragen
weiterhin Auskunft zu ertheilen.

Der Gesammteindruck der eroberten und der abhängigen
Gebiete auf jeden Unbefangenen wird wohl der sein, dass der
Bau der Bahn ein grosses und gutes Stück Culturarbeit in Innerasien bedeutet, dass an die Stelle eines Getriebes raubgieriger
Horden, grausamer Despoten, bedrückter Völkerschaften allüberall die Machtbefugniss und der Einfluss einer centralisirenden,
gesitteten, verständnissvoll verwaltenden europäischen Regierung
getreten ist, welche Uebles durch Besseres zu ersetzen, die vorhandenen Quellen des Reichthums wiederzubeleben und im
Ganzen und Grossen denn doch Cultur nach Osten zu tragen
redlich bemüht ist.

6. Zur Charakteristik der orientalischen Teppiche.

(Mit Benützung von Daten, welche Herr Alois Schedewy, Procuraführer der k. k. Hof-Teppichfabriken von Johann Backhausen & Söhne zu Hoheneich und Wien, dem Verfasser mitgetheilt).

Die orientalischen Teppiche zeichnen sich durch vorzügliche Arbeit, harmonische Färbung mit Pflanzensäften und durch ihre Muster (ausschliesslich Flächenornamente) aus.

Diese Teppiche werden mit der Hand auf Rahmen (nicht auf Webstühlen) gemacht und werden entweder geflochten oder geknüpft.

1. Die geflochtenen werden durch Verflechtung der aus Leinen- oder Baumwollgarn bestehenden „Kette" (des Fäden-systems, in welches der sogenannte Schuss eingefügt wird) mit einem wollenen Schuss hergestellt und sind glatt.

2. Die geknüpften. Die Rahmen*) sind oben und unten mit drehbaren Bäumen versehen. Auf dem oberen Baume befindet sich die Kette (Wolle, Leinengarn oder Baumwolle). Sie läuft von da senkrecht nach abwärts zu dem unteren Baume, welcher bestimmt ist, den fertigen Teppich aufzunehmen. Um die senkrechten Fäden werden die Flormaschen (Wolle, Ziegenhaar, Seide) geknüpft und dann durch einen quer durchgesteckten Schuss (Wolle) verbunden. (Die persischen Teppiche haben pro 1 $\square$ m bis zu 200.000 solcher Flormaschen). Diese Gewebe werden sodann mit der Scheere egalisirt.

Die Hauptqualitäten der orientalischen Teppiche sind folgende:

I. Kaukasische Teppiche. Sie haben eine sehr grobe, baumwollene Kette, sind ziemlich dicht, aber von wenig feiner Wolle und niedrig geknüpft. (Im Daghestan wird auch Ziegen-

---

*) Die Rahmen, welche ich im Kaukasus (Khallalu, vgl. S. 240) sah, waren nur ganz rohe Holzstücke.

haar und die Flaumwolle des Steinbocks verwendet, z. B. in Chulisma.)

Die kaukasischen Teppiche sind weniger haltbar, als die anderen Qualitäten, auch häufig grell in der Farbe.

Die Anilinfarben dringen immer mehr in den Kaukasus ein. Radde fand sie bereits bei den halbwilden, im Berglande des Quellengebietes der östlichen Aragwa hausenden Chews'uren. Dieser Stamm sowie seine östlichen Nachbarn, die Lesghier, verwenden im Allgemeinen noch Färbepflanzen zur Färbung der Teppiche, und zwar verwenden sie zu Roth (Kirsch- oder Braunroth) wilden Krapp, zu Schwarz Origanum vulg. und eine zweite Labiate „Tawascha", zu Gelb Reseda und eine Knöterichart, zu Blau Indigo.

II. Die bocharischen Teppiche. Diese sind in der Knüpfung die feinsten. Sie besitzen eine wollene Kette und sind aus besonders feiner Wolle geknüpft. Charakteristisch ist bei denselben das immer wiederkehrende Motiv, ein Achteck, sowie auch die Farbenstellung: Roth, Weiss, Blau auf rothbraunem Grunde.

Alte bocharische Teppiche zeichnen sich durch besonders schönen Glanz, Lustre und durch Geschmeidigkeit aus, wogegen neue bocharische Teppiche viel gröber sind und des Lustre entbehren. Diese neuen Teppiche sind aus gröberer Wolle angefertigt und auch gröber geknüpft.

Sorten: Palas, derb, dreifarbig, ohne wollige Oberfläche, aus Chodshend und dem Serefschandistricte stammend.

Kelym, fein, roth und gelb, mit langhaariger, weicher Oberfläche, von einem Özbegenstamme erzeugt. Auch Heyfelder erklärt die jetzigen bocharischen Teppiche für geringer als die persischen und jene der Achal-Tekke. Ich erstand im Bazar von Bochara einen Teppich 210 cm breit, 310 cm lang für 25 Rubel. An jeder Breitseite ist ein 33 cm breiter Streifen, roth mit schmalen blauen Querstreifen vorgestossen. Der eigentliche Teppich ist rothbraun mit hoch- und ziegelroth, blau, gelb und dunkelgrün gefärbten Dessins. Hier erwarb ich auch für 11 Rubel drei grellfarbige Churdshins, „Eseltaschen", aus Teppichstoff.

III. Die turkmenischen und turkestanischen Teppiche.

1. Dshulnaba, turkmenische. Die besten, oft als bocharische in Handel tretend, sind jene von Merw, dicht, glänzend, kurzwollig, vorherrschend weiss und roth gefärbt. Die Erzeugung

derselben bildet, seit die russische Herrschaft die Turkmenen zu friedlichem Erwerbe gezwungen hat, in den letzten Jahren den Hauptnahrungszweig der Turkmenen.

2. Im Bazar von Samarkand findet man die Sorte Ak-Sntschak (= weisse Franse) aus Chokand.

IV. Persische. Ferrahân-Teppiche haben eine baumwollene Kette, wollenen Flor. In letzterer Zeit werden sie vielfach gefälscht, indem die lichten Farben in Baumwolle darauf geknüpft werden. Jetzt imitirt man diese Teppiche auch im Kaukasus, und kommt eine Qualität „Bagdad" mit den Perserteppichen ähnlichen Mustern, jedoch meist in grellen Farben (hellgrün und ·gelb, hochroth) in den Handel.

In Meschhed, Chorassan, erwarb ich zwei Teppiche: *a)* 96 *cm* breit, 140 *cm* lang (roth, blau, schwarz mit einigen grünen und weissen Punkten) für 10 Rubel *b)* 135 *cm* breit, 164 *cm* lang (in hellem und dunklem Blau, Grün, dann in Roth und Weiss geblumt) für 15 Rubel.

V. Smyrna-Teppiche. Wollene Kette mit grober, dicker Wolle geknüpft und mit dickem Schuss durchwebt. Im Muster sind sie meist einförmig — Yaprak (= Blatt) — seltener mit Medaillon-Dessins versehen.

In letzterer Zeit werden auch Teppiche nach in Europa entworfenen Dessins in Smyrna geknüpft, wofür aber bedeutende Preise gefordert werden.

Hier werden auch Portièren erzeugt: 1. Karamani (Kiis Kelim = Filzteppich), mit Spulen gewirkte (gesteckte) Gewebe und 2. Diarbekir (Dschidschin), auf grobem Gewebe in Streifen von 35 bis 40 *cm* gestickt und dann zu Vieren oder Fünfen zusammengenäht.

7. Ueber Seide und Sammt in Samarkand und Bochara.

Die Seidenzucht und Weberei, vor anderthalb Jahrtausenden aus China nach Centralasien verpflanzt, bildet in
Samarkand und Bochara (wo sie erst etwa vor hundert Jahren
Eingang gefunden hat, vgl. S. 315) einen hervorragenden Erwerbs-
zweig der in den Gebieten der genannten Städte ansässigen Bewohner (vgl. S. 33 u. 379).

1. Seiden- und Halbseidenstoffe werden in Samarkand
von einhelmischen sowie auch von bocharischen Kaufleuten in
grossen, gut ausgestatteten Läden feilgehalten. Unter den verschiedenen Sorten ist Pasma die breiteste, Biko-sab die
schmälste. Dazwischen steht die mittelbreite Pari-Pascha (weiss
oder blau). 1 m kräftiger, gerippter weisser Seide zu Damen-
kleidern wurde mir zu 1 R. angeboten. Glänzende, weiche Foulards,
chamoisbraun, 125 cm breit, 206 cm lang, kaufte ich pro Stück mit
5 R.; ein Dutzend weissseidener Taschentücher, 43 cm : 43 cm, für
4. R. Sehr schön sehen die zu Chalaten verwendeten geflammten
und moirirten Halb- und Ganzseidenstoffe aus. (Vgl. S. 380). Geflammt werden diese mit hölzernen Hämmern, deren Kopf abgerundet ist.

2. In der Production von Chalaten steht Bochara obenan
(jährlicher Export etwa 10.000 Stück). Bocharische Seide ist
durch ihre Reinheit und Feinheit berühmt, die beste Seide
kommt aus dem bocharischen Orte Wardan-Sigi. Es werden jährlich (nach Heyfelder) etwa 500 q Seidenstoffe und 50.000 q Roh-
seide exportirt.

Hier finden wir auch die halb aus Baumwolle, halb aus Seide
gemischten Stoffe Wibywka und Matta (Export p. a. 100.000
Stück) und die Sorte Adajar (Halbseide, Export p. a. 100.000 Stück).

Nach Bochara importirt wird „Tafili"-Seide aus Chokand (p. a. etwa 1000 *q*); als „Kette" benützt man afghanische Seide (Tschillah).

In allerneuester Zeit werden in Bochara auch europäische Modefarben und -Muster nachgeahmt.

In Verbindung mit der Seidenindustrie Samarkands und Bocharas steht die Erzeugung von Sammt. Dieser wird an ersterem Orte vielfach für Kopfbedeckungen verwendet, insbesondere für die Kirgisenmützen und für die Tiibetejkas, kleine, mit vier eingekerbten Rippen versehene, spitz zulaufende Rundkappen (s. das Bild S. 383). Der bocharische Sammt zeichnet sich durch glänzende Farben und besondere Feinheit aus.

Halbseide dient auch zur theilweisen Ausschmückung der bocharischen Zelte. Ein solches Zelt, für 47 Rubel in Bochara erkauft, befindet sich im Besitze des Verfassers; es dürfte seiner Eigenart und Farbenzusammenstellung halber näherer Beschreibung werth erscheinen.

Das Zelt besteht aus 3, je 12 *kg* schweren Theilen, welche leicht „aufgeschlagen" und ebenso schnell wieder zusammengerollt werden können, und zwar:

1. aus dem pyramidalen Dache, dessen 4 Seitenkanten je 245 *cm* messen;

2. den beiden zusammen ein Quadrat bildenden Zeltwänden, auf welche das Dach aufzusetzen kommt. Das Zelt bedeckt eine Fläche von 8·3 *m²*, seine Höhe ist 3·19 *m*. Die Spitze des Daches sowie der Knäufe jeder zwischen je zwei Wandfeldern (Bahnen) eingenähten Stange sind mit hellem Leder bedeckt. Starke weisse Baumwollschnüre dienen zum Aufschlagen des Zeltes; breite, weisse Baumwollborten fassen die Ränder des Daches und der Wände ein.

Das Material ist dicker Baumwollstoff von hellgrüner Farbe, die aussen ununterbrochen zur Geltung kommt, innen jedoch, von aufgenähten Stoffen (Baumwolle und Halbseide) fast völlig verdeckt, nur in einigen Zwickeln der Bahnen sichtbar ist.

Die obengenannten Zeltwände bestehen, vereinigt, aus 20 durch die eingenähten Stangen getrennten Bahnen, von welchen zwei, einander gegenüber, als Eingänge zu öffnen sind.

Die innere Decoration des Zeltes gliedert sich in folgender Weise:

1. das Dach ist am Unterrande mit einem schmalen gelben, blauen oder rothen Streifen eingefasst, oberhalb dessen die Dessins der correspondirenden Mittelfelder der Bahnen gegen die Spitze hin verlaufen;

2. die Bahnen haben, von oben herab gerechnet, zuerst einen 14 *cm* hohen Rand *a*), darunter einen 28 *cm* hohen Rand *b*), dann das Mittelfeld *c*), 107 *cm* hoch, 57 *cm* breit, endlich unter diesem einen 35 *cm* hohen Rand *d*).

Der Rand *a*) ist gelb.

Der Rand *b*) ist dunkelblau und mit Arabesken in verschiedenen Farben benäht (s. diese unten bei *).

Der Rand *d*) ist roth und mit verschiedenfärbigen Arabesken benäht.

Der dunkelblaue Oberrand *b*) ist mit Arabesken in folgenden Farben* benäht	Mittelfeld		
	Zwickel	Fond	Eigentliches Mittelfeld
			Arabesken
1. Ziegelroth	gelb	roth	1. gelb
2. karminroth	weiss	roth	gelbe Blüthen
3. weiss	roth	weiss	3. roth
4. roth	hellgrün	karmin	gelbe Halbseide
5. weiss	roth	roth	5. grün
6. orange	saftgrün	roth	6. grün
7. saftgrün	roth	weiss	7. roth
8. roth	hellgrün	karmin	gelbe Halbseide
9. orange	gelb	roth	9. gelb
10. grün	weiss	karmin	rosa Halbseide
11. orange	gelb	roth	11. gelb
12. roth	weiss	roth	gelbe Blüthen
13. hellgrün	roth	weiss	13. roth
14. orange	hellgrün	karmin	gelbe Halbseide
15. weiss	roth	roth	grün
16. roth	saftgrün	roth	{ 2 gr. gelbe Kreisringe } Halbseide
17. orange	roth	weiss	roth
18. hellgrün	hellgrün	karmin	gelb
19. weiss	gelb	roth	gelb
20. roth	weiss	karmin	weisse Blüthen

Die rechteckigen Mittelfelder *c*), der Hauptschmuck des Ganzen, haben an den 4 Ecken Zwickeln, so dass die eigentlichen Felder als Medaillons erscheinen. Diese Medaillons laufen, von den Zwickeln begrenzt, nach oben und nach unten hin in der

Form von Kielbögen aus; sie zeigen theils eingewebt, theils auf-
genäht reizende Flächenornamènte. — Die Vertheilung der Farben
an den * Ornamenten des Randes *b*), in den Zwickeln und in
den Medaillons in der Reihenfolge der 20 Bahnen gibt vor-
stehende Tabelle.

Solche Zelte sind in den letzten Jahren vielfach von russischen Officieren, welche ja während der Manöverzeit unter Zelten
campiren, gekauft worden. Auf einzelnen Stationen der Transkaspischen Bahn dienen solche Zelte als Buffets.

Die Zelte der Mannschaft werden aus den, von jedem Mann
zugleich als Regenmantel verwendeten, wasserdichten Zeltstücken
zusammengesetzt.

———

8. Die Kosakenheere.

Alle waffenfähigen Kosaken sind wehrpflichtig.

Mit dem 18. Lebensjahre treten sie in

die Instructionsclasse (siehe S. 145), wobei sie die vorschriftsmässige Ausrüstung, d. h. Pferde und Waffen, mit Ausnahme der Carabiner, selbst beizustellen und zu erhalten verpflichtet sind.

Vom 20. Lebensjahre an dienen sie präsent durch 12 Jahre; doch werden im Frieden die 8 älteren Jahresclassen beurlaubt; im Urlaubsstande haben die 4 ältesten Classen nur ihre Waffen, die 4 anderen auch ihre Pferde bereit zu halten.

Die Friedensstärke der Kosaken wird somit durch die 4 jüngsten Jahresclassen der präsent Dienenden, die Kriegs-stärke durch sämmtliche 12 Jahresclassen vertreten.

Auf diese präsente Dienstkategorie folgt das Verhältniss in der Reserve (5 Jahre).

Das grösste Kosakenheer (Wojssko) ist das Don'sche. Weit kriegslustiger und schneidiger als die Don'schen Kosaken sind die kaukasischen und die asiatischen; denn die Don'schen sind eigentlich nur berittene Bauern, welchen die heimische Wirth-schaft viel mehr am Herzen liegt als militärische Exercitien. Damit soll nicht gesagt sein, dass sie, in ihrer traditionellen Ergebenheit für den Zaren, dessen Machtgebote im Falle eines Krieges widerstreben würden. Bietet ein Feldzug ihnen doch reiche Gelegenheit zu Beute, die um so willkommener ist, als der früher so reiche Ertrag der Steppenwirthschaften immer mehr abnimmt.

Denn die Don'schen Kosaken benützen jeden Anlass, um Geld heimzubringen in ihre friedlichen, wohlgepflegten Stanitzen.

So sollen Viele unter ihnen während des letzten russisch-türkischen Krieges, wenn sich im Balkan Gelegenheit dazu bot, ihre guten Pferde unter dem Leibe weg verkauft und dieselben durch billiges, aber schlechtes Material ersetzt haben!

Tapferer allerdings, aber auch viel roher, beutegieriger und undisciplinirter sind die Kosakentruppen, welche jenseits des Urals und aus dem Kaukasus herstammen.

Weit unergiebigere Heimstätten, als jene in der Don'schen Steppe, dienen den transuralischen, der Civilisation entlegenen, halbwilden Reitervölkern zum Aufenthalte; sie selbst stehen erst wenige Jahrzehnte unter russischer Disciplin und verursachen ihren militärischen Führern durch Regellosigkeit ebensoviel Unbehagen, als sie, bei kriegerischen Verwickelungen entfesselt, denselben dienlich erscheinen, gerechten Schrecken im Feindes-land zu verbreiten.

Tollkühn und unerbittliche Gegner, vortreffliche Reiter und sichere Schützen sind die kaukasischen Kosaken, in kriege-rischen Traditionen aufgewachsen und, jeden Vortheil erspähend, unübertrefflich im Einzelkampfe zu Fuss und zu Pferd.

Alle Kosaken eignen sich besonders zu Vorposten- und Kundschafterdiensten, zur Beunruhigung der feindlichen Truppen und zur Zerstörung, Vernichtung und Plünderung auf gegnerischem Territorium.

Geschlossenen Cavalleriemassen halten sie nicht Stand. In Schwärmen aufgelöst, sprengen sie, bald an der Seite, bald vom Rücken her, in ihrer eigenartigen Attaque (Llawa) heran, um sofort wieder zu zerstieben, hinter Busch und Baum, Erdwall oder Sandhügel Deckung zu suchen, worin sie durch ihre Meister-schaft im Terrainreiten, ihre den Naturvölkern eigene Findigkeit und Uebung, sowie durch die an Circuskünste mahnende Dressur ihrer behenden, zähen Pferde unterstützt werden.

Neuerer Zeit wird bei den Kosakentruppen das Feuer-gefecht zu Fuss erfolgreich geübt.

Die Bewaffnung der Kosaken besteht:

1. In Berdan-Carabinern ohne Bayonnett, zu denen jeder Mann 36 Patronen in den Taschen des Leibriemens mit sich führt;

2. in der Schaschka, dem leichten, etwas gekrümmten, an einer Bandoulière über die Schulter getragenen Säbel in einer Holzscheide. (Der Säbel hängt mit der Krümmung nach vorne, was angeblich das Ergreifen desselben erleichtert) [Forts. S. 497]:

Die einzelnen Kosakenheere haben folgende Stärke:

	Berittene Sotnien	Sotnien zu Fuss	Geschütze	Combattanten
I. Das Don'sche:				
a) Im Frieden 1 Leibgarde-Regiment, 15 Regimenter und 8 Batterieen	98	.	8	16.058
b) im Kriege 2 Leibgarde-Regimenter, 45 Regimenter und 15 Sotnien, 22 Batterieen u. Ersatzbatterieen	318	.	136	51.334
II. Das Kubán'sche:				
a) Im Frieden 1 Escadron kaiserl. Convoi, 10 Regimenter und 2 Sotnien, 2 Bataillons, 10 Cadres, und 5 reitende Batterieen	63	8	20	11.698
b) Im Kriege 1 Escadron kaiserl. Convoi, 30 Regimenter, 6 Bataillons und 5 reitende Batterieen	185	24	30	33.273
III. Das Térek'sche:				
a) Im Frieden 1 Escadron kaiserl. Convol, 4 Regimenter und 2 reitende Batterieen	17	.	8	2.877
b) Im Kriege 1 Escadron kaiserl. Convol, 12 Regimenter und 2 reitende Batterieen	50	.	12	7.826
IV. Das Astrachan'sche:				
a) Im Frieden 1 Regiment	4	.	.	602
b) im Kriege 3 Regimenter	12	.	.	1.755
V. Das Orenburg'sche:				
a) Im Frieden 6 Regimenter und 3 reitende Batterien	33	.	14	6.232
b) Im Kriege 18 Regimenter, 1 reitende Brigade und 1 reitende Batterie	111	.	40	17.435
VI. Das Ural'sche:				
a) Im Frieden 1 Leibgarde-Escadron und 16 Sotnien	17	.	.	2.514
b) im Kriege 16 Sotnien	16	.	.	7.765
VII. Das Sibirische:				
a) Im Frieden 18 Sotnien	18	.	.	3.691
b) im Kriege 54 Sotnien	54	.	.	7.936
VIII. Das Semirjetschenskische:				
a) Im Frieden 1 Regiment	4	.	.	650
b) Im Kriege 3 Regimenter	12	.	.	1.843
IX. Das Transbaikalische:				
a) Im Frieden 1 Regiment, 2 Bataillons und zwei reitende Batterieen	6	10	8	3.183
b) Im Kriege 3 Regimenter, 6 Bataillons und 3 reitende Batterieen	18	30	18	8.868
X. Das Amur'sche:				
a) Im Frieden 2 Sotnien zu Pferd und 2 Sotnien zu Fuss	2	2	.	655
b) im Kriege 1 Regiment und 3 Halbbataillons	6	6	.	2.003

Die Gesammtsummen der Friedens- und der Kriegsstärke der Kasaken s. S. 176 u. 507.

3. in Pistolen, und

4. in Dolchmessern oder Kindshálen; das erste Glied führt ausserdem

5. lange Piken ohne Fähnchen.

Die Adjustirung der Kosaken — Wojaskos — ist: der halblange Kasakin oder die lange Tscherkesska (vgl. S. 198), Pumphosen und hohe Stiefeln ohne Sporen (diese letzteren ersetzt die Peitsche, Nagaika) und die Papácha, Pelzmütze.

Die Farbe der Uniformen ist dunkelbraun, ·grün, ·blau oder schwarz. Am Leibe tragen die Kosaken zum Theile die Armjatschina, ein Hemd aus Kameelhaar.

Auf dem Bocksattel ist ein hoher, schwarzlederner, durch den Uebergurt in zwei Wülste getheilter Polster angeschnallt, so dass der Kosak in den Bügeln steht. Die Vorhand der Pferde ist auf diese Weise sehr belastet.

Trotz dieser hohen Sättel wissen die Kosaken mit ungemeiner Fertigkeit auf- und abzusteigen und ihre Dshigitowka (vgl. S. 239) auszuführen.

Als Zaum dient eine rohe Trense; die Zügel und die Gurten sind oft nichts als halbzerrissene Lederstreifen aus Juchten oder Schaffell.

9. Die Pferde in Transkaspien, Bochara und Turkestan

gliedern sich in drei Hauptracen:

I. Im Westen des ganzen Gebietes und gegen Chiwa hin die Tekkepferde;

II. im Osten die bocharischen, und

III. die Steppenpferde der Kirgisen.

I. Die Tekke-Race soll einer Kreuzung von arabischem Blut mit den eingeborenen, den einstigen parthischen Pferden entstammen.

Sie besitzen eine breite Brust, starken Widerrist, abfallende Croupe; sind hoch (bis 165 cm), schlank, sehnig, elegant und ähneln (englischem) Vollblut.

Farbe: Braune, Füchse, Schimmel (berühmt der Aragmakschlag).

Als Zahl werden 1½ Millionen Stück angegeben.

Die Preise vorzüglicher Tekkepferde — das gute Material ist fast durchwegs von den russischen Officieren bereits aufgekauft — betragen bis 700 R., ja bei einzelnen Exemplaren bis 2000 R. (s. S. 320).

Diese Pferde werden immer, das ganze Jahr hindurch, ebenso wie die Windhunde hier unter Decken und Kapuzen gehalten. Ihre Nahrung ist Gerste, Häcksel, auch wohl Kleeheu. Das einjährige Füllen wird bereits an den — leichten — Reiter gewöhnt; die Zweijährigen machen oft unter doppelter Last 16 bis 20 km pro Tag; die Dreijährigen werden sehr geschont und gepflegt, um im vierten Jahre leistungsfähig zu sein.

Hellwald u. A. berichten über das Training, dem die Tekke ihre Pferde unterwarfen, sobald ein Alamanstwo (Kriegs- und Raubzug) in Sicht war:

30 Tage lang erhielt ein Pferd pro Tag 3 *kg* Heu oder Klee und 1½ *kg* Gerste. Täglich wurde ein halbstündiger „Canter" gegeben. Erst nach geraumer Zeit wurde gefüttert, jedoch nur sehr wenig getränkt. Das Thier verlor so an Fett. Am 31. Tage zog jeder Tekke mit 2 Pferden ins Feld; das trainirte Streitross lief vorläufig ledig mit. Die ersten 4 Tagmärsche betrugen 19·9, 26·6, 33·3 39·9 *km*. Vom 5. Tagmarsch an erhielt das Streitross täglich 2 *kg* Gersten-, 1 *kg* Maismehl und 1 *kg* sehr fein zerhacktes Fett (!) vom Schwanze der Kurdschuks (Fettschwanzschafe), und zwar Alles dieses gemischt und zu einem Kuchen geknetet. Sobald das Pferd 4 Tage hindurch so gefüttert worden, war es für die forcirtesten Märsche „fit" und wurde von seinem Herrn bestiegen.

Seit der russischen Herrschaft ist mit den Raubzügen auch dieses strenge Training weggefallen. Die Pferde, die ich sah, waren übrigens fast durchwegs in guter Condition und leistungsfähig. Die Tekkepferde legen grosse Distanzen zurück, so z. B. 630 *km* in 5 Tagen, also täglich 126 *km*; 148 *km* in 18 Stunden, also pro Stunde 8·2 *km*; in gestrecktem Pass machen sie pro Tag bis zu 200 *km*. General Iwánow legte 186 *km* in einer Tour zurück und ritt, nach nur zweistündiger Rast, dieselbe Strecke in 36 Stunden wieder zurück (5·2 *km* pro Stunde). Bei der Jagd hinter den Hunden bewähren sich die Pferde vortrefflich.

Früher fanden auch häufig Wettrennen statt. So z. B. zwischen Kisil-Arwat und Göktepe. Diese Distanz, 174 *km*, musste von Sonnenauf- bis Sonnenuntergang zurückgelegt werden. Es betheiligten sich in dem von Major Wereschtschágin besprochenen Falle 20 Reiter. Ein Pferd kam über diese Distanz dreimal hintereinander als Erster ein.

II. Die bocharische Race in Bochara und im Thale des Serefschan (s. S. 330).

Sie ist niedriger und stämmiger als die Tekke-Race. Auch hier schlägt oft arabisches Blut durch. Die Thiere haben einen schönen, kleinen Kopf, kräftige Brust, kleine, feste Hufe, dünnen Schweif und Mähne und sind im Allgemeinen gutmüthiger als die Tekkepferde.

Farben: Eisenschimmel, Falben, Braune.

Diese Race gliedert sich in:

1. den von den sesshaften Sarten gezogenen hohen figuranten Schlag. Preis im Durchschnitt 100 Rubel pro Stück. Diese Thiere stehen ebenfalls unter Decken (s. S. 379).

2. die kleinen, ausdauernden struppigen Nomadenpferde. Preis 20 bis 40 Rubel (s. S. 377);

3. die Kara-bars aus der Gegend von Kerki, mit anglo-normannischem Typus;

4. die Bergpferde im Ferghanagebiet.

Heyfelder berichtet im „Globus" 1888, Nr. 12, über Wettrennen in Bochara:

Diese werden gewöhnlich im Herbst abgehalten, wo die Temperatur kühler und die Feldflur abgeräumt ist Es sind eigentlich Reiterspiele (Dshigitowkas), bei welchen die Jagd um den Preis, einen fetten Hammel, eine ähnliche Rolle spielt, wie der Schleifenraub bei dem Jeu de barre; nur besteht die Hauptaufgabe für den Reiter darin, den Hammel im Galop vom Boden aufzuheben und zum Zeichen des Sieges unter dem Schenkel zu bergen. Denjenigen, welcher den auf die Erde geschleuderten Hammel glücklich erhascht hat, verfolgen die anderen Reiter (meist 10 bis 12, manchmal betheiligen sich aber auch einige Hundert an der Hammeljagd). Die bocharischen Sportsmen wetteifern miteinander an Gewandtheit und sicherem Sitz, während sie es versuchen, dem augenblicklichen Besitzer des Preisthieres, welches oft buchstäblich in Stücke zerrissen wird, die Beute zu entwinden. Immer wieder wird der Hammel zu Boden geworfen, bis endlich der Sieg errungen ist, worauf ein neuer Hammel aufwandert.

III. Im Osten, nördlich von Samarkand, das kirgisische Steppenpferd, unansehnlich, aber leistungsfähig (24 *km* pro Stunde).

Die Zäumung ist ein einfaches Kopfgestell mit roher Trense.

Der Sattel (s. Abbildung S. 373) ist aus Holz und bemalt. Darunter liegen dicke Filzdecken. Schweifriemen und Gurten halten den Sattel fest. Die Steigbügel ähneln in der Form den unseren. Ueber den Sattel kommen leichte Decken, bei festlichen Gelegenheiten aber verhüllt — wie ich wiederholt in Bochara sah — eine prachtvolle, gestickte Schabracke (s. das Bild S. 373) bei den Vornehmen den ganzen Körper des Pferdes.

Angetrieben wird das Thier nur mit der Peitsche, Sporen sind unbekannt. Beschlagen werden die Pferde durchwegs mit Volleisen (Vgl. über die bocharischen Hufeisen S. 330).

———

10. Rennen und Pferdewesen.

7. August 1888. Nachmittags 2 Uhr.

I. Flachrennen. Preis 200 Rubel. Für Pferde aller Länder und Racen. Herrenreiten. Distanz 3 Werst = 3201 m. Einsatz 10 R.

Cornet Apuschkin's (Narwa-Drag.-Rgt.) 4j. br. H. Kronprinz v. Kaiser a. d. Panna. g. ü. d. B.

II. Hürdenrennen. 600 Rubel für in Russland geborene Pferde. Herrenreiten. Distanz 2347 m. Einsatz 10 Rubel. 132 R. dem 2., 40 R. dem 3.

Rittm. v. Hartung's (Garde-Uhl.-Rgt.) 4j. schw. St. Aegida v. Emir a. d. Deveria, gezogen v. Br. Ilowajskij, 69 kg (Lt. Br. Wrangel). I.

Gebr. Br. Wulff a. schw. St. Clausa v. Koralle a. d. Arabella, gez. im Reichsgestüt Nowo-Alexandrowsk, 76 kg (Br. E. Wulff) II.

Stabsrittm. v. Willebrandt's (Weissruss. Drag.-Rgt.) 4j. dbr. H. Vali v. Vautour a. d. Esmeralda, gez. v. Fst. Obolenskij, 73 kg (Besitzer). III.

Vom Start weg führte Clausa bis zur letzten Wendung, wo Aegida vorgeht und Clausa nach hartem Kampf mit einer kurzen Kopflänge schlägt.

III. Flachrennen. 600 Rubel. Für Pferde aller Länder und Racen. Dist. 10 Werst = 10,670 m. Einsatz 15 Rubel. 520 Rubel dem Sieger, 100 R. dem 2., 25 R. dem 3., 15 R. dem 4.

Lt. Dieterich's (Grenadiers à cheval) 5j. dbr. St. Minuta v. Merry Sunshine a. d. Lora, gez. v. Reichsgest. Chrenowoje, 72 kg (Besitzer). I.

Fst. Eristow's u. Cornet Wyscheslawzew's (Narwa-Drag.-Rgt.) 5j. hbr. H. Hardy v. Neptun a. d. Wissla, gez. v. Hrn. Missirowitsch, 74 kg (Cornet Apuschkin). II.

Rittm. Jagello's (Wosnessenski-Drag.-Rgt.) 5j. F.-H. Mameluk v. Merry Sunshine a. d. Jantarka, gez. i. Reichsgest. Limarew, 74 *kg* (Lt. Petritschenko). III.

Lt. Pawlowskij's (Garde-Artill.-Reg.) a. F.-St. Halka v. Alboin a. d. Heroine, gez. v. Hrn. Lasarew, 72 *kg* (Bes.). IV.

Beim Fall der Flagge setzt sich der Favourite Halka an die Spitze des Feldes, gefolgt von Mameluk. Hardy und Minuta bilden die Nachhut. So ging es ohne wesentliche Veränderung über 7 Werst, wo Halka als geschlagen zurückfällt und Minuta die Führung übernimmt, dichtauf Hardy. Bei der 8. Werst werden beide wieder zurückgenommen, dem Favourite neuerdings die Führung überlassend. Gegen Ende der 9. Werst geht Hardy, energisch aufgefordert, an die Spitze, gefolgt von der noch immer gehaltenen Minuta, welch letztere, von Lt. Dieterich meisterhaft gesteuert, nach kurzem Kampfe mit acht Längen als Erste landet. Der Rest abgeschlagen.

Zeit pro Werst = 1·55 + 2·36 + 2·13 + 2·94 + 2·96 + 2·10 + 1·54 + 1·53 + 1·23 + 1·26 = 19·60 Minuten.

IV. Officiers-Steeple-Chase. 400 Rubel. Für Pferde aller Länder und Racen. Dist. circa 2100 *m*. Einsatz 15 R. 92 R. dem 2., 30 R. dem 3.

Gebr. Br. Wulff a. Scheck-W. Peck v. Master Willy a. d. Fantasca, 81 *kg* (v. Kaufmann). I.

Stabsrittm. Listowskij's (Narwa-Drag.-Rgt.) 4j. F.-H. Lovelace v. Ladies Friend a. d. Wengerka, gez. i. Reichsgest. Janow, 75 *kg* (Cornet Apuschkin). II.

Der Officiers-Reitschule a. dbr. St. Creta v. Krikún a. d. Gwosdika, gez. i. Reichsgest. Nowo-Alexandrowsk, 76 *kg* (Rittm. v. Willebrandt). III.

Fst. Eristow's (Isjum.-Drag.-Rgt.) a. schw. W. Lari, Abstammung unbekannt, 79 *kg* (Lt. Bolotin). IV.

In der Reihenfolge Peck, Lovelace, Creta, Lari wird das Feld entlassen, welches in derselben Ordnung den Richter passirt. Peck mit einer Länge Erster, die anderen dichtauf.

V. Steeple-Chase. 900 Rubel. Handicap für Herrenreiter auf Pferde aller Länder und Racen. Dist. 4268 *m*. Einsatz 25 R. Am Vorabend des 9. Renntags mit 9 Unterschriften geschlossen. Reugeld 10 R., 207 R. dem 2., 50 R. dem 3.

Lt. Sworykin's (Adjut. Corps) a. br. H. Viscount v. Valerius a. d. Kujbaba, gez. v. Reichsgest. Chrenowoje, 69 *kg* (Bes.). I.

Corn. Apuschkin's (Narwa Drag.-Rgt.) 5j. br. H. Ramolli v. Lwenok a. d. Konfetka, gez. v. Hrn. Wyscheslawzew, 75*kg* (Bes.). II.

Gf. A. Potocki's a. br. St. Vaselina v. Nunham a. d. Amerika, 77*kg* (Br. Wulff). 0.

Vaselina übernimmt sofort die Führung, gefolgt von Ramolli und Viscount. Beim Wall geht Vaselina kopfüber. Viscount aufgefordert stellt sich nun an die Spitze und gewinnt mit sechs Längen.

VI. Trost-Hürdenrennen. 300 Rubel. Für in Russland geborene Pferde, welche 1888 keinen ersten Preis gewonnen haben. Herrenreiten. Dist. 2667 *m*. Einsatz 10 R., 60 R. dem 2., 20 R. dem 3.

Lt. Benoit's (Narwa Drag.-Rgt.) a. br. W. Georges v. Jovel boy a. d. Rosina. gez. i. Reichsgest. Janow, 74*kg* (Corn. Apuschkin). I.

Br. Günzburg's u. Stabsrittm. Listowskij's (Gluchow. Drag.-Rgt.) a. br. St. Gljadissa v. Emir a. d. Mokritza, gez. v. Br. Ilowajskij, 70*kg* (St. Rittm. Listowskij). II.

Hrn. E. J. Papow's (Bug. Drag.-Rgt.) a. dbr. H. Decret v. Honesty a. d. Dinorah, gez. v. Hrn. Mossolow, 72*kg* (Bes.). III.

Anfangs führte Gljadissa, musste aber schliesslich dem Anprall Georges' weichen, der im Canter mit vier Längen als Erster das Ziel passirt.

VII. Handicap Flachrennen. Silberner Ehrenpreis im Werthe von 200 Rubel. Für Pferde aller Länder und Racen. Herrenreiten. Dist. 1600 *m*. Einsatz 10 R. Zehn Tage vor dem Rennen mit 9 Unterschriften geschlossen. Reugeld 5 R. 70 R. (Einsatz und Reugeld) dem 2.

Lt. Dieterich's (Grenadiers à cheval) 5j. br. H. Mamont v. Merry Sunshine a. d. La Dernière, gez. i. Reichsgest. Chrenowoje, 75*kg* (Bes.). 1.

Lt. Sworykin's (Adj.-Corps) 5j. schw. St. Fata Morgana v. Honesty a. d. Kosyrna Dwoika, gez. v. Hrn. Mossolow, 69*kg* (Bes.). II.

Cornet Durassow's 5j. Sch.-H. Giso v. Hermes a. d. Swjesda, gez. i. Gest. Sr. k. H. Herzog G. Leuchtenberg, 67*kg* (Br. Wulff). III.

Sr. k. H. Grossf. Nikol. Nik. d. Aelt. 5j. br. H. Dym v. Derby a. d. Para, gez. i. Gest. d. Bes., 70*kg* (St. Rittm. v. Willebrandt). IV.

Lt. Afanasjew's a. dbr. H. Visir v. Alcibiades a. d. Virsawia, gez. v. Hrn. Lasarew, 69*kg* (Bes.). 0.

Mamont, der beim Start mehrere Längen gewonnen, siegt schliesslich leicht mit drei Längen gegen Fata Morgana. Der Rest abgeschlagen.

Zum Unterschiede der vorerwähnten Rennen folgt nachstehend der Bericht über das am 4. August 1888 stattgehabte Rennen zu Zarskoje Sselo, an welchem Pferde erster Classe und Jockeys theilnahmen.

I. Steeple-Chase. 650 Rubel. Für in Russland geborene Pferde. Dist. 3201 *m.*

Lt. Br. Wrangel's a. br. St. Tschaika, 74 *kg* (Bes.). I.

Lt. Sworykin's a. br. H. Viscount, 76 *kg* (Bes.). II.

II. Vereinspreis. Für 3j. Hengste und Stuten, Maiden des Jahres 1888. 1100 Rubel. Dist. 2134 *m.*

Hrn. Doroshinskij's br. H. Master Paganini v. Paganini a. d. Melusine, 53 *kg* (Claydon). I.

Obst. Suchomlynow's br. H. Rustem, 55 *kg* (Wicks). II.

Lt. Pawlowskij's F.-H. Paris, 53 *kg* (Gise). III.

Hrn. E. M. Iljenko's a. br. St. Metamorphose 53 *kg* (Woronko) 0.

III. Officiers-Hürdenrennen. 505 Rubel. Für in Russland geborene Pferde. Dist. 2667 *m.*

Br. Huene's 4j. br. St. Aegida, 73 *kg* (Lt. Br. Wrangel). I.

Lt. Dieterich's 5j. br. H. Mamont, 78 *kg* (Bes.). II.

Sr. k. H. Grossfst. Nikol. Nik. d. Aelt. 5j. br. H. Dym, 78 *kg* (Rittm. v. Willebrandt). III.

IV. Preis des Totalisateurs. 1700 Rubel. Für Pferde aller Länder und Racen, nicht unter drei Jahren. Dist. 2134 *m.* 340 R. dem 2., 100 R. dem 3.

Lt. Grabowskij's 3j. F.-H. Gayarré v. Gunnersbury a. d. Lady Alboin, 51 *kg* (Conner). I.

Des Reichsgest. Chrenowoje 4j. br. St. Arfa, 55 *kg* (Wicks). II.

Hrn. E. M. Iljenko's 3j. F.-H. Drug 51 *kg* (Smith). III.

Gayarré, der beste Dreijährige Russlands, setzt sich sofort an die Spitze des Feldes und siegt im gewöhnlichsten Canter mit zehn Längen gegen Arfa, der mit ½ Länge Drug folgt.

Zeit = 2 Minuten 33 Secunden.

V. Vereinspreis. 1050 Rubel. Für in Russland geborene Hengste und Stuten nicht unter drei Jahren, die um 2000 Rubel feil sind. Dist. 1600 *m.* 210 R. dem 2., 50 dem 3.

Lt. Pawlowskij's 3j. dbr. H. Mürid v. Marschall Scott a. d. Epire, 51 *kg* (Conner). I.

Fst. Eristow's 3j. lbr. St. Vesta, 49*kg* (Smith). IL

Gf. Krasinski's 5j. F.-H. Snitsch, 59*kg* (Ambros). IIL

VL Vereinspreis. Handicap. 1385 Rubel. Für in Russland geborene 3j. Hengste und Stuten. Dist. 2418 *m*. 277 R. dem 2., 50 R. dem 3.

Gf. Nierodt's br. H. Letzter Astaroth v. Astaroth a. d. Grosa, 55 *k* (Ambros). I.

Des Reichsgest. Chrenowoje F.-St. Loretka, 53 *kg* (Wicks). II.

Hrn. Ursin-Njemzéwitsch's br. H. Kogut, 57 *kg* (Fix). III.

b) Rennen zu Moskau.
31. Tag.
19. August 1888, Nachmittags 4 Uhr.
(Sommer-Meeting.)

I. Hürden-Rennen. Preis 300 R. Für 3j. und ältere, in Russland geb. Pferde. Distanz 2347 *m*. Dem zweiten Pferde 59 R. dem dritter 18 R.

Der Renngesellschaft „M. Sch." 3j. schwbr. St. Telegramm v. Emir a. d. Valide, gez. v. Br. Ilowajskij (64 *kg*) (Hr. A. E. Kanschin). I.

B. A. Apuschkin's a. schw. St. Rubia v. Rubin a. d. Anapa II., gez. im Reichs-Gestüt Nowo-Alexandrowsk (72 *kg*) (Cornet Koslow). II.

Der Renngesellschaft „Turf" 4j. schwbr. St. Gazelle v. Gleeworm a. d. Daphne, gez. von Herrn Rakowskij (74 *kg*) (Jockey Millin). III.

Mit einer Länge gewonnen.

II. Vereinspreis. Preis 1000 R. Für 2j. incl. oder vor 1886 imp. H. und St. Distanz 1067 *m*. Dem zweiten Pferde 207 R.

Gf. A. N. Nieroth's F. H. Bsot v. Cordian a. d. Baronesse, gez. v. Besitzer (55 *kg*) (Ambros). I.

Gf. G. J. Ribeaupierre's F., St. Estafette v. Marschall Scott a. d. Aeneïde, gez. v. Besitzer (53 *kg*) (Bateman). II.

Hrn. Arapow u. Konschin's F., H. Bui-Tur v. Peut-être a. d. Milost, gez. v. Hrn. J. J. Konschin (55 *kg*) (Epps). III.

Hrn. Worokzow u. Co. F., H. Don Cesar de Bazan v. Fog-a-ball a. d. Renta, gez. v. Hrn. J. M. Iljenko (55 *kg*) (Putschkow). 0

Fst. A. M. Chilkow's d. br. St. Axloma v. Laguerrien a. d. Annona, gez. v. Besitzer (53 *kg*) (Pusikow). 0

Hrn. J. F. Dillenius br. 11. Longinus v. Earl of Dartrie a. d. Larsina, gez. v. Hrn. Retke (55 *kg*) (Madden).　　　　　0

Nach Belieben mit zwei Längen gewonnen.

III. Vereinspreis. Preis 700 R. Für 3j. H. und St. Distanz 2417 *m*. Dem zweiten Pferde 140 R.

Hrn. L. L. Kronenberg's br. St. Corona v. Kaiser a. d. Concordia, gez. v. Besitzer (53 *kg*), (Wilson).　　　　　I.

Br. Ilowajskij's schwbr. H. Zenith v. Emir a. d. Cordillerka, gez. v. Besitzer (55 *kg*) (Woronkow).　　　　　II

Hrn. L. L. Kronenberg's br. St. Dumna v. Kaiser a. d. Doucereuse, gez. v. Besitzer (51 *kg*), (Malmowskij).　　　　　III.

Gf. L. A. Krasinski's F. St. Blue-maid v. Züzen a. d. Fanny (53 *kg*), (White).　　　　　0

Leicht mit einer Länge gewonnen.

IV. Vereinspreis. Preis 600 R. Für 3j. und ältere Pferde aller Länder. Distanz 2667 *m*. Dem zweiten Pferde 116 R.

Hrn. L. L. Kronenberg's 4j. br. St. Mira v. Kaiser a. d. Maria, gez. v. Besitzer (56 *kg*), (Wilson).　　　　　I.

Gf. Nieroth's 4j. dbr. H. Losygreen v. Astaroth a. d. Ladies Fashion, gez. v. Hrn. A. A. Stachowitsch (58 *kg*), (Ambros).　　　　　II.

Hrn. F. K. Doroshinskij's 3j. schwbr. St. Jardinièreka v. van der Meulen a. d. Gentille, gez. v. Besitzer (56 *kg*), (Fedorow) 0.

Mit ³/₄ Längen gewonnen.

V. Ermunterungsrennen. Preis 400 R. Für 4j. und ältere Pferde, die 1888 keinen ersten Preis gewonnen haben. Distanz 2134 *m*. Dem zweiten Pferde 79 R.

Der Rennges. „P. E. G." 4j. br. H. Azur v. Kaiser a. d. Aïda, gez. v. Hrn. L. L. Kronenberg (55 *kg*), (Woronkow).　　　　　I.

Rennges. „Turf" 4j. br. St. Lampesse v. Lampton a. d. Lady Valentine, gez. v. Gf. Krasinski (53 *kg*), (Kalatnikow).　　　　　II.

Hrn. E. K. von Wüllebrandt's 3j. F. St. Drumlja v. Drummajor a. d. Dombrowka, gez. v. Hrn. L. F. Grabowskij (55 *kg* (Konewski).　　　　　0

Hrn. F. K. Doroshinskij's 4j. F. St. Annunziata v. Paganini a. d. Alexandrine, gez. v. Besitzer (53 *kg*).　　　　　0

Leicht mit einer Länge gewonnen.

VI. Handicap. Preis 4000 R. Für 3j. und ältere Pferde aller Länder. Distanz 1600 *m*. Dem zweiten Pferde 87 R.

Hrn. F. K. Doroshinskij's 3j. schwbr. St. Elisa v. Kisber-öcşe a. d. Emma, gez. v. Besitzer (57 *kg*) (Claydon).　　　　　I.

Gf. A. N. Nieroth's 4j. br. H. Kumuschka v. Astaroth a. d.
Kubana, gez. v. Hrn. S. N. Wolkow (63 kg) (Ambros)   II.

Hrn. A. E. Platonow's 4j. Falb-St. Gazelle II. v. Isborek
a. d. Garantie, gez. v. Hrn. A. S. Wyscheslawzew (54 kg) (Schmelew). III.

Hrn. N. J. Ochljabinin's 4j. br. H. Csárdás v. Astaroth a. d.
Tschetwerta, gez. v. Hrn. A. A. Stachowitsch (62 kg) (Bateman) 0

„Memnon-Valunina's" 5j. br. H. Newsgoda v. Gleeworm a.
d. Dagmar, gez. v. Hrn. Rakowskij (52 kg) (Terechow).   0

Hrn. E. K. von Willebrandt's 4j. br. St. Castadiva v. Cordian
a. d. Last fool, gez. v. Hrn. L. F. Grabowskij (59 kg).   0

Leicht mit 1½ Längen gewonnen.

VII. Trostrennen. Preis 400 R. Für 3j. und ältere incl. H.
und St. Distanz 1600 m. Dem zweiten Pferde 82 R.

Der Renriges. „Hermes" 3j. F.-St. Sarjá v. Dear boy a. d.
Alhambra, gez. v. Br. Ilowajskij (50 kg) (Millin).   +

Hrn. E. M. Iljenko's 3j. F.-H. Rastotschitel v. Coloss a. d.
Kenta, gez. v. J. M. Iljenko (51 kg) (Puschkow).   +

Hrn. J. M. Iljenko's 3j. dbr. Lorley v. Lazy-Fellow a. d.
Rosina II. gez. v. Reichsgestüt Chrenowoje (50 kg) (Poshogin) III.

Hrn. W. J. Mysslrowitsch 3j. F. St. Emma v. Saklos a. d.
Ellipse, gez. v. Besitzer (50 kg) (Komarowskij).   0

Fst. A. M. Chilkow's 3j. br. H. Vulcan v. Laguerien a. d.
Vile, gez. v. Fst. G. D. Chilkow (51 kg) (Solenow).   0

Hrn. F. K. Doroshinskij's 3j. schwbr. St. Jalousie v. Paganini
a. d Gentille, gez. v. Besitzer (50 kg) (Shelley).   0

Todtes Rennen. Im Entscheidungslaufe wurde Sarjá mit
½ Länge Erste.

o) Pferdebeschaffung für die Armee.

Kein anderes europäisches Heer verfügt über so zahlreiches
und dabei vorzügliches Pferdematerial zu Remontirungszwecken,
als das russische.

Sechs Reichsgestüte, 3430 Privatgestüte, 297 Deckstationen
sorgen im europäischen Russland und im Kaukasus für
Zuchtmaterial und Hebung der Landespferdezucht.

Einen kleinen Einblick in die Leistungen der russischen
Vollblutzucht gewähren die oben mitgetheilten Rennprogramme.
Zum Ankaufe edler Hengste werden jährlich von der Regierung
100.000 Rubel verwendet. 1888 ergab der Verkauf von 470 Pferden
aus den Privatgestüten 97.407 Rubel (vgl. S. 55, 219 u. 471). In

allen russischen Reitschlägen ist orientalisches Blut vorherrschend oder in Verbindung mit englischem Vollblut vertreten. In den Militärgestüten des Don'schen Kosakenheeres finden wir fast ausschliesslich orientalisches Blut.

Ausser den Gestüten wird die Zucht von Reitpferden in den Tabunen (wilden Gestüten, Heerden) der Steppen betrieben. Das asiatische Russland mit seinen ungeheueren Weideplätzen verfügt über eine nach vielen Millionen zählende Menge von Steppenpferden (vgl. S. 319 und Absatz 9 des Anhangs).

Das europäische Russland, ausser Finnland und Kaukasien, besitzt auf einer Fläche von 4,953.345 $\square km$ mit 89,685.000 Einwohnern 21,000.000 Stück Pferde. Es entfallen hier sonach auf 1 $\square km$ 4·24 Pferde, auf 1000 Einwohner 234·24 Pferde.

(Oesterreich-Ungarn hat 3,614.747 Pferde, sonach 5·8 Stück auf 1 $\square km$, 95·42 Stück auf 1000 Einwohner; das Deutsche Reich hatte im Jahre 1873 3,352.231 Pferde.)

Die Gestüte liefern die Reitpferde für die Garderegimenter; jedes der letzteren hat Pferde gleicher Farbe. Die Zusammenstellung gleichfarbiger Pferde für die Garderegimenter erfolgt bereits bei der Conscription der Remonten.

Die Zahl der Remonten beträgt jährlich ein Neuntel des Pferdebestandes der Armee.

Die Armeeregimenter und die Kosaken werden mit Steppenpferden, auf der Reitschule ungefügigen, im Terrain vortrefflichen Thieren beritten gemacht. Die Artillerie der Armee hat vorzügliche Zugpferde, welche durch Remontenankauf erworben werden.

Im Kriegsfalle werden Pferde für militärische Zwecke zwangsweise requirirt.

Der Bedarf an Pferden für das russische Landheer beträgt:

	a) im Frieden	b) im Kriege
	Stück	Stück
I. Bei der regulären Armee (s. S. 175).	85.700	223.000
II. Bei den Kosakenheeren (s. S. 176 u. Absatz 8 des Anhangs)	38.700	138.000
III. Bei den irregulären Truppen, (2 Sotnien Krim-Tataren, 24 Sotnien kaukasischer Cavallerie, 5 Sotnien sibirischer Cavallerie, 1 Sotnie turkomanischer Miliz und Gendarmerie)	5.330	5.400
	129.730	360.400

(Das k. k. Heer hat im Frieden einen Stand von 50.362 Pferden; im Kriege einen Stand von 217.034 Pferden.

Das Heer des Deutschen Reiches zählt in Friedenstärke 84.091 Dienstpferde.)

d) Die russischen Traberpferde.

Die berühmtesten sind die Orlow-Pferde (vgl. S. 56). Diese Race entstammt dem von Graf Orlow im Jahre 1778 begründeten Gestüt zu Chrenowoje. Sie entwickelte sich vorzugsweise in Folge richtiger Zuchtwahl und durch die consequente Arbeit dieses Gestütes, was Gangart und Körperform anbelangt, in so übereinstimmender und glücklicher Weise, dass die Orlow'sche Traberrace schon zu Zeiten ihres Züchters als constant angesehen werden konnte. Im Laufe der Jahre bis auf die neueste Zeit wurde noch immer an ihrer Veredlung gearbeitet; doch scheint das Extérieur und die Leistungsfähigkeit dieser Traberpferde in unseren Tagen durch die Producte der amerikanischen und deutschen Züchter übertroffen zu werden.

Gemeingut wurde die Orlow-Race erst nach dem Tode des Grafen Orlow, nachdem ein Herr Schischkin ein Trabergestüt mit Orlow-Pferden eingerichtet, aus welchem er Zuchtmaterial verkaufte, und nachdem das Stammgestüt 1845 in die Hände der Krone übergegangen war (s. S. 56).

Professor P. Jessen-Dorpat, „Zur Frage über die Reinheit des Orlow'schen Traberpferdes", Wien 1873, und C. G. Gf. Wrangel, „Das Buch vom Pferde", Stuttgart 1888, geben näheren Aufschluss über die weltberühmten Orlow-Traber.

Der Stammvater dieser Traber war der arabische Schimmelhengst Smjelánka (153 cm hoch). Dieser Hengst hinterliess 1 Stute und 4 Hengste, und zwar:

1. Völkersahm gekreuzt mit der englischen Stute Ochotnitza; hinterliess 7 Hengste, 59 Stuten.

2. Lublinetz, gekreuzt mit der arabischen Stute Selga.

3. Bowka (verkauft nach England), gekreuzt mit der englischen Stute Glawnja.

4. Aus einer dänischen Stute den berühmten Hengst Polkan gekreuzt mit einer holländischen Stute, hinterliess 7 Hengste, 21 Stuten (unter den ersteren Bars I., geb. 1784).

Im Ganzen wurden 22 Hengste und 53 Stuten englischer Race in Chrenowoje zur Zucht verwendet.

Gf. Wrangel sagt von dem jetzigen russischen Traberpferde: Es ist ein hochbeiniger Gaul mit plumpem Kopf, kurzer, steiler Schulter, langem, weichen Rücken, schlechter Rippenbildung, kurzer und schwacher Croupe bei mangelnder Tiefe und Breite, mit Anlage zu Roaren und Dämpfigkeit, aber von ausserordentlichen Gängen!

Als „Traber" gilt in Russland nur jenes Pferd, welches 1 Werst (1067 m) in weniger als 2 Minuten zurücklegt. 1886 war der beste Record auf 3 Werst = 4:58" jener des 7jährigen Schimmelhengstes Kremen. 1889 gewann den grossen Preis zu Moskau Polly, eine amerikanische Traberstute, welche über 4½ Werst = 4800 m den Kilometer in 1:34" zurücklegte. Polly schlug auch hier über die Distanz von 3 Werst = 3200 m Hrn. Makarow's Schimmelhengst Wjun, derzeit den besten Traber Russlands, mit 4:30" gegen 5:00½". Polly legte sonach den Kilometer in 1:33¼", Wjun in 1:33⁹⁄₁₀" zurück.

(Ein bisher unerreichter Reccord ist jener der amerikanischen Stute „Maud S.", nämlich 1 km in 1:20", über 1609 m.)

Russland zählt eine grosse Reihe von Trabrennplätzen, unter welchen nur Petersburg und Moskau näher betrachtet werden sollen.

Im Jahre 1886	Pferde gemeldet	Zahl der Rennen	Renntage	Schnelligkeit über 1 Werst im Durchschnitt	Grösste Schnelligkeit über 1 Werst
1. Petersburg (Winter)	57	43	13	5:23¼"	5:00½"
2. Moskau (Sommer)	73	35	14	5:25"	5:00½"
3. Moskau (Winter)	60	28	11	5:44"	5:26¼"

11. Benützte Literatur.

Annenkow, Gen. Lieut. M. N. Die Oase der Achal-Tekke und die Communicationswege nach Indien (Russ. Revue 1881).

Correspondenz „Russland" und „Persien" in der M. Allg. Ztg. 1888, 89.

Curzon, Hon. George. A visit to Bokhara (Fortnightly Review 1889).

— — The Transcaspian Railway (Proceedings of the Roy. Geogr. Soc. May 1889).

Diplomatisch-statistisches Jahrbuch s. Goth. geneal. Taschenbuch. 1889.

Das Handelsmuseum mit Beilage: Commercielle Berichte der k. u. k. österr.-ungar. Consularämter 1888 und 1889.

Haxthausen, A. Frh. v. Transkaukasia. 1856.

Hellwald, F. v. Centralasien. 1880.

Heyfelder, Staatsrath Dr. O. F. Transkaspien und seine Eisenbahn. 1888.

— — Russlands Handel mit Bochara (Russ. Revue 1888).

— — Bochara vor und nach der Eröffnung der Transkaspischen Eisenbahn (Unsere Zeit 1888).

Klaus, A. Unsere Colonieen. Odessa 1847.

Landsdell, Rev. Dr. H. Russisch Central-Asien 1885.

Leist, Arthur. Georgische Dichter. 1887.

Markow, Eugen. Skizzen aus der Krim 1884 (in russ. Sprache).

— — Skizzen a. d. Kaukasus 1887 (in russ. Sprache).

Matthaei, F. Die wirthschaftlichen Hilfsquellen Russlands. 1885.

Meyer v. Waldek, Fr. Russland.

Middendorff, A. v. Einblicke in das Ferghanathal. 1881.

Mourier, J. De Vladikavkaz à Tiflis. Tiflis 1887.

Nassakin, N. v. Landw. Briefe aus Russland (Oesterr. Landw. Wochenblatt).

Oraolle, F. Le Caucase et la Perse. 1885.

Radde, Staatsrath Dr. G. Vier Vorträge ü. d. Kaukasus.

— — Die Chews'aren und ihr Land.

— — Aus den Hochalpen des Daghestan (Petermann Erg. bd. 1886, 87).

Russische Revue. Vierteljahrsschrift f. d. Kunde Russlands (Petersburg, II. Schmitzdorff). Jahrg. 1879—1889.

Troll, Dr. Jos. Reisebriefe (Wiener Zeitung, 1888).

Vambéry, Prof. Dr. H. Reise in Mittelasien (1863) 1873.

— — Skizzen aus Mittelasien 1868.

— — Das nördliche Afghanistan (M. Allg. Ztg. Nr. 242, 1888).

— — Eine englische Mission nach Kabul (M. Allg. Ztg. Nr. 246, 1889).

Vogt, H. Oberstlt. Die europäischen Heere. Heft V—VII.

Weidenbaum, E. Führer durch den Kaukasus. Tiflis 1888 (in russ. Sprache).

Wereschtschágin, A. W. In der Heimat und im Kriege.

X.... Constantinopel die dritte Hauptstadt Russlands, 1888.

ALPHABETISCHES NAMEN- UND SACHREGISTER.

Notenbeilage.

„Ach warum war es nöthig, auf die Berge zu gehen."
(Reigen.)

"Nur der brave Bursche thut mir leid."
(Chorlied.)

Der Dreispann fliegt.

Allegretto.

Kaukasisches Trinklied.

INHALTS-ÜBERSICHT.

I. THEIL.
1. Abschnitt

2. Abschnitt

3. Abschnitt

4. Abschnitt

5. Abschnitt

II. THEIL.
1. Abschnitt

2. Abschnitt

3. Abschnitt

4. Abschnitt

III. THEIL.

1. Abschnitt.

2. Abschnitt.

3. Abschnitt.

4. Abschnitt.

5. Abschnitt.

IV. THEIL.

1. Abschnitt.

2. Abschnitt.

BERICHTIGUNGEN.

Auf Seite ... Zeile ... von oben lies statt Chelmogonische: Chelmogorische.

103 — 8 — — — 7.943.000: 7,853.000.
147 — 7 — unten — 3.850 m³: 4.630 m³.
147 — 3 — — — 1.433 m³: 1.380 m³.
147 — 5 — — — 2.443 m³: 2 315 m³.
160 — 1 — — — Now-Moßljaß: Nowa-Banoljaß.
203 — 1 — oben — Kirw: Kiswel.
218 — 13 — — — Hacken: Neken.
220 — 14 — unten — Nalli-Metarmoßi: Nettiq-Mißomoßi.
230 — 19 — oben — 16.400 q: 416.400 q.
303 — 3 — unten — aaauxichtso: aaaariehten.
308 — 4 — oben — am Arno: im Arme.
309 — 8 — unten — Meschhed; quer über den hohen Gebirgskamm (s. Abschnitt 3) erscheint... Meschhed, quer über den hohen Gebirgskamm (s. Abschnitt 3) — erscheint.
348 — 4 — oben — skoditeljstwo: skoditeljstwe.
351 — 6 — — — 89 Kopeken: 87 Kreuzer.
351 — 3 — — — nach 3 Kopeken: , 1881 nach Oesterreich-Ungarn 4 Kopeken.

ÜBERSICHTS-KARTE
der Reise
von
PETERSBURG nach SAMARKAND
Maßstab 1 : 15,000,000
Kilometer

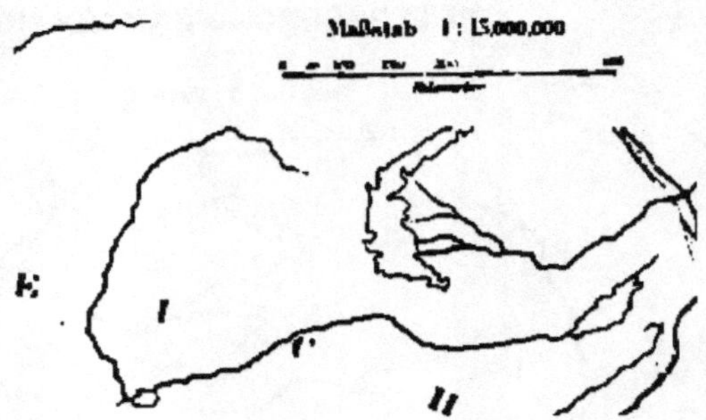

ÜBERSICHTS-KARTE
der Reise
von
PETERSBURG nach SAMARKAND
Maßstab 1 : 15,000,000
Kilometer

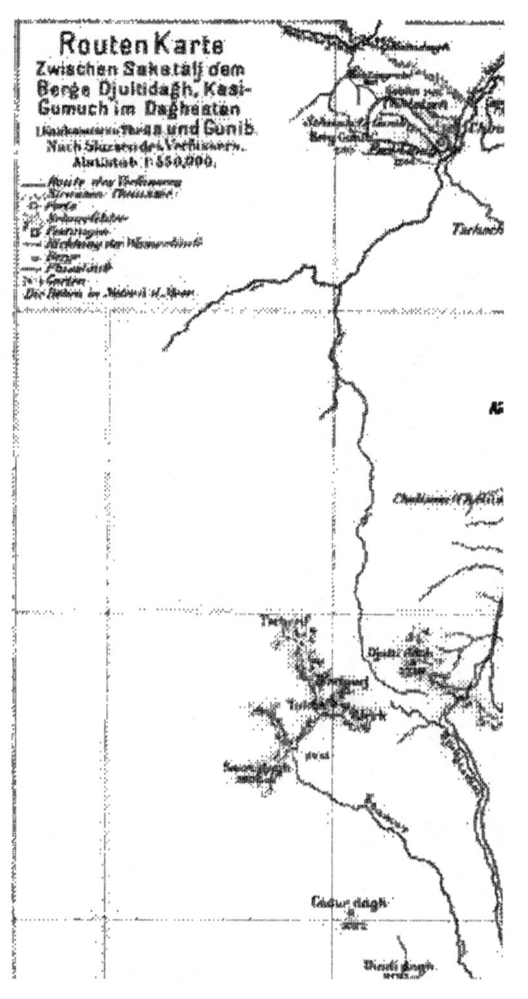
Routen Karte
Zwischen Saketalj dem
Berge Djultidagh, Kasi-
Gumuch im Daghestan
Maßstab 1:550,000.
Nach Skizzen des Verfassers.
Turkach
Chou dagh
Urukh dagh

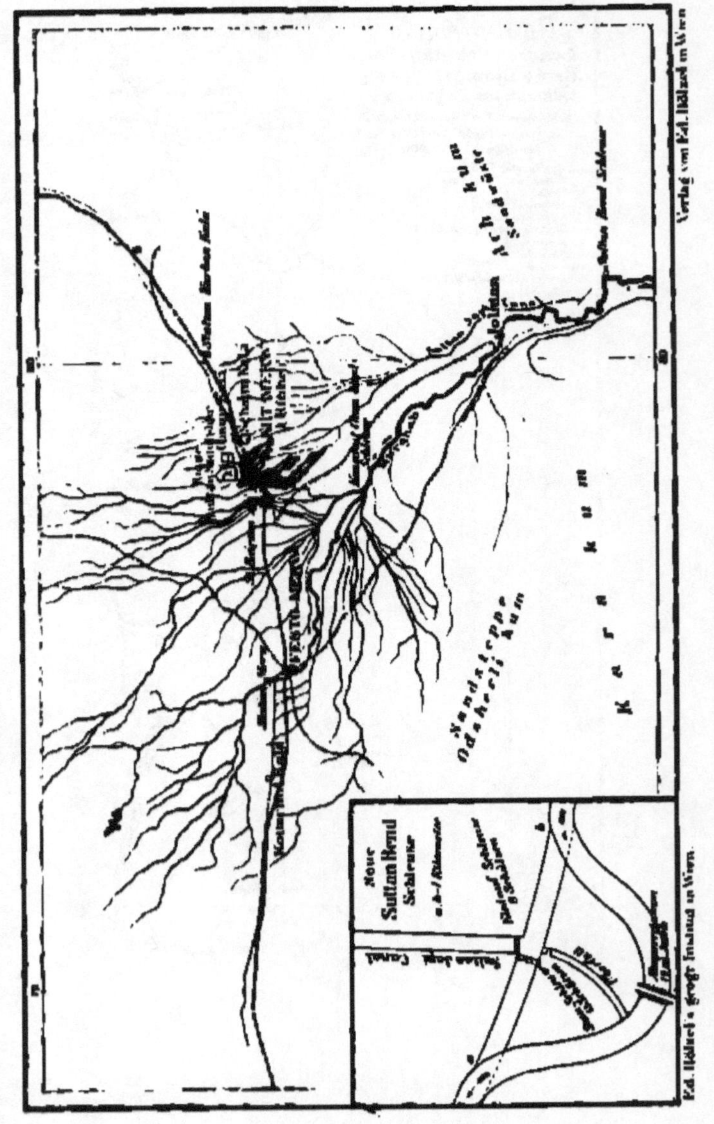